郡齋讀書志校證

〔宋〕晁公武 撰 孫猛 校證

（上）

上海古籍出版社

圖書在版編目（CIP）數據

郡齋讀書志校證/（宋）晁公武撰；孫猛校證. ——
上海：上海古籍出版社，2011.6（2022.6重印）
ISBN 978-7-5325-5898-8

Ⅰ. ①郡 … Ⅱ. ①晁 … ②孫… Ⅲ. ①藏書閣-圖書目録—中國—南宋 Ⅳ. ①Z842.44

中國版本圖書館CIP數據核字（2011）第085234號

郡齋讀書志校證
（全二册）
[宋]晁公武 撰
孫 猛 校證
上海世紀出版股份有限公司
上 海 古 籍 出 版 社 出版
(1)網址：www.guji.com.cn
(2)E-mail：guji1@guji.com.cn
(3)易文網網址：www.ewen.co
上海世紀出版股份有限公司發行中心發行經銷 上海顥輝印刷廠有限公司印刷
開本 850×1156 1/32 印張 53.25 插頁4 字數 1,048,000
2011年6月第1版 2022年6月第5次印刷
印數：4,201-5,000
ISBN 978-7-5325-5898-8
K·1384 定價：188.00元

郡齋讀書志校證總目

一、前　言……一
二、凡　例……九
三、衢本晁公武自序……一五
四、袁本晁公武自序……一七
五、郡齋讀書志目録……一
六、趙希弁讀書附志目録……一一〇
七、郡齋讀書志……一
八、衢本游鈞跋……一〇八一
九、讀書附志……一〇八三
十、附　録……一三四一
（一）晁公武傳略（趙希弁傳附）……一三四一

(二)歷代著録及研究資料彙編……一三〇三
(三)現存諸本叙録……一三三六
(四)郡齋讀書志衢袁二本的比較研究……一三六一
十一、索　引……一
(一)書名索引……一
(二)著者索引……七〇

前言

晁公武，字子止，號昭德先生，澶州清豐（今河南清豐）人。他大約生於宋徽宗崇寧年間（一一〇二至一一〇六），靖康亂後，入蜀寓居嘉州（今四川樂山）。高宗紹興二年（一一三二），登進士第。爲四川轉運司屬官，歷知恭、合、榮州。孝宗時，曾入朝任臺諫。乾道三年（一一六七），出爲利州路安撫使。四年擢四川安撫制置使。六年，移知揚州。七年，徙潭州，繼除臨安府少尹。罷官後，居嘉州符文鎮，約於孝宗淳熙間（當在十四年前）去世。晁公武治學不主一家，涉獵頗廣。據史志記載，其著述十分豐富，當有十二種之多。但是，留存至今的，只有郡齋讀書志一種以及其它一些詩文的殘篇。

讀書志初成於宋高宗紹興二十一年（一一五一），終成於宋孝宗淳熙七年至十四年（一一八〇至一一八七）之間。當晁公武在四川轉運司供職時，其上司轉運副使井度，是一名藏書家。井度臨終前，把他的藏書贈給了晁公武。當時，晁公武知榮州（今四川榮縣），其任「僻左少事」，于是，他以井度贈書爲主要憑據，加上自己的收藏，除其重複，得二萬四千五百卷有奇，「日夕躬以朱黄讎校舛誤，每終篇輒撮其大指論之」，寫成了讀書志。這部初成的書稿，至孝宗淳熙七年至十一年間（一一八〇至一一八四），方由其門人杜鵬舉爲之刊刻行世。這就是四卷的蜀刻本。這個本子不够完善，晁公武對它作了大量的修訂和補充。補正本約在淳熙十四年前，由他的另一位門人姚應績編輯刊行。這就是二十卷的蜀刻本。這兩個蜀刻本，現在都已佚失了。之後，宋理宗淳祐九年（一二四九），游鈞在衢州（今浙江衢縣）重刊蜀刻二十卷本，是爲衢本。同一年，黎安朝在袁州（今江西宜春）重刊蜀刻四卷本。同時，又刻了趙希弁據他自家藏書續撰的讀書附志一卷。次年，並刻趙希弁據衢本摘編而成的讀書後志二卷和趙希弁所撰二本考異。與讀書後志相對而言，先刻的四卷讀書志，習慣上被稱作前志。前志、附志、後志合爲七卷，是爲袁本。從此以後，讀書志在其流傳過程中形成了衢本和袁本兩個版本系統：前者淵源於蜀刻二十卷本而以淳祐衢州刊本爲祖，後者淵源於蜀刻四卷本而以淳祐袁州刊本爲祖。

二本自宋末，歷元、明，迄清初，雖流傳不墜，但似乎都没有重刻過。至清康熙六十一年（一七二二）陳師曾重刻袁本，嘉慶二十四年（一八一九）汪士鐘重刻衢本，讀書志二本才流布漸廣。特别是孤懸天壤的淳祐原刻袁本，在湮没六百餘年之後重被發現，涵芬樓於本世紀三十年代三次據以影印，方使讀書志得到了廣泛的流傳和充分的利用，它的價值也逐漸爲人們所認識。

讀書志是我國現存最早的、具有解題的私家藏書目録。它的學術價值主要表現爲以下三點：

一、收録比較豐富。讀書志共著録書一千四百九十六部，除去重見者，共一千四百九十二部。（以這次新合校本的統計爲據。若以汪士鐘刊衢本統計，共收書一千四百七十二部，除去重見，爲一千四百六十八部，若以淳祐袁本統計，前志收書一千零三十五部，後志收書四百三十五部，共一千四百七十部，除去重見，爲一千四百五十九部。）基本上包括了南宋以前的我國古代的各類重要著作，尤以搜羅唐、宋（北宋和南宋初）時的書籍爲較完備。其中，有一些在當時已屬罕見，可補舊唐書經籍志、新唐書藝文志、宋史藝文志之闕；更有不少是今天已經殘闕或亡佚了的，如果要了解這部分殘佚書的面目，就必須參考讀書志；至於僅見於讀書志著録的，那考察其書就舍此而莫得了。

二、體例比較齊備。讀書志依當時已經通行的分類法，分經、史、子、集四部，部下設類，經部十，史部十三，子部十八，集部四，共四十五類。（此爲衢本分類，袁本前志分四十三類。）書首有總序，每部之前有大序（即總論），二十五個類目前有小序。（此亦指衢本，袁本前志九個類目前有小序。）小序未加標明，置該類第一部書的解題之中。每類之內，各書大體按時代先後排列，較有倫貫。凡目録雖不必求序文、書名（包括卷數）、解題皆齊備，但象讀書志這種三者完備的目録，無疑是最能發揮其「辨章學術，考鏡源流」的目録學功能的。讀書志在史部設史評類，衢本又在集部設文説類，終於爲歷史、文學方面的批評著述找到了妥善的歸宿，這在古典目録分類法中，不能不説是一個進步。

三、内容比較翔實。讀書志著録各書，是晁公武的實際收藏，故它介紹的各書書名、卷數、篇目、篇數、編次以及迻録的有關序跋，咸可憑據，不是那些叢鈔舊目而成的目録所能比擬的。晁公武撰寫解題，凡其人正史有傳者則略，若史逸其行事者，則雜取他書詳細記載，故其所介紹的作者生平事蹟、成書原委及背景、前代書目的著録情況以及有關典章制度、掌故軼事，不是出于作者耳聞目睹，就是出于現在大部分已經佚失的史傳文集(如唐、宋兩代歷朝實録、登科記、宋歷朝國史、唐開元四庫書目等),其內容往往極可寶貴。此外,北宋諸晁藏書素以校讎精良著稱,晁公武撰爲讀書志,「所期者,家聲是繼」,十分注重校讎、考訂本書,故其考證比較精確,其評論亦不乏中肯之語。

當然,晁公武是封建統治階級的一員,其書收録、介紹、評論諸書,無不從封建地主階級的立場和觀點出發。他企圖保持中允,表示凡涉及人之善惡率不録,其實是不可能做到的,即使對統治階級內部的斗爭,他也有鮮明的是非標準,書中凡提王安石必加貶辭,就説明了這一點。

從目録學的角度看,讀書志也有不够完善的地方。它的分類比較保守,較同時代的鄭樵的通志藝文略爲遜色;其書籍歸類有一些錯誤,焦竑曾在國史經籍志後附糾繆中加以糾正;有些類目的編次紊亂顛倒;有些解題的文字凌亂複沓;詮釋考訂,或因循舊説,或臆斷懸測,或憚于深求,疎略舛誤,往往而有。產生這些缺點和錯誤的原因,主要是階級的偏見和歷史的局限,其次是晁公武的學識和功力也嫌不足。

儘管讀書志存在種種缺點和錯誤,但是,它的學術價值却是難以否認的。因此,它受到了後世的學者、特别是目録學家的重視。南宋的另一位目録學家陳振孫稱贊讀書志「其所發明,有足觀者」,他的直齋書録解題就是仿讀書志而作的。宋末的文獻學家王應麟,在他的困學紀聞、漢藝文志考證、玉海等著作中也大量徵引了讀書志。至于馬端臨編纂文獻通考經籍考,主要就是抄録晁、陳二書,畧加剪裁而成的。迨至清代編纂四庫全書總目，其或直接採摭於讀書志，或轉録自經籍考，多達三百餘條，其中甚至有照録讀書志解題而成篇的。由宋迄清，目録之有解題而得以保存至今者，主要有讀書志、直齋書録解題、玉海（主要是其藝文部）和四庫全書總目四種，而後三種皆祖述或取資於讀書志。由此可見，讀書志在我國古代的目録學史上居于相當重要的地位。清汪士鐘稱它和直齋書録解題「同爲目録之冠」，錢泰吉則稱它爲「宋以來著録家之首」，都是有一定道理的。即使時至今日，我們考察古籍，研究古典目録學史，讀書志仍然不失爲一部重要的工具書，一部有價值的參考文獻。這次把它重加整理出版，其目的也在于此。

這次整理讀書志主要做了標點、合校以及疏證、考訂等方面的工作，具體的做法，詳見凡例，這裏需要説明的有四點：

一、關於合校。合校的形式，取之於王先謙。它的優點是使讀者得一本如得二本，既省去翻檢查核之勞，也便於參酌棄取。王先謙合校本，以汪士鐘刊衢本爲底本，合校以陳師曾刊袁本，因爲後者錯誤極多所以不可避免地給他的合校本帶來許多不足之處。這次袁本換用影印的宋淳祐原本，就可以減少錯誤了。至於新合校本的底本爲什麽不用淳祐袁本而用汪士鐘刊衢本，這個問題牽涉到對讀書志二本的評價，非寥寥數語所能説得清楚，請參閲〔附録四〕所收拙作讀書志二本的比較研究一文。概括地説，其理由是：衢本是補正本，體例較袁本前志整齊完善，尤其是它的小序和解題，晁公武作了大量的補充和訂正；其次，袁本前志加後志，不能等于衢本；再次，汪士鐘刊衢本的缺簡，用經籍考、袁本等配補，經考證 配補文字是可信的。

二、關於疏證和考訂。前人對讀書志的整理，大多停留在文字的比勘上，未及對其內容進行疏證和考訂，這次吸收前人的研究成果，加以個人的一些心得，試作內容的疏證和考訂，旨在補其不足，糾其繆誤。讀書志收書既多，涉及的人事也錯綜紛繁，如果每書每人不加區分選擇，均加考證，勢必大量抄録有關史傳、目録，徵引前人成説，大大增加本書的篇幅。爲了避免篇幅臃腫蕪雜，所以把疏證、考訂的範圍限止在比較有參考意義的幾個方面，主要是：讀書志衢、袁二本存在重要異文的地方，著録書屬佚書或僞書者，編著人事蹟不見正史者，以及解題中文意欠明、考訂評論疎略失當之處。

三、關於趙希弁的讀書附志。趙希弁，字君錫，袁州人。宋太祖九世孫。江西漕貢進士，嘗任秘書省校勘書籍。他據其家三世藏書，擇前志所未收者，仿前志體例，寫成附志。附志共收書四百六十九種，除少數與讀書志複見外，大部分爲南宋高宗、孝宗、光宗、寧宗時的書籍，正可以視爲讀書志之續作。它的一個明顯特點是比較翔實地著録了書名、卷帙，介紹了各書篇目、編次以及刊刻時間、刊刻地點、刊刻人名等，可資考核。但由于趙希弁的學識不及晁公武，加之當年急於成書，所以它的分類比較凌亂，解題亦鮮有發明，往往摘録其書序跋 敷衍成篇。趙書歷來附前志而行，人們也習慣上把它看作袁本讀書志的一個組成部分。這次整理讀書志時，因以影印宋淳祐本附志爲依據，對它作了標點，並勘正了其中一些明顯的錯誤，附刊于讀書志之後。

四、關於附録。爲了幫助讀者了解晁公武及其讀書志，這次還搜輯了一些有關資料，作爲合校本的附録。附録共四種：（一）晁公武傳略，附趙希弁傳。前者是在前人的基礎上增補的，輯録的内容大體反映了晁公武的生平事蹟和著述情況，後者則是陳祺壽所撰。（二）歷代著録及研究資料彙編。（三）現存諸本叙録。（四）曾發表於文史第二十輯之拙作郡齋讀書志衢袁二本的比較研究一文。此外，編制了讀書志和附志的目録，置於卷首；又由王立翔同志編制了書名索引、著者索引，附於書末，以供檢尋。

整理讀書志的工作，是在導師徐鵬先生的指導下進行的，同時，得到了呂貞白先生的熱情支持和幫助，在此謹向二位先生表示感謝。因爲我聞見不廣，學識有限，深知本書整理過程中有不少錯誤和不當之處，懇切地希望讀者給予批評和指正。

孫猛　一九八三年十月於上海復旦大學

凡例

一、這次整理晁公武郡齋讀書志（書中簡稱讀書志），做了標點、校勘、疏證、考訂四個方面的工作，題稱郡齋讀書志校證。

二、讀書志有衢、袁二本，爲使讀者兼得二本，便於參酌棄取，校勘採用合校的方式，即以衢本爲底本，合校以袁本，參校以現存讀書志善本、文獻通考經籍考、前人著述徵引讀書志文字、讀書志解題所本之史傳序跋以及有關書目。

三、校注本底本採用清嘉慶二十四年（一八一九）汪士鐘藝芸書舍所刊衢本（書中簡稱「原本」）。汪士鐘此本後加剜改，此用初刊本），合校以一九三三年上海涵芬樓續古逸叢書所收、影印南宋理宗淳祐九、十年間（一二四九至一二五〇）所刊袁本（書中簡稱「袁本」，其中讀書志四卷，簡稱「前志」，讀書後志簡稱「後志」）。

四、凡一書同見衢、袁二本者，於校證本該條書目標題下注明「袁本前志某類第幾」，或「袁本後志某類第幾」。所謂「第幾」，指該書在該類的編排次序。凡袁本前志、後志未著録者，則注「袁本未收」。凡原本未著録者，則據袁本補録，其歸屬類目及編次，參考清光緒十一年（一八八五）王先謙思賢精舍刊本確定，並在該書校注〔一〕中說明：「某類」，指該書在袁本歸類與編次。

五、凡二本各書書名、卷數、編撰者、解題有異同詳略者，鉅細弗遺，均予出校，以副「合校」之實。校語置每書之後，與疏證、考訂合稱「校證」。校證各條，一般出原文全句以作提示；遇二本異文差別過大者，則在校證〔一〕中逐録袁本原文，不再一一以句爲單位出校，以免餖飣破碎。

六、衢本乃補正本，與袁本前志分屬不同的版本系統，故凡二者異文非明顯屬刊刻錯誤者、非原本文義不通且另獲旁證證其誤者，一般不僅據前志改動原本。袁本後志乃摘録自衢本，可視作宋刻衢本之部分翻刻本，故凡二者異文，不必有旁證即據改。改與不改，其異文均出校，以備覆核。

七、凡二本異體字、古今字其用作書名、人名、地名等專用名詞者，仍之不改，俱予出校。避諱字（包括改字和闕筆）中，袁本宋諱字，凡不涉及文義者一般不予出校，而原本清諱字，則僅在初見時出校，餘皆逕改。諱字缺筆者，皆補足筆畫。

八、原本所據底本闕簡多處，李富孫、黄丕烈取經籍考、袁本、其它衢本配補，今仍其舊例，並均在配補條下加以說明。原本卷四經部小學類錯簡，今據顧廣圻校本移易改正，其書在原本所居編次，在校證〔一〕說明。原本中李富孫校語（冠以「案」字者）、黄丕烈校語（冠以「覆案」者），原作雙行小字居正文之間，今均移入校注。因李、黄所據校袁本爲陳師曾刊本，今合校本已改用影印宋淳祐本，其所據校經籍考、直齋書録解題等，亦悉加重校，故二人校語止採其足資考訂者存之，餘皆删去。

九、校注本取以參校者，有現存讀書志諸善本。據粗略了解，國內（包括臺灣省）現存讀書志刊本、鈔本、各家批校本、影印本共有三十六種，今得見二十九種，其中兩種取作合校，十六種校勘意義不大，用作參校者共十一種。它們屬衢本系統的有八種，分別爲：明范大澈卧雲山房鈔本（簡稱「卧雲本」）、一九八一年臺灣商務印書館影印宛委別藏本（簡稱「宛委本」）、清王聞遠舊藏清鈔本（此本王先謙刊本曾取以相校，稱「舊鈔本」，今仍沿用其稱）、清顧廣圻校並跋汪士鐘刊本（簡稱「顧校本」）、清瞿中溶跋、季錫疇録顧廣圻校清鈔本（簡稱「季録顧校本」）、清楊希閔校並跋清鈔本（簡稱「楊希閔校本」）、清汪士鐘刊本之剜改本（簡稱「剜改本」）、清王先謙光緒十一年（一八八五）思賢精舍刊本（簡稱「王先謙刊本」）。屬袁本系統的有六種，分別爲：清沈嚴録何焯批校本（簡稱「沈録何校本」）、清袁廷檮録何焯、顧廣圻批校、陳鱣跋陳師曾刊本（簡稱「袁録何校本」、「袁録顧校本」）、清喬載繇校、並跋、並録王懋竑校清鈔本（簡稱「喬録王校本」）、清陳師曾康熙六十一年（一七二二）刊本（簡稱「陳師曾刊本」）、清鮑廷博校並跋陳師曾刊本（簡稱「鮑廷博校本」）、清陳鱣校、徐洪鼇、沈澄煜題識陳師曾刊本（簡稱「陳鱣校本」）。此外，瞿中溶藏鈔衢本，據原本李、黄二人校語轉録（簡稱「瞿鈔本」）。以上諸本，凡二本有異文者，則予以參校，一般不逕據校改原文，只録其文字備考；凡文字獨異者，非另獲旁證，亦不據以輕改原文；凡名家批校本，其校語、批語只採擇足資參考者歸入校證有關條下。

十、校證本取以參校者，尚有元馬端臨文獻通考經籍考（簡稱經籍考）。所用經籍考爲清乾隆十二年(一七四二)武英殿刊本，間用元刊本、明弘治何喬新單刻本、明馮天馭校刊本。經籍考校勘價值幾可與衢本等，故列其異文，亦力求詳盡。

十一、校證本取以參校者，尚有前人(主要是宋、元人)著作中徵引讀書志的文字。如宋王應麟玉海、漢藝文志考證等徵引凡百餘條，元胡一桂易學啓蒙翼傳徵引易類解題多條。凡用作參校者，一般亦只作旁證，不據以逕改。

十二、校注本取以參校者，尚有歷代各種書目。屬正史經籍、藝文志及補志者，主要有：漢書藝文志(簡稱漢志)、隋書經籍志(簡稱隋志)、舊唐書經籍志(簡稱舊唐志)、新唐書藝文志(簡稱新唐志)、宋史藝文志(簡稱宋志。以上皆據中華書局標點本)、清顧櫰三補五代藝文志(據二十五史補編本)、清王仁俊西夏藝文志(據光緒三十年王氏西夏文綴附刊本)、清黄任恒補遼史藝文志(據一九五八年商務印書館遼金元藝文志本)。屬公家藏書目録者，主要有：清錢東垣等編崇文總目輯釋及補遺(簡稱崇文總目，據粤雅堂叢書本)、清陳漢章崇文總目輯釋補正(據綴學堂叢編初集本)、清徐松輯四庫闕書目、近人葉德輝輯秘書省續編到四庫闕書目(簡稱秘續目。以上據一九五七年商務印書館宋史藝文志補附編本)、近人趙士煒中興館閣書目輯考(簡稱中興館目)、中興館閣續書目輯考(簡稱中興續目。以上據古逸書録叢輯本)文淵閣書目(讀畫齋叢書戊集本)、四庫全書總目(簡稱四庫總目，據中華書局影印本)。屬私家藏書目録者，主要有：宋陳振孫直齋書録解題(簡稱書録解題，據光緒九年江蘇書局刊本)、宋尤袁遂初堂書目（據海山仙館叢書本）。此外，宋王應麟玉海（據光緒九年浙江書局刊本）、宋鄭樵通志藝文略、圖譜略（據清乾隆十三年于敏中重刻陳宗夔校二十略本）、明焦竑國史經籍志（據粵雅堂叢書本），雖係叢録前代書目成書，然終亦有所本，故亦間取以參證。其它參考目録均在引用時注明，不一一列舉。以上諸目多用於校訂、説明校證本書名、卷數以及編撰者，具有解題者亦用於校證讀書志解題。

十三、校證本取以參校者，尚有讀書志著録之所本。晁公武某一書的解題多據該書的序跋（如蘇子由注老子條用蘇轍自序、古列女傳條用王回序），或有關史書傳記（如經部諸書解題多本陸德明經典釋文、史部正史類評論語多出劉知幾史通、集部諸唐人里貫事蹟多取新唐書本傳）。今遇二本異文是非難以抉擇者，則推求其所本，取有關文字相參校。

十四、讀書志取材豐富，考證、論述大體精密，然可補之闕、可糾之誤，仍然不少，今爲之作一些必要的注釋和考證。疏證及考訂的重點是：歸類欠妥、編排失次者，著録書屬佚、殘、僞、罕見者，編撰人失考或生平事蹟未詳者，解題文意欠明、作者考證評論疏畧者。所加疏證、考訂與校語同歸入校證之内，加「按」字以示區別。凡採用前人研究成果，均記出處。疏證考訂所引用文字，若原文過長，容有刪削。

十五、趙希弁讀書附志二卷，爲補前志不足而作，歷來附袁本以行，今以影印的宋淳祐本爲依據，加以標點，附刊於校證本之後。此書無本可校，除一些明顯的錯誤，一般不予勘改；另摘録了一部分有參考價值的前人批校語，寫成校勘記，置于有關條目之後。

十六、爲幫助讀者了解晁公武及其讀書志，搜輯了一些有關參考資料，編成四種附録。它們是：〔附録一〕晁公武傳畧（附陳祺壽先生撰趙希弁傳）；〔附録二〕歷代著録及研究資料彙編；〔附録三〕現存諸本叙録。〔附録四〕郡齋讀書志衢袁二本的比較研究。

十七、爲了便于讀者查檢，編制了讀書志（包括附志）書名索引及著者索引，附于書後。

衢本昭德先生郡齋讀書志序

杜鄴從張京兆之子學問，王粲爲蔡中郎所奇，皆盡得其家書，故鄴以多聞稱而粲以博物顯。下逮國朝，宋宣獻公亦得畢文簡、楊文莊家書，故所藏之富，與秘閣等，而常山公以贍博聞於時。夫世之書多矣，顧非一人之力所能聚；設令篤好而能聚之，亦將老至而耄且及，豈暇讀哉！然則，二三子所以能博聞者，蓋自少時已得先達所藏故也。公武家自文元公來，以翰墨爲業者七世，故家多書，至於是正之功，世無與讓焉。然自中原無事時，已有火厄，乃兵戈之後，尺素不存也。公武仕宦連蹇，久益窮空，雖心志未衰，而無書可讀，每恨之。南陽公天資好書，自知興元府至領四川轉運使，常以俸之半傳録。時巴、蜀獨不被兵，人間多有異本，聞之未嘗不力求，必得而後已。歷二十年，所有甚富。既罷，載以舟，即廬山之下居焉。宿與公武厚。一日，貽書曰：「某老且死，有平生所藏書，甚秘惜之。顧子孫稚弱，不自樹立。若其心愛名，則爲貴者所奪；若其心好利，則爲富者所售；恐不能保也。今舉以付子，他日其間有好學者，歸焉。不然，則子自取之。」公武惕然從其命。書凡五十篋，合吾家舊藏，除其複重，得二萬四千五百卷有奇。今三榮僻左少事，日夕躬以朱黄，讎校舛誤。終篇，輒撮其大旨論之。豈敢效二三子之博聞，所期者不墜家聲而已。書則固自若也。倘遇其子孫之賢者，當如約。

紹興二十一年元日，昭德晁公武序。

袁本昭德先生郡齋讀書志序

魏王粲爲蔡中郎所奇，盡得其家書籍文章，故能博物多識，問無不對。國朝宋宣獻公亦得畢文簡、楊文莊家書，故藏書之富，與秘閣等，而常山公以贍博聞于時。夫世之書多矣，顧非一人之力所能聚；設令篤好而能聚之，亦老將至而耄且及，豈暇讀哉！然則，王、宋所以能博者，蓋自少時已得先達所藏故也。余家自文元公來，以翰墨顯者七世，故家多書，至於是正之功，世無與讓。然自中原無事時，已有火厄，及兵戈之後，尺素不存也。余仕宦連蹇，久益窮空，雖心志未衰，而無書可讀，每恨之。南陽井公天資好書，自知興元府、領四川轉運使，常以俸之半傳録。時巴蜀獨不被兵，人間多有異本，聞之未嘗不力求，必得而後已。歷十餘年，所有甚富。既罷，載以舟，即廬山之下居焉。與余厚。一日，貽余書曰：「度老且死，有平生所藏書，甚祕惜之。顧子孫稚弱，不自樹立。若其心愛名，則爲貴者所有；若其心好利，則爲富者所有：恐不能保也。今舉以付子，他日其間有好學者而後歸焉。不然，則子自取之。」余惕然從其命。凡得書若干部，計若干卷。今三榮僻左少事，日夕躬以朱黃讎校舛誤。每終篇，輒撮其大指論之。豈敢効王、宋之博，所期者家聲是繼而已。其書則固自若也，儻遇井氏之賢，當如約。

郡齋讀書志目録

第一卷

經類總論

易類

王弼周易十卷魏……四
石經周易十卷周易指略例一卷蜀……五
周易正義十四卷唐孔穎達等……六
周易甘棠正義三十卷梁任正一……七
易乾鑿度二卷……七
坤鑿度二卷……八
周易緯稽覽圖二卷周易緯是類謀一卷周易緯辨終備一卷周易緯乾元叙制記一卷周易緯坤靈圖一卷易通卦驗二卷……八

卜子夏易十卷……一〇
焦氏易林十六卷漢焦延壽……一〇
京房易傳四卷漢……一三
關子明易傳一卷魏關朗……一七
李氏集解十卷唐李鼎祚……一八
周易口訣義七卷唐史證……二一
周易微指三卷唐陸希聲……二三
周易舉正三卷唐郭京……二三
元包十卷原題唐衛元嵩　今考定元嵩北周人……二四
周易開玄關一卷唐蘇鶚……二五
周易流演五卷唐成玄英……二六
周易啓源十卷唐蔡廣成……二六
易軌一卷蜀蒲乾貫……二七
易論三十三卷宋王昭素……二七
證墜簡一卷宋范諤昌……二八

陸秉意學十卷宋……二九
胡先生易傳十卷宋胡瑗……二九
邵古周易解五卷宋……三〇
代淵易論二十卷宋……三一
周易述聞一卷隱訣一卷補解一卷精微三卷宋皇甫泌……三一
邵康節皇極經世十二卷宋邵雍……三二
邵康節觀物篇六卷……三三
劉長民易十五卷宋劉牧……三三
鉤隱圖三卷劉牧……三四
鄭揚庭周易傳十三卷宋鄭夬……三四
徐庸易意蘊一卷宋……三五
徂徠先生周易五卷宋石介……三五
王逢易傳十卷宋……三六
温公易說一卷宋司馬光……三七
周易聖斷七卷宋鮮于侁……三七

宋咸易訓三卷宋 …… 三七
周易古經二卷宋呂大防 …… 三八
東坡易傳十一卷宋蘇軾 …… 三九
橫渠易說十卷宋張載 …… 三九
程氏易十卷宋程頤 …… 三九
呂氏易章句十卷宋呂大臨 …… 四〇
乾生歸一圖二卷宋石汝礪 …… 四一
王介甫易義二十卷龔原注易二十卷耿南仲注易二十卷宋王安石 …… 四一
張弼易十卷宋 …… 四二
周易義海一百卷宋房審權 …… 四二
晁以道古易十二卷宋晁說之 …… 四三
晁以道太極傳六卷因說一卷太極外傳一卷宋晁說之 …… 四四
朱子發易集傳十一卷易圖三卷叢說一卷宋朱震 …… 四五
王湜易學一卷宋晁說之 …… 四六
河圖解二卷宋康平 …… 四六

先天易鈐太極寶局二卷宋牛師德……四六
兼山易解二卷宋郭忠孝……四七

書類

尚書十三卷……四七
石經尚書十三卷孟蜀……四九
尚書正義二十卷唐孔穎達等……五〇
古文尚書十三卷漢孔安國……五一
尚書大傳三卷秦伏勝……五三
尚書解十四卷宋顧臨等……五三
胡翼之洪範解一卷宋胡瑗……五四
張晦之洪範解一卷宋張景……五四
王氏洪範傳一卷宋王安石……五五
楊元素書九意一卷宋楊繪……五五
蘇明允洪範論圖一卷宋蘇洵……五六

孫莘老尚書解十三卷宋孫覺……五六
新經尚書義十三卷宋王雱……五七
書義辨疑一卷宋楊時……五八
東坡書傳十三卷宋蘇軾……五八
顏吳范司馬無逸説命解三卷宋顏復等……五九
伊川書説一卷宋程頤……五九
洪範會傳一卷宋孫諤……六〇
書傳十三卷宋吕大臨……六〇

第二卷

詩類

毛詩故訓傳二十卷……六一
石經毛詩二十卷孟蜀……六三
毛詩正義四十卷唐孔穎達等……六三
韓詩外傳十卷漢韓嬰……六四

詩譜一卷漢鄭玄……六五
毛詩草木鳥獸蟲魚疏二卷吳陸璣……六五
歐陽詩本義十五卷宋歐陽修……六六
新經毛詩義二十卷宋……六七
蘇氏詩解二十卷宋蘇轍……六七
伊川詩説二卷宋程頤……六八
毛詩辨疑一卷宋楊時……六八
陳氏詩解二十卷宋陳鵬飛……六八

禮類

周禮十二卷……六九
石經周禮十二卷孟蜀……七〇
儀禮十七卷……七〇
禮記二十卷……七一
石經禮記二十卷孟蜀……七二

大戴禮記十三卷……七三
三禮義宗三十卷梁崔靈恩……七四
周禮疏十二卷唐賈公彥……七五
儀禮疏五十卷唐賈公彥……七五
禮記疏七十卷唐孔穎達等……七六
禮記外傳四卷唐成伯璵……七七
唐月令一卷……七七
三禮圖二十卷後周聶崇義……七七
開寶通禮二百卷宋劉温叟等……七八
太常因革禮一百卷宋姚闢、蘇洵……七九
明道中庸解一卷宋程顥……七九
芸閣禮記解四卷宋呂大臨……八〇
編禮三卷呂大臨……八一
新經周禮義二十二卷宋王安石……八一
郊廟禮文三十一卷宋楊完……八三

周禮義辨疑一卷宋楊時……八五
晁以道中庸篇一卷宋晁説之……八五
游氏中庸解一卷宋游酢……八六
楊中立中庸解一卷宋楊時……八六
周公謚法一卷……八七
春秋謚法一卷……八八
沈賀謚法四卷梁沈約賀琛……八八
嘉祐謚法三卷宋蘇洵……八九
集謚總録一卷宋孫緯……八九
太常禮書一百五十卷宋陳祥道……九〇

樂類

樂府雜録一卷唐段安節……九一
聲律要訣十卷唐田疇……九二
羯鼓録一卷唐南卓……九三

琵琶故事一卷　原題未詳，今考定唐段安節……九三
教坊記一卷唐崔令欽……九四
皇祐樂記三卷宋胡瑗等……九四
補亡樂書三卷宋房庶……九四
范蜀公樂書一卷宋范鎮……九五
五音會元圖一卷……九五
樂府詩集一百卷宋郭茂倩……九六
古樂府十卷並樂府古題要解二卷唐吳兢……九六
玉臺新詠十卷陳徐陵……九七
玉臺後集十卷唐李康成……九七
大晟樂府雅樂圖一卷宋……九八
琴筌十卷宋荀以道……九八

第三卷

春秋類

春秋正經十二卷……九九
春秋左氏傳三十卷……一〇〇
石經左氏傳三十卷蜀……一〇〇
春秋公羊傳十二卷……一〇一
石經公羊傳十二卷宋田況刊……一〇二
春秋穀梁傳十二卷……一〇二
石經穀梁傳十二卷宋……一〇四
春秋繁露十七卷漢董仲舒……一〇四
春秋釋例十五卷晉杜預……一〇五
左氏膏肓九卷漢何休……一〇五
春秋正義三十六卷唐孔穎達……一〇六
春秋公羊傳疏三十卷徐彦……一〇七
春秋穀梁傳疏十二卷唐楊士勛……一〇八
春秋摘微四卷唐盧仝……一〇八
春秋微旨六卷春秋辨疑一卷唐陸淳……一〇九

春秋纂例十卷唐陸淳……一一〇
春秋折衷論三十卷唐陳岳……一一一
春秋經社六卷宋孫覺……一一一
春秋尊王發微十二卷宋孫明復……一一三
春秋集傳十五卷宋王沿……一一三
春秋演聖統例二十卷宋丁副……一一三
春秋權衡十七卷春秋意林二卷春秋劉氏傳十五卷宋劉敞……一一四
黎氏春秋經解十二卷宋黎錞……一一四
橫渠春秋説一卷宋張載……一一四
潁濱春秋集傳十二卷宋蘇轍……一一五
劉質夫春秋五卷宋劉絢……一一六
得法忘例論三十卷宋馮正符……一一六
繹聖傳十二卷宋任伯雨……一一七
王氏春秋十二卷宋王當……一一七
馮氏春秋通解十二卷宋馮山……一一八

春秋指南十卷宋張根 一一八
胡氏春秋傳三十卷宋胡安國 一一八
春秋新説十一卷宋余安行 一一九
四家春秋集解二十五卷宋師協等 一二〇
春秋外傳國語二十一卷 一二〇
非國語二卷唐柳宗元 一二一
春秋名號歸一圖二卷孟蜀馮繼先 一二一
春秋列國諸臣傳五十一卷宋王當 一二二
帝王歷紀譜三卷 一二二
春秋機括一卷宋沈括 一二三
春秋世系一卷 一二三
春秋會義二十六卷宋杜諤 一二四
孝經類
唐明皇注孝經一卷 一二五

孝經正義三卷宋邢昺等 …… 一二六
王介甫孝經解一卷宋王安石 …… 一二七
温公古文孝經指解一卷宋司馬光 …… 一二八
范淳夫古文孝經説一卷宋范祖禹 …… 一二八

第四卷

論語類

何晏注論語十卷魏 …… 一三〇
石經論語十卷孟蜀 …… 一三三
皇侃論語疏十卷梁 …… 一三三
論語正義十卷宋邢昺等 …… 一三四
韓李論語筆解十卷唐韓愈、李翺 …… 一三四
王令論語十卷宋 …… 一三五
王介甫論語解十卷宋王安石王元澤口義十卷宋王雱陳用之論語十卷宋陳祥道 …… 一三六
東坡論語解十卷宋蘇軾 …… 一三七

伊川論語說十卷宋程頤……一三七
范氏論語說十卷宋范祖禹……一三七
謝顯道論語解十卷宋謝良佐……一三八
呂與叔論語解十卷宋呂大臨……一三八
汪氏論語直解十卷宋汪革……一三八
景迂論語講義十卷宋晁說之……一三九
楊氏注論語十卷宋楊時……一三九
尹氏論語義十卷宋尹焞……一三九
孔子家語十卷……一四〇

經解類

白虎通德論十卷漢班固……一四〇
蔡邕獨斷二卷漢……一四一
六說五卷唐劉迅……一四二
匡謬正俗八卷唐顏師古……一四二

演聖通論四十九卷宋胡旦……一四三
七經小傳五卷宋劉敞……一四三
三墳書七卷……一四四
六祖經要四卷宋任洙……一四五

小學類

爾雅三卷……一四五
爾雅音略三卷孟蜀毋昭裔……一四七
爾雅疏十卷宋邢昺等……一四七
小爾雅一卷……一四八
急就章一卷漢史游……一四九
方言十三卷漢揚雄……一四九
説文解字三十卷漢許慎……一五〇
説文解字韻譜十卷南唐徐鍇……一五一
博雅十卷隋曹憲……一五一

玉篇三十卷梁顧野王……一五二
廣韻五卷隋陸法言……一五三
智永千字文一卷梁周興嗣……一五三
經典釋文三十卷唐陸德明……一五四
干禄字書一卷唐顔元孫……一五四
林氏小説三卷唐林罕……一五五
翰林禁經八卷唐李陽冰……一五七
佩觿三卷宋郭忠恕……一五七
墨藪十卷宋許歸與……一五八
臨池妙訣三卷……一五八
羣經音辨七卷宋賈昌朝……一五九
古文四聲五卷宋夏竦……一五九
禮部韻畧五卷宋丁度等……一六〇
龍龕手鏡三卷遼僧行均……一六一
類篇四十九卷宋丁度、司馬光……一六二

集韻十卷宋丁度等……一六三
周越書苑十五卷宋……一六四
唐藏經音義四卷……一六四
英公字源一卷宋釋夢英……一六五
字説二十卷宋王安石……一六五
唐氏字説解一百二十卷宋唐耜……一六六
陸氏埤雅二十卷宋陸佃……一六七
字説偏傍音釋一卷字説疊解備檢一卷原闕名　今考定宋劉全美……一六七
復古編三卷宋張有……一六八
鍾鼎篆韻七卷宋薛尚功……一六八
淳化法帖十卷宋……一六九
武陵法帖二十二卷宋王若谷……一六九
法帖釋文十卷宋劉次莊……一七〇
考古圖十卷宋呂大臨……一七〇
鍾鼎款識二十卷宋薛尚功……一七一

博古圖二十卷宋王楚……一七一
切韻指玄論三卷宋王宗道四聲等第圖一卷宋僧宗彦……一七二

第五卷

史類總論

正史類

史記一百三十卷漢司馬遷……一七五
前漢書一百卷漢班固……一七七
後漢書九十卷志三十卷宋范曄……一七九
三國志六十五卷晉陳壽……一八一
晉書一百三十卷唐房喬等……一八二
宋書一百卷梁沈約……一八四
南齊書五十九卷梁蕭子顯……一八六

梁書五十六卷唐姚思廉……一八七
陳書三十六卷唐姚思廉……一八七
後魏書一百三十卷北齊魏收……一八八
北齊書五十卷唐李百藥……一九〇
周書五十卷唐令狐德棻等……一九一
隋書八十五卷唐魏徵等……一九二
唐書二百卷石晉劉昫等……一九二
新唐書二百二十五卷宋曾公亮等……一九三
五代史一百五十卷宋薛居正等……一九四
五代史記七十五卷宋歐陽修……一九四
三朝國史一百五十卷宋吕夷簡等……一九五
兩朝國史一百二十卷宋王珪等……一九七

編年類

荀悦漢紀三十卷漢……一九八

袁宏漢紀三十卷晉 …… 一九九
唐曆四十卷唐柳芳 …… 一九九
河洛行年記十卷唐劉仁軌 …… 二〇〇
大唐創業起居注三卷唐温大雅 …… 二〇一
通曆十卷唐馬總 …… 二〇二
續通曆十卷荆南孫光憲 …… 二〇二
帝王鏡略一卷唐劉軻 …… 二〇三
五代通録六十五卷宋范質 …… 二〇四
運曆圖六卷宋龔潁 …… 二〇四
紀年通譜十二卷宋宋庠 …… 二〇六
編年通載十五卷宋章衡 …… 二〇七
稽古録二十卷宋司馬光 …… 二〇八
編年紀事十一卷宋劉攽 …… 二〇九
資治通鑑二百九十四卷目録三十卷考異三十卷宋司馬光 …… 二〇九
通鑑舉要曆八十卷司馬光 …… 二一〇

資治通鑑外紀十卷宋劉恕……二二
實曆歌一卷……二三
歷代紀元賦一卷宋楊備……二三
通鑑節文六十卷……二三

第六卷

實録類

唐高祖實録二十卷唐房玄齡等……二四
唐太宗實録四十卷唐許敬宗等……二五
唐高宗實録三十卷唐劉知幾等……二六
唐則天實録二十卷唐吴兢……二六
唐中宗實録二十卷唐吴兢……二七
唐睿宗實録十卷唐劉知幾……二七
唐玄宗實録一百卷唐元載等……二八
唐肅宗實録三十卷唐元載等……二八

唐代宗實録四十卷唐令狐峘……二一九
唐德宗實録五十卷唐裴垍等……二一九
唐順宗實録五卷唐韓愈……二二〇
唐憲宗實録四十卷唐路隨等……二二一
唐穆宗實録二十卷唐路隨等……二二二
唐敬宗實録十卷唐李讓夷等……二二二
唐文宗實録四十卷唐魏謩等……二二三
唐武宗實録一卷唐韋保衡等……二二三
建康實録二十卷唐許嵩……二二四
蜀高祖實録三十卷蜀李昊……二二五
太祖實録五十卷宋沈倫……二二六
重修太祖實録五十卷宋李沆等……二二六
太宗實録八十卷宋錢若水等……二二八
真宗實録一百五十卷宋王欽若等……二二九
仁宗實録二百卷宋韓琦等……二二九

英宗實録三十卷宋曾公亮等……二三〇
神宗實録二百卷宋曾布等……二三一
神宗朱墨史二百卷宋鄧温伯等……二三二
哲宗前録一百卷後録九十四卷宋蔡京……二三三
重修哲宗實録一百五十卷宋范冲……二三三
徽廟實録二十卷宋程俱……二三七
元符庚辰以來詔旨三卷宋汪藻……二三七
邵氏辨誣一卷宋邵伯温……二三八

雜史類

汲冢書十卷……二三八
吳越春秋十二卷漢趙曄……二四〇
南史八十卷北史一百卷唐李延壽……二四一
西京雜記二卷晉葛洪……二四二
五代新説二卷唐張詢古……二四三

高氏小史一百二十卷唐高峻……二四三
南部煙花録一卷唐顔師古……二四四
大業雜記十卷唐杜寶……二四四
貞觀政要十卷唐吳兢……二四五
大唐新語十三卷唐劉肅……二四五
明皇雜録二卷唐鄭處誨……二四六
開天傳信記一卷唐鄭綮……二四六
國史補二卷唐李肇……二四七
幸蜀記三卷唐李匡文等……二四七
次柳氏舊聞一卷唐李德裕……二四八
開成承詔録二卷唐李石……二四九
兩朝獻替記三卷唐李德裕……二五〇
開元升平源記一卷原題唐吳兢　今考定唐陳鴻……二五〇
金鑾密記一卷唐韓偓……二五一
大和辨謗略三卷唐李德裕……二五二

南部新書五卷宋錢希白……二五四
晉公談録三卷宋丁謂……二五四
建炎日曆五卷宋汪伯彦……二五五
五代史闕文一卷宋王禹偁……二五五
英宗朝諸臣傳三卷……二五六
元和朋黨録一卷原題唐馬永易　今考定爲宋人……二五六
東觀奏記三卷唐裴廷裕……二五七
桂苑叢談一卷題馮翊子子休……二五七
耳目記二卷原題劉氏　今考定爲五代劉崇遠……二五八
入洛記一卷蜀王仁裕……二五八
中朝故事二卷南唐尉遲偓……二五九
唐餘録六十卷宋王皞……二五九
唐末汎聞録一卷宋閻自若……二六〇
五代補録五卷宋陶岳……二六〇
呂夏卿兵志三卷宋……二六一

建隆遺事一卷宋王禹偁……二六二
祖宗獨斷一卷宋陸經……二六三
龍飛日曆一卷宋趙普……二六三
聖宋掇遺一卷宋歐陽靖……二六四
景命萬年録一卷藝祖受禪録一卷……二六四
三朝聖政録十卷宋王洙等……二六五
仁宗政要四十卷宋張唐英……二六六
温公紀聞十卷宋司馬光……二六六
筆録一卷宋王曾……二六七
嘉祐時政記一卷宋吳奎等……二六七
隆平集二十卷宋曾鞏……二六七
碧雲騢一卷……二六八
神宗寶訓二十卷宋林慮……二六九
曾相手記三卷宋曾布……二六九
濮王申陳一卷……二七〇

歐陽濮議四卷宋歐陽修……二七〇
王氏日録八十卷宋王安石……二七一
邵氏聞見録二十卷宋邵伯温……二七二
傳信録十卷宋鮮于綽……二七三
金人背盟録七卷宋汪藻圍城雜記一卷宋王彥正避戎夜話一卷原闕名　今考定宋石茂良　金國行程十卷南歸録一卷原闕名　今考定宋沈琯朝野僉言一卷……二七三
順昌録一卷……二七四
紹運圖一卷原闕名　今考定宋諸葛深……二七五

第七卷

僞史類

華陽國志十二卷晉常璩……二七六
蜀梼堂編事二十卷孟蜀楊九齡……二七七
九國志五十一卷宋路振……二七七
十國紀年四十二卷宋劉恕……二七八

外史檮杌十卷宋張唐英……二七九
江南録十卷宋徐鉉等……二八〇
江南別録四卷宋陳彭年……二八一
南唐近事二卷宋鄭文寶……二八一
江南野史二十卷宋龍袞……二八二
戴斗奉使録二卷宋王曙……二八二
生辰國信語録一卷宋寇瑊等……二八二
乘軺録一卷宋路振……二八三
富公語録一卷宋富弼……二八三
張浮休使遼録二卷宋張舜民……二八四
匈奴須知一卷宋田緯……二八四
北遼遺事二卷原闕名　今考定爲遼史愿……二八五
金虜節要一卷原闕名　今考定爲宋張滙……二八六
西夏須知一卷宋劉温潤……二八七
蕃爾雅一卷原闕名　今考定爲宋劉温潤……二八七

雲南行紀二卷唐韋齊休……一八八
雲南志十卷唐樊綽……一八九
至道雲南録三卷宋辛怡顯……一九〇
皇祐平蠻記一卷宋馮炳……一九〇
南蠻録十卷……一九一
西域志十二卷唐僧玄奘……一九一
雞林志三十卷宋王雲……一九二
夏國樞要二卷宋孫巽……一九二
石晉陷蕃記一卷宋范質……一九三
虜廷雜記十卷宋趙志忠……一九四

史評類

劉氏史通二十卷唐劉知幾……一九五
史通析微十卷唐柳璨……一九六
史記索隱三十卷唐司馬貞……一九七

歷代史贊論五十四卷……二九七
唐書直筆四卷宋呂夏卿……二九八
唐書新例須知一卷原闕名　今考定爲宋呂夏卿……二九八
唐書音訓四卷宋竇苹……二九九
唐書音義三十卷……三〇〇
唐史要論十卷宋孫甫……三〇〇
唐鑑二十卷宋范祖禹……三〇一
古史六十卷宋蘇轍……三〇二
兩漢博聞十二卷宋楊侃……三〇二
三劉漢書一卷宋劉敞、劉攽、劉奉世……三〇三
東漢刊誤一卷宋劉攽……三〇四
呂氏前漢論三十卷宋呂大忠……三〇五
晉書指掌十二卷宋劉蕘……三〇五
唐書辨證二十卷宋吳縝……三〇五
五代史纂誤五卷宋吳縝……三〇六

注唐紀十卷題宋樊先生……三〇七
歷代史辨志五卷……三〇七
西漢發揮十卷宋劉涇……三〇八
三國人物論三卷宋楊祐甫……三〇八
唐史評三卷題適適先生……三〇八

職官類

唐六典三十卷唐玄宗……三〇九
中台志十卷原題唐李筌　今考定爲李荃……三一〇
翰林雜志一卷……三一〇
翰林志一卷唐李肇……三一二
翰林盛事一卷唐張著……三一二
翰林續志二卷宋蘇易簡……三一三
金坡遺事三卷宋錢惟演……三一三
御史臺記十二卷唐韓琬……三一四

嘉祐御史臺記五十卷宋馮潔己……三一五
新御史臺記宋宋聖寵……三一五
御史臺彈奏格一卷……三一六
史館故事三卷……三一六
集賢注記二卷唐韋述……三一七
南宮故事一卷……三一八
陳氏宰相拜罷録一卷宋陳繹……三一八
陳氏樞府拜罷録一卷宋陳繹……三一九
執政拜罷録十卷……三一九
百官公卿表一百四十二卷宋司馬光等……三二〇
中書備對十卷宋畢仲衍……三二一
麟臺故事五卷宋程俱……三二二
掖垣叢志二卷宋宋庠……三二三
掖垣續志一卷……三二四
輔弼名對四十卷目録一卷宋劉顔……三二四

將作營造法式三十四卷宋李誡……三二四

第八卷

儀注類

服飾圖三卷唐李德裕……三二六
咸鎬故事一卷唐韋慎微……三二六
景德會計録六卷宋丁謂……三二七
皇祐會計録六卷宋田況……三二八
封禪記五十卷宋丁謂等……三二八
祀汾陰記五十卷宋丁謂……三二九
吉凶書儀二卷宋胡瑗……三二九
本朝事實三十卷宋李攸……三三〇

刑法類

刑統三十卷宋竇儀等……三三〇

金科易覽三卷唐趙綽、蕭緒……三三一
疑獄三卷晉和凝……三三二
天聖編敕三十卷宋宋庠等……三三二
元豐斷例六卷……三三三
元豐廣案二百卷……三三四
諸路將官通用敕二十卷……三三四
紹興敕十二卷令五十卷格三十卷式三十卷政和二年以後赦十五卷宋張守等……三三四
刑統賦二卷宋傅霖……三三五
決獄龜鑑二十卷宋鄭克……三三六
律心四卷……三三七
斷例四卷……三三七

地里類

山海經十八卷……三三八
山海經圖十卷宋舒雅等……三三九

水經四十卷漢桑欽……三四〇
十道志十三卷唐梁載言……三四一
青城山記一卷蜀杜光庭……三四二
廬山記五卷宋陳舜俞……三四二
太平寰宇志二百卷宋樂史等……三四二
圖經宋李昉……三四三
九域志十卷宋王存……三四四
輿地廣記三十八卷宋歐陽忞……三四四
青唐録二卷宋汪藻……三四五
春秋地譜十二卷宋楊湜……三四五
洽聞記三卷唐鄭常……三四六
三輔黄圖三卷……三四六
職方機要四十卷原闕名　今考定爲宋程縯……三四七
渚宮舊事十卷唐余知古……三四八
洛陽伽藍記三卷元魏羊衒之……三四九

南行記三卷石晉王仁裕……三四九
東京記三卷宋宋敏求……三五〇
長安志十卷宋宋敏求……三五〇
河南志二十卷宋宋敏求……三五一
相臺志十二卷宋陳申之……三五二
成都古今記三十卷宋趙抃……三五二
明越風物志七卷宋姜嶼……三五三
蜀記一卷宋張守約……三五三
梁益志十卷宋任弁……三五三
峨眉志三卷宋張開……三五四
零陵記十五卷宋陶岳……三五四
番禺記異五卷宋馮拯……三五五
宜春傳信録三卷宋羅誘……三五六
蜀三神祠碑文五卷宋井度……三五六
袁州孚惠廟録一卷宋張愨……三五七

遊城南記一卷宋張禮……三五七
嘉州志二卷宋呂昌明……三五七
洛陽名園記一卷宋李格非……三五八

第九卷

傳記類

黄帝内傳一卷……三五九
穆天子傳六卷……三六〇
漢武内傳二卷……三六一
漢武故事一卷……三六二
漢武洞冥記五卷漢郭憲……三六三
十洲記一卷題漢東方朔……三六四
襄陽耆舊記五卷晉習鑿齒……三六四
高士傳十卷晉皇甫謐……三六五
閩川名士傳二卷唐黄璞……三六六

王子年拾遺記十卷晉王嘉……三六七
古列女傳八卷續列女傳一卷漢劉向……三六七
孔子編年三卷宋孔傳……三七〇
東家雜記二卷宋孔傳……三七〇
汾陽王家傳十卷唐陳翃……三七〇
翊聖保德傳三卷宋王欽若……三七一
相國鄴侯家傳十卷唐李繁……三七二
晁以道揚雄別傳一卷宋晁說之……三七二
忠臣逆臣傳三卷宋楊堯臣……三七三
補江總白猿傳一卷……三七三
綠珠傳一卷宋樂史……三七三
趙飛燕外傳一卷漢伶玄……三七四
楊貴妃外傳二卷宋樂史……三七四
登科記三十卷宋樂史……三七五
唐制舉科目圖一卷原闕名　今考定爲宋蔡元翰……三七五

宋登科記三卷……三七六
柳氏序訓一卷唐柳玭……三七六
張忠定公語録四卷宋李畋……三七七
西李文正公談録一卷宋李宗諤……三七七
魏國忠獻公別録三卷宋王嵓叟……三七八
鍾山日録二十卷宋王安石……三七八
嘉祐名臣傳五卷宋張唐英……三七九
開元天寶遺事四卷五代王仁裕……三八〇
明皇幸蜀記兩卷唐宋巨……三八〇
吳湘事迹録一卷……三八〇
唐宋科名分定録三卷……三八一
降聖記五十卷宋丁謂……三八二
先天紀三十六卷宋王欽若……三八二
民表録三卷宋胡納……三八三
賢惠録三卷宋胡納……三八四

萊公勳烈一卷宋寇宗奭……三八四
王魏公遺事四卷宋王素……三八四
王文正公言行録三卷宋王皞……三八五
韓魏公家傳二卷宋韓忠彦……三八六
潛德録一卷……三八七
文潞公私記一卷宋文彦博……三八七
列仙傳二卷漢劉向……三八八
神仙傳十卷晉葛洪……三八八
王氏神仙傳四卷蜀杜光庭……三八九
高僧傳六卷原題梁僧惠敏 今考定爲梁僧慧皎……三八九
又高僧傳十四卷梁僧慧皎……三九〇
續高僧傳三十卷唐僧道宣……三九一
求法高僧傳二卷唐僧義淨……三九二
比丘尼傳四卷梁僧寶唱……三九三
僧寶傳三十二卷宋僧德洪……三九四

譜牒類

姓源韻譜一卷唐張九齡……三九五
元和姓纂十一卷唐林寶……三九六
千姓編三卷原闕名　今考定爲宋吳可幾……三九七
闕里世系一卷宋孔宗翰……三九八
釋迦氏譜十卷原題唐釋僧祐　今考定僧祐爲梁人……三九八
鮮于氏卓絕譜一卷唐喬琳……三九九

書目類

藝文志見闕書目一卷……四〇〇
吳氏西齋書目一卷唐吳兢……四〇〇
文選著作人名三卷唐常寶鼎……四〇一
十三代史目三卷唐殷仲茂……四〇二
崇文總目六十四卷宋王堯臣等……四〇二

大宋史館書目一卷……四〇四
邯鄲圖書志十卷宋李淑……四〇五
開元釋教録三十卷唐僧智昇……四〇六
道藏書目一卷宋鄧自和……四〇七
成都刻石總目三秩宋劉涇……四〇七
田氏書目六卷宋田鎬……四〇七
羣書備檢十卷原闕名　今考定爲宋石延慶、馮至游……四〇八

第十卷

子類總論

儒家類

曾子二卷……四一一
子思子七卷魯孔伋……四一三

趙岐孟子十四卷漢……四一四
孟子音義二卷宋孫奭等……四一六
石經孟子十四卷宋席旦刊……四一七
點注孟子十四卷宋張簡……四一八
五臣解孟子十四卷宋范祖禹等……四一八
伊川解孟子十四卷宋程頤……四一九
橫渠孟子解十四卷宋張載……四一九
百家孟子解十二卷……四二〇
王安石解孟子十四卷王雱解孟子十四卷許允成解孟子十四卷宋……四二〇
刪孟二卷宋馮休……四二〇
疑孟一卷宋司馬光……四二一
楊倞注荀子二十卷唐……四二三
董子一卷周董無心……四二四
新書十卷漢賈誼……四二四
太玄經十卷漢揚雄……四二五

范氏注太玄經解十卷 吳范望 …… 四二六
説玄一卷 唐王涯 …… 四二七
宋惟幹太玄解十卷 宋 …… 四二八
徐庸注太玄經解十卷 宋 …… 四二八
章氏太玄經注十四卷疏三十卷 宋章詧 …… 四二九
陳漸演玄十卷 宋 …… 四三〇
太玄淵旨一卷 宋張揆 …… 四三一
太玄經疏十八卷 宋郭元亨 …… 四三一
温公集注太玄經十卷 宋司馬光 …… 四三二
易玄星紀圖一卷 宋晁説之 …… 四三三
李氏注法言十三卷 晉李軌 …… 四三四
温公集注法言十三卷 宋司馬光 …… 四三五
新序十卷 漢劉向 …… 四三五
説苑二十卷 漢劉向 …… 四三七
鹽鐵論十卷 漢桓寬 …… 四三八

潛夫論十卷漢王符……四四〇
中論二卷漢徐幹……四四一
家訓七卷北齊顏之推……四四二
續家訓八卷宋董正功……四四二
家範十卷宋司馬光……四四三
阮逸注中説十卷宋……四四三
元經十卷隋王通……四四五
帝範一卷唐太宗……四四六
臣範二卷唐武后……四四七
大和辨謗略三卷唐李德裕……四四七
法語二十卷南唐劉鶚……四四八
聱隅子歔欷瑣微論十卷宋黄晞……四四八
弟子記一卷宋劉敞……四四九
潛虚一卷宋司馬光……四五〇
周子通書一卷宋周敦頤……四五〇

正蒙書十卷宋張載……四五一
帝學十卷宋范祖禹……四五一
漁樵對問一卷宋張載……四五二
程氏雜説十卷宋程頤……四五三
信聞記一卷宋張載……四五四
理窟二卷題金華先生……四五四
儒言一卷宋晁説之……四五四

第十一卷

道家類

鬻子一卷楚鬻熊……四五六
老子道德經二卷周李耳……四五七
河上公注老子二卷漢……四六〇
明皇老子注二卷疏六卷唐玄宗……四六二

三十家注老子八卷唐張君相……四六四
老子指歸十三卷漢嚴遵……四六八
老子略論一卷魏王弼……四六九
御注老子二卷宋徽宗……四六九
温公道德論述要二卷宋司馬光……四七〇
王安石注老子二卷王雱注二卷吕惠卿注二卷陸佃注二卷劉仲平注二卷宋……四七一
吕氏老子注二卷宋吕大臨……四七二
蘇子由注老子二卷宋蘇轍……四七二
劉巨濟注老子二卷宋劉涇……四七四
李暹注文子十二卷元魏……四七四
默希子注文子十二卷唐徐靈府……四七五
朱玄注文子十二卷唐……四七六
張湛注列子八卷晉……四七六
列子釋文一卷唐殷敬順……四七八
郭象注莊子十卷晉……四七八

成玄英莊子疏三十三卷唐……四八〇
文如海莊子疏十卷唐……四八二
呂吉甫注莊子十卷宋呂惠卿……四八二
王元澤注莊子十卷宋王雱……四八三
東坡廣成子解一卷宋蘇軾……四八三
鶡冠子八卷……四八三
亢倉子二卷……四八五
素書一卷題黄石公……四八六
無盡居士注素書一卷宋張商英……四八七
七賢注陰符經一卷李筌注陰符經一卷唐李筌……四八七
天機子一卷……四八九
無能子三卷……四九〇
四子治國樞要四卷唐范乾九……四九〇

法家類

管子二十四卷齊管仲……四九一
韓非子二十卷韓非……四九三
商子五卷秦公孫鞅……四九四

名家類

尹文子二卷周尹文……四九五
鄧析子二卷鄭鄧析……四九七
人物志三卷魏劉劭……四九九

墨家類

墨子十五卷宋墨翟……五〇〇
晏子春秋十二卷齊晏嬰……五〇〇

縱横家類

鬼谷子三卷……五〇二
戰國策三十三卷……五〇六

第十二卷

雜家類

吕氏春秋二十六卷秦吕不韋……五〇八
淮南子二十一卷漢劉安……五〇九
子華子十卷題晉程本……五一一
孔叢子七卷楚孔鮒……五一二
風俗通義十卷漢應劭……五一三
論衡三十卷漢王充……五一四
抱朴子外篇十卷晉葛洪……五一五
金樓子十卷梁元帝……五一六

劉子三卷齊劉晝……五一七
長短經十卷唐趙蕤……五一八
意林三卷唐馬總……五一九
炙轂子雜録注解五卷唐王叡……五一九
致理書十卷唐朱朴……五二〇
事始三卷唐劉孝孫等……五二〇
續事始五卷蜀馮鑑……五二一
事原録三十卷宋朱繪……五二二
宋齊丘化書六卷題南唐宋齊丘 今考定宋譚峭撰……五二二
格言五卷南唐韓熙載……五二三
兩同書兩卷唐羅隱……五二四
物類相感志十卷宋僧贊寧……五二五
王氏雜説十卷宋王安石……五二五
汲世論一卷……五二六
馭臣鑒古二十卷宋鄧綰……五二六

農家類

齊民要術十卷元魏賈思勰……五二七

四時纂要五卷唐韓諤……五二八

保生月録一卷唐韋行規……五二九

歲華紀麗四卷唐韓諤……五二九

荆楚歲時記四卷梁宗懍……五三〇

輦下歲時記一卷唐李綽……五三一

國朝時令十二卷宋賈昌朝……五三二

茶經三卷唐陸羽……五三二

顧渚山記二卷唐陸羽……五三三

煎茶水記一卷唐張又新……五三三

茶譜一卷蜀毛文錫……五三三

建安茶録三卷宋丁謂……五三四

北苑拾遺一卷宋劉異……五三四

補茶經一卷又一卷宋周絳……五三五
試茶録二卷宋蔡襄……五三六
東溪試茶録一卷宋宋子安……五三六
吕惠卿建安茶記一卷宋……五三七
聖宋茶論一卷宋徽宗……五三七
茶雜文一卷……五三八
竹譜一卷戴凱之……五三八
筍譜三卷題宋僧惠崇　今考定爲宋僧贊寧……五三九
平泉草木記一卷唐李德裕……五三九
荔支譜一卷荔支故事一卷宋蔡襄……五四〇
牡丹譜一卷宋歐陽修……五四〇
續酒譜十卷唐鄭遨……五四〇
忘懷録三卷宋沈括……五四一
酒經三卷宋朱肱……五四二

第十三卷

小説類

周盧注博物志十卷盧氏注六卷晉張華……五四三
世説新語十卷重編世説十卷宋劉義慶……五四四
殷芸小説十卷梁……五四六
述異記二卷梁任昉……五四六
卓異記一卷唐李翺……五四七
異聞集十卷唐陳翰……五四八
博異志一卷原題谷神子　今考定唐鄭還古……五四八
集異記二卷唐薛用弱……五四九
陸氏集異記二卷唐陸勳……五四九
稽神異苑十卷題南齊焦度……五五〇
宣室志十卷唐張讀……五五一
玄怪録十卷唐牛僧孺……五五一

續玄怪録十卷唐李復言……五五一
周秦行紀一卷……五五二
洽聞記三卷題唐鄭常……五五二
甘澤謡一卷唐袁郊……五五三
河東記三卷唐薛漁思……五五三
酉陽雜俎二十卷續酉陽雜俎十卷唐段成式……五五四
傳奇三卷唐裴鉶……五五五
稽神録六卷南唐徐鉉……五五五
乘異記三卷宋張君房……五五六
括異記十卷宋張師正……五五六
祖異志十卷宋聶田……五五七
洛中紀異十卷宋秦再思……五五八
洞微志十卷宋錢易……五五八
太平廣記五百卷宋李昉等……五五八
鹿革事類三十卷鹿革文類三十卷宋蔡蕃……五五九

唐語林十卷原闕名 今考定爲宋王讜……五五九
史話三卷……五六〇
因話録六卷唐趙璘……五六〇
劇談録三卷唐康駢……五六〇
樹萱録一卷……五六一
資暇三卷唐李匡文……五六二
芝田録一卷……五六三
封氏見聞記五卷唐封演……五六三
松窗録一卷唐韋叡……五六三
朝野僉載補遺三卷唐張鷟……五六四
幽閒鼓吹一卷唐張固……五六五
朝廷卓絶事一卷唐陳岠……五六五
戎幕閒談一卷唐韋絢……五六五
杜陽雜編三卷唐蘇鶚……五六六
雲谿友議三卷唐范攄……五六六

譚賓録十卷唐胡璩……五六六
金華子三卷原題唐劉崇遠　今考定當爲南唐人……五六七
乾𦠆子三卷唐温庭筠……五六八
摭言十五卷唐王定保……五六八
北里志一卷唐孫棨……五六九
劉公嘉話録一卷唐韋絢……五六九
尚書故實一卷唐李綽……五七〇
家學要録一卷唐柳珵……五七〇
常侍言旨一卷唐柳珵……五七一
北夢瑣言二十卷荆南孫光憲……五七一
皮氏見聞録五卷五代皮光業……五七二
鑑誡録十卷後蜀何光遠……五七二
賈氏談録一卷南唐張洎……五七三
楊文公談苑八卷宋宋庠……五七四
景文筆録三卷宋宋祁……五七四

歸田録六卷宋歐陽修……五七五
該聞録十卷宋李畋……五七五
江鄰幾雜誌三卷宋江休復……五七七
開談録二卷宋蘇耆……五七七
東齋記十卷宋范鎮……五七八
春明退朝録三卷宋宋敏求……五七八
南遷録二卷宋張舜民……五七九
孔氏雜説記一卷原題宋孔武仲　今考定爲孔文仲……五七九
筆談二十六卷宋沈括……五八〇
龍川畧志六卷龍川別志四卷宋蘇轍……五八〇
古今前定録二卷宋尹國均……五八一
牧豎閒談三卷原題宋景溪　今考定爲景煥……五八二
郡閣雅言一卷宋潘若沖……五八二
祕閣雅談五卷宋吳淑……五八三
幕府燕閒録十卷宋畢仲詢……五八三

澠水燕談十卷原題宋王闢　今考定爲王闢之……五八四
傅公嘉話一卷……五八四
曾公南遊記一卷……五八五
搢紳脞說二十卷原題宋張唐英　今考定爲張君房……五八五
稗官志一卷宋吕大辨……五八六
倦遊雜録八卷宋張師正……五八六
東軒筆録十五卷續録一卷宋魏泰……五八七
師友談記一卷宋李廌……五八七
青箱雜記十卷宋吴處厚……五八八
緗素雜記十卷宋黄朝英……五八八
湘山野録四卷宋僧文瑩……五八九
冷齋夜話六卷宋僧惠洪……五九〇
茅亭客話十卷宋黄休復……五九〇
玉壺清話十卷宋僧文瑩……五九一
衣冠嘉話一卷……五九一

遯齋閒覽十四卷宋陳正敏 …… 五九一
褒善録一卷宋王蓍 …… 五九二
吉凶影響録十卷宋岑象求 …… 五九二
勸善録六卷宋周明寂 …… 五九三
勸善録拾遺十五卷 …… 五九三
雞跖集十卷 …… 五九四
二百家事類六十卷 …… 五九四
紺珠集十三卷宋朱勝非 …… 五九五
類説五十六卷宋曾慥 …… 五九五
漁樵閒話二卷 …… 五九六
麗情集二十卷宋張君房 …… 五九七
雲齋廣録十卷宋李獻民 …… 五九七
青瑣高議十八卷原闕名　今考定爲宋劉斧 …… 五九七
説神集二卷 …… 五九八
漫叟見聞一卷 …… 五九八

劉餗小說十卷唐 …… 五九九
補妬記一卷 …… 六〇〇
後山詩話二卷宋陳師道 …… 六〇〇
續詩話一卷宋司馬光 …… 六〇〇
歐公詩話一卷宋歐陽修 …… 六〇一
東坡詩話二卷宋蘇軾 …… 六〇一
中山詩話三卷宋劉攽 …… 六〇一
詩眼一卷宋范溫 …… 六〇二
歸叟詩話六卷宋王直方 …… 六〇二

天文類

司天考占星通玄寶鏡一卷 …… 六〇三
甘石星經一卷漢甘公、石申 …… 六〇四
景祐乾象新書三卷原闕名　今考定宋楊惟德等 …… 六〇五
步天歌一卷 …… 六〇五

列宿圖一卷原闕名　今考定宋張宋臣　天象分野圖一卷……六〇六

星曆類

合元萬分曆一卷原題唐曹氏　今考定爲曹士蔿……六〇七
曆法一卷……六〇八
刻漏圖一卷宋燕肅……六〇八
百中經三卷……六〇八
集聖曆四卷宋楊可……六〇九

第十四卷

五行類

廣古今五行志三十卷原題唐竇繼　今考定爲竇惟鎣……六一〇
八五經三卷……六一一
青囊補注三卷晉郭璞……六一二
撥沙經一卷唐呂才……六一三

青囊本旨一卷……六一四
洞林別訣一卷尋龍入式一卷宋范越鳳、司空珽……六一四
會元經二十四卷原題孫季邕不明時代 今考定爲唐人……六一四
金瑣正要一卷玄談經一卷錦囊遺録一卷五行統例一卷……六一五
五音地理新書三十卷唐僧一行……六一五
秤星經三卷……六一六
周易十二論一卷……六一七
珞琭子三命一卷……六一七
珞琭子疏五卷原題宋李全、東方明 今考定爲李仝、東方明……六一九
李虚中命書三卷唐……六二〇
河圖天地二運賦一卷……六二〇
五命祕訣一卷宋林開……六二一
常陽經一卷……六二一
六壬要訣一卷……六二二
六壬課鈐一卷……六二二

玉關歌一卷……六二三
三十二家相書三卷……六二三
月波洞中記一卷……六二四
袖中紀一卷宋李唐濬……六二四
羣書古鑒一卷……六二五
靈龜經一卷原題史蘇時代失考　今考定爲春秋晉人……六二五
遁甲萬一訣一卷題唐李靖……六二六
遁甲經一卷唐胡乾……六二六
鮮鶚經十卷……六二七
八神筮法二卷……六二八
靈棊經二卷漢東方朔……六二八
占燈法一卷唐李淳風……六三〇
觀燈法一卷唐李淳風……六三〇
紫堂訣三卷題紫堂先生……六三〇

兵家類

六韜六卷周呂望……六三一
魏武注孫子一卷魏武帝……六三二
李筌注孫子三卷唐……六三三
杜牧注孫子三卷唐……六三三
陳皞注孫子三卷唐……六三三
紀燮注孫子三卷唐……六三四
梅聖俞注孫子三卷宋梅堯臣……六三四
王皙注孫子三卷宋……六三四
何氏注孫子三卷原闕名　今考蓋何延錫……六三五
吳子三卷魏吳起……六三五
司馬法三卷齊司馬穰苴……六三六
黃石公三略三卷……六三六
尉繚子五卷……六三七

張橫渠注尉繚子一卷宋張載……六三八
武侯十六策一卷蜀諸葛亮……六三八
庾袞保聚圖一卷晉……六三九
李衛公對問三卷唐李靖……六三九
郭元振安邊策三卷唐……六四〇
李臨淮武記一卷唐李光弼……六四〇
人事軍律三卷宋符彥卿……六四一
神武祕署十卷宋仁宗……六四二
左氏要類宋韓迪……六四二
武經聖署十五卷宋王洙……六四三
武經總要四十卷宋曾公亮、丁度……六四三
百將傳十卷宋張預……六四四
兵要望江南一卷……六四五
倚馬立成法二卷題唐李淳風……六四六

類書類

同姓名録三卷梁元帝……六四六
古今刀劍録一卷梁陶弘景……六四七
古人姓字相同録一卷唐丘光庭……六四八
藝文類聚一百卷唐歐陽詢等……六四八
北堂書鈔一百七十三卷唐虞世南……六四九
兔園策十卷唐虞世南……六五〇
初學記三十卷唐徐堅等……六五一
集類一百卷唐劉綺莊……六五一
六帖三十卷唐白居易……六五二
通典二百卷唐杜佑……六五三
記室新書三十卷唐李途……六五四
古鏡記一卷……六五四
慽苑英華十卷原題唐楊名、袁悦　今考定唐劉揚名、袁悦……六五四

三教珠英三卷唐張昌宗等……六五五
備擧文言二十卷唐陸贄……六五六
童子洽聞記三卷唐許塾……六五六
骨鯁集二十卷宋……六五六
古城冢記二卷唐皇甫鑒……六五七
小名録三卷唐陸龜蒙……六五七
備忘小鈔十卷蜀文谷……六五八
唐會要一百卷宋王溥……六五八
五代會要三十卷宋王溥等……六五九
三朝國朝會要一百五十卷宋章得象等……六五九
六朝國朝會要三百卷宋王珪……六六〇
節國朝會要十二卷宋范師道……六六〇
太平總類一千卷宋李昉等……六六一
職林二十卷宋楊侃……六六二
册府元龜一千卷宋王欽若等……六六二

類要六十五卷宋晏殊……六六三
書林韻海一百卷……六六四
異號録二十卷宋馬永易……六六四
禁殺録一卷宋李象先……六六五
文房四譜五卷宋蘇易簡……六六五
錢譜十卷宋李孝美……六六六
貨錢録一卷宋陶岳……六六七
續錢譜十卷宋董逌……六六七
墨譜一卷宋黄秉……六六八
硯譜二卷宋唐詢……六六八
古鼎記一卷原題唐吳協　今考蓋梁虞荔……六六九
香譜一卷宋洪芻……六七〇
印格一卷原題宋晁克一　今考定爲楊克一……六七〇
侍女小名録一卷宋王銍……六七一
蒙求三卷唐李瀚……六七二

魯史分門屬類賦三卷宋楊鈞……六七二
左氏蒙求三卷……六七三
左氏綱領四卷宋文濟道……六七四
仙苑編珠二卷唐王松年……六七四
國史對韻十二卷宋范鎮……六七五
孝悌類鑒七卷宋俞觀能……六七五
兩漢蒙求五卷原闕名　今考定爲宋劉珏　唐史屬辭五卷原闕名　今考定爲宋程鵬　南北史蒙求十卷……六七六
書叙指南二十卷原題宋任淺　今考定爲任廣……六七六
押韻五卷宋張孟……六七七
歌詩押韻五卷宋楊咨……六七七

第十五卷

藝術類

古畫品録一卷南齊謝赫……六七九
續畫記一卷題唐李嗣真……六八〇

後畫録一卷唐僧彦悰……六八一
名畫獵精六卷唐張彦遠……六八一
五代名畫補遺一卷原題宋劉道成 今考定爲劉道醇……六八二
名畫見聞志六卷宋郭若虚……六八三
書畫史二卷宋米芾……六八四
聖朝名畫評三卷原題宋劉道成 今考定爲劉道醇……六八四
益州名畫録三卷宋黄休復……六八五
射評要略一卷題漢李廣……六八六
嚴悟射訣一卷唐王思永……六八六
益津射格一卷宋錢師益……六八七
投壺經一卷唐上官儀等……六八七
木射圖一卷原題唐陸秉 今考疑當作陸秉……六八八
温公投壺新格一卷宋司馬光……六八八
九章算經九卷……六八八
求一算經一卷……六八九

六問算法五卷原題宋龍受益　今考龍受益爲唐人……六九〇
應用算三卷宋蔣舜元……六九〇
象棋一卷宋尹洙……六九〇
温公七國象棋一卷宋司馬光……六九一
摴蒱經一卷摴蒱格一卷……六九一
釣鼇圖一卷……六九二
采珠局一卷……六九二
彈棋經一卷……六九二
捉卧甕人事數一卷宋李庭中……六九三
雙陸格一卷……六九四
葉子戲格一卷……六九五
三國圖格一卷金龍戲格一卷打馬格一卷旋棋格一卷……六九五
漢官儀采選一卷原題宋劉敞　今考定爲劉攽……六九六
忘憂集三卷宋劉仲甫……六九七
相鶴經一卷題浮丘公……六九八

相馬經二卷伯樂……六九九
相馬經一卷……六九九
黄帝醫相馬經三卷唐穆𠪚……七〇〇
育駿方三卷……七〇〇
相牛經一卷……七〇一

醫書類

黄帝素問二十四卷……七〇一
靈樞經九卷……七〇三
吕楊注八十一難經五卷秦越人……七〇四
丁德用注難經五卷宋……七〇五
虞庶注難經五卷宋……七〇六
金匱玉函經八卷漢張仲景……七〇六
仲景傷寒論十卷漢張仲景……七〇八
脈經三卷題黄帝……七〇八

王叔和脈經十卷晉……七〇八
脈訣一卷題晉王叔和……七一〇
巢氏病源候論五卷隋巢元方等……七一〇
雷公炮炙三卷劉宋雷斅……七一一
天元玉策二十卷唐王砅……七一二
金寶鑑三卷衛嵩……七一三
寶藏暢微論三卷五代軒轅述……七一三
聖濟經十卷宋徽宗……七一四
通真子傷寒訣一卷……七一五
傷寒百問三卷原題無求子　今考定宋朱肱……七一六
運氣論奥三卷宋劉温舒……七一六
脈粹一卷宋蕭世基……七一七
南陽活人書二十卷宋朱肱……七一七
存真圖一卷宋楊介……七一八
補注神農本草二十卷宋掌禹錫等……七一九

圖經本草二十卷目録一卷宋蘇頌等……七二〇
證類本草三十二卷宋唐慎微……七二〇
本草廣義二十卷宋寇宗奭……七二一
子午經一卷題扁鵲……七二三
銅人針灸圖三卷宋王惟德……七二三
明堂針灸圖三卷……七二三
點烙三十六黄經一卷……七二四
千金方三十卷唐孫思邈……七二四
千金翼方三十卷唐孫思邈……七二五
外臺祕要方四十卷唐王燾……七二六
産寶二卷唐昝殷……七二七
龍樹眼論三卷……七二八
太平聖惠方一百卷宋王懷隱等……七二八
太醫局方三卷……七二九
和劑局方十卷……七二九

沈存中良方十卷宋沈括……七三〇
靈苑方二十卷宋沈括……七三一
王氏博濟方五卷宋王袞……七三一
錢氏小兒方八卷宋錢乙……七三二
養生必用方十六卷宋初虞世……七三三
嬰童寶鏡十卷題栖真子……七三四
小兒靈祕方十三卷……七三四
傷寒證治三卷宋王實……七三四
小兒玉訣一卷……七三五
孫尚祕寶十卷宋孫用和……七三五
楊子護命方五卷通神論十四卷宋楊退修……七三六

第十六卷

神仙類

度人經三卷題元始天尊……七三七

大洞真經一卷題高上虛皇君等……七三八
黄庭内景經一卷……七四〇
黄庭外景經三卷……七四一
真誥十卷梁陶弘景……七四三
西昇經四卷題天上真人尹君……七四四
韋注西昇經二卷唐韋處玄……七四四
同玄注西昇經四卷唐沖玄子……七四五
徐注西昇經二卷徐道邈……七四六
步虛經一卷……七四六
定觀經一卷……七四七
内觀經一卷題老子……七四七
老子化胡經十卷……七四八
太清經一卷……七四九
天蓬神呪一卷……七四九
登真隱訣二十五卷梁陶弘景……七四九

神仙可學論一卷唐吳筠……七五〇
坐忘論一卷唐司馬承禎……七五一
天隱子一卷……七五一
抱朴子內篇二十卷晉葛洪……七五二
雲笈七籤一百二十卷宋張君房等……七五二
羣仙會真記五卷唐施肩吾……七五三
彭曉注參同契三卷蜀……七五三
張隨注參同契三卷宋……七五四
參同契太易圖一卷……七五五
混元內外鑒二卷延壽經一卷……七五五
玉皇聖胎神用訣一卷郎肇注……七五六
太上說魂魄經二卷題老子……七五六
無上祕要九十五卷原題元始天尊　今考爲北周宇文邕……七五七
葛仙翁胎息術一卷原題葛洪　今考爲葛玄……七五七
太清服氣口訣一卷太起經一卷閉氣法一卷太上指南歌一卷題老子……七五八

食氣經一卷題太皇子……七五八
導引養生圖一卷梁陶弘景……七五八
天真皇人九仙經一卷……七五八
陰符内丹經一卷題老子……七五九
日月元樞論一卷唐劉知古……七六〇
大還丹契祕圖一卷題草衣洞真子玄……七六〇
紫陽金碧經二卷題皇元真人……七六一
金碧潛通一卷題長白山人元陽子……七六一
還丹歌一卷題元陽子……七六二
龍虎通元要訣一卷蘇元朗……七六三
胎息祕訣一卷唐僧遵化……七六四
易成子大丹訣一卷彭仲堪……七六四
青牛道士歌一卷……七六四
八段錦一卷……七六五
高象先歌一卷高先……七六五

金丹訣一卷宋張瑾……七六五
真一子還丹金鑰一卷太清火式經一卷九天玄路祕論一卷靈源銘一卷太清爐鼎斤兩訣一卷……七六六
玉芝書三卷宋陳學……七六六
授道志一卷宋楊谷……七六七
通玄祕要悟真篇一卷宋張用成……七六七
養生丹訣一卷宋皇甫士安……七六八
歸正議九卷宋林靈素……七六八
釋書類
四十二章經一卷……七六九
華嚴經合論一百二十卷唐李通玄……七七〇
華嚴經清涼疏一百五十卷唐僧澄觀……七七一
華嚴決疑論四卷唐李通玄……七七二
華嚴經略一卷唐僧澄觀……七七二

法界觀一卷唐僧杜順……七七二
華嚴起信文一卷唐僧善孜……七七三
華嚴經百門義海二卷唐僧法藏……七七三
華嚴奥旨一卷唐僧法藏……七七四
法界撫要記四卷宋僧遵式……七七四
法界披雲集一卷原題宋僧道遹　今考定爲道通……七七四
華嚴呑海集一卷宋僧道通……七七五
注維摩詰所説經十卷……七七五
法華言句二十卷唐僧智顗……七七七
金剛經會解一卷唐僧宗密等……七七七
禪宗金剛經解一卷宋安保衡……七七八
六祖解金剛經一卷唐僧惠能……七七八
楞伽經四卷……七七九
圓覺經疏三卷唐僧宗密……七八〇
六祖解心經一卷唐僧慧能……七八〇

忠國師解心經一卷唐僧慧忠……七八一
心經會解一卷唐僧玄奘等……七八一
楞嚴經疏二十卷僧彼岸等……七八二
楞嚴標旨十卷宋僧曉月……七八二
會解楞嚴經十卷宋井度……七八三
修己金剛經旨要一卷宋僧修己……七八三
景德傳燈録三十卷宋僧道原……七八四
玉英集十五卷宋王隨……七八五
天聖廣燈録三十卷宋李遵勗……七八六
分燈集二十五卷宋井度……七八六
靖國續燈録三十卷宋僧惟白……七八六
禪苑瑶林一百卷宋井度……七八七
龐蘊語録十卷唐……七八八
雪竇頌古八卷宋僧道顯……七八八
古塔主語録三卷宋僧道古……七八九

碧巖集十卷宋僧克勤……七八九
肇論四卷姚秦僧洪肇……七八九
觀心論一卷北魏菩提達磨……七九〇
百法論一卷唐僧玄奘……七九〇
起信論一卷唐僧宗密等……七九一
辨正論八卷唐釋法琳……七九一
破邪論二卷唐釋法琳……七九二
甄正論三卷……七九三
輔教編五卷宋僧契嵩……七九三
玄聖蘧廬二卷唐李繁……七九四
原人論一卷唐僧宗密……七九四
宗鏡録一百卷宋僧延壽……七九五
六祖壇經三卷唐僧惠昕……七九六
釋氏要覽三卷原題宋僧道成　今考定爲僧道誠……七九七
錦囊集一卷宋僧瑞光……七九七

弘明集十四卷梁釋僧祐……七九八
廣弘明集三十卷唐僧道宣……七九八
林間録四卷宋僧德洪……七九九

第十七卷

集類總論

楚辭類

楚辭十七卷後漢王逸……八〇三
楚辭釋文一卷……八〇五
補注楚辭十七卷考異一卷原闕名　今考爲宋洪興祖……八〇六
重編楚辭十六卷宋晁補之……八〇七
續楚辭二十卷宋晁補之……八〇八
變離騷二十卷宋晁補之……八〇九

別集類上

蔡邕集十卷漢……八〇九
曹植集十卷以下魏……八一〇
王粲集八卷……八一二
阮籍集十卷……八一四
嵇康集十卷……八一四
張華集三卷以下晉……八一五
陸機集十卷……八一五
陸雲集十卷……八一七
陶潛集十卷……八一七
鮑照集十卷宋……八一九
謝朓集十卷齊……八二一
謝惠連集五卷宋……八二三
吳均集三卷以下梁……八二三

江淹集十卷……八二四
何遜集二卷……八二四
庾信集二十卷周……八二五
陰鏗集一卷陳……八二六
揚雄集三卷漢……八二六
王績東皋子集五卷以下唐……八二七
楊炯盈川集二十卷……八二八
王勃集二十卷……八三〇
盧照隣幽憂子集十卷……八三〇
駱賓王集十卷……八三一
蘇頲許公集二十卷……八三二
陳子昂集十卷……八三三
宋之問考功集十卷……八三四
沈佺期集五卷……八三五
杜審言集一卷……八三六

張說集三十卷……八三六
李嶠集一卷……八三七
張九齡曲江集二十卷……八三八
王維集十卷……八三九
儲光羲集五卷……八四〇
王昌齡詩六卷……八四一
常建集一卷……八四二
劉長卿集十卷……八四三
顏真卿文一卷……八四四
蕭穎士集十卷……八四四
張鷟龍筋鳳髓判十卷……八四六
孟浩然詩一卷……八四六
嚴從中黄子三卷……八四七
李翰林集二十卷李白……八四八
岑參集十卷……八五〇

李嘉祐詩二卷……八五一
高適集十卷集外文一卷別詩一卷……八五一
賈至集十卷……八五二
錢起詩二卷……八五四
元子十卷琦玕子一卷文編十卷元結……八五五
韓翃詩五卷……八五六
杜甫集二十卷集外詩一卷注杜詩二十卷蔡興宗編杜詩二十卷趙次公注杜詩五十八卷……八五七
吳筠宗元先生集十卷……八五八
獨孤及毘陵集二十卷……八五九
皇甫冉詩二卷……八六〇
郎士元詩一卷……八六〇
顧況集二十卷……八六一
陳蜕詩一卷……八六二
盧綸詩一卷……八六三
耿緯詩二卷……八六三

韋應物集十卷……八六四
李端司馬集三卷……八六五
李益詩一卷……八六六
陸贄奏議十二卷翰苑集十卷……八六七
王建詩十卷……八七〇
柳郯詩一卷……八七〇
武元衡臨淮集二卷……八七一
羊士諤詩一卷……八七二
麴信陵集一卷……八七二
楊巨源詩一卷……八七三
歐陽詹集十卷……八七四
韓愈集四十卷集外文一卷……八七六
李絳論諫集七卷……八七七
李觀文編三卷外集二卷……八七八
柳宗元集三十卷集外文一卷……八八〇

劉禹錫集三十卷外集十卷……八八二
孟郊詩集十卷……八八三
呂温集十卷……八八五
李翺集十八卷……八八五
張籍詩集五卷……八八六

第十八卷

別集類中

白居易長慶集七十一卷……八八八
戴叔倫述稿十卷外詩一卷書狀一卷……八九一
權德輿集五十卷……八九二
符載集十四卷……八九三
張登集六卷……八九四
戎昱集三卷……八九五
元稹長慶集六十卷外集一卷……八九六

皇甫湜文六卷……八九七
李紳追昔遊三卷……八九八
鮑溶詩五卷……八九九
朱儆詩一卷……九〇一
沈亞之集十卷……九〇二
姚合詩十卷……九〇三
施肩吾西山集五卷……九〇四
李賀集四卷外集一卷……九〇五
盧仝詩一卷……九〇六
劉乂詩一卷 原題劉义 今考爲劉叉……九〇六
斷金集一卷李逢吉、令狐楚……九〇七
杜牧樊川集二十卷外集一卷……九〇七
許渾丁卯集二卷……九〇八
李涉歌詩一卷……九〇九
雍陶詩五卷……九一〇

李商隱樊南甲集二十卷乙集二十卷又文集八卷……九一〇
李德裕會昌一品集二十卷姑臧集五卷平泉詩一卷窮愁志三卷別集八卷又賦一卷……九一一
陳黯文集三卷……九一三
劉得仁詩集一卷……九一三
劉綺莊歌詩四卷……九一四
薛逢歌詩二卷……九一五
鄭畋集五卷……九一六
趙嘏渭南詩三卷……九一七
孟遲詩一卷……九一七
薛能集十卷……九一八
李郢端公詩一卷……九一九
鄭嵎津陽門詩一卷……九二〇
劉滄詩一卷……九二〇
孫樵經緯集三卷……九二一
李羣玉詩一卷……九二一

張祜詩一卷……九二二
陳陶集二卷……九二三
于武陵詩一卷……九二三
令狐楚表奏十卷……九二三
温庭筠金荃集七卷外集一卷……九二四
皮日休文藪十卷……九二四
司空圖一鳴集三十卷……九二五
唐彥謙鹿門詩一卷……九二六
曹唐詩一卷……九二七
秦韜玉投知小録三卷……九二七
雲臺編三卷宜陽外編一卷鄭谷……九二八
陸龜蒙笠澤叢書四卷……九二九
韓偓詩二卷香匳集一卷……九三一
李洞詩一卷……九三二
杜荀鶴唐風集十卷……九三二

程晏集六卷……九三三
孫郃文纂一卷……九三三
朱朴致理書十卷……九三四
曹松詩一卷……九三四
裴説詩一卷……九三五
羅虬比紅兒詩一卷……九三五
方干詩集一卷……九三六
沈顔聲書十卷原題唐沈顔　今考沈顔乃五代吴人……九三七
王德輿詩一卷……九三八
沈彬集一卷南唐……九三八
胡笳十八拍一卷唐劉商……九三九
熊皦屠龍集五卷晉……九三九
鼎國詩三卷後唐李雄……九四〇
羅隱甲乙集十卷讒書五卷吴越……九四〇
張蠙詩一卷以下王蜀……九四一

盧延讓詩一卷……九四二
牛嶠歌詩三卷……九四二
韋莊浣花集五卷……九四三
孫光憲鞏湖編玩三卷荆南……九四三
李煜集十卷以下南唐……九四四
韓熙載文集五卷……九四五
孫晟文集三卷……九四六
潘佑滎陽集十卷……九四六
李有中詩集二卷……九四七
成彥雄梅頂集一卷……九四八
徐鉉集三十卷……九四八
賈島長江集十卷以下唐僧……九五〇
皎然杼山集十卷……九五一
貫休禪月集三十卷……九五一
清塞詩一卷……九五二

碧雲詩一卷僧虚中……九五二
薛洪度詩一卷唐薛濤……九五二
花蘂夫人詩一卷孟蜀……九五三
吳越掌記集一卷羅隱……九五三

第十九卷

別集類下

神宗皇帝御集二百卷以下宋……九五五
范魯公集三十卷范質……九五六
趙韓王集三卷趙普……九五六
柳仲塗集一卷柳開……九五六
胡周父文集十卷胡旦……九五八
寇忠愍詩三卷寇準……九五九
張師黯集五十卷張洎……九六一
王元之小畜集三十卷王禹偁……九六一

宋文安集一百卷宋白……九六三
晁文元道院別集十五卷法藏碎金録十卷耄智餘書三卷昭德新編三卷理樞一卷晁迥……九六三
晁文元道院集要三卷王古……九六六
楊文公刀筆集十卷楊億……九六六
張乖崖集十卷張詠……九六八
陳文惠愚丘集二卷潮陽編一卷陳堯佐……九六八
田表聖咸平集五十卷田錫……九六九
李仲方集二十卷李維……九七〇
民士編一十九卷陳充……九七〇
孫漢公集三十卷孫何……九七一
丁晉公集四卷丁謂……九七一
鮮于伯圭集一卷鮮于璨……九七二
劉中山刀筆二卷淝川集四卷劉筠……九七三
張晦之集二十卷張景……九七四
种明逸集六卷种放……九七五

晏元獻臨川集三十卷紫微集一卷晏殊……九七六
范文正公集二十卷別集四卷范仲淹……九七八
李復古集一百卷李廸……九七九
孫文懿集三十卷孫抃……九八〇
姚鉉文集二十卷……九八〇
夏文莊集一百卷夏竦……九八一
緹巾集二十卷宋庠……九八一
宋景文集一百五十卷宋祁……九八二
田公金巖集兩卷田況……九八三
何聖從廬江文集二十卷刀筆五卷奏議二十卷何郯……九八三
富文忠劄子集六卷奏議十二卷安邊策富弼……九八四
徂徠集二十卷石介……九八五
滄浪集十五卷蘇舜欽……九八六
梅聖俞宛陵集六十卷外集十卷梅堯臣……九八七
尹師魯集二十卷尹洙……九八八

歐陽文忠公集八十卷諫垣集八卷歐陽修……九八九
劉公是集七十五卷劉敞……九九一
孫明復睢陽子集十卷孫復……九九二
蔡君謨集十七卷蔡襄……九九三
鄭毅夫鄖溪集五十卷鄭獬……九九四
曾子固元豐類稿五十卷曾鞏……九九四
曾子開曲阜集四十卷奏議十二卷西掖集十二卷内制五十卷外制三十卷曾肇……九九五
蘇明允嘉祐集十五卷蘇洵……九九六
蘇子瞻東坡前集四十卷後集二十卷奏議十五卷内制十卷外制三卷和陶集四卷應詔集十卷蘇軾……九九六
蘇子由欒城集前集五十卷後集二十四卷第三集十卷應詔集十二卷蘇轍……九九八
王介甫臨川集一百三十卷王安石……九九九
華陽集一百卷王珪……一〇〇〇
司馬文正公傳家集八十卷司馬光……一〇〇一
張少愚白雲集三十卷張俞……一〇〇二

晁氏新城集十卷晁端友……一〇〇三
文與可丹淵集四十卷文同……一〇〇三
元氏集三卷元絳……一〇〇四
蒲左丞集十卷蒲宗孟……一〇〇四
趙懿簡集三十卷趙瞻……一〇〇五
鮮于諫議集三卷鮮于侁……一〇〇六
楊元素集四十卷楊繪……一〇〇六
李誠之集三卷李師中……一〇〇七
伊川集二十卷程頤……一〇〇七
張横渠崇文集十卷張載……一〇〇八
余氏至言十八篇余安行……一〇〇九
孫賢良進卷十卷孫洙……一〇〇九
錢賢良進卷十卷錢公輔……一〇一〇
呂晉伯輞川集五卷奏議十卷呂大忠……一〇一〇
呂汲公文録二十卷文録掇遺一卷呂大防……一〇一〇

呂和叔誠德集三十卷呂大鈞……一〇一一
呂與叔玉溪集二十五卷玉溪別集十卷呂大臨……一〇一二
范子功集五十卷范百祿……一〇一二
張浮休畫墁集一百卷奏議十卷張舜民……一〇一二
黃魯直豫章集三十卷外集十四卷黃庭堅……一〇一三
晁無咎雞肋編七十卷晁補之……一〇一四
張文潛柯山集一百卷張耒……一〇一六
秦少游淮海集三十卷秦觀……一〇一七
陳無己后山集二十卷陳師道……一〇一八
畢公叔西臺集五十卷畢仲游……一〇一八
廖明略竹林集三卷廖正一……一〇一九
邢敦夫呻吟集一卷邢居實……一〇二〇
員逢原三蓮集二十卷……一〇二一
唐子西集十卷唐庚……一〇二一
陳瑩中了齋集三十卷陳瓘……一〇二二

陳司諫集兩卷陳祐……一〇三三
崔德符婆娑集三十卷崔鶠……一〇三三
劉巨濟前溪集五卷劉涇……一〇三三
李元應跨鼇集五十卷李新……一〇三四
滿氏昌邑集二十卷滿中行……一〇三四
馮允南集十卷馮山……一〇三四
晁氏景迂集十二卷晁説之……一〇三四
晁氏崇福集三十五卷四六集十五卷晁詠之……一〇三六
晁氏封丘集二十卷晁載之……一〇三六
吕吉甫集二十卷吕惠卿……一〇三七
張無盡集二十二卷張商英……一〇三八
臨漢隱居集二十卷魏泰……一〇三九
王履道初寮集十卷内制十八卷外制八卷王安中……一〇四〇
陳參政簡齋集二十卷陳與義……一〇四〇
胡承公集十卷資古紹志集十卷胡世將……一〇四一

邵氏集二十卷邵溥……一〇三一
汪彥章集十卷汪藻……一〇三二
藝圃折衷六卷鄭厚……一〇三二
李易安集十二卷……一〇三三
洪覺範筠溪集十卷……一〇三四
饒德操集一卷饒節……一〇三四
魏仲先草堂集二卷鉅鹿東觀集二卷魏野……一〇三五
潘逍遥詩三卷潘閬……一〇三六
林君復集二卷林逋……一〇三七
石曼卿集一卷石延年……一〇三八
陳亞之集一卷陳亞……一〇三八
蘇才翁集一卷蘇舜元……一〇三九
杜師雄詩一卷杜默……一〇三九
鄭成之集十卷鄭褒……一〇四〇
將歸集一卷原闕名　今考定爲詹玠……一〇四〇

徐仲車詩一卷徐積……一〇四〇
黄虞部詩一卷黄觀……一〇四一
邵堯夫擊壤集二十卷邵雍……一〇四一
韓持國詩三卷韓維……一〇四二
司馬才仲夏陽集兩卷司馬槱……一〇四二
司馬才叔逸堂集十卷司馬棫……一〇四三
岷山百境詩二卷王宗……一〇四三
楊天隱詩十卷楊恬……一〇四三
韓子蒼集三卷韓駒……一〇四四
許表民詩十卷許彥國……一〇四四
吕居仁集十卷吕本中……一〇四五
晁氏具茨集三卷晁沖之……一〇四六
澗上丈人詩二十卷陳恬……一〇四七
藏寂軒文稾宋董氏……一〇四八
趙延持盈要論……一〇四八

參寥集十二卷僧道潛……一〇四八
希白詩三卷僧希白……一〇四九
吕獻可奏章二十卷吕誨……一〇四九
孫莘老奏議十卷孫覺……一〇五〇
范蜀公奏議二卷范鎮……一〇五一
河間公奏議十卷朱光庭……一〇五一
包孝肅奏議十卷包拯……一〇五二
李公擇廬山奏議十七卷李常……一〇五三

第二十卷

總集類

李善注文選六十卷……一〇五四
五臣注文選三十卷唐吕延濟等……一〇五六
雜文章一卷……一〇五七
文粹一百卷宋姚鉉……一〇五八

續古今詩苑英華集十卷唐僧惠净……一〇五九
珠英學士集五卷唐崔融……一〇五九
麗則集五卷唐李氏……一〇六〇
中興間氣集三卷唐高仲武……一〇六〇
南薰集三卷唐竇常……一〇六〇
本事詩一卷唐孟棨……一〇六一
續本事詩二卷題五代吴處常子……一〇六一
斷金集一卷唐令孤楚、李逢吉……一〇六二
漢上題襟集十卷唐段成式……一〇六二
松陵集十卷唐皮日休、陸龜蒙……一〇六三
唐賦二十卷……一〇六三
西崑酬唱集二卷宋楊億等……一〇六三
唐宋類詩二十卷……一〇六四
唐百家詩選二十卷宋宋敏求……一〇六四
寶刻叢章三十卷宋宋敏求……一〇六六

歲時雜詠二十卷宋宋綬……一〇六六
仕塗必用集二十一卷宋祝熙載……一〇六七
聖紹堯章集十卷宋李文友……一〇六七
丹陽類集十卷宋曾旼……一〇六八
雲臺編六卷宋耿思柔……一〇六八
清才集十卷宋劉禹卿……一〇六九
瑤池新集一卷唐蔡省風……一〇六九
九僧詩集一卷宋僧希晝等……一〇七〇
聖宋文粹三十卷……一〇七一
宋文海一百二十卷宋江鈿……一〇七一
皇宋詩選五十七卷宋曾慥……一〇七二
政和文選二十卷……一〇七二
西漢文類二十卷唐柳宗直……一〇七三
東漢文類三十卷五代竇儼……一〇七三
唐文類三十卷宋陶叔獻……一〇七四

漢唐策要十卷宋陶叔獻……一〇七四
綸言集一百卷……一〇七四
高麗詩三卷……一〇七五
太平盛典二十三卷……一〇七五

文說類

文心雕龍十卷原題晉劉勰　今考爲梁人……一〇七六
修文要訣一卷蜀馮鑑……一〇七七
金鍼詩格三卷唐白居易……一〇七八
續金鍼詩格一卷宋梅堯臣……一〇七八
李公詩苑類格三卷宋李淑……一〇七九
杜詩刊誤一卷宋王仲至……一〇七九
韓文辨證八卷宋洪興祖……一〇八〇
韓柳文章譜三卷宋黄大輿……一〇八〇
天廚禁臠三卷宋釋惠洪……一〇八〇

讀書附志目録

卷上

經類

石經周易十卷……一〇八三
石經尚書十三卷……一〇八四
石經毛詩二十卷……一〇八四
石經周禮十二卷……一〇八四
石經儀禮十七卷……一〇八四
石經禮記二十卷……一〇八四
石經春秋三十卷……一〇八五
石經公羊十二卷……一〇八五
石經穀梁十二卷……一〇八五

石經論語十卷……一〇八六
石經孝經一卷……一〇八六
石經孟子十四卷……一〇八六
石經爾雅三卷……一〇八七
春秋穀梁傳註疏二十卷唐楊士勛……一〇八八

經解類

經説三十卷宋朱熹……一〇八八
大易粹言七十卷總論三卷宋程顥、程頤等……一〇八九
紫巖易傳十卷宋張浚……一〇八九
誠齋易傳二十卷宋楊萬里……一〇八九
周易本義十卷宋朱熹……一〇八九
周易繫辭精義二卷宋吕祖謙……一〇九〇
周易玩辭十六卷宋項安世……一〇九〇
周易總義二十卷易學舉隅四卷宋易祓……一〇九〇

二五君臣論一卷宋胡寅、閭丘昕……一〇九一
卦圖系述五卷宋邵雍……一〇九一
皇極經世指要二卷宋蔡元定……一〇九一
蓍卦辨疑三卷宋邵雍、張載等……一〇九一
卦氣圖一卷宋樂洪……一〇九二
象爻說二卷宋吳如愚……一〇九二
書說六卷宋呂祖謙……一〇九二
書說精義三卷宋真德秀……一〇九三
書集傳六卷宋蔡沉……一〇九三
詩集傳二十卷詩序辨說一卷宋朱熹……一〇九三
周禮說三卷宋陳傅良……一〇九四
周禮攷疑七卷宋樂思忠……一〇九四
周禮總義三十卷宋易祓……一〇九四
禮記要義二卷宋王安石……一〇九四
中庸章句一卷或問二卷中庸輯略二卷大學章句一卷或問二卷……一〇九五

春秋集解三十卷宋呂祖謙……一〇九五
春秋左氏後傳十二卷春秋左氏章指十七卷宋陳傅良……一〇九五
春秋左氏國紀二十卷宋徐得之……一〇九六
春秋左氏博議二十五卷宋呂祖謙……一〇九六
春秋分記九十卷宋程公說……一〇九六
左氏聯璧八卷宋葉儀鳳……一〇九六
三傳分門事類十二卷……一〇九六
論語筆解十卷唐韓愈、李翺……一〇九七
論語直解十卷宋朱震……一〇九七
孟子解兩卷宋尹焞……一〇九八
論語解二十卷孟子解三十六卷宋張九成……一〇九八
論語精義十卷孟子精義十四卷宋朱熹……一〇九八
論語集註十卷孟子集註十四卷宋朱熹……一〇九九
論語說三卷孟子說七卷宋張栻……一一〇〇
論語註義問答通釋十卷宋黄榦……一一〇〇

孝經義一卷宋王安石……一〇〇
孝經刊誤一卷宋朱熹……一〇〇

小學類

弟子職一卷……一〇一
敍古千文一卷宋胡寅……一〇一
續千文一卷宋侍其瑗……一〇二
百體書千文一卷……一〇二
敍古蒙求一卷宋胡宏……一〇二
通鑑韻語九卷宋黃日新……一〇三
字義三卷宋陳淳……一〇三
史韻四十九卷宋錢諷……一〇三
篆韻五卷宋徐鍇……一〇四
隸韻七卷宋洪适……一〇四
十二先生詩宗集韻二十卷宋裴良甫……一〇四

史類

補史記一百三十卷唐司馬貞……一一〇五
古史六十卷宋蘇轍……一一〇五
西漢刊誤一卷東漢刊誤一卷宋劉攽……一一〇五
西漢補遺一卷宋何俌……一一〇六
西漢補註十卷宋吳莘……一一〇六
史記法語十卷前漢法語二十卷東漢精語十六卷三國志精語六卷宋洪邁……一一〇七
東都事略一百三十卷宋王稱……一一〇七

編年類

皇王大紀八十卷宋胡宏……一一〇八
通史緣起二十卷宋胡衛……一一〇八
晉春秋二十卷隋杜延業……一一〇九
南北征伐編年二十三卷宋吳曾……一一〇九

五代春秋五卷宋尹洙……二〇九
資治通鑑綱目五十九卷序例一卷宋朱熹……二一〇
資治通鑑綱目提要五十九卷……二一〇
續資治通鑑長編九百四十六卷宋李燾……二一〇
國朝編年政要四十卷宋蔡幼學……二一一
皇朝編年備要二十九卷中興編年備要十卷宋陳均……二一一
開基事要十卷宋陳傅良……二一一
仁宗君臣政要四十卷宋張唐英……二一二
續紀年通譜一卷宋畢仲荀……二一三
丁未録二百卷宋李丙……二一三
三朝北盟集編二百五十卷集補五十卷宋徐夢莘……二一三
建炎以來中興繫年要録二百卷宋李心傳……二一三
寧宗皇帝紀十卷……二一三
續稽古録一卷宋龔頤正……二一四
通鑑問疑一卷宋劉恕……二一四

綱目發明五十九卷宋尹起莘……一一四
綱目論斷二十卷宋吕中……一一四

雜史類

靖康傳信録三卷宋李綱……一一五
建炎進退志總敍四卷宋李綱……一一五
建炎時政記三卷宋李綱……一一五
紹興正論一卷……一一五
朝野遺事一卷宋趙子崧……一一六
朝野雜記甲集二十卷乙集二十卷宋李心傳……一一六

史評類

讀史管見三十卷宋胡寅……一一六
讀史明辯三十卷宋程頤等……一一七
史說十卷宋吕祖謙……一一七

史評六卷宋楊萬里……一一七
西漢鑑十卷宋吴莘……一一七
兩漢博議二十卷宋陳季雅……一一七
唐史論斷二卷宋孫甫……一一八
唐論二卷宋王居中……一一八

職官類

漢官考四卷宋徐筠……一一八
職官分紀五十卷宋孫逢吉……一一八
職源五十卷宋王益之等……一一九
翰苑羣書三卷……一一九
祖宗官制舊典三卷宋蔡元道……一一九
玉堂雜記三卷宋周必大……一二〇
鑾坡録一卷宋周必大……一二〇

刑法類

養賢録二十二卷 宋王日休 …… 一二〇
治縣法十卷 宋呂惠卿 …… 一二〇
常平役法一卷 …… 一二一

儀註類

儀禮經傳通解續卷祭禮十四卷 宋朱熹等 …… 一二二
家禮五卷 宋朱熹 …… 一二三
家禮附註五卷 …… 一二三
呂氏鄉約一卷鄉儀一卷 宋呂大鈞 …… 一二三
司馬公居家雜儀一卷 宋司馬光 …… 一二三

天文卜算類

躔度分野列宿圖三卷 …… 一二四

律呂本原一卷宋蔡元定……一一三

五行類

拜命曆一卷宋趙景先……一一三

地理類

長安志二十卷宋宋敏求……一一四
職方乘三卷後集十四卷宋洪芻……一一四
建康志十卷續志十卷宋史正志、吳琚……一一五
長沙志五十二卷宋趙善俊……一一五
宜春志十卷集八卷續修志四卷集六卷宋滕强恕、郭正己……一一五
桂海虞衡志三卷宋范成大……一一六
靜江志十二卷宋蔡戡……一一六
永寧編十五卷宋陳謙……一一六
桃花源集一卷宋張栻……一一六

海南集二十三卷後集十二卷……一二七
臨江集三十四卷宋楊恕……一二七
景陵志十四卷宋林英發……一二七
邵陽志一卷……一二七
陵水志三卷宋劉奕……一二八
臨賀志三卷集二卷……一二八
淥江志十二卷宋張耕……一二八
龍江志十卷宋吳紹古……一二八
鈐岡志三卷宋謝好古……一二八
瑞陽志十卷縣志三卷宋周綸……一二九
梅川志三卷……一二九
秋浦新志十六卷宋王伯大……一二九
富川志三卷宋李壽朋……一二九
寧越志三卷宋林會……一二九
南嶽總勝集三卷……一三〇

水簾詩集三卷……一一三〇
浯溪集前後續別四集……一一三〇
卷雪樓集二卷……一一三〇
靈應後集十二卷……一一三〇
富文忠入國語録一卷宋富弼……一一三〇
章忠恪奉使金國語録一卷宋章誼……一一三一
攬轡録二卷宋范成大……一一三一
禹貢疆理廣記六卷宋易祓……一一三二
方輿勝覽四十三卷後集七卷續集二十卷宋祝穆……一一三二
仰山孚惠廟實録二十八卷太平興國禪寺附録六卷宋潘倔……一一三二
夢華録一卷宋孟元老……一一三二
金虜承安須知一卷……一一三二

傳記類

古列女傳八卷漢劉向……一一三三

百將傳十卷宋張預……一一三三
諸葛忠武侯傳一卷宋張栻……一一三四
四將傳四卷宋章穎……一一三四
十二朝名臣言行録七十二卷宋朱熹等……一一三四
豐清敏遺事一卷宋李朴……一一三四
范太史遺事一卷宋范冲……一一三四
趙豐公逸事一卷宋喻樗、方疇等……一一三五
李忠定公行狀三卷宋李綸……一一三五
胡文定公行狀一卷宋胡寅等……一一三五
朱文公行狀一卷宋黄榦……一一三五
道命録五卷宋李心傳……一一三六
張忠文公節義録四卷宋張叔夜……一一三六

譜諜類

仙源積慶圖三卷……一一三六

皇族登科題名一卷宋趙士𥟖……一一三六
安定先生世系述一卷宋沈大臨……一一三七
周元公年譜三卷……一一三七
横渠先生張獻公年譜一卷宋張同然……一一三八
三蘇先生年譜一卷宋何掄……一一三八
山谷先生年譜三十卷宋黄𥲤……一一三八
朱文公年譜三卷宋李方子……一一三八

諸子類

御解老子二卷宋徽宗……一一三九
鬻子十四篇楚鬻熊……一一三九
列子九卷……一一三九
孔叢子七卷題秦孔鮒……一一四〇
慎子一卷周慎到……一一四一
公孫龍子三卷周公孫龍……一一四一

劉子五卷北周劉晝……一一四二
聱隅子二卷宋黄晞……一一四二
子家子一卷宋家頤……一一四二
莊子解四卷楊子解一卷宋王安石……一一四三

農家類

農書三卷宋陳峻……一一四三
社倉本末一卷宋真德秀……一一四四

雜説類

世説新語三卷宋劉義慶……一一四四
宋景文雜跖集二十卷宋宋祁……一一四五
孔氏談苑五卷宋孔平仲……一一四五
孔氏雜説一卷宋孔平仲……一一四五
公是先生弟子記一卷宋劉敞……一一四五

東萊吕紫微雜説一卷師友雜志一卷詩話一卷宋吕本中……一一四六
春明退朝録五卷宋宋敏求……一一四六
侯鯖録八卷宋趙令時……一一四六
避暑録十五卷宋葉夢得……一一四六
能改齋漫録二十卷宋吴曾……一一四七
揮麈録後録第三録揮麈餘話二十三卷宋王明清……一一四七
辨志録一卷宋吕祖謙……一一四八
管見録二十卷宋吴莘……一一四八
典刑録二十卷宋吴宏……一一四八
項氏家説十卷附録四卷宋項安世……一一四八
容齋隨筆十六卷續筆十六卷三筆十六卷四筆十六卷五筆十卷宋洪邁……一一四八
麈史三卷宋王得臣……一一四九
却掃編三卷宋徐度……一一四九
示兒編前後集二十四卷宋孫奕……一一四九

兵家類

八陣圖風后握機文馬隆八陣贊獨孤及八陣記四卷宋蔡元定……一一五〇
車穽或問一卷宋胡逸駕……一一五〇

類書類

文章緣起一卷梁任昉……一一五〇
古今註三卷晉崔豹……一一五一
尊號録一卷宋宋庠……一一五一
十七史類七十七卷宋鄭氏……一一五一
西漢總類二十六卷宋沈長卿……一一五一
唐繪五十卷宋張九成……一一五二
事物紀原十卷宋高承……一一五二
補註事類賦三十卷宋吳淑……一一五二
事文類聚六十卷宋祝穆……一一五二

秘府書林二十二卷宋張文伯……一一五三
國朝會要一百五十卷宋章得象……一一五三
總類國朝會要五百八十八卷宋章得象等……一一五三
會要詳節四十卷宋范師道……一一五四
皇朝大詔令二百四十卷宋宋綬……一一五四
本朝事實三十五卷原闕名　今考爲宋李攸……一一五四
紹述熙豐政事十卷……一一五五
崇觀政宣詔令章奏二十卷……一一五五
隆平典章三十卷……一一五六
高宗寶訓七十卷……一一五六
內治聖監二十卷宋彭龜年……一一五六
太平治迹統類四十卷中興治迹統類三十五卷宋彭百川……一一五六

雜藝術類

文房圖贊一卷宋林可山……一一五七

采選集四卷……一一五七

醫家類

御製聖濟經十卷宋徽宗……一一五八
陸宣公經驗方二卷唐陸贄……一一五八
濟世全生方指迷集三卷宋王貺……一一五八
本草單方十五卷宋林能千……一一五九
鍼灸資生經七卷宋王執中……一一五九
四時治要一卷宋屠鵬……一一五九
陳氏經驗方五卷題陳先生……一一五九

神仙類

御序集註無量度人經二卷宋徽宗……一一六〇
赤松子中誡經一卷……一一六〇
玉皇本行集經三卷……一一六一

九天生神章經三卷宋王希巢……一一六一
西山十二真君傳一卷……一一六一
皇宋拾遺仙傳一卷……一一六二
太上感應篇八卷宋李昌齡……一一六二
竹宮表制一卷宋楊至質……一一六二

釋書類

御註四十二章經一卷……一一六三
御註大圓覺了義經二卷……一一六三
大方廣佛華嚴經八十卷普賢行願品一卷……一一六三
妙法蓮華經七卷……一一六四
楞嚴經解十卷宋王安石……一一六四
圓覺經皆證論二卷……一一六四
淨土文一卷宋王日休……一一六四
般若精義四卷……一一六五

寂感禪師法語五卷宋僧印肅……一一六五
無庵法語一卷宋孟珙、僧法東……一一六五

卷下

楚辭類

楚辭集註八卷後語六卷辨證一卷宋朱熹……一一六六
離騷章句一卷……一一六七
離騷草木疏四卷宋吳仁傑……一一六七

別集類一

申鑒五卷漢荀悦……一一六七
孔稚珪集十卷齊孔稚珪……一一六八
詩品三卷梁鍾嶸……一一六八
陸宣公文集二十二卷唐陸贄……一一六九
李翰林文集三十卷唐李白……一一六九

黃氏補千家集註杜工部詩史三十六卷外集二卷宋黃希、黃鶴……一一七〇
昌黎先生文集四十卷外集三卷順宗實録五卷附録三卷唐韓愈……一一七〇
柳先生文集四十五卷外集二卷附録二卷唐柳宗元……一一七一
杜詩辨證一卷宋洪興祖……一一七一
韓文考異十卷宋朱熹……一一七二
韓文音義一卷宋祝充……一一七二
韓文音釋一卷宋童宗説……一一七二
韓集舉正一卷……一一七三
文標集三卷唐盧肇……一一七三
靈溪集七卷唐王貞白……一一七四
別集類二
趙韓王文集五卷宋趙普……一一七四
韓魏王安陽集五十卷宋韓琦……一一七五
楊文公武夷集二十卷宋楊億……一一七六

种隱君江南小集二卷宋种放……一一七六
歐陽文忠公文集一百五十三卷附録五卷廬陵歐陽先生六十一卷宋歐陽修……一一七七
張文定玉堂集二十卷宋張方平……一一七七
范文正公奏議十五卷宋范仲淹……一一七八
王岐公華陽集一百卷宋王珪……一一七八
范忠宣公文集二十卷宋范純仁……一一七八
劉忠肅公文集四十卷宋劉贄……一一七九
陳忠肅公諫垣集二卷宋陳瓘……一一七九
道鄉鄒忠公奏議十卷宋鄒浩……一一八〇
趙豐公忠正德文集十卷宋趙鼎……一一八〇
胡文定公武夷集十五卷宋胡安國……一一八一
吳康肅公湖山集四十三卷別集一卷和陶詩三卷附録三卷宋吳芾……一一八一
忠恪章公文集二十卷宋章誼……一一八一
許右丞襄陵文集二十二卷詩二卷行狀一卷宋許翰……一一八二
李莊簡公文集二十卷宋李光……一一八二

洪文惠盤洲集八十卷宋洪适……一一八三
孫尚書大全集五十七卷宋孫覿……一一八三
趙中書棲雲集二十五卷宋趙逵……一一八四
徐學士北門集十二卷宋徐鳳……一一八四
王荆公詩註五十卷宋李壁……一一八四
孔毅父詩戲一卷宋孔平仲……一一八五
黄直講泉書十卷宋黄君俞……一一八五
芻蕘集十卷宋鄭範……一一八五

別集類三

河東先生文集十五卷宋柳開……一一八六
濂溪先生大成集七卷濂溪先生大全集七卷宋周敦頤……一一八六
明道先生文集四卷遺文九篇宋程顥……一一八七
河内先生文集六卷宋尹源……一一八八
河南先生文集十五卷宋尹洙……一一八八

彭城先生文集六十卷宋劉攽……一一八九
東坡先生別集三十二卷續別集八卷宋蘇軾……一一八九
豫章先生別集二十卷黄文纂異一卷宋黄庭堅……一一八九
后山先生文集五十五卷宋陳師道……一一九〇
清真先生文集二十四卷宋周邦彦……一一九〇
玉池先生文集十二卷宋鄧忠臣……一一九〇
初寮先生前集四十卷後集十卷宋王安中……一一九〇
西塘先生文集二十卷宋鄭俠……一一九一
元澤先生文集三十六卷宋王雱……一一九一
忠惠先生文集三十卷宋翟汝文……一一九二
梁谿先生文集一百七十卷宋李綱……一一九二
浮溪先生文集六十卷猥藁外集一卷龍溪先生文集六十卷宋汪藻……一一九三
北海先生文集六十卷宋綦崈禮……一一九三
致堂先生斐然集三十卷宋胡寅……一一九四
玉山先生表奏六卷宋汪應辰……一一九四

五峯先生文集五卷宋胡宏……一一九四
南軒先生文集四十四卷宋張栻……一一九四
晦庵先生文集一百卷續集十卷宋朱熹……一一九五
象山先生文集二十八卷外集四卷宋陸九淵……一一九五
復齋先生文集六卷宋陸九齡……一一九五
水心先生文集二十八卷宋葉適……一一九五
篔簹先生初集三十卷續集三十八卷宋陳耆卿……一一九六
頤堂先生文集五十九卷碧雞漫志一卷長短句一卷祭文一卷宋王灼……一一九六
鶴山先生文集十三卷後集十卷續集十三卷別集十一卷宋魏了翁……一一九六
雁湖先生詩集四十卷宋李壁……一一九六
滄洲先生塵缶編三十五卷內外制二十四卷宋程公許……一一九七
總龜先生松菊集五卷宋阮閱……一一九七
三山張先生質言四卷宋張淵……一一九七
石室先生百論十卷宋陸子才……一一九七

別集類四

莆陽居士蔡公文集三十卷宋蔡襄……一一九八
得得居士乘桴集三卷戇草二卷宋任伯雨……一一九八
藏六居士安樂集十二卷宋趙令畤……一一九八
退齋居士文集二十八卷宋侯延慶……一一九九
介庵趙居士文集十卷宋趙彥端……一一九九
于湖居士文集四十卷宋張孝祥……一二〇〇
介庵張居士文集七卷宋張耕……一二〇〇
雪齋居士文集二十卷宋王咨……一二〇〇
李泰伯退居類藁十二卷皇祐續藁八卷常語三卷周禮致太平論十卷後集六卷宋李覯……一二〇〇
續元豐類藁四十卷宋曾鞏……一二〇一
掖垣類藁七卷玉堂類藁二十卷宋周必大……一二〇一
性善堂藁十五卷宋度正……一二〇一
志隱類藁二十卷宋許開……一二〇一

東溪詩藁六卷宋許玠……一三〇二
友林詩藁二卷宋史彌寧……一三〇二
雙峯猥藁八卷宋舒邦佐……一三〇三
湘中類藁三卷宋楊叔虎……一三〇三
捄楮奏藁一卷宋唐璘……一三〇三
孚齋又録十卷宋張翊……一三〇三
腴齋詞草三卷宋段允迪……一三〇四
金陵吏餘四卷宋劉榘……一三〇四
豫章雜著二卷……一三〇四
雲壑隱居集三卷浩歌集一卷宋蔡柟……一三〇四
閑止堂集一卷宋沈弇……一三〇四
碧崖詩集五卷宋甘夢叔……一三〇五
東山詩文選十卷宋葛紹體……一三〇五
煮瀑庵詩一卷宋方左鉞……一三〇五
葛無懷詩一卷宋葛天民……一三〇五

語録類

河南程氏遺書二十五卷附録一卷外書十二卷宋程顥、程頤……一二〇六
横渠先生語録三卷宋張載……一二〇六
横渠先生經學理窟一卷宋張載……一二〇七
元城先生語録三卷譚録一卷道護録兩卷宋劉安世……一二〇七
龜山先生語録四卷宋楊時……一二〇八
上蔡先生語録三卷宋謝良佐……一二〇八
延平先生答問一卷宋李侗……一二〇八
晦庵先生語録四十三卷……一二〇八
晦庵先生語續録四十六卷……一二〇九
朱子語略二十卷宋楊與立……一二〇九
師誨三卷附録一卷宋吴必大……一二一〇
近思録十四卷宋朱熹、吕祖謙……一二一〇
續近思録十四卷宋蔡模……一二一〇

五峯先生知言一卷宋胡宏……三二〇
無垢先生心傳録十二卷宋張九成……三二一
橫浦日新二卷宋郎曄……三二一
南軒先生問答四卷宋張栻……三二一
張子太極解義一卷宋張栻……三二二
二十先生西銘解義一卷宋程顥、程頤等……三二二
無極太極辨一卷宋朱熹……三二二
復禮齋語録一卷宋李蓍……三二二
總括夫子言仁圖一卷宋李蓍……三二三
羣經新説十二卷論五經疑難新説三卷宋王安石……三二三
傳道精語三十卷後集二十六卷宋李方子……三二三
勉齋先生講義一卷宋黄榦……三二三

總集類

古文苑九卷……三二四

文苑英華一千卷宋宋白等……………………………………一三一四
樂府集十卷樂府序解一卷樂府雜録一卷羯鼓録一卷唐段安節、南卓等……………一三一五
國朝二百家名臣文粹三百卷……………………………………一三一六
皇朝名臣經濟奏議一百五十卷宋趙汝愚……………………………一三一七
宗藩文類六十卷……………………………………一三一七
古文正宗前集二十二卷後集十二卷……………………………一三一八
諸儒鳴道集七十二卷……………………………………一三一八
宋賢體要集十三卷……………………………………一三一八
戞玉前集四十九卷後集五十卷宋楊存亮……………………………一三一九
中興六臣進策十二卷……………………………………一三一九
中興羣公吟稿四十八卷……………………………………一三一九
四靈詩四卷宋趙師秀、翁卷、徐璣、徐照……………………………一三一九

法帖類

御製太清樓閲書歌一卷宋真宗……………………………………一三二〇

御製唐十八學士圖贊一卷宋欽宗……一三〇
御書真草孝經一卷宋高宗……一三〇
御臨法帖十卷宋高宗……一三一
御製聖安壽仁太上皇帝聖政序一卷宋寧宗……一三一
淳熙秘閣續法帖十卷……一三一
羣玉堂帖十卷……一三二
二王帖三卷……一三二
篆書千文一卷南唐徐鉉……一三二
星鳳樓帖……一三二
甲秀堂帖……一三二
鳳墅帖二十卷畫帖二卷續帖四卷……一三三
東坡先生帖三十卷……一三三
山谷先生帖五卷……一三三
張忠文奏議一卷宋張叔夜……一三三
趙延康帖……一三四

張魏公帖一卷……一三三四
張宣公帖四卷……一三三四
朱文公帖六卷……一三三四
張紫微帖一卷……一三三五
歐陽公集古録跋尾六卷拾遺一卷……一三三五

拾遺

春秋集善十一卷宋胡銓……一三三五
論語集程氏説二卷孟子集程氏説一卷宋湯烈……一三三六
論語意原一卷宋鄭汝諧……一三三六
疑孟一卷宋司馬光……一三三六
孝經解一卷宋張九成……一三三七
孝經説一卷宋袁甫……一三三七
大學衍義四十三卷宋真德秀……一三三七
小學之書四卷宋朱熹……一三三八

越絶書十五卷……二三八
蔡邕獨斷二卷漢蔡邕……二三九
資治通鑑釋文二十八卷宋司馬康……二三九
内傳國語十卷宋劉攽……二三九
神宗聖訓二十卷宋林虙……二三九
韓忠獻王遺事一卷宋强至……二四〇
歷代氏族言行類藁六十卷宋章定……二四〇
古今年號録五卷宋矦望……二四〇
列子釋文二卷唐殷敬順……二四〇
説玄一卷宋司馬光……二四一
天象賦一卷題漢張衡……二四一
玄綱三卷神仙可學論一卷形神可固論一卷唐吴筠……二四二
國朝官制沿革一卷宋黄琮……二四二
職官記一卷宋張績……二四二
續文房四譜五卷題宋柯田山樵……二四二

夷堅志四十八卷宋洪邁……一二三
義林十卷宋程敦厚……一二三
常譚二卷宋吳箕……一二三
視聽鈔三卷宋吳莘……一二四
武昌志三十卷宋王信……一二四
萍實志十卷續志二卷宋周世昌、王大節……一二四
都梁志六卷宋何季羽……一二四
嶺外代答十卷宋周去非……一二四
祕書省闕書目四卷……一二五
楚辭故訓傳六卷楚辭草木疏一卷楚辭補音一卷宋林至……一二五
河海英靈集二卷唐殷璠……一二五
唐賢絶句一卷宋柯夢得……一二六
衆妙集一卷宋趙師秀……一二七
二妙集一卷宋趙師秀……一二七
宣和御製詩一卷宋徽宗……一二八

巴東集一卷宋寇準……一三三八
晦翁先生朱文公語後録二十卷宋王佖……一三三八
晦庵先生朱文公語續録後集二十五卷宋蔡抗……一三三九
曲江帖五卷後帖一卷……一三三九
花蕊夫人詩一卷蜀費氏……一三三九

郡齋讀書志卷第一

自漢武帝之後，雖世有治亂，無不知崇尚典籍。劉歆始著七畧，總録羣書：一曰輯畧，二曰六藝畧〔一〕，三曰諸子畧，四曰詩賦畧，五曰兵書畧，六曰術數畧，七曰方技畧。至荀勗更著新簿，分爲四部：一曰甲部，紀六藝及小學等書；二曰乙部，有古、今諸子家及兵書、術數；三曰丙部，有史記及故事〔二〕；四曰丁部，有詩賦、圖讚。勗之簿蓋合兵書、術數、方技於諸子，自春秋類摘出史記，別而爲一〔三〕，六藝、諸子、詩賦，皆仍歆舊。其後歷代所編書目，如王儉、阮孝緒之徒，咸從歆例；謝靈運、任昉之徒，咸從勗例。唐之分經史子集，藏於四庫，是亦祖述勗而加詳焉。歐陽公謂其始於開元，誤矣〔四〕。今公武所録書〔五〕，史集居其半〔六〕，若依七畧，則多寡不均，故亦分之爲四焉〔七〕。

經之類凡十〔八〕。其一曰易〔九〕，二曰書，三曰詩，四曰禮，五曰樂，六曰春秋，七曰孝經，八曰論語，九曰經解，十曰小學，合二百五十五部，計三千二百四十四卷〔一〇〕。孔氏之教，別而爲六藝數十萬言，其義理之富，至於不可勝原，然其要片言可斷，曰修身而已矣。修身之道，内之則本於正心誠意，致知格物；外之則推於齊家、治國、平天下；内外兼盡，無施而不宜。學者若以此而觀六藝，猶坐璇璣以窺七政之運，無不合者。不然，則悖繆乖離，無足怪也。漢承秦後，六藝皆出於灰燼之餘，學者顓門名家，故易有田氏、焦氏、費氏，詩有魯詩、齊詩、韓詩〔一〕，春秋有鄒、夾〔二〕、左丘明、公羊高、穀梁赤，禮、樂有大戴、小戴之殊〔三〕，書有古文、今文之異：各尊其師説，而伐其異己者，黨枯骸，護蠹簡，至於忘父子君臣之分，爭辨不少屈，其弊甚矣。迨至晉、魏之後，此弊雖衰，而學者徒剽賊六藝之文，飾其辭章，以譁世取寵，而不復有明道之意，無以議爲。及唐之中葉，海內乂安，士稍知宗尚經術，而去聖愈遠，異端並興。學書者，則以今文易古文，而頗改其辭；學春秋者，則合三傳之同異而雜舉其義，不本所承，決以胸臆，以迄於今。釋、老、申、韓之説，雜然滿於六經之中，雖與漢儒之學不同，而其失一也。凡此者豈有他哉！皆不能操修身之道〔四〕，反刻意於章句，是以迢迢千載之間，悖繆乖離，殊塗而同歸，至此其極，悲夫！今所録漢、唐以來之書甚備，觀者其慎擇焉。論語、孝經，自班固以來，皆附經類。夫論語，羣言之首，孝經，百行之宗，皆六經之要，其附於經固不可易。又藝文志有小學類，四庫書目有經解類，蓋有補於經而無所繫屬，故皆附於經，今亦從之。

〔一〕六藝畧　袁本作「六藝」。按以下諸子畧、詩賦畧、兵書畧、術數畧、方技畧，袁本皆無「畧」字。讀書志此段經類總論文字，大致依據隋志經部序，可參看。

〔二〕三曰丙部有史記及故事　按隋志經部序云：「三曰丙部，有史記、舊事、皇覽簿、雜事。」

〔三〕自春秋類摘出史記別而爲一　王應麟漢藝文志考證卷十引晁公武讀書志經部序作「自春秋類春秋、史記別爲一」，袁本同原本。按荀勗自六藝畧春秋家析出史書入丙部，是爲後世史部嚆矢，疑王氏引文誤。

〔四〕誤矣　袁本作「其誤甚矣」。

〔五〕今公武所録書　袁本「公武」作「予」。

〔六〕史集居其半　袁本作「史集猥衆」。

〔七〕分之爲四焉　袁本無「之」字。

〔八〕經之類凡十　袁本作「經部其類十」。

〔九〕其一曰易　袁本作「一曰易類」。又，以下「書」、「詩」、「禮」、「樂」、「春秋」、「孝經」、「論語」、「經解」、「小學」之下，袁本皆有「類」字。

〔一〇〕合二百五十五部計三千二百四十四卷　袁本無此十六字。

〔一一〕齊詩韓詩　袁本作「韓詩、齊詩」。

〔一二〕夾　袁本作「郟」，按漢志六藝畧有夾氏傳十一卷。顔師古注：「夾，音頰。」其字漢志總序師古注引韋昭、春秋類小序俱作「夾」。

〔一三〕大戴小戴　袁本作「大、小戴」。

〔一四〕操修身之道　袁本、宛委本「操」作「探」。

易類〔一〕

王弼周易十卷　袁本前志卷一上易類第一

右上下經，魏尚書郎王弼輔嗣注。繫辭、說卦、雜卦、序卦，弼之門人韓康伯注〔二〕。又載弼所作畧例，通十卷。易自商瞿受於孔子〔三〕六傳至田何而大興〔四〕，爲施讎、孟喜、梁丘賀。其後焦贛、費直始顯，而傳受皆不明，由是分爲三家。漢末，田、焦之學微絶〔五〕，而費氏獨存。其學無章句，惟以彖、象、文言等十篇解上下經；凡以彖、象、文言等參入卦中者〔六〕，皆祖費氏。東京荀、劉、馬、鄭皆傳其學。王弼最後出，或用鄭說，則弼亦本費氏也。歐陽公見此〔七〕，遂謂孔子古經已亡。按劉向以中古文易經校施、孟、梁丘經，或脫去「无咎」〔八〕、「悔亡」。惟費氏經與古文同，然則古經何嘗亡哉！

〔一〕易類　原本所據底本「類」作「經」。李富孫云：「以下標目並作『類』，此當誤，袁本『類』，今據改。」按宛委本、本書卷首目録、袁本附衢本目録俱作「類」。又，袁本後志併易、書、詩、禮、樂、春秋、孝經、論語八類，統稱之「經類」。

〔二〕弼之門人韓康伯注　沈録何校本何焯批語云：「韓康伯非輔嗣門人。」按韓康伯傳見晉書卷七十五，陸德明經典釋文卷一序録云：「韓伯，字康伯，潁川人，東晉太常卿。」弼，魏末人；康伯，東晉人，時代了不相及，公武之說蓋沿襲周易繫辭正義之誤。

〔三〕易自商瞿受於孔子　袁本無「易」字。

〔四〕六傳至田何而大興　按商瞿受易孔子，五傳至齊田何子莊，見史記卷六十七仲尼弟子列傳、漢書儒林傳，此云「六傳」，誤。

〔五〕微絶　袁本無「絶」字。

〔六〕參入卦中者　袁本無「者」字。

〔七〕歐陽公　袁本「公」作「永叔」。

〔八〕无咎　袁本「无」作「無」。按此「按劉向以中古文易經校施、孟、梁丘經」云云，語本經典釋文序録。影印宋本經典釋文、卧雲本、宛委本、經籍考卷二作「無」。

石經周易十卷周易指略例一卷〔一〕　袁本前志、後志未收

右僞蜀廣政辛亥孫逢吉書。廣政，孟昶年號也。説卦「乾，健也」以下有韓康伯注，畧例有唐四門助教邢璹注。此與國子監本不同者也。以蜀中印本校邢璹注畧例，不同者，又百餘字。詳其意義，似石經誤，而無他本訂正，姑兩存焉。2

〔一〕石經周易十卷周易指畧例一卷　經籍考卷二題作「石經周易、周易指畧例共十一卷」。按趙希弁以讀書附志卷上已收有石經周易，故未摘録衢本此條入袁本後志。參見附録三現存諸本敍録袁本第一種所録袁本後志存目。

公武於乾道中嘗據宋國子監模後唐長興年間田敏刊諸經，校讀蜀石經，并撰有石經考異一卷，書丹刻石，置成都學宮，石經考異序見全蜀藝文志卷三十六范成大石經始末記，參見本書附録一晁公武傳略。

周易正義十四卷〔一〕 袁本前志卷一上易類第二

右唐國子祭酒孔穎達與顏師古〔二〕、司馬才章、王恭、馬嘉運、趙乾叶、王談、于志寧等同撰，蘇德融、趙弘智覆審〔三〕。序稱：江南義疏有十餘家，辭尚虛誕〔四〕，皆所不取。唯王弼之學，獨冠古今，以弼爲本，采諸說附益之。3

〔一〕 周易正義十四卷 經籍考卷二作孔穎達正義十四卷。按是書孔穎達序、舊唐志卷上、崇文總目卷一、宋志卷一作十四卷；新唐志卷一作十六卷，蓋誤；書録解題卷一作十三卷，又引中興書目云「今本止十三卷」（玉海卷三十六引中興書目作十四卷）；今本十卷。傳增湘藏園羣書題記卷一有紹興覆監本，正作十四卷，並記其卷次，與讀書志合。

〔二〕 孔穎達 袁本「穎」作「頴」，誤。下同。

〔三〕 趙弘智覆審 沈録何校本何焯校語云：「趙弘智，序云『勅使』，疑是中人，但對之覆勘耳。」按讀書志所列撰人乃本新唐志注。

〔四〕 辭尚虛誕 原本、瞿鈔本「誕」訛作「談」，據袁本、臥雲本、宛委本、經籍考改。按孔穎達序云：「其江南義疏十有餘家，皆辭尚虛玄，義多浮誕。」

周易甘棠正義三十卷〔一〕　袁本後志卷一經類第一

右梁任正一撰。以孔穎達爲本〔二〕。「甘棠」云者，正一嘗爲陝州司馬，故名其書。4

〔一〕周易甘棠正義三十卷　經籍考卷二無「周易」二字。按經籍考唯引崇文總目，云：「梁陝州大都督府左司馬任正一撰。孔穎達正義申演其說。」錢東垣崇文總目輯釋卷一據玉海卷三十六輯得總目解題，語同讀書志。翁方綱經義考補正卷一云：「案：此二條，一以任在孔後，一以孔在任後，鄭氏通志作五代任貞一撰，則通考所載似有脫誤。」陳漢章崇文總目輯釋補正卷一云：「『梁』字誤也。經義考十五引崇文總目與玉海同，翁方綱爲經義考補正，引通考以證其異，不知陝州自後魏太和十三年始置，周及唐因之，梁未嘗有陝州。」

〔二〕孔穎達爲本　卧雲本「達」下有「正義」二字。

易乾鑿度二卷　袁本前志卷一上易類第三

右舊題蒼頡修古籀文，鄭氏注。按唐四庫書目有鄭玄注書、詩緯〔一〕，及有宋均注易緯，而無此書。其中多有不可曉者，獨九宮之法頗明。昔通儒謂緯書僞起哀、平，光武既以讖立，故篤信之。陋儒阿世，學者甚衆。鄭玄、何休以之通經，曹褒以之定禮。歷代革命之際，莫不引讖爲符瑞，故桓譚、張衡之徒皆深嫉之。自苻堅之後，其學殆絶。使其尚存〔二〕，猶不足保〔三〕，况此又非真也。5

〔一〕鄭玄注書詩緯　經籍考卷十五「書詩」作「詩書」。

〔二〕使其尚存　袁本「使」上有「就」字。

〔三〕猶不足保　經籍考「保」作「信」，陳鱣校本、鮑廷博校本皆改「保」作「信」，當本經籍考；喬録王校本王懋竑校語云「保」當作「寶」。

坤鑿度二卷　袁本後志卷一經類第二

右題曰包羲氏先文〔一〕，軒轅氏演，古籀文，蒼頡修。按隋、唐志及崇文總目皆無之，至元祐田氏書目始載焉〔二〕，當是國朝人依託爲之。6

〔一〕包羲氏　卧雲本、經籍考卷十五「羲」作「犧」。

〔二〕田氏書目始載焉　顧校本無「書目」二字。袁本、諸衢本及書録解題卷三讖緯類引讀書志皆同原本。

周易緯稽覽圖二卷周易緯是類謀一卷〔一〕周易緯辨終備一卷〔二〕周易緯乾元敍制記一卷〔三〕周易緯坤靈圖一卷易通卦驗二卷〔四〕　袁本後志卷一經類第三

右漢鄭玄注。按隋志有鄭氏注易緯八卷，唐志有宋均注易緯九卷。李氏本注與隋志同，卷數與唐志同。家本蓋出李氏，獨不載乾鑿度二卷，而有乾元敍制一卷。按後漢注七緯，名亦無乾元敍制〔五〕。」

〔一〕周易緯是類謀一卷　經籍考卷十五無「周易緯」三字，以下三書標題亦無。

〔二〕辨終備　袁本「辨」作「辯」。

〔三〕乾元敍制記　原本「敍」作「序」，袁本作「敍」，原本解題中亦作「敍」，據改。

〔四〕易通卦驗二卷　原本作一卷，據袁本、經籍考改。按公武所據本卷數當少李淑本一卷：李淑本九卷，故此條六種緯書卷數合計當得八卷。又，袁本「卦」、「驗」二字互倒，誤；經籍考無「易」字。玉海卷三十五引中興書目記易緯諸書卷數、存亡頗詳，可與讀書志相參證，錄以備考：「案隋志八卷，鄭玄注，舊唐志九卷，宋均注，康成或引以解經。今篇次具存，宋注不傳。李淑書目九卷，凡乾鑿度、稽覽圖、通卦驗各二，辨終備、是類謀、坤靈圖各一。今三館所藏乾鑿度、通卦驗，皆別出爲一書，而易緯止有鄭氏注七卷：稽覽圖第一、辨終備第四、是類謀第五、乾元序制記第六、坤靈圖第七，二卷、三卷無標目。」

〔五〕按後漢注七緯名亦無乾元敍制　按後漢書卷八十二樊英傳注稱七緯爲：稽覽圖、乾鑿度、坤靈圖、通卦驗、是類謀、辨終備。

卜子夏易十卷〔一〕 袁本前志卷一上易類第四

右舊題卜子夏傳。漢藝文志子夏書已亡〔二〕，今此書約王弼注爲之者，止雜卦。景迂云：「張弧僞作。」〔三〕∞

〔一〕卜子夏易十卷　經籍考卷二無「卜」字。

〔二〕漢藝文志子夏書已亡　原本「漢」作「唐」，袁本作「唐藝文志已亡子夏書」。按二唐志皆有周易卜商傳二卷，揆公武之意，殆謂漢志未予著録。胡一桂周易啓蒙翼傳中篇引公武讀書志云「漢藝文志已無子夏書」，獨不誤，據改。

〔三〕張弧僞作　袁本「張」上有「唐」字。書録解題卷一云：「案晁以道傳易堂記曰：『古今咸謂子夏受于孔子而爲之傳，然太史公、劉向父子、班固皆不論著。唐劉子玄知其僞矣。書不傳於今，今號爲子夏傳者，崇文總目知其僞，而不知其所作之人，予知其爲唐張弧之易也。』晁之言云爾。張弧有王道小疏五卷，見館閣書目，云唐大理評事，亦不詳何時人。」按尤袤遂初堂書目周易類有張弧解卜子夏易傳，不著卷數。傳易堂記見嵩山文集卷十五；景迂者，晁說之以道也。

焦氏易林十六卷〔一〕 袁本前志卷一上易類第三十六

右漢天水焦贛延壽傳易於孟喜〔二〕，行事見儒林傳中，此其所著書也。費直題其前曰：「六十四卦變。」又有唐王俞序〔三〕。其書每卦變六十四，總四千九十六首，皆爲韻語，與左氏傳所載「鳳皇于飛〔四〕，和鳴鏘鏘」，漢書所載「大横庚庚，予爲天王」之語絶相類，豈古之卜者，各有此等書耶？

〔一〕焦氏易林十六卷　按此書始見隋志卷三五行類，云：「焦贛撰。梁又本三十二卷。」讀書志亦沿此説，據沈炳巽、牟庭相、翟云升以及近人余嘉錫考證，撰者當爲後漢崔篆，此書名周易林，或名卦林，或名象林。詳見四庫提要辨證卷十三。

〔二〕漢天水焦贛延壽　按漢書京房傳、儒林傳俱謂焦延壽爲梁人，此曰「漢天水人」，蓋出自舊本易林首之僞費直題辭。題辭曰：「六十四卦變者，王莽時建信天水焦延壽之所撰也。」牟庭相易林校畧序以爲王莽改千乘曰建信，改天水爲塡戎，時有建信而無天水，且二郡不相屬，非可兼稱也。公武徑題天水，亦輕信題辭之過。又，贛爲延壽字，見京房傳，疑公武誤以爲名。

〔三〕唐王俞序　原本所據底本、卧雲本、宛委本、瞿鈔本、季録顧校本、經籍考卷四十七五行類「王俞」作「渝王」，袁本作「俞王」，原本黄丕烈校語云：「皆誤，今據本書序改正。」

〔四〕左氏傳所載鳳皇于飛　原本脱「所」字，據袁本補。宛委本「所」字作空格。又，袁本、卧雲本、宛委本、經籍考「皇」作「凰」，按語出左傳莊公二十二年，十三經注疏本作「皇」。

京房易傳四卷〔一〕　袁本前志卷一上易類第五

右漢藝文志易京氏凡三種，八十九篇。隋經籍志有京氏章句十卷，又有占候十種，七十三卷。唐藝文志有京氏章句十卷，而占候存者五種，二十三卷。今其章句亡矣，乃略見於僧一行及李鼎祚之書。今傳者曰：京氏積算易傳三卷，雜占條例法一卷，名與古不同。所謂積算易傳〔三〕，疑隋、唐志之錯卦是也；雜占條例法者，疑隋、唐志之逆刺占災異是也。景迂嘗曰：是書兆乾、坤之二象以成八卦，卦凡八變而六十有四。於其往來升降之際，以觀消息盈虛於天地之元，而酬酢乎萬物之表者，炳然在目也。大抵辨三易，運五行，正四時，謹二十四氣，悉七十二候，而位五星〔三〕，降二十八宿。其進退以幾，而爲一卦之主者，謂之「世」；奇耦相與，據一以超二〔四〕，而爲主之相者，謂之「應」；世之所位，而陰陽之肆者，謂之「飛」；陰陽肇乎所配乾與坤、震與巽、坎與離、艮與兌而終不脫乎本，以飛某卦之位，乃伏其某宮之位以隱賾佐神明者〔五〕，謂之「伏」；起乎世而周乎內外，參乎本數以紀月者，謂之「建」；終終始始〔六〕，極乎數而不可窮以紀日者，謂之「積」；含於中而以四爲用，一卦備四卦者，謂之「互」。乾建甲子於初，坤建甲午於上，八卦之上，乃生一世之初〔七〕。初一世之五位，乃分而爲五世之位。其五世之上，乃爲遊魂之世；五世之初，乃爲歸魂之世〔八〕。而歸魂之初，乃生後卦之初。其建剛日則節氣，柔日則中氣〔九〕。其數虛則二十有八〔一〇〕，盈則三十有六。蓋其可言者如此。若夫象遺乎意〔一一〕，意遺乎言，則錯綜其用，唯變所適。苟非彰往而察來、微顯而闡幽者，曷足以與此！易學自商瞿至孟喜，授受甚明；房受之喜，而翟牧、白生者不肯京氏曰〔三〕：「京非孟氏學也。」劉向亦疑京託之孟氏，予不知當時爲何説也。今以當時之書驗之，蓋有孟氏京房十一篇，災異孟氏京房六十六篇，同爲一家之學，則其原委孰可誣哉！10

〔一〕京房易傳四卷　袁本作京房易三卷，解題亦異，俱録於下：「右隋有京房章句十卷，此書舊題京房傳，吳陸績注，皆星行氣候之學，非章句也。」又，今津逮秘書本、四部叢刊影印天一閣刊本京氏易傳卷下，俱載「晁氏公武曰」一則，不詳誰氏録附。觀其辭，公武識語所本乃晁説之嵩山文集卷十八記京房易傳後。以識語考京氏易傳源流頗詳，可與讀書志相參證，故據津逮秘書本俱録其識語於下，四部叢刊本及説之記京房易傳後之重要異文，則加按注其間。識語曰：漢藝文志易京氏凡三種八十九篇，隋經籍志有京氏章句十卷，又有占候十種七十三卷，唐藝文志有京氏章句十卷而占候存者五種二十三卷。今其章句亡矣，乃畧見於僧一行及李鼎祚之書。今傳者曰京氏積算易傳三卷、（按説之記後無「京氏積算」四字。）雜占條例法一卷，（按記後「雜」上有「積算」二字）或共題易傳四卷，而名皆與古不同。今所謂京氏易傳者，或題京氏積算易傳，疑隋、唐志之錯卦是也；雜占條例法者，疑唐志之逆刺占災異是也。錯卦在隋七卷，唐八卷所謂積算雜逆刺占災異十二卷是也，（按四部叢刊本識語無「雜」字，是，周易逆刺占災異十二卷，見隋志卷三五行類，謂京房撰。新唐志卷三五行類題費直撰，疑誤。又，記後自「雜占條例法者」至此，其文與識語不同，曰：「錯卦，在隋七卷，唐八卷。所謂積算雜占條例法者，疑隋逆刺占災異十三卷是也。」今隋志、唐志逆刺占災異，俱作十二卷，與記後不合。）至唐，逆刺三卷而亡其八卷。（按記後「八卷」作「九卷」。）元祐八年，高麗進書，有京房周易占十卷，疑隋周易占十二卷是也。是古易家有書而無傳者多矣。京氏之書，幸而與存者，纔十之一，尚何離夫師説邪？（按記後作「尚誰之師哉。」）景迂嘗曰：余自元豐壬戌偶脱去舉子事業，便有志學易而輒好王氏本，（按四部叢刊本作「本好王氏」，記後作「輒不好王氏」，疑是。）妄以謂弼之外，當自有名家者，果得京氏傳，而文字顛倒舛訛，不可訓知，迨其服習甚久，漸有所窺，今三十有四年矣，乃能以其象數，辨正文字之舛謬，於邊郡山房寂寞之中而私識之，曰：是書非乾、坤之二象，以成八卦，凡八變而六十有四，於其往來升降之際，以觀消息盈虛於天地之元，而酢酬乎萬物之表者，（按「酢酬」，記後、四部叢刊本識語作「酬酢」，是。）炳然在目也。大抵辨三易，運五行，正四時，謹二十四氣，志七十二候而位五星（按記後「志」作「悉」）、降二十八宿，其進退以幾而爲一卦之主者，謂之「世」；奇耦相與，據一以起二而爲主之相者，謂之「應」；世之所位而陰陽之肆者，謂之「飛」；陰陽肇乎所配（原注：乾與坤震與坎巽與離艮與兑。按記後「坎」、「巽」互倒，是。）而終不脱乎本，（原注：以飛某位之卦而伏某宮之位。按記後「某位之卦」作「某卦之位」，是。）以隱顯佐神明者，（按記後「顯」作「賾」。）謂之「伏」；起乎世而周乎內外，參乎本數以紀月者，謂之「建」；終終始始，極乎數而不可窮以紀日者，謂之「積」；會於中而以四爲用，一卦備四卦者，（按記後「會」作「含」。）謂之「互」。乾建甲子於下，（按記後「下」作「初」）坤建甲午於上，八卦之上，乃生一世之初。初一世之五位，（按記後無「初」字。）乃分而爲五世之位；在其五世之上，乃爲游魂之世；五世之初，乃爲歸魂之世。而歸魂之初，乃生後卦之初。其建剛日則節氣，乘日則中氣。（按記後「乘」作「柔」，是。）其數虛則二十有八，盈則三十有六。蓋其可言者如此。若夫象遺乎意，意遺乎言，則錯綜其用，唯變所適：或兩相配而論內外二象，若世與內（原注：革水火配位離火四世水。按記後「離」上有「內」字，當據補。），若世與外（原注：困金木交爭外兌金初世木。按記後「困」作「因」，四部叢刊本識語作「用」，誤。）；或不論內外之象而論其內外之位（按記後「之象」作「二象」，是。）（原注：土木入艮兌初土四木。按記後「土」上有「萃」字，當據補；又「木」作「水」、「水」作「木」。）；或三相參而論內外與飛（原注：賁土火木分陰陽艮土離火飛木。）若伏（原注：旅火土木入離艮離火艮上休伏木。按記後「上休伏木」作「土伏本」，「上」字誤。）；或相參而論內外世、應、建、伏（原注：觀金土火木互爲體建金水應內土伏火外木。按記後「水」作「世」。）；或不論內外而論世建與飛伏（按記後「不論」作「兼論」。）（原注：益金土入震巽世與飛土建與伏金。）；或兼論世應飛伏（原注：復水土見候世應水土飛伏水土屯土木應象世應土木飛伏土木。）；或專論世應（原注：夬金木合乾兌入坤象世金應木蠱金木入艮巽世金應木。）；或論世之所忌（原注：履金火入卦初九火□九四火克九五世金爻及乾爻金。按：記後「金爻及乾爻金」作「金及乾之金」。）；或論世之所生（原夾注：巽火木與巽同宮世木巽木見火。按記後「見」作「建」。）；於其所起，見其所滅（原注：大壯起于子滅于亥。）；於其所刑，見其所生（原注：隨金木交刑水火相激兌金巽水。按記後「巽水」作「巽木。」），故曰死於位，生於時；死於時，生於位。苟非彰往而察來，微顯而闡幽者，曷足以與此！前是，小王變四千九十有六卦，後有管輅定乾之軌七百六卦，（按記後「卦」作「十」。）復有入坤之軌六百七十有二，（按記後「復有入坤」作「有八坤」。）其知之者將可以語邵康節三易矣，（按記後「三」作「之」。疑是。）從小王之徒唯知尚其詞耳，（按記後「從」作「彼」。）其謂斯何？昔魯商瞿子木受易孔子，五傳而至漢田何子裝，何授洛陽丁光，（按記後「光」作「寬」，是。下同。）光授碭田王孫，王孫授東海孟喜，孟喜授梁焦贛延壽，延壽授房，房授東海殷嘉、河東姚平、河南乘弘，由是易有京房之學而傳盛矣。有瞿牧自生者，（按記後「自」作「白」，是。）不肯學京氏，（按記後無「學」字。）曰：「京非孟氏學也。」劉向亦疑京託之□孟氏，（按記後無空格。不知當時爲何說也。今以當時之書驗之，蓋有孟氏京房十一篇，以大異孟氏京房六十六篇，（按「以大」當「災」之訛。）與夫京氏殷嘉十二篇，同爲一家之學，則其源委孰可誣哉！此亦學者不可不知也。若小王者果何所授受邪？蓋自京氏爲王學有餘力，而王學之適京氏則無繇矣。或傳是書而文字舛謬，得以予言而攷諸凡學，（按記後無「凡學」二字）不可就正者，缺以待來哲。積算雜占條例法具如別録。（以下畧）按以上所録，亦見王應麟漢藝文志考證卷一、玉海卷五，文字畧於此：玉海引作「晁說之曰」。公武撰有易詁訓傳（又名易廣傳）十八卷，博采古今諸家，附以己說，以明諸爻之變。說之論易，當亦所采，今津逮秘書諸本所録殆出易詁訓傳歟？衢本讀書志京房易傳條解題當亦本於是。

〔二〕所謂積算易傳　按津逮秘書本京房易傳録公武語「傳」下有「者」字，疑此脫去。又公武謂易傳即錯卦，雜占條例即逆刺占災異，四庫總目卷一〇九京氏易傳條以爲臆斷。

〔三〕悉七十二候　季録顧校本「悉」作「志」。按公武識語亦作「志」，然嵩山文集卷十二記京房易傳後同原本，姑仍之。

〔四〕據一以超二　公武識語與說之記後「超」均作「起」，是。

〔五〕以隱賾佐神明者　公武識語「賾」作「顯」，說之記後同讀書志。

〔六〕終終始始　原本黄丕烈校語云：「覆案通考引不重『始』，當據刪。」按公武識語與說之記後作「終終始始」，俱重文，不當刪。

〔七〕乃生一世之初　原本「於中」至此凡三十八字誤作夾注，今據津逮祕書本京氏易傳録公武識語改正。又，識語「含」作「會」，説之記後同讀書志。又，「乾建甲子於初」，識語「初」作「下」，記後同讀書志。

〔八〕五世之初乃爲歸魂之世　原本所據底本脱此十字，李富孫據瞿鈔本補。按卧雲本，宛委本、經籍考卷一皆未脱，顧校本脱文同。

〔九〕柔日則中氣　公武識語「柔」作「乘」，誤，説之記後同讀書志。

〔一〇〕虚則二十有八　原本「則」下衍「有」字，據卧雲本、經籍考删。按公武識語亦無此「有」字。

〔一一〕若夫　原本脱「若」字，據卧雲本、宛委本、經籍考補。按公武識語亦有「若」字。

〔一二〕翟牧白生者不肯京氏　經籍考考證云：「『翟牧白生者』，刊本『翟』訛『瞿』、『白』訛『自』。」按宛委本作「翟牧、白生者」，原本誤作「瞿牧、自生者」，據改。又，宛委本、經籍考「肯」下有「仞」字，公武識語「仞」作「學」。按仞，通認，允也。語見漢書卷八十八孟喜傳。説之記後無「仞」字，也無「學」字，姑仍之。孟喜傳稱翟牧子兄、沛人；白光少子，喜同郡人，皆爲博士，由是有翟、孟、白之學。

關子明易傳一卷〔一〕　袁本前志卷一上易類第六

右魏關朗撰。子明，朗字也。元魏太和末，王虬言於孝文，孝文召見之，著成筮論數十篇〔二〕。唐趙蕤云：「恨書亡半，隨文詮解，才十一篇而已。」李邯鄲始著之目，云：「王通贊易，蓋宗此也〔三〕。」11

〔一〕關子明易傳一卷　袁本無「傳」字，經籍考卷二同原本。袁本解題頗異，俱録於下：「右魏關子明傳。子明名朗，元魏太和末，王虬言于孝文，孝文召見之，著成筮論數十篇。唐趙蕤注，蕤云『恨書亡半，隨文詮解，才十一篇而已。』四庫書不載。」經籍考解題與原本同。

〔二〕著成筮論數十篇　按本書卷首有趙蕤撰關朗傳，蓋即公武所本，傳曰：「王虬與子明著成疑筮論數十篇。（趙蕤原注：即今易傳是也。）」是讀書志脫「疑」字。

〔三〕王通贊易蓋宗此也　按關朗易傳係阮逸僞撰，今本逸序云：「嘗讀文中子，知王氏易宗於關子明。」此「王氏」即王通。

李氏集解十卷〔一〕　袁本前志卷一上易類第七

右唐李鼎祚集解〔二〕。經皆避唐諱〔三〕，又取序卦各冠逐卦之首。所集有子夏、孟喜、京房、馬融、荀爽、鄭康成、劉表、何晏、宋衷、虞翻、陸績、干寶〔四〕、王肅、王輔嗣、姚信、王廙、張璠、向秀、王凱同〔五〕、侯果〔六〕、蜀才、翟玄〔七〕、韓康伯〔八〕、劉瓛、何妥〔九〕、崔憬、沈驎士、盧氏〔一〇〕、崔覲、孔穎達三十餘家〔一一〕，又引九家易、乾鑿度義。所謂蜀才者，人多不知。按顏之推云范長生也。其序云：「自卜、商之後〔一二〕，傳注百家〔一三〕，唯王、鄭相沿，頗行於代。鄭則多參天象，王乃全釋人事，易之道豈偏滯於天人哉〔一四〕！而天象難尋，人事易習，折楊黃華，學徒多從之。今集諸家，刊輔嗣之野文，補康成之逸象〔一五〕，以貽同好。」蓋宗鄭學者也〔一六〕。隋書經籍志所録易類六十九部，公武今所有五部而已〔一七〕。關朗易不載於目，乾鑿度自是緯書，焦贛易林又屬卜筮，子夏書或云張弧僞爲。然則隋志所録，捨王弼書，皆未得見也。獨鼎祚所集諸家之説，時可見其大旨。唐録稱鼎祚書十七卷，今所有止十卷〔一八〕，而始末皆全，無所亡失，豈後人併之耶〔一九〕？ 12

〔一〕李氏集解　經籍考卷二作李鼎祚周易集解。

〔二〕右唐李鼎祚　經籍考作「鼎祚，唐人」。按鼎祚兩唐書無傳，劉毓崧嘗考其生平事蹟，見通義堂集卷一。

〔三〕經皆避唐諱　按經籍跋文著録影宋嘉定本，陳鱣曰：「盧氏雅雨堂刻本爲惠定宇臆改百六十餘條處，與宋本校對，時多乖違，且爲豫卦，集解『豫』皆作『逸』，乃避代宗諱，以故晁公武云『集解皆避唐諱』，今雅雨堂本盡改『逸』字爲『豫』，是亦弗思之甚，更不可爲典要矣。」

〔四〕干寶　袁本「干」訛作「于」。

〔五〕王凱同　原本李富孫校語云：「晁氏避父諱，『沖』作『同』。」按公武父名沖之，凡「沖」悉改「同」，其義例見卷四論語類何晏注論語條。

〔六〕侯果　沈録何校本何焯校語云：「侯果，康子元傳中作『侯行果』。」按康子元傳載新唐書卷二〇〇，馬國翰玉函山房輯佚書、周易侯氏注序謂唐人多以字行，當是果名而行果爲其字。

〔七〕翟玄　原本「玄」作「元」，據袁本改。沈録何校本何焯校語云：「翟玄，經典釋文九家集注下作『翟子玄』，云『不詳何人』。」

〔八〕韓康伯　經籍考作「韓伯」。按韓伯字康伯。

〔九〕何妥　袁本「妥」作「安」，經籍考同袁本。按隋志卷一有國子祭酒何安周易講疏十三卷，舊唐志卷上作「何晏」，新唐志卷一、玉海卷三十六引中興書目均作「何妥」。「安」、「晏」俱誤，何妥傳見隋書卷七十五、北史卷八十二。

〔一〇〕盧氏　按盧氏乃盧景裕，見馬國翰玉函山房輯本序。景裕本傳見魏書卷八十四、北史卷三十。

〔一一〕孔穎達三十餘家　「三十餘家」，按公武所列止三十家，玉海卷三十六引中興書目同讀書志。朱睦㮮序考爲三十二家，有焦贛、伏曼容二家。朱彝尊經義考卷十四云：「此外尚有伏曼容、姚規、朱仰之及彭城蔡景君説。」

〔一二〕卜商　袁本「商」訛「商」。

〔一三〕傳注百家　原本「百」下有「餘」字，據袁本、玉海卷三十六唐集注周易條引讀書志、今本鼎祚自序删。

〔一四〕豈偏滯於天人哉　原本黄丕烈校語云：「通考作『天文』，當是。」按元刊本、殿本經籍考卷二俱作「天人」，唯卧雲本作「天文」，或即丕烈所見作「天文」。袁本、今本鼎祚自序亦作「天人」。

〔一五〕補康成之逸象　原本「補」作「輔」，據袁本、玉海引讀書志、今本鼎祚自序改。

〔一六〕蓋宗鄭學者也　雅雨堂叢書本盧見曾序云：「荀、虞逸象最多，取李氏序云『刊輔嗣之野文，補康成之逸象』，晁公武謂李氏刊王存鄭，此誤解序義也，爲辨而正之。」黄以周儆季文鈔李氏周易集解校本跋云：「今考書中引鄭注者十之一二，而荀慈明、虞仲翔之説特詳，李氏蓋宗荀、虞之説，非宗鄭也。」

〔一七〕公武今所有五部而已　袁本「公武」作「予」，經籍考同原本。

〔一八〕今所有止十卷　袁本無「止」字。

〔一九〕而始末皆全無所亡失豈後人併之耶　袁本作「蓋亦失其七，惜哉」，無此十五字。按四庫總目卷一云：「今考序中稱『至如卦爻彖象，理涉重玄，經註文言，書之不盡，別撰索隱，錯綜根萌，音義兩存，詳之明矣』云云，則集解本十卷，附畧例一卷爲十一卷，尚別有索隱六卷，共成十七卷，唐志所載蓋併索隱、畧例數之，實非舛誤。至宋而索隱散佚，刊本又削去畧例，僅存集解十卷，故與唐志不符。」又，宋志卷五五行類有鼎祚易髓三卷、目一卷、瓶子記三卷。陳鱣經籍跋文影宋本周易集解跋、黄以周儆季文鈔卷二、翁方綱經義考補正卷一皆謂蓋唐志總其生平所著卷目言之，而宋志則分析書名言之。翁方綱云：「晁公武、馬端臨、李巽嵓之徒，或以爲集注內亡失七卷，或以爲後人所併，皆未之深攷耳。」按疑是書有逸闕，非始於公武，崇文總目卷一止十卷，朱睦㮮六經圖引崇文總目、玉海卷三十六小注並云「七篇逸」。

周易口訣義七卷〔一〕　袁本前志卷一上易類第八

右唐史證撰〔二〕。鈔注、疏以便講習〔三〕。田氏乃以爲魏鄭公撰〔四〕，誤也。 13

〔一〕周易口訣義七卷　經籍考卷二作六卷，蓋從崇文總目。崇文總目卷一、書録解題卷一、宋志卷一、四庫總目卷一著録大典輯本及今本俱作六卷。

〔二〕唐史證　崇文總目、經籍考同讀書志，書録解題作史之徵，宋志作史文徽，通志藝文畧一易類論説種作史之證，胡一桂周易啓蒙翼傳中篇作史文徽。書録解題云：「不詳何代人，三朝史志有其書，非唐則五代人也，避諱作『證』字。」四庫總目從永樂大典，定作史徵，今本亦俱題史徵撰。按宋人避仁宗諱，改「徵」作「證」。

〔三〕鈔注疏以便講習　按大典本史氏自序云：「但舉宏機，纂其樞要，先以王註爲宗，後約孔疏爲理。」崇文總目及讀書志殆未細睹其書，但據史氏序，而謂「鈔注、疏，以便講習」，所引實多出孔疏之外。

〔四〕田氏乃以爲魏鄭公撰　按田氏指田鎬，有田氏書目。通志藝文畧又録周易口訣六卷，云唐魏鄭公撰，亦誤。又，顧校本「以爲」作「謂」。

周易微指三卷〔一〕　袁本前志卷一上易類第九

右唐陸希聲撰。希聲仕至右拾遺〔二〕。大順中，棄官居陽羨，自號君陽遁叟〔三〕。著傳十卷，別撰易圖一，指説一，釋變一〔四〕，微旨一，通十卷。此微旨也，皆設問答。崇文目止有二篇〔五〕。14

〔一〕周易微指三卷　經籍考卷二作陸希聲易傳，脱卷數，先引崇文總目。引「晁氏曰」止八字：「微旨三卷，皆設問答。」袁本「指」亦作「旨」。

〔二〕仕至右拾遺　袁本無此五字。按經義考卷十五引希聲自序，云：「予乾符初任右拾遺」云云，疑袁本脱文。

〔三〕自號君陽遁叟　「君」原作「居」，蓋涉上文而誤，據袁本及胡一桂周易啓蒙翼傳中篇引讀書志改。按韻語陽秋卷八云：「希聲隱居宜興君陽山，今金沙寺其故宅也。自著君陽山記，著易傳十卷。」

〔四〕釋變一　原本「釋」作「擇」，據袁本改。按希聲自序、崇文總目卷一、玉海卷三十六引中興書目、書録解題卷一俱作「釋變」。

〔五〕崇文目止有二篇　袁本無此七字，宛委本「文」下有「總」字。按經籍考引崇文總目云：「希聲作易傳十篇，易圖、指說、釋變、微旨四篇。初，隴西李阮學其說，以爲上、下經，傳二篇，思屬甚妙，故希聲自爲之解。餘篇差顯，不復爲注。蓋近世之名家歟？今二篇外，餘篇逸。」書録解題有易傳解說一卷，云：「今所謂解說者，上、下經共一册，不分卷，有序言著易傳十篇：七篇以上解易義之淵微，八篇以下廣易道之旁行。今第爲六卷，又撰易圖、指說、釋變、微旨各一卷，通爲十卷。其上、下經，蓋第一、第二篇，經文一句，傳亦一句，門人以爲難曉，故復爲之解。然則其書十卷不盡傳矣。」中興書目云：「今惟存上、下經、傳，分爲六卷，微旨分爲三卷。」

周易舉正三卷〔一〕　袁本前志卷一上易類第十

右唐郭京撰。京嘗任蘇州司户〔二〕。序稱：京家藏王弼、韓康伯手札周易本及石經〔三〕，校正一百三十五處、二百七十三字〔四〕。蓋以繇象相證〔五〕，有闕漏處，可推而知，託云得王、韓手札與石經耳〔六〕。如：渙之繇「利涉大川」下有「利貞」字，而象辭無之，則增入；漸之繇「女歸吉」下無「也」字，而象辭有之，則削去，他皆此類〔七〕。 15

〔一〕周易舉正　經籍考卷二無「周」字，袁本同原本。

〔二〕蘇州司户　卧雲本作「蘇州司户參軍」。

〔三〕序稱京家藏王弼韓康伯手札周易本　卧雲本、經籍考「序稱京」作「京自稱」，經籍考無「弼」、「康伯」、「本」四字，袁本「札」訛作「扎」。

〔四〕校正一百三十五處二百七十三字　按今范氏天一閣刊本京自序謂「舉正凡一百三節」。

〔五〕繇象相證　原本「彖」作「象」，然下文所舉乃繇象相證之例，今據袁本、宛委本、卧雲本、經籍考改。殿本經籍考「繇」誤作「爻」，元刊本同讀書志。

〔六〕託云得王韓手札與石經耳　容齋隨筆卷五云：「予頃於福州道藏中見此書而傳之，及在後省，見晁公武所進易解多引用之，世罕有其書也。」四庫總目卷一云：「顧其所説，推究文義，往往近理，故晁公武雖知其託名，而所進易解，乃多引用。」按易解即易詁訓傳，十八卷，亦名易廣傳，見困學紀聞卷一。

〔七〕他皆此類　經籍考無「如涣之繇」至此凡四十三字，袁本及諸衢本同原本。

元包十卷〔一〕　袁本前志卷一上易類第十一

右唐衛元嵩撰〔二〕，蘇源明傳，李江注。坤爲首〔三〕，因八卦世變爲六十四卦之次。又著運蓍、説源二篇。統言卦體，不列爻位，自云周易、元包，一也〔四〕。16

〔一〕元包十卷　袁本作元命包十卷，沈録何校本何焯校語云：「『命』字衍。」是。經籍考卷二題上有「衛元嵩」三字，未引讀書志。按崇文總目卷一、玉海卷三十六引中興書目、書録解題卷一標題皆同原本。讀書敏求記卷一有宋本元包經傳五卷，善本書室藏書志卷十七有明覆宋本亦五卷，天一閣刊本十卷，闕下三卷。今本題同原本。

〔二〕唐衛元嵩撰　按崇文總目、中興書目、書録解題俱謂元嵩唐人。胡應麟四部正譌卷上云：「案元嵩，後周人；所撰述有齊三教論七卷，見通志。又隋志釋氏類稱『蜀郡沙門衛元嵩上書，言僧徒猥濫，周武帝下詔，一切廢毀』，即其人也。而王堯臣總目以爲唐人。考唐世諸紀傳，絶無名姓同者，其誤瞭然。蓋因傳注出蘇元明、李江，蘇、李皆唐人，以意傳合耳。」按讀書志蓋襲崇文總目之訛。王應麟已謂元嵩非唐人，見困學紀聞卷一，元嵩傳見魏書卷十九中、北史卷十八，胡應麟謂史無元嵩傳，誤矣。

〔三〕坤爲首　原本脱此三字，據袁本、玉海卷三十六唐周易元包傳條引讀書志補。卧雲本作「包以坤爲首」。按元包祖京房易傳八宫卦，以坤宫八卦爲太陰，居首，次乾、兑、艮、離、坎、巽、震。

〔四〕周易元包一也　按李江序謂：「夏曰連山，殷曰歸藏，周曰周易，而唐謂之元包。包者，藏也，言善惡是非、吉凶得失，皆藏其書也。」

周易開玄關一卷　袁本後志卷一經類第四

右唐蘇鶚撰。鶚自序云：「五代祖晉，官至吏部侍郎，學兼天人，嘗著八卦論〔一〕，爲世所傳，遭亂遺墜，而編簡尚有存者〔二〕，鶚乃畧演其旨於此。」17

〔一〕嘗著八卦論　袁本、臥雲本、宛委本、經籍考卷二「著」作「製」。

〔二〕而編簡尚有存者　臥雲本、經籍考「編」作「漏」，誤。

周易流演五卷　袁本後志卷一經類第五

右唐成玄英撰。錯綜六十四卦，演九宫，以直年月日，推國家之吉凶。玄英，道士也，故道藏録之。或云釋仁英撰〔一〕。未知孰是。18

〔一〕或云釋仁英撰　按是書兩唐志不載，祕續目易類、通志藝文略一易類論説種俱有周易流演五卷，未著撰人。宋志卷一有成玄英流演窮寂圖五卷，卷五五行類有成玄英易流演五卷。

周易啓源十卷〔一〕　袁本後志卷一經類第六

右蔡廣成撰。李邯鄲云唐人，田偉置於王昭素之下。今從李説。有德恒、德言、德膚、德翰四目〔二〕，皆作問對〔三〕。凡三十六篇。19

〔一〕周易啓源十卷　袁本「十」作「一十」。

〔二〕有德恒德言德膚德翰四目　殿本經籍考卷二「有」作「卷首」，「四目」作「四篇」，原本「德言」作「伯言」，李富孫校語云：「案『伯言』誤，瞿鈔本同，當據通考改『伯』作『德』。」黃丕烈校語云：「『元刻通考仍作『伯言』，當是通考本異也。」按今據經籍考，胡一桂周易啓蒙翼傳中篇引讀書志改。書録解題卷一云：「其卷首題德恒、德言、德庸、德翰問者，不知何義也。」其「德膚」又作「德庸」。此書已佚，姑録以備考。

〔三〕皆作對問　卧雲本「作」作「設爲」，經籍考作「設」。

易軌一卷　袁本前志卷一上易類第十二

右僞蜀蒲乾貫撰。專言流演。其序云：「可以知否泰之源，察延促之數」，葢數學也。按劉道原十國紀年，乾貫作虔觀，今兩字皆誤〔一〕。20

〔一〕按劉道原十國紀年乾貫作虔觀今兩字皆誤　經籍考卷五無此十八字。袁本「按」上有「景迂云」三字。按宋志卷五蓍龜類有蒲乾貫周易指迷照膽訣三卷，祕續目五行卜筮類有易軌一卷，未著撰人。通志藝文畧卷六五行類易軌革種有周易軌革指迷照膽訣一卷，題蒲乾虔瓘撰。

易論三十三卷〔一〕　袁本前志卷一上易類第十三

右皇朝王昭素撰〔二〕。昭素居酸棗，太祖時，嘗召令講易。其書以注、疏異同〔三〕，互相詰難，蔽以己意。

昭素隱居求志，行義甚高，史臣以王烈、管寧比之〔四〕。21

〔一〕易論三十三卷　經籍考卷二「易論」上有「王昭素」三字。按宋史卷四三一本傳云：「昭素博通九經，兼究莊、老，尤精詩、易，以爲王、韓注易及孔、馬疏義或未盡是，乃著易論二十三篇。」澠水燕談録卷四云：「王昭素先生，酸棗縣人，博學通九經，尤長于易，作易論二十三篇，學者稱之。」疑上「三」爲「二」之誤。

〔二〕右皇朝王昭素撰　經籍考無此七字。

〔三〕以注疏異同　袁本「異同」作「同異」。

〔四〕昭素隱居求志行義甚高史臣以王烈管寧比　袁本無此十八字，經籍考及諸衢本同原本，唯經義考卷十六引讀書志此十八字在「太祖時」之前，殆朱彝尊移易。昭素事詳續資治通鑑長編卷十一。

證墜簡一卷〔一〕　袁本前志卷一上易類第十四

右皇朝天禧中毘陵從事建溪范諤昌撰。其書酷類郭京舉正，如震卦象辭內云脱「不喪匕鬯」四字，程正叔取之；漸卦「上六」，疑「陸」字誤，胡翼之取之。自謂其學出於湓浦李處約、廬山許堅，意豈果有師承〔二〕，故程、胡有所取焉〔三〕。22

〔一〕證墜簡一卷　經籍考卷二「證」上有「易」字，袁本同原本。

〔二〕意豈果有師承　袁本、經籍考「意」作「意者」，疑原本脱「者」字。按胡一桂周易啓蒙翼傳中篇云，李得之於許堅。

〔三〕有所取焉　卧雲本「焉」作「之」。

陸秉意學十卷〔一〕　袁本後志卷一經類第七

右皇朝陸秉撰。秉，字端夫，舊名東。寶元二年，以此書奏御，勑書嘉獎。秉嘗通判蜀州〔二〕。首篇論易之名，頗采參同契之説。23

〔一〕陸秉意學　經籍考卷二作「陸秉周易意學」，袁本同原本。

〔二〕嘗通判蜀州　書録解題卷一引讀書志此五字在「舊名東」之下。

胡先生易傳十卷〔一〕　袁本前志卷一上易類第十五

右皇朝胡瑗撰。瑗，字翼之，泰州人。通經術樂律，教人有法，在湖州從其學者常數百人，成材而備朝廷器使者不可勝數〔二〕。此解甚詳，蓋門人倪天隱所纂〔三〕，非其自著，故序首稱「先生曰」〔四〕。24

〔一〕胡先生易傳十卷　經籍考卷二「胡先生」作「胡安定」；袁本「十」作「二十」。按書録解題卷一有胡瑗周易口義十三卷，四庫闕書目易類有胡瑗易口義二十卷，宋志卷一有胡瑗易解一十二卷，口義十卷，繫辭説卦三卷，康熙「

卯吉水李振裕刊本序謂「實無二書」，當是。四庫總目卷二著録，題作周易口義十二卷。

〔二〕不可勝數　經籍考無「右皇朝」至此凡四十六字，諸本不闕。

〔三〕蓋門人倪天隱所纂　袁本「蓋」作「或云」。沈録何校本何焯校語云：「阮逸字天隱，『倪』字舊刻已誤。但逸與安定同□□以爲門人，未知何據。」何氏批校本嘗歸常熟瞿氏所有，瞿氏據校語謂陳師曾刊袁本「阮」字誤作「倪」字，見鐵琴銅劍樓藏書目録卷十二郡齋讀書志條。四庫全書總目提要補正卷二十五鄭翼案云：「衢、袁本及通考並作『倪天隱』，倪字茅岡，桐廬人，與阮逸同時，並見宋元學案卷一，陳本不誤。」是以「倪」字不誤。倪天隱，治平、熙寧中爲合肥學官，晚年主桐廬講席，弟子千人，稱千乘先生。

〔四〕非其自著故序首稱先生曰　袁本作「非其自著也，無繫辭」，經籍考同原本。

邵古周易解五卷〔一〕　袁本後志卷一經類第八

右皇朝邵古天叟撰。古，雍之父也。世本范陽。治平初，卒於洛〔二〕，年七十九。其學先正音文云。25

〔一〕邵古周易解五卷　沈録何校本何焯批語云：「此必妄人僞作。」按此書不見書録解題、宋志，經義考卷十六云：「未見。」注云：「一齋書目有。」

〔二〕治平初卒於洛　經籍考卷二無「治平初」三字。

代淵易論二十卷〔一〕 袁本後志卷一經類第九

右皇朝代淵撰。國史藝文志有其目。26

〔一〕代淵易論二十卷　按宋志卷一題周易旨要二十卷，王圻續文獻通考卷一七三經籍考易類有周易旨要，未著卷數，云：「淵，導江人。性簡潔，事親孝。年四十，舉進士甲科，還家教授，累薦不起。自號虛一子。」

周易述聞一卷隱訣一卷補解一卷精微三卷〔一〕 袁本前志卷一上易類第十六

右皇朝皇甫泌撰。又有紀師説〔二〕、辨道，通爲八卷。27

〔一〕周易述聞一卷隱訣一卷補解一卷精微三卷　經籍考卷二題作皇甫泌易解十四卷，乃本書録解題卷一，其引讀書志亦異乎此，云：「泌官至尚書右丞，有述聞一卷、隱訣一卷、補解一卷、精微三卷，又有紀師説、辨道，通爲八卷。」通志藝文略一易類論説種有易義八卷、精微三卷，注種有補注三卷，與書録解題合，宋志卷一作易解十九卷。又，書録解題「辨道」作「明義」，卧雲本「補解」作「補邵解」。

〔二〕紀師説　書録解題録篇名無「紀」字，疑衍。

邵康節皇極經世十二卷〔一〕　袁本前志卷一上易類第十七

右皇朝邵雍撰。雍，字堯夫，謚康節，隱居博學，尤精於易。世謂其能窮作易之本原，前知來物。其始學之時，睡不施枕者至三十年。此書以元經會，以會經運，以運經世〔二〕，起於堯即位之二十一年甲辰〔三〕，終於周顯德六年己未，編年紀興亡治亂之事，以符其學。後又有繫述敍篇，其子伯温解。28

〔一〕邵康節皇極經世　經籍考卷三十七儒家類作皇極經世書，標題、歸類均從書錄解題。

〔二〕以會經運以運經世　原本脱「以會經運」四字，袁本脱「以運」二字，經籍考同原本，據盧文弨羣書拾補校語補。按今本卷一之一總元會運世之數，三之四以會經運，五之六以運經世，凡三十四篇。

〔三〕起於堯即位之二十一年甲辰　袁本、玉海卷五十五藝文部引讀書志「一」作「二」。按正統道藏（臺灣新文豐出版公司影印本）太玄部所收皇極經世卷五之上曰：「經世之未，二千一百五十六，甲辰，唐帝堯肇位於平陽，號陶唐氏。」又曰：「經世之申，二千一百五十七，甲子，唐帝堯二十一年。」

邵康節觀物篇六卷〔一〕　袁本前志、後志未收

右邵雍之歿，其門人記其平生之言〔二〕，合二卷。雖以次筆授，不能無小失，然足以發明成書者爲多，故

以外篇名之，或分爲六卷〔三〕。29

〔一〕邵康節觀物篇六卷　經籍考卷三十七儒家類題作觀物外篇，從書録解題卷一。

〔二〕其門人記其平生之言　按書録解題云："康節門人張崏子望記其平生之言"，"崏登進士第，仕爲太常寺主簿"。宋志卷一注"崏"作"滑"。

〔三〕或分爲六卷　按宋張行成取此書而補其闕，正其脱訛，分數、象、理三類，各三卷，今本附刊皇極經世之後。

劉長民易十五卷〔一〕　袁本前志卷一上易類第十八

右皇朝劉牧長民撰〔二〕。仁宗時　言數者皆宗之。慶曆初，吴秘獻其書於朝，優詔獎之。田況爲序。30

〔一〕劉長民易十五卷　臥雲本、經籍考卷二"易"下有"解"字。按四庫闕書目易類、祕續目易類有劉牧注周易十卷（玉海卷三十六引中興書目、書録解題卷一、宋志卷一作新注周易十一卷）；四庫闕書目又有易卦統論説一卷（祕續目作卦德統論，玉海引中興書目、書録解題、宋志作卦德通論）；又有鈎隱圖三卷（書録解題一卷、玉海引中興書目、宋志作一卷，祕續目、道藏目録詳註洞真部靈圖類同四庫闕書目），疑讀書志著録"十五卷"者含牧諸書，今其易注等均佚，圖三卷尚存。

〔二〕劉牧長民撰　按牧墓銘見臨川集卷九十七，謂牧字先之。

鉤隱圖三卷〔一〕　袁本前志卷一上易類第十九

右劉牧撰。皆易之數也。凡五十五圖〔二〕，并遺事九〔三〕。有歐陽永叔序，而其文殊不類。31

〔一〕鉤隱圖三卷　袁本「鉤」作「鈎」，經籍考卷二無此五字，唯於劉長民易解條解題末云「又有鈎隱圖三卷」，綴此條解題於其後。

〔二〕凡五十五圖　袁本作「凡四十八圖」，經籍考卷二同原本。按今本牧自序云「凡五十五位，點之成圖」，玉海卷三十六引中興書目云「凡八十四圖」，胡一桂周易啓蒙翼傳中篇引讀書志又作五十四圖。

〔三〕遺事九　按今本作周易先儒遺論九事一卷。

鄭揚庭周易傳十三卷〔一〕　袁本前志卷一上易類第二十

右皇朝鄭夬揚庭撰。姚嗣宗謂劉牧之學受之吳秘〔二〕，秘受之夬，夬又作明數、明象、明傳道、明次例、明範五篇。邵雍言夬竊其學於王豫〔三〕，沈括亦言夬之學似雍云〔四〕。32

〔一〕十三卷　袁本作「十二卷」，經籍考卷三同原本。按宋志卷一有鄭揚庭時用書十二卷、明用書九卷、易傳辭三卷、易傳辭後語一卷，又有劉牧、鄭夫（當「夬」之訛）註周易七卷。

〔二〕受之吳秘　按「受」當作「授」，下同。

〔三〕邵雍言夬竊其學於王豫　按邵伯温易學辨惑謂大名王天悦從邵雍學，天悦感疾且卒，鄭夬賂其僕於卧内竊得之，遂以爲學，著易傳、易測、明範、五經時用書等，皆破碎妄作，穿鑿不根，故著辨惑以闢之。胡一桂周易啓蒙翼傳中篇謂天悦名豫。

〔四〕沈括亦言夬之學似雍云　沈録何校本何焯批語云：「劉牧反易圖、書，則夬之學與邵異矣。」按牧、雍皆爲圖、書之學，牧以九爲河圖，十爲洛書，夬出於是，雍以十爲河圖，九爲洛書，二者同源（同出陳摶）異流，焯故云。沈括語見夢溪筆談卷七。

徐庸易意蘊一卷〔一〕　袁本後志卷一經類第十

右皇朝徐庸撰。庸以春秋凡例，易亦有之，故著書九篇，號意蘊凡例總論。其學祖劉牧、陸秉云。33

〔一〕易意蘊　原本無「意」字，據衢改本補。袁本題作易緼，經籍考卷二標題作易意蘊凡例總論，當據書録解題卷一。

徂徠先生周易五卷〔一〕　袁本後志卷一經類第十一

右皇朝石介守道撰。景迂云：「易古文十二篇，先儒謂費直專以彖、象、文言參解易爻，以彖、象、文言雜入卦中者，自費直始〔二〕。孔穎達云：「王輔嗣又分爻之象辭，各附當爻。」則費氏初變古制時，猶若今乾卦彖、象繫卦之末歟？古經始變於費氏，卒大亂於王弼，惜哉！今學者曾不之知也。石守道亦曰：「孔子作彖、象於六爻之前，小象係逐爻之下，惟乾悉屬之於後者，讓也。」嗚呼，他人尚何責哉！」家本不見此文，豈介後覺其誤而改之歟〔三〕？ 34

〔一〕 徂徠先生周易五卷　經籍考卷二題作石徂徠易解五卷；四庫闕書目、祕續目作易議，宋志卷一作口義，書錄解題卷一作周易解義，俱十卷。

〔二〕 自費直始　袁本「直」作「氏」。

〔三〕 豈介後覺其誤而改之歟　袁本、經籍考無「而」字。按公武疑介刪改，未必，書錄解題云：「今觀此解義言王弼注易，欲人易見，使相附近，他卦皆然，惟乾不同者，欲存舊本而已，更無他說。不知景迂何以云爾也。案宋咸補注首章，頗有此意，晁殆誤記也耶？」蓋晁說之所記不真，故公武不見石介此文也。

王逢易傳十卷　袁本前志卷一上易類第二十一

右皇朝王逢撰〔一〕。逢嘗爲國子直講〔二〕，其學宗王弼。 35

〔一〕 王逢撰　按逢字會之，當塗人。宋史卷四四三文苑傳五有傳，其墓誌載臨川集卷九十三。

〔二〕 逢嘗爲國子直講　袁本無「逢」字，疑脫。

温公易説一卷〔一〕 袁本前志卷一上易類第二十二

右皇朝司馬光君實撰。雜解易義，無詮次，未成書也。36

〔一〕 温公易説一卷 按宋志卷一有司馬光易説一卷，又三卷、繫辭説二卷，東坡前集卷三十六司馬温公行狀又謂撰易説三卷、注繫辭二卷，殆宋時其書所傳已多寡不同。今通行本六卷，係輯自永樂大典。

周易聖斷七卷 袁本前志卷一上易類第二十三

右皇朝鮮于侁子駿撰。本之王弼、劉牧而時辨其非〔一〕。且云衆言淆亂〔二〕，折諸聖〔三〕，故名其篇曰聖斷。37

〔一〕 本之王弼劉牧 原本作「本之劉牧、王弼」，據袁本、卧雲本、宛委本、經籍考卷二乙正。

〔二〕 且云衆言淆亂 原本「云」作「言」，亦據以上諸本改。

〔三〕 折諸聖 袁本「折」作「析」，誤。

宋咸易訓三卷〔一〕 袁本後志卷一經類第十二

右皇朝宋咸撰。咸自序云：「予既以補注易奏御，而男億請餘義凡百餘篇端〔二〕，因以易訓名之。」蓋言不敢以傳世，特教其子而已。頗論陸希聲、劉牧、鮮于侁得失云。38

〔一〕宋咸易訓三卷　經籍考卷二無「三卷」二字，更有「易補註、王劉易辨」七字，當本書録解題，書録解題有易補注十卷、王劉易辨一卷。

〔二〕凡百餘篇端　經義考卷十六引胡一桂云：「咸以既補注易，以其餘百餘篇，大可疑者三十有六，題曰易訓。」

周易古經二卷〔一〕　袁本前志卷一上易類第二十四

右皇朝吕大防微仲編〔二〕。其序云：「彖、象所以解經，始各爲一書。王弼專治彖、象，以爲注〔三〕，乃分於卦爻之下，學者於是始不見完經，而文辭次第貫穿之意，亦闕然不屬。因按古文而正之。」凡十二篇，別無解釋。39

〔一〕周易古經二卷　原本李富孫校語云：「書録解題作十二卷。」按大防自序云：「凡經二篇，彖、象、繫辭各二篇，文言、説卦、序卦、雜卦一篇，總一十有二篇。」書録解題以篇定卷。

〔二〕吕大防微仲編　沈録何校本何焯批語云：「易之復古，自微仲始。」

〔三〕彖象所以解經始各爲一書王弼專治彖象以爲注　袁本脱「彖象所以」至「專治」凡十五字，經籍考卷三、今本自序同原本。

東坡易傳十一卷〔一〕 袁本前志卷一上易類第二十五

右皇朝蘇軾子瞻撰。自言其學出於其父洵〔二〕，且謂卦不可爻別而觀之。其論卦，必先求其所齊之端，則六爻之義，未有不貫者，未嘗鑿而通也。東坡，其自號也〔三〕。 40

〔一〕東坡易傳　袁本「東坡」作「毗陵」。按此書本名東坡易傳，以軾卒時，方遭黨禁，不敢徑呼「東坡」，遂以卒地作代。見老學庵筆記卷一。經籍考卷二同原本。

〔二〕自言其學出於其父洵　袁本無「其」字。按軾之易傳乃繼洵之作而成書，事見蘇籀欒城遺言。

〔三〕東坡其自號也　袁本無此六字，經籍考卷三同原本。

橫渠易說十卷 袁本後志卷一經類第十三

右皇朝張載子厚撰。載居橫渠，故以名其書〔一〕。其解甚畧，繫辭差詳。 41

〔一〕故以名其書　袁本、宛委本無「其」字。

程氏易十卷〔一〕 袁本前志卷一上易類第二十六

右皇朝程頤正叔撰。朱震言頤之學出於周敦頤，敦頤得之於穆修〔二〕，亦本於陳摶，與邵雍之學本同。

然考正叔之解〔三〕，不及象數，頗與胡翼之相類〔四〕。景迂云胡武平、周茂叔同師潤州鶴林寺僧壽涯，其後武平傳其學於家，茂叔則授二程，與震之說不同〔五〕。42

〔一〕程氏易十卷　按鐵琴銅劍樓藏書目録卷一有明刊本，二卷，云：「二程全書中伊川易傳止四卷，東都事畧、書録解題并稱六卷，蓋未有繫辭解之本，郡齋讀書志則作十卷，與宋史藝文志同，然宋志稱傳九卷、繫辭一卷，晁氏斷不及見繫辭解，其所稱十卷，蓋別是一本。」錢遵王讀書敏求記校證卷一上有宋刻本，六卷，管庭芬校語云：「晁志有程氏易十卷，疑即一本。」又，顧炎武謂明永樂間修大全，取朱熹傳卷次割裂附程傳之後，而朱子所定古文仍復淆亂，其「彖曰」、「象曰」、「文言曰」，皆朱子本所無，復依程傳添入，後來士子厭棄程傳繁多，專用本義，而大全之本乃朝廷所頒，不敢輒改，遂即監板傳義之本，削去程傳，而以程之次序爲朱之次序。詳見亭林文集卷三。

〔二〕敦頤得之於穆修　袁本脱「敦頤」二字，按經籍考卷三、胡一桂周易啓蒙翼傳中篇俱同原本。

〔三〕考正叔之解　袁本「正叔」作「頤」。

〔四〕頗與胡翼之相類　袁本作「類胡瑗爾」。

〔五〕與震之說不同　袁本「說」作「言」。按馬端臨云：「案伊川之學出自濂溪，此先儒通論也，而晁、朱之說以爲濂溪所師，本於希夷及一僧，則固老、釋之宗旨矣。此論未之前聞。」

呂氏易章句十卷〔一〕　袁本前志卷一上易類第三十五

右皇朝呂大臨與叔撰。其解甚略，有統論數篇。43

〔一〕呂氏易章句十卷　袁本作芸閣先生易解一卷。原本黄丕烈校語云：「通考『十』作『一』，當是。」按卧雲本亦一卷，宋志卷一有呂大臨易章句一卷，疑「十」乃「一」之誤。又，大臨稱芸閣先生，後人或以此名書，書録解題卷二有芸閣禮記解十六卷。

乾生歸一圖二卷〔一〕　袁本前志卷一上易類第二十八

右皇朝石汝礪撰。先辨卦、彖、爻、象之别，後列數圖，頗雜以釋、老之説。44

〔一〕乾生歸一圖二卷　袁本「二」作「兩」，書録解題卷一、宋志卷一俱作十卷。

王介甫易義二十卷〔一〕　龔原注易二十卷〔二〕　耿南仲注易二十卷〔三〕　袁本前志卷一上易類第二十九

右皇朝王安石介甫撰。介甫三經義皆頒學官，獨易解自謂少作未善，不專以取士。故紹聖後復有龔原、耿南仲注易〔四〕，三書偕行於場屋。45

〔一〕王介甫易義二十卷　按書録解題卷一、宋志卷一俱作易解十四卷。

〔二〕龔原注易二十卷　書録解題有龔原易講義十卷，宋志有續解易義十七卷，又易傳十卷，今有佚存叢書本、宛委別藏本，題周易新講義十卷，佚存叢書本天瀑山人跋云疑讀書志「二十卷」衍「二」字。

〔三〕耿南仲注易二十卷　按宋志作易解義十卷，四庫總目卷二作周易新講義十卷，原缺卷七至卷十。

〔四〕紹聖後復有龔原耿南仲注易　原本所據底本「復」訛「從」，李富孫據袁本改正。按經籍考卷二十二「復有」作「與」，胡一桂周易啓蒙翼傳中篇引讀書志同袁本。

張弼易十卷〔一〕　袁本後志卷一經類第十四

右皇朝張弼，興化軍人〔二〕，章惇薦於朝，賜號葆光處士。紹聖二年，黄裳等再薦之，詔以爲福州司户、本州教授。其易學頗宗鄭氏。46

〔一〕張弼易十卷　經籍考卷三題作葆光易解。按書録解題卷一、宋志卷一題俱作易解義。

〔二〕興化軍人　經籍考作「莆田人」，下有「字舜元。紹聖中」六字。按經籍考乃據書録解題。

周易義海一百卷〔一〕　袁本前志卷一上易類第二十七

右皇朝房審權撰。集鄭玄至王安石凡百家，摘取其專明人事者爲一編，或諸家説有異同，輒加評議，附之篇末。47

〔一〕周易義海一百卷　按紹興間李衡刪房氏書，作周易義海撮要十二卷，見宋志卷一，書録解題稱李書十卷，云：「若房氏百卷之書，則未之見也。」李書尚存，十二卷，書録解題著録卷數當脱「二」字。

晁以道古易十二卷〔一〕　袁本前志卷一上易類第三十

右從父詹事公撰。以諸家易及許慎説文等九十五書，是正其文字〔二〕，且依漢田何本，分易經上、下，并十翼，通爲十二篇，以矯費氏、王弼之失。謂劉向嘗以中古文易經校施、孟、梁丘經，至蜀李譔又嘗著古文易〔三〕，遂名之曰古易。公諱某〔四〕，字以道。昔班固自序其父祖事皆著名，袁種字其叔父曰絲〔五〕，人皆不以爲非〔六〕。今録先世及諸父所著〔七〕，若不識姓字〔八〕，則後莫知其誰〔九〕，非史之比，故不敢效孟堅，況非面斥，輒援袁種舊例云。餘皆倣此。48

〔一〕晁以道古易十二卷　袁本「卷」作「篇」。按書録解題卷一、宋志卷一俱作八卷，書録解題云：「卦爻一、彖二、象三、文言四、繫辭五、説卦六、序卦七、雜卦八。」按嵩山文集卷十八題古周易後未舉其篇數。

〔二〕文字　袁本無「字」字。

〔三〕至蜀李譔又嘗著古文易　卧雲本、經籍考「著」作「註」。按李譔撰古文易，不載隋志，見三國志卷四十二本傳。

〔四〕諱某　袁本作「諱說之」。按公武此條解題說明其避家諱之凡例，據其「不敢效孟堅」、「輒援袁種舊例」語，讀書志當避諸父名而著其字，然衢本、袁本往往不一。意者，宋人避諱之風頗盛，二本中凡違例而直呼其名者，殆出後人妄改，非公武本意也。

〔五〕袁種字其叔父曰絲　喬録王校本王懋竑校語云：「按『袁』當作『爰』，而宋本從『袁』，今仍之。」按袁盎即爰盎，字絲，盎兄子種稱其字而不名，見漢書卷四十九爰盎傳，公武即指此。

〔六〕皆不以爲非　原本「以」訛作「次」，據袁本、卧雲本、宛委本改。

〔七〕所著　袁本作「所著書」。

〔八〕若不識姓字　袁本作「若不記名字」。疑袁本非。

〔九〕莫知其誰　袁本「其」作「爲」。

晁以道太極傳六卷因說一卷太極外傳一卷　袁本前志卷一上易類第三十一

右從父詹事公撰〔一〕。其學本之邵堯夫〔二〕，自云初學京房〔三〕，後遇楊賢寶，得其傳。初著商瞿傳，亡之〔四〕。建炎中，再作此書，時年七十一。 49

〔一〕從父詹事公撰　按詹事公即晁說之，說之通六經，尤精於易。宋志卷一太極傳三書著晁補之撰，誤。

〔二〕邵堯夫　袁本作「邵雍」。按雍字堯夫。

〔三〕自云　原本「云」訛作「公」，據袁本、卧雲本、宛委本改。經籍考卷三此條未引讀書志。

〔四〕亡之　卧雲本、經籍考作「兵火後亡之」，明晁瑮纂嘉靖新修清豐縣志卷九有說之商瞿易傳五卷，云：「兵火後失之」。

朱子發易集傳十一卷〔一〕　易圖三卷〔二〕　叢說一卷　袁本前志卷一上易類第三十三

右皇朝朱震子發撰。自謂其學以程頤爲宗，和會邵雍、張載之論，合鄭玄、王弼之學爲一云。其書多采先儒之說以成，故曰集傳，然頗舛誤〔三〕。 50

〔一〕易集傳十一卷　按震自序云：「起政和丙申，終紹興甲寅，成周易集傳九卷」，書錄解題卷一、宋志卷一同讀書志，振孫曰：「序稱九卷，蓋合說、序、雜卦爲一也。」

〔二〕易圖三卷　自序稱周易圖三卷，書錄解題、遂初堂書目周易類、宋志題作卦圖，今通志堂經解本作周易卦圖。

〔三〕然頗舛誤　袁本無此四字。

王湜易學一卷 袁本後志卷一經類第十六

右皇朝王湜，同州人，早潛心於邵康節之學。其序曰：康節有云「理有未見，不可强求使通」。故愚於觀物篇之所得〔一〕，既推其所不疑，又存其所可疑，亦以先生之言自慎，不敢輕其棄取故也〔二〕。51

〔一〕觀物篇之所得 原本「之」訛作「云」，據袁本、卧雲本、宛委本、經籍考卷三改。

〔二〕輕其棄取 袁本、卧雲本、宛委本、經籍考「棄」作「去」。按湜自序云：「不敢以私知去取」。

河圖解二卷 袁本後志卷一經類第十五

右皇朝康平撰。凡五十二篇。52

先天易鈐、太極寶局二卷〔一〕 袁本前志卷一上易類第三十四

右皇朝牛師德撰。自云傳邵雍之學於司馬温公，其説近於術數〔二〕，未知其信然否。53

〔一〕先天易鈐太極寶局二卷 袁本「二」作「兩」。按書録解題卷一有先天易鈐一卷，宋志卷五蓍龜類有牛思純太極寶局一卷；國史經籍志卷二經類易種有先天易鈐一卷，太極寶局一卷，宋牛師德撰。是先天易鈐、太極寶局乃二

書，名一卷，公武合併著録，遂作二卷。師德，字祖仁，傳見宋元學案卷十。思純，乃師德子，傳父學，事附師德傳。或謂師德太極寶局乃思純所著。

〔三〕其說　袁本「其」上有「而」字。

兼山易解二卷〔一〕　袁本後志卷一經類第十七

右郭忠孝撰。忠孝字立之，河南人。頗明象數，自謂得李挺之卦變論於陳子惠，因亟讀，有得焉。靖康中，持憲闕右，死於難，故其書散落太半〔二〕。54

〔一〕兼山易解二卷　經籍考卷三題下有「傳家易說十一卷」七字，蓋據書録解題卷一，傳家易說乃忠孝之子郭雍所撰。宋志卷一又有忠孝撰四學淵源論三卷、中庸說一卷，今其易解尚可藉宋方聞一編大易粹言窺及。

〔二〕散落太半　袁本、卧雲本、宛委本「太」作「大」。

書類

尚書十三卷〔一〕　袁本前志卷一上書類第一

右本古文孔安國傳五十九篇。安國取序一篇，分諸篇之首，更定五十八篇。晉之亂，歐陽、夏侯尚書並亡〔二〕。晉梅賾始得此傳〔三〕，闕舜典一篇〔四〕，乃以王肅注足成上之。齊建武中，吳姚方興得之於大桁〔五〕，比王注多二十八字〔六〕。唐孝明不喜古文，以今文易之，又頗改其辭，如舊「無頗」，今改「無陂」之類是也〔七〕。按安國既改古文〔八〕，會有巫蠱事，不復以聞，藏於私家而已。是以鄭康成注禮記，韋昭注國語，杜預注左氏，趙岐注孟子，遇引今尚書所有之文，皆曰「逸書」，蓋未嘗見古文故也。然嘗以禮記校說命，孟子校泰誓，大義雖不遠，而文不盡同。意者安國以隸古定時失之耳。55

〔一〕尚書十三卷　經籍考卷四作孔安國尚書註十三卷，袁本及諸衢本同原本。

〔二〕歐陽夏侯尚書並亡　卧雲本「夏侯」上有「大小」二字。按此條解題多本隋志卷一書類小序，小序云：「及永嘉之亂，歐陽、大、小夏侯尚書並亡。」

〔三〕晉梅賾始得此傳　袁本、宛委本、舊鈔本「賾」俱訛作「頤」，又卧雲本此句作「晉梅賾始得安國之傳」。按隋志小序云：「至東晉，豫章内史梅賾始得安國之傳。」

〔四〕闕舜典一篇　卧雲本作「奏之。時又闕舜典一篇」。按卧雲本同隋志小序。

〔五〕姚方興得之於大桁　袁本「桁」作「稚」，誤。按隋志小序云：「吳姚方興於大桁市得其書。」經典釋文卷一序錄云：「齊明帝建武中，吳興姚方興采馬、王之注，造孔傳舜典一篇，云於大航頭買得，上之。」

〔六〕比王注多二十八字　卧雲本作「比鄭、馬所注多二十八字」，與隋志小序合。按古文尚書有馬融注十一卷、鄭玄注九卷、王肅注十卷，馬、鄭、王三家注，所本蓋同，故隋志小序云「比馬、鄭所注多二十八字」，讀書志則云「比王注多二十八字」，疑卧雲本爲後人據隋志所改。又，經籍考卷四無「右本古文」至此凡八十二字，唯云：「晁氏曰：安國古文尚書至晉、齊間始顯」十五字，以其於該類總論已俱録孔安國尚書序、隋志小序，故畧焉。

〔七〕今改無陂之類是也　袁本作：「今改『无陂』是也。」

〔八〕既改古文　袁本、卧雲本、宛委本、經籍考「改」俱作「定」，疑是。

石經尚書十三卷〔一〕　袁本前志、後志未收

右僞蜀周德貞書〔二〕。經文有「祥」字皆闕其畫，而亦闕「民」字之類，蓋孟氏未叛唐時所刊也。以監本校之，禹貢「雲土夢作乂」，倒「土」「夢」字，盤庚「若網在綱」，皆作「綱」字。按沈括筆談云「雲土夢作乂」，太宗時得古本，因改正〔三〕，以「綱」爲「網」，未知孰是。56

〔一〕石經尚書十三卷　按讀書附志卷上著録有石經尚書，故趙希弁未將衢本此條摘録入袁本後志。

〔二〕周德貞　原本「貞」訛作「自」，剜改本已改正，黄丕烈校語云：「『貞』原本『自』，今據通考改。」按卧雲本、宛委本、季録顧校本作「貞」，經籍考卷四作「真」。

〔三〕因改正　按沈括語見夢溪筆談卷四。十三經注疏校勘記卷六云：「筆談所謂太宗，乃宋太宗也。疏云『經之「土」字在二字之間』，開成石經亦作『雲土夢作乂』，則古本即唐世通行本耳，至宋監本始倒『土』、『夢』二字，蓋據漢

書地理志，不知史記夏本紀『夢』字亦在『土』下。」

尚書正義二十卷〔一〕　袁本前志卷一上書類第二

右唐孔穎達等撰〔二〕。因梁費甝疏廣之〔三〕。唐儒學傳稱〔四〕：「穎達與顏師古、司馬才章、王恭、王琰撰五經義訓百餘篇，號義贊，詔改爲正義云〔五〕。雖包貫異家爲詳博〔六〕，然其中不能無謬冗〔七〕，馬嘉運駁正其失。永徽中，于志寧、張行成、高季輔就加增損，始布天下。」藝文志云：穎達與李子雲、王德韶等撰，朱長才、蘇德融、隋德素〔八〕、王士雄、趙弘智審覆〔九〕，長孫無忌、李勣等二十四人刊定〔一〇〕。唐史志、傳記事多參差，此爲尤甚，所記撰著人姓氏，穎達外往往不同〔一一〕。57

〔一〕尚書正義二十卷　經籍考卷四題上有「孔穎達」三字，當馬氏所加。

〔二〕右唐孔穎達等撰　袁本無「唐」字，殆脱。經籍考無此七字，止「穎達」二字。

〔三〕因梁費甝疏廣之　按穎達序云：「近至隋初，始流河、朔，其爲正義者蔡大寶、巢猗、費甝、顧彪、劉焯、劉炫等，其諸公旨趣，多或因循帖釋注文，義皆淺畧，惟劉焯、劉炫最爲詳雅。」是其書獨推重二劉，殆實以二劉之疏爲藍本，非因費甝。四庫總目卷十一云：「公武或以經典釋文所列義疏僅甝一家，故云然歟？」

〔四〕唐儒學傳稱　袁本「唐」上有「注」字。按以下讀書志所引見新唐書卷一九八儒學傳上孔穎達傳。

〔五〕改爲正義云　袁本無「云」字。

〔六〕雖包貫異家爲詳博　袁本作「包括異家爲詳備」，按孔穎達傳同原本。

〔七〕不能無謬冗　原本脱「能」字，據袁本、卧雲本、經籍考補，按孔穎達傳亦有「能」字。又，原本「冗」下衍「焉」字，亦據以上諸本删，孔穎達傳亦無「焉」字，疑原本涉下「馬」字而衍。

〔八〕隋德素　沈録何校本「隋」作「隨」。按新唐志卷一同原本。

〔九〕趙弘智審覆　按新唐志「審覆」作「覆審」，疑讀書志倒文。

〔一〇〕長孫無忌李勣等二十四人　按新唐志稱刊定者有：長孫無忌、李勣、于志寧、張行成、高季輔、褚遂良、柳奭、谷那律、劉伯莊、賈公彦、范義頵、齊威、柳士宣、孔志約、趙君贊、薛伯珍、史士弘、鄭祖玄、周玄達、李玄植、王真儒、王德韶、隋德素等二十三人，公武殆偶失點檢。

〔一一〕穎達外往往不同　原本脱「外」字，據袁本、宛委本補。經籍考亦脱。

古文尚書十三卷〔一〕　袁本前志卷一上書類第三

右漢孔安國以隸古定五十九篇之書〔二〕。蓋以隸寫籀，故謂之隸古〔三〕。其書自漢迄唐，行於學官〔四〕。明皇不喜古文，改從今文，由是古文遂絶。陸德明獨存其一二於釋文而已〔五〕。皇朝吕大防得本於宋次道、王仲至家，以校陸氏釋文，雖小有異同，而大體相類。觀其作字奇古，非字書傳會穿鑿者所能到，學者考之，可以知制字之本也。58

〔一〕古文尚書十三卷　按孝宗乾道六年，公武任四川安撫制置使時，嘗刻古文尚書於石，置成都學宮，且爲之序。其序見全蜀藝文志卷三十六范成大石經始末記，可與此條解題相參證，今俱録於下：「自秦更前代法制以來，凡曰古者，後世寥乎無聞。書契之作，固始於伏犧，然變狀百出而不彼之若者，亦已多矣。尚書一經，獨有古文在，豈非得於壁間，以聖人舊藏而天地亦有所獲，不忍使之絶滅？中間雖遭漢巫蠱、唐天寶之害，終不能晦絀，今猶行於人間者，豈無謂耶？況孔子謂尚書以其上古之書也。當時科斗，既不復見，其爲隸古定，此實一耳。雖聖人遠矣，而文字間可以概想，則古書之傳，不爲浪設。予抵少城，作石經考異之餘，因得此古文全編於學官，乃延士張奐，倣呂氏所鏤本，書丹刻諸石，是不徒文字足以貽世，若二典『曰若粤[illegible]』之類，學者可不知歟？嗚呼，信而好古，學於古訓乃有獲。蓋前牒所令將配孝經、周易經文之古者，同附於石經之列，以故弗克，第述一二，以示後之好識奇字者，又安知世無揚子云？時乾道庚寅仲夏望日序。」

〔二〕五十九篇之書　袁本「書」下有「也」字。

〔三〕謂之隸古　袁本無「之」字。

〔四〕其書自漢迄唐行於學官　翁方綱經義考補正卷三云：「孔安國尚書，東晉始出，玆云『自漢迄唐，行於學官』，『漢』字恐誤。」按公武不知所見古文尚書爲僞書。其所得全編當出衛包改定，既非漢時孔安國「隸古定」本，亦非劉歆所見五十八篇，即使出於梅賾所獻孔傳古文尚書，然亦有不同之處。

〔五〕獨存其一二於釋文而已　原本卷四脱「一二」字，據袁本、宛委本補。經籍考亦脱。

尚書大傳三卷〔一〕 袁本前志卷一上書類第四

右秦伏生勝撰，鄭康成注。勝至孝文時，年且百歲，歐陽生、張生從學焉。音聲猶有訛誤，先後猶有差舛，重以篆隸之殊，不能無失。勝終之後，數子各論所聞，以己意彌縫其闕，而別作章句，又特撰大義，因經屬指，名之曰傳。後劉向校書，得而上之。59

〔一〕尚書大傳三卷　顧櫰三補後漢書藝文志卷一鄭尚書大傳注條云：「晁公武曰：『康成詮次爲八十一篇，今本四卷，首尾不倫。』」姚振宗漢書藝文志條理卷一之上亦云：「宋晁公武郡齋讀書志曰：『今本四卷，首尾不倫。』」按今讀書志諸本與經籍考卷四俱不載顧、姚所引，檢玉海卷三十七引中興書目有「至康成始詮次爲八十三篇」語，又王應麟漢藝文志考證卷一引鄭康成序之後，云：「康成詮次爲八十三篇。今本四卷，首尾不倫。」是顧氏所引蓋王應麟語，唯誤「八十三」作「八十一」耳，姚氏又沿顧氏之誤，以爲出自讀書志。是書讀書志與隋志卷一、兩唐志、崇文總目卷、宋志卷一同，俱作三卷，書錄解題卷二作四卷。

尚書解十四卷〔一〕 袁本前志卷一上書類第五

右皇朝顧臨、蔣之奇、姚闢、孔武仲、劉敞、王會之、周範、蘇子才、朱正夫、吳孜所撰〔二〕。後人集之爲一

編，然非全書也〔三〕。 60

〔一〕尚書解十四卷　卧雲本、經籍考卷四題作尚書集解。

〔二〕吴孜　卧雲本、經籍考「孜」作「牧」，誤。孜事蹟見宋史翼卷二十三、宋元學案卷一、寶慶會稽續志卷五。宋志卷一、四庫闕書目書類、秘續目書類俱載吴孜尚書大義。按經義考卷七十九云：「按是書所集，相傳凡二十家，晁氏所未及者：司馬光、王安石、黄通、楊繪、陸佃、李定、蘇洵、胡瑗、張晦之、程頤。」

〔三〕非全書也　袁本「全」作「完」。

胡翼之洪範解一卷　袁本前志卷一上書類第六

右皇朝胡瑗翼之撰〔一〕。皆其門人所録，無詮次首尾〔二〕。 61

〔一〕胡瑗翼之撰　原本脱「撰」字，據袁本、卧雲本、經籍考卷四補。

〔二〕無詮次首尾　按永樂大典輯本洪範口義二卷，其首尾貫徹，條理整齊，與公武所説不符。四庫總目卷十一云：「豈原書本無次第，修永樂大典者爲散附經文之下，轉排比順序歟，抑或公武所見又別一本也？」

張晦之洪範解一卷〔一〕　袁本前志卷一上書類第七

右皇朝張景晦之撰〔二〕。景當景祐三年爲房州參軍，著論七篇〔三〕。62

〔一〕洪範解一卷　袁本無「解」字，當脱，經籍考卷四同原本。

〔二〕張景晦之　袁本無「景」字，殆脱，沈録何校本已補。

〔三〕景當景祐三年　袁本「景當」作「晦之」，經籍考同原本。按景文集卷五十九故大理評事張公墓誌銘云景卒於天禧二年三月，此「景祐」有誤。

王氏洪範傳一卷〔一〕　袁本前志卷一上書類第八

右皇朝王安石介甫撰。安石以劉向、董仲舒、伏生明災異爲蔽而思別著此傳〔二〕。以「庶徵」所謂「若」者，不當訓「順」，當訓「如」；人君之五事，如天之雨、暘、寒、燠、風而已。大意言天人不相干，雖有變異，不足畏也。63

〔一〕王氏洪範傳一卷　袁本無「王氏」二字，經籍考卷四同原本。

〔二〕而思別著此傳　袁本無「思」字，經籍考同原本。

楊元素書九意一卷　袁本前志卷一上書類第九

右皇朝楊繪元素撰。其序云：「詩、書、春秋同出於史，而仲尼或删或修，莫不有筆法焉。詩、春秋，先儒皆言之，書獨無其法邪？故作斷堯、虞書、夏書、禪讓〔一〕、稽古、商書、周書、費誓、秦誓意一九篇〔二〕。」64

〔一〕禪讓　經義考卷七十九引讀書志「禪」作「揖」。

〔二〕秦誓　袁本、經籍考卷四「秦」作「泰」。

蘇明允洪範論圖一卷〔一〕　袁本前志卷一上書類第十

右皇朝蘇洵明允撰。三論皆援經擊傳〔二〕，斥末以歸本；二圖，一以指歆、向之謬，一以形其意。或云非洵作〔三〕。65

〔一〕洪範論圖一卷　宋志卷一題作洪範圖論。經籍考卷四同原本。

〔二〕援經擊傳　原本李富孫校語云：「案袁本、通考作『繫傳』，誤。」按宛委本亦誤。經義考卷九十五引洵自序云：「吾病其然，因作三論，大抵斥末而歸本，褒經而擊傳。」公武語當本洵自序。

〔三〕或云非洵作　袁本無此五字，經籍考同原本。

孫莘老尚書解十三卷〔一〕　袁本後志卷一經類第十八

右皇朝孫覺莘老撰。覺仕元祐。至謂康王以喪服見諸侯爲非禮，蘇氏之説，蓋本於此。66

〔一〕尚書解十三卷　經籍考卷四題作書解。

新經尚書義十三卷〔一〕　袁本前志卷一上書類第十一

右皇朝王雱撰〔二〕。雱，安石之子也。熙寧六年，命呂惠卿兼修撰國子監經義〔三〕，王雱兼同修撰，王安石提舉而雱董是經〔四〕，頒於學官。用以取士，或少違異，輒不中程，由是獨行於世者六十年，而天下學者喜攻其短。自開黨禁〔五〕，世人鮮稱焉〔六〕。67

〔一〕新經尚書義十三卷　原本題作新經尚書，據袁本補「義」字。按書録解題卷二作書義，宋志卷一作王安石新經書義。經籍考卷四題同原本。

〔二〕王雱撰　臥雲本、經籍考作「王雱元澤撰」。

〔三〕熙寧六年命呂惠卿兼修撰國子監經義　臥雲本「呂惠卿」上有「知制誥」三字，「兼」作「充」，袁本無「撰」字。按書録解題卷二云：「初，熙寧六年，命知制誥呂惠卿充修撰經義，以安石提舉修定，又以安石子雱、惠卿弟升卿爲修撰官。八年，安石復入相，新傳乃成，雱蓋主是經者也。」又引安石序云：「八年，下其說太學，頒焉。」

〔四〕而雱董是經　臥雲本「雱」作「兼」。

〔五〕自開黨禁　袁本作「自開黨錮之禁」，經籍考同原本。

〔六〕世人鮮稱焉　袁本「鮮」作「羞」，經籍考作「罕」。

書義辨疑一卷〔一〕 袁本前志卷一上書類第十二

右皇朝楊時中立撰。其書專攻王雱之失。時仕至禮部侍郎。68

〔一〕書義辨疑一卷　袁本「辨」作「辯」，經籍考卷四同原本。

東坡書傳十三卷 袁本前志卷一上書類第十三

右皇朝蘇軾子瞻撰。熙寧以後，專用王氏之説，進退多士，此書駁異其説爲多〔一〕。又以胤征爲羿簒位時事〔二〕，康王之誥爲失禮〔三〕，引左氏爲證，與諸儒之説不同。69

〔一〕此書駁異其説爲多　原本所據底本、瞿鈔本「駁」誤作「駮」，李富孫據經籍考卷四改正。袁本「駁」作「駭」，喬録王校本王懋竑校語云：「『駭』當作『駁』。」按駮同駁。

〔二〕又以胤征爲羿簒位時事　原本「胤」作「允」，避清世宗諱，據袁本改正。又，袁本無「事」字，殆脱去。又，卧雲本此句作「胤征以爲羲和貳於羿而忠於夏」，與諸本迥異，疑系後人據書録解題卷二改寫。按軾謂：以史記、春秋傳考之，「太康失國之後，至少康祀夏之前，皆羿、(寒)浞專政僭位之年；如曹操之於漢，司馬仲達之於魏也。胤征之事，蓋出於羿，非仲康之所能專，明矣。羲和，湎淫之臣也，而貳於羿，蓋忠於夏也；如王淩、諸葛誕之叛晉，尉遲迥之叛隋。故羿假仲康之命，以命胤侯，而往征之。」其說異於前儒，詳見東坡書傳卷六。

〔三〕康王之誥爲失禮　卧雲本獨異，作「於康王之誥以釋衰服冕爲非禮」，蓋亦後人據書錄解題妄改。按軾說詳見東坡書傳卷十七。

顔吳范司馬無逸說命解三卷〔一〕　袁本前志卷一上書類第十四

右皇朝吳安詩、范祖禹、司馬康元祐中侍講筵，顔復說書崇政殿日所進講說也。70

〔一〕顔吳范司馬無逸說命解三卷　按玉海卷三十七引中興書目有無逸講義一卷，云：「元祐五年二月壬寅，講無逸終篇，侍講司馬康、吳安詩、范祖禹等錄進講義一卷。」宋志卷一有吳安詩等無逸說命解二卷，又有司馬光等無逸講議一卷，此「光」當「康」之誤。

伊川書說一卷　袁本前志卷一上書類第十五

右皇朝程頤正叔之門人記其師所談四十餘篇。71

洪範會傳一卷　袁本前志卷一上書類第十六

右皇朝孫諤撰。諤〔一〕，元祐中博士，其説多本先儒，頗攻王氏之失。72

〔一〕諤　袁本無此字，殆脱。經籍考卷四同原本。

書傳十三卷〔一〕　袁本前志卷一上書類第十七

右皇朝呂大臨與叔撰。73

〔一〕書傳十三卷　袁本作書傳一卷，解題亦異，俱録於下：「右不載撰人，蓋爲程正叔之學者。疑諸呂所著也。」

郡齋讀書志卷第二

詩類

毛詩故訓傳二十卷〔一〕 袁本前志卷一上詩類第一

右古詩三千餘篇，孔子删取其三百十一篇爲經〔二〕，後亡其六。漢興，分爲三：申公作訓詁〔三〕，號魯詩；轅固生作傳，號齊詩；韓嬰作傳，號韓詩，皆列學官。最後毛公詩出〔四〕，自謂子夏所傳。公，趙人〔五〕，爲河間獻王博士，五傳至東京，馬、賈、二鄭，皆授其學。魏、晉間，魯、齊詩遂廢而韓詩僅存，毛公詩獨行至今，世謂其解經最密〔六〕。其序，蕭統以爲卜子夏所作，韓愈嘗以三事疑其非，王介甫獨謂詩人所自製〔七〕。按東漢儒林傳曰：衛宏「作毛詩序，善得風、雅之旨」。隋經籍志曰：「先儒相承謂毛詩序子夏所創，毛公及衛宏所潤益〔八〕。」愈之言蓋本於此。韓詩序芣苢曰「傷夫也」，漢廣曰「悦人也」。序若詩人所自製，毛詩猶韓詩也，不應不同若是，況文意繁雜，其出二人手甚明〔九〕，不知介甫何以言之，殆臆論歟〔一〇〕？漢鄭康成箋〔一一〕。 74

〔一〕毛詩故訓傳二十卷　袁本、宛委本「故」作「詁」，經籍考卷六同原本。按漢志六藝略詩類作毛詩故訓傳三十卷，隋志卷一詩類小序作詁訓傳，經典釋文卷一序録作毛詩故訓傳二十卷。顔師古謂當作「故」，見漢志魯故條注。

〔二〕孔子删取其三百十一篇爲經　袁本「十一」作「一十」，經籍考同原本。按經典釋文序録云：「孔子最先删録，既取周詩，上兼商頌，凡三百一十一篇。」又注云：「毛公爲故訓時，已亡六篇，故藝文志云三百五篇。」公武所本即釋文，袁本誤倒，或脱去「一」字。

〔三〕申公作訓詁　卧雲本「訓詁」作「詁訓」，經籍考同原本。按漢志小序云：「魯申公爲詩訓故」，隋志小序謂：「魯人申公，受詩於浮丘伯，作詁訓」，釋文序録作「訓詁」。

〔四〕毛公詩出　卧雲本作「毛萇善詩」，袁本、經籍考同原本。按卧雲本語同隋志小序，「⿱⺮長」當作「萇」。

〔五〕公趙人　卧雲本「公」作「萇」。

〔六〕世謂其解經最密　原本脱「世」字，據袁本補。

〔七〕王介甫　袁本「王」作「至」，經籍考同原本。

〔八〕衛宏所潤益　袁本「宏」作「公」，誤。按隋志小序云：「子夏所創，毛公及敬仲又加潤益。」衛宏字敬仲。

〔九〕其出二人手甚明　袁本作「其不出一人之手甚明」，卧雲本、經籍考近袁本，唯「不」作「非」，無「之」字，經籍考「甚明」作「明甚」。

〔一〇〕殆臆論歟　袁本「歟」作「也」，經籍考同原本。

〔二〕漢鄭康成箋　卧雲本、經籍考無此五字。

石經毛詩二十卷〔一〕　袁本前志、後志未收

右僞蜀張紹文書。與禮記同時刻石。75

〔一〕石經毛詩二十卷　按讀書附志卷上收有石經毛詩二十卷，故趙希弁未將此條摘編進後志，見後志存目。

毛詩正義四十卷　袁本前志卷一上詩類第二

右唐孔穎達等撰〔一〕。據劉炫、劉焯疏爲本，刪其所煩而增其所簡云〔二〕。自晉室東遷〔三〕，學有南北之異。南學簡約，得其英華；北學深博，窮其枝葉。至穎達始著義疏，混南北之異〔四〕，雖未必盡得聖人之意，而刑名度數亦已詳矣〔五〕。自兹以後，大而郊、社、宗廟〔六〕，細而冠、婚、喪、祭〔七〕，其儀法莫不本此。元豐以來，廢而不行，甚無謂也〔八〕。76

〔一〕唐孔穎達等撰　卧雲本「唐」下有「國子祭酒」四字，袁本、經籍考卷六同原本。

〔二〕刪其所煩　原本「煩」作「繁」，據袁本、卧雲本、經籍考改。按穎達自序云：「今則削其所煩，增其所簡。」

〔三〕晉室東遷　書録解題卷二毛詩正義條引讀書志無「室」字。

〔四〕至穎達始著義疏混南北之異　書録解題引作「至穎達義疏，始混南、北以爲一」。

〔五〕而刑名度數　書録解題引作「而其形名度數」。

〔六〕大而郊社宗廟　書録解題引文無「大而」二字。

〔七〕細而冠婚喪祭　書録解題引文無「細而」二字。

〔八〕甚無謂也　書録解題引文「無」作「亡」。又，袁本無「自晉室東遷」至此凡九十二字，諸衢本及經籍考同原本。

韓詩外傳十卷　袁本前志卷一上詩類第三

右漢韓嬰撰。嬰，燕人。其書漢志本十篇：內傳四，外傳六。隋止存外傳，析十篇〔一〕，其及經蓋寡，而遺説往往見於他書，如「逶迤」、「郁夷」之類，其義與毛詩不同。此書稱外傳，雖非解經之深者〔二〕，然文辭清婉，有先秦風。77

〔一〕析十篇　袁本「析」誤作「折」。

〔二〕雖非解經之深者　袁本、卧雲本、宛委本、經籍考卷六，以及王應麟詩考卷二引讀書志「非」下俱有「其」字，疑原本脱去。又，沈録何校本、陳師曾刊本「者」作「旨」。

詩譜一卷　袁本前志卷一上詩類第四

右漢鄭玄康成撰。歐陽永叔補其闕，遂成全書〔一〕。78

〔一〕歐陽永叔補其闕遂成全書　袁本作「歐陽永叔補完之」，卧雲本則作：「歐陽永叔於絳州得注本，卷首殘闕，因補成進之，而不知注者爲太叔求也。」經籍考卷六引兩朝國史志云：「歐陽修於絳州得注本，卷首殘闕，因補成進之，而不知注者爲太叔求也。」按疑卧雲本乃據經籍考改，非讀書志原文。經典釋文序録有鄭玄詩譜二卷，云：「徐整暢，太叔裘隱，」「暢」謂暢明鄭旨，「隱」謂詮發隱義，參見盧文弨經典釋文考證。隋志卷一凡二見：毛詩譜三卷，吳太常卿徐整撰；毛詩譜二卷，太叔求及劉炫注。王應麟困學紀聞卷三引古今書録云徐正陽注，此「正陽」當「整暢」之誤。歐陽修慶曆四年於絳州偶得之本，有注而不見注者名氏，遂作補譜，蓋未詳考釋文、隋志。

毛詩草木鳥獸蟲魚疏二卷〔一〕　袁本前志卷一上詩類第五

右吳陸璣撰。或題曰陸機，非也〔二〕。璣仕至烏程令。79

〔一〕毛詩草木鳥獸蟲魚疏二卷　原本「草」作「艸」，據袁本、宛委本改。又，原本「蟲」訛作「禽」，今據隋志卷一、經典釋文序録改正。袁本脱「魚」字。又，原本所據底本脱「二卷」二字，李富孫據袁本、經籍考卷六補。按兩唐志「蟲魚」皆作「魚蟲」，書録解題卷二「草木鳥獸」作「鳥獸草木」，隋志、玉海卷三十八引中興書目又無「鳥獸」二字。崇文總目卷一同原本。

〔二〕或題曰陸機非也　按此説始於李匡文資暇集，公武亦承其説。錢大昕以爲元恪與士衡同時，又同姓名，其名當從「木」，見潛研堂集卷二十七。

歐陽詩本義十五卷〔一〕　袁本前志卷一上詩類第十

右皇朝歐陽修永叔撰。歐公解詩〔二〕，毛、鄭之説已善者，因之不改，至於質諸先聖則悖理，考於人情則不可行〔三〕，然後易之，故所得比諸儒最多。但平日不信符命，嘗著書以周易、河圖、洛書爲妖妄，今又以生民、玄鳥之詩爲怪説。蘇子瞻曰：「帝王之興，其受命之符，卓然見於詩、書者多矣。河圖、洛書、玄鳥、生民之詩，豈可謂之誣也哉〔四〕！恨學者推之太詳，流入讖緯，而後之君子亦矯枉過正，舉從而廢之，以爲王莽、公孫述之流緣此作亂〔五〕。使漢不失德，莽、述何自起？而歸罪三代受命之符，亦過矣。」80

〔一〕歐陽詩本義十五卷　經籍考卷六作十六卷，卷數殆從書録解題。按書録解題卷二、宋志卷一、四庫總目卷十五俱作十六卷，其羨出一卷蓋詩譜補亡。

〔二〕歐公解詩　袁本作「歐陽公解詩」。

〔三〕考於人情　袁本「考」誤作「放」。

〔四〕豈可謂之誣也哉　袁本、經籍考無「之」字。

〔五〕公孫述之流　袁本無「述」字，當脱去。

新經毛詩義二十卷〔一〕　袁本前志卷一上詩類第六

右皇朝熙寧中置經義局，撰三經義，皆本王安石説。毛詩先命王雱訓其辭，復命安石訓其義。書成，以賜太學，布之天下以取士云。81

〔一〕新經毛詩義二十卷　經籍考卷六、書録解題卷二皆作三十卷，宋志卷一同讀書志。又，經籍考無「毛」字。

蘇氏詩解二十卷〔一〕　袁本前志卷一上詩類第七

右皇朝蘇轍子由撰。其説以毛詩序爲衛宏作，非孔氏之舊，止存其首一言，餘皆删去。按司馬遷曰：「周道闕而關雎作〔二〕。」揚雄曰：「周、康之時，頌聲作乎下，關雎作乎上。」與今毛詩序之義絶不同〔三〕，則知序非孔氏之舊明矣。雖然，若去序不觀，則詩之辭有溟涬而不可知者，不得不存其首之一言也。82

〔一〕蘇氏詩解二十卷　經籍考卷六「蘇氏」作「蘇子由」。按書錄解題卷二、宋志卷一題作詩解集傳，四庫總目卷十五作詩集傳。

〔二〕周道闕而關雎作　袁本「闕」作「缺」。按二字通。

〔三〕毛詩序之義　袁本「義」作「意」。

伊川詩說二卷〔一〕　袁本前志卷一上詩類第八

右皇朝程頤正叔門人記其師所談之經也。83

〔一〕伊川詩說二卷　袁本「二」作「兩」。

毛詩辨疑一卷　袁本後志卷一經類第十九

右皇朝楊時中立撰。84

陳氏詩解二十卷　袁本前志卷一上詩類第九

右皇朝陳少南撰〔一〕。85

〔一〕陳少南撰　按少南乃鵬飛之字，永嘉人，紹興十二年進士，官至太學博士、崇政殿說書，事見宋史翼卷二十四，墓誌銘載水心文集卷十三。

禮類

周禮十二卷　袁本前志卷一上禮類第一

右鄭玄注。漢武帝時，河間獻王開獻書之路，得周官，有五篇，失冬官一篇，乃募以千金，不得，取考工記以補其闕。至孝成時，劉歆校理秘書，始得序列，著於録畧，爲衆儒排棄〔一〕。歆獨以爲周公致太平之迹。永平時，杜子春初能通其讀，鄭衆、鄭興亦嘗傳受。玄皆引之〔二〕，以參釋異同云。大夫者，輿也；司徒者，衆也〔三〕。86

〔一〕爲衆儒排棄　袁本脫「儒」字。

〔二〕玄皆引之　經籍考卷七「玄」作「康成」。

〔三〕大夫者輿也司徒者衆也　經籍考無此十字。原本李富孫校語云：「案『司徒』當作『司農』。」按李說是，衆字仲師，官至大司農，故稱，以別於宦者之鄭衆，其傳見後漢書卷六十六。

石經周禮十二卷〔一〕　袁本前志、後志未收

右僞蜀孫朋吉書〔二〕。以監本是正其注，或羨或脱或不同至千數。87

〔一〕石經周禮十二卷　按讀書附志卷上收有石經周禮十二卷，故趙希弁未摘録衢本此條編入後志，見後志存目。

〔二〕孫朋吉書　原本「吉」作「古」，李富孫校語云：「案成都記晁氏石經考異序作『朋吉』。」按全蜀藝文志卷三十六上范成大石經始末記引晁公武石經考異序、曾宏父石刻鋪敍卷上、讀書附志俱作「朋吉」，據改。

儀禮十七卷〔一〕　袁本前志卷一上禮類第二

右鄭氏注。西漢諸儒得古文禮，凡五十六篇。高堂生傳士禮十七篇〔二〕，爲儀禮〔三〕。喪服傳一卷，子夏所爲。其説曰：周禮爲本，聖人體之；儀禮爲末，聖人履之。爲本則重者在前，故宗伯序五禮以吉、凶、賓、軍、嘉爲次；爲末則輕者在前，故儀禮先冠、昏〔四〕，後喪、祭。唐韓愈謂文王、周公法制粗在於是，恨不及其時，進退揖讓於其間云〔五〕。88

〔一〕儀禮十七卷　經籍考卷七題作儀禮注。

〔二〕高堂生傳士禮十七篇　袁本、元刻經籍考卷七「傳」訛作「博」，殿本經籍考不誤。

〔三〕爲儀禮　袁本作「爲禮儀」，誤倒。

〔四〕故儀禮　袁本「儀禮」亦倒，經籍考脱「禮」字。

〔五〕進退揖讓於其間云　經籍考無「唐韓愈」至此凡二十七字。又，袁本「讓」作「遜」，蓋避濮安懿王諱。

禮記二十卷〔一〕　袁本前志卷一上禮類第三

右漢戴聖纂，鄭康成注。聖，即所謂小戴者也〔二〕。此書乃孔子殁後七十子之徒所共録。中庸孔伋作，緇衣公孫尼子作，王制漢文帝時博士作，河間獻王集而上之。劉向校定二百五十篇〔三〕。大戴既删，八十五篇；小戴又删，四十六篇。馬融傳其學，又附月令、明堂位、樂記，合四十九篇〔四〕。89

〔一〕禮記二十卷　經籍考卷八「卷」下有「鄭玄注」三字。

〔二〕聖即謂小戴者也　原本脱「聖」字，據袁本、卧雲本補。

〔三〕劉向校定二百五十篇　袁本「二」作「三」，誤。按經典釋文序録引陳邵周禮論序云：「戴德删古禮二百四篇爲八十五篇，謂之大戴禮。」隋志卷一禮類小序云：「漢初，河間獻王又得仲尼弟子及後學者所記一百三十一篇，獻之，時亦無傳之者。至劉向考校經籍，檢得一百三十篇，向因第而敘之。而又得明堂陰陽記三十三篇，孔子三朝記七篇，王氏史氏記二十一篇，樂記二十三篇，凡五種，合二百十四篇。戴德删其煩重，合而記之，爲八十五篇，謂之大戴禮。」讀書志此條解題當本隋志，而篇數不合，疑「五十」乃「十四」之誤；或以一百三十一篇計之，則爲「十五」之倒。

〔四〕又附月令明堂位樂記合四十九篇　原本作「又附月令、明堂義，合四十九篇」，清張宗泰魯巖所學集卷六跋晁公武郡齋讀書志云：「案四十六篇益二篇，只得四十八篇，於隋書經籍志所益者尚有樂記一篇，而『明堂義』亦『位』之訛也。」按張説是，公武所本即隋志卷一禮類小序，小序云：「漢末，馬融遂傳小戴之學，融又足月令一篇，明堂位一篇，樂記一篇，合四十九篇。」據改。又，袁本於此句末尚有六十四字，俱録於此：「唐孝明刪月令，移第一。皇朝以禮記不刊之書，改正復爲第五。議者謂：經禮三百，曲禮三千，毋不敬，一言足以蔽之。故先儒以爲孝明肆情變亂，甚無謂也，復之，當矣。」按此段解題，衢本移至石經禮記條下，文字畧有不同。

石經禮記二十卷〔一〕　袁本前志、後志未收

右僞蜀張紹文所書。不載年月，經文不闕唐諱，當是孟知祥僭位之後也。首之以月令，題曰「御刪定」，蓋明皇也；「林甫等注」，蓋李林甫也。其餘篇第仍舊。議者謂：經禮三百，曲禮三千，毋不敬，一言足以蔽之，故先儒以爲首，孝明肆情變亂，甚無謂也，其罪大矣〔二〕。90

〔一〕石經禮記二十卷　按讀書附志卷上收有石經禮記二十卷，故趙希弁未摘録衢本此條入後志，見後志存目。

〔三〕其罪大矣　經籍考卷八無此四字。

大戴禮記十三卷〔一〕　袁本前志卷一上禮類第四

右漢戴德纂。亦河間王所獻百三十一篇，劉向校定，又得明堂陰陽記三十三篇〔二〕。德删其煩重〔三〕，爲八十五篇。今書止四十篇〔四〕，其篇目自三十九篇始，無四十三、四十四、四十五、六十一四篇，有兩七十四〔五〕，蓋因舊闕録之。每卷稱「今卷第幾」，題曰「九江太守戴德撰」。按九江太守聖也，德爲信都王太傅，蓋後人誤題〔六〕。91

〔一〕大戴禮記十三卷　經籍考卷八無「記」字，袁本同原本。

〔二〕又得明堂陰陽記三十三篇　按公武所本乃隋志卷一禮類小序，公武引文未全。小序云：「而又得明堂陰陽記三十三篇、孔子三朝記七篇、王氏史氏記二十一篇、樂記二十三篇，凡五種，合二百十四篇。」

〔三〕德删其煩重　翁方綱經義考補正卷六云「煩」當作「繁」。按隋志作「煩」。

〔四〕止四十篇　按元至正甲午鄭元祐序引崇文總目云：「十卷，而云三十五篇者，無諸本可定也。」

〔五〕有兩七十四　按書録解題卷二稱復出者爲第七十二，淳熙乙未韓元吉序稱重出者爲第七十三。今雅雨堂叢書本戴震校書跋謂：唐、宋以前本，無明堂篇，明堂篇屬盛德篇，盛德原爲第六十六，千乘當屬第六十七，依次而至八十一，原無重出，其後析出明堂，居六十七，以下篇次遞改而又未改至末，故中間重出一篇，至晁、陳、韓所記重出者各異，蓋所見不同：公武所見改至第七十四、振孫所見改至第七十二、元吉所見改至第七十三。

〔六〕蓋後人誤題　按公武説是。宣帝子景於哀帝建平二年徙封信都王，王莽篡位，貶爲公；戴德爲其太傅，當在其十三年間。參漢書諸侯王表。

三十　禮義宗三十卷〔一〕　袁本前志卷一上禮類第五

右梁崔靈恩撰。靈恩，武城人。少篤學，尤精禮、傳〔二〕，仕魏，歸梁爲博士，甚拙朴，及解析經理，盡極精致。正始之後，不尚經術，咸事虛談，公卿士大夫蓋取文具而已，而靈恩經明行修，製義宗、詩、易、春秋百餘卷〔三〕，終桂州刺史。此書在唐一百五十篇〔四〕，今存者一百二十七篇，凡兩戴、王、鄭異同，皆援引古誼，商畧其可否，爲禮學之最。92

〔一〕三禮義宗三十卷　袁本解題甚簡，俱録於下：「右梁崔靈恩撰。一百五十二篇，今此本頗殘缺。」經籍考卷八解題同原本。

〔二〕尤精禮傳　按此指三禮、三傳，參見梁書卷四十八、南史卷七十一本傳。

〔三〕易春秋　卧雲本作「春秋、易」。

〔四〕此書在唐一百五十篇　袁本云一百五十二篇，經籍考同原本。按崇文總目卷一稱合一百五十六篇，玉海卷三十九引中興書目亦云凡一百五十六篇，書録解題卷二則云凡一百四十九條。今王謨漢魏遺書鈔本，自禮記正義等書輯得一百一十條。

周禮疏十二卷〔一〕 袁本前志卷一上禮類第六

右唐賈公彦撰。公彦，洛州人，永徽中仕至太學博士〔二〕。史稱著此書四十卷，今併爲十二卷。世稱其發揮鄭學最爲詳明。93

〔一〕周禮疏十二卷　袁本「十二卷」作「四十卷」，解題自「仕至太學博士」下畧有不同：「著周禮疏四十卷，今併爲十二卷。」經籍考卷八卷數、解題同原本。按隋志卷一載周官禮十二卷，鄭玄注。經典釋文同。兩唐志俱作十三卷。賈公彦周禮疏，兩唐志、崇文總目卷一、書録解題卷二、宋志卷一俱作五十卷，自宋時合經注、疏爲一書，編成四十二卷，至今不改。獨公武謂所見賈疏爲十二卷，且云「史稱著此書四十卷」，疑此「四十卷」乃「五十卷」之誤。

〔二〕太學博士　原本「太」作「大」，據袁本、卧雲本、宛委本改。又，原本所據底本脱「士」字，瞿鈔本、舊鈔本亦脱，李富孫據經籍考補，袁本不脱。

儀禮疏五十卷 袁本前志卷一上禮類第七

右唐賈公彥撰。齊黄慶、隋李孟悊各有疏義。公彥刪二疏爲此書。國朝嘗詔邢昺是正之〔一〕。94

〔一〕國朝嘗詔邢昺是正之　袁本無此九字，經籍考卷七同原本。按咸平時，昺與杜鎬、孫奭等受詔校定儀禮等。

禮記疏七十卷〔一〕　袁本前志卷一上禮類第八

右唐孔穎達等貞觀中奉詔撰。其序稱：大小二戴共氏而分門，王、鄭兩家同經而異注。爰從晉、宋，逮於周、隋，傳禮業者，江左尤盛，其爲義疏者甚多，唯皇甫侃〔二〕、熊安生見於世，然皇氏爲勝〔三〕，今據以爲本，其有不備〔四〕，以熊氏補焉。95

〔一〕禮記疏七十卷　經籍考卷八題作禮記正義，袁本同原本。

〔二〕皇甫侃　沈録何校本、袁録何校本何焯校語云：「『甫』字衍。」袁録顧校本顧廣圻校語云：「按非衍也，後論語正義下可證。」按論語正義條見本書卷四。隋志卷一有皇侃禮記義疏九十九卷、禮記講疏四十八卷，經典釋文序録有皇侃禮記義疏五十卷，兩唐志有皇侃禮記講疏一百卷、禮記義疏五十卷。公武語蓋本禮記正義孔穎達序，十三經注疏本孔氏序亦作「皇甫侃」；孔氏序所列諸人名多類此，或脱，或衍，或誤，如庾蔚，實庾蔚之，沈重宣當作沈重、范宣，徐道明又爲徐遵明之誤。皇侃傳見梁書卷四十八、南史卷六十一。

〔三〕皇氏爲勝　原本「氏」作「甫」，今據袁本、穎達序改。經籍考亦作「甫」。

〔四〕其有不備　袁本無「有」字，屬奪脱，今穎達序同原本。

禮記外傳四卷　袁本前志卷一上禮類第九

右唐成伯璵撰。義例兩卷，五十篇；名數兩卷，六十九篇。雖以禮記爲目，通以三禮言之。劉明素序〔一〕，張幼倫注。96

〔一〕劉明素序　玉海卷三十九引中興書目云：「四門博士劉素明序」，誤倒「明素」二字。

唐月令一卷〔一〕　袁本前志、後志未收

右唐明皇帝刪定，李林甫等注。序謂呂氏定以孟春，日在營室，不知氣逐閏移，節隨斗建，於是重有刪定，俾林甫同陳希烈等八人爲之解。國朝景祐初，改從舊文，由是別行。97

〔一〕唐月令一卷　此書讀書附志亦未收録，經籍考卷八同原本。按續資治通鑑長編卷一百十六云景祐二年二月賈昌朝請以鄭玄注月令，復入禮記第六，其李林甫等所注自爲唐月令別行，從之。然則公武所據，當是別行之本。

三禮圖二十卷〔一〕　袁本前志卷一上禮類第十

右聶崇義周世宗時被旨纂輯〔二〕，以鄭康成、阮諶等六家圖刊定。皇朝建隆二年奏之〔三〕，賜紫綬犀帶，

獎其志學。竇儼爲之序，有云：周世宗暨今皇帝，恢堯、舜之典則，總夏、商之禮文。命崇義著此書，不以世代遷改，有所抑揚，近古云。98

〔一〕三禮圖二十卷　袁本解題頗異，俱録於下：「右聶崇義周世宗時被旨撰，以鄭康成、阮諶等六家圖刊定。皇朝建隆中奏之，竇儼爲之序。」經籍考卷八解題同原本。

〔二〕纂輯　經籍考「輯」作「集」。

〔三〕建隆二年奏之　按崇義自序云建隆二年四月辛丑第敍既訖，玉海卷三十九、五十六引中興書目云：建隆二年五月丙寅表上之，玉海卷五十六「建隆重集三禮圖」條云建隆三年五月丙寅表上。宋史卷四三一崇義傳則稱建隆三年四月表上，五月，太祖賜崇義紫袍、犀帶、銀器、繒帛以獎之。續資治通鑑長編卷二則謂建隆二年五月乙丑上之。

開寶通禮二百卷　袁本後志卷一經類第二十

右皇朝劉温叟等撰。開寶中，詔温叟同李昉、盧多遜、扈蒙、楊昭儉、賈黄中、和峴、陳諤〔一〕，損益開元禮爲之，附益以國朝新制。99

〔一〕陳諤　按宋史卷九十八禮志一「諤」作「鄂」，此「諤」字誤。

太常因革禮一百卷〔一〕　袁本後志卷一經類二十一

右皇朝姚闢、蘇洵撰〔二〕。嘉祐中，歐陽修言禮院文書放軼，請禮官編修。六年，用張洞奏，以命闢、洵。至治平二年乃成，詔賜以名。李清臣云：「開寶以後，三輯禮書〔三〕，推其要歸，嘉祐尤悉。然繁簡失中，訛闕不補，豈有拘而不得騁乎！」何揎釀之甚也〔四〕。100

〔一〕太常因革禮一百卷　經籍考卷十四儀注類脱「一百卷」三字，又誤引讀書志此條解題作「陳氏曰」。

〔二〕皇朝姚闢蘇洵撰　阮元揅經室外集卷二題「歐陽修等奉敕撰」。按修蓋以參知政事提舉編纂，實修乃出闢、洵之手，見淳熙李壁跋及歐陽文忠公集卷一一〇蘇洵行狀。

〔三〕開寶以後三輯禮書　殿本經籍考作「開寶已修輯三禮書」，元刊本同原本，殿本誤。袁本「以」作「已」。按「三輯禮書」，乃太祖時之開寶通禮，仁宗時之禮閣新編、太常新禮，詳見進書序。

〔四〕揎釀　袁本、宛委本、舊鈔本、經籍考「揎」作「楦」。

明道中庸解一卷　袁本前志卷一上禮類第十一

右皇朝程顥撰〔一〕。陳瓘得之江濤，濤得之曾天隱〔二〕，天隱得之傅才孺〔三〕，云李丙所藏〔四〕。明道者，顥之私謚〔五〕。101

〔一〕皇朝程顥撰　按經義考卷一五一引楊萬里云：「世傳大程子中庸之書，非大程子之爲也，呂大臨之爲也。」朱熹以爲乃大臨初本，後爲博士，演爲講義，詳見朱子語類卷六十二、九十七。今二程全書中有呂氏中庸解一卷，胡宏序亦謂非顥撰，乃大臨晚年所爲也。

〔二〕濤得之曾天隱　袁本、舊鈔本「濤」上有「江」字。

〔三〕傅才孺　袁本「傅」訛「傳」，經籍考卷八同原本。

〔四〕云李丙所藏　袁本作「才孺云李丙所藏也。」

〔五〕明道者顥之私謚　袁本、經籍考無此七字。

芸閣禮記解四卷〔一〕　袁本前志卷一上禮類第十二

右皇朝呂大臨與叔撰。與叔師事程正叔，禮學甚精博，中庸、大學，尤所致意也。102

〔一〕芸閣禮記解四卷　卧雲本、宛委本、經籍考卷八作十六卷。按書録解題卷二作十六卷，云：「案館閣書目作一卷，止表記、冠、昏、鄉、射、燕、聘義、喪服四制凡八篇，今又有曲禮上下、中庸、緇衣、大學、儒行、深衣、投壺八篇。此晦庵朱氏所傳本，刻之臨漳射垛書坊，稱芸閣呂氏解者，即其書也。」宋志卷一亦十六卷，題作禮記傳。

編禮三卷〔一〕　袁本前志卷一上禮類第十三

右皇朝呂大臨與叔編〔二〕。以士喪禮爲本，取三禮附之，自始死至祥練，各以類分，其施於後學甚悉〔三〕。尚恨所編者五禮中特凶禮而已。103

〔一〕編禮三卷　經籍考卷八「三卷」二字，在「與叔編」下。

〔二〕皇朝　原本脱此二字，據袁本、卧雲本、宛委本、經籍考補。

〔三〕施於後學甚悉　袁本作「施於學甚惠」，經籍考作「施於後學者甚惠」。「悉」疑「惠」之誤。

新經周禮義二十二卷　袁本前志卷一上禮類第十四

右皇朝王安石介甫撰。熙寧中，設經義局，介甫自爲周官義十餘萬言，不解考工記〔一〕。按秦火之後，周禮比他經最後出，論者不一。獨劉歆稱爲周公致太平之迹；鄭氏則曰周公復辟後，以此授成王，使居雒邑，治天下；林孝存謂之黷亂不驗之書〔二〕；何休亦云六國陰謀之説。昔北宫錡問孟子周室班爵禄之制〔三〕，孟子以爲諸侯惡其害己〔四〕，滅去其籍。則自孟子時已無周禮矣，況經秦火乎？孝存、休非之〔五〕，良有以也。不知劉、鄭何所據而言？然又自違異不同。王莽嘗取而行之，斂財聚貨，瀆禮煩民〔六〕，冗辟詭異〔七〕，離去人情遠甚，施於文則可觀，措於事則難行，凡莽之馴致大亂者，皆以此〔八〕。厥後唯蘇綽、王通善之，諸儒未嘗有言者。至於介甫，以其書理財者居半，愛之，如行青苗之類，皆稽焉，所以自釋其義者，蓋以其所創新法盡傳著之〔九〕，務塞異議者之口。後其黨蔡卞、蔡京紹述介甫，期盡行之〔一○〕，圜土方田皆是也。周，姬姓，故其女曰王姬，舍其同姓〔一一〕，其臣如宋、齊之女，亦不曰姬而各氏其姓，曰子氏，曰姜氏〔一二〕。趙，嬴姓，京乃令帝女稱帝姬〔一三〕。噫，至於姓亦從焉，何其甚也！久之，禍難兼起〔一四〕，與莽無異〔一五〕，殆書所謂與亂同事者歟〔一六〕？ 104

〔一〕不解考工記　按四庫總目卷十九著録周官新義十六卷附考工記解二卷，永樂大典輯本，云：「安石本未解考工記，而永樂大典乃備載其説。據晁公武讀書志，蓋鄭宗顏輯安石字説爲之，以補其闕。今亦並録其解，備一家之書焉。」館臣所稱讀書志云云，不見衢、袁二本，蓋誤記。經義考卷一二九有鄭宗顏考工記注一卷，朱彝尊云：「葉氏菉竹堂作周禮講義，合王荆公講義共一卷。」大典輯本所據當即此本。

〔二〕林孝存　袁本脱「存」字。

〔三〕爵禄之制　袁本、卧雲本、經籍考卷八「制」作「法」。

〔四〕孟子以爲諸侯惡其害己　袁本、卧雲本、經籍考「爲」作「謂」。

〔五〕孝存休非之　袁本「孝存、休」作「漢儒」。

〔六〕瀆禮煩民　袁本、卧雲本、宛委本、經籍考「禮」俱作「祀」，疑原本誤。

〔七〕冗辟　袁本作「冗猝」，臥雲本、宛委本、經籍考作「冗碎」。

〔八〕皆以此　袁本作「皆其所致」，經籍考同原本。

〔九〕盡傳著之　袁本作「盡傳著經義」。「傳」當「傳」之誤，臥雲本同原本，然「傳」亦誤「傳」。

〔一〇〕期盡行之　袁本作「期盡行周禮焉」，經籍考同原本。

〔一一〕舍其同姓　袁本「同」作「周」，誤。經籍考無此四字。

〔一二〕曰子氏曰姜氏　袁本、臥雲本、經籍考作「曰姜氏，曰子氏」。

〔一三〕京乃令帝女　袁本「令」作「命」。

〔一四〕禍難兼起　袁本、臥雲本、宛委本、經籍考「兼」俱作「並」。

〔一五〕與莽無異　袁本、臥雲本、宛委本、經籍考俱作「與莽曾無少異」。

〔一六〕歟　袁本、臥雲本、經籍考「歟」作「邪」。

郊廟禮文三十一卷〔一〕　袁本後志卷一經類二十二

右皇朝楊完撰。元豐初，以郊廟禮文訛舛〔二〕，詔陳襄、李清臣、王存、黃履〔三〕、何洵直、孫諤、楊完就太常寺檢討歷代沿革，以詔考其得失，又命陸佃、張璪詳定，後以前後嘗進禮文，獨令完編類，五年，成書奏御。其書雖援據廣博，而雜出於衆手，前後屢見，繁猥爲甚云。105

〔一〕郊廟禮文三十一卷　經籍考卷十四儀注類作元豐郊廟禮文三十卷，標題、卷數從書録解題卷六，卧雲本作三十三卷。按宋志卷三儀注類作陳襄郊廟奉祀禮文三十卷。宋史卷九十八禮志一云：「熙寧十年，禮院取慶曆以後奉祀制度，别定祀儀，其一留中，其一付有司。知諫院黄履言：『郊祀禮樂，未合古制，請命有司考正羣祀。』詔履與禮官講求以聞。元豐元年，始命太常寺置局，以樞密直學士陳襄等爲詳定官，太常博士楊完等爲檢討官。」玉海卷六十九元豐郊廟奉祀禮文條言是書原委甚悉，今摘録於下：元豐元年正月，詔太常寺、樞密學士陳襄、同修注黄履、集賢校理李清臣、王存詳定郊廟奉祀禮文，太常簿楊全（「全」當作「完」，避欽宗嫌名）、著作佐郎何洵直、直講孫諤爲檢討官。先是，手詔講求郊廟禮文，令奉常置局討論歷代沿革，以攷得失，故命襄等。二年正月，命陸佃兼詳定。三年正月，又命張璪詳定。閏九月二十五日，中書請令檢討官楊全編類上進，以備乙夜之覽，副在有司，從之。五年四月壬戌，成書三十卷、目録一卷，崇文院校書楊全編類以進。據此，是書三十卷。三十一卷者，合目録一卷也。書録解題、宋志、經籍考不數目録，卧雲本卷數有誤。

〔二〕誤舛　袁本、經籍考「誤」作「訛」。

〔三〕黄履　原本所據底本「黄」誤作「王」，李富孫云：「瞿鈔本、袁本同，今據通考、書録解題改正。」按今影印宋淳祐袁本不誤。

周禮義辨疑一卷〔一〕 袁本後志卷一經類第二十三

右皇朝楊時中立撰〔二〕。 106

〔一〕周禮義辨疑一卷 此書袁本前志卷一上與楊時中庸解合作一條，衢本分而爲二，趙希弁未細察，又復録入後志，以致袁本前、後志重出。前志題作周禮辨疑，經籍考卷八同；後志題同原本。又，前志解題云：「周禮辨疑，其如辨詩、書者也。」原本、經籍考無此十一字。按「其如」當作「如其」，時有書義辨疑一卷、毛詩辨疑一卷，分見本書卷一、卷二。

〔二〕楊時中立撰 經籍考此下有「凡一卷，攻安石之書」八字。按經義考卷一二二引讀書志云：「此攻安石之書。」所據實乃經籍考，其文不見讀書志。

晁以道中庸篇一卷〔一〕 袁本前志卷一上禮類第十五

右從父詹事公撰〔二〕。近世學者以「中庸」爲二事，雖程正叔亦然，故說是書皆穿鑿而二之〔三〕。於是本諸胡先生、司馬温公、程明道、張横渠、王肅、鄭玄作是傳焉〔四〕。 107

〔一〕晁以道中庸篇一卷 袁本無「晁以道」三字。卧雲本、宛委本、經籍考卷八「篇」作「解」，嵩山文集卷十一別著下、嘉靖新修清豐縣志卷九引讀書志、經義考卷一五一「篇」作「傳」。

〔二〕從父詹事公　袁本「從父」作「族父」，誤，參見本書卷十九晁氏景迂集條。

〔三〕雖程正叔亦然故說是書　袁本作「其說是書」，卧雲本、宛委本、經籍考、清豐縣志引讀書志俱同原本，唯「書」下有「者」字。按公武語本說之跋，跋云：「近世學者，以『中庸』爲二事，其說是書，皆穿窬而貳之。」

〔四〕鄭玄作是傳焉　袁本無「是」字，疑脫。

游氏中庸解一卷　袁本前志卷一上禮類第十六

右皇朝游酢定夫撰。酢亦程正叔門人。108

楊中立中庸解一卷〔一〕　袁本前志卷一上禮類第十七

右皇朝楊時中立撰。時載程正叔之言曰：「不偏之謂中，不易之謂庸。」蓋亦猶王氏之說也〔二〕。109

〔一〕楊中立中庸解一卷　袁本此下有「周禮辨疑一卷」六字，衢本另列，參見本卷周禮義辨疑條校注〔一〕。

〔二〕王氏之說也　袁本此下有「周禮辨疑，其如辨詩、書者也」十一字，參見周禮義辨疑條校注〔一〕。

周公謚法一卷〔一〕 袁本前志卷一上禮類第十八

右其序曰：「維周公旦、太公望相嗣王發〔二〕，建功於牧野，及終將葬，乃制謚。」計一百九十餘條云〔三〕。謚，隋志附於論語類中，今遷於此。 110

〔一〕周公謚法一卷　卧雲本作三卷，經籍考卷八同原本。按崇文總目卷一禮類、玉海卷五十四引中興書目、宋志卷一經解類俱作一卷，宋志小注云：「即汲冢周書謚法篇。」四庫闕書目禮類、祕續目禮類作三卷。今任兆麟述記中有輯本，一卷。按周公謚法即逸周書卷六謚法解，說見玉海卷五十四引李壁語。其序及名謂號謚，張守節史記正義亦載焉。

〔二〕相嗣王發　原本「相」作「聞」，剜改本、袁本、宛委本作「相」。姑據改。卧雲本「相」作「因」。今述記輯本、史記正義、抱經堂本逸周書俱作「開嗣王業」。又困學紀聞卷二引周公謚法序，其文又異於衆本，曰：「惟三月既生魄，周公旦、大師望相嗣王發既賦憲，受臚于牧之野，將葬，乃制作謚。」盧文弨云：「劉勰文心雕龍哀弔篇其首云『賦憲之謚』，蓋本此。今傳周書與六家謚法所載不同，蓋今本缺誤。」

〔三〕計一百九十餘條云　宛委本無「計」字。又，原本所據底本、瞿鈔本、顧校本、卧雲本、舊鈔本、經籍考「云」俱誤「七」，李富孫據袁本改正。宛委本「云」字作空格。

春秋謚法一卷〔一〕 袁本前志卷一上禮類第十九

右與周公謚法相類而小有異同。 111

〔一〕春秋謚法一卷 臥雲本脱「一卷」二字，經籍考卷八同原本。按春秋謚法即杜預春秋釋例謚法篇，說見書錄解題卷三六家謚法條。

沈賀謚法四卷〔一〕 袁本前志卷一上禮類第二十

右梁沈約撰〔二〕，凡七百九十四條。賀琛又加婦人謚二百三十八條。 112

〔一〕沈賀謚法四卷 殿本經籍考卷十五謚法類題作謚法，蓋從崇文總目。按隋志卷一有沈約謚法十卷，賀瑒（按「瑒」乃「琛」之誤）謚法五卷；二唐志經解類有沈約謚例十卷，賀琛謚法三卷；崇文總目卷一有沈約謚例十卷，賀琛謚法四卷；玉海卷五十四引中興書目有沈約謚法十卷，賀琛謚法三卷，宋志卷一同。中興書目云：「梁賀琛采舊謚法及廣謚，又益以已所撰新謚，分君、臣、婦人三卷，各分美、平、惡三等，其條比沈約謚例頗多，亦有約載而琛不取者。」今漢魏遺書鈔經翼有賀琛謚法一卷。玉海載沈約謚例序，文繁不録。玉海又云：「唐六典注舊有周書謚法，大戴禮謚法，又漢劉熙注一卷。張靖撰兩卷，又有廣謚一卷，至梁沈約總集，凡有一百六十五條。」

〔三〕梁沈約撰　臥雲本作「梁賀琛、沈約撰」。按「賀琛」二字當後人所加。

嘉祐謚法三卷　袁本前志卷一上禮類第二十一

右皇朝蘇洵明允撰。洵嘉祐中被詔編定周公、春秋、廣謚、沈約、賀琛、扈蒙六家謚法，於是講求六家，外采今文尚書、汲冢師春、蔡邕獨斷，凡古人論謚之書，收其所長，加以新意，得一百六十八謚，三百一十一條〔一〕，芟去者百九十有八〔二〕。又爲論四篇，以敍其去取之意。113

〔一〕三百一十一條　經籍考卷十五無此六字。

〔二〕芟去者百九十有八　臥雲本「百」上有「一」字。

集謚總録一卷　袁本後志卷一經類第二十四

右皇朝孫緯撰。春明退朝録嘗集類國朝謚幾二百人。緯任宗正寺丞日，因宋氏之舊，纂元豐以後，遂得三百餘人。自宗室、宰相以下，分爲九等。其序畧云：有爵位已高當得謚而未聞者，若范質、呂餘慶、韓崇訓、王博文、姜遵、王沔是也〔一〕。114

〔一〕王沔　袁本、宛委本「沔」作「污」，誤。

太常禮書一百五十卷　袁本後志卷一經類第二十五

右皇朝陳祥道用之撰。祥道元祐初〔一〕以左宣義郎仕太常博士〔二〕，解禮之名物，且繪其象，甚精博。朝廷聞之，給札繕寫奏御〔三〕。今世傳止五十卷，予愛之而恨其闕少，得是本於敍州通判盧彭年家，其象且以五采飾之，於是始見其全書云。115

〔一〕元祐初　宛委本作「元豐中」，誤。祥道自館職遷太學博士，時爲元祐四年正月間，二月癸卯，翰林學士許將言祥道著有禮書，望取所爲書付之有司，詔以祥道爲太常博士，見續資治通鑑長編卷四二二。

〔二〕仕太常博士　袁本、宛委本「仕」作「任」，誤。

〔三〕朝廷聞之給札繕寫奏御　四庫總目卷二十二云：「公武『朝廷聞之』之說，非其實也。」按四庫館臣求之過深。公武未誤，詳見陳暘樂書附建中靖國元年正月二十七日牒文引趙挺之劄子。

樂類

樂府雜録一卷 袁本前志卷一上樂類第一

右唐段安節撰。記唐開國以來雅、鄭之樂并其事始〔一〕。古之爲國者，先治身，故以禮、樂之用爲本；後世爲國者，先治人，故以禮、樂之用爲末。先王欲明明德於天下〔二〕，深推其本〔三〕，必先修身，而修身之要在乎正心誠意，故禮以制其外，樂以養其内，使内之不貞之心無自而萌〔四〕，外之不義之事無由而蹈，一身既修，而天下治矣，是以禮、樂之用，不可須臾離也。後世則不然，設法造令，務以整治天下，自適其暴戾恣睢之心，謂躬行率人爲迂闊不可用。若海内平定，好名之主然後取禮之威儀、樂之節奏，以文飾其治而已。則其所謂禮、樂者，實何益於治亂成敗之數？故曰後世爲國者，先治人，以禮、樂之用爲末。雖然〔五〕，禮文在外，爲易見，歷代猶不能廢；至於樂之用在内，微密要眇，非常情所能知，故自漢以來，指樂爲虚器，雜以鄭、衛、夷狄之音，雖或用於一時，旋即放失，無復存者，況其書哉！今裒集數種，姑以補書目之闕焉爾〔六〕。116

〔一〕并其事始 經籍考卷十三作「并其事始末」。

〔二〕欲明明德於天下　袁本、臥雲本、經籍考卷十三樂類總論引讀書志俱止一「明」字，屬奪脫，「明明德」語見禮記大學。又，宛委本「天下」作「天下者」，疑原本脫「者」字。

〔三〕深推其本　袁本「推」作「惟」。

〔四〕使內之不貞之心　原本脫「使」字，據袁本補。

〔五〕雖然　原本脫此二字，今據袁本、臥雲本、經籍考補。

〔六〕補書目之闕焉爾　袁本無「焉」字，蓋脫。又，此條解題自「古之爲國者」至此，經籍考移入卷十三樂類總論。

聲律要訣十卷　袁本後志卷一經類第二十六

右唐上黨郡司馬田疇撰〔一〕。疇序謂：「一切樂器，依律呂之聲，皆須本月真響。若但執累黍之文，則律呂陰陽不復諧矣。故據經史參校短長爲此書」云。117

〔一〕田疇撰　經籍考卷十三引崇文總目、玉海卷七引中興書目、宋志卷一、通志藝文畧二樂類樂書種「疇」俱作「琦」，經籍考引讀書志仍同原本。按此書不見兩唐志。

羯鼓録一卷〔一〕 袁本前志卷一上樂類第二

右唐南卓撰。羯鼓本夷樂〔二〕，列於九部，明皇始好之，故開元、天寶中盛行。卓所述多當時之曲。118

〔一〕羯鼓録一卷　袁本解題頗異，俱録於下：「右唐南卓撰。述鼓曲故事。」經籍考卷十三羯鼓録條未録讀書志。又，讀書附志卷下亦載此書，可參看。

〔二〕羯鼓本夷樂　卧雲本此下有「興都曇答鼓皆」六字，「興」當「與」之誤，疑六字乃後人據崇文總目添。宛委本「鼓」下有「録」字，當衍；又「本夷樂」三字作空格，乃四庫館臣删去。

琵琶故事一卷〔一〕 袁本後志卷一經類第二十七

右未詳何人所纂〔二〕。119

〔一〕琵琶故事一卷　玉海卷一一〇引中興書目、宋志卷一及今本題作琵琶録，書録解題卷十四音樂類題同原本。

〔二〕未詳何人所纂　按中興書目、書録解題、宋志及今本俱題段安節撰。錢熙祚樂府雜録跋云：「直齋書録解題有段安節琵琶故事一卷，晁伯宇續談助鈔作琵琶録，實即此書。『烏孫公主』數條，殆好事竄取，飾以別名。」

教坊記一卷 袁本後志卷一經類第二十八

右唐崔令欽撰。開元中，教坊特盛，令欽記之〔一〕。率鄙俗事，非有益於正樂也。 120

〔一〕令欽記之 原本所據底本、瞿鈔本、顧校本、舊鈔本俱脱「令」字，李富孫據袁本、經籍考卷十三補。

皇祐樂記三卷〔一〕 袁本後志卷一經類第二十九

右皇朝胡瑗等撰。皇祐二年，下詔曰：國初循用王朴樂，太祖患其聲高，令和峴減下一律，然猶未全。命瑗同阮逸等二十餘人再定。四年，樂成奏之，上御紫宸殿觀焉。此其説也。 121

〔一〕皇祐樂記三卷 按玉海卷一〇五引中興書目、書録解題卷十四音樂類、宋志卷一、四庫總目卷三十八及今本題作皇祐新樂圖記。錢遵王讀書敏求記校證卷一下、平津館鑒藏書籍記卷三、鐵琴銅劍樓藏書目録卷六、皕宋樓藏書志卷十一均有影宋本，題皆作聖宋皇祐新樂記，卷數同讀書志。

補亡樂書三卷〔一〕 袁本前志卷一上樂類第三

右皇朝房庶撰。古律既亡，後世議樂者，縱黍爲之則尺長，律管容黍爲有餘，王朴是也；橫黍爲之則尺短，律管容黍爲不足，胡瑗是也。故庶欲先以一千二百黍，納之於律管中，黍盡乃得九十分，爲黃鍾之長。其説大要以律生尺耳。范蜀公本之以製雅樂。122

〔一〕補亡樂書三卷　經籍考卷十三此下有「大樂演義三卷」六字，當本之書録解題卷十四音樂類：大樂演義乃房庶子審權所爲。又，玉海卷一〇五引中興書目、宋志卷一題作補亡樂書總要，書録解題題作樂書補亡，玉海引宋國史藝文志題同讀書志。

范蜀公樂書一卷〔一〕　袁本後志卷一經類第三十

右皇朝范鎮景仁撰。景仁論樂宗房庶，潛心四十餘年，出私財鑄樂器。元祐中奏御〔二〕。123

〔一〕范蜀公樂書一卷　玉海卷七、卷一〇五引中興書目、宋志卷一題作新定樂法。

〔二〕奏御　經籍考卷十三作「上之」。

五音會元圖一卷〔一〕　袁本前志卷一上樂類第四

右未知何人所撰。謂樂各有譜，但取箏篥譜爲圖〔二〕，以七音十二律，使俗易曉〔三〕。124

〔一〕五音會元圖一卷　原本、瞿鈔本、季録顧校本、經籍考卷十三俱脱「一卷」二字，據袁本、宛委本補。

〔二〕但取箏纂譜爲圖　袁本脱「箏」字，經籍考「纂」作「栗」。

〔三〕易曉　經籍考「曉」作「見」。

樂府詩集一百卷　袁本後志卷一經類第三十一

右皇朝郭茂倩編次。取古今樂府，分十二門：郊廟歌辭十二，燕射歌辭三，鼓吹曲辭五，横吹曲辭五，相和歌辭十八，清商曲辭八，舞曲歌辭五，琴曲歌辭四，雜曲歌辭十八，近代歌辭四〔一〕，雜謡歌辭七，新樂府辭十一〔二〕，通爲百卷，包括傳記、辭曲，畧無遺軼。125

〔一〕近代歌辭四　卧雲本、宛委本、經籍考卷十三及今本「歌」作「曲」，袁本同原本，姑仍之。

〔二〕新樂府辭十一　經籍考「新」作「雜」，誤。

古樂府十卷并樂府古題要解二卷〔一〕　袁本前志卷四下總集類第四

右唐吳兢纂〔二〕。雜采漢、魏以來古樂府辭，凡十卷。又於傳記洎諸家文集中采樂府所起本義，以釋解古題云。126

〔一〕古樂府十卷并樂府古題要解二卷　卧雲本「并」字作空格，袁本「二」作「兩」，經籍考卷十三合二書一并著録，作「古樂府、樂府古題要解共十二卷」。

〔三〕唐吳兢纂　王先謙刊本校語云：「舊鈔『兢』作『競』。」按「競」字誤。

玉臺新詠十卷〔一〕　袁本前志卷四下總集類第五

右陳徐陵纂。唐李康成云：「昔陵在梁世，父子俱事東朝，特見優遇。時承華好文〔二〕，雅尚宫體，故采西漢以來詞人所著樂府豔詩，以備諷覽〔三〕。」127

〔一〕玉臺新詠十卷　經籍考卷十三「詠」訛作「録」。

〔二〕承華　袁本「華」作「平」，疑是。

〔三〕以備諷覽　經籍考此下有「且爲之序」四字。

玉臺後集十卷　袁本前志卷四下總集類第六

右唐李康成采梁蕭子範迄唐張赴二百九人所著樂府歌詩六百七十首，以續陵編〔一〕。序謂「名登前集者，今並不録，惟庾信、徐陵仕周、陳，既爲異代，理不可遺」云。128

〔一〕以續陵編　袁本「編」字與下「序」字互倒。

大晟樂府雅樂圖一卷　袁本前志卷一上樂類第五

右皇朝政和中〔一〕，建大晟樂府〔二〕，起黃鍾於上躬之中指，棄塞古今諸儒異同之辨〔三〕，此其譜也。129

〔一〕皇朝　原本李富孫校語云：「案原本作『本朝』，瞿鈔本同，後卷或又譌作『宋』，今並據袁本、通考改正，後不悉著。」按此乃原本校例，今姑仿之，以下凡「皇朝」，諸本有作「本朝」、「宋朝」者，不出校。

〔二〕建大晟樂府　季錄顧校本、舊校本無「樂」字。按大晟府建於崇寧四年，公武蓋偶疏，參見宋史卷一二九樂志四、卷一六四職官志四。

〔三〕異同之辨　袁本「辨」作「論」。

琴筌十卷　袁本前志卷一上樂類第六

右皇朝荀以道撰〔一〕。記造琴法、彈琴訣并譜。130

〔一〕皇朝荀以道撰　袁本、臥雲本、宛委本、經籍考卷十三、玉海卷二十「唐琴譜」條引讀書志「荀」俱作「苟」，焦竑國史經籍志卷二經類樂種題宋荀以道撰。

郡齋讀書志卷第三

春秋類

春秋正經十二卷〔一〕 袁本前志卷一下春秋類第十四

右以左氏經爲本，其與公、穀不同者注於下。 131

〔一〕 春秋正經十二卷 袁本作一卷，經籍考卷九同原本。馬端臨云：「按春秋古經，雖漢藝文志有之，然夫子所修之春秋，其本文世所不見，而漢以來所編古經，則俱自三傳中取出經文，名之曰正經耳。」按漢志六藝略有春秋古經十二篇、經十一卷，注云：「公羊、穀梁二家。」其十二篇，即今十二卷，蓋左氏之經；十一卷，蓋公、穀之經，合閔、莊爲一也。三家經、傳皆各自爲書，至何休注公羊，析經文冠某事之首，而無傳者依次附入。范寧注穀梁亦因之，而杜預又取古經分年，冠左氏某年傳首，於是三家經文，不得而見。後人從左傳録出經文，而參以公、穀，是謂正經。衢本卷數從漢志之舊，袁本殆以一帙爲一卷也。書録解題卷三有春秋經兩種，春秋古經一種，俱一卷。

春秋左氏傳三十卷〔一〕 袁本前志卷一下春秋類第一

右晉杜預元凱集劉子駿、賈景伯父子〔二〕、許惠卿、潁子嚴之注，分經之年與傳之年相附，故題曰春秋經傳集解。其發明甚多，古今稱之，然其弊則棄經信傳。如成公十三年麻隧之戰，傳載秦敗績，而經不書，以爲晉直秦曲；則韓役書「戰」，時公在師，復不須告；克獲有功，亦無所諱；於左傳之例皆不合，不曰傳之謬而猥稱「經文闕漏」，其尤甚者至如此。 132

〔一〕春秋左氏傳三十卷　袁本、臥雲本、經籍考卷九題作春秋經傳集解。按漢志作左氏傳，隋志卷一作春秋左氏經傳集解，舊唐志卷上作春秋左氏傳，新唐志卷一作左氏經傳集解，崇文總目卷一作春秋經傳集解。袁本標題蓋取本書，而衢本當本之漢志。

〔二〕賈景伯父子　按景伯，逵之字，有春秋左氏解詁三十卷，見隋志；逵父徽，字元伯，有春秋條例二十一卷，見經典釋文序録。劉歆傳賈徽，徽傳逵，父子兼舉而列子之姓字，此公武襲杜預序故也。

石經左氏傳三十卷〔一〕 袁本前志、後志未收

右不題所書人姓氏，亦無年月。按文不闕唐諱及國朝諱，而闕「祥」字，當是孟知祥僭位後刊石也〔二〕。 133

〔一〕石經左氏傳三十卷　按讀書附志卷上收有石經春秋經傳集解三十卷，故趙希弁未摘録衢本此條入後志，見後志存目。經籍考卷九同原本。
〔二〕刊石　舊鈔本「刊」作「刻」。

春秋公羊傳十二卷〔一〕　袁本前志卷一下春秋類第二

右戴宏序云：子夏傳之公羊高，高傳其子平，平傳其子地，地傳其子敢，敢傳其子壽。至漢景帝時，壽乃與弟子胡毋子都著以竹帛〔二〕。其後，傳董仲舒，以公羊顯於朝。又四傳至何休，爲經傳集詁〔三〕，其書遂大傳〔四〕。鄭玄曰「公羊善於讖」〔五〕，休之注引讖最多〔六〕。134

〔一〕春秋公羊傳十二卷　袁本作十三卷，經籍考卷九同原本。按公羊傳，漢志作十一卷。何休解詁，隋志卷一作十一卷，兩唐志作十三卷，經典釋文序録作十二卷，崇文總目卷一作二十二卷（衍「二」字，當作「十二卷」），書録解題卷三、宋志卷一俱同原本，疑袁本「三」乃「二」之誤。
〔二〕胡毋子都　袁本、臥雲本、宛委本、經籍考「毋」俱作「母」。按漢書卷八十八本傳同。
〔三〕又四傳至何休爲經傳集詁　按阮元春秋公羊傳疏校勘記序云：「何休爲膠西四傳弟子。」姚振宗隋書經籍考證卷六云：「按董仲舒一傳嬴公，再傳眭孟，三傳嚴彭祖，四傳王中，五傳公孫文、東門雲，其後傳授無可攷。此云董仲舒四傳至何休，不知何謂。阮文達公羊傳校勘記序亦用其說，所未喻也。又何休注傳不注經，此云經傳集詁，亦非是。」按後漢書卷七十九下本傳謂何休所撰爲春秋公羊解詁。

〔四〕其書遂大傳　袁本無「大」字。

〔五〕善於讖　袁本作「明讖」，經籍考同原本。按「公羊善於讖」語見鄭玄六藝論，當以原本爲是。

〔六〕休之注　袁本無「之」字。

石經公羊傳十二卷〔一〕　袁本前志、後志未收

右皇朝田況皇祐初知成都日刊石〔二〕。國史藝文志云：「僞蜀刻五經，備注傳，爲世所稱。」以此言觀之，不應無公、穀，豈初有之，後散毀耶？ 135

〔一〕石經公羊傳十二卷　按讀書附志卷上收有石經公羊十二卷，故趙希弁未摘録衢本此條入後志，見後志存目。經籍考卷九同原本。

〔二〕刊石　舊鈔本作「刻石」。

春秋穀梁傳十二卷　袁本前志卷一下春秋類第三

右范甯注。應劭風俗通稱穀梁名赤，子夏弟子；糜信則以爲秦孝公同時人；阮孝緒則以爲名俶，字元始，皆未詳也。自孫卿五傳至蔡千秋〔一〕，漢宣帝好之，遂盛行於世。自漢、魏以來，爲之注解者，有尹更始、唐固、糜信、孔演〔二〕、江熙等十數家，而范甯以爲皆膚淺〔三〕，於是帥其長子參〔四〕、中子雍、小子凱、從弟邵及門生故吏，商畧名例，博采諸儒同異之説，成其父汪之志〔五〕。嘗謂三傳之學，穀梁所得最多，諸家之解，范甯之論最善。甯，字武子，晉人〔六〕。136

〔一〕自孫卿五傳至蔡千秋　卧雲本、經籍考卷九作「自孫卿、申公至蔡千秋、江翁凡五傳至」，袁本同原本。按此述穀梁傳之傳授，蓋本范甯集解序楊士勛疏，楊氏疏云：「(赤)受經于子夏，爲經作傳，故曰穀梁傳，傳孫卿，孫卿傳魯人申公，申公傳博士江翁，其後魯人榮廣大善穀梁，又傳蔡千秋。」是自孫卿至蔡千秋止四傳，若謂五傳，當自穀梁赤始矣。

〔二〕孔演　按「演」當作「衍」。隋志卷一有孔衍春秋穀梁傳十四卷。衍爲孔子二十二世孫，見孔繼汾闕里文獻考，晉書卷九十一亦有其傳。楊疏作「孔演」，公武蓋抄録其文而襲其誤，經籍考亦誤。

〔三〕而范甯以爲皆膚淺　原本脱「皆」字，據袁本、卧雲本、宛委本、經籍考補。舊鈔本「皆」譌作「家」。按范甯序云：「穀梁傳者，雖近十家，皆膚淺末學，不經師匠。」公武語本此。

〔四〕長子參　按「參」當作「泰」，南史卷三十三有傳。經籍考亦誤。

〔五〕成其父汪之志　卧雲本、宛委本「汪」作「注」。按公武所據亦楊氏疏，疏文作「注」，阮元校勘記云晉書本傳作

「注」，然今中華書局標點本卷七十五本傳作「汪」。

〔六〕甯字武子晉人　袁本無「晉人」二字。又卧雲本、經籍考卷九自「自漢、魏以來」迄「范甯之論最善」別出一條，而無「甯字武子，晉人」六字，解題首冠以「穀梁傳集解十二卷」。

石經穀梁傳十二卷〔一〕　袁本前志、後志未收

右其後不載年月及所書人姓氏。案文不闕唐及僞蜀諱，可諱「恒」字〔二〕，以故知刊石當在真宗以後〔三〕，意者亦是田況也。137

〔一〕石經穀梁傳十二卷　按讀書附志卷上收有石經穀梁十二卷，故趙希弁未摘録衢本此條入袁本後志，見後志存目。

〔二〕諱恒字　卧雲本、宛委本、經籍考卷九「諱」作「闕」。

〔三〕刊石　舊鈔本作「刻石」。

春秋繁露十七卷　袁本前志卷一下春秋類第五

右漢董仲舒撰。史稱仲舒説春秋事得失，聞舉、玉杯〔一〕、繁露、清明、竹林之屬數十篇，十餘萬言，傳於

後世〔二〕。今溢而爲八十二篇，又通名繁露，皆未詳。隋、唐卷目與今同。但多訛舛，138

〔一〕聞舉玉杯　原本所據底本「杯」譌作「林」，李富孫據袁本、瞿鈔本、經籍考卷九改正。季録顧校本、舊鈔本亦誤，宛委本不誤。按「聞舉」云云，本諸漢書卷五十六董仲舒傳。

〔二〕傳於後世　袁本、卧雲本、宛委本、經籍考「傳」上俱有「皆」字，與本傳合，疑原本脱去。

春秋釋例十五卷　袁本前志卷一下春秋類第六

右晉杜預撰。凡四十部〔一〕。集左傳諸例及地名、譜第、曆數，皆顯其同異，從而釋之，發明尤多。昔人稱預爲左氏忠臣，而預自以爲有傳癖，觀此尤信。139

〔一〕凡四十部　喬録王校本作「凡四十五部」。按崇文總目卷一云：「凡五十三例。」杜預左氏春秋集釋自序云：「凡四十部。」經典釋文序録著録杜預春秋釋例十五卷，四十篇。今永樂大典輯本有四十七篇。

左氏膏肓九卷〔一〕　袁本前志卷一下春秋類第七

右漢何休撰。休始答賈逵事，因記左氏之短。鄭康成嘗著箴膏肓〔二〕，後人附之逐章之下。140

〔一〕左氏膏肓九卷　按隋志卷一、兩唐志俱作十卷，崇文總目卷一、書録解題卷三引中興書目云闕第七卷，書録解題作十卷，云：「今本亦止闕宣公，而於第六卷分文十六年以後爲第七卷，當並合之。其十卷止於昭公，亦闕定、哀，固非全書也。」讀書志著録殆亦闕第七卷者。又，經籍考卷九左氏膏肓條未引讀書志，唯引崇文總目與書録解題，而卧雲本解題與諸本異，獨與崇文總目同，當出後人誤録。

〔三〕箴膏肓　袁本、舊鈔本脱「箴」字。

春秋正義三十六卷　袁本前志卷一下春秋類第八

右唐孔穎達撰。自杜預專治左氏學，其後沈文阿〔一〕、蘇寬、劉炫皆有義疏，而炫性矜伐，雅好非毁，規杜氏之失一百五十餘事，義特淺近，然比諸家猶有可觀，今書據以爲本，而以沈氏補其闕焉〔二〕。141

〔一〕沈文阿　原本所據底本誤作「沈文何休」，李富孫校語云：「瞿鈔本同，今據袁本、通考改正。」黄丕烈校語云：「覆案：通考引陳氏語『自晉、宋傳杜學，爲義疏者沈、蘇、劉』，則沈文阿之説爲是。」按袁本「阿」譌作「何」，後人遂以爲脱「休」字而妄添。文阿乃峻之子，陳國子博士，有春秋左氏經傳義畧二十五卷，見隋志卷一，兩唐志作二十七卷。又，顧校本、舊鈔本亦誤，經籍考卷九不誤。

〔二〕而以沈氏補其闕焉　卧雲本、經籍考作「其有疏漏，以沈氏補焉」。按穎達序云：「今奉勑删定，據以爲本，其有疎漏，以沈氏補焉。」卧雲本、經籍考同穎達序。

春秋公羊傳疏三十卷〔一〕 袁本前志卷一下春秋類第九

右不著撰人。李獻臣云徐彥撰〔二〕，亦不詳何代人也。崇文總目謂其「援證淺局，出於近世」〔三〕。以何氏三科九旨爲宗，本其說曰：「何氏之意，三科九旨，正是一事爾。總而言之，謂之三科；析而言之，謂之九旨。新周故宋，以春秋當新王，此一科三旨也；所見異辭，所聞異辭，所傳聞異辭，此二科六旨也；內其國而外諸夏，內諸夏而外夷狄〔四〕，此三科九旨也。」 142

〔一〕春秋公羊傳疏三十卷 袁本、卧雲本、宛委本、瞿鈔本、季録顧校本、舊鈔本、經籍考卷九俱無「傳」字，按崇文總目始載此書，亦缺「傳」字。玉海卷四十引中興書目、宋志卷一同。書録解題卷三有「傳」字。

〔二〕李獻臣 「臣」原本作「民」，誤。獻臣爲李淑字，著邯鄲圖書志，見本書卷九，今正。

〔三〕亦不詳何代人也崇文總目謂其援證淺局出於近世 袁本無此二十一字。經籍考引崇文總目在先，故删「不著撰人」至「出於近世」凡三十二字。按隋志卷一有春秋公羊疏十二卷，不著撰人。嚴可均鐵橋漫稿書公羊疏後謂今世皆云唐徐彥，尤無所據，此疏北齊人譔也，即隋志著録本。唐代不録，宋代複出，以卷太大，分爲三十卷。阮元春秋公羊傳疏校勘記云：「光祿寺王鳴盛云即北史之徐遵明，不爲無見也。」隋志經籍志考證卷六亦從王、阮之說。遵明，魏末大儒，傳見魏書卷八十四、北史卷八十一。

〔四〕外夷狄 宛委本「夷狄」二字作空格。

春秋穀梁傳疏十二卷〔一〕　袁本前志、後志未收

右唐楊士勛撰。士勛官至國子四門助教。143

〔一〕春秋穀梁傳疏十二卷　按讀書附志卷上有春秋穀梁傳註疏二十卷，云：「昭德先生讀書志中，有諸經註疏，獨無穀梁註疏云。」顧廣圻有校語，可參看。又，宛委本、季録顧校本無「傳」字。經籍考卷九唯引崇文總目，題作春秋穀梁疏，三十卷。舊唐志卷上作十三卷，新唐志卷一作十三卷，書録解題卷三、宋志卷一卷數同原本，經籍考引崇文總目卷數當有誤。

春秋摘微四卷〔一〕　袁本前志卷一下春秋類第十

右唐盧仝撰。其解經不用傳〔二〕，然旨意甚疎。韓愈謂「春秋三傳束高閣，獨抱遺經究終始」，蓋實録也。祖無擇得之於金陵，崇文總目所不載。144

〔一〕春秋摘微四卷　袁本作「盧仝春秋摘微四卷」，經籍考卷九同原本。

〔二〕其解經不用傳　袁本「解經」倒作「經解」，經籍考不倒。

春秋微旨六卷春秋辨疑一卷〔一〕 袁本前志卷一下春秋類第十一

右唐陸淳伯同撰〔二〕。淳，吳人，纂三傳不同，擇其善者，質以啖助、趙匡之說。助，字叔佐，關人。匡，字伯修〔三〕，天水人。微旨自爲序。公武嘗學春秋〔四〕，閱古今諸儒之說多矣。大抵啖、趙以前學者，皆顓門名家，苟有不通，寧言經誤〔五〕，其失也固陋；啖、趙以後學者，喜援經擊傳〔六〕，其或未明，則憑私臆決，其失也穿鑿。均之失聖人之旨而穿鑿之害爲甚〔七〕。145

〔一〕春秋微旨六卷春秋辨疑一卷　袁本無「春秋辨疑一卷」六字，經籍考卷九題作「春秋集傳、纂例、辨疑共十七卷」，卧雲本同。按新唐志卷一有陸淳集注春秋二十卷、集傳春秋纂例十卷、春秋微旨二卷、春秋辨疑七卷。其集注，宋時已不存，大略具纂例、辨疑中；微旨，崇文總目卷一作二卷，玉海卷四十引中興書目、宋志卷一俱作三卷，辨疑，崇文總目、書録解題卷三、宋志俱作七卷，同新唐志，疑讀書志卷數有誤。又，公武著録用省稱，原題「春秋」下當有「集傳」二字，參見錢遵王讀書敏求記校證卷一之下章鈺校語。

〔二〕唐陸淳伯同撰　按新唐志著録稱陸質。質，本名淳，避唐憲宗諱改之。淳字伯沖，公武避父諱，改「沖」爲「同」。

〔三〕匡字伯修　原本李富孫校語云：「案袁本、瞿鈔本與此同，通考作『伯循』，古『循』、『修』二字易譌。」沈録何校本何焯校語云：「『脩』或作『循』，二字古書往往淆訛。」翁方綱經義考補正卷七云當作「循」。按新唐書卷二〇〇謂匡字伯循。

〔四〕公武嘗學春秋　袁本「公武」作「予」，經籍考同原本。

〔五〕寧言經誤　袁本無「經」字，當脱去。

〔六〕援經擊傳　袁本、卧雲本、宛委本「擊」誤作「繫」，舊鈔本、經籍考不誤。

〔七〕穿鑿之害爲甚　袁本「穿鑿」下有「者」字，顧校本「甚」上有「尤」字，經籍考同原本。

春秋纂例十卷〔一〕　袁本前志卷一下春秋類第三十六

右唐陸淳撰。其序云：「啖氏製統例，分別疏通會其義〔二〕，趙氏損益，多所發揮，今纂而合之〔三〕，凡四十篇。」146

〔一〕春秋纂例十卷　按此書新唐志卷一題作集傳春秋纂例，今本作春秋集傳纂例，公武用省稱。袁録何校本何焯校語云：「趙氏所藏亦無釋疑、微旨。」（「釋疑」當「辨疑」之誤。）袁録顧校本顧廣圻校語云：「按微旨見前。」按「趙氏所藏」，乃指趙希弁所藏，袁本讀書志有微旨而無辨疑，何氏蓋偶失檢。

〔二〕分別疏通會其義　袁本無「別」字，卧雲本、經籍考卷九無「會」字。按陸淳自述云：「啖子所撰統例三卷，皆分別條疏，通會其義；趙子損益，多所發揮，今故纂而合之。」據此，原本脱「條」字，袁本更脱「別」字，卧雲本、經籍考脱「條」、「會」二字。

〔三〕今纂而合之　原本作「今合而纂之」，據袁本、卧雲本、宛委本、舊鈔本、經籍考乙正；參見校注〔三〕引陸淳自述。

春秋折衷論三十卷〔一〕　袁本前志卷一下春秋類第十二

右唐陳岳撰。以左氏傳爲上〔二〕，公羊傳爲中〔三〕，穀梁傳爲下〔四〕，比其異同而折衷之。岳，唐末從鍾傳〔五〕，辟爲江西從事。147

〔一〕春秋折衷論三十卷　按新唐志卷一、崇文總目卷一題作折衷春秋，書録解題卷三、宋志卷一、經籍考卷九題同原本。

〔二〕以左氏傳爲上　卧雲本、經籍考無「氏」字。

〔三〕公羊傳爲中　袁本、經籍考無「傳」字。

〔四〕穀梁傳爲下　卧雲本、經籍考無「傳」字。

〔五〕唐末　卧雲本、經籍考此下有「十上春官，晚乃」六字。

春秋經社六卷〔一〕　袁本後志卷一經類第三十二

右皇朝孫覺撰。其學亦出於啖、趙，凡四十餘門。論議頗嚴。148

〔一〕春秋經社六卷　原本所據底本「社」譌作「杜」，李富孫據袁本、經籍考卷九改正，瞿鈔本、季録顧校本、舊鈔本亦誤。原本黄丕烈校語云：「覆案：通考引陳氏語：『覺從胡安定游，門弟子以千數，別其老者爲經社，覺年最少，儼然居其間。』則『經社』是。」按此書全稱爲春秋經社要義，見書録解題卷三、宋志卷一。黄氏引經籍考載陳氏語「老者」當作「老成者」。

春秋尊王發微十二卷〔一〕　袁本前志卷一下春秋類第十六

右皇朝孫明復撰。史臣言明復治春秋，不取傳、注，其言簡而義詳，著諸大夫功罪，以考時之盛衰，而推見治亂之迹，故得經之意爲多。常秩則譏之〔二〕，曰：「明復爲春秋，猶商鞅之法，棄灰於道者有刑，步過六尺者有誅。」謂其失於刻也。胡安國亦以秩之言爲然。149

〔一〕春秋尊王發微十二卷　卧雲本、經籍考卷十作十五卷，袁本同原本。按書録解題卷三作十五卷，玉海卷四十引中興書目稱春秋尊王發微十二卷總論三卷，則十五卷蓋合總論計之；總論，宋志卷一作一卷。

〔二〕常秩則譏之　季録顧校本、舊鈔本「秩」俱訛作「秧」。下同。卧雲本「譏」訛作「機」。

春秋集傳十五卷　袁本前志卷一下春秋類第十七

右皇朝王沿撰。集三傳解經之文〔一〕。沿，字聖源，大名人。好春秋，所至以春秋斷事。此書仁宗朝嘗奏

御〔三〕，詔直昭文館，後官至天章閣待制〔三〕。 150

〔一〕集三傳解經之文　袁本脱「集」字。

〔二〕此書仁宗朝嘗奏御　按此書於仁宗景祐元年正月上之，見續資治通鑑長編卷一一四。容齋三筆卷十二云：「予家藏王沿春秋通義一書，至和元年，鄧州繳進，二年，有旨送兩制看詳。於是具奏者十二人，皆列名銜。」又載學士七人，曰：楊察、趙槩、楊偉、胡宿、歐陽修、吕溱、王洙；知制誥五人，曰：王珪、賈黯、韓絳、吴奎、劉敞。

〔三〕天章閣待制　袁本無「沿字聖源」至此凡三十八字，經籍考卷九同原本。按沿事蹟參見河南先生文集卷十三王先生述、宋史卷三〇〇、宋元學案補遺卷三十三等。

春秋演聖統例二十卷　袁本後志卷一經類第三十三

右皇朝丁副撰。田偉書目「副」作「嗣」〔一〕，未知孰誤。其序云：「經有例法，一家所至，較然重輕。杜預釋例，專左氏而未該〔二〕，唐陸淳纂例，雖舉經而未備。」纖悉絓羅而咸在者〔三〕，其惟此書乎？ 151

〔一〕田偉書目副作嗣　按四庫闕書目、宋志作丁副，玉海卷四十亦作丁副，然注云：「中興書目『副』作『嗣』。」

〔二〕專左氏而未該　原本黄丕烈校語云：「覆案：『專左氏』，通考作『專王左氏』，『王』，疑『主』之誤。」按殿本經籍考卷十正作「專主左氏」。

〔三〕纖悉絓羅　原本李富孫校語云：「案『絓』當作『網』。」黄丕烈校語云：「覆案：瞿鈔本、通考皆作『絓』。」按殿本經籍考「絓」作「網」，李氏說是。

春秋權衡十七卷春秋意林二卷春秋劉氏傳十五卷〔一〕　袁本前志卷一下春秋類第十八

右皇朝劉敞原父撰。權衡論三傳之失，意林敍其解經之旨，劉氏傳其所解經也。如「桓無王」、「季友卒」、「胥命」、「用郊」之類，皆古人所未言〔二〕。 152

〔一〕春秋權衡十七卷春秋意林二卷春秋劉氏傳十五卷　經籍考卷十作「春秋權衡、意林、劉氏春秋傳共三十四卷」，袁本同。

〔二〕皆古人所未言　宛委本「言」作「信」。

黎氏春秋經解十二卷〔一〕　袁本前志卷一下春秋類第十九

右皇朝黎錞希聲撰。錞，蜀人，歐陽公之客。名其書爲經解者，言以經解經也。其後又爲統論附焉。 153

〔一〕黎氏春秋經解十二卷　袁本脫「十二卷」三字，宋志卷一、經籍考卷十俱作十二卷。

橫渠春秋說一卷　袁本前志卷一下春秋類第二十

右皇朝張載子厚撰〔一〕。爲門人雜説春秋。其書未成。154

〔一〕張載子厚撰　卧雲本、經籍考卷十作「張子厚」，連下爲句。

潁濱春秋集傳十二卷〔一〕　袁本前志卷一下春秋類第二十一

右蘇轍子由撰〔二〕。大意以世人多師孫明復〔三〕，不復信史，故盡棄三傳〔四〕，全以左氏爲本，至其不能通者始取二傳、啖、趙。自熙寧謫居高安，至元符初，十數年矣，暇日輒有改定，卜居龍川而書始成。155

〔一〕潁濱春秋集傳十二卷　袁本、宛委本「潁」作「穎」，誤。又，蘇轍自序「集傳」作「集解」，而書録解題卷三、宋志卷一、蘇籀欒城遺言、經籍考卷十題皆同原本。今兩蘇經解本題作潁濱先生春秋集解，叢書集成初編本題作春秋集解。

〔二〕蘇轍子由撰　楊希閔校本楊氏校語云「蘇」字上當有「皇朝」二字。按楊説是。

〔三〕世人多師孫明復　袁本、經籍考「孫明復」作「孫復」，王先謙刊本王氏校語謂袁本脱「明」字，舊鈔本亦脱。按孫復字明復，然此條解題，公武乃本轍自序，自序稱「孫明復」，而不稱「孫復」，先謙是。

〔四〕盡棄三傳　原本「三」作「二」，先謙謂當作「二」。按轍自序云：「予少而治春秋，時人多師孫明復，謂孔子作春秋，畧盡一時之事，不復信史，故盡棄三傳，無所復取。予以爲左丘明，魯史也，孔子本所據依，以作春秋，故事必以丘明爲本。……至於孔子之所予奪，則丘明容不明盡，故當参以公、穀、啖、趙諸人。」是公武所言「盡棄」者乃「三傳」，所指乃「時人」，非轍也。轍「参以公、穀」，固未嘗棄「二傳」也。先謙誤，今據袁本改正。

劉質夫春秋五卷〔一〕　袁本前志卷一下春秋類第二十二

右皇朝劉絢質夫撰。絢學於二程之門〔二〕。伯淳嘗語人曰：「他人之學，敏則有矣〔三〕，未易保也。斯人之至〔四〕，吾無疑焉。」正叔亦曰：「遊吾門者多矣，而信之篤、得之多、行之果、守之固，若子者幾希」〔五〕。有李参序。 156

〔一〕劉質夫春秋五卷　經籍考卷十作十二卷，其卷數蓋從書録解題。按書録解題卷三題作春秋傳十二卷。

〔二〕二程之門　臥雲本、經籍考無「之門」二字。

〔三〕敏則有矣　臥雲本、經籍考「矣」作「之」。

〔四〕斯人之至　喬録王校本王懋竑校語云：「案『至』當作『志』」。

〔五〕若子者　舊鈔本「子」訛作「之」。

得法忘例論三十卷〔一〕　袁本前志卷一下春秋類第二十三

右皇朝馮正符所撰。熙寧八年，何郯取其書奏之〔二〕，而久之不報〔三〕，意者王安石不喜春秋故也。其書例最詳，悉務通經旨，不事浮辭。正符頗與鄧綰、陳亨甫交私，後坐口語被斥〔四〕。 157

〔一〕得法忘例論三十卷　經籍考卷十題作春秋得法忘例論，袁本同原本。按是書有題李陶撰者，乃出書賈妄託，見經籍考引李燾語。

〔二〕何郯　瞿鈔本「郯」誤作「剡」。按郯時爲蜀守，取其書上之。熙寧十年，用鄧綰薦，召試舍人院，賜正符同進士出身，授蜀州晉原主簿。綰尋被謫，正符坐附會，奪官歸。正符，字信道，遂寧人，事見遂寧縣志。

〔三〕而久之不報　臥雲本、經籍考作「久而不報」。

〔四〕正符頗與鄧綰陳亨甫交私後坐口語被斥　袁本作「後坐鄧綰、陳亨甫語言被斥」。經籍考同原本。按陳亨甫疑爲練亨甫之誤。

繹聖傳十二卷　袁本前志卷一下春秋類第二十四

右皇朝任伯雨德翁所撰。解經不甚通。例如解「桓十三年二月，公會紀侯、鄭伯。己巳，及齊侯、宋公、衛侯、燕人，戰。齊師、宋師、衛師、燕師，敗績」，取穀梁之說，戰稱人，敗績稱師，重衆之說。殊不知齊人伐衛，衛人及齊人戰，衛人敗績，何獨不重衆也。158

王氏春秋十二卷〔一〕　袁本前志卷一下春秋類第二十六

右皇朝王當撰。當，眉山人。嘗爲春秋列國諸臣傳十萬餘言〔二〕，今又釋春秋，真可謂有志矣。159

〔一〕王氏春秋十二卷　經籍考卷十合王當所撰二書爲一條，題作「王氏春秋、列國諸臣傳共六十三卷」，按列國諸臣傳條見下。

〔二〕十萬餘言　袁本作「十餘萬言」。

馮氏春秋通解十二卷　袁本前志卷一下春秋類第二十七

右皇朝馮山字允南撰〔一〕。普州人。澥之父也。160

〔一〕馮山字允南撰　卧雲本、經籍考卷十無「字」字，舊鈔本無「撰」字。

春秋指南十卷　袁本前志卷一下春秋類第二十九

右吳園先生張根知常撰〔一〕。以征伐會盟，年經而國緯。汪藻爲之序。161

〔一〕吳園先生　楊希閔校本楊氏校語云「吳」上當有「皇朝」二字。

胡氏春秋傳三十卷〔一〕　袁本前志卷一下春秋類第二十五

右皇朝胡安國被旨撰。安國師程頤〔二〕，其傳春秋事，按左氏義，取公、穀之精者，采孟子、莊周、董仲舒、王通、邵堯夫、程明道、張橫渠、程正叔之説，以潤色之。其序畧曰：「近世推隆王氏新説，按爲國是，獨於春秋，貢舉不以取士，庠序不以設官，經筵不以進讀，斷國論者，無以折衷〔三〕，天下不知所適，人欲日長，天理日消，其效使夷狄亂華〔四〕，莫之遏也。」162

〔一〕胡氏春秋傳三十卷　經籍考卷十題作「胡文定春秋傳、通例、通旨共三十二卷」。按經籍考標題蓋從書録解題，書録解題卷三有通例、通旨各一卷。

〔二〕安國師程頤　翁方綱經義考補正卷八引丁杰語，云：「按宋史儒林傳，安國所與游者，游定夫、謝顯道、楊中立，不及事程正叔也。晁語未知所據。」按丁氏説是，胡氏此書大旨本程頤，然未聞師事程氏。

〔三〕無以折衷　按安國自序「以」作「所」。

〔四〕夷狄亂華　宛委本此四字作空格。

春秋新説十一卷〔一〕　袁本前志卷一下春秋類第二十八

右皇朝余安行撰。采左氏、公羊、穀梁及孫復四家書〔二〕，參以己意爲之。163

〔一〕春秋新説十一卷　袁本、卧雲本、舊鈔本、經籍考卷十題作春秋新傳；又，袁本作十二卷。按宋志卷一有余安行春秋新傳十二卷，疑標題、卷數當從袁本。

〔二〕及孫復四家書　袁本作「及諸家之得失」，諸衢本及經籍考同原本，獨宛委本無「書」字。

四家春秋集解二十五卷　袁本前志卷一下春秋類第三十

右或人集皇朝師協、石季長、王棐〔一〕、景先之解爲一通，具載本文。164

〔一〕王棐　按通志藝文畧卷一春秋類傳論種有王棐春秋義二十卷。

春秋外傳國語二十一卷　袁本前志卷一下春秋類第四

右魯左丘明撰，吳韋昭弘嗣集鄭衆、賈逵、虞翻、唐固四家説成此解，皇朝宋庠爲補音三卷。班固藝文志有國語二十一篇，隋志云二十二卷，唐志云二十一卷。今書篇次與漢志同，蓋歷代儒者析簡併篇，互有損益，不足疑也，要之藝文志審矣。陸淳謂「與左傳文體不倫，定非一人所爲」〔一〕，蓋未必然。范甯云「左氏豔而富」〔二〕，韓愈云「左氏浮夸」，今觀此書，信乎其富豔且浮夸也，非左氏而誰〔三〕？柳宗元稱越語尤奇駿〔四〕，豈特越哉！自楚以下類如此。165

〔一〕陸淳謂與左傳文體不倫定非一人所爲　按語見陸淳春秋集傳纂例趙氏損益義第五，云：「且左傳、國語，文體不倫，序事又多乖剌，定非一人所爲也。」當屬趙匡語。舊鈔本「倫」譌作「論」。

〔二〕左氏豔而富　袁本、卧雲本、宛委本、顧校本、舊鈔本、經籍考卷十俱作「左氏富而艷」。按引語見范甯春秋穀梁傳集解自序，自序同原本。

〔三〕非左氏而誰　袁本作「非丘明而誰」。

〔四〕越語尤奇駿　袁本、臥雲本、宛委本、舊鈔本、經籍考「奇駿」作「奇峻」。

非國語二卷〔一〕　袁本前志卷一下春秋類第三十一

右唐柳宗元子厚撰。序云：「左氏國語，其文深閎傑異，而其說多誣淫。懼學者溺其文采，而淪於是非，本諸理作非國語。」上卷三十一篇，下卷三十六篇。166

〔一〕非國語二卷　袁本「二」作「兩」，臥雲本譌作「三」，經籍考卷十同原本。

春秋名號歸一圖二卷　袁本後志卷一經類第三十四

右僞蜀馮繼先撰〔一〕。左氏所書人，不但稱其名，或字，或號，或爵、謚，多互見，學者苦之。繼先皆取以繫之名下云。167

〔一〕僞蜀馮繼先撰　經籍考卷九引崇文總目「繼先」作「繼元」，下同。袁本、諸衢本同原本。按書錄解題卷三、玉海卷四十引中興書目、岳珂相臺書塾刊正九經三傳沿革例俱作「繼先」，經籍考不足據。又，公武此條解題袁本崇文總目，參見玉海引崇文總目解題可知。

春秋列國諸臣傳五十一卷〔一〕 袁本前志卷一下春秋類第三十二

右皇朝王當撰。類左氏所載列國諸臣事，效司馬遷爲之傳，凡一百三十有四人〔二〕，繫之以贊云。 168

〔一〕 春秋列國諸臣傳五十一卷　經籍考卷十與王氏春秋合併著録，參見本卷王氏春秋條。按宋史卷四三二本傳稱此書爲五十卷，書録解題卷三、玉海卷五十八引中興書目、宋志卷一俱同讀書志，四庫總目卷五十七傳記類又作三十卷，謂殆後人與鄭昂春秋臣傳卷數相混。

〔二〕 凡一百三十有四人　中興書目謂「凡三百三十四人」，四庫著録本所傳凡一百九十一人。鐵琴銅劍樓藏書目録卷十有此書，三十卷，云：「一百三十有四人之數，與晁志合。」

帝王歷紀譜三卷〔一〕 袁本後志卷一經類第三十五

右題曰秦相荀卿撰。載周末列國世家，故一名春秋公子血脈圖〔二〕。頗多疎畧，決非荀卿所著，且卿未嘗相秦，豈世別有一荀卿耶？ 169

〔一〕 帝王歷紀譜三卷　原本「歷」作「厤」，避清高宗諱，今據袁本改正，卧雲本「歷」作「曆」，宛委本同袁本。又，崇文總目卷一、宋志卷一俱作二卷。又沈錄何校本何焯校語云：「二書（按指列國諸臣傳及本書）似不當入經部，豈因諸臣傳而并錄耶？」

〔三〕一名春秋公子血脈圖　按宋志題作公子姓譜，注云：「一名帝王歷紀譜。」又，顧校本無「春秋」二字。

春秋機括一卷〔一〕　袁本前志卷一下春秋類第三十五

右皇朝沈括存中撰春秋譜也。170

〔一〕春秋機括一卷　玉海卷四十引中興書目作三卷，宋志卷一作二卷，中興書目云：「上卷以魯公甲子紀周及十二國年譜，中卷載周及十二國譜系世次，下卷記列國公子諸臣名氏，其無異名者不錄。」

春秋世系一卷〔一〕　袁本前志卷一下春秋類第十五

右不著撰人姓名。譜左氏諸國君臣世系，獨秦無世臣。171

〔一〕春秋世系一卷　臥雲本、經籍考卷九「系」作「譜」。經籍考引崇文總目云：「不著撰人名氏，凡七卷，起黃帝至周見于春秋諸國世系，傳久稍失其次矣。按隋、唐書目春秋大夫世族譜十三卷，顧啓期撰，而杜預釋例，自有世族譜一卷，今書與釋例所載不同，而本或題杜預撰者，非也。疑此乃啓期所撰云。」按隋志卷一有春秋左氏諸大夫世譜十三卷，未著撰人，兩唐志有顧啓期春秋大夫譜十一卷，崇文總目疑所録春秋世譜七卷，即顧氏所撰，經義考卷一七五以崇文總目與讀書志所載統歸顧氏大夫譜條下，姚振宗隋書經籍志考證卷六因之。顧啓明，孫吳時人。又，玉海卷四十引中興書目、宋志卷一俱有春秋人譜一卷，中興書目云：「元祐中孫子平、練明道同撰。凡編三十八國，千七百六十五人，分三卷，今合爲一。」

春秋會義二十六卷〔一〕　袁本前志卷一下春秋類第十三

右皇祐間進士杜諤集釋例〔二〕、繁露、規過、膏肓、先儒同異篇〔三〕、指掌碎玉、折衷、指掌議、纂例、辨疑、微旨、摘微、通例、胡氏論、箋義、總論、尊王發微、本旨、辨要、旨要、集議、索隱、新義、經社三十餘家成一書〔四〕，其後仍斷以己意。雖其説不皆得聖人之旨，然使後人博觀古今異同之説〔五〕，則於聖人之旨，或有得焉。172

〔一〕春秋會義二十六卷　宛委本「義」作「議」。按書録解題卷三、玉海卷四十引中興書目、宋志卷一俱同讀書志，是書楊昌霖自永樂大典輯出，已非完書，編爲十二卷，孔繼涵録副刊入碧琳瑯館叢書。

〔二〕皇祐間進士杜諤　按書録解題云諤字獻可，里貫江陽，嘉祐時人。中興書目亦謂此書「嘉祐中杜諤撰」。張萱內閣藏書目録卷二則謂元祐間眉州杜諤注。今輯本題「宋鄉貢進士江陽杜諤獻可輯」，未著年號。

〔三〕先儒同異篇　按今本無此書，止於卷二、卷五、卷九、卷十引有指掌異同篇，未知是否同一書。

〔四〕三十餘家成一書　今本孔繼涵序云：「今其引書有五十餘家，而其注曰各見前，則永樂大典已載其全書，故不復録，非杜本書也。」按除公武所舉二十四家，今本尚有公羊傳、穀梁傳、春秋宗旨議、指掌釋、內適外、集傳等，孔氏所謂「五十餘家」，當包括所引論語、葬書、京房易傳等，非盡解釋春秋書也。

〔五〕異同之説　袁本作「同異之説」。

孝經類

唐明皇注孝經一卷〔一〕　袁本前志卷一下孝經類第一

右漢初顔芝之子貞獻於朝〔二〕，千八百七十二字。唐玄宗注。序稱取王肅、劉劭〔三〕、虞翻、韋昭、劉炫、陸澄六家説，約孔、鄭舊義爲之〔四〕。何休稱：「子曰『吾志在春秋，行在孝經〔五〕。』」信斯言也，則孝經乃孔子自著者也〔六〕。今其首章云：「仲尼居，曾子侍。」則非孔子所著明矣。詳其文義〔七〕，當是曾子弟子所爲書也。柳宗元謂：「論語載弟子必以字，獨曾參不然〔八〕，蓋曾氏之徒樂正子春、子思與爲之耳〔九〕。」余於孝經亦云。　173

〔一〕唐明皇注孝經一卷　袁本無「唐明皇注」四字，經籍考卷十二作唐明皇孝經註。

〔二〕右漢初顔芝之子貞獻於朝　卧雲本獨異，作「右河間人顔芝所藏，漢初，芝子貞獻於朝，凡十八章」。

〔三〕劉劭　袁本「劭」作「邵」，宛委本、舊鈔本作「部」。按玄宗序作劉邵，隋志卷一云梁有光禄大夫劉邵注孝經一卷，亡。此注孝經者即撰人物志之劉劭，「邵」、「劭」之辨證，詳見卷十一名家類人物志條校注〔三〕。

〔四〕陸澄六家説約孔鄭舊義爲之　卧雲本作「陸澄六家之説，參倣孔、鄭舊義，今行於太學」。袁本同原本。疑卧雲本乃後人據經籍考引崇文總目語妄改。

〔五〕何休稱子曰吾志在春秋行在孝經　按語見何休春秋公羊傳序引孝經緯鉤命決，非休語。

〔六〕自著者也　卧雲本無「者」字。

〔七〕詳其文義　卧雲本、經籍考「義」譌作「書」。

〔八〕獨曾參不然　卧雲本、經籍考「獨」作「然」。按增廣註釋音辨唐柳先生集卷之四論語辨一作「獨曾子、有子不然」。

〔九〕樂正子春子思與爲之耳　原本「與」上有「相」字，然原本所據底本無「相」字，李富孫據經籍考補。袁本、瞿鈔本亦無。按柳集無「相」字，今復删去。

孝經正義三卷　袁本前志卷一下孝經類第二

右皇朝邢昺等撰。世傳孝經疏外〔一〕，餘家尚多。咸平中，昺集諸説爲此書〔二〕。174

〔一〕世傳孝經疏外　原本黄丕烈校語云：「覆案：通考引崇文總目云『初，世傳行沖疏外，餘家尚多』，則此『孝經疏』上，當有『元行沖』三字。」按黄説是，此孝經疏當指元氏書。

〔二〕咸平中昺集諸説爲此書　袁本無「諸」字。按昺疏僅據行沖疏爲之，未嘗集採諸説，公武失之。

王介甫孝經解一卷〔一〕　袁本前志卷一下孝經類第三

右皇朝王安石介甫撰。經云「當不義，則子不可以不諍於父〔二〕」，而孟子猥云父子之間不責善〔三〕，夫豈然哉！今介甫因謂當不義則諍之，非責善也。噫，不爲不義，即善也。阿其所好，以巧慧侮聖人之言至此，君子疾夫！佞者有以也〔四〕。　175

〔一〕王介甫孝經解一卷　袁本無「王介甫」三字，經籍考卷十二同原本。按讀書附志卷上亦著録此書，題作孝經義，可參看。

〔二〕子不可以不諍於父　原本脱「以」字，據臥雲本、經籍考補。袁本亦脱。按「當不義」云云語見孝經諫爭章。

〔三〕孟子猥云父子之間不責善　袁本、宛委本、經籍考「云」作「曰」。按語參見孟子離婁下。「間」，十三經注疏本作「閒」。

〔四〕佞者有以也　原本李富孫校語云：「案『佞者』五字，瞿鈔本、袁本、通考俱脱去。」按宛委本、季録顧校本、臥雲本、舊鈔本亦無此五字。

温公古文孝經指解一卷〔一〕 袁本前志卷一下孝經類第四

右古文二十二章，與尚書同出於壁中，蓋孔惠所藏者〔二〕。與顏芝十八章大較相似，而析出三章，又有閨門一章，不同者四百有餘字〔三〕。劉向校書，以十八章爲定，故世不大傳，獨有孔安國注，今亡。然諸家說不安處，古文字讀皆異，推此言之，未必非真也。國朝司馬文正公爲之指解并音〔四〕。176

〔一〕温公古文孝經指解一卷　袁本無「温公」二字，經籍考卷十二「温公」作「司馬君實」。

〔二〕孔惠所藏者　卧雲本無「者」字。

〔三〕四百有餘字　袁本、宛委本、經籍考無「有」字。按公武語本漢志六藝畧孝經類小序顏師古注引桓譚新論，師古云：「桓譚新論云，古文孝經千八百七十二字，今異者四百餘字。」

〔四〕國朝司馬文正公　袁本、卧雲本「國朝」作「皇朝」，宛委本、舊鈔本、季録顧校本作「宋朝」，疑當以袁本爲正。經籍考作「司馬公」，無「國朝」、「文正」四字。

范淳夫古文孝經說一卷〔一〕 袁本前志卷一下孝經類第五

右皇朝范祖禹撰〔二〕。元祐中侍經幄時所上〔三〕。177

〔一〕范淳夫古文孝經説一卷　袁本無「范淳夫」三字，經籍考卷十二同原本。

〔二〕范祖禹撰　袁本作「范祖禹夢得撰」，沈録何校本何焯校語云：「夢得即淳夫舊字。」

〔三〕侍經幄時所上　卧雲本、經籍考「經幄」作「經筵」。

郡齋讀書志卷第四

論語類

何晏注論語十卷〔一〕　袁本前志卷一下論語類第一

右魏何晏集解。其序自云：據魯論包咸〔二〕、周氏、孔安國、馬融、鄭康成、陳羣、王肅、周生烈八家之說，與孫邕、鄭同〔三〕、曹羲、荀顗，集諸家訓解爲之。按漢時論語凡有三〔四〕，而齊論有問王、知道兩篇，詳其名，當是必論内聖之道、外王之業〔五〕，未必非夫子之最致意者〔六〕，不知何說，而張禹獨遺之〔七〕。禹身不知王鳳之邪正，其不知此固宜，然勢位足以軒輊一世，使斯文遂喪〔八〕，惜哉！鄭同名觸先公諱〔九〕，司馬遷父名談，以趙談子爲同子〔一〇〕，故公武亦云〔一一〕。後倣此。178

〔一〕何晏注論語十卷　袁本無「何晏注」三字。經籍考卷十一題作何晏論語註。

〔二〕包咸　袁本作「包氏」。按晏等序云「張侯論爲世所貴，包氏、周氏章句出焉」。

〔三〕鄭同　經籍考作「鄭沖」。

〔四〕按漢時論語凡有三　袁本脱「漢」字。

〔五〕當是必論内聖之道外王之業　袁本、王應麟漢藝文志考證卷四「齊二十二篇」條引「晁公武曰」俱無「當」字，顧校本、經義考卷二一一引讀書志無「必」字。疑「當」、「必」二字爲衍文。又經義考齊論語條朱彝尊按云：「漢志論語十二家，齊二十二篇，多問王、知道。如淳曰：『問王、知道，皆篇名。』説者謂是内聖、外王之業，此傅會也。論語二十篇，皆就首章字義名篇，非有包括全篇之義。今逸論語，見於説文、初學記、文選注、太平御覽等書，其詮玉之屬特詳，竊疑齊論所逸二篇，其一乃問玉，非問王也。考之篆法，三畫正均者爲玉，中畫近上者爲王，初無大異，因譌玉爲王耳。王伯厚亦云，問王疑即問玉，亶其然乎？」按朱氏所謂「説者」即指公武，故録之備考。然翁方綱經義考補正卷九又以爲朱氏之説不足信，云：「竹垞既云論語二十篇皆就章首字義名篇，非有包括全篇之義，則此按語自相搘拄矣。」馬國翰似採朱氏之説，題其輯本作問玉第二十二。

〔六〕最致意者　顧校本「致」作「注」。

〔七〕張禹獨遺之　按公武此説蓋本隋志卷一論語類小序。馬端臨以爲問王、知道兩篇非經之本真，乃後儒依倣而作，非禹所能删。端臨之説當亦爲公武所發。

〔八〕斯文遂喪　按經義考引讀書志「遂」作「盡」。

〔九〕先公諱　卧雲本脱「諱」字。

〔一〇〕以趙談子爲同子　按史記卷三十九晉世家、卷四十三趙世家改趙衰子談爲趙同，卷一二五佞幸列傳改宦者趙談爲趙同，以避家諱，然俱無「子」字。

〔二〕公武亦云　袁本「公武」作「予」。

石經論語十卷〔一〕　袁本前志、後志未收

右僞蜀張德釗書〔二〕。闕唐諱，立石當在孟知祥未叛之前。其文脱兩字，誤一字，又述而第七「舉一隅」下有「而示之」三字，「三人行必有我師焉」上又有「我」字，衛靈公第十五「敬其事而後其食」，作「後食其禄」，與李鶚本不同者此也。179

〔一〕石經論語十卷　按讀書附志卷上收有石經論語十卷，故趙希弁未摘録衢本此條編入袁本後志，見後志存目。

〔二〕張德釗書　原本所據底本「釗」誤作「鈞」，李富孫據成都記晁氏石經考異序、趙氏讀書附志改正。按宛委本、季録顧校本、瞿鈔本、經籍考卷十一亦誤。

皇侃論語疏十卷〔一〕　袁本後志卷一經類第三十六

右梁皇侃撰。古今論語之注多矣，何晏集八家〔二〕，復采古論語注爲集解行於世。侃今又引衛瓘、繆播、欒肇、郭象、蔡謨〔三〕、袁宏〔四〕、江淳〔五〕、蔡奚〔六〕、李充、孫綽、周懷〔七〕、范甯、王珉凡十三家之說成此書。其序稱江熙所集。世謂其引事，雖時近詭異〔八〕，而援證精博，爲後學所宗云。180

〔一〕皇侃論語疏十卷　袁本無「疏」字，經籍考卷十一同原本。

〔二〕何晏集八家　袁本、卧雲本、宛委本、經籍考「八」俱作「七」。按據何晏等集解序及本書本卷之首何晏注論語解題，其八家爲孔安國、包咸、周氏、馬融、鄭玄、陳羣、王肅、周生烈也，袁本等謂「七家」，蓋不計孔安國古論語注，故下文云「復采古論語注」。

〔三〕蔡謨　宛委本「蔡」作「祭」，誤。

〔四〕袁宏　按「宏」當作「喬」。隋志卷一有袁喬論語注十卷，袁喬傳見晉書卷八十三。今馬國翰玉函山房輯佚書有輯本一卷，題袁喬，馬氏云：「皇疏序稱江熙集論語十三家，有晉江夏太守袁宏字叔度，蓋即袁喬，輾轉傳訛也。」蓋公武所見皇氏序所列已如此，此襲其誤耳，姑仍之。

〔五〕江淳　袁本、卧雲本、經籍考作江惇。按今知不足齋叢書本皇氏序列江熙所集十三家姓名作江淳。

〔六〕蔡奚　按「奚」疑當作「系」。今本皇氏序所列稱「晉撫軍長史蔡系字子叔」，隋志卷一有蔡系論語釋一卷。系，謨之少子，事見晉書卷七十七蔡謨傳及世說新語卷中之上雅量篇注引中興書。然玉海卷四十一引中興書目亦作蔡奚，蓋公武所見皇疏本如此，姑仍之。

〔七〕周懷　按今本皇氏序稱「晉散騎常侍陳留周壞字道夷」，四庫總目卷三十五論語義疏條作周瓌，玉海引中興書目同原本。

〔八〕 時近詭異　卧雲本、經籍考無「近」，蓋脱去。

論語正義十卷〔一〕　袁本前志卷一下論語類第二

右皇朝邢昺等撰。先是梁皇侃采衛瓘、蔡謨等十三家之説爲疏，昺等因之成此書。181

〔一〕 論語正義十卷　袁本解題迥異，俱録於下：「右梁王侃（原注：一云皇甫侃）採衛瓘、蔡謨等十三家説爲疏。」又，經籍考卷十一解題亦異於是：「皇朝邢昺等撰，亦因皇侃所採諸儒之説刊定而成書。」按諸衢本同原本，袁本「王侃」、「皇甫侃」俱誤；經籍考解題當出馬端臨改寫，非公武原文，四庫總目卷三十五以爲晁公武讀書志語，失之未檢原書。

韓李論語筆解十卷〔一〕　袁本前志、後志未收

右唐韓愈退之、李翺習之撰〔二〕。前有秘書丞許勃序〔三〕，云韓、李相與講論，共成此書。按唐人通經者寡，獨兩公名冠一代，蓋以此。然四庫、邯鄲書目皆無之，獨田氏書目有韓愈論語十卷，筆解兩卷。此書題曰筆解〔四〕，而十卷亦不同〔五〕。182

〔一〕韓李論語筆解十卷　按讀書附志卷上已收有論語筆解十卷，故趙希弁未摘録此條編入袁本後志，見後志存目。又，臥雲本「十」作「二」，疑「二十」之誤。

〔二〕李翺習之　臥雲本「習」作「翼」。

〔三〕許勃序　原本李富孫校語云：「案原本、瞿鈔本俱無『許』字，今據通考補。」按顧校本、舊鈔本亦脱「許」字。附志云：「此本乃祕書丞許勃所序者，」是以趙氏所見亦有許勃序。書録解題卷三引中興書目云：「祕書丞許勃爲之序」，又云：「今本乃王存序，云得於錢塘汪充，而無許序。」今范氏二十種奇書本有許勃序。

〔四〕題曰筆解　顧校本作「題曰十卷筆解」，疑衍「十卷」二字。

〔五〕而十卷亦不同　臥雲本、經籍考卷十一「十卷」作「兩卷」。按新唐志卷一有韓愈注論語十卷，李漢撰昌黎集序，亦稱愈有論語注十卷，皆不言愈有筆解。書録解題卷三、宋志卷一著録筆解俱作二卷，通志藝文畧卷一論語類注解種有韓愈論語十卷，於論難種又有筆解二卷。今本亦二卷，而許勃序稱「昌黎文公著筆解論語一十卷」，疑筆解即論語注，分卷不同，故有二卷、十卷之別。參見河南邵氏聞見後録卷四、王楙野客叢書卷二十八「退之注論語」條。十卷本似清初猶存，見錢遵王讀書敏求記校證卷一之上。

王令論語十卷　袁本後志卷一經類第三十七

右皇朝王令逢原撰。解堯曰篇云〔一〕：「四海不困窮，則天禄不永終矣。」王安石書新義取此〔二〕。 183

〔一〕解堯曰篇云　書錄解題卷三王氏論語解條引讀書志作「令於堯曰篇解曰」，袁本、諸衢本、經籍考卷十一同原本。

〔二〕王安石書新義取此　書錄解題引讀書志作「王氏新經書義取之」。又，袁本、宛委本、經籍考「取此」俱作「取之」，疑當作「取之」。

王介甫論語解十卷王元澤口義十卷陳用之論語十卷〔一〕　袁本前志卷一下論語類第三

右皇朝王安石介甫撰，并其子雱口義，其徒陳用之解，紹聖後皆行於場屋。或曰「用之書乃鄒浩所著，託之用之」云〔二〕。184

〔一〕王介甫論語解十卷王元澤口義十卷陳用之論語十卷　袁本唯著錄王介甫論語十卷，而無「王元澤」以下十四字，諸衢本、經籍考卷十一同原本。又，袁本解題亦異，俱錄於下：「右皇朝王安石介甫撰，紹聖後亦行於場屋。」按元澤乃安石子雱字，用之乃祥道字，祥道有太常禮書，見本書卷二禮類，祥道書尚存，見四庫總目卷三十五，題作論語全解，十卷。

〔二〕或曰用之書乃鄒浩所著託之用之云　四庫總目云：「考宋史藝文志別有鄒浩論語解義十卷，則浩所著原自爲一書，並未託之祥道，疑或人所言爲誤。」按鄒浩書見宋志卷一，題作解，經義考卷二一三作解義，并錄浩自序。

東坡論語解十卷〔一〕 袁本前志卷一下論語類第五

右皇朝蘇軾子瞻撰。子瞻没後，義有未安者，其弟子由嘗辨正之。凡二十有七章。185

〔一〕東坡論語解十卷　經籍考卷十一此下尚有「潁濱論語拾遺」六字。按蘇轍拾遺一卷，入欒城第三集，其自序云：「予少年爲論語畧解，子瞻謫居黄州，爲論語説，盡取以往，今見於其書者十二三也。大觀丁亥，閑居潁川，爲孫籀、簡、筠講論語，子瞻之説，意有所未安，時爲籀等言之，凡二十有七章，謂之論語拾遺。」軾書書録解題卷三作論語傳，宋志卷一同讀書志，然俱作四卷。

伊川論語説十卷 袁本前志卷一下論語類第四

右皇朝程頤正叔之門人記其師所解論語也。不爲文辭，直以俚語記之。186

范氏論語説十卷 袁本前志卷一下論語類第六

右皇朝范祖禹醇夫撰〔一〕。亦元祐中所進，數稱引劉敞、程頤之説云。187

〔一〕范祖禹醇夫　按宋史卷三三七本傳，醇夫作淳甫。

謝顯道論語解十卷　袁本前志卷一下論語類第七

右皇朝謝顯道撰〔一〕。少嘗師事程正叔。188

〔一〕謝顯道撰　按顯道乃良佐字。

呂與叔論語解十卷　袁本後志卷一經類第三十八

右皇朝呂大臨與叔撰〔一〕。與叔雖程正叔之徒〔二〕，解經不盡用其師說。189

〔一〕皇朝呂大臨與叔撰　袁本「皇」譌作「唐」，又，袁本、經籍考卷十一無「與叔」二字。

〔二〕與叔雖程正叔之徒　袁本「與叔」作「大臨」。

汪氏論語直解十卷　袁本後志卷一經類第三十九

右皇朝汪革撰。革，字信民，撫州人。紹聖中試禮部，爲天下第一。嘗語人曰：「吾鄉有二宰相，一爲天下之福，一爲天下之禍。」蓋指晏元獻、王荆公也。即此可見其解經淵源所自云。190

景迂論語講義十卷

右從父詹事公撰。多取古儒之説〔一〕，以正近世之失。191

〔一〕取古儒之説　經籍考卷十一「儒」作「人」。

楊氏注論語十卷　袁本前志卷一下論語類第九

右皇朝楊時中立撰〔一〕。伊川門下士也〔二〕。192

〔一〕楊時　殿本經籍考卷十一「時」譌作「氏」，元刊本不誤。

〔二〕伊川門下士也　袁本「伊川」上有「亦」字，經籍考「門下士」作「門人」。按楊時與吕大臨、謝良佐、游酢四人同在程門，時號「四先生」，吕、謝二書俱見前，故袁本有「亦」字，疑是。

尹氏論語義十卷　袁本前志卷一下論語類第十

右皇朝尹焞彦明撰。彦明亦程氏門人〔一〕。紹興中，自布衣召爲崇政殿説書，被旨訓解，多采純夫之説。193

〔一〕程氏門人　袁本「門人」作「門下人」。

孔子家語十卷　袁本前志卷一下論語類第十一

右魏王肅序注，凡四十四篇。劉向校録止二十七篇〔一〕，後肅得此於孔子二十四世孫猛家〔二〕。 194

〔一〕劉向校録止二十七篇　按漢志六藝畧論語家作孔子家語二十七卷，此「篇」當「卷」之誤。又，師古注云：「非今所有家語。」師古所云今之家語即王肅家語，爲肅僞託。公武以之與漢志家語相比，誤矣。

〔二〕肅得此於孔子二十四世孫猛家　按王肅孔子家語解自序云：「孔子二十二世孫有孔猛者，家有其先人之書，昔相從學，頃還家，方取已來。」據此，「二十四」當「二十二」之誤。袁本、諸衢本、經籍考卷十一並誤。

經解類

白虎通德論十卷〔一〕　袁本前志卷一下經解類第一

右後漢章帝會羣臣於白虎殿，講論五經同異，班固奉詔纂修〔二〕。隋志通解羣經者系之論語類，又別載七緯；唐志讖緯、經解二目〔三〕；崇文録以緯書各附經末。今讖書蓋鮮，而雜解七經繫之論語爲未安，故從崇文録，并讖緯，而經解之目，從唐志云。195

〔一〕白虎通德論十卷　經籍考卷十二未録讀書志此條解題。按白虎通德論之名，始見於崇文總目卷一論語類，公武因之，周廣業以爲似是而非，詳抱經堂刊本卷首。

〔二〕奉詔纂修　袁本無「修」字及「修」字以下迄「從唐志云」凡六十九字。季録顧校本、舊鈔本無「修」字。按袁本所闕，乃經解類小序。

〔三〕唐志讖緯經解二目　舊鈔本「唐志」下有「有」字。

蔡邕獨斷二卷〔一〕　袁本前志、後志未收

右漢左中郎將蔡邕纂。雜記自古國家制度及漢朝故事，王莽無髮，蓋見於此〔二〕。公武得孫蜀州道夫本〔三〕，乃閣下所藏〔四〕。196

〔一〕蔡邕獨斷二卷　按讀書附志卷下拾遺已收有蔡邕獨斷二卷，故趙希弁未摘録衢本此條編入袁本後志，見後志存目。

〔二〕蓋見於此　卧雲本「於」作「乎」。

〔三〕孫蜀州道夫　按孫道夫，字太沖，眉州丹稜人，嘗知蜀州，故公武稱「孫蜀州」。道夫事見宋史卷三八二。

〔四〕閣下所藏　卧雲本「藏」下有「也」字。

六説五卷　袁本後志卷一經解類第一

右唐劉迅撰。迅著書以擬六經〔一〕，此乃其敍篇〔二〕。惟易闕而不言〔三〕，故止五卷云。197

〔一〕迅著書以擬六經　卧雲本作「迅著六書，以繼六經」。

〔二〕此乃其敍篇　原本「篇」下有「中」字，袁本、宛委本、瞿鈔本、季録顧校本、舊鈔本並無，據删。卧雲本、經籍考卷十二「中」作「也」。原本黄丕烈校語云：「『中』屬下讀亦通。」

〔三〕不言　卧雲本作「不敍」。

匡謬正俗八卷〔一〕　袁本後志卷一經解類第二

右唐顔籀師古撰〔二〕。以世俗之言多謬誤，質諸經史〔三〕，刊而正之。永徽中，其子揚庭上之〔四〕。198

〔一〕匡謬正俗八卷　卧雲本、宛委本、經籍考卷十二「謬」作「繆」。按兩唐志作「謬」。

〔二〕顔籀　袁本、卧雲本、宛委本「籀」作「籒」。

〔三〕質諸經史　卧雲本、經籍考「質」上有「故」字，卧雲本無「諸」字。

〔四〕揚庭　袁本「揚」作「揚」，誤。

演聖通論四十九卷〔一〕　袁本後志卷一經解類第三

右皇朝胡旦撰。論六經傳注得失。易十六卷，書七卷，詩十卷，禮記十六卷，而春秋論别行。天聖中，嘗獻於朝，博辨精詳，學者宗焉。199

〔一〕演聖通論四十九卷　經籍考卷十二作六十卷，蓋從崇文總目。書録解題卷三、宋志卷一亦六十卷。書録解題云：「易十七、書七、詩十、禮記十六、春秋十，其第一卷爲目録。」讀書志著録是書，其春秋十卷别行，而第一卷目録亦未計入卷數。

七經小傳五卷〔一〕　袁本前志卷一下經解類第二

右皇朝劉敞原父撰〔二〕。其所謂七經者〔三〕，毛詩、尚書、公羊、周禮、儀禮、禮記、論語也。元祐史官謂：「慶曆前學者尚文辭，多守章句注疏之學〔四〕，至敞始異諸儒之説，後王安石修經義，蓋本於敞。」公武觀原父説「伊尹相湯伐桀，升自陑」之類〔五〕，經義多勦取之，史官之言，良不誣也〔六〕。200

〔一〕七經小傳五卷　卧雲本、經籍考作三卷。按玉海卷四十二引中興書目、宋志卷一亦五卷，書録解題卷三作三卷。今本三卷。

〔二〕劉敞原父　袁本、卧雲本、顧校本、舊鈔本、經籍考「父」作「甫」，下同。

〔三〕其所謂七經者　袁本無「其」字。

〔四〕章句注疏之學　袁本「疏」訛作「數」。

〔五〕公武觀原父説伊尹相湯伐桀升自陑之類　袁本作「予觀原甫『伊尹相湯伐桀，升自陑』之説之類」。

〔六〕良不誣也　經籍考作「不誣」。

三墳書七卷〔一〕　袁本前志卷一下經解類第六

右皇朝張商英天覺得之於比陽民家〔二〕。墳皆古文而傳乃隸書。所謂「三墳」者，山、氣、形也。按七畧不載三墳，隋志亦無之，世皆以爲天覺僞撰，蓋以比李筌陰符經云。　201-1

〔一〕三墳書七卷　按是書經籍考卷四書類作一卷，卷數從書録解題卷二書類，宋志卷一書類、玉海卷三十七引中興書目俱作三卷，今本則皆一卷。讀書志獨作七卷，且謂張商英得於比陽，與衆書所云毛漸所得亦異，豈宋時另有一本歟？

〔二〕張商英天覺得之於比陽民家　宛委本、顧校本、舊鈔本「商英」下有「撰」字，王先謙以爲衍。又，「比陽」，經籍考作「北陽」。按漢魏叢書本毛漸序云，漸「元豐七年，奉使西京，巡按屬邑，歷唐州之泌陽，道無郵亭，因寓食於民舍」，遂「取而閱之」，「借而歸録」。宋史卷八十五地理志一載唐州屬縣凡五：泌陽、湖陽、比陽、桐栢、方城。是「北陽」乃「比陽」之誤；然比陽、泌陽，同屬唐州，未知孰是。豈張商英、毛漸各有所得歟？書録解題、玉海引中興書目、宋志小注、黄震黄氏日鈔、鄭樵通志藝文略一經部易類古易種三墳太古書條等俱稱此書乃毛漸所得，而金履祥尚書表注尚書序眉上注云：「近世又有三墳書，云得于青城山，其書始出于張天覺家，有山墳、氣墳、形墳之名」，與公武所云相合。原本「民」譌作「氏」，據袁本、宛委本改正。

六祖經要四卷〔一〕　袁本前志卷一下經解類第八

右皇朝任洙撰。洙自言受學於吕隱君，凡五十門皆數學也。　201-2

〔一〕六祖經要四卷　此條原本無，據袁本收入。

小學類〔一〕

爾雅三卷〔二〕　袁本前志卷一下小學類第一

右世傳釋詁，周公書也。仲尼、子夏、叔孫通、梁文增補之〔三〕，晉郭璞注。文字之學凡有三：其一體製，謂點畫有縱横曲直之殊〔四〕；其二訓詁，謂稱謂有古今雅俗之異〔五〕；其三音韻，謂呼吸有清濁高下之不同。論體製之書，說文之類是也；論訓詁之書，爾雅、方言之類是也；論音韻之書，沈約四聲譜及西域反切之學是也。三者雖各名一家〔六〕，其實皆小學之類。而藝文志獨以爾雅附孝經類，經籍志又以附論語類，皆非是。今依四庫書目，置於小學之首。202

〔一〕小學類　顧校本於本類末出校語，云：「小學類顛倒錯亂，當分六段移轉。有若硬改臨池妙訣、唐氏字說解兩題目，即謂無悞。豈知每類以時代爲先後，晁氏自有例耶？」按顧廣圻說是，今據顧校本所標次序，糾正原本錯簡；原本次序，則於該條第一條校註中說明。廣圻所謂移轉六段爲：爾雅至方言，原居第一段，今仍作第一段；說文解字至經典釋文，原居第六段，今作第二段；干禄字書至墨藪，原居第二段，今作第三段；臨池妙訣至類篇，原居第五段，今作第四段；集韻至字說，原居第四段，今作第五段；唐氏字說解至切韻指玄論、四聲等第圖，原居第三段，今作第六段。又，卧雲本此類排次獨異，亦於每條注明，以資參考。

〔二〕爾雅三卷　原本、卧雲本均居第一。

〔三〕仲尼子夏叔孫通梁文增補之　卧雲本、經籍考卷十六「仲尼」上有「餘篇」二字。按公武說蓋本經典釋文序録，而釋文又本張揖上廣雅表。

〔四〕縱橫曲直　袁本作「衡縱曲直」。

〔五〕雅俗之異　卧雲本、經籍考「雅」作「雜」，誤。

〔六〕各名一家　袁本脱「名」字。

爾雅音略三卷〔一〕 袁本後志卷一小學類第一

右僞蜀毋昭裔撰。爾雅舊有釋智騫及陸元朗釋文〔二〕，昭裔以一字有兩音，有或音〔三〕，後生疑於呼讀，今釋其文義最明者爲定〔四〕。 203

〔一〕 爾雅音畧三卷　原本、卧雲本均居第二。

〔二〕 舊有釋智騫及陸元朗釋文　原本、袁本、諸衢本、經籍考卷十六皆脱「元」字，今據沈録何校本補。陸德明經典釋文卷二十九、卷三十有爾雅音義二卷，宋天聖四年國子監嘗摹印别行，見玉海卷四十四。釋智騫爾雅音義二卷，宋景德二年四月吴鉉言其多誤，命杜鎬、孫奭詳定，亦見玉海。

〔三〕 有或音　袁本、卧雲本、宛委本、經籍考俱作「或三音」。原本黄丕烈校語云：「覆案：瞿鈔本『有或音』。案『有或音』者，即或作字也。」按疑當從袁本等。

〔四〕 今釋其文義　按翁方綱經義考補正卷十云：「『今』當作『乃』。」卧雲本作「及」，疑「乃」之誤。

爾雅疏十卷〔一〕 袁本前志卷一下小學類第二

右舊有孫炎、高璉疏〔二〕。皇朝以其淺畧，命邢昺、杜鎬等别著此書。 204

〔一〕爾雅疏十卷　原本、卧雲本均居第三。

〔二〕舊有孫炎高璉疏　卧雲本「高璉」作「郭璞」，誤。公武語本邢昺序，昺極稱郭璞注「甚得六經之旨」，且云「其爲義疏者，則俗間有孫炎、高璉，皆淺近俗儒、不經師匠」，是「高璉」不得爲「郭璞」。又，宛委本「璉」訛作「槤」。按孫炎有二，此指唐、五代間人，宋志卷一有爾雅疏七卷，並著録高璉爾雅疏七卷。

小爾雅一卷〔一〕　袁本後志卷一小學類第二

右孔氏古文也〔二〕。見於孔鮒書〔三〕。205

〔一〕小爾雅一卷　原本、卧雲本均居第四。

〔二〕孔氏古文也　四庫總目卷四十三云：「漢儒説經，皆不援及，迨杜預註左傳，始稍見徵引。明是書漢末晚出，至晉始行，非漢志所稱之舊本。晁公武讀書志以爲孔子古文，殆循名而失之。」按公武語意非指其著録本即漢志所載者，而謂是書依循古文經；公武不誤。

〔三〕見於孔鮒書　按「孔鮒書」指孔叢子第十一篇。公武不謂孔鮒撰，而謂「見於孔鮒書」，正疑非孔鮒撰。

急就章一卷〔一〕　袁本後志卷一小學類第三

右漢史游撰，唐顏師古注。游，元帝時爲黄門令〔二〕。書凡三十二章〔三〕，雜記姓名、諸物、五官等字，以教童蒙。「急就」者，謂字之難知者，緩急可就而求焉。自昔善小學者多書此，故有皇象、鍾繇、衛夫人、王羲之所書傳於世。206

〔一〕急就章一卷　原本、臥雲本均居第五。按今天壤閣叢書本王應麟補注引讀書志解題，可參看。

〔二〕元帝時爲黄門令　季録顧校本、舊鈔本「帝」譌作「章」，漢志六藝畧小學類注云：「元帝時黄門令史游作。」

〔三〕書凡三十二章　按此書舊本三十二章，宋太宗至道中書爲章三十有四，多舊本齊國、山陽兩章，羅願跋謂後漢人所續。公武所見當顔注本。

方言十三卷〔一〕　袁本前志卷一下小學類第三

右漢揚雄子雲撰，晉郭璞注。雄齎油素，問上計孝廉，異語悉集之〔二〕，題其首曰：「輶軒使者絶代語釋別國方言。」予傳本於蜀中，後用國子監刊行本校之，多所是正，其疑者兩存之。然監本以「秕」爲「秋侯」〔三〕，以「叜」爲「更」〔四〕，引傳「餬其口於四方」作「餬予口」〔五〕，未必盡得也〔六〕。207

〔一〕方言十三卷　原本居第六，卧雲本居第七。袁本作三卷，當脱「十」字。

〔二〕齎油素　原本「油素」倒作「素油」，據袁本、玉海卷十六地理、異域異書引讀書志乙正。按雄把三寸弱翰，齎油素四尺，問上計孝廉事，見嚴可均輯全漢文卷五十二答劉歆書。

〔三〕以⿱秋隹爲秋侯　原本黄丕烈校語云：「覆案：『⿱秋隹』，通考作『秋佳』，誤分『⿱秋隹』爲二字。戴據廣雅校方言，作『⿱秋隹』，則原本『⿱秋隹』字是。」按⿱秋隹字見方言卷八，子幽反，徐、魯之間謂雞雛爲⿱秋隹子。黄氏稱「戴」者，乃戴震方言疏證。周祖謨方言校箋云：「『⿱秋隹』下從佳，侯字唐人俗書作矦，佳、矦形近，故訛爲『秋、侯』二字。」卧雲本「侯」訛作「候」，宛委本訛作「後」。

〔四〕以叓爲更　卧雲本「叓」下衍「又」字，宛委本、經籍考卷十六「叓」作「叏」，誤。按今本「叓」作「更」，見卷三。説文解字卷三支部云：更從攴丙聲。

〔五〕引傳餬其口於四方作餬予口　卧雲本、宛委本、季録顧校本、舊鈔本、經籍考「餬」作「糊」。按語見方言卷二引左傳隱公十一年，左傳作「餬其口」。

〔六〕未必盡得也　袁本無「予傳本」至此凡五十五字。經籍考同原本。

說文解字三十卷〔一〕　袁本前志卷一下小學類第十五

右漢許慎纂，李陽冰刊定。僞唐徐鉉再是正之〔二〕，又增加其闕字。208

〔一〕說文解字三十卷　原本居第三十三，卧雲本居第十一。袁本作十五卷。按隋志卷一、兩唐志作十五卷，蓋書凡十四篇，合叙目一篇，爲十五篇，篇即卷也。書録解題卷三、宋志卷一作三十卷，則宋雍熙三年徐鉉等奉詔刊定，以篇帙繁重，每卷各分上、下，見徐鉉校定説文牒文，讀書志著録乃鉉校定本，當作三十卷爲是。

〔二〕僞唐徐鉉再是正之　沈録何校本何焯校語云："是正在歸宋之後。"按何氏意殆謂公武稱鉉爲南唐人爲非。

説文解字韻譜十卷〔一〕　袁本前志、後志未收

右南唐徐鍇撰。鍇以許慎學絶，取其字分譜四聲，殊便檢閲，然不具載其解爲可恨，頗有意再編之。209

〔一〕説文解字韻譜十卷　原本居第三十四，卧雲本居第十二。讀書附志卷上有徐鍇集篆韻五卷，可參看。按今本徐鉉序謂凡五卷，此書今通行函海本亦五卷，題作説文解字韻譜，四庫總目卷四十一著録明李顯刊本，作説文解字篆韻譜，五卷，小學彙函本同。十卷本者，尚見楹書隅録卷一，舊鈔本，出宋本，與讀書志合，而謝啓昆謂"十"當作"五"，書録解題、通志藝文畧卷二小學類文字種並誤，説見小學考卷十一。

博雅十卷〔一〕　袁本前志卷一下小學類第二十八

右隋曹憲撰。魏張揖嘗采蒼雅遺文爲書〔二〕，名曰廣雅。憲因揖之説，附以音解，避煬帝諱，更之爲「博」云。後有張揖表。憲後事唐，太宗嘗讀書，有奇難字〔三〕，輒遣使問憲，憲具爲音注，援驗詳復，帝歎賞之〔四〕。 210

〔一〕博雅十卷　原本居第三十五，卧雲本居第五。按是書亦名廣雅音。見隋志卷一論語類，通志藝文略卷一誤分爲二書。

〔二〕嘗采蒼雅遺文爲書　按張揖乃采爾雅不載者爲廣雅，見上廣雅表。揖另有埤蒼三卷、古今字詁三卷、難字一卷、錯誤字一卷，并見隋志卷一。

〔三〕有奇難字　顧校本「奇」作「疑」。

〔四〕援驗詳復帝歎賞之　卧雲本、經籍考卷十六「復」作「覆」。又，袁本無「憲後事唐」至此凡三十一字。按公武語本新唐書卷一九八本傳。

玉篇三十卷〔一〕　袁本前志卷一下小學類第四

右梁顧野王撰。唐孫彊又嘗增字〔二〕，僧神珙反紐圖附於後〔三〕。 211

〔一〕玉篇三十卷　原本居第三十六，卧雲本居第十。按宋時玉篇有二本，一爲讀書志著録孫氏增字上元本，一爲陳彭年等重修大廣益會本。

〔二〕孫彊　宛委本、經籍考卷十六「彊」譌作「疆」。

〔三〕反紐圖　顧校本「反」上有「爲」字，舊鈔本「紐」譌作「細」，經籍考「紐圖」譌作「紓圓」。按神珙圖全稱爲四聲五音九弄反紐圖。

廣韻五卷〔一〕　袁本前志卷一下小學類第五

右隋陸法言撰。其後唐孫愐加字，凡四萬二千三百八十三〔二〕。前有法言、長孫訥言、孫愐三序〔三〕。212

〔一〕廣韻五卷　原本居第三十七，臥雲本居第十四。按廣韻乃據孫愐唐韻修定，宋大中祥符元年六月始更名大宋重修廣韻，讀書志著録用廣韻名，當即指大宋重修廣韻，然觀其解題，又未提及重修事，似爲唐韻，故盧文弨疑公武誤記。

〔二〕凡四萬二千三百八十三　袁本「二」作「三」。按公武所據蓋孫愐唐韻序，張氏澤存堂本愐序同原本，疑袁本誤。

〔三〕長孫訥言　原本、袁本及諸本皆脱「言」字，據今本廣韻大中祥符元年敕牒補。

智永千字文一卷〔一〕　袁本後志卷一小學類第四

右梁周興嗣撰，釋智永所書。213

〔一〕智永千字文一卷　原本居第三十八，卧雲本居第八。

經典釋文三十卷〔一〕　袁本前志卷一下小學類第六

右唐陸德明撰。德明名元朗，以字行〔二〕。釋易、書、詩、三禮〔三〕、三傳、孝經、論語、爾雅、老、莊，頗載古文及諸家同異。德明蓋博極羣書者也〔四〕。214

〔一〕經典釋文三十卷　原本居第三十九，卧雲本居第九。

〔二〕德明名元朗以字行　袁本無此八字，諸衢本、經籍考卷十七同原本，舊鈔本「朗」譌作「郎」。

〔三〕三禮　卧雲本、經籍考作「并三禮」。

〔四〕博極羣書者也　袁本、卧雲本、宛委本、經籍考俱無「者」字。

干禄字書一卷〔一〕　袁本後志卷一小學類第五

右唐顏元孫纂〔二〕。以經史所用爲「正」，世所行爲「俗」，二者之間爲「通」〔三〕，凡三體。215

〔一〕干禄字書一卷　原本居第七，卧雲本居第二十。

〔三〕顔元孫纂　經籍考卷十七「纂」作「撰」。

〔三〕二者之間爲通　袁本、卧雲本、舊鈔本「二」作「三」，誤，宛委本、經籍考同原本。按元孫書分俗、通、正三體。凡正者，或本説文，或據經典；凡俗者，乃點畫之間畧有譌誤者；二者之間謂之通，則隸省、隸變及增益偏旁之字屬焉。

林氏小説三卷〔一〕　袁本後志卷一小學類第六

右唐林罕撰〔二〕。凡五百四十一字〔三〕。其説頗與許慎不同，而互有得失。邵必緣進禮記石經陛對，仁宗顧問：「罕之書如何？」必曰：「雖有所長，而微好怪。説文歸字從堆〔四〕、從止、從帚，以堆爲聲，罕云從追〔五〕，於聲爲近〔六〕。此長於許氏矣。説文哭從吅、從獄省〔七〕，罕乃云象犬嘷〔八〕，此怪也。」有石刻在成都，公武嘗從數友就觀之，其解字殊可駭笑者〔九〕，不疑好怪之論誠然〔一〇〕。216

〔一〕林氏小説三卷　原本居第八，卧雲本居第二十三。按此書不見兩唐志。林罕自序謂題作林氏原編小説。宋志卷一作林罕字源偏傍小説三卷，崇文總目卷一小學類上、通志藝文畧卷二小學類文字種題作字源偏旁小説，亦三卷，謂東林生解，祕續目小學類題作小書，玉海卷四十四同讀書志。

〔二〕唐林罕撰　季錄顧校本、舊鈔本「罕」譌作「漢」。按此書始撰自後唐明宗，成於孟蜀明德四年，見自序，公武標

「唐」，誤。

〔三〕凡五百四十一字　卧雲本、經籍考卷十七此下有十三字：「以説文部居，隨字出文，以定偏傍。」

〔四〕説文歸字從堆　原本李富孫校語云：「原本、瞿鈔本『説文』以下多誤字，今並據通考改正。」按「説文」以下季録顧校本、舊鈔本脱譌凡七字，與原本所據底本、瞿鈔本脱譌當同而李氏未暇細校。季録顧校本、舊鈔本脱「文」字，「堆」譌作「惟」。

〔五〕罕云　季録顧校本、舊鈔本「云」譌作「去」。

〔六〕於聲爲近　季録顧校本、舊鈔本「爲」譌作「焉」。按説文解字二篇上止部云：「歸，女嫁也。从止、婦省，自聲。」段玉裁注云：「當云从婦止、婦省。寫者奪之。婦止者，婦止於是也。」又云：「林罕妄改爲追省聲。」與邵必所稱説文不同。

〔七〕從吅從獄省　袁本後一「從」譌作「後」，經籍考兩「從」字皆譌作「後」，季録顧校本、舊鈔本「吅」譌作「四」，後一「從」字亦譌作「後」。

〔八〕罕乃云　季録顧校本、舊鈔本「罕」譌作「空」。

〔九〕殊可駭笑者　宛委本、沈録何校本作「殊有可駭笑者」，疑是。

〔一〇〕不疑　沈録何校本何焯批語云：「邵必字。」

翰林禁經八卷〔一〕 袁本後志卷一小學類第七

右唐李陽冰撰。論書勢筆法所禁〔二〕，故以名書。 217

〔一〕 翰林禁經八卷 原本居第九，卧雲本居第三十五。按此書不見兩唐志，崇文總目卷一小學類下題同讀書志，作一卷，亦云李陽冰撰。書録解題卷十四雜藝類題作翰林禁書，三卷，稱無名氏撰。宋志卷一題同讀書志，三卷，通志藝文略卷二小學類法書種有書禁經一卷，並不題撰人。余紹宋書畫書録解題卷十云：「今書苑菁華卷二有翰林密論二十四條用筆法及翰林禁經九生法，未知是否由此書中摘録者。」

〔二〕 書勢 季録顧校本、舊鈔本「書」譌作「害」。

佩觿三卷〔一〕 袁本前志卷一下小學類第十二

右皇朝郭忠恕撰〔二〕。上篇論古今傳記〔三〕、小學異同，極爲詳博〔四〕。 218

〔一〕 佩觿三卷 原本居第十，卧雲本居第三十四。

〔二〕 郭忠恕撰 卧雲本、經籍考卷十七此下尚有十四字：「取字文相類者，別其所從，以檢訛舛。」

〔三〕 古今傳記 卧雲本、經籍考説「古」字。

〔四〕極爲詳博　袁本、臥雲本、經籍考「詳博」作「辨博」。沈録何校本何焯批語云：「郭公小學博而不精，頗存俗字。」

墨藪十卷〔一〕　袁本後志卷一小學類第八

右高陽許歸與編。未詳何代人〔二〕。李氏書目止五卷，而梁武評書、王逸少筆勢論皆別出〔三〕。219

〔一〕墨藪十卷　原本居第十一，臥雲本居第三十六。按此書不見兩唐志，崇文總目卷一小學類下作五卷，書録解題卷十四雜藝類著録一卷，一本十八篇，又一本二十一篇。今明程榮刊本篇數與「又一本」合；作二卷，卷數當程氏所分，獨標韋續撰，未知所據。四庫總目卷一一二子部藝術類著録二卷本，題韋續撰。十萬卷樓叢書三編所收作一卷，亦題韋續撰。

〔二〕未詳何代人　四庫總目云：「蓋即所見書中所記止於唐文宗、柳公權事，當出於開成後人。」

〔三〕筆勢論　臥雲本、經籍考卷十七無「論」字。

臨池妙訣三卷〔一〕　袁本後志卷一小學類第九

右未詳撰人〔二〕。後有江南李煜述書。220

〔一〕臨池妙訣三卷　原本居第二十七，卧雲本居第三十七。原本所據底本、瞿鈔本此六字譌作「唐氏字説解一百二十卷」，李富孫改正。

〔二〕未詳撰人　卧雲本「撰」作「何」，經籍考卷十七作「未詳何人撰」。按今書苑菁華有臨池妙訣一篇，題唐范陽盧雋撰，疑爲此書殘本。

羣經音辨七卷〔一〕　袁本前志卷一下小學類第七

右皇朝賈昌朝撰。先是大臣稽古不過秦、漢，引經義議政〔二〕，蓋自昌朝始。此書以古文多通借音詁〔三〕，乃辨正之，凡五門。　221

〔一〕羣經音辨七卷　原本居第二十八，卧雲本居第三十三。

〔二〕引經義議政　袁本無「義」字，卧雲本無「議」字，疑俱脱。

〔三〕以古文多通借音詁　袁本「文」作「今」，誤。按昌朝自序云：「大抵古字不繁，率多假借，故一字之文，音詁殊別者衆。」公武語本此。

古文四聲五卷〔一〕　袁本後志卷一小學類第十

右皇朝夏竦撰。博采古文奇字，分四聲編次，以便檢尋。222

〔一〕古文四聲五卷　原本居第二十九，卧雲本居第二十八。按此書宋志卷一、四庫闕書目小學類題作重校古文四聲韻。祕續目小學類題作古文四聲韻，又古文篆韻，葉德輝云後者重出。鐵琴銅劍樓藏書目録卷七有宋刊本，題作新集古文四聲譜，碧琳琅館叢書本同；四庫總目卷四十一作古文四聲韻，芋園叢書本同。

禮部韻畧五卷〔一〕　袁本前志卷一下小學類第八

右皇朝丁度撰〔二〕。元祐中，孫諤、蘇軾再加詳定。223

〔一〕禮部韻畧五卷　原本居第三十，卧雲本居第二十四。

〔二〕皇朝丁度撰　袁本、卧雲本、宛委本、經籍考卷十七俱作「皇朝丁度等撰」，疑原本脱「等」字。鐵琴銅劍樓藏書目録卷七有宋刊本五卷附韻畧條式一卷，此書影印收入四部叢刊續編。書録解題卷三小學類曰：「雍熙殿中丞邱雍、景德龍圖閣待制戚綸所定，景祐知制誥丁度重修，元祐太學博士增補。」嚴氏曰：「然則，晁公武謂丁度撰，尚考之未審也。」按邱雍韻畧五卷，見崇文總目卷一小學類下；景德四年戚綸詳定韻畧五卷，見玉海卷四十五引中興書目，中興書目另有景祐禮部韻畧五卷，謂「丁度等承詔重修」，是讀書志所録蓋丁度重修本，公武未嘗誤。丁度等重修韻畧事見續資治通鑑長編卷一一四。

龍龕手鏡三卷〔一〕 袁本前志卷一下小學類第十一

右契丹僧行均撰。凡二萬六千四百三十字，注十六萬三千一百餘字。僧智光爲之序〔二〕，後題云「統和十五年丁酉」。按紀年通譜：邪律隆緒嘗改元統和，丁酉，至道三年也。沈存中言〔三〕：「契丹書禁甚嚴，傳入中國者法皆死。熙寧中，有人自虜中得此書〔四〕，入傅欽之家。蒲傳正帥浙西，取以刻板，其末舊題云「重熙二年序」〔五〕，蒲公削去之。」今本乃云統和，非重熙，豈存中不見舊題，妄記之耶？ 224

〔一〕龍龕手鏡三卷　原本居第三十一，卧雲本居第十。袁本「鏡」譌作「種」。按此書本名龍龕手鏡，宋人避宋太祖敬嫌名，改「鏡」爲「鑑」，後世諸目多作龍龕手鑑。說見十駕齋養新録卷十三。又，僧智光序、諸目及今本多作四卷（楊守敬日本訪書志卷四著録朝鮮刻本爲八卷），蓋以四聲分卷，讀書志著録本殆合去、入二聲爲一卷，參見鐵琴銅劍樓藏書目録卷三。

〔二〕僧智光爲之序　袁本脱「序」字。

〔三〕沈存中言　按沈括語見夢溪筆談卷十五。

〔四〕虜中　宛委本「虜」字空格，陳師曾刊本「虜中」作「契丹」。

〔五〕其末舊題云重熙二年　袁本脱「舊」字，陳師曾刊本「二」誤「三」。

類篇四十九卷〔一〕 袁本前志卷一下小學類第九

右皇朝景祐中，丁度受詔修類篇，至熙寧中，司馬光始奏書〔二〕。文三萬一千三百一十九，重音二萬一千八百四十六〔三〕，以說文爲本。225

〔一〕 類篇四十九卷　原本居第三十二，卧雲本居第十五。書録解題卷三、玉海卷四十五引中興書目、四庫總目卷四十一俱作四十五卷，宋志卷一作四十四卷，周中孚謂讀書志與宋志著録卷數俱爲「四十五」之譌，見鄭堂讀書記補逸卷八。按今楝亭五種本、姚氏叢刻本作十五卷。

〔二〕 皇朝景祐中丁度受詔修類篇至熙寧中司馬光始奏書　袁本「書」譌作「音」。按今曹寅刊本卷末有附記，當宋人所爲，附記云：「寶元二年十一月，翰林院學士丁度等奏：今修集韻，添字既多，與顧野王玉篇不相參協，欲乞委修韻官將新韻添入，別爲類篇，與集韻相副施行。時修韻官獨有史館檢討王洙在職，詔洙修纂。久之，洙卒，嘉祐二年九月，以翰林學士胡宿代之，三年四月，宿奏乞光祿卿直秘閣掌禹錫、大理寺丞張次立同加校正。六年九月，宿遷樞密副使，又以翰林學士范鎮代之。治平三年二月，范鎮出鎮陳州，又以龍圖閣直學士司馬光代之。時已成書，繕寫未畢，至四年十二月上之。」是此書創於寶元，上之於治平，且丁度止建議修書耳，非受詔主修者。丁度於景祐中受詔修集韻，至寶元二年蕆事，遂有修類篇輒行之議，公武殆混二事爲一矣。又，書録解題卷三云：「熙寧中頒行。」是司馬光上書亦非在熙寧。

〔三〕重音二萬一千八百四十六　宛委本、舊鈔本「二」作「三」，誤。公武所據殆蘇轍爲范鎭所撰序，序舉重音數與此合。

集韻十卷〔一〕　袁本前志卷一下小學類第十

右皇朝丁度等撰。度與李淑、宋祁、鄭戩、王洙、賈昌朝同定〔二〕，字五萬三千五百二十五，比舊增二萬七千三百三十一。 226

〔一〕集韻十卷　原本居第二十二，卧雲本居第十六。卧雲本、經籍考卷十七題作景祐集韻，未引讀書志，所據蓋書録解題。

〔二〕皇朝丁度等撰度與李淑宋祁鄭戩王洙賈昌朝同定　袁本作「皇朝丁度、李淑與宋祁、鄭戩、王洙、賈昌朝同定。」按本書前有韻例，稱：「景祐四年，太常博士、直史館宋祁、太常丞、直史館鄭戩等建言，陳彭年、邱雍等所定廣韻，多用舊文，繁畧失當。因詔祁、戩與國子監直講賈昌朝、王洙同加修定。刑部郎中、知制誥丁度，禮部員外郎、知制誥李淑爲之典領。」是書卷末跋云：「景祐元年三月，宋祁、鄭戩等奏脩，詔祁、戩、王洙、丁度、李淑詳定，又以賈昌朝同修，至寶元二年九月上之。」續資治通鑑長編卷一一四亦云：「景祐元年四月丁巳，「詔宋祁、鄭戩、王洙同刊脩廣韻、韻畧，命丁度、李淑詳定」。是始修於景祐元年矣。

周越書苑十五卷〔一〕　袁本後志卷一小學類第十一

右皇朝周越撰〔二〕。越以善書名世，天聖八年四月成此書奏御。故其序稱「臣越、臣兄起」，於柳公權書，又云「亡兄」，間稱名而不臣，似未精討論也。227

〔一〕周越書苑十五卷　原本居第二十三，卧雲本居第十七。按書録解題卷十四雜藝類、秘續目小學類、宋志卷一、玉海卷四十五引中興書目皆作古今法書苑十卷，此書四庫總目未收，然佩文齋書畫譜卷二有其書論八體書一條，殆至清猶存。中興書目云：「其序云：『自蒼、史逮皇朝善書者，得三百九十八人，以古文、大篆、小篆、隸書、飛白、八分、行書、草書通爲八體，附以雜書，以正書、正行、行草、草書分爲四等。』」今宛委山堂本説郛弓八十六有周越法書苑一卷。

〔二〕周越　沈録何校本何焯批語云：「字子發。」按書録解題云：越，臨淄人，終主客郎中，與兄起皆有書名。

唐藏經音義四卷〔一〕　袁本後志卷一小學類第十二

右未詳撰人。分四聲，以類相從。蜀中印本也。228

〔一〕唐藏經音義四卷　原本居第二十四，卧雲本居第十八。

英公字源一卷〔一〕　袁本後志卷一小學類第十三

右皇朝釋夢英撰。夢英通篆籀之學〔二〕，書偏傍五百三十九字。郭忠恕云：按說文字源惟有五百四十部〔三〕，子字合收在子部，今目録妄有更改；又集解中誤收去部在注中；今點檢偏傍，少晶、惢、至、龜、弦五字，故知林氏虛誕誤後進，其小說可焚。夢英因書此以正之，柴禹錫爲立石。229

〔一〕英公字源一卷　原本居第二十五，臥雲本居第二十一。按今洪氏公善堂叢書本題作篆書目録偏旁字源五百四十部，一卷。

〔二〕篆籀　袁本、宛委本、經籍考卷十七「籀」俱譌作「籒」。

〔三〕按說文字源惟有五百四十部　臥雲本「十」下有「九」字，衍。按此說文字源蓋指李陽冰重修、陽冰從子騰篆而刊於石者，其碑貞元五年十月立，凡五百四十字。下集解蓋指唐耜字說解，耜書宋志卷一著録題作字說集解，讀書志題作唐氏字說解，詳下。

字說二十卷〔一〕　袁本前志卷一下小學類第十六

右皇朝王安石介甫撰。蔡卞謂介甫晚年閒居金陵〔二〕，以天地萬物之理，著於此書〔三〕，與易相表裏〔四〕。

而元祐中，言者指其揉雜釋、老〔五〕，穿鑿破碎，聾瞽學者，特禁絶之。 230

〔一〕字說二十卷　原本居第二十六，卧雲本居二十二。按公武頗好此書，見陸游老學庵筆記卷二。

〔二〕蔡卞謂介甫晚年閑居金陵　卧雲本、顧校本「謂」作「論」，經籍考卷十七無「蔡卞謂介甫」五字，王先謙刊本先謙校語云：「通考删此五字，謬甚。」

〔三〕著於此書　袁本、宛委本、顧校本、舊鈔本「於」作「爲」，疑是。

〔四〕與易相表裏　袁本「裏」下有「云」字。

〔五〕揉雜釋老　袁本、宛委本「揉」作「糅」。

唐氏字說解一百二十卷〔一〕　袁本後志卷一小學類第十四

右皇朝唐耜撰。紹聖以來，用字說程試諸生，解者甚衆。耜集成此書，頗注其用事所出書〔二〕，一時稱之。耜知邛州日奏御。 231

〔一〕唐氏字說解一百二十卷　原本居第十二，卧雲本居第十九。原本所據底本、瞿鈔本此書標題、卷數與臨池妙訣互譌，作「臨池妙訣三卷」，李富孫據袁本、經籍考卷十七改正。按顧校本亦誤。

〔二〕所出書　殿本經籍考脫「書」字，元刊本不脫。

陸氏埤雅二十卷〔一〕 袁本前志卷一下小學類第十七

右皇朝陸佃農師撰。書載蟲魚鳥獸草木名物，喜采俗說〔二〕。然佃〔三〕，王安石客也，而其學不專主王氏，亦似特立者〔四〕。 232

〔一〕陸氏埤雅二十卷　原本居第十三，卧雲本居第六。

〔二〕喜采俗說　按埤雅獨取孫炎爾雅正義，正公武所謂「喜採俗說」之證。說見吳騫爾雅正義序。

〔三〕佃　袁本脱去。

〔四〕亦似特立者　袁本無「似」字。

字說偏傍音釋一卷字說疊解備檢一卷〔一〕 袁本前志卷一下小學類第十八

右不見撰人姓名〔二〕。 233

〔一〕字說偏傍音釋一卷字說疊解備檢一卷　原本居第十四，卧雲本居第二十。卧雲本上「一」字作「五」。

〔二〕不見撰人姓名　經籍考卷十七「見」作「著」，卧雲本、經籍考「名」作「氏」。按陸游老學庵筆記卷二云：「字說盛行時，有唐博士耜、韓博士兼，皆作字說解數十卷，太學諸生作字說音訓十卷，又有劉全美者，作字說偏旁音釋一卷、字説備檢一卷，又以類相從，爲字會二十卷。」據此，是二書皆劉全美所撰，公武所見本殆偶失其名。陸心源儀顧堂題跋卷五郡齋讀書志跋二已補公武之失，參見本書附録二陸氏跋。

復古編三卷〔一〕　袁本前志卷一下小學類第二十

右皇朝張有謙中撰〔二〕。有，自幼喜小篆，年六十成此書，三千言。據古説文以爲正，其點畫之微，轉側縱橫，高下曲直，毫髮有差，則形聲頓異，自陽冰前後名人，格以古文，往往而失〔三〕。其精且博如此。 234

〔一〕 復古編三卷　原本居第十五，卧雲本居第二十六。按書録解題卷三、宋志卷一作二卷，今安邑葛鳴陽刊本、四部叢刊三編本亦二卷，而程俱序亦云二卷，疑讀書志「三」乃「二」之誤。宋志卷一著録張有復古編二卷、政和甲午祭禮器款識一卷，抑公武所見書，合款識一卷歟？

〔二〕 皇朝張有謙中撰　袁本「有」譌作「守」，下同。按守，字子固，宋史卷三七五有傳，未聞著有此書。有，先之孫，吳興人，隱於黃冠，雅善篆書，著復古編，事見宋史翼卷二十八。北山小集卷十五、攻媿集卷五十三、龜山集卷二十五有是書序。又，卧雲本、經籍考卷十七「皇朝」作「吳興道士」，袁録何校本同，疑何焯亦據經籍考校。

〔三〕 往往而失　卧雲本「失」作「稱」，誤。公武語本程俱後序。

鍾鼎篆韻七卷〔一〕　袁本卷一下小學類第二十一

右皇朝薛尚功集。元祐中，吕大臨所載，僅數百字。政和中王楚所傳，亦不過數千字。今是書所録，凡一萬一百二十有五。235

〔一〕鍾鼎篆韻七卷 原本居第十六，卧雲本居第三十八。舊鈔本「鍾」作「鐘」。按宋志卷一題作重廣鐘鼎篆韻。書録解題卷三引中興書目云：「紹興中通直郎薛尚功所廣」，又云：「尚功有鍾鼎法帖十卷，刻於江州，當是其篆韻之所本也。」振孫所謂鍾鼎法帖，即鍾鼎款識，嘗刻於石，故有法帖之名，參見下鍾鼎款識條。

淳化法帖十卷〔一〕 袁本前志卷一下小學類第二十二

右皇朝淳化中，出禁中所藏歷代君臣書，命刊之板，後大臣二府皆以賜焉。歐陽公云：「往時禁中火焚其板。」或云：「尚在，但不賜爾。」236

〔一〕淳化法帖十卷 衢本、經籍考未收，今據袁本並參以王先謙刊本次序補入。按是帖即秘閣前帖，淳化三年壬辰翰林院所鐫，侍書王著編次緒正。

武陵法帖二十二卷〔一〕 袁本前志卷一下小學類第二十三

右皇朝王若谷以祕閣法帖，合潭、絳、臨江、汝海諸帖〔二〕，參校有無，補其遺逸，成是書。鼎守張斛刊之石。237

〔一〕武陵法帖二十二卷　衢本、經籍考未收，今據袁本、參以王先謙刊本次序補入。按武陵法帖即鼎帖。

〔二〕汝海諸帖　按「海」字疑衍。

法帖釋文十卷〔一〕　袁本前志卷一下小學類第二十四

右淳化法帖既已焚板，元祐中，有劉次莊者模刻之石〔二〕，復取帖中草書世所病讀者，爲釋文行於世。238

〔一〕法帖釋文十卷　原本居第十七，卧雲本居第二十七。按讀書志著録者乃釋文單行本。

〔二〕有劉次莊者　原本脱「有」字，據袁本、舊鈔本、經籍考卷十七補。按次莊事蹟詳見四庫提要辨證卷九。

考古圖十卷〔一〕　袁本前志卷一下小學類第二十五

右皇朝呂大臨與叔撰〔二〕。裒諸家所藏三代、秦、漢尊彝鼎敦之屬，繪之於幅而辨論形制文字〔三〕。239

〔一〕考古圖十卷　原本居第十八，卧雲本居第二十九。

〔二〕與叔撰　季録顧校本作「所撰」，經籍考卷十五儀注類無「撰」字，連下爲句。

〔三〕辨論形制文字　喬録王校本王懋竑校語云：「案『辨論』字下當有『其』字。」按疑脱「其」字。又，季録顧校本

「文字」下尚有「大臨字與叔」五字。

鍾鼎款識二十卷〔一〕 袁本前志卷一下小學類第二十七

右皇朝薛尚功編。考古、博古圖之類〔二〕，然尤爲詳備〔三〕。 240

〔一〕 鍾鼎款識二十卷　原本居第十九，卧雲本居第三十一。按宋志卷一題作歷代鐘鼎彝器款識法帖，今本同，讀書志著録用簡稱。

〔二〕 博古圖之類　袁本無「圖」字。

〔三〕 尤爲詳備　袁本「尤」作「猶」，誤。

博古圖二十卷〔一〕 袁本前志卷一下小學類第二十六

右皇朝王楚集三代〔二〕、秦、漢彝器，繪其形範，辨其款識，增多吕氏考古十倍矣〔三〕。 241

〔一〕 博古圖二十卷　原本居第二十，卧雲本居第三十。卧雲本、經籍考卷十五儀注作宣和博古圖三十卷，袁本、玉海卷五十六引讀書志同原本。按此書書録解題卷八目録類、宋志卷一、玉海卷五十六引中興書目俱作三十卷，後世諸目亦三十卷。王應麟疑讀書志著録者當别一書。

〔二〕王楚　按書録解題、宋志、通志圖譜畧、中興書目俱未題撰人，四庫總目卷一一五宣和博古圖條據錢曾讀書敏求記卷二著録宋本，謂王黼撰，「楚」字乃傳寫之誤。許瀚攀古小廬雜著卷三、四庫提要辨證卷十四俱有駁正，瀚云：「此蓋『黼』字譌，非『楚』字譌也。詩『衣裳楚楚』，説文引作『衣裳髗髗』。作書者自名楚，或書作『髗』，猶米芾亦書作『黻』也，不知何時誤書作『黼』。人習知佞倖傳之王黼，遂認爲黼作，至大刊本輒削其名，是殆疑於子我作亂，曾參殺人矣。晁公武讀書志成於紹興二十二年，上距大觀、政和纔四十餘年，其於本書既題王楚集，又於薛尚功鐘鼎篆韻云『政和中王楚所集亦不過數千字』，豈書出於黼而公武不知，顧一再稱楚不已耶？」按皕宋樓藏書志卷五十三有元至大刊本、又嘉靖七年蔣暘覆元刊本，題宋大觀中王黼等奉勅撰今三古圖本亦政堂重修宣和博古圖三十卷、格致叢書本博古圖十卷，俱題王黼撰。又，王楚撰鐘鼎篆韻二卷，見宋志卷一。

〔三〕多呂氏考古十倍矣　經籍考「多」下有「於」字，袁本無「矣」字。

切韻指玄論三卷　袁本卷一下小學類第十三　四聲等第圖一卷〔一〕　袁本卷一下小學類第十四

右皇朝王宗道撰。論切韻之學。切韻者，上字爲切，下字爲韻，其學本出西域。今其法類本韻字，各歸於母。幫、滂、並、明，非、敷、奉、微，脣音也；端、透、定、泥，知、徹〔二〕、澄、娘，齒音也；見、溪、羣、疑，喉音也；照、穿、牀〔三〕、審、禪，精、清、從、心、邪，舌音也〔四〕；曉、匣、影、喻，牙音也；來、日，半齒半舌也。凡三十六，分爲五音，天下之聲，總於是矣。切歸本母，韻歸本等者，謂之「音和」，常也；本等聲盡，汎入別等者〔五〕，謂之「類隔」〔六〕，變也。中國自齊、梁以前，此學未傳，至沈約以後，始以之爲文章。至於近時，始有專門者矣。 242

〔一〕切韻指玄論三卷四聲等第圖一卷　原本居第二十一，卧雲本居第三十二。袁本二書分列二條，解題亦異，切韻指玄論解題云：「右皇朝王宗道撰。論字之五音清濁。」四聲等第圖解題云：「右皇朝僧宗彥撰切韻之訣也。」諸衢本、經籍考卷十七同原本。按通志藝文略卷二有切韻指玄圖三卷，未著撰人。四庫總目卷四十二、粵雅堂叢書三編有佚名四聲等子一卷，或以爲即宗彥四聲等第圖，顧實以爲非，見國學叢刊第一卷第一期。

〔二〕徹　原本誤作「微」，據卧雲本、宛委本、顧校本、經籍考改。

〔三〕牀　原本誤作「休」，據宛委本、顧校本、楊希閔校本改。

〔四〕舌音也　經籍考脱「見溪」至此二十字。原本黄丕烈校語云：「計脱喉、舌二音。」

〔五〕汎入別等　季録顧校本、舊鈔本「汎」譌作「泥」。

〔六〕類隔　原本所據底本、瞿鈔本「隔」譌作「格」，李富孫據經籍考改正。

郡齋讀書志卷第五

史之類十有三〔一〕：其一曰正史〔二〕，二曰編年，三曰實録，四曰雜史，五曰僞史，六曰史評，七曰職官，八曰儀注，九曰刑法，十曰地里〔三〕，十一曰傳記，十二曰譜牒，十三曰目録。合二百八十三部，七千三百八十八卷〔四〕。後世述史者，其體有三：編年者，以事繫月日而總之於年〔五〕，蓋本於左丘明〔六〕；紀傳者，分記君臣行事之終始，蓋本於司馬遷；實録者，其名起於蕭梁，至唐而盛〔七〕，雜取兩者之法而爲之，以備史官采擇而已，初無制作之意，不足道也。若編年、紀傳，則各有所長，殆未易以優劣論。雖然，編年所載，於一國治亂之事爲詳；紀傳所載，於一人善惡之迹爲詳，用此言之，編年似優，又其來最古。而人皆以紀傳便於披閲，獨行於世，號爲正史，不亦異乎！舊以職官、儀注等，凡史氏有取者，皆附之史，今從焉。

〔一〕史之類十有三　袁本作「史部其類十有三」。

〔二〕其一曰正史　袁本作「一曰正史類」。又，袁本自「正史」至「目録」，每類類名下均仿此，有「類」字。

〔三〕十曰地里　袁本、臥雲本、宛委本「里」作「理」。按袁本後志卷首附衢本目録亦作「地里」。

〔四〕合二百八十三部七千三百八十八卷　袁本無此十五字，諸衢本同原本。

〔五〕以事繫月日　袁本、宛委本「月日」作「日月」。

〔六〕左丘明　袁本「丘」誤作「氏」。

〔七〕其名起於蕭梁至唐而盛　袁本作「近起於唐」。按隋志卷二雜史類有梁皇帝實録三卷，周興嗣撰，記武帝事；又有梁皇帝實録五卷，梁中書郎謝吳撰，記元帝事；又有梁太清録八卷（兩唐志起居注類題作梁太清實録）。衢本所據，當本此，蓋公武覺「近起於唐」之説非，遂改也。

正史類〔一〕

史記一百三十卷　袁本前志卷二上正史類第一

右漢太史令司馬遷續其父談書。創爲義例，起黄帝，迄漢武獲麟之歲。撰成十二紀以序帝王，十年表以貫歲月〔二〕，八書以紀政事，三十世家以敍公侯，七十列傳以志士庶。上下三千餘載〔三〕，凡爲五十二萬六千五百言。遷没後，闕景、武紀、禮、樂、律書、三王世家、漢興以來將相年表、日者、龜策傳、靳蒯列傳等十篇。元、成間，褚少孫追補〔四〕，及益以武帝後事，辭旨淺鄙〔五〕，不及遷書遠甚。遷書舊有裴駰爲之解〔六〕，云：班固嘗譏遷「論大道則先黄老而後六經〔七〕，序游俠則退處士而進姦雄，述貨殖則崇勢利而羞貧賤」。後世愛遷者多以此論爲不然〔八〕，謂遷特感當世之所失，憤其身之所遭，寓之於書，有所激而爲此言耳，非其心所謂誠然也。當武帝之世，表章儒術而罷黜百家，宜乎大治，而窮奢極侈，海内彫弊，反不若文、景尚黄老時人主恭儉，天下饒給。此其所以先黄老而後六經也〔九〕。武帝用法刻深，羣臣一言忤旨，輒下吏誅，而當刑者得以貨免〔一〇〕。遷之遭李陵之禍，家貧無財賄自贖，交遊莫救，卒陷腐刑。其進姦雄者〔一一〕，蓋遷歎時無朱家之倫〔一二〕，不能脱已於禍，故曰：「士窮窘得委命。」此非人所謂賢豪者耶〔一三〕！其羞貧賤者〔一四〕，蓋自傷特以貧故〔一五〕，不能自免於刑戮，故曰：「千金之子，不死於市。」非空言也。固不察其心而驟譏之〔一六〕，過矣。243

〔一〕正史類　袁本後志併正史、編年二類，統稱之「史類」。

〔二〕十年表　袁本脱「十」字。

〔三〕上下三千餘載　顧校本無此六字，當脱去。

〔四〕褚少孫　袁本、宛委本「褚」譌作「禇」，臥雲本「褚」字作空格。

〔五〕淺鄙　宛委本作「鄙淺」。

〔六〕遷書舊有裴駰爲之解云　袁本作「裴駰集解」，經籍考卷十八同原本，而無「有」字，疑脱文。

〔七〕先黄老　經籍考「黄」譌作「王」。

〔八〕多以此論爲不然　袁本無「多」字。

〔九〕此其所以　袁本作「此其論大道所以」，經籍考同原本。

〔一〇〕當刑者得以貨免　宛委本脱「者」字，袁本「免」作「自贖」，經籍考同原本。

〔一一〕其進姦雄者　袁本作「其序游俠、退處士而進姦雄者」，經籍考同原本，然「姦雄」二字互倒。

〔一二〕蓋遷歎　顧校本無「遷」字。

〔一三〕此非人所謂賢豪者耶　袁本、宛委本、經籍考「非」上有「豈」，疑原本脱去。

〔一四〕其羞貧賤者　袁本作「其述貨殖、崇勢利而羞貧賤者」，經籍考同原本。

〔一五〕蓋自傷　袁本作「蓋遷自傷」。

〔一六〕固不察其心　卧雲本「固」譌作「故」。

前漢書一百卷〔一〕　袁本前志卷二上正史類第二

右後漢玄武司馬班固續司馬遷史記，撰十二帝紀，八年表，十本志，七十列傳。起高祖，終於王莽之誅〔二〕，二百三十年〔三〕，凡八十餘萬字。固既瘐死〔四〕，書頗散亂，章帝令其妹曹世叔妻昭就東觀緝校〔五〕，內八表、天文志，皆其所補也〔六〕。唐太宗子承乾令顏師古考衆説爲之注〔七〕。范曄譏固飾主闕〔八〕，蓋亦不然，其贊多微文，顧讀者弗察耳〔九〕。劉知幾又詆其古今人物表無益於漢史〔一〇〕。此論誠然，但非固之罪也。至謂受金鬻筆，固雖諂附匪人〔一一〕，亦何至是歟？然識者以固書皆因司馬遷〔一二〕、王商、揚雄、歆、向舊文潤色之〔一三〕，故其文章首尾皆善，而中間頗多冗瑣〔一四〕，良由固之才視數子微劣耳〔一五〕。固之自敍稱述者〔一六〕，豈亦謂有所本歟〔一七〕？　244

〔一〕前漢書一百卷　袁本、顧校本、舊鈔本俱無「書」字，經籍考卷十八脫「百」字。按今本一百二十卷。

〔二〕終於王莽之誅　臥雲本、顧校本無「於」字。

〔三〕二百三十年　原本「十」下衍「九」字，據袁本、宛委本、顧校本刪，經籍考亦衍。按讀書志語本漢書卷一〇〇下敍傳第七十下，敍傳云：漢書「起元高祖，終於孝平王莽之誅，十有二世，二百三十年」。

〔四〕瘐死　袁本、經籍考「瘐」譌作「瘦」。

〔五〕章帝令其妹曹世叔妻昭就東觀緝校　按書錄解題卷四云：「案班昭傳云：『八表並天文志未竟而卒，和帝詔昭就東觀藏書踵成之。』今中興書目以爲章帝時，非也，固坐竇憲，死永元初，不在章帝時。」按陳氏說是，固卒於和帝永元四年。班昭傳見後漢書卷八十四。

〔六〕皆其所補也　袁本無「所」字，王先謙刊本先謙校語以爲袁本脫去。

〔七〕唐太宗子承乾令顏師古考衆説爲之注　袁本脫「宗」字，顧校本脫「考」字。

〔八〕范曄譏固飾主闕　宛委本「曄」作「煜」，避清聖祖諱。經籍考「主」譌作「王」。

〔九〕弗察耳　宛委本「弗」作「不」。

〔一〇〕劉知幾　臥雲本「劉」上有「則」字，當衍。

〔一一〕諂附匪人　顧校本無「附」字，疑脱。

〔一二〕識者　袁本此下有「或」字。

〔一三〕王商揚雄歆向舊文潤色之　顧校本無「揚雄」二字。又，袁本「潤色」下有「成」字。按史通卷十二古今正史篇載漢人續史記者十五家，中有馮商而無王商，公武所據蓋即史通，「王」當「馮」之誤。

〔一四〕頗多冗瑣　袁本、宛委本、經籍考俱無「多」字，疑衍。

〔一五〕良由固之才視數子微劣耳　原本所據底本「固」誤作「商」，李富孫據經籍考改正。按富孫改是，袁本、瞿鈔本、宛委本、季録顧校本、舊鈔本亦誤。又，袁本「耳」作「尓」。

〔一六〕自敍　袁本作「自序」。

〔一七〕豈亦謂有所本歟　袁本作「亦謂有所本也」，經籍考同原本。喬録王校本王懋竑校語云：「末二語疑有脱字。」

後漢書九十卷志三十卷〔一〕　袁本前志卷二上正史類第三

右宋范曄撰〔二〕。十帝紀，八十列傳。唐高宗令章懷太子賢與劉訥言、革希元作注〔三〕。初，曄令謝儼撰志，未成而曄伏誅，儼悉蠟以覆車。梁世劉昭得舊本，因補注三十卷〔四〕。觀曄與甥姪書敍其作書之意，稱「自古體大而思精，未有如此者」，又謂：「諸序論筆勢放縱〔五〕，實天下之奇作〔六〕，往往不減過秦篇〔七〕。常以此擬班氏〔八〕，非但不愧之而已。」其自負如此。然世多譏曄創爲皇后紀〔九〕，及采風俗通中王喬、抱朴子中左慈等詭譎事，列之於傳，又贊辭佻巧〔一〇〕，失史之體云。245

〔一〕後漢書九十卷志三十卷　原本無「書」字，今據剜改本增，袁本、臥雲本、經籍考卷十八季錄顧校本、舊鈔本亦無「書」字。

〔二〕宋范曄　臥雲本「宋」譌作「漢」。

〔三〕唐高宗令章懷太子賢與劉訥言革希元作注　袁本「訥」作「內」，誤。按舊唐書卷一八九上「訥」作「納」，新唐書卷一九八敬播傳、太平御覽卷六〇一同原本。又，原本、袁本、諸衢本、經籍考「革」俱當作「格」，袁本「元」又譌作「言」，格希元事附舊唐書卷七十、新唐書卷一〇二岑文本傳。又，宛委本、經籍考「元」下有「等」字。按疑當有「等」字，新唐志卷二注云：「賢命劉訥言、格希玄等注。」注者尚有張大安等，「玄」疑誤。

〔四〕初曄令謝儼撰志未成而曄伏誅儼悉蠟以覆車梁世劉昭得舊本因補注三十卷　袁本作「曄所撰本志未成而伏誅，後劉昭補注三十卷」。按劉昭補注續漢志三十卷，乃注司馬彪續漢書，非范曄托謝儼所撰十志，讀書志語焉不詳。後漢書卷十下皇后紀下注引沈約謝儼傳云：「范曄所撰十志，一皆託儼。搜撰垂畢，遇曄敗，悉蠟以覆車。宋文帝令丹陽尹徐湛之就儼尋求，已不復得，一代以爲恨。其志今闕。」而南齊書卷五十二檀超傳謂高帝建元二年，超與江淹掌史職，上表立條例，云：「立十志：律曆、禮樂、天文、五行、郊祀、刑法、藝文，依班固，朝會、輿服，依蔡邕、司馬彪，州郡依徐爰，百官依范曄，合州郡。」是南齊時曄書之志尚有存者，公武所據沈約語亦未必可信。

〔五〕又謂諸序論　顧校本無「諸」字。按宋書卷六十九范曄傳載獄中與諸甥姪書，書作「至於循吏以下及六夷諸序論」，是顧校本脱。

〔六〕實天下之奇作　沈録何校本無「實」字。按本傳所載書有「實」字。

〔七〕過秦篇　原本「篇」作「論」，據袁本、舊鈔本、本傳所載書改。

〔八〕以此擬班氏　袁本作「以比方班氏」。按本傳所載書作「嘗共比方班氏所作。」

〔九〕世多譏曄創爲皇后紀　按皇后紀乃創自華嶠，嶠有漢後書（隋志卷二、兩唐志作後漢書，今從章宗源隋書經籍志考證卷一），曄書史實據嶠書，故易外戚爲皇后，參見晉書卷四十四華嶠傳。

〔一〇〕又贊辭佻巧　季録顧校本「又」譌作「文」。

三國志六十五卷〔一〕　袁本前志卷二上正史類第四

右晉陳壽撰。魏四紀、二十六列傳，蜀十五列傳，吳二十列傳。宋文帝嫌其畧，命裴松之補注，博采羣說，分入書中，其多過本書數倍。王通數稱壽書，今細觀之〔二〕，實高簡有法。如不言曹操本生，而載夏侯惇及淵於諸曹傳中，則見嵩本夏侯氏之子也〔三〕；高貴鄉公書卒，而載司馬昭之奏，則見公之不得其死也。他皆類是〔四〕。但以魏爲紀，而稱漢、吳曰傳，又改漢曰蜀，世頗譏其失。至於謂其銜諸葛孔明髡父而爲貶辭〔五〕，求丁氏之米不獲，不立儀、廙傳之類，亦未必然也。246

〔一〕三國志六十五卷　袁本脱「六」字。

〔二〕今細觀之　袁本、經籍考卷十八俱無「今」字。

〔三〕夏侯氏之子　袁本「侯」譌作「后」。

〔四〕他皆類是　袁本、卧雲本、經籍考「是」俱作「此」。

〔五〕銜諸葛孔明　卧雲本「銜」作「憾」。

晉書一百三十卷　袁本前志卷二上正史類第五

右唐房喬等撰。貞觀中，以何法盛等十八家晉史未善，詔喬與褚遂良〔一〕、許敬宗再加撰次，乃據臧榮緒書增損之，後又命李淳風、李義府、李延壽等十三人分掌著述〔二〕，敬播等四人考正類例〔三〕。西晉四帝五十四年〔四〕，東晉十一帝一百二年〔五〕，又胡、羯、氐、羌、鮮卑割據中原，爲五涼〔六〕、四燕、三秦〔七〕、二趙、夏、蜀十六國，共成帝紀十、志二十、列傳七十、載記三十。例出於播〔八〕。天文、律曆，淳風專之。喬以宣、武紀、陸機、王羲之傳論，上所自爲，故曰「制旨」〔九〕，又總題「御撰」焉。按歷代之史，惟晉叢冗最甚，可以無譏。至於取沈約誕誣之説，采語林、世説、幽明録、搜神記詭異謬妄之言〔一〇〕，亦不可不辨。247

〔一〕褚遂良　袁本「褚」譌作「諸」。

〔二〕後又命李淳風李義府李延壽等十三人分掌著述　按唐會要卷六十三云貞觀二十年閏三月四日，詔更撰晉書，司空房玄齡、中書令褚遂良、太子左庶子許敬宗掌其事，是爲監修，而稱分功撰録者凡十四人，與此不合。其十四人爲：來濟、陸元仕、劉子翼、盧承基、李淳風、李義府、薛元超、上官儀、崔行功、辛丘馭、劉允之（「允之」當作「胤之」，新唐志卷二作「引之」，皆避宋太祖諱）、楊仁卿、李延壽、張文恭。又，舊唐書卷七十三令狐德棻傳但言同修者一十八人，當除房、褚、許三人。新唐志並列二十一人，其中有趙弘智，而無盧承基。

〔三〕敬播等四人考正類例　經籍考卷十九「正」作「其」。按唐會要云：「又令前雅州刺史令狐德棻、太子司儀郎敬播、主客員外郎李安期、屯田員外郎李懷儼詳其條例，量加考正。」

〔四〕五十四年　按西晉武帝泰始元年（二六五年），迄愍帝建興四年（三一六年），凡五十二年。

〔五〕一百二年　按東晉元帝建武元年（三一七年），迄恭帝元熙二年（四二〇年），凡一百四年。

〔六〕五涼　袁本脱「五」字，經籍考卷十九「涼」訛作「惊」。

〔七〕三秦　袁本脱此二字，經籍考同原本。

〔八〕例出於播　袁本脱「於」字。

〔九〕制旨　按宣帝紀、武帝紀、陸機傳、王羲之傳，其論皆稱「制曰」。

〔一〇〕至於取沈約誕誣之説采語林世説幽明録搜神記詭異謬妄之言　袁本作「然其多采語林、世説、幽明録、搜神記詭異謬妄之言，至於取沈約之説，誣元帝爲牛氏子之類」。按沈約謂元帝爲牛金之子一事，袁本於晉書、宋書、後魏書三條凡三見，衢本唯載宋書解題中。此當係公武潤飾，以避冗瑣。隋志卷二有沈約晉書一百一十卷，云：「梁有隋亡。」史通卷十七雜説中篇云：「近者沈約晉書，喜造奇説。稱元帝，牛金之子，以應『牛繼馬後』之徵。」是此事原載沈約晉書。

宋書一百卷　袁本前志卷二上正史類第六

右梁沈約撰。十本紀，三十志，六十列傳。齊永明中，約奉詔爲是書，以何承天書爲本，旁采徐爰之說〔一〕，頗爲精詳。但本志兼載魏、晉，失於限斷〔二〕。又王劭謂其喜造奇說〔三〕，以誣前代，如瑯琊王妃通小吏牛氏生中宗〔四〕，孝武於路太后處寢息，時人多有異議之類是也。後梁武帝知而不以爲非。嘉祐中，以宋、齊、梁、陳、魏、北齊、周書舛謬亡闕，始詔館職讎校〔五〕。曾鞏等以秘閣所藏多誤，不足憑以是正，請詔天下藏書之家，悉上異本。久之，始集。治平中，鞏校定南齊、梁、陳三書上之，劉恕等上後魏書，王安國上周書〔六〕。政和中，始皆畢，頒之學官，民間傳者尚少。未幾，遭靖康丙午之亂〔七〕，中原淪陷，此書幾亡。紹興十四年，井憲孟爲四川漕，始檄諸州學官，求當日所頒本。時四川五十餘州，皆不被兵，書頗有在者〔八〕，然往往亡闕不全，收合補綴，獨少後魏書十許卷〔九〕，最後得宇文季蒙家本，偶有所少者，於是七史遂全，因命眉山刊行焉〔一〇〕。248

〔一〕旁采徐爰之說　袁本「旁」作「兼」。

〔二〕本志兼載魏晉失於限斷　袁録何校本何焯校語云：「此劉知幾語，似未詳讀本志序論。」按何說是，公武語本史通卷四斷限篇。崇文總目卷二、書録解題卷四引中興書目並據劉氏說議沈約之非，實俱未喻宋書體例；沈氏以三國志無志，以此補其闕也。

〔三〕王劭　袁本、卧雲本、宛委本、舊鈔本「劭」俱作「邵」，經籍考卷十九同原本。按王劭，傳見隋書卷六十九。隋志卷一小學類有俗語難字一卷、卷二古史類有齊志十卷、雜史類有隋書六十卷、雜傳類有舍利感應記三卷，俱作王劭。兩唐志有爾朱氏家傳二卷，新唐志入雜傳，亦作王劭，舊唐志入譜牒，作王邵。史通論贊、題目、載文、補注、言語、敍事、曲筆、模擬、正史、雜説、忤時諸篇所載或作王邵，或作王劭。公武此記王劭語與孝武於路太后處寢息，俱據史通卷五採撰篇知幾自注，自注作王邵。

〔四〕瑯琊王妃通小吏牛氏生中宗　袁本、卧雲本、宛委本、經籍考「瑯」作「琅」。又，袁本「中宗」作「子」。按史通採撰篇知幾自注引王邵語云：「沈約晉書造奇説，云瑯琊國姓牛者與夏侯妃私通生中宗，因遠敍宣帝以毒酒殺牛金，符證其狀。收（指魏收）承此言，乃云司馬叡，晉將牛金子也。」公武採其文而畧有改動，且袁本於三處重見，文字也不盡相同，姑録此備考。

〔五〕始詔館職　袁本「詔」作「命」。

〔六〕王安國上周書　按公武於眉山七史唯不言宋書何人校上，今眉山明朝遞修本志十二末有校語，列傳六末有「臣穆等案」云云，此當即嘉祐諸臣校語。儀顧堂續跋卷五宋槧明修宋書跋云：「嘉祐校刊七史，諸臣校上，皆序其端。此書必有穆序，惟晁公武不能辨爲穆校，恐紹興重刻時序已缺矣。」穆，當爲鄭穆，字閎中，凡居館閣三十年，元祐七年卒。宋史卷三四七有傳。

〔七〕丙午之亂　宛委本「亂」作「變」。

〔八〕書頗有在者　袁録何校本何焯批語：「此宋槧蜀本書，所以最盛。」

〔九〕十許卷　經籍考作「計十卷」。

〔一〇〕刊行焉　袁本無「焉」字。

南齊書五十九卷　袁本前志卷二上正史類第七

右梁蕭子顯撰。八紀，十一志，四十列傳。初，江淹已作十志，沈約又有紀，子顯自表別修。然天文但紀災祥，州郡不著户口，祥瑞多載圖讖，表云：「天文事秘，户口不知，不敢私載〔一〕。」曾子固謂子顯於斯史〔二〕，喜自馳騁，其更改破析〔三〕、刻彫藻繢之變尤多〔四〕，而文比七史最下云〔五〕。249

〔一〕天文事秘户口不知不敢私載　袁本無「天文」二字，當脱去。按今本已佚蕭子顯進書表，高似孫史略卷二亦云：「其表曰：『素不知户口，故州郡志輒不載。天文復秘，故不私載。』」疑宋時此表尚存，公武、似孫猶及見之。

〔二〕子顯於斯史　卧雲本作「子顯之於斯文」，經籍考卷十九以曾鞏南齊書目録序另作一條，冠以「南豐曾氏序曰」，此句語同卧雲本，疑卧雲本據經籍考改。

〔三〕更改破析　袁本「析」譌作「折」。

〔四〕刻彫　袁本「彫」作「雕」。

〔五〕文比七史最下云　卧雲本作「其文七史最下，豈夫材固不可强而有邪」。經籍考作「其文益下，豈非材固不可強而有邪」。按經籍考所引與曾鞏序合。卧雲本當已經後人改寫。

梁書五十六卷　袁本前志卷二上正史類第八

右唐姚思廉撰。六本紀，五十列傳。唐貞觀三年，詔思廉同魏徵撰。思廉者〔一〕，梁史官察之子。推其父意，采謝吳等所記〔二〕，以成此書。徵惟著總論而已〔三〕。250

〔一〕思廉者　經籍考卷十九無「者」字。

〔二〕采謝吳等所記　袁本、經籍考「采」上有「又」字。按隋志卷二正史類有梁書四十九卷，云：「梁中書郎謝吳撰，本一百卷。」兩唐志正史類有謝昊、姚察梁書三十四卷。史通卷十二古今正史篇亦作「謝昊」。「吳」、「昊」字形相涉，未知孰是。

〔三〕徵惟著總論而已　卧雲本、經籍考此下尚有十五字：「筆削次序，皆出思廉。思廉名簡，以字行。」

陳書三十六卷　袁本前志卷二上正史類第九

右唐姚思廉撰。六本紀，三十列傳。其父察在陳，嘗刪撰梁、陳事，未成，陳亡。隋文帝問之，察以所論載，每一篇成，輒奏之〔一〕，未訖而没〔二〕。察且死，屬思廉繼其業。貞觀中，與梁書同上之〔三〕。其書世亦

罕傳〔四〕，多脱誤〔五〕。 251

〔一〕輒奏之　卧雲本、經籍考卷十九「奏」作「上」。

〔二〕未訖而没　經籍考「没」作「值」，連下爲句。

〔三〕同上之　卧雲本、經籍考作「同時上之」。

〔四〕世亦罕傳　經籍考「亦」作「以」。

〔五〕多脱誤　袁本作「故多脱誤」，疑原本脱「故」字。

後魏書一百三十卷　袁本前志卷二上正史類第十

右北齊魏收撰。初，魏史官崔浩既誅，太和後〔一〕，始有李彪、崔鴻等書。魏末，山偉、綦儁更主國書〔二〕，二十餘年，事迹蕩然，萬不紀一。文宣時，始詔收撰次〔三〕，成十二紀、十志、九十二列傳，上之。悉焚舊書。多諂諱不平，受爾朱榮子金〔四〕，故減其惡；夙有怨者，多没其善；黨北朝，貶江左〔五〕。時人嫉之〔六〕，號爲「穢史」。劉知幾謂其生絶胤嗣，死逢剖斲，皆陰慝所致。後隋文帝命顔之推等别修〔七〕，唐貞觀中，陳叔達亦作五代史，皆不傳〔八〕，獨收書在。皇朝命劉恕等校正。 252

〔一〕太和後　原本「太」譌作「大」，據袁本、卧雲本、宛委本、經籍考卷十九改正。按太和乃北魏孝文帝紀年。

〔二〕綦雋　按「雋」當作「儁」，傳見魏書卷八十一、北史卷五十。

〔三〕始詔收撰次　袁本脱「始」字。

〔四〕受爾朱榮子金　袁本「爾」作「尒」。按爾朱榮子指爾朱文略，見北齊書卷四十八尒朱文暢傳附文略傳、太平御覽卷六〇三引三國典略。

〔五〕貶江左　袁本作「貶江左爲島夷，至謂晉元帝爲牛金之子」，諸衢本、經籍考同原本。按袁本語本史通卷四稱謂篇。「晉元帝爲牛金之子」一事，當以與宋書條解題複出而删去，殆亦出公武手，參見宋書條校注〔四〕。

〔六〕時人嫉之　袁本「嫉」作「疾」。

〔七〕隋文帝命顔之推等别修　袁本脱「命」字。按隋志卷二有後魏書一百卷，著作郎魏彦深撰。史通卷十二古今正史篇云：「隋開皇時，敕著作郎魏澹與顔之推、辛德源更撰魏書，矯正得失，澹以西魏爲真，東魏爲僞。故文、恭列紀，孝靜稱傳，合紀傳論例總九十二篇。」公武所指，當即魏澹後魏書。澹字彦深。

〔八〕唐貞觀中陳叔達亦作五代史皆不傳　按公武語蓋本范祖禹等舊本魏書目録敍，然節録太甚，以致修史原委不復得見，今録祖禹等敍有關内容如下，以備徵考：「唐高祖武德五年，詔侍中陳叔達等十七人，分撰後魏、北齊、周、隋、梁、陳六代史，歷年不成。太宗初，從秘書奏，罷修魏書，止撰五代史。今皆不傳。」據唐會要卷六十三史館上，武德五年十二月，詔蕭瑀等十七人修六代史，其中陳叔達、令狐德棻、庾儉修周史。至貞觀三年詔修五代史，叔達亦與修周書。參見史通古今正史篇。

北齊書五十卷　袁本前志卷二上正史類第十一

右唐李百藥撰。本紀八，列傳四十二。百藥父德林，在齊嘗撰著紀傳。貞觀初，詔分修諸史。百藥因父書續成以獻。諸史稱帝號，百藥避唐朝名諱，不書「世祖」、「世宗」之類〔一〕253

〔一〕續成以獻諸史稱帝號百藥避唐朝名諱不書世祖世宗之類　袁本脫「續成」至「不書」十八字，諸衢本、經籍考卷十九不脫。又，卧雲本、經籍考此下尚有「例既不一，議者少之。書今亡闕不完」十四字。按讀書志謂北齊書不書世祖、世宗之類，其說蓋本之史通卷十七雜説篇中，劉知幾曰：「皇家修五代史，館中墜稿仍存，皆因彼舊事，定爲新史。觀其朱墨所圖，鉛黃所拂，猶有可識者。或以實爲虛，以非爲是。其北齊國史，皆稱諸帝廟號。及李氏撰齊書，其廟號有犯時諱者，（原注：謂有「世」字，犯太宗文皇帝諱也。）即稱謚焉。至變世祖爲文襄（按文襄廟號當爲世宗），改世宗爲武成（按武成廟號當爲世祖），苟除兹『世』字，而不悟襄、成有别。諸如此謬，不可勝紀。」錢大昕似不知公武所據，遽駁之，其廿二史考異卷三十一云：「凡紀、傳中有史臣論、有贊及稱高祖、世宗、顯祖、肅宗、世祖廟號者，皆李史之舊文；其稱神武、文襄、文宣、孝昭、武成者，則北史之文。晁公武謂百藥避唐朝名諱，不書世祖、世宗之類，不知承規修史在貞觀初，其時『世』字並不回避，李勣之名，至高宗朝始去『世』字，梁、陳、周書皆不避『世祖』、『世宗』字，承規與思廉、德棻同時，何獨異其例乎？蓋嘉祐校刊諸史之時，此書久已殘闕，而雜采它書以補之，卷首神武紀即是北史之文。晁氏不加詳審，遽以爲例有不一，其實非也。」錢氏之説，爲陳垣所取，見史諱舉例卷七。

余嘉錫謂錢氏駁公武誠是，公武所見已非百藥原稾，而不知其中已有北史之文，猶襲史通之言爲口實，確失之於不詳審。然知幾所見乃館中舊稾，其改廟號爲謚號，亦不必待高宗永徽之後。說詳見四庫提要辨證卷三。

周書五十卷　袁本前志卷二上正史類第十二

右唐令狐德棻等撰。本紀八，列傳四十二〔一〕。貞觀中，德棻請撰次〔二〕，乃詔德棻與陳叔達、唐儉成之〔三〕。先是，蘇綽秉周政，軍國辭令，多準尚書。牛弘爲史，尤務清言，德棻因之以成是書，故多非實録。仁宗朝出太清樓本〔四〕，合史館、秘閣本，又募天下書〔五〕，而取夏竦、李巽家本，下館閣是正其文字，其後林希、王安國上之〔六〕。254

〔一〕列傳四十二　卧雲本、經籍考卷十九此下有「初，周有柳虯，隋牛洪，各有撰次，率多牴牾」十六字。「洪」當作「弘」，疑避宋太祖父弘殷諱改。按此十六字蓋本史通卷十二古今正史篇，隋志卷二有周史十八卷，云：「未成，吏部尚書牛弘撰。」

〔二〕撰次　袁本「撰」作「譔」。

〔三〕乃詔德棻與陳叔達唐儉成之　原本所據底本「乃」作「而」，李富孫據經籍考改正。袁本、瞿鈔本、舊鈔本亦作「而」。又，卧雲本、經籍考無「德棻」二字，「儉」下有「共」字。

〔四〕仁宗朝　袁本、臥雲本、宛委本、經籍考「朝」俱作「時」，疑是。

〔五〕天下書　袁本「書」上有「獻」字。

〔六〕其後　袁本作「而其後」。

隋書八十五卷　袁本前志卷二上正史類第十三

右唐魏徵等撰。紀五〔一〕，列傳五十五〔二〕，長孫無忌等撰志三十。初，詔顏師古、孔穎達修述，徵總其事，序、論皆徵自作。後又詔于志寧〔三〕、李淳風、韋安仁、李延壽同修五代史志，無忌上之，詔編第入隋書，人亦號五代史志。天文、律曆〔四〕、五行三志，淳風獨作。255

〔一〕紀五　原本作「本紀五」，袁本、經籍考卷十九無「本」字，隋書帝紀五卷三篇實稱「紀」，據刪。

〔二〕列傳五十五　按隋書列傳凡五十卷，此句衍下「五」字。袁本、諸衢本、經籍考俱衍。

〔三〕後又詔于志寧　臥雲本、經籍考「後」作「復」。

〔四〕律曆　袁本「曆」作「歷」。

唐書二百卷　袁本前志卷二上正史類第十四

右石晉劉昫、張昭遠等撰〔一〕。因韋述舊史增損以成〔二〕，繁略不均，校之實録，多所漏闕〔三〕，又是非失實，其甚至以韓愈文章爲大紕繆，故仁宗時删改〔四〕，蓋亦不得已焉〔五〕。 256

〔一〕石晉劉昫張昭遠等撰　臥雲本、經籍考卷十九作「石晉宰相劉昫等撰」。

〔二〕增損以成　臥雲本、經籍考此下有「爲帝紀二十、列傳一百五十」十一字。按尚有志三十卷。

〔三〕多所漏闕　經籍考「漏闕」作「闕漏」。

〔四〕仁宗時删改　袁本脱「時」字。又，臥雲本、經籍考「删改」下有「焉」字。

〔五〕蓋亦不得已焉　袁本「得」作「可」，臥雲本「焉」作「而然也」，經籍考無此句六字。

新唐書二百二十五卷　袁本前志卷二上正史類第十五

右皇朝嘉祐中曾公亮等被詔删定，歐陽修撰紀、志〔一〕，宋祁撰列傳。舊書約一百九十萬，新書約一百七十四萬〔二〕，而其中增表。故書成上於朝，自言曰：「其事則增於前，其文則省於舊」也。而議者頗謂永叔學春秋〔三〕，每務褒貶，子京通小學，惟刻意文章，采雜説既多，往往牴牾，有失實之歎焉。 257

〔一〕歐陽修撰紀志　按表亦修主之，與事者有梅堯臣等，參見宋史卷四四三梅堯臣傳、趙彦衛雲麓漫鈔卷四。

〔二〕舊書約一百九十萬新書約一百七十四萬　原本李富孫校語云：「案兩『萬』字下疑脱『言』字，通考『萬』作

「卷」，誤。瞿鈔本、袁本與此同。」按袁本「舊書」訛作「舊者」，臥雲本「萬」亦譌作「卷」。

〔三〕永叔學春秋　臥雲本「學」譌作「事」。

五代史一百五十卷　袁本後志卷一史類第一

右皇朝薛居正等撰〔一〕。開寶中，詔修梁、唐、晉、漢、周書，盧多遜、扈蒙、張澹、李昉、劉兼、李穆、李九齡同修，居正監修〔二〕。258

〔一〕薛居正等撰　經籍考卷十九無此五字。

〔二〕居正監修　經籍考作「宰相薛居正監修」。

五代史記七十五卷〔一〕　袁本前志卷二上正史類第十六

右皇朝歐陽修永叔以薛居正史繁猥失實，重加修定〔二〕，藏於家。永叔没後，朝廷聞之，取以付國子監刊行。國史稱其可以繼班固、劉向〔三〕，人不以爲過。特恨其晉出帝論，以爲因濮園議而發云〔四〕。259

〔一〕五代史記七十五卷　經籍考卷十九「五代史記」上有「新」字。按此書書録解題卷四、玉海卷四十六引中興書目、宋志卷二及今本俱作七十四卷，唯經籍考同原本，周中孚鄭堂讀書記卷十五云：「晁氏蓋誤以目録充一卷也。」

〔二〕重加修定　袁本脱「重」字。

〔三〕可以繼班固　經籍考無「以」字。

〔四〕而發云　袁本「云」作「也」，經籍考無「云」字。

三朝國史一百五十卷〔一〕　袁本前志卷二上正史類第十七

右皇朝國史。紀十卷，志六十卷，列傳八十卷〔二〕，呂夷簡等撰。初，景德中〔三〕，詔王旦、先文元公、楊億等九人撰太祖、太宗兩朝史〔四〕，至天聖五年，詔夷簡、宋綬、劉筠、陳堯佐、王舉正、李淑、黄鑑、謝絳、馮元，加入真宗朝史〔五〕，王曾監修。曾罷〔六〕，夷簡代，八年書成，計七百餘傳。比之三朝實録〔七〕，增者大半〔八〕，事覈文贍，褒貶得宜，百世之所考信云〔九〕。　260

〔一〕三朝國史一百五十卷　臥雲本題作三朝志。

〔二〕國史紀十卷志六十卷列傳八十卷　袁本無此十四字；臥雲本「十卷」誤作「十一卷」，宛委本作「一十卷」，經籍考卷十九同原本。按宋志卷二作宋三朝國史一百五十五卷，書録解題卷四、玉海卷四十六卷數同原本。

〔三〕初景德中　臥雲本無「初」字，殆脱去。又，袁本「中」作「四年」。按太祖、太宗兩朝國史自真宗景德四年始修，至大中祥符九年成書，事見續資治通鑑長編卷六十六、八十六。

〔四〕詔王旦先文元公楊億等九人撰太祖太宗兩朝史　原本脱「公」字，據袁本補。又，袁本「九」作「十」。按續資治通鑑長編卷六十六云：景德四年八月，丁巳，詔修太祖、太宗正史，令宰臣王旦監修國史，以知樞密院王欽若、陳堯叟，參政趙安仁並修國史，翰林晁迥、楊億同修，直史館路振、崔遵度爲編修官。同書卷八十六云：大中祥符九年二月丁亥，「監修國史王旦等上兩朝國史一百二十卷，優詔答之。戊子，加旦守司徒，修史官趙安仁、晁迥、陳彭年、夏竦、崔遵度並進秩，賜物有差。王欽若、陳堯叟、楊億嘗預修史，亦賜之。」據此，景德時受詔與修者八人，而祥符蒙賜者中則多陳彭年，夏竦二人，是爲十人。又，文元公，乃公武五世祖迥，謚文元。

〔五〕詔夷簡宋綬劉筠陳堯佐王舉正李淑黄鑑謝絳馮元加入真宗朝史　袁本作「詔夷簡等九人添入真宗朝史」，「真宗」云云另題行，經籍考同原本。按續資治通鑑長編卷一〇五云：「(天聖五年)二月癸酉，命參知政事呂夷簡、樞密副使夏竦修真宗國史。翰林學士宋綬、樞密直學士劉筠、陳堯佐同修，宰臣王曾提舉。」是書八年六月成，蒙賜物遷官者有：呂夷簡、夏竦、同修宋綬、馮元，編修官王舉正、謝絳、李淑、黄鑑，管勾内臣韓守英，承受藍元用、羅崇勳，供書皇甫繼明、龍圖閣待制馬季良等，見續資治通鑑長編卷一〇九。

〔六〕曾罷　臥雲本脱「曾」字。

〔七〕三朝實録　經籍考「三」譌作「二」。

〔八〕增者大半　臥雲本「大」作「太」。

〔九〕百世之所考信云　袁本無「計七百餘傳」至此凡三十字，疑脱去。

兩朝國史一百二十卷　袁本後志卷一史類第二

右皇朝仁宗、英宗兩朝國史也〔一〕，王珪等撰。元豐五年六月甲寅奏御〔二〕。監修王珪、史官蒲宗孟、李清臣、王存、趙彦若、曾肇賜銀絹有差，蘇頌、黄履、林希、蔡卞、劉奉世以他職罷去〔三〕，吳充、宋敏求前死，皆有錫賚〔四〕。紀五卷，志四十五卷。比之實録，事迹頗多，但非寇準而是丁謂，託之神宗詔旨〔五〕。261

〔一〕右皇朝仁宗英宗兩朝國史也　袁本無「皇朝」二字。

〔二〕元豐五年六月甲寅奏御　卧雲本、經籍考卷十九無「甲寅」二字。按是書奏上時在六月甲寅，見續資治通鑑長編卷三二七。

〔三〕他職罷去　袁本「他」作「它」。

〔四〕皆有錫賚　袁本「錫」作「賜」。沈録何校本何焯批語云：「前代重史臣若此。」

〔五〕但非寇準而是丁謂託之神宗詔旨　按王應麟困學紀聞卷十五亦云：「兩朝國史，非寇準而是丁謂，託之神宗聖訓，蓋蒲宗孟之筆也。王允謂不可令佞臣執筆，諒哉。」

編年類

荀悦漢紀三十卷〔一〕　袁本前志卷二上編年類第一

右漢荀悦撰。班固作漢書，起高祖，終於孝平王莽之誅〔二〕，十二世，二百四十二年〔三〕，爲紀、表、志、傳，凡八十餘萬言。獻帝以其文繁，詔悦舉要撮總〔四〕，通比其事，列繫年月〔五〕，爲紀三十篇，凡八萬三千四百三十二字。辭約事該，時稱嘉史〔六〕。262

〔一〕荀悦漢紀三十卷　卧雲本、經籍考卷二十編年類無「荀悦」二字。

〔二〕王莽之誅　袁本脱「誅」字。

〔三〕十二世二百四十二年　按今本漢紀卷末目録後有文凡七百餘字，姚振宗疑是王儉七志解題（見隋書經籍志考證卷十二），其文云：「凡漢紀十二世十一帝，通王莽二百四十二年。」公武所據殆即此段文字。王鳴盛十七史商榷卷二十八云：「其篇首當言『十一世十二帝，通王莽二百三十年』。」

〔四〕詔悦舉要撮總　袁本脱「悦」字。

〔五〕列繫年月　楊希閔校本「列」作「例」，希閔云：「『例』字，李校本（按指李富孫校本，即原本）作『列』，疑非。」按公武所據當荀悦自序，自序云：「列其年月，比其時事，撮要舉凡，存其大體。」「列」字不誤。

〔六〕時稱嘉史　喬録王校本王懋竑校語云：「『嘉』當作『佳』。」

袁宏漢紀三十卷〔一〕 袁本前志卷二上編年類第二

右晉袁宏彦伯撰〔二〕。宏在晉末〔三〕，爲一時文宗。性强直，雖爲桓温禮遇，每不阿屈。以東京史籍不倫，謝承、司馬彪之徒錯謬同異，無所取正，惟張璠紀差詳，因參摭記傳以損益之，比諸家號爲精密。263

〔一〕袁宏漢紀三十卷 經籍考卷二十題作後漢紀。

〔二〕袁宏彦伯撰 袁本脱「撰」字。

〔三〕宏在晉末 袁本脱「宏」字。

唐曆四十卷 袁本前志卷二上編年類第三

右唐柳芳撰。初，肅宗詔芳綴緝吳兢書，其敍天寶後事不倫。上元中，芳謫黔中〔一〕，會高力士同貶，因從力士質開元、天寶及禁中事，識其本末〔二〕。時舊史已送官，不可追刊，乃推衍義類，做編年法作此書。起隋義寧元年，迄大曆十三年〔三〕。或譏其不立褒貶義例而詳於制度〔四〕，然景迂生亟稱之，以爲通鑑多取焉〔五〕。264

〔一〕芳謫黔中　袁本「謫」作「讁」。

〔二〕識其本末　袁本脱「末」字。

〔三〕迄大曆十三年　按芳書所迄，通志藝文略卷三編年類、高似孫史略卷三俱云止於德宗建中三年，書録解題卷四、玉海卷四十七、山堂考索前集卷十六引中興書目同讀書志。經籍考卷二十引李燾語云：「按劉恕謂芳始爲此書，未成而先傳，故世多異本。今此篇首注『起隋義寧元年，迄建中三年，凡百八十五年』，（當作百六十六年，此計數有誤）而所載乃絶於大曆十四年。資治通鑑往往以唐曆辨證牴牾，見於考異者，無慮百十餘，而此皆無之，其脱亡又不止此也。疑此即恕所謂未成而先傳者，或後人抄畧芳書，故不得其全。」據是，公武、燾所見殆已非完本。又，唐宣宗大中五年崔龜從等撰續唐曆二十二卷，起大曆十三年春，盡憲宗元和十五年（見玉海卷四十七引中興書目），是崔氏等人所見亦已非完本。

〔四〕或譏其不立褒貶義例而詳於制度　袁本作「然不立褒貶義例而敍制度爲詳」，臥雲本、經籍考卷二十同原本，然「或」上有「芳善敍事」四字。

〔五〕然景迂生亟稱之以爲通鑑多取焉　袁本無此十四字。按景迂生乃公武從父説之，以慕司馬光爲人，自號景迂生。

河洛行年記十卷〔一〕　袁本前志卷二上編年類第四

右唐劉仁軌撰。記唐初李密、王世充事。起大業十三年二月，迄武德四年七月秦王擒竇建德〔二〕。第九卷述大業都城，第十卷載宮館園囿〔三〕。且云：「煬帝遷都之詔稱務崇節儉〔四〕，觀其宮室，窮極綺麗」云〔五〕。265

〔一〕河洛行年記十卷　按新唐志卷二雜史類作劉氏行年記二十卷，崇文總目卷二雜史類上、通志藝文略卷三雜史類題同新唐志，卷數則同讀書志，書録解題卷五雜史類作行在河洛記十卷，宋志卷二傳記類標題、卷數俱同讀書志，遂初堂書目雜史類及資治通鑑考異所引，俱題河洛記。

〔二〕迄武德四年七月　通志藝文略云：「起大業十三年，盡武德三年，紀河、洛寇攘事。」按資治通鑑卷一八八唐紀四記武德四年正月李世民破王世充事，其考異謂從河洛記，是通志不可信。

〔三〕宮館園囿　袁本「囿」作「圃」，王先謙刊本校語云「圃」字誤。

〔四〕煬帝遷都之詔稱務崇節儉　經籍考卷二十「遷」作「還」。又，袁本、臥雲本、經籍考「崇」作「從」，疑是。

〔五〕窮極綺麗　原本脫「窮」字，據袁本、臥雲本、經籍考補。

大唐創業起居注三卷〔一〕　袁本前志卷二上編年類第五

右唐溫大雅撰。紀高祖建義，至受隋禪，用師符讖受命典册事。266

〔一〕大唐創業起居注三卷　經籍考卷二十一起居注類作五卷，蓋從書録解題卷四起居注類著録。按此書兩唐志起居注類、崇文總目卷二雜史類上、玉海卷四十八引中興書目、宋志卷二及今本俱作三卷，疑「五」乃「三」之譌，參見四庫總目卷四十七。

通曆十卷〔一〕　袁本前志卷二上編年類第六

右唐馬總撰〔二〕。纂太古十七氏、中古五帝、三王，及刪取秦、漢、三國、晉、十六國、宋、齊、梁、陳、元魏、北齊、後周、隋世紀興滅，粗述其君賢否，取虞世南畧論〔三〕，分繫於末，以見義焉。267

〔一〕通曆十卷　按擘經室外集卷五著録通紀七卷續五卷，是書收入宛委別藏。通紀即通曆，今本闕前三卷，起卷四晉宣帝，迄卷十隋恭帝。其中有公子問而先生答者，即公武所謂虞世南畧論。續五卷，即孫光憲續通曆，起卷十一唐高祖，迄卷十五漢劉崇。光憲卒於乾德六年，而今本有記開寶四年事者，且引宋國史，當後人附益。

〔二〕馬總撰　袁本「總」作「揔」，且「撰」下有「揔」字。

〔三〕虞世南畧論　按即帝王畧論，通曆載畧論三十八事，陸心源輯入唐文拾遺卷十三，與敦煌殘卷（伯二六三六）帝王畧論相合。

續通曆十卷〔一〕　袁本前志卷二上編年類第七

右荆南孫光憲撰。輯唐洎五代事，以續馬總曆〔二〕，參以黃巢、李茂貞、劉守光、阿保機、吳、唐、閩、廣〔三〕、湖〔四〕、越〔五〕、兩蜀事迹。太祖朝詔毀其書〔六〕，以所紀多非實也〔七〕。268

〔一〕續通曆十卷　按此書今存五卷，參見通曆條校注〔一〕。

〔二〕馬總　袁本「總」作「揔」。

〔三〕廣　袁本譌作「唐」，季録顧校本作「越」。

〔四〕湖　原本譌作「胡」，據袁本改。袁録何校本何焯校語云：「按『湖』是，湖南馬殷也。」

〔五〕越　季録顧校本作「廣」。

〔六〕太祖朝詔毀其書　卧雲本、經籍考卷二十無「朝」字。

〔七〕以所紀　袁本作「以」下有「其」字，疑原本脱。

帝王鏡略一卷〔一〕　袁本後志卷一編年類第一

右唐劉軻撰。自開闢迄唐初帝王世次〔二〕，綴爲四言〔三〕，以訓童蒙。僞蜀馮鑑續之，至唐末。269

〔一〕帝王鏡略一卷　書録解題卷四别史類有帝王照略一卷（宋人避太祖祖敬廟諱改「鏡」作「照」），云：「唐志及館閣書目有劉軻帝王曆數歌一卷，疑即此書也。」按新唐志卷二有劉軻帝王曆數謌一卷，注云：「字希仁，元和末進士第，洛州刺史。」崇文總目卷二、玉海卷五十六引中興書目、宋志卷二別史類題同新唐志。觀公武解題云「綴爲四言，以訓童蒙」，此書當爲歌詩體，陳氏說是。

〔二〕自開闢迄唐初　原本「迄」作「及」，據袁本改。

〔三〕綴爲四言　顧校本「爲」作「以」。

五代通録六十五卷　袁本前志卷二上編年類第八

右皇朝范質撰。五代實録共三百六十卷，質刪其繁文〔一〕，摭其要言〔二〕，以成是書。自乾化壬申至梁亡十二年間，簡牘散亡，亦采當時制勑碑碣，以補其闕。 270

〔一〕刪其繁文　袁本、卧雲本、舊鈔本、經籍考卷二十「繁」俱作「煩」。

〔二〕摭其要言　卧雲本、經籍考「要」譌作「妄」。

運曆圖六卷〔一〕　袁本後志卷一編年類第二

右皇朝龔穎撰。起於秦昭王滅周之歲乙巳，止於國朝雍熙丁亥〔二〕，以歷代興亡大事附見其下〔三〕。四年〔四〕，獻於朝，優詔奬之。歐陽公嘗據之考正集古目録，稱其精博。按晉史，張軌世襲涼州，但稱愍帝建興年號〔五〕。其間惟張祚篡竊〔六〕，改建興四十二年爲和平元年。始奉穆帝升平之朔〔七〕，始末不聞有改元事。惟穎書載張寔改元曰永安〔八〕，張茂改元曰永元，張重華曰永樂，曰和平，張玄靚曰太始〔九〕，張天錫曰太清，張大豫曰鳳凰，不知穎何所據而言然〔一〇〕。或云出崔鴻十六國春秋，鴻書久不傳於世，莫得而考焉。271

〔一〕運曆圖六卷　按此書崇文總目卷二題作年歷圖八卷。宋志卷二編年類作三卷，題同讀書志，別史類重出，標題、卷數俱同崇文總目。玉海卷五十六雍熙運曆圖條引中興書目作三卷，云：「雍熙四年龔穎撰。」又，端拱歷代年紀圖條云：「端拱元年正月壬午，殿中侍御史龔穎編歷代年紀爲二圖來上，優詔褒之，歐陽修稱其精博。」

〔二〕雍熙　袁本「熙」譌作「禧」，宛委本、舊鈔本亦誤。

〔三〕附見其下　卧雲本、經籍考卷二十「其」作「於」。

〔四〕四年　按龔穎上書當以玉海爲准，其書蓋成於雍熙四年，上於端拱元年。

〔五〕但稱愍帝建興年號　袁本「但」上衍「如」字。

〔六〕篡竊　袁本「篡」譌作「纂」。

〔七〕始奉穆帝升平之朔　按此句前疑有脫文，涼張玄靚於晉穆帝升平五年十二月始改元建興四十九年，奉升平年號。

〔八〕張寔　原本「寔」作「實」，據袁本、卧雲本、宛委本、季錄顧校本、經籍考改。

〔九〕張玄靚　原本作「張元龍」，袁本作「張元靚」。「龍」字誤，「元」字當避宋始祖諱，今據晉書卷八十六本傳改正。

〔一〇〕而言然　袁本無「然」字。

紀年通譜十二卷〔一〕　袁本前志卷二上編年類第九

右皇朝宋庠公序撰〔二〕。自漢文帝後元戊寅至周恭帝顯德庚申爲九篇〔三〕，以本朝建隆之元至慶曆辛巳爲一篇，皆曰「統元」，以甲子貫之。有五號，曰：正、閏、僞、賊、蠻夷。以王莽十九年繫孺子更始〔四〕，以接建武〔五〕；東魏十七年附西魏；豫王六年、天后十五年繫中宗，續神龍〔六〕；朱梁十六年通濟陰天祐，續同光；掊晉恭帝禪宋之歲，對魏明元泰常五年。尊北降南，始主正朔，乃通譜之斷意也〔七〕。別二篇舉字爲類，各以部分〔八〕，曰「類元」。慶曆中上之，優詔褒焉。公武按：三國志，魏景初元年丁巳，當蜀建興十五年，次年戊午，蜀改元延熙，訖二十年歲次丁丑，明年改元景耀。今通譜載蜀建興之號止於丙辰，凡十四年，延熙改元在丁巳，且復增至二十一年，豈別有所據耶？歐陽公集古目録以東魏造石像記證通譜武定七年非戊辰，蓋自元象以後，遞差一歲。公序聞之，以爲宜易〔九〕，遂著其事於譜前〔一〇〕。意者編簡浩博，不免時有舛誤也〔一一〕。

〔一〕紀年通譜十二卷　卧雲本作十卷，當脱「二」字。書録解題卷四、玉海卷十三、卷四十七引中興書目、宋志卷二俱作十二卷，其「統元」十卷，「類元」兩卷。

〔二〕宋庠公序撰　袁本無「公序」二字，宛委本、舊鈔本、經籍考卷二十作「宋庠字公序撰」。

〔三〕自漢文帝後元戊寅至周恭帝顯德庚申爲九篇　袁本、經籍考「至」作「止」。

〔四〕以王莽十九年繫孺子更始　按更始乃淮陽王劉玄年號，孺子嬰年號爲初始，疑「更」當作「初」。

〔五〕建武　舊鈔本作「建文」，誤。

〔六〕續神龍　原本所據底本「續」作「緒」，李富孫以爲誤而改正。按李録顧校本亦改「緒」作「續」。袁本、卧雲本、宛委本、舊鈔本、瞿鈔本、經籍考亦作「緒」。

〔七〕斷意　袁本「斷」作「新」，誤。

〔八〕各以部分　袁本脱「以」字。

〔九〕以爲宜易　卧雲本脱「易」。

〔一〇〕譜前　經籍考「前」譌作「何」。

〔一一〕不免時有舛誤也　袁本無「公武按」至此凡一百四十四字。

編年通載十五卷〔一〕　袁本後志卷一編年類第三

右皇朝章衡撰〔二〕。衡觀四部書至古今纂輯運曆書十餘家，皆淺陋擅釀，無足紬繹，乃編歷代年號，貫以甲子，始於帝堯，訖於國朝治平丁未，質之經史，資以傳記百家之書，聖賢勳德、姦雄篡竊及蠻夷盜賊，凡繫於存亡綱紀之大者，無不詳録。總三千四百年。且刊正謬誤，如史記載舜年，虞書不同，漢紀載魏受漢禪，與魏志受禪壇碑各異之類。熙寧七年表獻之。273

〔一〕編年通載十五卷　按玉海卷四十七引中興書目、宋志卷二以及本書章衮序皆作十卷，書録解題卷四同讀書志。揅經室外集卷四著録殘本四卷，今四部叢刊三編本亦止四卷，存卷一至卷四。

〔二〕章衡撰　原本所據底本「章」誤作「張」，李富孫據書録解題卷四、宋志卷二、盧文弨羣書拾補文獻通考經籍三改正。按袁本、卧雲本、舊鈔本、經籍考卷二十俱誤，季録顧校本已改正，唯宛委本不誤。

稽古録二十卷〔一〕　袁本前志卷二上編年類第十

右皇朝司馬光君實編〔二〕。起自三皇，止本朝英宗治平末〔三〕。至周共和庚申，始爲編年。274

〔一〕稽古録二十卷　按公武撰有稽古後録三十五卷，見宋志卷二傳記類。

〔二〕司馬光君實　宛委本作「司馬君實」。

〔三〕止本朝英宗治平末　袁本、卧雲本、宛委本、經籍考卷二十「本」俱作「皇」。

編年紀事十一卷　袁本前志卷二上編年類第十一

右皇朝劉攽因司馬温公所撰編次。275

資治通鑑二百九十四卷目録三十卷考異三十卷　袁本前志卷二上編年類第十二

右皇朝治平中，司馬光奉詔編集歷代君臣事迹，許自辟官屬，借以館閣書籍，在外聽以書局自隨，至元豐七年，凡十七年始奏御〔一〕。上起戰國，下終五代，凡一千三百六十二年。又畧舉事目〔二〕，年經國緯，以備檢閲，别爲目録；參考同異〔三〕，俾歸一途，别爲考異，各一編。公自謂精力盡於此書。神宗賜名資治通鑑〔四〕，御製序以冠其首，且以爲賢於荀悦云。公武心好是書，學之有年矣。見其大抵不采俊偉卓異之説〔五〕，如屈原懷沙自沈，四皓羽翼儲君，嚴光足加帝腹，姚崇十事開説之類，削去不録〔六〕，然後知公忠信有餘，蓋陋子長之愛奇也〔七〕。276

〔一〕凡十七年始奏御　按司馬光先爲通志八卷，於英宗治平三年四月奏上，英宗悦之，遂就秘閣置局修通鑑。治平四年九月，神宗賜名，至元豐七年十一月告成奏御。除撰通志不計，修通鑑凡十八年又八月。

〔二〕畧舉事目　卧雲本「目」譌作「因」。

〔三〕參考同異　卧雲本、經籍考卷二十作「考異同」。

〔四〕神宗賜名　袁本「神宗」提行。

〔五〕俊偉卓異之説　宛委本、經籍考「説」作「事」。

〔六〕削去不録　卧雲本、經籍考「削」上有「皆」字。疑是。

〔七〕陋子長之愛奇也　顧校本「愛」作「好」。又，袁本脱去自「御製序」至此凡八十五字，與資治通鑑外紀解題誤合爲一條，於此條解題「賜名資治通鑑」下逕接外紀條解題「託始於周威烈王」云云。諸衢本、經籍考不錯脱。

通鑑舉要曆八十卷〔一〕　袁本後志卷一編年類第四

右皇朝司馬光撰。通鑑奏御之明日〔二〕，輔臣亟請觀焉〔三〕。神宗出而示之，每編始末識以「睿思殿寶章」，蓋尊寵其書如此。公尚患本書浩大，故爲舉要云〔四〕。277

〔一〕通鑑舉要曆八十卷　按此書僅成稿而司馬光未及刊行，稿藏晁説之家，紹興初，謝克家得而上之。見書録解題卷四、玉海卷四十七。淳熙間，光曾孫伋始爲之梓行，朱熹撰序，序見朱文公文集卷七十六。

〔二〕通鑑奏御之明日　季録顧校本、瞿鈔本無「通鑑」二字，原本所據底本亦無，李富孫以爲脱去，據袁本、經籍考補。按卧雲本、宛委本未脱。此奏御者乃通鑑，非舉要曆，疑二字爲後人妄删。

〔三〕亟請觀焉　卧雲本、舊鈔本「請」譌作「讀」。

〔四〕公尚患本書浩大故爲舉要云　原本脱此十二字，據袁本、宛委本補。卧雲本、經籍考「故爲舉要云」作「故著此」，季録顧校本、瞿鈔本、舊鈔本則脱此五字。

資治通鑑外紀十卷〔一〕　袁本前志、後志脱去

右皇朝劉恕撰。司馬光作通鑑，託始於周威烈王命韓、趙、魏爲諸侯〔二〕，下訖五代。恕嘗語光〔三〕：「曷不起上古或堯、舜？」光答以事包春秋，不可。又以經不可續，不敢始於獲麟。恕意謂闕漏〔四〕，因撰此書〔五〕。起三皇、五帝，止周共和，載其世次而已。起共和庚申，至威烈王二十二年丁丑，四百三十八年爲一編，號曰外紀，猶國語稱春秋外傳也。278

〔一〕資治通鑑外紀十卷　袁本脱此標題、卷數凡八字，又脱解題中「右皇朝劉恕撰司馬光作通鑑」十二字。參見資治通鑑條校注〔七〕。

〔二〕韓趙魏　經籍考卷二十作「韓、魏、趙」。按公武此條解題蓋本劉恕序，恕序正作「韓、魏、趙」。

〔三〕恕嘗語光　袁本「恕」上有「劉」字，疑後人不知有脱文，遂加焉。

〔四〕闕漏　原本「漏」譌作「陋」，據袁本、卧雲本、宛委本、經籍考改。

〔五〕因撰此書　袁本「此」作「一」，疑亦以後人不知有脱文，遂妄改。

寶曆歌一卷　袁本後志卷一編年類第五

右未詳撰人。以開闢太古，訖於周世宗〔一〕，正統帝王世次謚號，成七言韻語一通。279

〔一〕訖於周世宗　袁本、宛委本「訖」作「迄」。

歷代紀元賦一卷〔一〕　袁本後志卷一編年類第六

右皇朝楊備撰〔二〕。次漢至五代正統年號，爲賦一首，又別爲宋頌四章。280

〔一〕歷代紀元賦一卷　按秘續目編年類題作歷年紀元賦，四庫闕書目編年類、玉海卷十三、卷五十九引中興書目、宋志卷二題俱同讀書志。

〔二〕楊備撰　原本李富孫校語云：「案瞿鈔本『備』改『億』，誤，備，億之弟。」按李説是，宛委本、陳師曾刊本亦誤，備事跡見景定建康志卷四十九儒雅傳。

通鑑節文六十卷〔一〕　袁本前志、後志未收

右題司馬温公自鈔纂通鑑之要〔二〕，然實非也。281

〔一〕通鑑節文六十卷　按宋志卷二題作通鑑節要。黄震亦云此書爲僞書，見黄氏日鈔卷三十八晦菴先生語類續集歷代史條。

〔二〕題司馬温公自鈔　卧雲本、宛委本、經籍考卷二十作「題云温公自抄」，舊鈔本「司馬」二字作「宋」。

郡齋讀書志卷第六

實録類

唐高祖實録二十卷　袁本後志卷一實録類第一

右唐房玄齡等撰。太宗詔玄齡與許敬宗、敬播同修〔一〕，起創業，盡武德九年。貞觀十七年書成〔二〕。 282

〔一〕太宗詔玄齡與許敬宗敬播同修　按舊唐志卷上起居注類云房玄齡撰，新唐志卷二起居注類云：「敬播撰，房玄齡監脩，許敬宗删改。」書録解題卷四起居注云：「今本首題監修國史許敬宗奉勅定，而第十一卷題司空房玄齡奉勅撰。不詳其故。」

〔二〕貞觀十七年書成　原本「七」譌作「二」，今據袁本、卧雲本、宛委本、經籍考卷二十一起居注類改正。唐會要卷六十三修國史條云貞觀十七年七月十六日，司空房玄齡、給事中許敬宗、著作郎敬播等上所撰高祖、太宗實録各二十卷。

唐太宗實録四十卷　袁本後志卷一實録類第二

右唐許敬宗等撰〔一〕。起即位，盡貞觀二十三年〔二〕。初，貞觀十七年，房玄齡、許敬宗、敬播撰今上實録，止十四年，成二十卷。永徽五年〔三〕，無忌與史臣續十五年後，盡昭陵事，合四十卷〔四〕。其後敬宗改定。283

〔一〕許敬宗等撰　袁本無「等」字。按舊唐志卷上起居注類有太宗實録二十卷，注云房玄齡撰；又有太宗實録四十卷，注云長孫無忌撰。新唐志卷二起居注類有今上實録二十卷，注云敬播、顧胤撰，房玄齡監修；又有長孫無忌貞觀實録四十卷。書録解題卷四起居注類云：「今本惟題中書令許敬宗奉敕撰。蓋敬宗當高宗時用事，以私意竄改國史。中興書目言之詳矣。但今本既云許敬宗撰，而以爲恐止是玄齡、無忌所進，則不可考也。」

〔二〕盡貞觀二十三年　經籍考卷二十一脱「三」字。按太宗實録迄貞觀二十三年八月，見玉海卷四十八引中興書目。

〔三〕永徽五年　按「五」當「元」之誤。唐會要卷六十三云貞觀元年閏五月二十三日，史官太尉無忌等脩貞觀實録畢，上之。

〔四〕合四十卷　經籍考「合」作「今」，誤。按無忌所撰亦二十卷，合前玄齡所修爲四十卷。

唐高宗實録三十卷〔一〕 袁本後志卷一實録類第三

右唐劉知幾等撰。起即位，盡永淳二年，凡二十九年〔二〕。初，令狐德棻、許敬宗等撰録，止顯慶三年，成二十卷，上之。後知幾與吳兢續成。284

〔一〕唐高宗實録三十卷 原本「三」譌作「二」，據袁本、卧雲本、舊鈔本、經籍考卷二十一改正。按高宗實録始由許敬宗、許圉師、李淳風、楊仁卿、顧胤受詔撰修，於顯慶四年二月五日成書，爲二十卷，見唐會要卷六十三修國史條。其後，令狐德棻續修，止乾封；劉知幾、吳兢續成之。見玉海卷四十八。續成書三十卷，崇文總目卷二、書録解題卷四題作唐高宗後修實録，讀書志所收即後修實録，當三十卷。

〔二〕凡二十九年 經籍考脱「年」字。按唐高宗即位至永淳二年凡三十四年。

唐則天實録二十卷 袁本前志卷二上實録類第一

右唐吳兢撰〔一〕。初，神龍二年，詔武三思、魏元忠、祝欽明、徐彦伯，柳同〔二〕、崔融、岑羲、徐堅撰録，三十卷〔三〕。開元四年，兢與知幾刊修成此書上之。起嗣聖改元甲申臨朝，止長安四年甲辰傳位，凡二十一年。285

〔一〕唐吳兢撰　按新唐志卷二起居注類云：「魏元忠、武三思、祝欽明、徐彦伯、柳沖、韋承慶、崔融、岑羲、徐堅撰。劉知幾、吳兢删正。」

〔二〕柳同　按「同」當作「沖」，公武避父諱改。

〔三〕三十卷　按疑「三」當「二」之誤。武后實録經兩次修撰，此指第一次所修，二十卷。見唐會要卷六十三。

唐中宗實録二十卷　袁本後志卷一實録類第四

右唐吳兢撰。起神龍元年復位，盡景龍四年，凡六年。286

唐睿宗實録十卷〔一〕　袁本後志卷一實録類第五

右唐劉知幾撰。知幾與吳兢先修太上皇實録，起初誕，止傳位，凡四年。後續修益，止山陵。287

〔一〕唐睿宗實録十卷　按睿宗實録，新唐志卷二起居注類、崇文總目卷二、玉海卷四十八引中興書目、宋志卷二編年類俱著録二本：一爲十卷，新唐志、崇文總目題太上皇實録，劉知幾撰；一爲五卷，題睿宗實録，吳兢撰。中興書目云：「睿宗實録十卷，起初誕，盡先天二年七月禪位，凡四年。又五卷，知幾、兢等撰，起藩邸，盡開元四年。其書互爲詳畧。」據此，讀書志著録當爲十卷盡先天二年者。又，唐會要卷六十三謂：開元四年十一月十四日，劉知幾、吳兢撰睿宗實録二十卷成，以聞。卷數獨異，不詳其故。

唐玄宗實録一百卷〔一〕　袁本後志卷一實録類第六

右唐元載等撰。起即位，盡上元三年，凡五十年。安史之亂，玄宗起居注亡。大曆中，史官令狐峘裒掇詔策，備一朝之遺闕，開元、天寶間君臣事多漏畧。288

〔一〕唐玄宗實録一百卷　按新唐志卷二起居注類著録凡三本：張説今上實録二十卷，注云：「説與唐穎撰次玄宗開元初事。」又開元實録四十七卷，注云：「失撰人名。」又玄宗實録一百卷，注云：「令狐峘撰，元載監修。」玉海卷四十八引集賢注記云：「唐穎進所撰稽典一百卷，燕公奏留史館修史，撰今上實録十三卷。韋述知史館，敕令述寫燕公所撰今上實録二十卷，藏集賢書庫。」又，崇文總目卷二著録百卷本，題作明皇實録。

唐肅宗實録三十卷　袁本後志卷一實録類第七

右唐元載等撰〔一〕。起即位，盡後元年，凡六年。289

〔一〕唐元載等撰　按書録解題卷四起居注類云：「亦元載監修，不見史官姓名。」

唐代宗實録四十卷　袁本前志卷二上實録類第二

右唐令狐峘撰。初，詔峘撰實録〔一〕，未成書，貶官，卒。元和二年，子丕上之。當時名臣如房琯不立傳，抗直如顏真卿〔二〕，畧而不載，時譏漏畧。起寶應元年壬寅，止大曆十四年己未，凡十七年。290

〔一〕詔峘撰實録　袁本、臥雲本、舊鈔本、經籍考卷二十一起居注類俱無「實」字，王先謙以爲袁本等脱文。

〔二〕抗直如顏真卿　袁本「抗直」作「直抗」。

唐德宗實録五十卷　袁本後志卷一實録類第八

右唐裴垍等撰〔一〕。起即位，盡貞元二十一年，凡二十五年〔二〕。元和二年〔三〕，詔蔣乂、樊紳、林寶、韋處厚、獨孤郁同修。五年，垍上之。291

〔一〕唐裴垍等撰　按修史官如解題所述，裴垍亦監修者。

〔二〕凡二十五年　原本「二」譌作「一」，今據袁本、臥雲本、宛委本、舊鈔本、顧校本、經籍考卷二十一起居注類改正。

〔三〕元和二年　按新唐書卷一六九裴垍傳云：元和初，召入翰林爲學士，李吉甫罷，乃拜垍中書侍郎、同中書門下平章事，加集賢大學士，監修國史。據此，垍修實録在拜相後。垍拜相乃元和三年九月丙申，見資治通鑑卷二三七唐紀五十三。

唐順宗實録五卷〔一〕　袁本前志卷二上實録類第三

右唐韓愈撰。起貞元二十一年乙酉正月，止永貞元年丙戌八月。初，韓愈撰録禁中事爲切直〔二〕，閹官不喜，訾其非實。文宗時，詔路隨刊正〔三〕。隨建言：「衆議以刊修非是，李宗閔、牛僧孺謂史官李漢、蔣係皆愈之壻，不可參撰，俾臣下筆。臣謂不然，且愈之所書，非已自出，元和以來，相循逮今。漢等以嫌，無害公議〔四〕，請條其甚謬誤者，付史官刊定。」詔摘去元和、永貞間數事爲失實〔五〕，餘不復改。292

〔一〕唐順宗實録五卷　原本作四十卷，今據袁本、臥雲本、宛委本、顧校本、瞿鈔本、經籍考卷二十一起居注類改正。按新唐志卷二起居注類、崇文總目卷二、書録解題卷四起居注類、宋志卷二編年類俱作五卷，讀書志所收當即韓愈撰五卷本。順宗實録又有韋處厚撰三卷本，且五卷題「韓愈等撰」者。宋時又有詳畧，詳資治通鑑卷二三六唐紀五十二引考異。

〔二〕韓愈撰録禁中事爲切直　袁本無「韓」字。又，「禁」上有「書」字。

〔三〕文宗時詔路隨刊正　袁本「文」上有「在」字。又，經籍考無「時」字，連下爲文。又，袁本、臥雲本、經籍考「隨」作「隋」。下同。按隨傳見舊唐書卷一五九，新唐書卷一四二「隨」作「隋」。

〔四〕無害公議　袁本、卧雲本、宛委本、舊鈔本、經籍考「議」俱作「誼」。

〔五〕詔擿去元和永貞間數事　卧雲本、經籍考「擿」作「摘」。

唐憲宗實録四十卷　袁本後志卷一實録類第九

右唐路隨等撰〔一〕。起即位，盡元和十五年。初，穆宗長慶二年〔二〕，詔監修國史杜元穎與史官韋處厚、路隨、沈傳師、鄭澣、宇文籍等修元和實録，未及成書。大和四年〔三〕，隨與蘇景裔〔四〕、陳夷行、李漢、蔣係續成上之。統例取捨，皆出處厚焉〔五〕。293

〔一〕唐路隨等撰　新唐志卷二起居注類云：「沈傳師、鄭澣、宇文籍、蔣係、李漢、陳夷行、蘇景胤撰。杜元穎、韋處厚、路隋監脩。」書録解題卷四云沈傳師等蓋前後史官，杜元穎等亦前後宰相也。

〔二〕穆宗長慶二年　原本「二」譌作「元」，據袁本、卧雲本、經籍考改。按唐會要卷六十三、玉海卷四十八引文宗實録、全唐文卷四八二路隋上憲宗實録表俱謂憲宗實録詔修於長慶二年。

〔三〕大和四年　宛委本、經籍考「大」作「太」。

〔四〕蘇景裔　按「裔」當作「胤」，此避宋太祖諱下同。

〔五〕皆出處厚焉　原本所據底本作「皆與之」，李富孫據袁本、經籍考改。按舊鈔本、瞿鈔本亦誤。

唐穆宗實録二十卷　袁本後志卷一實録類第十

右唐路隨等撰。起即位，盡長慶四年。案文宗實録：大和四年隨與蘇景裔等上憲宗實録，後有王彦威、楊漢公、蘇滌、裴休，並爲史官云。294

唐敬宗實録十卷　袁本前志卷二上實録類第四

右唐李讓夷等撰。起長慶四年甲辰即位，止寶曆二年丁未，凡三年〔一〕。武宗會昌中，詔史官陳商、鄭亞同修，讓夷監修，書成上之。295

〔一〕凡三年　袁本「年」作「歲」。

唐文宗實録四十卷　袁本後志卷一實録類第十一

右唐魏謩等撰。起即位，盡開成五年，凡十四年。宣宗大中八年，史官蔣偕、牛叢、王渢、盧告同修〔一〕。296

〔一〕史官蔣偕牛叢王渢盧告同修　原本所據底本「渢」作「諷」，李富孫據新唐志卷二、書録解題卷四改。瞿鈔本、袁本、臥雲本、宛委本、顧校本、經籍考卷二十一起居注類亦作「諷」。又，經籍考「告」作「吉」，李富孫以爲誤。按卧雲本、宛委本「告」亦作「吉」。盧告，新唐書卷一九七有傳，其名作「告」；舊唐書卷一七六魏謩傳、新唐書卷七十三宰相世系表三上、卷一九七盧弘宣傳、文苑英華卷三八三杜牧授盧告左拾遺等制、册府元龜卷五五六國史部采撰等俱作「告」，唯舊唐書卷十八下宣宗紀作「吉」，似以「告」爲是。又，據舊唐書卷一四九蔣乂傳，此録詔修於懿宗咸通年間，至大中八年三月成書。玉海卷四十八引孫甫語，言此録甚詳，可參看。唐會要卷六十三謂文宗實録有四十二卷，與諸目俱不合，豈另有二卷目録？

唐武宗實録一卷〔一〕　袁本後志卷一實録類第十二

右唐韋保衡等撰。武宗以後，實録皆亡，今存止會昌元年正月、二月。國朝宋敏求次道嘗補宣宗實録三十卷，懿宗實録三十卷〔二〕，僖宗實録三十卷〔三〕，昭宗實録三十卷，哀帝實録八卷〔四〕，通百二十八卷〔五〕。世服其博聞〔六〕。　297

〔一〕 唐武宗實録一卷　新唐志卷二起居注類作三十卷。按崇文總目卷二、書録解題卷四引邯鄲書目、玉海卷四十八、五代會要卷十八引賈緯奏俱云止存一卷。新唐志所著録，乃據傳聞，不可據依。韋保衡所修武宗實録，北宋時止存一卷。詳唐史餘瀋卷三「武宗實録」條。

〔二〕 懿宗實録三十卷　經籍考卷二十一注云：「一作二十五卷。」按經籍考所據乃書録解題卷四，云：「今案懿録三十五卷，止有二十五卷，而始終皆備，非闕也。」唐史餘瀋云：「則未知稱三十卷者，爲傳訛，抑當日編卷不同耳。抑解題釋文『今案懿録三十五卷』，由此又可決『五』字是衍，應正作『今案懿録三十卷』，蓋非如是，無以合乎百四十八之數也。」

〔三〕僖宗實録三十卷　原本「三」作「二」，誤，今據袁本、卧雲本、經籍考改。按書録解題、玉海卷四十八俱作三十卷。僖録三十卷，方合下文所言百二十八卷之數。

〔四〕哀帝實録　袁本、宛委本「帝」作「宗」，瞿鈔本、季録顧校本同原本。按書録解題、玉海、宋志卷二編年類作「宗」。

〔五〕通百二十八卷　按宋史卷二九一宋敏求傳云：「補唐武宗以下六世實録百四十八卷。」此含宋敏求撰武宗實録二十卷，讀書志止計宣宗實録以下五録，故止百二十八卷。又，書録解題云：「案兩朝史志：初爲一百卷，其後增益爲一百四十八卷」，「實一百四十三卷」。據此，陳振孫所收蓋非完帙。

〔六〕世服其博聞　卧雲本、經籍考自「國朝宋敏求」以下諸録皆提行並列，另作五條。顧廣圻所見鈔本同原本，其校語云：「鈔本最是，與衢本正合。」

建康實録二十卷　袁本前志卷二上實録類第五

右唐許嵩撰。始自吳，起漢興平元年，終於陳末禎明三年，南朝六代四十帝、四百年間〔一〕，君臣行事及土地山川、城池宫苑〔三〕、制置興壞，用存古跡。其有異事則注之，以益見聞。按南朝四百年，除西晉平吳之年并吳首事之年，三百三十一年而已〔三〕。吳大帝在武昌七年，梁元帝都江陵三年，其實在建康宮，三百二十一年也。十父〔四〕按：「嵩自敍此書云『使周覽而不繁，約而無失』，然自順帝已後，復爲紀傳而廢編年，其間重複一事相牴牾者甚衆，至於名號稱謂，又絕無法。蓋亦煩而多失矣〔五〕」。298

〔一〕南朝六代四十帝四百年間　袁本無「四十帝」三字。按此條解題，公武本之許嵩序，序云：「南朝六代四十帝三百三十一年，通西晉革吳之年，並吳首事之年，總四百年間，著東夏之事，勒成二十卷，名曰建康實錄。」疑袁本脱三字。

〔二〕宮苑　宛委本作「宮室」。

〔三〕三百三十一年　經籍考卷二十一脱此六字。

〔四〕十父　卧雲本「十」字作空格。按「十父」讀書志凡四見，其餘三處在卷八地理類山海經條、卷十三小說類鹿革事類條、卷十五醫書類養生必用方條。山海經條李富孫、顧廣圻有校語，故於該條下出校，參見該條校注〔三〕。

〔五〕蓋亦煩而多失矣　袁本無「按南朝四百年」至此凡一百十八字，有「建康者六朝所都地名也」十字。諸衢本、經籍考同原本。按周中孚以晁氏譏建康實錄語核本書，以爲所詆誠是，詳見鄭堂讀書記卷十八。

蜀高祖實錄三十卷　袁本後志卷一實錄類第十三

右僞蜀李昊撰。高祖者，孟知祥也。昊相知祥子昶時被命撰。起唐咸通甲午，終於僞明德元年甲午，凡六十一年〔一〕。299

〔一〕凡六十一年 宛委本、陳師曾刊本「一」譌作「二」。

太祖實録五十卷 袁本後志卷一實録類第十四

右皇朝沈倫撰。太平興國三年，詔李昉、扈蒙、李穆、郭贄、宋白、董淳、趙鄰幾同修，倫總其事。更歷二載，書成。起創業，迄山陵，凡十七年。淳化中，王禹偁作篋中記，敍云：「太祖神聖文武，曠世無倫，自受命之後，功德日新，皆禹偁所聞見〔一〕。今爲史臣，多有諱忌而不書，又上近取實録入禁中，親筆削之。禹偁恐歲月寖久〔二〕，遺落不傳，因編次十餘事。」按禹偁所言雖未可盡信，然咸平、祥符間，亦以所書漏落，一再命儒臣重修，多所增益，故有三本傳於世。300

〔一〕禹偁所聞見 袁本、卧雲本、宛委本、經籍考二十一「禹偁」下有「耳目」二字。按篋中記即建隆遺事，參見本書卷六建隆遺事條。

〔二〕歲月寖久 袁本「寖」作「浸」。

重修太祖實録五十卷〔一〕 袁本前志卷二上實録類第六

右皇朝李沆等撰。咸平中〔二〕，真宗以前録漏畧〔三〕，詔錢若水、王禹偁、李宗諤、梁顥、趙安仁重加刊修，呂端監修。端罷，沆代。二年，書成奏御〔四〕。沆表云：「前録天造之始，國姓之源，發揮無取，削平諸國，僭主僞臣，頗亡事迹〔五〕。今之所正，率由典章，又益諸臣傳一百四人。」按書太宗不夯市及杜太后遺言〔六〕，與司馬温公所書不同，多類此〔七〕。301

〔一〕重修太祖實録五十卷　袁本無「重修」二字。

〔二〕咸平中　袁本「咸」上有「起建隆元年庚申，止開寶九年丙子十月」十六字。按太祖實録二本，袁本分載前志、後志，意者公武先得重修本，再得初修本，後整比時，二本並録入定本（即後傳刻之衢本），故於標題、解題均有潤飾：標題添字「重修」，以別兩次所修也；此解題删汰十六字，以避與前條複沓也。又，呂端等受詔重修太祖實録，事在咸平元年九月己巳，詔載宋大詔令集卷一五〇。重修太祖實録事參見宋會要輯稿運曆一之二十九。

〔三〕漏畧　袁本「畧」作「落」。

〔四〕二年書成奏御　袁本「奏御」作「上之」。按書成於二年六月丁巳，見玉海卷四十八。

〔五〕頗亡事迹　袁録何校本「亡」上有「之」字，袁録顧校本顧廣圻校語謂「之」字衍。舊鈔本「亡」譌作「云」。

〔六〕太宗不夯市　原本所據底本「夯」作空格，李富孫據瞿鈔本、明刻經籍考補，顧校本、舊鈔本亦作空格。宛委本、殿本經籍考「夯」作「榷」。

〔七〕多類此　袁本無「按書太宗不夯市」至此凡二十五字。

太宗實録八十卷〔一〕　袁本前志卷二上實録類第七

右皇朝錢若水等撰。至道三年，命若水監修〔二〕，不隸史局。若水即引柴成務、宋度、吳淑、楊億爲佐，咸平元年書成，上於朝。起即位，至至道三年丁酉三月，凡二十年。初，太宗有馴犬常在乘輿側，及崩，犬輒不食。李至嘗作歌紀其事，以遺若水，其斷章曰：「白鱗赤鴈君勿書〔三〕，勸君書此懲浮俗。」而若水不爲載。吕端雖爲監修，而未嘗涖局，書成，不署端名〔四〕，至抉其事以爲專美，若水援唐朝故事若此者甚衆，時議不能奪〔五〕。世又傳億子娶張洎女而不終〔六〕，故洎傳多醜辭。嗚呼！若水及億，天下稱賢，尚不能免於流議若此〔七〕，信乎執史筆者之難也。302

〔一〕太宗實録八十卷　袁本解題頗異，俱録於下：「右皇朝錢若水等撰。起即位，止至道三年丁酉三月，凡二十年。至道三年，詔若水、柴成務、宋庚、吳淑、楊億同修。咸平元年，書成上之。」諸衢本、經籍考卷二十一解題同原本。按宋歷朝實録唯太宗朝實録有殘本二十卷存世，入四部叢刊三編，題太宗皇帝實録。

〔二〕若水監修　卧雲本、宛委本、經籍考「監修」作「專修」。按疑當作「專修」，此書監修乃吕端。

〔三〕赤鴈　卧雲本、經籍考作「赤馬」，誤。

〔四〕不署端名　經籍考脱「不」字，舊鈔本「署」譌作「置」。

〔五〕時議　原本作「世人」，今據卧雲本、宛委本、顧校本、瞿鈔本、經籍考改正。宋史卷二六六錢若水傳載此事，亦作「時議」，其文蓋與讀書志同出於國史。

〔六〕世又傳　原本脱「世」字，今據臥雲本、宛委本、顧校本、瞿鈔本、經籍考補。

〔七〕若此　經籍考作「如此」。

真宗實録一百五十卷　袁本前志卷二上實録類第八

右皇朝王欽若等撰。起藩邸，止乾興元年壬戌二月，凡二十六年。乾興元年，詔李維、晏殊、孫奭、宋綬、陳堯佐、王舉正〔一〕、李淑同修，馮拯監修。拯卒，欽若代。天聖二年〔二〕，書成奏御〔三〕。303

〔一〕王舉正　經籍考卷二十一脱「王」字。

〔二〕天聖二年　原本「二」譌作「三」。按書録解題卷四作二年，宋史卷九仁宗紀一、續資治通鑑長編卷一〇二、玉海卷四十八云書成於天聖二年二月癸卯，欽若等詣承明殿以獻。袁本不誤，據改。

〔三〕奏御　袁本作「上之」。

仁宗實録二百卷　袁本前志卷二上實録類第九

右皇朝韓琦等撰。起藩邸，盡嘉祐八年三月，凡四十二年。嘉祐八年十二月，詔韓琦提舉〔一〕，王珪、賈

黯、范鎮修撰，宋敏求、吕夏卿、韓維檢討。治平中，又命陳薦〔二〕、陳繹同編修。熙寧二年奏御〔三〕。 304

〔一〕韓琦　經籍考卷二十一起居注類無「韓」字。

〔二〕陳薦　卧雲本「薦」作「荐」。

〔三〕熙寧二年奏御　袁本無「嘉祐八年」至此凡四十八字，諸衢本、經籍考同原本。按嘉祐八年十二月十二日庚辰，命琦等修仁宗實録，以敏求等爲實録院檢討官。治平元年二月戊辰，命宰臣琦提舉，熙寧二年七月己丑上之。事見玉海卷四十八，琦進表答詔載宋大詔令集卷一五〇。原本所敍事與記載俱合。

英宗實録三十卷　袁本前志卷二上實録類第十

右皇朝曾公亮等撰〔一〕。起藩邸，盡治平四年正月〔二〕，凡四年。熙寧元年正月，詔公亮提舉，吕公著、韓維修撰，孫覺、曾鞏檢討。三月，又以錢藻檢討，四月，又以王安石、吳充爲修撰。二年七月，書成上之〔三〕。 305

〔一〕曾公亮等撰　袁本「撰」下有「録」字。

〔二〕盡治平四年正月　袁本「正月」作「九月」。按曾鞏元豐類稿卷三十三有英宗實録院申請，其陳請諸院、司、監、所提供實録院卷案等，俱以治平四年正月英宗崩時爲下限，袁本誤。

〔三〕書成上之　袁本無「熙寧元年」至此凡五十一字。諸衢本、經籍考同原本，唯經籍考無「上之」二字。按書録解題卷四英宗實録條隨齋批注亦引此五十上字，是隨齋所見亦衢本。宋大詔令集卷一五〇載修英宗實録令曾公亮等陳所聞先帝德音手詔（熙寧元年五月戊戌）、曾公亮表進英宗實録詔（熙寧二年七月乙丑）。

神宗實録二百卷〔一〕　袁本前志卷二上實録類第十一

右皇朝曾布等撰。起藩邸，止元豐八年三月，凡十九年。306

〔一〕神宗實録二百卷　袁本題作神宗實録二百卷，其解題則與原本神宗朱墨史條相近。諸衢本、經籍考卷二十一同原本。分兩條著録。按神宗實録凡四修：元祐元年二月六日乙丑詔修，以蔡確提舉，鄧温伯、陸佃爲修撰，林希、曾肇爲檢討。之後，司馬光、吕公著、吕大防相替爲提舉，又增黄庭堅、范祖禹爲檢討，於六年三月四日成書進御。是爲首次，事見續資治通鑑長編卷三六五、玉海卷四十八。紹聖元年四月戊辰，蔡卞請重修，以卞、林希爲同修撰，曾布爲修撰，三年十一月二十一日成書，章惇奏進，是爲再修，即朱墨史也。事見宋史卷四七二蔡卞傳、宋會要輯稿運曆一。元符三年五月，陳瓘上疏，請别行刊修紹聖實録，建中靖國元年六月下重修詔。是爲三脩。參見國朝諸臣奏議卷六十、玉海卷四十八，重修神宗實録詔載宋大詔令集卷一五〇。紹興四年五月初四日癸丑，詔范沖改修神、哲二朝實録。五年九月十五日乙酉，監修趙鼎、修撰范沖等上重修實録五十卷，六年正月癸未成書，通先進者凡二百卷。見玉海卷四十八。是爲第四次修撰。讀書志著録者，蓋紹聖重修本，即朱墨史，似不當分列兩條。所謂朱墨史(或稱朱墨本),乃紹聖史官在元祐舊録之上,以色筆删補改修者。其傳世端緒見書録解題卷四神宗實録攷異條、陸游老學庵筆記卷十。

神宗朱墨史二百卷〔一〕 袁本前志、後志未收

右皇朝元祐元年,詔修神宗實録,鄧温伯、陸佃修撰,林希、曾肇檢討〔二〕,蔡確提舉。確罷,司馬光代。光薨,呂公著代。公著薨,大防代。六年奏御。趙彦若、范祖禹、黄庭堅後亦與編修,書成賞勞,皆遷官一等。紹聖中,諫官翟思言:「元祐間,呂大防提舉實録,祖禹、庭堅等編修,刊落事迹,變亂美實〔三〕,外應姦人詆誣之辭。」命曾布重行修定。其後奏書,以舊録爲本,用墨書,添入者用朱書,其删去者用黄抹。已而將舊録焚毀。宣和中,或得其本於禁中,遂傳於民間,號朱墨史云。307

〔一〕神宗朱墨史二百卷　袁本題作神宗實録二百卷,解題亦稍異,俱録如下:「右皇朝呂大防等撰。起藩邸,止元豐八年三月,凡十九年。紹聖中,言者謂:『元祐間,呂大防提舉實録,范祖禹等編修,刊落事跡,變亂美實,外應姦人詆誣之説。』命蔡卞改修。其後奏書,以舊録爲本,用墨書,添入者用朱書,其删去者用黄抹。已而將舊録焚毀。宣和中,或得其本於禁中,遂傳於民間,號朱墨史云。」按參見神宗實録條校注〔一〕。

〔二〕曾肇　原本所據底本「曾」下有「鞏」字,黄丕烈據瞿鈔本、經籍考删。按顧校本亦無「鞏」字。

〔三〕美實　卧雲本、瞿鈔本、經籍考作「美惡」。

哲宗前録一百卷後録九十四卷〔一〕 袁本前志卷二上實録類第十二

右皇朝蔡京撰〔二〕。前録起藩邸，盡元祐七年十二月，後録起紹聖元年正月，盡元符三年正月，共十三年。京之意以宣仁垂簾時，政非出於上，故分前、後録，蓋誣之也〔三〕。308

〔一〕哲宗前録一百卷後録九十四卷　袁本兩「録」字上俱有「實」字，卧雲本「後録」上有「哲宗」二字。

〔二〕皇朝蔡京撰　袁本作「蔡京等撰」。按哲宗實録於元符三年五月癸亥詔修，蔡京提舉，與修史官有鄧洵武、陸佃、晁補之等，參見宋史卷十九徽宗紀、卷四七二蔡京傳、卷三二九鄧洵武傳、陸佃陶山集卷四辭免修哲宗實録劄子、晁補之雞肋集卷五十四哲宗實録開院謝賜筆硯紙墨表等。於大觀四年四月癸未奏上。亦見宋史徽宗紀。

〔三〕蓋誣之也　袁本、卧雲本、經籍考作「蓋厚誣也」。

重修哲宗實録一百五十卷〔一〕 袁本前志卷二上實録類第十三

右紹興四年三月壬子〔二〕，太上皇帝顧謂宰臣朱勝非等曰：「神宗、哲宗兩朝史録〔三〕，事多失實〔四〕，非所以傳信後世〔五〕，當重別修定〔六〕。著唐鑑范祖禹有子名沖者〔七〕，已有召命，可促來，令兼史事」。臣勝非奏曰：「神宗史緣添入王安石日録〔八〕，哲宗史經蔡京、蔡卞之手，議論多不公。今蒙聖諭，命官删定，以昭彰二帝盛美〔九〕，天下幸甚〔一〇〕。」十八日丙申，新除宗正少卿、兼直史館范沖，辭免恩命。勝非奏曰〔一一〕：「沖謂史館專修神宗、哲宗史録〔一二〕，而其父祖禹元祐間任諫官，後坐章疏議論，責死嶺表。而神宗實録又經祖禹之手，今既重修〔一三〕，則凡出京、卞之意及其增添者，不無删改。倘使沖與其事〔一四〕，恐其黨未能厭服」。上曰：「以私意增添，不知當否？」勝非曰：「皆非公論」。上曰：「然則删之何害？紛紛浮議〔一五〕，不足卹也〔一六〕。」勝非曰：「范沖不得不以此爲辭〔一七〕。今聖斷不私〔一八〕沖亦安敢有請」。上復愀然，謂勝非等曰：「此事豈朕敢私〔一九〕！頃歲昭慈聖獻皇后誕辰，因置酒宫中，從容語及前朝事。昭慈謂朕曰：『吾老矣，幸相聚於此，他時身後，吾復何患？然有一事，當爲官家言之。吾逮事宣仁聖烈皇后，求之古今母后之賢，未見其比。因姦臣快其私憤，肆加誣謗〔二〇〕，有玷盛德。建炎初，雖嘗下詔辨明〔二一〕，而史録所載，未經删改，豈足傳信後世？吾意在天之靈，不無望於官家也。』朕每念此〔二二〕，惕然於懷〔二三〕，朝夕欲降一詔書，明載昭慈遺旨，庶使中外知朕之本意〔二四〕。勝非進曰：「聖諭及此，天下幸甚」！臣等仰惟神宗、哲宗兩朝實録〔二五〕，以太上皇帝聖意先定〔二六〕，爰命宰臣悉令删修，故具載聖語於篇末云。309

〔一〕重修哲宗實録一百五十卷　袁本題作哲宗新實録。按哲宗實録於紹興四年五月壬子奉詔重修，八年六月癸亥，趙鼎奏上之。見宋史卷二十七高宗紀四、卷二四三后妃傳下。與修史官有范沖、勾濤、常同等。見宋史卷四三五范沖傳、卷三八二勾濤傳、卷三七六常同傳。建炎以來繫年要録卷七十六、七十七、七十九、八十一、八十三等記其議修之端獨詳，其中卷七十六、七十七兩段文字與此幾悉合，蓋高宗、朱勝非等對問，語載實録卷末，公武與李心傳所據相同。今亦參校焉。

〔二〕右紹興四年三月壬子　袁本無「右」字。按「三」當「五」之誤，見高宗紀、建炎以來繫年要録（下簡稱繫年要録）卷七十六。

〔三〕兩朝史録　袁録何校本「史」上有「國」字。

〔四〕事多失實　袁本作「事實多誣」。按繫年要録同原本。

〔五〕傳信後世　原本「信」下有「於」字，據袁本、卧雲本、經籍考卷二十一、繫年要録删。

〔六〕重別修定　喬録王校本王懋竑謂「別」當作「刊」。按繫年要録作「重別刊定」。

〔七〕名冲者　公武父名冲之，遇「冲」字當改「同」，以避家諱，此段解題蓋以迻録原書卷末之「聖語」，故因之不改。

〔八〕神宗史緣添入　原本「緣」作「因」，據袁本、卧雲本、經籍考改正。按繫年要録作「神宗史録添入」，疑「録」乃「緣」之形譌。

〔九〕盛美　原本作「聖德」，據袁本、卧雲本、宛委本、瞿鈔本、季録顧校本、經籍考、繫年要録改正。

〔一〇〕天下幸甚　袁本倒「幸」、「甚」二字。

〔一一〕勝非　袁本「勝非」上有「臣」字，下並同。

〔一二〕冲謂史館專修神宗哲宗史録　瞿鈔本、季録顧校本「謂」作「爲」、「館」作「官」，顧校本「史録」作「實録」。按繫年要録同原本。

〔一三〕今既重修　原本所據底本「既」誤作「疏」，李富孫據經籍考改正。按瞿鈔本季録顧校本、舊鈔本亦誤，袁本不誤。

〔一四〕倘使沖與其事　袁本「與」作「預」。

〔一五〕紛紛浮議　袁本「議」作「論」。

〔一六〕不足卹也　原本「卹」作「惜」，據袁本、卧雲本、宛委本、經籍考改正。舊鈔本、繫年要録作「卹」之異體「恤」。

〔一七〕范沖不得不以此爲辭　原本所據底本脱此九字，李富孫據袁本、瞿鈔本、經籍考補。按舊鈔本、繫年要録無下一「不」字。

〔一八〕聖斷不私　袁本、繫年要録「私」作「移」，疑是。

〔一九〕朕敢私　原本「私」上有「有」字，據袁本、卧雲本、經籍考、繫年要録删。

〔二〇〕肆加誣謗　原本「誣謗」作「謗誣」，據袁本、卧雲本、經籍考、繫年要録乙正。

〔二一〕雖嘗下詔　原本脱「嘗」字，據袁本、經籍考、繫年要録補。

〔二二〕每念此　袁本、繫年要録作「每念及此」，疑是。

〔二三〕惕然於懷　袁本脱「懷」字。

〔二四〕知朕之本意　袁本、繫年要録作「知朕修史之本意」，疑是。

〔二五〕臣等仰惟　袁本無「等」字。

〔二六〕以太上皇帝　袁本作「已上太上皇帝」。

徽廟實録二十卷〔一〕　袁本後志卷一實録類第十五

右皇朝程俱撰。先是汪藻編庚辰以來詔旨，頗繁雜。俱删輯成此書，且附以靖康、建炎時事。 310

〔一〕徽廟實録二十卷　經籍考卷二十一「廟」作「宗」。原本黄丕烈校語云：「通考引陳氏語，有徽宗實録一百五十卷，又淳熙四年成凡二百卷。是晁氏所藏爲二十卷者，別一本也。」按黄説是，徽宗實録一百五十卷，秦檜、湯思退先後提舉，紹興七年詔修，二十八年書成；二百卷者，有攷異一百五十卷，目録二十五卷，李燾撰，淳熙四年三月九日書成。見李心傳建炎以來繫年要録卷一一六、卷一四一、卷一八〇、建炎以來朝野雜記甲集卷四、宋會要輯稿職官十八國史院、實録院條、玉海卷四十八等。公武似未見彼二本，而陳振孫又未見程俱所撰本。

元符庚辰以來詔旨三卷〔一〕　袁本前志卷二上實録類第十四

右皇朝汪藻編徽宗即位後詔旨，未全。 311

〔一〕元符庚辰以來詔旨三卷　袁本作四卷，諸衢本、經籍考卷二十一起居注類同原本。按汪藻於紹興六年六月受命編詔旨，七年成書，八年十一月奏進，自二年十一月守湖州奏請編集至奏上，凡六年，書六百六十五卷。參見建炎以來朝野雜記甲集卷四、建炎以來繫年要録卷六十、玉海卷四十八、浮溪集附孫覿撰墓誌等。公武所得乃殘本，故曰「未全」。

邵氏辨誣一卷〔一〕 袁本前志卷二上實録類第十六

右皇朝邵伯温撰。辨蔡卞、章惇、邢恕誣罔宣仁欲廢哲宗立徐邸事。312

〔一〕邵氏辨誣一卷　袁本「辨」作「辯」，下同。按書録解題卷五雜史類、宋志卷二傳記類俱作三卷。書録解題云：「紹興中，其子待制溥上之。」

雜史類

汲冢書十卷〔一〕 袁本前志卷二上雜史類第一

右晉太康中汲郡與穆天子傳同得〔二〕，晉孔晁注。蓋孔子删采之餘〔三〕，凡七十篇〔四〕。古者天子諸侯，皆有史官，惟書法信實者行於世。秦、漢罷黜封建，獨天子之史存，然史官或怯而阿世，貪而曲筆，虛美隱惡〔五〕，不足考信。惟宿儒處士〔六〕，或私有記述〔七〕，以伸其志，將來賴以證史官之失〔八〕，其弘益大矣〔九〕。故以司馬遷之博聞〔一〇〕，猶采數家之言，以成其書，況其下者乎？然亦有聞見卑淺〔一一〕，記録失實，胸臆偏私，褒貶弗公，以誤後世者，是在觀者慎擇之矣〔三〕。313

〔一〕汲冢書十卷　袁本、臥雲本、宛委本、經籍考卷二十二雜史類作汲冢周書。按此書史記天官書稱史記，貨殖列傳、主父偃傳稱周書，故漢志六藝略書類稱周書，注云：「周史記」。至許慎説文解字、郭璞爾雅注、李善文選注稱逸周書。日本國見在書目録有周書八卷，云：「汲冢書。」隋志卷二雜史類作十卷，注亦云：「汲冢書。」此後，新唐志卷二並録汲冢周書十卷、孔晁注周書，書録解題卷二書類、宋志卷一書類、卷二別史類、黄奭汲冢周書序，俱稱汲冢周書。亦有稱汲冢書者，如劉克莊後村大全集卷一七七詩話續集汲冢書條。

〔二〕晉太康中汲郡與穆天子傳同得　沈録何校本何焯批語云：「王伯厚以爲此逸書，非汲郡所得。」按王應麟説見漢藝文志考證卷一。宋時謂不得繫之汲冢者，尚有李燾、丁黼等。公武所據，當本隋志。後人考證此書源流者甚衆，參見楊慎序、四庫總目卷五十別史類、謝墉序、陳逢衡逸周書補注敍説、朱右曾周書集訓校釋序、丁宗洛逸周書管箋。

〔三〕蓋孔子删采之餘　左暄三餘偶筆卷九據禮記緇衣引「祭公顧命」云云、左傳文公二年、襄公二十六年傳引此書，遂云：「是此書在春秋時，列國諸大夫皆嘗肄業及之，而亦聖人之門所從事者也。昭德晁氏謂是孔子删採之餘，諒哉！」按公武語襲自漢志引劉向別録與隋志。

〔四〕凡七十篇　按漢志、漢書卷三十九蕭何傳師古注、史通卷一六家篇俱云七十一篇，書録解題云：「凡七十篇，序一篇在其末。今京口刊本以序散在諸篇，蓋以倣孔安國尚書。」是公武所見亦如京口本者歟？

〔五〕隱惡　季録顧校本「惡」作「安」，舊鈔本作「要」，誤。

〔六〕惟宿儒處士　卧雲本、宛委本、經籍考作「則儒學處士」。

〔七〕或私有記述　卧雲本、宛委本、經籍考「或」作「必」。

〔八〕賴以證史官之失　卧雲本、宛委本、經籍考「賴」下有「之」字。

〔九〕其弘益大矣　原本脱此五字，據宛委本、瞿鈔本、經籍考補，卧雲本「弘」譌作「私」。

〔一〇〕故以司馬遷　卧雲本、宛委本、季録顧校本、舊鈔本、經籍考俱無「故」字。

〔一一〕然亦有聞見卑淺　卧雲本、宛委本、經籍考無「然」字。又，原本「卑」譌作「罕」，據顧校本改正。

〔一二〕是在觀者慎擇之矣　卧雲本、宛委本、季録顧校本、經籍考無「是」字。又，宛委本、季録顧校本、舊鈔本「矣」上有「而已」二字。又，袁本無「古者天子諸侯」至此凡一百三十四字。按袁本所闕者正是雜史類小序。

吴越春秋十二卷　袁本前志卷二上雜史類第二

右後漢趙曄撰。吴起太伯，盡夫差；越起無餘〔一〕，盡句踐〔二〕。内吴外越，本末咸備。314

〔一〕無餘　袁本「無」作「无」。

〔二〕盡句踐　袁本「句」作「勾」。

南史八十卷北史一百卷〔一〕　袁本前志卷二上雜史類第三

右唐李延壽撰。延壽父太師〔二〕，嘗謂宋、齊逮周、隋，南北分隔〔三〕，南謂北爲「索虜」，北謂南爲「島夷」，欲改正，擬吳越春秋編年，未就而卒。延壽後預修晉、隋書，因究悉舊事，更依馬遷體〔四〕，總敘八代。北起魏盡隋，二百四十二年〔五〕；南起宋盡陳，百七十年，爲二史。刪繁補闕〔六〕，過本史遠甚，至今學者止觀其書，沈約、魏收等所撰皆不行。獨闕本志而隋書有之，故隋書亦傳於世〔七〕。 315

〔一〕南史八十卷北史一百卷　袁録何校本何焯批語云：「入之雜史蓋亦不合，予云也。」袁録顧校本顧廣圻批語云：「經籍考在正史。」

〔二〕延壽父太師　按讀書志此條解題本北史卷一〇〇序傳。「太師」當作「大師」。

〔三〕南北分隔　袁本、宛委本、舊鈔本作「分隔南北」。按序傳同原本。

〔四〕更依馬遷體　袁本「體」上有「論」字。按序傳云：「本紀依司馬遷體，以次連綴之。」袁本當衍。

〔五〕北起魏盡隋二百四十二年　按北史始北魏道武帝拓跋珪登國元年，止隋恭帝楊侑義寧二年。其間凡二百三十二年。

〔六〕刪繁補闕　袁本、卧雲本、經籍考「繁」作「煩」。

〔七〕亦傳於世　卧雲本、經籍考此下尚有「崇文總目：『唐高宗善其書，自爲之序，今闕』」十六字，袁本及其他衢本俱無。

西京雜記二卷〔一〕　袁本前志卷二上雜史類第四

右晉葛洪撰。初序言：「洪家有劉子駿漢書百卷，乃當時欲撰史録事，而未得締思，無前後之次，雜記而已。後學者始甲乙之，終癸爲十卷〔二〕。以其書校班史，殆全取劉書耳。所餘二萬許言〔三〕，乃鈔撮之。析二篇以裨漢書之闕〔四〕，猶存甲乙哀次。」江左人或以爲吳均依託爲之〔五〕。316

〔一〕西京雜記二卷　經籍考卷二十二題下注云：「一作六卷。」蓋指書録解題卷七傳記類著録之六卷本。

〔二〕後學者始甲乙之終癸爲十卷　袁本、宛委本作「後學者始甲乙壬癸爲十卷」。按葛洪序云：「洪家世有劉子駿漢書一百卷，無首尾題目，但以甲乙丙丁記其卷數。……後好事者以意次第之，始甲終癸，爲十秩，秩十卷，合爲百卷。」

〔三〕二萬許言　經籍考脱「許」字。

〔四〕以裨漢書之闕　舊鈔本「漢」譌作「二」。

〔五〕江左人或以爲吳均依託爲之　原本脱「爲」字，據袁本、卧雲本、宛委本、經籍考補。按段成式酉陽雜俎卷十二語資篇云：「庾信作詩，用西京雜記事，旋自追改，曰：『此吳均語，恐不足用也。』」四庫總目卷一四〇小説家類疑公武所據即出酉陽雜俎引庾信語。此書撰人，盧文弨校本序、姚振宗隋書經籍志考證卷十六有詳考，可參看。

五代新説二卷〔一〕 袁本前志卷二上雜史類第五

右唐張詢古撰〔二〕。以梁、陳、北齊、周、隋君臣雜事，分三十門纂次。317

〔一〕五代新説二卷　按新唐志卷二、通志藝文略卷三雜史類題作五代新記，崇文總目卷二、宋志卷二別史類同讀書志。

〔二〕唐張詢古撰　袁本、宛委本、顧校本、舊鈔本「詢」俱作「洵」。按新唐志、崇文總目、通志藝文略「詢」作「絢」，宋志卷二同原本。又宋志卷五小説家類有張説五代新説二卷，説郛（宛委山堂本弓五十四）有徐鉉五代新説一卷，蓋屬異書而同名也。

高氏小史一百二十卷〔一〕 袁本後志卷一雜史類第一

右唐高峻撰。以司馬遷史至陳、隋書，附以唐實録，纂其要，分十例，爲六十卷。後其子迥析而倍之〔二〕。318

〔一〕高氏小史一百二十卷　按新唐志卷二正史類卷數同讀書志，然高似孫史略卷四作一百卷；崇文總目卷二、宋志卷二別史類又作一百一十卷，當如書録解題卷四引國史藝文志，其中有一卷目録；書録解題另著録一百三十卷本，陳振孫疑有後人附益。

〔三〕後其子適析而倍之　袁本「其」譌作「先」。又，殿本經籍考卷二十二脱「而」字，元刊本不脱。

南部煙花録一卷　袁本前志卷二上雜史類第六

右唐顔師古撰。載隋煬帝時宫中秘事。僧志徹得之瓦官閣笱筆中〔一〕。一名大業拾遺記〔二〕。319

〔一〕得之瓦官閣笱筆中　原本「瓦」誤作「於」，據袁本改正。諸衢本、經籍考卷二十二亦誤。按今唐宋傳奇集隋遺録卷末有闕名題識，公武語蓋本於是，題識謂此書藏瓦棺寺閣南隅雙閣笱筆中，會昌中得之。

〔二〕一名大業拾遺記　按今百川學海本、唐宋傳奇集本、歷代小史本又題作隋遺録。

大業雜記十卷〔一〕　袁本前志卷二上雜史類第七

右唐杜寶撰。起隋仁壽四年煬帝嗣位，止越王侗皇泰三年王世充降唐事。320

〔一〕大業雜記十卷　按崇文總目卷二題作大業拾遺，十卷。疑即此書。新唐志卷二、書録解題卷五、宋志卷二傳記類題皆同讀書志。通志藝文略卷三雜史類有大業拾遺一卷、大業雜記十卷，俱題杜寶撰。據此杜氏所撰似有二書。今雜記一卷，宛委山堂本説郛写五十九又有大業拾遺録一卷。程毅中古小説簡目南部烟花録條云：「太平廣記所引大業拾遺記，則與今本隋遺録不同，疑爲杜寶大業拾遺佚文。」又杜寶另有大業幸江都記十二卷，見王明清揮麈餘話卷一詞人蹈襲條。

貞觀政要十卷　袁本前志卷二上雜史類第八

右唐吳兢撰〔一〕。兢以唐之極治，貞觀爲最，故采時政之可備勸戒者〔二〕，上之於朝。凡四十篇。321

〔一〕唐吳兢　袁本脱「唐」字。

〔二〕可備勸戒者　原本「勸戒」誤作「觀型」，據袁本、臥雲本、宛委本、瞿鈔本、舊鈔本、季録顧校本、經籍考卷二十八故事類改正。按公武語蓋本本書序中案語，云：「采摭太宗朝政事之要，隨事載録，以備勸戒，合四十篇上之，名曰貞觀政要。」

大唐新語十三卷　袁本前志卷二上雜史類第九

右唐劉肅撰。輯唐故事〔一〕，起武德至大曆〔二〕，分爲三十類〔三〕。322

〔一〕輯唐故事　經籍考卷二十二無「唐」字。

〔二〕起武德至大曆　袁本、臥雲本、經籍考「至」作「止」。

〔三〕分爲三十類　袁本「三」作「二」，玉海卷五十五引中興書目亦云：「分爲二十類。」書録解題卷五著録本分類三十，今稗海本卷一匡贊之卷十三郊禪凡二十九類，疑袁本誤。又，卧雲本、宛委本、經籍考在此句末，有「肅，元和時人」五字，所據蓋新唐志卷二雜史類小注，或元和丁亥序。

明皇雜録二卷〔一〕　袁本前志卷二上雜史類第十

右唐鄭處誨撰〔二〕。記孝明時雜事〔三〕。別録一卷，題補闕，所載十二事。323

〔一〕明皇雜録二卷　宛委本、顧校本「二」作「五」，新唐志卷二、崇文總目卷二、玉海卷五十八引中興書目、宋志卷二故事類、經籍考卷二十二俱同原本，書録解題卷五作一卷。按處誨傳附舊唐書卷一五八鄭餘慶傳，稱撰次明皇雜録三篇，是合別録數之而公武則析而數之也，「五」爲「三」之誤歟？

〔二〕鄭處誨撰　經籍考「誨」作「晦」。

〔三〕記孝明時雜事　按公武每稱玄宗爲孝明，未知何據。

開天傳信記一卷〔一〕　袁本前志卷二上雜史類第十一

右唐鄭棨撰〔二〕。紀開元、天寶傳聞之事，故曰「傳信」。324

〔一〕開天傳信記一卷　原本所據底本「天」譌作「元」，李富孫據新唐志卷二、書録解題卷五、宋志卷五小説家類、盧文弨羣書拾補文獻通考經籍三改正。瞿鈔本、袁本、經籍考卷二十二亦誤。按卧雲本、宛委本、舊鈔本亦誤，袁録顧校本顧廣圻校語謂「元」乃「天」之誤。

〔二〕鄭棨撰　四庫總目卷一四二「棨」作「綮」。按新唐志、書録解題、宋志俱同讀書志，舊唐書卷一七八、新唐書卷一八三本傳、舊唐書卷十九下僖宗紀、唐詩紀事卷六十五則作「綮」。

國史補二卷〔一〕　袁本前志卷二上雜史類第十二

右唐李肇撰。起開元，止長慶間事〔二〕。初，劉餗記元魏迄唐開元事，名曰國朝傳記，故肇續之。 325

〔一〕國史補二卷　按新唐志卷二、書録解題卷五、宋志卷二傳記類俱作三卷。按是書卷分上、中、下，疑「二」乃「三」之誤。

〔二〕起開元止長慶間事　袁本脱「止」字。

幸蜀記三卷　袁本前志卷二上雜史類第十三

右唐李匡文〔一〕、宋巨〔二〕、宋居白撰。初，匡文記盡孝明崩，巨記止於歸長安〔三〕，敍事互有詳畧〔四〕。居白合二記，以宋爲本，析李爲注〔五〕，取二序冠篇，復掇遺事增廣焉。 326

〔一〕李匡文　張宗泰魯巖所學集卷六跋晁公武郡齋讀書志云：「小説類資暇下作李匡乂，本自不誤，而幸蜀記下則作李匡文，兩處歧出不一，何也？」按李匡文、李匡乂辨證參見本書卷十三資暇條校注〔一〕。匡文所撰幸蜀記不載兩唐志，唯宋志卷二傳記類有李匡文明皇幸蜀廣記圖一卷。

〔二〕宋巨　原本「巨」下有「周」字。按新唐志卷二有宋巨明皇幸蜀記一卷、宋志卷二傳記類有宋巨（原注：「一作宗柜」）明皇幸蜀録一卷。袁本卷二下傳記類（參見本書卷九傳記類）有明皇幸蜀記兩卷，云：「右唐宋巨纂記明皇幸蜀，迄於復歸京師。」通志藝文略卷三、雜史類、焦竑國史經籍志卷三俱作宋巨，是原本「周」字衍，據袁本明皇幸蜀記條及諸目删。又，袁本、諸衢本、經籍考卷二十三傳記類亦衍。崇文總目卷二著録幸蜀記一卷，題宋巨周撰，亦誤。

〔三〕巨記止於歸長安　原本、諸衢本、經籍考俱在「巨」下衍「周」字，唯袁本不衍，據删。按巨書當即卷九傳記類之明皇幸蜀記兩卷。

〔四〕互有詳畧　經籍考「有」譌作「相」。

〔五〕析李爲注　袁本「析」譌作「折」。

次柳氏舊聞一卷　袁本前志卷二上雜史類第十四

右唐李德裕撰。上元中〔一〕，史臣柳芳與高力士同竄黔中，爲芳言開元、天寶禁中事，乃論次，號問高力士〔二〕。李吉甫與芳子冕，貞元初俱爲尚書郎〔三〕，嘗道力士之説，吉甫每爲其子德裕言。歲祀既久，遺稿不傳，但記十七事。後文宗訪力士事於德裕，德裕遂編次上之〔四〕。多同明皇雜録。327

〔一〕上元中　卧雲本、經籍考卷二十三傳記類「上」譌作「中」。

〔二〕爲芳言開元天寶禁中事乃論次號問高力士　袁本「禁」作「年」。原本「乃」作「爲」，據袁本、卧雲本、宛委本、舊鈔本、經籍考改。原本李富孫據經籍考校，云「高力士」三字當在「爲」字上，「號問」作「奮聞」。黄丕烈校語云：「覆案本書序云：『編次其事，號曰問高力士。』則柳芳本書號曰問高力士也。元刻通考同此，原本不誤。」按宛委本「爲」上正有「高力士」三字，「號問」亦作「奮聞」，與李氏所見經籍考同；元刊本經籍考同原本，黄説是。今本或題明皇十七事。

〔三〕貞元初　袁本「初」作「中」。

〔四〕德裕遂編次　袁本、卧雲本、經籍考無「遂」字。

開成承詔録二卷　袁本前志卷二上雜史類第十五

右唐李石撰。石與鄭覃、李固言相文宗，録當時延英奏對事。開成，乃其時年號〔一〕。328

〔一〕開成乃其時年號　經籍考卷二十三傳記類無「乃其時」三字。

兩朝獻替記三卷〔一〕　袁本前志卷二上雜史類第十七

右唐李德裕撰。德裕相文宗、武宗，録當時奏對議論〔二〕。329

〔一〕兩朝獻替記三卷　按新唐志卷二、崇文總目卷二題作文武兩朝獻替記，書録解題卷五、宋志卷二故事類、玉海卷五十七引中興書目題同讀書志。今續談助所收題同新唐志。

〔二〕議論　袁本作「論議」。

開元升平源記一卷〔一〕　袁本前志卷二上雜史類第十八

右唐吳兢載姚崇以十事要明皇〔二〕。330

〔一〕開元升平源記一卷　原本李富孫校語云：「原本（按指原本所據底本，下同）、瞿校本脱『記一卷』三字，今據袁本補。」按季録顧校本亦脱。又，新唐志卷三小説家類、書録解題卷五、宋志卷二故事類題俱無「記」字，崇文總目卷三小説類下作開元平，錢侗謂即此書，資治通鑑卷二一〇唐紀二十六載考異，題則作升平源。今唐宋傳奇集本題同新唐志。

〔二〕唐吳兢載姚崇以十事要明皇　原本李富孫校語云：「此處原本云『原板空二行』，今據袁本補。」黄丕烈校語云：「通考載是書，但引陳氏語，與此畧異。」按季録顧校本亦無此十二字，自標題「記一卷」迄下條「金鑾密記一卷」六字止，注云「闕文」。又，新唐志謂撰者陳鴻，注云：「字大亮，貞元主客郎中。」資治通鑑考異云：「似好事者爲之，依託競名。」唐登科記考卷十七謂鴻爲貞元二十一年進士，全唐文卷六一二謂鴻大和三年官尚書主客郎中，岑仲勉唐史餘瀋卷二謂新唐志之「貞元」如不誤，則其下殆奪「進士」二字，由此推之，陳鴻書至早不過元和初作，去姚崇相九十年以上。今本誠如考異云，爲稗官依託。崇文總目輯釋引陳詩庭語，疑競所撰與鴻書異，恐不可信。此書撰者當爲陳鴻。

金鑾密記一卷〔一〕　袁本前志卷二上雜史類第十九

右唐韓偓撰。偓，天復元年爲翰林學士，從昭宗西幸。朱温圍岐三年，偓因密記其謀議及所見聞事〔二〕，止於貶濮州司馬。予嘗謂偓有君子之道四焉：唐之末，南北分朋而忘其君，偓，崔胤門生〔三〕，獨能棄家從上，一也；其時搢紳無不交通内外，以躐取爵位〔四〕，偓獨能力辭相位，二也；不肯草韋貽範起復麻，三也；不肯致拜於朱温，四也。詩曰：「風雨如晦，雞鳴不已」，偓之謂矣。而宋子京薄之，奈何？一本釐天復二年、三年各爲一卷，首尾詳畧頗不同，互相讎校，凡改正千有餘字云。331

〔一〕金鑾密記一卷　原本李富孫校語云：「案此目亦在原板空二行内，今據袁本補。」按經籍考卷二十三傳記類題下注云：「一作三卷。」蓋據書録解題卷五附注。又，袁本解題頗畧，俱録於下：「右唐韓偓撰。天復中，爲翰林學士，從昭宗西幸。梁祖以兵圍鳳翔，偓每與謀議，因密記之及所聞見事，止復京師偓貶云。」諸衢本、經籍考解題同原本，衢本解題當已經公武改寫。

〔二〕見聞事　經籍考作「聞見事」。

〔三〕崔胤　原本作「崔允」，蓋避宋太祖或清世宗諱，今據卧雲本、經籍考改。胤傳見舊唐書卷一七七、新唐書卷二二三下。

〔四〕爵位　卧雲本、經籍考「位」作「禄」。

大和辨謗畧三卷〔一〕　袁本前志卷二上雜史類第十六

右唐李德裕撰。先是，唐次録周〔二〕、秦迄隋忠賢罹讒謗事，德宗覽之不悦。後，憲宗以爲善，命令狐楚等廣之，成十卷。至大和中〔三〕，文成上之〔四〕。332

〔一〕大和辨謗畧三卷　「大和」原作「太和」，今正。詳下校注〔三〕。衢本卷十儒家類重出，解題微異，可參看。卧雲本「辨」作「辯」。袁本附趙希弁二本四卷考異云：太和辨謗畧三卷，袁本入史類，衢本入集類。疑趙氏所見衢本此書入集部。按新唐志卷三儒家類著録辨謗畧三條：唐次辨謗畧三卷；元和辨謗畧十卷，云：「令狐楚、沈傳師、杜元穎譔」；裴潾大和新脩辨謗畧三卷。據新唐書卷八十九唐次傳云：「次身在外，抑不得伸，以爲古忠臣賢士罹毁被謗至殺身君且不悟者，因採獲其事，爲辨謗畧三篇上之。帝（按指德宗）益怒，曰：『是乃以古昏主方我！』改夔州刺史。」是唐次撰書在德宗時。玉海卷五十五唐元和辨謗畧條引有其書序文。又據唐次傳，憲宗立，雅惡朋比傾陷者，嘗覽次書而善之，遂命沈、令狐、杜三人廣其書，起周至隋，增爲十篇。號元和辨謗畧。此書成於元和十二年十二月，見唐會要卷三十六修撰。至大和中，裴潾又據元和書裁成三卷，玉海卷五十五引中興書目云：「唐集賢殿學士裴潾撰。舊有十卷，以其繁冗，删去，止三卷，載自古被誣之事，起周公至狄仁傑。」讀書志著録當即大和書，據新唐志、中興書目，當署裴潾名。然，崇文總目卷二、書録解題卷五典故類亦題德裕撰，蓋以書由德裕進御故耳。書録解題云裴潾爲之序，是疑今李衛公會昌一品集補遺所載太和新修辨謗畧序亦潾所爲。辨謗畧三書，前人往往相混淆，故梳理其撰編始末，辨證如上。

〔二〕唐次　原本所據底本「唐」誤作「德裕」，李富孫據袁本、經籍考卷二十八故事類改正。按宛委本、顧校本、瞿鈔本亦誤。

〔三〕大和中　卧雲本、宛委本、經籍考「大」作「太」。按錢大昕廿二史考異卷四十二「太和元年」條謂文宗年號當作「大和」，近年鎮江甘露寺出土唐石刻李德裕所書年號亦作「大和」，是當依原本。參見考古一九六一年第六期江蘇鎮江甘露寺鐵塔塔基發掘報告。

〔四〕文成上之　經籍考「成」譌作「盛」。

南部新書五卷〔一〕　袁本前志卷二上雜史類第二十四

右皇朝錢希白撰。記唐故事〔二〕。333

〔一〕南部新書五卷　袁本卷二上雜史類、卷三下小説類複出，衢本不重。袁本雜史類解題同原本，小説類題作南郡新書，卷數同原本，解題微異，云：「右皇朝錢希白撰。記唐朝雜事。」沈録何校本改「郡」作「部」。

〔二〕記唐故事　按是書記事間及五代與宋初，如「梁補闕」條、詩話總龜引胥偃條。

晉公談録三卷〔一〕　袁本前志卷二上雜史類第三十一、卷三下小説類第五十五

右皇朝丁謂撰。多皇宋事〔二〕。每章之首，皆稱「晉公言」，不知何人爲潤益。初，董志彦得之於洪州潘延之家〔三〕。延之，晉公甥，疑延之所爲。334

〔一〕晉公談録三卷　按此書袁本卷二上雜史類、卷三下小説類重出，衢本不重。小説類題作晉公談録一卷，解題曰：「右皇朝丁謂封晉公，不知何人記其所談。此書襄陽董識得之於洪州潘延之，晉公甥也，疑延之所作。」書録解題卷七傳記類作丁晉公談録一卷。宋志卷二傳記類作丁謂談録一卷，不知作者。祕續目小説類有丁晉公談譜一卷，疑即此書。今本俱一卷。鄭堂讀書記卷六十四云：「晁、馬兩家俱作三卷，字之誤也……今觀其書，凡三十一

條，雖皆謂所談當代之事，而不皆稱晉公言，與晁氏所見本異，或後人刊落之耳。

〔二〕多皇宋事　袁本雜史類、卧雲本、宛委本、經籍考卷二十三傳記類「皇宋」俱作「本朝」。

〔三〕董志彦　袁本雜史類、卧雲本、經籍考作「董識志彦」，袁本小説類作「董識」。按識始末不詳，疑名識字志彦，四川通志卷六十一輿地金石資州載建炎丁未北巖題名，有襄陽董知彦等人，未知是否同一人。

建炎日曆五卷〔一〕　袁本前志卷二上雜史類第三十六

右皇朝汪伯彦撰。記太上皇登極時事〔二〕。335

〔一〕建炎日曆五卷　按書録解題卷五、宋志卷二編年類題作建炎中興日曆，宋史卷四七三汪伯彦傳云伯彦於紹興九年上所著中興日曆，是讀書志著録乃省稱。

〔二〕太上皇　袁本、卧雲本、經籍考卷二十四傳記類以及宋會要輯稿運曆一之一九引讀書志俱作「太上皇帝」，疑原本脱「帝」字。

五代史闕文一卷　袁本前志卷二上雜史類第三十七

右皇朝王禹偁撰。録五代史筆避嫌漏畧者，以備闕文，凡一十七事。336

英宗朝諸臣傳三卷〔一〕　袁本前志卷二上雜史類第三十八

右不知何人於英廟實録中摘出，凡四十二人。337

〔一〕英宗朝諸臣傳三卷　趙希弁考異「傳」上有「列」字。此條原本未收，今據袁本、參以王先謙刊本次第補入。經籍考亦未收。

元和朋黨録一卷〔一〕　袁本前志卷二上雜史類第二十一

右唐馬永易記牛、李朋黨始末〔二〕，自牛僧孺試賢良，迄令狐綯去位〔三〕。338

〔一〕元和朋黨録一卷　書録解題卷五、宋志卷二編年類、玉海卷五十八引中興書目俱作元和録三卷。

〔二〕唐馬永易　按「唐」當作「皇朝」，原本、諸衢本、袁本、經籍考卷二十三傳記類俱誤。書録解題云：「池州石埭縣尉維揚馬永錫（按『錫』當『易』之誤，下同）明叟撰。自元和三年牛李對策，以至大中十三年令狐綯罷相，唐朋黨本末具矣。永錫嘗著唐職林、實賓録等書，崇觀、政和間人也。又有馬永卿大年者，從劉元城游，大觀三年進士，當是其羣從。館閣書目以永錫爲唐人，大誤也。」陳氏所謂實賓録者即異號録，讀書志卷十四類書類著録，正署「皇朝馬永易明叟編」，是公武非不知永易爲宋人，此偶踈耳。

〔三〕令狐綯　季録顧校本「綯」作「緬」，誤。

東觀奏記三卷　袁本後志卷一雜史類第二

右唐裴廷裕撰〔一〕。昭宗時，長安寇亂相仍，自武宗以後，日曆、起居注散軼不存，詔史臣撰宣、懿、僖三朝實録。廷裕次宣宗録，特采大中以來耳目聞見〔二〕，撰次此書，奏記於監修杜讓能　以備史閣討論云。　339

〔一〕裴廷裕撰　袁本「裕」譌作「裕」，下同。原本李富孫校語云：「案唐藝文志注、書録解題作『延裕』，疑誤。」按商務印書館唐書經籍藝文合志本卷二不誤，書録解題卷五「廷」誤作「延」，廷裕事詳新唐志卷二注、徐松唐登科記考卷二十三、勞格唐尚書郎官石柱題名考卷五。

〔二〕特采　顧校本作「時採」。

桂苑叢談一卷　袁本後志卷一雜史類第三

右題云馮翊子子休撰。雜記唐朝雜事僖、昭時〔一〕，當是五代人，李邯鄲云姓嚴〔二〕。　340

〔一〕雜記唐朝雜事僖昭時　鮑廷博校本校語云：「疑是『僖、昭時雜事。』」王先謙云：「通考作『僖、昭時雜事』，是也。」按宛委本「僖昭時」三字作空格，袁本同原本。

〔三〕李邯鄲　袁本無「李」字。按此引李淑語，當據邯鄲圖書志。

耳目記二卷　袁本後志卷一雜史類第四

右題云劉氏〔一〕，未詳何時人。雜記唐末五代事。341

〔一〕題云劉氏　按崇文總目卷三小說類上亦云「劉氏失名撰。」程毅中古小說簡目云：「按王銍補侍兒小名録引馬彧事，云出『劉崇遠耳目記』。今據以定爲劉崇遠撰。太平廣記引有佚文。」按崇遠著有金華子三卷，見本書卷十三小說類，舊小說丙集有耳目記六則。

入洛記一卷　袁本前志卷二上雜史類第二十三

右蜀王仁裕撰〔一〕。仁裕隨王衍降〔二〕，入洛陽，記往返途中事并其所著詩賦〔三〕。342

〔一〕王仁裕撰　袁本無「撰」字。

〔二〕仁裕隨王衍降　袁本無「仁裕」二字。

〔三〕詩賦　經籍考卷二十三傳記類無「賦」字。

中朝故事二卷　袁本前志卷二上雜史類第二十二

右僞唐尉遲偓撰。記唐懿、昭、哀三朝故事，故曰「中朝」〔一〕。343

〔一〕記唐懿昭哀三朝故事故曰中朝　按此書所記上及宣宗時事，不止三朝。又，偓撰作此書，蓋奉先主李昪命，述唐四朝舊聞，昪自稱出太宗子吳王恪，故稱長安爲「中朝」。

唐餘録六十卷〔一〕　袁本後志卷一雜史類第五

右皇朝王皞奉詔撰。皞芟五代舊史繁雜之文〔二〕，采諸家之説，倣裴松之體附注之。以本朝當承漢、唐之盛，五代，則閏也，故名之曰唐餘録。寶元二年上之〔三〕。温公修通鑑，間亦采之〔四〕。344

〔一〕唐餘録六十卷　按書録解題卷四別史類作唐餘録史三十卷，四庫闕書目雜史類、祕續目雜史類、玉海卷四十七引中興書目、宋志卷二別史類、傳記類(重出)俱同讀書志。又，祕續目編年類有宋敏求續唐録一百卷，目録類有宋敏求唐餘目録一卷，葉德輝云蓋續王皞書也。

〔二〕五代舊史　按此指薛史，時歐陽史尚未出。

〔三〕寶元二年上之　按玉海卷四十七謂寶元二年十一月戊子朔上書。

〔四〕間亦采之　經籍考卷二十三傳記類「采」作「取」。又，卧雲本、宛委本、陳師曾刊本、經籍考此下尚有「皡，曾之弟」四字。

唐末汎聞録一卷　袁本後志卷一雜史類第六

右皇朝閻自若纂。乾德中，王普五代史成〔一〕。自若之父觀之，謂自若曰：「唐末之事，皆吾耳目所及，與史册異者多矣。」因話見聞故事，命自若誌之。345

〔一〕乾德中王普五代史成　原本黄丕烈校語云：「覆宋何校袁本『普』作『溥』。」按沈録何校本、袁録何校本同。何焯以爲公武指王溥所撰五代會要，是。

五代補録五卷〔一〕　袁本後志卷一雜史類第七

右皇朝陶岳撰。祥符壬子，岳以五季史書闕畧，因書所聞，得一百七事。346

〔一〕五代補録五卷　四庫闕書目雜史類、祕續目雜史類、宋志卷二別史類、遂初堂書目雜史類題俱作五代史補，書録解題卷五同讀書志。觀其自序稱五代史補，故四庫總目卷五十一謂公武所記爲誤。今本亦題五代史補，豫章叢書本有胡思敬校勘記一卷。

吕夏卿兵志三卷　袁本後志卷一雜史類第八

右皇朝吕夏卿撰。公武得之於宇文時中〔一〕，季蒙題其後云：「夏卿修唐史，别著兵志三卷〔二〕，自秘之，戒其子弟勿妄傳。鮑欽止吏部好藏書〔三〕，苦求得之。其子無爲太守恭孫偶言及〔四〕，因懇借鈔録於吴興之山齋〔五〕。」347

〔一〕宇文時中　按時中，字季蒙，華陽人，宣和間守平陽，旋以龍圖閣知潼川，未就即致仕，優游以終。事見嘉泰吴興志卷十四、史堯弼蓮峰集卷十宇文龍圖時中哀詞并引。

〔二〕三卷　袁本、卧雲本、宛委本、舊鈔本、經籍考卷二十三「卷」俱作「篇」。

〔三〕鮑欽止　季録顧校本「止」作「正」，誤。欽止乃慎由字，慎由，括蒼人，元祐初以任子試吏部銓第一，復登六年進士乙科，甫脱選，即爲郎，後數坐累，官竟不進。見書録解題卷十七夷白堂小集條。

〔四〕偶言及　袁本「及」字與下「因」字互倒。

〔五〕吴興之山齋　經籍考無「之山齋」三字。

建隆遺事一卷〔一〕　袁本前志卷二上雜史類第二十五

右皇朝王禹偁記太祖事十〔二〕。按太祖開寶九年十月癸丑，崩於萬歲殿。先是，趙普以六年罷爲河陽節度使〔三〕，盧多遜至太平興國元年始除平章事〔四〕，太祖崩時，宰相薛居正、沈倫也〔五〕。今此云：「上將晏駕，前一日，召宰臣趙普、盧多遜入宮〔六〕。」其謬甚矣〔七〕。世多以其所記爲然，恐不足信也。348

〔一〕建隆遺事一卷　按邵伯温聞見前録卷七云：「所著建隆遺事，一曰篋中記。」是此書即篋中記，本書卷六太祖實録條嘗引王禹偁篋中記，當即此書。

〔二〕記太祖事十　卧雲本、經籍考卷二十三無「十」字。

〔三〕趙普以六年罷爲河陽節度使　原本「陽」作「南」，據袁本改正。按普於開寶六年八月甲辰罷爲河陽三城節度使、同平章事，見宋史卷三太祖紀三。

〔四〕太平興國　卧雲本「太」上有「太宗」二字。

〔五〕宰相薛居正沈倫也　袁本作「宰臣蓋薛居正、沈倫也。」又，經籍考自「按太祖開寶九年」至此一段，其文頗異，俱録於下：「按太祖崩時，趙普已罷爲河南節度使，盧多遜亦是太宗太平興國元年始除平章事。」

〔六〕召宰臣趙普盧多遜入宮　袁本「臣」作「相」，經籍考無「宰臣」、「普」、「多遜」五字。

〔七〕其謬甚矣　袁本、卧雲本、經籍考「謬」作「繆」。按公武所舉是書之謬一例，亦見王明清揮麈前録卷三。禹偁此書，宋人多疑其不可信，參見經籍考引李燾語，唯邵伯温表而出之，似未以爲僞書。

祖宗獨斷一卷〔一〕　袁本前志卷二上雜史類第二十六

右皇朝陸經記祖宗獨斷凡十事〔二〕。349

〔一〕祖宗獨斷一卷　按此書解題，殿本經籍考卷二十三誤引作書録解題語，元刊本不誤。

〔二〕陸經記祖宗獨斷凡十事　原本「凡十事」作「事十卷」，今據袁本、宛委本改正。按陸經，即陳經，見續資治通鑑長編卷一三四注。

龍飛日曆一卷〔一〕　袁本後志卷一雜史類第九

右皇朝趙普撰。記顯德七年正月藝祖受禪事。是年改元建隆，三月〔二〕，普撰此書。普時爲樞密學士。350

〔一〕龍飛日曆一卷　按此書玉海卷五十一引中興書目題作飛龍故事，宋志卷二傳記類題作飛龍記，通志藝文略卷三雜史類題作家世龍飛故事，蓋同書異名也。四庫總目卷五十二著録大典輯本，題龍飛記，可參看。

〔二〕改元建隆三月　經籍考卷二十三無「元」字，「三」作「二」。按玉海卷四十七建隆龍飛日曆條解題俱同讀書志，經籍考誤。

聖宋掇遺一卷〔一〕　袁本前志卷二上雜史類第二十七

右皇朝歐陽靖撰〔二〕。記國初至仁宗君臣美事，以備史闕。351

〔一〕聖宋掇遺一卷　袁本「宋」作「宗」，誤。季録顧校本「遺」下有「録」字。按今續談助卷三所收題同原本。

〔二〕歐陽靖撰　袁本作「余靖撰」。今續談助所收有公武從父載之（字伯宇）跋，云：「右鈔聖宋掇遺，其首云『天聖紀元甲子秋八月哉生明海陵序』，而不書姓名，嘗問於知之者。」祕續目類書類有歐陽靖掇遺編一卷，又重見一部，曰歐陽靖掇遺一卷。又詩話總龜引此書，其書首集一百家詩話總目亦作歐陽靖掇遺。袁本誤。

景命萬年録一卷藝祖受禪録一卷　袁本後志卷一雜史類第十

右皆未詳撰人〔一〕。記趙氏世次，藝祖歷試，迄受禪事。352

〔一〕皆未詳撰人　按四庫總目卷五十二著録此二書之大典輯本，景命萬年録亦不著撰人，云「畧與趙普龍飛記同」。於藝祖受禪録則曰「舊本題宋趙普、曹彬同撰」。疑皆出依託。

三朝聖政録十卷〔一〕　袁本前志卷二上雜史類第二十八

右皇朝富弼上言，乞選官置局〔二〕，將三朝典故，編成一書〔三〕。即命王洙、余靖、孫甫〔四〕、歐陽修編修，分別事類，成九十六門。353

〔一〕三朝聖政録十卷　袁本作三朝政録二十卷。書録解題卷五典故類著録三朝政要二十卷，云：「宰相河南富弼彥國撰。慶曆三年，弼爲樞副，上言選官置局，以三朝典故分門類聚，編成一書，以爲模範。命王洙、余靖、孫甫、歐陽修同共編纂，四年書成，名太平故事，凡九十六門，每事之後，各釋其意。至紹興八年，右朝議大夫呂源得舊印本，刊正增廣，名政要釋明策備，上之於朝。館閣書目指政要爲寶訓，非也。」山堂考索前集卷十六、玉海卷四十九俱引中興書目三朝太平寶訓，其解題大體與書録解題相同，唯如陳氏言，誤綴三朝太平寶訓題下。三朝政録，玉海云又稱祖宗故事。遂初堂書目國史類有祖宗故事，宋志卷二故事類有王洙祖宗故事二十卷，通志藝文略卷三雜史類有太平故事二十卷，殆亦即此書。是此書一書數名，俱二十卷。

〔二〕乞選　袁本「乞」作「欲」。

〔三〕編成一書　原本「一」脱去，據袁本補。按玉海原注云：「(富弼)言欲選官置局，將三朝典故及未來諸司所行可用文字，分門類聚，編成一書。」其語與讀書志、書録解題解題相仿，蓋同出一源。

〔四〕孫甫　經籍考卷二十八故事類誤作「孫復」。

仁宗政要四十卷〔一〕 袁本前志、後志未收

右皇朝張唐英撰。 354

〔一〕仁宗政要四十卷　附志卷上編年類已收有仁宗君臣政要四十卷，故趙希弁未摘録衢本此條入後志，見後志存目。玉海卷四十九仁宗君臣政要條云：「張唐英編進。自天聖初至嘉祐八年三月，凡二百八十有五條，分四十卷，隨事立題。」王明清揮麈後録卷二謂唐英又録此書撰爲嘉祐名臣傳，名臣傳見本書卷九傳記類。

温公紀聞十卷〔一〕 袁本前志卷二上雜史類第二十九

右皇朝司馬光撰。記賓客所談祖宗朝及當時雜事。 355

〔一〕温公紀聞十卷　袁本「十」作「五」，卧雲本、經籍考卷二十三題作涑水紀聞，卷數同原本。按涑水紀聞，時或稱司馬温公記聞，見建炎以來繫年要録卷一五四。四庫總目卷一四〇云：「其書宋史藝文志作三十卷（按當作三十二卷），書録解題作十卷，今傳者凡三本，其文無大同異，而分卷多寡不齊。一本十卷，與陳氏目録合；一本二卷，不知何人所併；一本十六卷又補遺一卷。」司馬光此書乃范沖奉高宗詔據光手稿編成，宋史卷四三五范沖傳云：「爲光編類記聞十卷奏御。」建炎以來繫年要録卷一〇四云：「有得光紀聞者，上命趙鼎諭沖，令編類進入。……於是沖裒

爲十册上之。」是沖編原本當十卷，疑袁本「五」字譌。今本多作十六卷。

筆録一卷〔一〕 袁本前志卷二上雜史類第三十

右皇朝王曾撰。皆國朝雜事。356

〔一〕筆録一卷 此書衢本未收，今據袁本、並參以王先謙刊本次第補入。四庫總目卷一四〇小説家類題作王文正筆録，續談助所收題作沂公筆録。

嘉祐時政記一卷 袁本前志卷二上雜史類第三十二

右皇朝吳奎〔一〕、趙槩、歐陽修記立英宗事，并賈易論韓琦定策疏附於後〔二〕。357

〔一〕皇朝 袁本無此兩字，蓋脱去。

〔二〕疏附於後 袁本無此四字。

隆平集二十卷 袁本前志卷二上雜史類第三十五

右皇朝曾鞏撰。記五朝君臣事蹟。其間記事多誤，如以太平御覽與總類爲兩書之類。或疑非鞏書〔一〕。358

〔一〕或疑非蹽書　袁本無「其間」至此凡二十五字。按四庫總目卷五十別史類據公武之言，謂是書出於依託，余嘉錫四庫提要辨證卷五力主此書不僞，語詳不録。

碧雲騢一卷〔一〕　袁本前志卷三下小説類第八十七

右皇朝梅堯臣聖俞撰〔二〕。昭陵時，有御馬名「碧雲騢」，以旋毛貴，用以名書者，詆當時鼎貴之人，然其意專在范文正也。頃年獲拜趙氏姑於恭南〔三〕，因質此事之誕信。答曰：「異哉！聖俞作謗書以誣盛德，蓋誅絶之罪也。」359

〔一〕碧雲騢一卷　袁本作碧雲霞兩卷，解題亦異，俱録於下：「右皇朝梅堯臣聖俞撰。碧雲霞，馬名，以旋毛貴。陰詆范文正公。」諸衢本、經籍考卷四十四小説家類、書録解題卷十一小説家類及今本題同原本，宋志卷二傳記類附宋景文筆記條，作碧雲霞，無卷數。本書云：「以其吻肉色碧如霞片，故號之。」據是，當作「霞」字爲是。

〔二〕梅堯臣聖俞撰　按此書或以爲實魏泰所作，託之堯臣，見邵博聞見後録卷十六引王銍跋范仲尹墓誌；或先信後疑，見葉夢得石林遺書卷九、避暑録話卷二；或半信半疑，見周煇清波雜志卷四；或確信出堯臣之手，亦見聞見後録。公武所記梅氏後人語，似亦以爲此書乃堯臣所撰。

〔三〕趙氏姑　卧雲本、宛委本、經籍考「氐」作「氏」。

神宗寶訓二十卷〔一〕　袁本前志、後志未收

右皇朝林虙撰。虙，希之姪也，剽聞神宗聖政，輒私記録，分一百門，以續五朝寶訓〔二〕。崇寧上於朝〔三〕。360

〔一〕神宗寶訓二十卷　此書以已見附志卷下拾遺，故趙希弁未摘録衢本此條入袁本後志，見後志存目。後志存目與附志俱題作神宗聖訓。按此書或名元豐聖訓，見遂初堂書目國史類、玉海卷四十九、宋志卷二故事類、宋朝事實類苑，或作神宗聖訓録，見通志藝文略卷三雜史類，疑原本「寶」當作「聖」。神宗寶訓者，乃沈該、曾幾等所撰，凡百卷，與聖訓非一書，參見玉海卷四十九元祐修神宗寶訓條。

〔二〕五朝寶訓　按指吕夷簡編三朝寶訓三十卷、林希編兩朝寶訓二十卷。

〔三〕崇寧　季録顧校本作「崇寧中」。

曾相手記三卷〔一〕　袁本前志卷二上雜史類第二十四

右紹聖初，元祐黨禍起，曾布知公論所在〔二〕，故對上之語多持兩端，又輒增損以著此書云。361

〔一〕曾相手記　按遂初堂書目本朝雜史類題作曾子宣手記節畧。

〔二〕曾布　季録顧校本原「布」誤「希」，顧廣圻改作「布」。舊鈔本亦譌作「希」。

濮王申陳一卷〔一〕　袁本前志卷二上實録類第十五

右記治平中〔二〕，封濮安懿王時宰相奏狀及臺諫言章。362

〔一〕濮王申陳一卷　袁本題作濮安懿王申陳。按英宗父允讓，嘉祐四年封濮王，謚安懿。

〔二〕右記　袁本無「右」字，「記」作「紀」。

歐陽濮議四卷　袁本前志、後志未收

右皇朝歐陽修撰〔一〕。其序云：「武王之作〔二〕，人皆謂君可伐〔三〕，濮議之興，人皆謂父可絶。盟津之會〔四〕，夷、齊不食周粟而餓死〔五〕，世未之知也，後五百年得孔子而後顯。然則濮議其可與庸人以口舌爭一日耶？」熙寧初，永叔知亳州日，書成上之〔六〕。蘇子瞻，永叔客也，亦以臺諫之論爲直云。363

〔一〕歐陽修撰　卧雲本、經籍考卷二十三作「歐陽修永叔撰」。

〔二〕武王之作　宛委本「武」字空格。

〔三〕君可伐　卧雲本、宛委本、舊鈔本、經籍考「伐」俱作「代」，誤，今四部叢刊本歐陽文忠公文集卷一二〇濮議序同讀書志。

〔四〕盟津之會　經籍考「盟」作「孟」。按盟、孟通，史記卷四周本紀作「盟津」，尚書禹貢、泰誓諸篇作「孟津」。

〔五〕夷齊　卧雲本、經籍考「夷」上有「獨」字，今本同此，無「獨」字。

〔六〕熙寧初永叔知亳州日書成上之　按此書撰於治平三年，進於治平四年。治平四年正月，修出知亳州，道遇蘇頌，嘗以奏稿授之。見攻媿集卷七十二跋趙清臣所藏濮議。

王氏日録八十卷〔一〕　袁本前志、後志未收

右皇朝王安石撰〔二〕。紹聖間，蔡卞合曾布獻於朝，添入神宗實録。陳瑩中謂安石既罷相，悔其執政日無善狀，乃撰此書〔三〕，歸過於上，掠美於己，且歷詆平生所不悦者〔四〕，欲以欺後世，於是著尊堯集及日録不合神道論等十數書。此書起熙寧元年四月，終七年三月；再起於八年三月，終於九年六月；安石兩執國柄日也。然無八年九月以後至九年四月事，蓋安石攻呂惠卿時。瑩中謂蔡卞除去安石怒罵惠卿之語〔五〕，其事當在此際也。364

〔一〕王氏日録八十卷　按此書衢本重見，另一條載卷九傳記類，作鍾山日録二十卷。袁本唯載卷二下傳記類。經

籍考卷二十四傳記類標題、卷數、解題俱同此條。原本李富孫校語云：「當據通考删彼存此入傳記。」今仍保留原本二條唯此條與諸衢本、經籍考相校，傳記類條則與袁本相校。又，此書數名：以王安石執政於神宗熙寧間，故又稱熙寧日録，見書録解題卷七傳記類；以熙寧三年，追封安石爲舒王，故又稱舒王日録，見宋志卷二傳記類；又以安石晚居鍾山，故又稱鍾山日録；又以安石謚文，故又稱王文公日録，見遂初堂書目本朝雜史類。書録解題著録止四十卷，云：「書本有八十卷，今止有其半。」清波雜志卷二亦謂是書爲八十卷，是衢本此條爲完帙。又遂初堂書目本朝雜史類另有王文公日録遺稿。

〔二〕王安石撰　卧雲本、經籍考作「王安石介甫撰。」

〔三〕乃撰此書　經籍考無「書」字。

〔四〕平生所不悦者　卧雲本、宛委本、經籍考俱無「所」字。

〔五〕除去安石怒駡惠卿之語　經籍考「去」譌作「之」，無「怒」字。

邵氏聞見録二十卷〔一〕　袁本前志卷二上雜史類第三十九

右皇朝邵伯温子文撰。記國朝雜事，迄紹興之初。序言早以其父之故，親接前輩，得前言往行爲多，類之成書。其父雍也。365

〔一〕邵氏聞見録二十卷　原本「聞」、「見」互倒，據袁本、經籍考卷二十四乙正。按書録解題卷五、宋志卷二傳記類，以及後世諸目與傳本皆作「聞見」。公武著録爲前録。

傳信録十卷〔一〕 袁本前志卷二下傳記類第三十二

右皇朝鮮于綽大受撰。記國朝雜事〔二〕，多言元豐後朝廷政事得失、人物賢否也〔三〕。366

〔一〕傳信録十卷　袁本脱「十卷」二字。

〔二〕記國朝雜事　原本脱「記」字，據袁本、宛委本補，卧雲本、經籍考卷二十四「記」作「言」，而無下一「言」字。

〔三〕賢否也　袁本、季録顧校本無「也」字。

金人背盟録七卷〔一〕圍城雜記一卷〔二〕避戎夜話一卷〔三〕金國行程十卷南歸録一卷〔四〕朝野僉言一卷〔五〕 袁本後志卷一雜史類第十一　金、圍二書重見前志卷二上雜史類第四十、四十一

右皇朝汪藻編。記金人叛契丹〔六〕，迄於宣和乙巳犯京城〔七〕。圍城雜記等五書，皆記靖康時事也。367

〔一〕金人背盟録七卷　此書袁本於前志卷二上、後志卷一重見，後志標題、卷數同此而前志異於斯，乃獨立一條，俱録於下：「金人背盟録一卷。右皇朝汪藻編。記金人叛契丹，迄於宣和乙巳犯京城，多採北遼遺事。」按北遼遺事二卷，見本書卷七僞史類。又，宛委本「背盟」二字作空格。今靖康稗史中有宣和乙巳奉使金國行程録一卷，不著

撰人，當即此書之殘帙。

〔三〕圍城雜記一卷　此書袁本於前志卷二上、後志卷一重見，後志標題、卷數俱同此，唯前志獨立作一條題作圍城雜録一卷，其解題云：「右皇朝王養正録靖康末女真再犯都城事。」按此書不見諸目，養正亦不詳其行事。

〔三〕避戎夜話一卷　按此書以下四種，袁本不重出，唯見後志。書録解題卷五傳記類題同原本，曰：「吳興石茂良太初撰。」宋志卷二傳記類題作避羌夜話，遂初堂書目本朝雜史類題避戎録，今歷代小史卷五十五所收又作避戎嘉話，以上俱作一卷。顧氏明朝四十家小説本、中國内亂外禍歷史叢書本題同此而作二卷。

〔四〕南歸録一卷　按書録解題卷五、通志藝文略卷三雜史類並見著録，陳氏曰：「直祕閣沈琯撰。亦記燕山事。」當即此書。遂初堂書目本朝雜史類有沈珵南歸録，「珵」疑「琯」之誤，琯事具嘉泰吳興志卷十七。

〔五〕朝野僉言一卷　按書録解題卷五作二卷，云：「不著名氏。有序建炎元年八月，繫年録稱夏少曾，未詳何人。」今本一卷，撰人闕名。

〔六〕叛契丹　宛委本「叛」字空格。

〔七〕犯京城　宛委本「犯」作「抵」。

順昌録一卷〔一〕　袁本前志卷二上雜史類第四十二

右紹興十年劉錡破女真於順昌城下〔二〕，其徒紀其功云。368

〔一〕順昌録一卷　書録解題卷七傳記類遂初堂書目本朝雜史類題作順昌破敵録，陳氏云：「不著名氏。」

〔二〕破女真　宛委本三字俱作空格，原本「真」作「直」，據袁本改正。

紹運圖一卷　袁本前志卷二上雜史類第四十三

右未詳何人所撰〔一〕。自伏羲迄皇朝神廟五德之傳及紀事〔二〕，皆著於篇云〔三〕。369

〔一〕未詳何人所撰　原本李富孫校語云：「案書録解題云『諸葛深通甫撰，元祐中人』。」按語見書録解題卷四編年類，玉海卷五十六引中興書目、宋志卷二編年類亦謂諸葛深撰，是公武失之未詳考。

〔二〕自伏羲迄皇朝神廟五德　卧雲本「迄」作「至」，「五德」，季録顧校本「五」作「王」，蓋誤。

〔三〕著於篇云　卧雲本、袁本、經籍考卷二十四無「云」字。

郡齋讀書志卷第七

僞史類

華陽國志十二卷　袁本前志卷二下僞史類第一

右晉常璩撰。華陽，梁州地也。記漢以來巴蜀人物。呂微仲跋云：「漢至晉初四百載間，士女可書者四百人〔一〕，亦可謂盛矣。復自晉至周顯德僅七百歲〔二〕，而史所紀者無幾人〔三〕，忠魂義骨，與塵埃同没，何可勝數，豈不重可歎哉！」370

〔一〕可書者　袁本、經籍考卷二十七闕脱「者」字。

〔二〕僅七百歲　原本「僅」作「近」，據袁本、宛委本、經籍考、呂大防序改。經籍考「七」譌作「亡」，「歲」作「載」。

〔三〕史所紀者　原本「紀」作「記」，據袁本、卧雲本、經籍考、呂大防序改。

蜀桂堂編事二十卷〔一〕

右僞蜀楊九齡撰。雜記孟氏廣政中舉試事〔二〕，載詩、賦、策題及知舉登科人姓氏，且云：「科舉起於隋開皇前，陋者謂唐太宗時，非也」。371

〔一〕蜀桂堂編事二十卷　按宋志卷二傳記類題作桂堂編年，崇文總目卷二、通志藝文略卷三傳記類題同讀書志。

〔二〕試事　袁本此下有「跡始末」三字，而無「載詩賦」以下三十二字。諸衢本、經籍考同原本。

九國志五十一卷〔一〕　袁本前志卷二下僞史類第四

右皇朝路振子發撰〔二〕。雜記吳、越、唐、前蜀、後蜀、東漢、南漢、閩、楚，凡九國〔三〕。372

〔一〕九國志五十一卷　沈録何校本何焯批語云：「此書東澗所藏，燬於絳雲之火。」按何焯謂錢謙益所藏當指五十一卷本，今世行俱十二卷輯本，然傅增湘藏園羣書題記卷三著録有鮑廷博舊藏鈔本五十一卷，是原帙未嘗絶於天壤。

〔二〕路振子發撰　袁本無「子發」二字。按今本題路振撰、張唐英補，當據書録解題卷五，陳氏曰：「末一卷爲北楚，書高季興事，張唐英所補撰也。」

〔三〕雜記吳越唐前蜀後蜀東漢南漢閩楚凡九國　袁本脱「雜記」、「越」三字，經籍考卷二十七「九」作「十」。按今本加北楚凡十國，其中九國次第爲：吳、南唐、吳越、前蜀、後蜀、東漢、南漢、閩、楚，疑「越」上尚脱「吳」字。

十國紀年四十二卷　袁本後志卷一僞史類第一

右皇朝劉恕道原撰〔一〕。温公序云〔二〕：渙之子也。博學强記，同修通鑑，史事之紛錯難治者，以諉恕。宋次道知亳州，家多書。恕往借觀之，目爲之瞽。性剛介。初與王安石善，及改新法，言其非，遂與之絶。卒年四十九〔三〕。所謂「十國」者，一王蜀，二孟蜀，三吳，四唐，五吳越，六閩，七楚，八南漢，九荆南，十北漢。温公又題其後，云：世稱路氏九國志在五代史之中最佳〔四〕，此書又過之。以予考之，長於考異同，而拙於屬文。其書國朝事，皆曰宋，而無所隱諱。意者各以其國爲主耳。373

〔一〕道原撰　顧校本「撰」下有「記」字。

〔二〕温公序云　按司馬光劉道原十國紀年序載温國文正公文集卷六十五，公武所引非原文。

〔三〕卒年四十九　按「九」當「七」之譌。十國紀年序云：「元豐元年九月戊戌，終官至祕書丞，年止四十七。」宋史卷四四四劉恕傳云：「卒，年四十七。」

〔四〕五代史之中　袁本、經籍考卷二十七俱作「五代之史中」，沈録何校本作「五代諸史中」。

外史檮杌十卷〔一〕　袁本前志卷二下僞史類第八

右皇朝張唐英次公撰。序稱〔二〕：王建、孟知祥父子四世八十年，比之公孫述輩，最爲久遠。其間善惡，有可爲世戒者，路振之書未備。治平中成此書〔三〕，以補其遺。凡五代史及皇朝日曆所書皆畧之〔四〕。温公修通鑑，搜羅小説殆遍，未嘗取此書，蓋多差舛〔五〕，如光天至二年之類是也〔六〕。　374

〔一〕外史檮杌十卷　袁本「檮杌」作「擣扤」，誤。按此書即蜀檮杌，今本多作二卷。陸心源皕宋樓藏書志卷二十八有舊鈔本十卷，與此合。

〔二〕序稱　原本脱「序」字，據袁本、宛委本補。

〔三〕治平中成此書　袁本作「今成此書」。按所謂「序稱」云云，大抵本唐英自序，自序未著時間。今唯學海類編本有陸昭迥後序，云：治平四年夏六月，鄭惟良自京師購得此書，昭迥因以刊之。

〔四〕皇朝日曆　袁本「皇朝」另行。

〔五〕差舛　宛委本「舛」作「誤」。

〔六〕如光天至二年之類是也　卧雲本、經籍考卷二十七「天」譌作「大」，宛委本同原本。按光天，前蜀王建年號，止一年，明年爲王衍乾德元年，故云。又，袁本無「温公」至此凡三十字。

江南録十卷　袁本前志卷二下僞史類第二

右皇朝徐鉉等撰〔一〕。鉉等自江南歸朝，奉詔撰集李氏時事〔二〕。王介甫嘗謂：鉉書至亡國之際〔三〕，不言其君之過，但以曆數存亡論之〔四〕，其於春秋、箕子之義爲得也〔五〕。雖然，潘佑以直見殺〔六〕，而鉉書佑死以妖妄〔七〕，殆與佑爭名。且恥其善不及佑〔八〕，故匿其忠，汚之以罪耳。若然，豈惟厚誣忠臣，其欺吾君不亦甚乎？世多以介甫之言爲然。獨劉道原得佑子華所上其父事迹，畧與江南録所書同，乃知鉉等非欺誣也〔九〕。375

〔一〕徐鉉等撰　沈録何校本無「撰」字與下「鉉等」二字，連下爲句。

〔二〕奉詔撰集　袁本「詔」字始另行。又，原本脱「撰」字，據袁本補。

〔三〕鉉書至亡國之際　袁本無「鉉」字。按自「至亡國之際」，迄「不亦甚乎」，大抵本王安石讀江南録，載臨川先生文集卷七十一。

〔四〕但以曆數存亡論之　袁本此句下有「雖有愧實録」五字，與讀江南録合，諸衢本、經籍考卷二十七同原本，姑仍之。

〔五〕爲得也　袁本作「得之矣」，疑脱「爲」字，讀江南録云：「其於春秋之義、箕子之説，徐氏録爲得焉。」

〔六〕潘佑以直見殺　袁本「見」作「言」，讀江南録云：「潘佑以直言見殺。」疑二本各有奪脱。

〔七〕鉉書佑死以妖妄　袁本此句下有「何也」二字，與讀江南録合，然諸衢本、經籍考同原本，姑仍之。沈録何校本何焯批語云："「坐以妖妄者，偽主之昏，不妨存之，但當併著其直耳。」

〔八〕且恥其善不及佑　原本「恥」誤作「取」，據袁本、宛委本、經籍考以及讀江南録改正。

〔九〕非欺誣也　袁本無「世多以介甫之言」至此凡三十九字，諸衢本、經籍考同原本。

江南別録四卷　袁本前志卷二下偽史類第三

右皇朝陳彭年撰。偽吳、偽唐四主傳也〔一〕。376

〔一〕偽吳偽唐四主傳也　按今本止一卷，記南唐義祖、烈祖、元宗、後主四代事蹟，徐温、李昪嘗事吳，公武故云。

南唐近事二卷　袁本前志卷二下偽史類第六

右皇朝鄭文寶編〔一〕。記李氏三主四十年間雜事〔二〕。377

〔一〕鄭文寶編　顧校本「編」上有「撰」字。

〔二〕記李氏三主四十年間雜事　袁本作「紀李氏二主四十年間雜事之可紀者。」按袁本「二」當「三」之誤，文寶此書記南唐烈祖、元宗、後主三世，自天福丁酉，終開寶乙亥。

江南野史二十卷　袁本前志卷二下僞史類第七

右皇朝龍袞撰。凡八十四傳。378

戴斗奉使録二卷〔一〕　袁本前志卷二下地理類第十三

右皇朝王曙撰。景德三年爲契丹主生辰使，祥符三年爲弔慰使所録也〔二〕。379

〔一〕戴斗奉使録　臥雲本、舊鈔本、元刊經籍考卷二十七「戴」俱譌作「載」，殿本經籍考不誤。按「戴斗」語見爾雅釋地。

〔二〕祥符三年　袁本、臥雲本、經籍考「三」作「二」。按遼史卷十五聖宗紀六云：「統和二十八年，二月丙戌，宋遣王隨、王儒等來弔祭。」此「王儒」當「王曙」之誤，見續資治通鑑長編卷七十二。遼聖宗統和二十八年，即真宗大中祥符三年，是袁本等誤。

生辰國信語録一卷　袁本前志卷二下地理類第三十一

右皇朝寇瑊撰〔一〕。瑊與康德輿天聖六年使契丹，賀其主生辰，往返語録，并景德二年至天聖八年使副

姓名及雜儀附於後。 380

〔一〕寇瑊撰　原本脱「撰」及下一「瑊」字，據袁本、宛委本補。

乘軺録一卷〔一〕　袁本後志卷一僞史類第二

右皇朝路振子發撰。振，大中祥符初使契丹，撰此書以獻。事見其傳。 381

〔一〕乘軺録一卷　陳師曾刊本「乘」譌作「秉」，此書今存，續談助所收係節本不全，皇宋國朝類苑卷七十七所收較續談助本爲多。羅繼祖另有輯本一卷，入願學齋叢刊。

富公語録一卷〔一〕　袁本前志卷二上雜史類第三十三

右皇朝富弼使虜時所撰〔二〕。 382

〔一〕富公語録一卷　按附志卷上地理類亦收此書，題作富文忠入國語録。秘續目傳記類有富韓公十國語録（「十」當「入」之誤）一卷，遂初堂書目本朝故事類有奉使録，宋志卷二傳記類有富弼奉使語録二卷，當即一書，又，書録解題卷七、遂初堂書目、宋志另有奉使別録一卷。

〔二〕使虜時所撰　宛委本「虜」作「北」，袁本「撰」作「録」。

張浮休使遼録二卷〔一〕　袁本前志卷二下地理類第十四

右皇朝元祐甲戌春，張舜民被命爲回謝大遼弔祭使，鄭介爲副〔二〕，録其往返地里及話言也。舜民字芸叟，浮休居士，其自號云〔三〕。　383

〔一〕張浮休使遼録二卷　袁本題作浮休居士使遼録。按宋志卷二故事類作使遼録一卷，遂初堂書目本朝故事類作張芸叟使遼録。按舜民畫墁集卷六有投進使遼録長城賦劄子，畧云：「於元祐九年，差充囬謝大遼弔祭宣仁聖烈皇后禮信使，出疆往來，經涉彼土，嘗取其耳目所得，排日紀録，因著爲甲戌使遼録。……其間所載山川井邑、道路風俗，至於主客之語言，龍庭之禮數，亦可備清閒之覽觀。」是此書全稱爲甲戌使遼録。長城賦載畫墁集卷五。

〔二〕鄭介爲副　袁本、宛委本「介」作「价」。

〔三〕浮休居士其自號云　經籍考卷二十七作「自號浮休居士」。

匈奴須知一卷〔一〕　袁本前志卷二下地理類第十七

右契丹歸朝人田緯編次〔二〕。　384

〔一〕匈奴須知一卷　宛委本「匈奴」二字作空格。經籍考卷二十七「卷」作「册」。按遂初堂書目地理類有匈奴須知，又有契丹須知，王仁俊遼史藝文志補證疑爲一書。

〔二〕右契丹歸朝人田緯編次　袁本脱「右」字。又，宛委本「契丹」二字空格。又，卧雲本、宛委本、經籍考「歸朝」俱作「歸明」，李富孫云「形近而誤」。書録解題卷五亦誤。富孫又云：「瞿鈔、袁鈔（王先謙謂「袁鈔」二字疑衍）本與此同。」按袁本、季録顧校本不誤。又，通志藝文略卷四地理類有匈奴須知一卷，未著撰人，又有北鄙須知一卷，云田瑋撰，祕續目傳記類有田瑋集北虜宫班圖一卷，此田瑋與田緯，疑是一人，然未知孰爲是。書録解題作田緯。又，卧雲本、宛委本、陳師曾刊本、經籍考此句下有「録契丹（宛委本作「北國」）地理官制」七字，疑爲書録解題語竄入。

北遼遺事二卷〔一〕　袁本前志卷二下僞史類第九

右不題撰人，蓋遼人也〔二〕。記女真滅遼事〔三〕。序云：「遼國自阿保機創業於其初，德光恢廓於其後，吞滅諸蕃〔四〕，割據漢界，南北開疆五千里，東西四千里，戎器之備，戰馬之多〔五〕，前古未有。子孫繼統二百三十餘年，迨至天祚失馭〔六〕，女真稱兵〔七〕。十二年間，舉國土崩。古人謂得之難而失之易〔八〕，非虚言耳。」385

〔一〕北遼遺事二卷　遂初堂書目本朝雜史類題作亡遼録，書録解題卷五題作金人亡遼録，云：「或稱遼國遺事。」宋志卷二傳記類同讀書志。

〔二〕不題撰人蓋遼人也　按書録解題云燕山史願撰，宋志亦題史願，蓋公武所見本偶失其名。史願，遼國進士及第，宣和四年納土歸宋，歷官中山府司録、衢州通判。紹興中，又添差通判建康府、嚴州、平江府，九年賜同進士出身。見宋會要輯稿兵一七之二〇、職官四一之三二、四七之六七、選舉九之一九。

〔三〕記女真滅遼事　原本「真」作「直」，據袁本改正。下同。宛委本「女真滅遼事」俱作空格。

〔四〕吞滅　袁本作「吞併」。

〔五〕戰馬　宛委本作「戰鬭」。

〔六〕失馭　袁本、卧雲本、經籍考卷二十七「馭」作「御」。

〔七〕女真稱兵　宛委本俱作空格。

〔八〕而失之易　袁本無「而」字。

金虜節要一卷〔一〕　袁本前志卷二下僞史類第十

右陷虜人所上也〔二〕。記金人初内侮〔三〕，止紹興十年，共十六年事，頗詳實。386

〔一〕金虜節要一卷　宛委本「虜」作「國」，經籍考卷二十七題下注云：「一作三卷。」按書録解題卷五作金國節要三卷，其「國」字亦當四庫館臣所改。又世善堂藏書目録有金人節要圖，殆亦此書。

〔二〕陷虜人所上也　舊鈔本、陳師曾刊本「虜」作「金」，宛委本此六字俱作空格。按書録解題云：「右從事郎兖人張匯東卿撰。宣和中，隨父官保州，陷金十五年，至紹興十年歸朝。」是撰人猶可考，公武所見，殆失其姓名。

〔三〕記金人初內侮　宛委本此六字亦作空格。

西夏須知一卷　袁本前志卷二下地理類第十六

右皇朝劉温潤守延州日，編録僞境雜事〔一〕。 387

〔一〕編録僞境雜事　宛委本「僞」作「北」。按書録解題卷五云：「凡十五條目。」

蕃爾雅一卷〔一〕　袁本前志卷二下地理類第十八

右不載撰人姓名〔二〕。以夏人語依爾雅體譯以華言〔三〕。 388

〔一〕蕃爾雅　臥雲本「爾」作「尔」。祕續目小學類、遂初堂書目地理類題同原本，山堂考索前集卷十、玉海卷四十四引中興書目、宋志卷一小學類有羌爾雅一卷，題劉温潤撰，中興書目云：「(嘉祐中)劉温潤採摭羌虜之言，以華音釋之，爲羌爾雅。」趙士煒中興館閣書目輯考卷二云：「考温潤曾守延州，所謂羌虜者，當即指夏人也。二者當即一書。」按方以智通雅亦云。

〔二〕不載撰人　經籍考卷二十七「撰」作「著」。

〔三〕依爾雅體譯以華言　袁本無「體」字，「譯」作「釋」。

雲南行紀二卷〔一〕　袁本後志卷一僞史類第三

右唐韋齊休撰〔二〕。齊休，長慶三年從韋審規使雲南，記其往來道里及其見聞。序謂：雲南所以能爲唐患者，以開道越嶲耳。若自黎州之南、清溪關外〔三〕，盡斥棄之，疆場可以無虞〔四〕。不然，憂未艾也。及唐之亡，禍果由此。本朝棄嶲州不守，而蜀遂無邊患。以此論之，則齊休之言可不謂善哉〔五〕！ 389

〔一〕雲南行紀二卷　卧雲本、經籍考卷二十七「紀」作「記」。按新唐志卷二地理類、崇文總目卷二地理類、宋志卷三地理類亦作「記」。

〔二〕韋齊休撰　按新唐志不著撰人，宋志謂韋齊休（「齊」，原注一作「濟」）崇文總目同讀書志。齊休，憲、穆時人，卒於大和八年，事見嘉定鎮江志卷十五、唐登科記考卷二十七，宋志誤。

〔三〕清溪關外　宛委本作「清溪之關外」。

〔四〕疆場　袁本作「彊場」。

〔五〕可不謂善哉　玉海卷十六唐雲南行紀條引讀書志無「以此論之」至此凡十四字。

雲南志十卷〔一〕 袁本前志卷二下地理類第二十七

右唐樊綽撰。咸通中，南詔數寇邊，綽爲安南宣慰使〔二〕，纂八詔始末〔三〕、名號種族、風俗物産、山川險易、疆場聯接〔四〕，聞於朝。 390

〔一〕雲南志十卷 袁本解題相異，俱録於下：「右唐樊綽記雲南山川、物産、雜事。止咸通中。」諸衢本、經籍考卷二十七同原本。按是書卷十末稱爲蠻志，新唐志卷二地理類、資治通鑑考異、程大昌禹貢圖、蔡沈書集傳、書録解題卷七傳記類以及今本題作蠻書，與其自稱蠻志相近。然方國瑜滇南舊事卷七論樊綽雲南志又謂標題當依讀書志，作雲南志。此外，蘇頌圖經本草引作雲南記，太平御覽引作南夷志，永樂大典引作雲南史記，實同一書也。詳向達蠻書校注。

〔二〕綽爲安南宣慰使 按新唐志注云：綽「咸通嶺南西道節度使蔡襲從事。」今本蠻書及資治通鑑卷二五〇唐紀六十六考異引懿宗實録俱謂綽時爲雲南經略使蔡襲從事。書録解題同讀書志。未知孰是。

〔三〕八詔始末 按書中稱六詔始末，然卷三六詔云：「六詔并烏蠻又稱八詔。蓋白崖城時傍及劍川矣羅識二詔之後，開元元年中，蒙歸義攻石橋城，閣羅鳳攻石和，亦八詔之數也。」此當公武所本。南詔哀牢之後有六詔，曰：蒙雋、越析、浪穹、邆賧、施浪、蒙舍。資治通鑑考異引竇滂雲南別録所云六詔與蠻書不盡相同，可參看。

〔四〕疆場聯接 臥雲本、宛委本、舊鈔本、經籍考作「疆境接聯」。

至道雲南録三卷〔一〕　袁本後志卷一僞史類第四

右皇朝辛怡顯撰。蜀賊李順既平，餘黨竄入雲南，雷有終募怡顯招出之。至道初，歸，因書其所歷，成此書〔二〕。　391

〔一〕至道雲南録三卷　書録解題卷八云：「天禧四年自序，稱左侍禁知興化軍。或云此書妄也。余在莆田，視壁記無怡顯名字，恐或然。」玉海卷五十八天禧雲南録條引中興書目云：「天禧元年監虔州商税辛怡顯撰。」

〔二〕成此書　袁本「成」、「此」二字誤倒。

皇祐平蠻記一卷〔一〕　袁本前志卷二下地理類第十

右皇朝馮炳撰。記儂智高叛〔二〕，朝廷遣狄青討平之事〔三〕。　392

〔一〕皇祐平蠻記一卷　按書録解題卷七傳記類、宋志卷二、玉海卷二十五皇祐平蠻記條、卷一八七平蠻碑條俱作二卷，玉海卷二十五引讀書志實作一卷。

〔二〕記儂智高叛　卧雲本「智」作「志」，注云：「一作『智』。」元刊經籍考卷二十七「智」作「志」，殿本同原本。按狄青平儂智高事詳宋史卷二九〇狄青傳。顧校本脱「叛」字及「朝廷遣」三字。

〔三〕狄青討平之事　袁本、臥雲本、舊鈔本、經籍考無「討」字，袁本、臥雲本、經籍考又無「事」字。

南蠻録十卷　袁本後志卷一僞史類第五

右未詳撰人。熙寧間，交趾叛，朝廷議討之，或纂歷代南蠻事跡及便宜，上之。393

西域志十二卷〔一〕　袁本後志卷一僞史類第六

右唐僧玄奘撰。玄奘西遊天竺求佛書，既歸，記其所歷諸國風俗。其序云〔二〕：自黑嶺以西皆土著，尚東左衽〔三〕，務田畜，重財賄，嫁娶無禮，獨天竺則異，別記於後云〔四〕。394

〔一〕西域志十二卷　按此書題作大唐西域記，或省稱西域記。疑「志」當作「記」。

〔二〕其序云　陳師曾刊本、經籍考卷二十七作「其自序云」，衍「自」字。公武所引，乃概括其目録後之總序，非原文。四庫總目卷七十一地理類曰：「讀書志載有玄奘自序，此本佚之。」蓋失之未詳檢原書。

〔三〕左衽　袁本「衽」譌「祍」，經籍考作「袵」。

〔四〕別記於後云　臥雲本、經籍考此下尚有「或云玄奘譯、大總持寺僧辯機撰」十三字，原本李富孫校語云：「疑馬氏摘書録解題語。」按李説是，語見書録解題卷八地理類。此書撰人，記載所題各異，詳見余嘉錫四庫提要辨證卷

八、

雞林志三十卷〔一〕 袁本前志卷二下地理類第十九

右皇朝崇寧中王雲編次〔二〕。崇寧中，劉逵、吳栻使高麗〔三〕，雲爲書記官〔四〕。既歸，攟輯其會見之禮，聘問之辭，類分爲八門。395

〔一〕雞林志三十卷 宛委本「雞」作「鷄」。書録解題卷七傳記類題作奉使雞林志。

〔二〕崇寧中王雲編次 袁本無此七字。

〔三〕吳栻使高麗 原本所據底本「栻」誤作「城」，李富孫據書録解題改正。瞿鈔本誤作「成」，袁本、經籍考作「拭」。按季録顧校本、舊鈔本亦誤作「城」。吳拭，字顧道，甌寧人，事見北宋經撫年表。其與劉逵使高麗，事見宋史卷四八七外國三，亦作吳拭。又金史卷一二五文藝傳上吳激父拭，宋進士，官終朝奉郎、知蘇州，當即此人。然宋志卷二傳記類有雞林記二十卷，又題吳栻。疑誤，當作「吳拭」。此王雲雞林志三十卷當據雞林記廣益之。

〔四〕雲爲書記官 袁本「雲」上有「王」字。

夏國樞要二卷〔一〕 袁本後志卷一僞史類第七

右皇朝孫巽纂。記夏虜兵屯會要〔一〕、土地肥磽、井泉湧涸、穀粟窖藏〔二〕、酋豪姓氏、名位司存，與夫城池之完闕，風俗之所尚，編爲兩帙，上之於朝。396

〔一〕夏國樞要二卷　按此書亦見焦竑國史經籍志卷四下子類兵家。宋史卷四八六外國列傳二西夏下：論曰……今史所載追尊謚號、廟號、陵名，兼採夏國樞要等書，其與舊史有所牴牾，則闕疑以俟知者焉。

〔二〕夏虜　宛委本作「夏國」。

〔三〕穀粟　袁本「穀」作「谷」。

石晉陷蕃記一卷〔一〕　袁本後志卷一僞史類第八

右皇朝范質撰〔二〕。質，石晉末在翰林，爲出帝草降虜表〔三〕，知其事爲詳。記少主初遷於黃龍府，後居於建州，凡十八年而卒。按契丹丙午歲入汴，順數至甲子歲爲十八年，實國朝太祖乾德二年也。397

〔一〕石晉陷蕃記一卷　卧雲本、經籍考卷二十三傳記類作晉朝陷蕃記四卷，標題、卷數蓋從書錄解題卷五傳記類。通志藝文略卷三傳記同書錄解題，而宋志卷二傳記類題同書錄解題，卷數則作一卷。

〔二〕范質撰　通志重複著錄，一曰「宋朝范質等脩」，一曰「范質撰」，宋志云「不知作者」，書錄解題疑非范質撰，云：「宰相大名范質文素撰，據莆田鄭氏書目云爾。本傳不載，故館閣書目云『不知作者』，未悉鄭氏何所據也。」

〔三〕降虜表　宛委本「虜」字作空格。

虜廷雜記十卷〔一〕 袁本後志卷一僞史類第九

右契丹降人趙志忠撰〔二〕。記虜廷雜事，始於阿保謹〔三〕，迄邪律宗真。李清臣云：「志忠仕虜，爲中書舍人，得罪宗真〔四〕，來歸。上此書及契丹地圖，言契丹事甚詳〔五〕。」398

〔一〕虜廷雜記十卷　按宋志卷二傳記類有虜廷雜記十四卷，云不知作者。宛委本「虜」字作空格，下同。

〔二〕趙志忠撰　按「志」或作「至」，見王銍默記卷下。通志藝文略卷四地理類有趙至忠撰陰山雜録六卷，書録解題卷五僞史類有陰山雜録十六卷，云：「不著名氏。莆田鄭氏書目云：『趙志忠撰。志忠者，遼中書舍人，得罪於宗真，挺身來歸。』歐公歸田録云：『志忠本華人，自幼陷虜，爲人明敏，在虜中舉進士，至顯官，歸國，能述虜中君臣世次、山川風物甚詳。』今觀此書，可概見矣。」書録解題又有契丹録一卷，即陰山雜録之首卷。遂初堂書目地理類作趙志忠陰山雜録，王仁俊遼史藝文志補證故事類云避暑漫鈔「志忠」作「玉忠」、「虜廷」作「北庭」，此「玉」蓋「至」之誤。

〔三〕阿保謹　按蓋即遼太祖阿保機。

〔四〕得罪宗真　經籍考卷二十七無「宗真」二字。

〔五〕言契丹事　袁本、卧雲本、舊鈔本、經籍考「契丹」俱作「虜中」，「丹」作「中」。疑當從袁本等，作「言虜中事」。

史評類

劉氏史通二十卷 袁本前志卷二下史評類第十四

右唐劉知幾撰。知幾，長安神龍間三爲史官〔一〕，頗不得志，乃以前代書史，序其體法，因習廢置，掇其得失，述作曲直，分内、外篇，著爲評議，備載史册之要。當時徐堅深重之〔二〕，云：「居史職者，宜置坐右。」玄宗朝，詔其家録進，上讀而善之。宋子京稱，唐舊史之文猥釀不綱，謂知幾工訶古人而拙於用已。觀此書，知子京之論不誣。前世史部中有史鈔類而集部中有文史類，今世鈔節之學不行而論説者爲多。教自文史類内，摘出論史者爲史評，附史部，而廢史鈔云〔三〕。 399

〔一〕三爲史官 原本無「三」字。史通卷十自敍篇云：「三爲史臣，再入東觀。」劉知幾原注與史通自序俱詳述三爲史官始末，公武所據蓋本此。今據袁本、卧雲本、宛委本、經籍考卷二十七補「三」字。

〔二〕深重之 袁本作「深重其書，嘗」。

〔三〕而廢史鈔云 袁本無「前世史部」至此凡五十三字。按此五十三字乃公武所撰史評類小序。史部之設史評類，創自讀書志。前此諸目，如新唐志、崇文總目、祕書省續四庫書目，俱以史學評論、考訂一類書，歸入文史類，附集部總集類之後，與文學批評書混而爲一，乙丁相雜，實屬不倫，故章炳麟編史籍考有「集部宜裁」之議。與公武同時或稍後者，如陳振孫書録解題、陳騤中興館閣書目、脱脱等宋史藝文志猶蹈襲舊例。獨公武於史部設史評，又於衢本集部設文説，文史批評著述遂得所歸，故後世衆目多宗焉，如四庫總目有史評、梁啓超論新史學分類有史論（見飲冰室文集卷三十四）、章炳麟擬史學考總目有史學（見章氏遺書補録），是皆可見公武於史部目録分類獨有卓識也。

史通析微十卷〔一〕　袁本後志卷一史評類第一

右唐柳璨昭之撰〔二〕。璨以劉子玄史通妄誣聖哲，評湯之德爲僞跡，論桀之惡爲厚誣，謗周公云不臣，褒武庚以殉節〔三〕，其甚至於彈劾仲尼，因討論其舛謬，共成五十篇。蕭統云：「論則析理精微。」故以爲名。乾寧四年書成。唐史云：璨，公綽族孫。少孤貧，好學，著史通析微，時或稱之〔四〕。起布衣，至爲相，不四歲。按唐紀，相璨在天祐改元，則書成時〔五〕，猶未仕也。400

〔一〕史通析微十卷　按新唐志卷四文史類題作柳氏釋史十卷，注云：「一作史通析微。」崇文總目卷二雜史類下、祕續目文史類、玉海卷四十九引中興書目、書録解題卷二十二文史類、宋志卷八文史類題俱同讀書志。

〔二〕柳璨昭之撰　袁本、卧雲本、經籍考卷二十七作「柳璨炤之撰」，下同。按前所録諸目唯崇文總目作柳燦，其餘皆同原本。柳氏事蹟見舊唐書卷一七九、新唐書卷二二三下，作柳璨。璨有弟瑀、瑊，字似當從「玉」。又新唐書本傳云字炤之，而卷七十三上宰相世系表作「字昭之」，未知孰是。

〔三〕殉節　袁本、經籍考「殉」作「徇」，卧雲本作「狥」。

〔四〕時或稱之　袁本「或」誤作「成」。

〔五〕書成時　原本脱「時」，據袁本、卧雲本、宛委本補。

史記索隱三十卷　袁本前志卷二下史評類第一

右唐司馬貞撰。據徐、裴注糾正牴牾〔一〕，援據密緻。如東坡辨宰我未嘗從田常爲亂，蓋本諸貞也〔二〕。401

〔一〕據徐裴注糾正牴牾　袁本「裴」譌作「斐」，「牴牾」作「抵梧」。

〔二〕本諸貞也　宛委本、舊鈔本「貞」作「此」。

歷代史贊論五十四卷〔一〕　袁本後志卷一史評類第二

右未詳撰人。纂史記迄五代史臣贊論。402

〔一〕歷代史贊論五十四卷　按遂初堂書目史學類有歷代史贊，疑即此書。

唐書直筆四卷〔一〕　袁本前志卷二下史評類第一

右皇朝呂夏卿撰。夏卿强記絶人，預修新史〔二〕。此其在書局時所建明，歐、宋間有取焉，如增入高祖字叔德之類是也。 403

〔一〕唐書直筆四卷　經籍考卷二十七題作唐書直筆新例四卷。按經籍考標題蓋從書録解題。書録解題卷四正史類云：「紀、傳、志各一卷，摘舊史繁闕，又爲新例須知附於後。畧舉名數，如目録之類。」四庫總目卷八十八著録本與陳氏所見相同，俱併新例須知充第四卷，非原帙矣。公武所見直筆、須知分二書者，後世尚有傳布，瞿鏞鐵琴銅劍樓藏書目録卷十二有影宋鈔本、陸心源皕宋樓藏書志卷三十八有舊鈔本，俱作唐書直筆四卷新例須知一卷，其直筆子目爲：帝紀第一、列傳第二、志第三、摘繁文闕誤第四，新例須知則附於後。今擇是居叢書初集本又有張鈞衡校記一卷。

〔二〕預修新史　袁本「史」作「書」。又，袁本無「此其在書局」以下二十七字。諸衢本、經籍考同原本。

唐書新例須知一卷〔一〕　袁本前志卷二下史評類第三

右記新書比舊增減志傳及其總類〔二〕。 404

〔一〕唐書新例須知一卷　按此書亦呂夏卿撰，參見唐書直筆條校注〔一〕。

〔二〕總類　袁本、宛委本作「總數」，疑是。

唐書音訓四卷　袁本前志卷二下史評類第四

右皇朝竇苹撰〔一〕。新書多奇字，觀者必資訓釋。苹問學精博〔二〕，發揮良多，而其書時有攻苹者，不知何人附益之也。苹，元豐中爲詳斷官。相州獄起，坐議法不一，下吏。蔡確笞掠之，誣服，遂廢死〔三〕。405

〔一〕皇朝竇苹撰　原本所據底本、瞿鈔本「苹」作「萃」，元刊經籍考卷二十七作「革」、殿本作「羣」，李富孫曰：「俱誤，今據袁本、書録解題、盧氏拾補改正。」按卧雲本誤「革」、季録顧校本改「萃」作「苹」，宛委本不誤。書録解題卷四正史類曰：「宣義郎汶上竇苹叔野撰。」同書卷十四又著録酒譜一卷，云：「汶上竇苹叔野撰。」（經籍考卷四十五農家類引書録解題「叔野」作「子野」，當從之。）其人即著唐書音訓者。」李氏所改即本諸此。能改齋漫録卷九「濼河縣」條引作竇苹新唐書音訓，與所改亦合。竇苹所著尚有載籍討源一卷舉要一卷（見宋志卷八文史類）、善謔集一卷（見祕續目小説類，題竇萃），諸本署其名差錯不一，要之當從四庫總目卷一一五酒譜條所言：「然詳其名字，乃取於鹿鳴之詩，作『苹』字者是也。」

〔二〕問學　陳鱣校本改作「學問」。

〔三〕遂廢死　袁本無「新書多奇字」至此凡六十五字，經籍考無「苹元豐中」至此凡二十九字，諸衢本同原本。按蔡確起相州獄事在元豐元年閏正月。續資治通鑑長編卷二八九云，確被旨與御史臺按潘開獄，收竇苹等，枷縛暴于國中凡五十七日，求其受賂事，無狀。卷二九〇亦止云六月，「詳斷官竇莘追一官勒停」，且於卷四五四又云，元祐六年正月，竇莘官大理司直。故余嘉錫云：「讀書志之言，殆傳聞失實也。」詳見四庫提要辨證卷十四。

唐書音義三十卷〔一〕　袁本後志卷一史評類第三

右未詳撰人〔二〕。比竇氏書大畧同而稍異，乃析爲三十卷。406

〔一〕唐書音義三十卷　袁本「書」作「史」。

〔二〕未詳撰人　按王圻續文獻通考卷一七六經籍考史評類有唐史音義六十卷，云「同安呂科著」。此書置姚寬、舒津書與徐次鐸、李繪書之間，疑亦北宋、南宋間人，未知是否讀書志所載書之作者。

唐史要論十卷〔一〕　袁本前志卷二下史評類第六

右皇朝孫甫之翰撰〔二〕。歐陽永叔、司馬温公、蘇子瞻稱其書議論精覈，以爲舊史所不及。終於天章閣待制。407

〔一〕唐史要論十卷　卧雲本、經籍考卷二十七題下注云：「一作論斷二卷。」按讀書附志卷上史評類有唐史論斷二卷，書録解題卷四編年類作唐史論斷三卷。孫甫以唐書煩冗遺畧，用編年體，勒成唐史記七十五卷，論九十二首。甫没，朝廷取其書留禁中，世所罕見。元豐二年，其從子察録以遺司馬光，光撰書孫之翰唐史記後，載温國文正司馬公集卷七十九。此要論當即唐史記之論，而論斷三卷，四庫總目卷八十八云：「蓋本從唐紀（當作唐史記）鈔出別行，非其舊帙。故卷數多寡，隨意分合，實無二本也。」今本多題論斷，唯擇是居叢書初集本題孫諫議唐史記論，俱三卷。又，袁本解題略異，俱録於下：「右皇朝孫甫之翰撰。歐陽脩、司馬光、蘇軾稱其書，以爲舊史所不及。」諸衢本、經籍考解題同原本。

〔三〕之翰　季録顧校本「翰」譌作「韓」。

唐鑑二十卷〔一〕　袁本前志卷二下史評類第八

右皇朝范祖禹醇夫撰〔二〕。醇夫爲温公通鑑局編修官十五年，分掌唐史，以其所自得，著成此書。取武后臨朝二十一年繫之中宗，其言曰：「此春秋『公在乾侯』之義也，雖得罪於君子，亦所不辭。」觀此，則知醇夫之從公，決非苟同者。凡三百六篇〔三〕。 408

〔一〕唐鑑二十卷　按范祖禹自序、進書表、上太皇太后表，書録解題卷四編年類、宋志卷二別史類俱作十二卷，故孫星衍平津館鑒藏記書籍補遺云：「晁氏讀書志作廿卷，疑十二卷之誤。」今本多作二十四卷，則當吕祖謙作註後所分。

〔二〕醇夫　沈録何校本作「淳夫」，下同。按宋史卷三三七范祖禹傳云：「祖禹字淳甫，一字夢得。」

〔三〕凡三百六篇　袁本「三」譌作「二」。

古史六十卷〔一〕　袁本前志、後志未收

右皇朝蘇轍子由撰。其序曰：「太史公始易編年之法爲紀傳世家，記五帝以來，然不得聖人之意。余因遷之舊〔二〕，始伏羲，訖秦始皇帝，爲七本紀、十六世家、三十七列傳，謂之『古史』，追録聖賢之遺意，以示後世。」國史譏蘇氏之學皆機權變詐〔三〕。今觀此書，蓋不然，則知子由晚節，爲學益精深云。409

〔一〕古史六十卷　按此書袁本未收，亦未列入存目。考讀書附志卷上史類著録是書，殆原載衢本，趙希弁以附志已收而未摘録編入後志，又以趙氏粗疎，以致存目失載。

〔二〕余因遷之舊　宛委本「余」作「予」。

〔三〕國史譏蘇氏之學皆機權變詐　臥雲本、元刊經籍考卷二十二雜史類「譏」譌作「識」，殿本不誤。又臥雲本、經籍考「機權變詐」作「權謀變詐」。

兩漢博聞十二卷　袁本後志卷一史評類第四

右皇朝楊侃纂〔一〕。景德中，侃讀兩漢書，取其中名數前儒解釋爲此書〔二〕，以資涉獵者。侃嘗編職林

矣〔三〕，此亦其類也。 410

〔一〕楊偘　按即楊大雅，避宋真宗諱改。大雅傳見宋史卷三〇〇。

〔二〕取其中　經籍考卷二十七無「中」字。

〔三〕嘗編職林矣　經籍考無「矣」字。按職林見讀書志卷十四類書類。

三劉漢書一卷〔一〕　袁本後志卷一史評類第五

右皇朝劉敞原父、弟攽貢父、子奉世仲馮撰。劉跂嘗跋其書尾〔二〕，云：「余爲學官亳州，故中書劉舍人貢父實爲守，從容出所讀漢書示余〔三〕，曰：『欲作補注，未能也。』然卷中題識已多，公之子方山亞夫録以相示也〔四〕。」 411

〔一〕三劉漢書一卷　臥雲本、經籍考卷二十七俱作三劉漢書標注六卷，元刊本經籍考題下注云：「一作一卷。」按臥雲本、經籍考標題、卷數蓋從書録解題，而元刊本經籍考所注一卷者，當即指讀書志。書録解題卷四正史類、宋志卷二正史類俱作三劉漢書標注六卷，書録解題云：「又本題公非先生刊誤，其實一書。公非，貢父自號也。」攽有東漢刊誤，見下條，乃刊正後漢書之作，與此刊正漢書者，當是二書。

〔二〕劉跂嘗跋其書尾　袁本「跂」作「跋」，無「書」字。

〔三〕所讀漢書示余　經籍考「讀」譌作「續」，臥雲本「余」作「予」。

〔四〕録以相示也　原本闕「以相示也」四字，據袁本、臥雲本、宛委本、經籍考補。

東漢刊誤一卷〔一〕　袁本前志、後志未收

右皇朝劉攽貢父撰。攽序稱，英宗讀後漢書〔二〕，見「墾田」字皆作「懇」字，命國子監刊正之〔三〕。攽爲直講，校正其謬誤不可勝數〔四〕，然此書世無善本〔五〕，率以己意定之。治平三年奏御。攽號有史學，温公修通鑑，以兩漢事付之。412

〔一〕東漢刊誤一卷　按讀書附志卷上史類有劉攽西漢刊誤一卷、東漢刊誤一卷，可參看。趙希弁以附志已收，故未摘録衢本此條入後志，見袁本後志存目。宋志卷二正史類作漢書刊誤四卷，疑奪「東」字。是書初單行，南宋劉之問刊兩漢書，取以散入各卷當條下，單行本遂式微，至羅振玉影印日本崇蘭館藏宋本，入宸翰樓叢書八種，是書方顯。今本作東漢書刊誤四卷，與公武、希弁所見分卷不同。

〔二〕英宗讀後漢書　附志「英宗」作「仁宗」，誤。

〔三〕刊正之　經籍考卷二十七無「之」字。

〔四〕校正其謬誤不可勝數　宛委本、顧校本「校」作「較」，臥雲本、經籍考「數」作「筭」。

〔五〕世無善本　顧校本作「數世無善本」。

呂氏前漢論三十卷　袁本後志卷一史評類第六

右皇朝呂大忠晉伯撰。予得其本於銅梁令呂肇修〔一〕，汲公諸孫也〔二〕。 413

〔一〕呂肇修　卧雲本、陳師曾刊本、經籍考卷二十七「修」下有「撰」字，衍。

〔二〕汲公諸孫　卧雲本、經籍考作「汲陵諸孫」。按大忠弟大防封汲郡公，故稱汲公。傳見宋史卷三四〇。

晉書指掌十二卷　袁本後志卷一史評類第七

右皇朝劉蘷編〔一〕。以晉書事實，以類分六十五門。 414

〔一〕劉蘷　宛委本「蘷」作「蘷」，季録顧校本作「蘷」，又云一作「蘷」，經籍考卷二十七作「夔」。盧文弨羣書拾補云「蘷即夔」。按劉夔傳見宋史卷二九八，宋志卷三地理類有其撰武夷山記一卷、卷七別集類有應制一卷，祕續目類書類有劉夔晉書指掌十二卷，即此書。

唐書辨證二十卷〔一〕　袁本前志卷二下史評類第五

右皇朝吳縝撰。縝，字廷珍，成都人，仕至郡守。數新書初修之時，其失有八類，其舛誤二十門，凡四百餘事。縝不能屬文，多誤有詆訶。如新書張九齡傳云：「武惠妃陷太子瑛，遣宮奴告之曰〔二〕：『廢必有興，公爲援，宰相可常處。』九齡奏之，故卒九齡相而太子無患。」縝以爲時九齡已相而太子竟以廢死，以爲新書似實而虛。按史之文謂終九齡在相位日，太子得不廢也，豈謂卒以九齡爲相，太子終無患乎？初名糾謬，其後改云辨證，實一書也。415

〔一〕唐書辨證二十卷　袁本「辨」作「辯」。卧雲本、經籍考卷二十七題下注云：「一名糾謬。」按此書初名糾謬，後改爲辨證，而紹興戊午吴元美刊本仍題糾謬。書録解題卷四正史類作唐書糾謬，卧雲本、經籍考小注蓋指此。宋志卷二正史類及今本俱題新唐書糾謬。又，袁本解題頗簡略。俱録於下：「右皇朝吴縝撰。數新書初修之時，其失有八類，其舛誤二十門，凡四百餘事。」

〔二〕遣宮奴告之　卧雲本、宛委本、瞿鈔本、季録顧校本、經籍考「宮」誤作「官」。

五代史纂誤五卷〔一〕　袁本前志卷二下史評類第十一

右皇朝吴縝撰。凡二百餘事，皆歐陽永叔新五代史牴牾舛訛也。按通鑑考異證歐陽史差誤，如莊宗還三矢事之類甚衆〔二〕，今此書皆不及之，特證其事之脱錯而已〔三〕，又善本未必皆然〔四〕。416

〔一〕五代史纂誤五卷　卧雲本、經籍考卷二十七題下尚有「雜録一卷」四字，蓋從書録解題卷四正史類。今本自永樂大典輯得，止三卷，依宋志卷二正史類著録卷數。又，袁本解題簡畧，俱録於下：「右皇朝吳縝撰。凡二百餘事，皆五代史抵捂闕誤也。」

〔二〕莊宗還三矢　卧雲本、元刊本經籍考「三」作「二」，殿本經籍考同原本。按當作「三」，後晉李克用付莊宗存勗三矢事，見王禹偁五代史闕文、資治通鑑卷二六六後梁紀一。

〔三〕證其事之脱錯而已　卧雲本、經籍考「事」作「字」。

〔四〕又善本未必皆然　按鄭堂讀書記卷十五謂公武以上所言，「誠不足以概是書，永叔詳于義例而畧于考證，徐無黨寥寥數言，無補大義，是書參考紀傳而得其牴牾舛誤之處，已有二百餘事，不得謂『善本未必皆然』」，特未能如其唐書糾謬分門列目以糾之耳。」

注唐紀十卷　袁本前志卷二下史評類第九

右題曰樊先生而不詳其名，近代人所注新書紀也〔一〕。417

〔一〕所注　經籍考卷二十七作「所著」。

歷代史辨志五卷　袁本前志卷二下史評類第十三

右未詳撰人。亦有可觀者，凡百許篇。序謂：「人之志有甚微者，不可不辨，故以名書〔一〕。」418

〔一〕故以名書　袁本無「亦有可觀者」至此凡二十六字。諸衢本、經籍考卷二十七同原本。

西漢發揮十卷　袁本前志卷二下史評類第七

右皇朝劉涇巨濟撰。涇，蜀人〔一〕。419

〔一〕涇蜀人　袁本無「涇」字，疑脱去。按涇傳見宋史卷四四三。涇與成都鄭少微俱以文知名，少微有唐史發揮十二卷，見宋志卷二史鈔類，涇另有成都刻石總目，見讀書志卷九目録類。

三國人物論三卷　袁本前志卷二下史評類第十二

右皇朝蜀人楊祐甫撰〔一〕。420

〔一〕蜀人楊祐甫撰　袁本、卧雲本、宛委本、經籍考卷二十七「蜀人」二字在「撰」字下。又，殿本經籍考「祐」作「祜」，元刊本同原本。按祐甫乃天惠字，宋志卷二史鈔類作楊天惠三國人物論三卷。天惠，郫人，元豐進士，徽宗時上書言事，後入黨籍，與鄭少微、李新，時稱「三儁」。事見東都事畧卷一一六、宋蜀文輯存附作者考。

唐史評三卷〔一〕　袁本前志卷二下史評類第十

右題曰適適先生，不詳何人。門人譙孝寧爲編次。421

〔一〕唐史評三卷　袁本脱「三卷」二字，又解題亦異，俱録於下：「右皇朝焦考寧撰，自號適適先生。」諸衢本與經籍考卷二十七同原本。

職官類

唐六典三十卷〔一〕　袁本前志卷二下職官類第十二

右唐玄宗撰，李林甫、張説等注。以三公、三師、三省、九寺、五監、十二衛等，列其職司官佐〔二〕，敍其秩品，以擬周禮。雖不能悉行於世，而諸司遵用，殆將過半。觀唐會要，請事者往往援據以爲實。韋述以爲書雖成而竟不行，過矣。然識者謂自唐虞至周有六官而無寺監，自秦迄陳有寺監而無六官，獨此書兼之，故官皆複重也。422

〔一〕唐六典三十卷　袁本解題頗異，俱録於下：「右唐玄宗撰，李林甫、張説等注。以三公、三師、三省、九寺、五監、十二衛等，例其職司官佐，敍以秩品，擬周禮六官云，蓋唐極治之書也。雖不能悉行於世，而諸司遵用，殆將過半。觀唐會要，請事者往往援據以爲實。或以爲此書雖成於開元間，而不行於一時，不學之言也。」諸衢本、經籍考卷二十九職官類同原本。

〔三〕列其職司　袁本「列」誤作「例」。

中台志十卷　袁本前志卷二下職官類第三

右唐李筌撰〔一〕。起殷周，迄隋唐，纂輔相邪正之迹，分皇、王、霸、亂、亡五類，以爲鑒戒。唐相以李林甫、陳希烈附皇道。筌上元中自表〔二〕，天寶初，迫以綴名云〔三〕。423

〔一〕李筌撰　按王重民考證，唐有李荃，又有李筌。荃，儒家者流，有中台志、閫外春秋；筌，乃道家而言兵者，有黄帝陰符經疏、北嶽恒山封安天王銘、孫子注等，唐以來每混作一人。見敦煌古籍敍録閫外春秋跋。據此，中台志著者當作李荃。

〔二〕上元中自表　袁本作「上元中乃自表」。

〔三〕天寶初迫以綴名云　臥雲本、陳師曾刊本、經籍考卷二十九「迫」誤作「追」。

翰林雜志一卷〔一〕　袁本後志卷一職官類第一

右不題撰人。輯唐韋執誼故事〔二〕、元稹承旨壁記〔三〕、韋來微新樓記〔四〕、杜元穎監院使記〔五〕、鄭璘視草

亭記并詩〔六〕、李宗諤題名記爲一編〔七〕。或云蘇易簡子書采其父翰林續志所遺，附益之〔八〕。 424

〔一〕翰林雜志一卷　按玉海卷一六七引中興書目有翰林内誌一卷，云：「集韋執誼翰林故事、李肇志、韋處厚、丁居晦、杜元穎壁記、元稹記、韋表微學士新樓記爲一書。集者不知名。」崇文總目卷二、通志藝文畧卷三亦有翰林内誌一卷，并不著撰人。

〔二〕韋執誼故事　按此書指翰林院故事，洪遵收入翰苑羣書。

〔三〕元稹承旨壁記　按此書指承旨學士院記，亦收入翰苑羣書。

〔四〕韋來微新樓記　按此書指翰林學士院新樓記，翰苑羣書未收，今載全唐文卷六三三。「韋來微」，當「韋表微」之誤，參見校注〔一〕。表微傳見舊唐書卷一八九下、新唐書卷一七七，未云撰有此記。

〔五〕杜元穎監院使記　按此書當指翰林院使壁記，亦不見翰苑羣書，今載全唐文卷七二四。

〔六〕鄭璘視草亭記并詩　按此記并詩不載翰苑羣書、全唐文、全唐詩，當佚去。璘，字華聖，宰相從讜子，黄巢起義時，依泉州刺史王審邽，事見新唐書卷七十五上宰相世系表、全唐文卷八二一附小傳。

〔七〕李宗諤題名記　按書録解題卷六有李宗諤翰苑雜記，宋志卷二作翰林雜記，俱一卷。沈該翰苑題名序云：「翰苑自唐寶應迄於大中，學士官族，皆刻石龕之屋壁。五季以紛擾久廢。藝祖受命，首建直廬，太宗親灑玉堂之翰，以增寵獎。聖聖稽古，推擇允靳。景德初，趙安仁、晁迥、李宗諤始復置壁記，起國初，自承旨陶穀以下至直院，用除授次第刊列後居職者，皆得以流芳久遠。中遭變故，今不復存。」是宗諤翰苑題名記，南宋初尚賴翰林雜志以存，沈該止未見耳。

〔八〕或云蘇易簡子耆采其父翰林續志所遺附益之　此語袁本前志翰林續志條與後志翰林雜志條複見，原本李富孫校語云：「袁本以此書與蘇易簡續志合爲一書而後志仍載之。」按闕名集翰林雜志，蘇易簡撰翰林續志，蘇耆撰次續翰林志，當爲三書，此十九字疑當如袁本前志，爲翰林續志解題而誤植於此，趙希弁不察錯簡，遂於二條複出。參見翰林續志條校注〔一〕。

翰林志一卷〔一〕　袁本前志卷二下職官類第四

右唐李肇撰。纂唐世翰林院中供奉、儀則、制誥、書詔之式。其後云：「睿聖文武皇帝裂海、岱十二州爲三道之歲〔二〕。」蓋憲宗元和十四年也。425

〔一〕翰林志一卷　袁本解題簡畧，俱録於下：「右唐李肇撰。摭唐世翰林院中供奉、儀則、制誥、書詔之式。」諸衢本、經籍考卷二十九同原本。

〔二〕裂海岱十二州爲三道之歲　原本脱「海」字，據卧雲本、經籍考以及本書補。陳鱣校本「十二州」作「十六州」，誤。元和十四年，平李師道，時其地止十二州，分之爲三道：鄆、曹、濮爲一道，淄、青、齊、登、萊爲一道，兗、海、沂、密爲一道。

翰林盛事一卷〔一〕　袁本前志卷二下職官類第五

右唐張著撰。記唐朝儒臣美事，凡三十八〔三〕。 426

〔二〕翰林盛事一卷 經籍考卷二十九職官類誤引此條解題作書録解題語，卷二十八故事類所載方是陳氏解題。

〔三〕三十八 卧雲本「八」下有「人」字。

翰林續志二卷〔一〕 袁本前志卷二下職官類第九

右皇朝蘇易簡撰。易簡在北門，最承太宗眷遇，録元和以後至國朝翰林故事，以續肇志。 427

〔一〕翰林續志二卷 袁本解題頗異，俱録於下：「右皇朝蘇易簡在翰林院，最承太宗睠（按當作睠）遇，録國朝政事以續肇志。子耆采易簡所載之餘，成一卷，附益之。」按參見書録解題卷六及前翰林雜志條校注〔八〕，疑衢本有錯簡。蘇耆次續翰林志一卷，翰苑羣書收録。

金坡遺事三卷 袁本前志卷二下職官類第十

右皇朝錢惟演撰。載國朝禁林雜儀式事迹并學士名氏〔一〕。文元公述真宗禮待儒臣三事〔三〕，附於卷末。 428

〔一〕國朝禁林雜儀式事迹 原本「儀式事迹」作「事迹儀式」，據袁本、卧雲本、宛委本、舊鈔本、經籍考卷二十九乙正。

〔二〕文元公述真宗禮待儒臣三事　按文元公乃公武五世祖晁迥。迥因惟演寄示遺事，別作真宗待遇恩禮三則，爲別書金坡遺事一卷，見書録解題卷六、宋志卷二故事類。今惟演書尚有殘本，商務印書館本説郛卷七十七止載兩條，而宋朝事實類苑所引有數十條。迥書則不存矣。又，袁本脱「述」字。

御史臺記十二卷〔一〕　袁本前志卷二下職官類第二

右唐韓琬撰。載唐初至開元御史臺中制度故事〔二〕，以大夫、中丞、侍御史、殿中監察、主簿、録事，分門載次名氏行事〔三〕。著論一篇，敍御史正邪得失〔四〕、進擢誅滅之狀〔五〕，附卷末，以爲世戒。429

〔一〕御史臺記十二卷　按玉海卷五十七、一二一引中興書目兩條，其中卷五十七所引解題與此合，疑王應麟誤題書名。

〔二〕唐初　卧雲本、元刊本經籍考卷二十九作「唐元初」，殿本同原本，當衍「元」字。

〔三〕名氏行事　袁本、玉海卷五十七無「氏」字。

〔四〕正邪　顧校本作「邪正」。

〔五〕進擢誅滅之狀　袁本作「正擢」，沈録何校本何焯校語云「進」疑作「遷」。袁本無「之狀」二字，玉海卷五十七無「進擢誅滅之狀」六字。

嘉祐御史臺記五十卷〔一〕 袁本前志卷二下職官類第十三

右皇朝馮潔己撰。御史臺有記，始於武后時姚庭筠，其後韓琬、韋述嗣有紀著。嘉祐中，王疇命潔己續之，乃上自太祖建隆之元，迄於嘉祐之末，凡一百四年，分門載其名氏行事，凡三百餘人。潔己，拯之子也，爲敍傳兩篇，述其父事，且自敍立朝始末云〔二〕。與吕獻可、傅欽之、趙閲道相善，而鄙韓玉汝、周孟陽，亦可概見其爲人也。430

〔一〕嘉祐御史臺記五十卷　袁本解題頗異，俱録於下：「右皇朝馮潔己（原作「巳」，今正）撰。御史臺有記，始於武后時姚庭筠，其後韓琬、韋述嗣有紀著。嘉祐中，王疇命潔己續之，乃上自太祖建隆之元，迄於嘉祐八年，凡一百四年，分門載其名氏行事。潔己，拯之子也，爲敍傳兩篇，述其父之事附于後。」諸衢本、經籍考卷二十九解題同原本。

〔二〕始末　卧雲本、宛委本作「本末」。

新御史臺記〔一〕 袁本後志卷一職官類第二

右皇朝宋聖寵編。崇寧中，聖寵爲察官，續韓琬書，咸用其規式，所異者，不爲諸人立傳，於儀制、敕、令、格、式爲詳。後人續至紹興九年。431

〔一〕新御史臺記　原本、袁本、諸衢本、經籍考卷二十九俱闕卷數，焦竑國史經籍志卷三史類職官有宋聖寵新御史臺紀，亦不著卷數。書録解題卷六有御史臺記五卷，云：「不知何人作。記本朝御史臺事，至崇觀間。」疑即此書。慕容彥逢摛文堂集卷四有吏部員外郎宋聖寵可右司員外郎制。

御史臺彈奏格一卷　袁本後志卷一職官類第三

右政和中〔一〕，御史中丞蔣猷奏〔二〕，乞委屬官李彌大〔三〕，將本臺制、敕、令、格、式、彈奏事件，編成格目。六月，書成上之。　432

〔一〕政和中　卧雲本倒其文作「中和政」，誤。

〔二〕蔣猷　原本所據底本「猷」誤作「獻」，李富孫據袁本、經籍考卷二十九改正。按瞿鈔本、顧校本、宛委本亦誤。蔣猷傳見宋史卷三六三。猷字仲遠，潤州金壇縣人，政和四年拜御史中丞兼侍讀，七年知貢舉，改工部、吏部尚書。

〔三〕乞委屬官李彌大　舊鈔本、顧校本脱「委」字，元刊經籍考「彌」作「弥」，殿本同原本。

史館故事三卷〔一〕　袁本前志卷二下職官類第六

右不題撰人姓氏〔二〕。記史館雜事〔三〕，分六門〔四〕，迄於五代。李獻臣以爲後周史官所著。按其書以廣順年事爲皇朝，獻臣之説尤信〔五〕。　433

〔一〕史館故事三卷　經籍考卷二十九題作史館故事録。按書録解題卷六、玉海卷一六五引中興書目、通志藝文畧卷三職官類下、宋志卷二故事類俱題同經籍考。

〔二〕姓氏　袁本作「姓名」。

〔三〕雜事　袁本脱「事」字。

〔四〕分六門　按書録解題云：「凡爲六門，曰：敍事、史例、編修、直筆、曲筆，而終之以雜録。」

〔五〕獻臣之説尤信　袁本、經籍考無「按其書」至此凡十七字，諸衢本同原本。獻臣，李淑字。淑著邯鄲圖書志。

集賢注記二卷〔一〕　袁本前志卷二下職官類第一

右唐韋述撰〔二〕。述在集賢四十年。天寶丙申，摭院中故事〔三〕、修撰書史之次及孝明時學士名氏。頗善敍事〔四〕。 434

〔一〕集賢注記二卷　袁本、宛委本作一卷。又袁本解題曰：「右唐韋述撰。摭院中故事、脩撰書史之次、孝明時學士名氏。」按此書新唐志卷二、書録解題卷六、通志藝文畧卷三職官類下俱作三卷，玉海卷四十八引中興書目、宋志卷二故事類作二卷。中興書目云：「今本二卷，乾道九年六月洪遵以太清樓本校之，厘可讀。」是此書南宋時已少完帙，疑袁本「一」乃「二」之誤，或其本比二卷者更有殘闕。今職官分紀尚保存數千字。玉海敍此書始末頗詳，録以參考：學士韋述記置院經始及開元、天寶中學士名氏，皆隨文注釋。韋述自登書府，至天寶十五載凡四十年，緬想同時，凋亡已盡，後來賢彥，多不委書院本末，歲月漸久，或慮湮沉，敢因東觀之暇，聊記置院經始及前後學士名氏，事皆親覩，不敢遺隱，時丙申歲二月也。（原注：麗正殿在東宮，正殿崇政殿之北，光天殿之南。）述以開元五年冬，敕就祕書省撰續王儉七志及刊校四庫書籍，八年入麗正殿校勘，十三年三月，授集賢院學士。自開元十三年四月，迄天寶十五載二月，集賢院修撰校理待制及文學直等揔五十九人；開元十三年四月，至天寶十四載，集賢院學士、直學士三十三人。

〔二〕唐韋述撰　卧雲本、經籍考卷二十九作「唐集賢學士韋述撰」。

〔三〕摭院中故事　卧雲本、宛委本、經籍考作「摭置院始末及院中故事」。

〔四〕頗善敍事　卧雲本、季録顧校本、元刊經籍考「善」譌作「喜」，殿本不誤。

南宮故事一卷　袁本後志卷一職官類第四

右不題撰人。韋述云，開元中劉鄭蘭撰。劉，儒者，無著述才。435

陳氏宰相拜罷録一卷〔一〕　袁本前志卷二下職官類第七

右皇朝陳繹奉詔編。起范質，止曾公亮，所載拜罷之由，與實録不同。元祐史臣謂繹多出己意。436

〔一〕陳氏宰相拜罷録一卷　按宋志卷二作宰相拜罷圖一卷，當即此書。玉海卷一二〇引中興書目題作宰臣拜罷録一卷，云與樞府拜罷録同撰於熙寧間。袁本無「陳氏」二字。

陳氏樞府拜罷録一卷〔一〕 袁本前志卷二下職官類第八

右皇朝陳繹編。起魏仁浦，止宋綬。 437

〔一〕陳氏樞府拜罷録一卷 袁本無「陳氏」二字，瞿鈔本、季録顧校本作十卷，誤，玉海卷一二〇、宋志卷二俱作一卷。

執政拜罷録十卷〔一〕 袁本後志卷一職官類第五

右不題撰人。自建隆元年，迄於紹興九年。按皇朝以樞密院及參知政事爲執政〔二〕，改官制後，以左右丞、兩省侍郎并密院爲執政，建炎三年後，復用舊制云。 438

〔一〕執政拜罷録十卷 按陳繹撰宰相拜罷録、樞府拜罷録外，尚有國朝相輔年表一卷，見書録解題卷六；三省樞密院除目四卷，見宋志卷二。玉海卷五十八紹興修宰輔録條云：「治平四年九月己丑，詔實録院檢討陳繹具上祖宗朝兩府拜罷之因，後撰拜罷録以進。紹興九年三月六日丙戌，詔宰輔拜罷録詳畧失中，本末差舛，令史館重修。史館言：『凡牴牾者，宜悉改正。』從之。書未成。二十一年九月庚子，秘書少監林機建言，又命國史日曆所重修，然亦不克成。」據書録解題著録，紹興間更有續國朝相輔年表一卷，陳繹撰，李易記，續至紹興十四年；又有范沖宰輔拜罷録二十四卷，起建隆元年，止紹興六年。諸表、録與讀書志著録者卷數、止訖俱不合，姑録以備考。

〔三〕皇朝　袁本、卧雲本、經籍考卷二十九作「國朝」。

百官公卿表一百四十二卷〔一〕　袁本後志卷一職官類第六

右皇朝司馬光君實等撰。熙寧中，光以翰林學士兼史館修撰，建議欲據國史，旁采異聞，敍宋興以來百官除拜，效漢書作表，以便御覽，詔許之。光請宋敏求同修，及敏求卒，又請趙彦若繼之，歷十二年，書成奏御〔二〕。439

〔一〕百官公卿表一百四十二卷　經籍考卷二十九「二」譌作「五」。此書卷數著録多異。蘇軾東坡七集正集卷三十六司馬光行狀云此書六卷，經籍考卷二十九載李燾續百官公卿表自序則云十卷，書録解題卷四編年類、玉海一一九引中興書目、宋志卷二俱作十五卷。讀書志獨作一百四十二卷。書録解題云：「案晁氏讀書志有一百四十二卷，未詳。」按百四十二卷者實爲李燾續表。據李燾續百官公卿表自序云，其家藏司馬光表止七卷，燾取以釐析整治，續編至宣和，元符以前皆從實録，治平而止，又參諸正史，元符以後，不免有所傳聞。總一百四十二卷。原本李富孫校語云：「李燾續百官公卿表自序言，表凡十卷，其續編一百四十二卷，當是後人編録之誤。」誤。經籍考馬氏按語云：「晁氏在巽巖之前，安得見其書（指李燾續編），所謂一百四十五（當作「二」）者，決非巽巖之書也。」燾撰續表，在紹興二十四年知成都雙流縣任上，至二十九年七月，翰林學士、國史修撰周麟之言：「左宣教郎、知雙流縣李燾嘗著續百官公卿表九十卷，乞給筆劄，録付史館。」從之。（以上參見李心傳建炎以來繫年要録卷一八三、宋會要輯稿崇儒五之三十六、玉海卷四十七、民國雙流縣志卷四）其時蓋已成書。而公武自二十九年之後，嘗閑居嘉定，孝宗隆興二年又曾兼國史編修官，於其寓居之蜀地、於其供職之館閣，均可能見到李燾續表，此其一。其次，公武與李燾交游甚密，其先祖所著昭德新編，即得之於燾（見本書卷十九晁文元道院別集條），公武墓誌銘亦出燾之手（見建炎以來繫年要録卷一五六）。綜上所述，此條著録當公武親手所撰，不必假後人之手而後可，唯燾書混光書而編之，公武蓋以此仍題光名耳。

〔三〕書成奏御　經籍考、玉海卷一一九引讀書志無「奏御」二字。

中書備對十卷〔一〕　袁本後志卷一職官類第七

右皇朝元豐三年畢仲衍承詔編次。序曰〔二〕：「周官所謂要會者〔三〕，正今日中書所宜有，自漢迄唐〔四〕，莫知議此。今編成十卷，凡一百二十五門，附五十八事。」李清臣嘗與許將書云：「備對乃吳正憲公居宰路〔五〕，以聖問多出意表，故令中書掾畢君爲之。其時預有畫旨，諸司遇取會不許濡滯。如此尚歷數年乃就，後雖有改革〔六〕，然事亦可概見也。」440

〔一〕中書備對十卷　按宋史卷二八一畢仲衍傳云：「撰中書備對三十卷，士大夫家爭傳其書。」而書録解題卷五典故類、玉海卷五十一引中興書目、宋志卷二故事類俱同此作十卷。玉海云：「元豐三年八月戊子，檢正畢仲衍奏：周官：冢宰歲終令百官府正其治，受其會而詔王廢置，小宰受羣吏之要，宰夫以八職待王之詔令，可謂約而詳。漢、唐莫克議此，故有錢穀法獄不克對者。創自睿意，俾克纂集，凡爲一百二十五門，附五十八事，分爲六卷，事目多者分上、中、下，共爲十卷。」是此書實十卷，疑宋史本傳誤。

〔二〕序曰　經籍考卷二十八脱「序」字。

〔三〕要會　原本作「會要」，據袁本、臥雲本、宛委本、瞿鈔本、舊鈔本、經籍考乙正。按此所引仲衍序，蓋非實録，校注〔一〕玉海所引殆近似仲衍原序。要者，月終之小計也；會者，歲終之大計也。仲衍序所引周官，分見周禮卷二、卷三。

〔四〕自漢迄唐　袁本、宛委本「迄」作「至」。

〔五〕吳正憲公　按吳充也，傳見宋史卷三一二。

〔六〕雖有改革　經籍考「雖」作「多」。

麟臺故事五卷〔一〕　袁本前志卷二下職官類第十一

右皇朝程俱撰。紹興初復館職，俱首入館〔二〕，纂集舊聞成十二篇。予所藏書，斷自南渡之前，獨此書以載官制後事爲詳，故録之〔三〕。441

〔一〕麟臺故事五卷　按四庫總目卷七十九著録者，乃大典輯本，非原帙。四部叢刊續編所收，爲影明影宋鈔本，止存卷一至卷三，張元濟有校記一卷。

〔二〕俱首入館　經籍考卷二十九無「俱」字。

〔三〕故録之　袁本無「予所藏書」至此凡二十四字。錢泰吉曝書雜記卷下云：「此晁氏著録大凡也，袁本無之，亦優絀之端也。」按此誠爲讀書志凡例，然公武讀書志，非成於一時，其收録諸書，往往有晚於紹興元年者。（程俱此書成於紹興元年，見北山小集卷十六麟臺故事後序、卷三十八進狀）意者，此凡例乃公武初定，之後並未嚴格遵用。

掖垣叢志二卷〔一〕　袁本後志卷一職官類第八

右皇朝宋庠撰。景祐中，李宗諤始取國初掌誥名氏〔二〕，刻之於石，自爲紀序，庠因之成此書。王禹玉頗譏其疎畧。裴廷裕載舍人上事，知印宰相壓角，至今傳之爲故事，而庠書闕焉〔三〕。 412

〔一〕掖垣叢志二卷　按宋史卷二八四本傳、宋志卷二故事類、書録解題卷六俱作三卷。

〔二〕取國初　顧校本作「取國朝初」。

〔三〕闕焉　經籍考卷二十九此下尚有「時爲正字」四字，疑馬端臨以書録解題文竄入。按緯畧卷四云宋庠掖垣叢誌亦不解宰相壓角。壓角典故參見東觀奏記卷中、新唐書卷一八二裴坦傳。

掖垣續志一卷　袁本後志卷一職官類第九

右不詳撰人。續宋庠書〔一〕，迄元祐六年十一月陳軒試中書舍人。443

〔一〕續宋庠書　袁本「庠」譌作「采」。

輔弼名對四十卷目録一卷　袁本後志卷一職官類第十

右皇朝劉顔撰。纂西漢迄五代羣臣應對之名者〔一〕。汲黯有「天子置公卿輔弼之臣，寧令從諛承意，陷主不誼」之言，顔取以名其書。天聖初，馮元爲侍講，上之。顔嘗爲令，坐事免，由是紹復其官。444

〔一〕西漢迄五代羣臣應對之名者　原本「迄」作「及」，據袁本、宛委本、經籍考卷二十九改。又，王先謙刊本先謙云，疑「之名」當作「知名」。

將作營造法式三十四卷　袁本後志卷一職官類第十一

右皇朝李誡撰〔一〕。熙寧中〔二〕，敕將作監編修營造法式〔三〕。誡以爲未備，乃考究經史，并詢匠工〔四〕，以成此書，頒於列郡。世謂喻皓木經極爲精詳〔五〕，此書蓋過之。445

〔一〕李誡撰　卧雲本、經籍考卷五十六雜藝術類「誡」作「誠」，袁本及其餘衢本同原本。下同。按當作「誡」，「誠」乃形似而誤也。誡墓誌銘載程俱北山小集卷三十三。

〔二〕熙寧中　袁本作「熙寧初」。

〔三〕營造法式　經籍考無「營造」二字。

〔四〕并詢匠工　袁本、卧雲本、宛委本、舊鈔本作「詢訪匠氏」，經籍考「訪」譌作「討」。

〔五〕喻皓木經　卧雲本「皓」作「晧」。按夢溪筆談卷十八云「營造之法，謂之木經，或云喻皓所撰」，此「皓」字，津逮祕書本、學津討原本、玉海堂本、古書叢刊本俱作「晧」。（詳胡道靜夢溪筆談校證），又「皓」亦有作「浩」者，「喻」更有作「預」者，見楊文公談苑、歸田録卷一。

郡齋讀書志卷第八

儀注類

服飾圖三卷〔一〕 袁本前志卷二下儀注類第六

右唐李德裕編。共五十五事。446

〔一〕服飾圖三卷 卧雲本、季録顧校本「飾」作「餙」。按此書不見兩唐志。

咸鎬故事一卷〔一〕 袁本後志卷一儀注類第一

右唐韋慎微撰。纂長安自元日至除夕朝廷慶賀事〔二〕。447

〔一〕咸鎬故事一卷 此書不見兩唐志，書録解題卷六時令類同讀書志，云：「唐韋慎微撰。其書與前（按指唐李綽秦中歲時記一卷）大同小異，竟不知何人作也……案館閣書目：秦中歲時記一名咸鎬歲時記。」宋志卷四農家類有李綽秦中歲時記一卷，云：「一名成鎬記。」此「成」當「咸」之譌。秦中歲時記，亦名輦下歲時記，見卷十二農家類。

〔三〕除夕　袁本、宛委本、經籍考卷十四作「除夜」。

景德會計録六卷〔一〕　袁本後志卷一儀注類第二

右皇朝丁謂謂之撰。謂景德中纂三司户口稅賦之入，及兵食吏祿之費，會計天下每歲出納贏虧之數〔二〕，李吉甫元和國計圖之類是也〔三〕。書成奏御。448

〔一〕景德會計録六卷　卧雲本脱「録」字。按書録解題卷五典故類、玉海卷一八五景德會計録條介紹是書内容頗詳，可參看。

〔二〕贏虧　顧校本「贏」作「盈」，卧雲本誤作「羸」。

〔三〕李吉甫元和國計圖之類是也　原本脱「李」字，今據玉海卷五十八宋朝會計録條引讀書志補。袁本、宛委本「李」譌作「吕」。又，原本「和」譌作「祐」，唐李吉甫有元和國計簿十卷，見新唐志卷二職官類，崇文總目卷二地理類作一卷，祕續目小説類、玉海卷一八五引中興書目、宋志卷二故事類俱作元和國計署，亦一卷，據改。袁本、諸儒本、經籍考卷二十八亦誤。又，袁本、卧雲本、宛委本、玉海引讀書志俱無「是」字，疑原本衍。

皇祐會計録六卷〔一〕 袁本前志卷二下儀注類第三

右皇朝田況元鈞撰〔二〕。況兩爲三司使，謂夏戎阻命之後〔三〕，增兵比之景德幾一倍，加之吏員益繁，經費日侈，民力甚疲。乃約丁謂會計録，以皇祐財賦所入多於景德，而其出又多於所入，著成此書上之，庶幾朝廷稽祖宗之舊，省浮費以裕斯民云。 449

〔一〕皇祐會計録六卷 袁本解題頗異，俱録於下：「右皇朝田貺元鈞，兩爲三司使，約景德會計録（按「録」原譌作「銀」，今正），以皇祐財賦所入多於景德，而其出又多於所入，著爲皇祐會計録，上之，冀以悟上，庶更立輕制，使民完實而縣官有餘用者。」按況與貺通，然用於人名似不得通假。

〔二〕田況元鈞 按「元鈞」當作「元均」，傳見宋史卷二九二，讀書志諸本、經籍考俱誤。

〔三〕夏戎阻命 經籍考卷二十八作「夏竦佐命」。

封禪記五十卷 袁本前志卷二下儀注類第一

右皇朝丁謂等撰。大中祥符元年，詔謂與李宗諤、陳彭年，以景德五年正月三日天書降於左承天門鴟吻之上〔一〕，迄十月泰山修封事迹儀注詔誥，編次成書上之〔二〕。御製序冠之於首。 450

〔一〕左承天門鴟吻之上　袁本「承」譌作「丞」。按宋史卷一〇四禮志七云天書降在左承天門屋南角，有黄帛曳鴟尾之上，與此云「鴟吻」微異。又，天書降自春正月乙丑，戊辰始改元大中祥符，故公武稱景德五年。

〔二〕編次成書上之　按是書大中祥符元年十二月壬辰，陳彭年請修纂，至三年十月書成。見玉海卷五十七。

祀汾陰記五十卷　袁本前志卷二下儀注類第二

右皇朝丁謂撰。大中祥符三年八月，降祀汾陰御札〔一〕，至明年春禮成。四年，詔謂與陳彭年編次事迹儀注〔二〕，踰二年，書成上之〔三〕。451

〔一〕御札　袁本「札」誤作「扎」。

〔二〕詔謂與陳彭年　袁本無「謂」字。

〔三〕書成上之　袁本、宛委本、舊鈔本、經籍考卷十四儀注類作「成書上之」。

吉凶書儀二卷　袁本前志卷二下儀注類第四

右皇朝胡瑗翼之撰。略依古禮，而以今禮書疏儀式附之〔一〕。452

〔一〕今禮　袁本、卧雲本、宛委本皆誤作「今體」，經籍考卷十四同原本。

本朝事實三十卷〔一〕　袁本前志卷二下儀注類第五

右皇朝李攸編次。雜纂國朝事儀注爲多。453

〔一〕本朝事實三十卷　此條衢本未收，據袁本並依王先謙刊本次第補入。趙希弁讀書附志卷上類書類作三十五卷，可參看。今本爲永樂大典輯本，二十卷，題宋朝事實，見四庫總目卷八十一政書類。

刑法類

刑統三十卷〔一〕　袁本前志卷二下刑法類第一

右皇朝竇儀以尚書判大理寺，與法官蘇曉、奚嶼、張希讓等修定〔二〕。古者議事以制，使民不知所爭也；後世鑄刑書，使民知所避也。雖若不同，所以爲民之意則一。然議事以制者，委重於人；鑄刑書者，委重於法。委重於人，則上之人將輕重由心，以虐其下；委重於法，則下之人將徼於書，以慢其上。其爲失也亦均。要之以人行法，不使偏重，然後爲得耳。454

〔一〕刑統三十卷　袁本解題頗簡，俱録如下：「右皇朝竇儀等詳定。」諸衢本、經籍考卷三十刑法類同原本。按衢本所增乃此刑法類小序。此書四庫總目未收，然有刊本，題作重詳定刑統三十卷，其中嘉業堂叢書本有劉承幹所編附録一卷、並撰校勘記一卷。初，周世宗命范質撰大周刑統二十一卷，至宋太祖建隆初（此據宋史卷一九九刑法志一，宋會要輯稿刑法一之一、玉海卷六十六謂此書始撰於建隆四年），儀等奉詔重定，故宋志卷三刑法類題作重詳定刑統，崇文總目卷二刑法類題開寶刑統。

〔三〕蘇曉奚嶼張希讓　「讓」原本作「護」，據宋史卷二七〇蘇曉傳、宋會要輯稿刑法一之一改。諸衢本、經籍考亦誤。又宋會要輯稿「蘇曉」作「蘇曉正」、「奚嶼」作「奚嶼承」，宋史蘇曉傳同讀書志。

金科易覽三卷〔一〕　袁本後志卷一刑法類第一

右崇文總目有唐趙綽金科易覽一卷〔二〕，田氏書目有蕭緒金科易覽三卷。當是綽初撰一卷，緒刪改析之爲三爾。455

〔一〕金科易覽三卷　按是書不見兩唐志，宋志卷三、通志藝文畧卷三刑法類止一卷，題趙緒撰，當誤併趙、蕭二人姓名爲一。

〔二〕唐趙綽　沈録何校本何焯校語云：「趙綽是隋人，未嘗入唐。」按綽事蹟見舊唐書卷五十一、新唐書卷七十六、元和姓纂卷七。

疑獄三卷〔一〕　袁本前志卷二下刑法類第二

右晉和凝撰。纂史傳決疑獄事。其上卷，凝書也。下、中卷，凝子㠓所續。456

〔一〕疑獄三卷　宛委本「疑」譌作「凝」。按此書崇文總目卷二、宋志卷三、通志藝文略卷三刑法類及今本多題疑獄集，三卷，唯四庫總目卷一〇一法家類著録爲四卷，非和氏之舊，朱緒曾嘗詳考是書諸本，見開有益齋讀書志卷四。陸心源儀顧堂題跋卷三著録朱彝尊鈔奉王士禎之影元鈔本，三卷云：「上、中兩卷，題曰：『贈中書令右僕射、平章事、魯國公和凝集』，下卷題曰『將仕郎、太子中允男和㠓述』」，「是書原本百條，勒成四輻，前二卷爲凝所集，後二卷爲㠓所續，南宋時已佚一卷，故晁公武郡齋讀書志亦以三卷本著録。」又曰：「昭德所著録當即此本所從出，讀書志謂上卷爲凝書，中、下爲㠓續者，誤也。」陸氏所言恐未必，玉海卷六十七紹興折獄龜鑑條云：「和凝集古今明於聽斷者二十九條爲上一卷，子㠓續三十八條爲下二卷，表上之。」正與讀書志合。

天聖編敕三十卷〔一〕　袁本後志卷一刑法類第二

右天聖中，宋庠、龐籍受詔改修唐令，參以今制而成。凡二十一門：官品一，户二，祠三，選舉四，考課五，軍防六，衣服七，儀制八〔二〕，鹵簿九，宫室十〔三〕，田十一，賦十二，倉庫十三，廐牧十四，關市十五，補亡十六，疾醫十七，獄官十八，營繕十九，喪葬二十，雜二十一。457

〔一〕天聖編敕三十卷　按「編敕」當「令文」之譌。宋因唐制，有律、令、格、式，而隨時損益則有編敕。天聖間，有天聖編敕十二卷，呂夷簡等修，見崇文總目卷二、宋志卷三、通志藝文畧卷三刑法類勑種，又有天聖令文三十卷，見宋志卷三、通志藝文畧卷三刑法類令種。玉海卷六十六云：「(天聖)十年三月十六日戊子，以天聖編敕十三卷(原注：崇文目天聖編敕十二卷、目一卷)、赦書德音十二卷、令三十卷，下崇文院鏤板頒行。先是，四年九月壬申，命學士夏竦、蔡育、知制誥程琳重删定編敕，合農田敕爲一書。五年五月，詔以祥符七年止天聖五年，續降宣敕增及六千七百八十三條，辛酉，令宰臣呂夷簡等詳定(原注：依律分門十二卷，定千二百餘條)。七年六月上之。」讀書志著録即令文(或題曰令)三十卷。諸目題呂夷簡撰，以呂氏爲宰臣監修也。

〔二〕儀制　袁本作「儀刑」，誤。

〔三〕宮室　原本作「公式」，今據瞿鈔本、季録顧校本改正。袁本、經籍考亦作「公式」。

元豐斷例六卷〔一〕　袁本前志卷二下刑法類第三

右元豐中法寺所斷罪，此節文也。458

〔一〕元豐斷例六卷　經籍考卷三十併此條於斷例，參見下斷例條。

元豐廣案二百卷〔一〕　袁本後志卷一刑法類第三

右皇朝元豐初，置新科明法，或類其所試成此書〔二〕。 459

〔一〕元豐廣案二百卷　卧雲本作三百卷。

〔二〕或類其所試　袁本「或」誤作「成」。

諸路將官通用敕二十卷　袁本前志卷二下刑法類第四

右皇朝崇寧中修。 460

紹興敕十二卷〔一〕令五十卷格三十卷式三十卷政和二年以後赦十五卷〔二〕　袁本前志卷二下刑法類第五

右皇朝張守等紹興中被旨編修。 461

〔一〕紹興敕十二卷　原本「二」譌作「三」，據袁本改正。諸衢本亦誤。宋會要輯稿刑法一之三十五云：「（紹興）元年八月四日，參知政事司提舉重脩敕令張守等上紹興新敕一十二卷、令五十卷、格三十卷、式三十卷、目録一十六卷、申明刑統及隨敕申明三卷、政和二年以後赦書德音一十五卷及看詳六百四卷，詔自紹興二年正月一日頒行，仍以紹興重修勑令格式爲名。先是，建炎三年四月八日，指揮可自今並遵用嘉祐條法，於是下勅令所，將嘉祐與政和條法對修，至紹興元年五月二十八日先修敕一十二卷進呈，訖至是，續修成令、格、式并申明等上之。」據是，讀書志著録尚闕目録、申明刑統、隨敕申明及看詳。

〔三〕政和二年以後赦十五卷　原本脱「二年」二字，據袁本、宛委本補。按前引宋會要輯稿云，此赦全稱當作政和二年以後赦書德音。

刑統賦二卷〔一〕　袁本後志卷一刑法類第四

右皇朝傅霖撰。或人爲之注。462

〔一〕刑統賦二卷　袁本、經籍考卷三十「二」作「兩」。按此書今存，有題同此而作一卷者，見藕香零拾所收；有題刑統賦解二卷者（元郄氏韻釋、元王亮增注），見枕碧樓叢書；有題粗解刑統賦一卷者（元孟奎解），亦見枕碧樓叢書。四庫總目卷一〇一云：「唐律最古，周顯德中，竇儀等因之作刑統，宋建隆四年頒行。霖以其不便記誦，乃韻而賦之，併自爲註。晁公武讀書志稱『或人爲之註』，蓋未審也。」又云：「此本則元祐（當作「元延祐」）中東原郄氏爲韻釋，其鄉人王亮又爲增注。然於霖所自註竟削去之。已非完本。」張金吾愛日精廬藏書志卷二十一著録舊鈔本，有查慎行跋，錢遵王讀書敏求記校證卷二之上有勞權注，皆疑傅霖爲元人；劉文淇青溪舊屋文集卷七刑統賦解書後云：「據晁氏所言，則傳霖爲宋人，雖不言注者姓名，然晁氏既録其書，則亦必宋人矣。又考鄒君爲元人，與晁氏所載自別爲一書，晁氏所載之注，想已亡佚矣，王亮注當在晁氏之後。」劉氏所言近是，公武所見與今本不同。又，宋史卷二九三張詠傳載詠同學傳霖，青州人，隱而不仕。真宗大中祥符三年，詠守陳州，霖來見。詠求霖三十年不可得，曰：「昔何隱，今何出？」霖曰：「子將去矣，來報子爾。」翌日別去。此霖或此書撰人邪？俟考。

決獄龜鑑二十卷〔一〕　袁本後志卷一刑法類第五

右皇朝鄭克編次〔二〕。五代和凝有疑獄集，近時趙仝有疑獄事類，皆未詳盡。克因增廣之，依劉向晏子春秋，舉其綱要，爲之目録。分二十門，計三百九十五事〔三〕。463

〔一〕決獄龜鑑二十卷　按此書書録解題卷七傳記類、宋志卷三俱作折獄龜鑑三卷，四庫總目卷一〇一法家類著録乃大典輯本，題同書録解題，分八卷。又，今宛委山堂説郛弖二十所收「折」作「晰」。陸心源有輯補，見羣書校補。

〔二〕鄭克　顧校本、鮑廷博校本俱作「鄭充」，下同。按朱緒曾開有益齋讀書志卷四棠陰比事跋考克里貫仕履，略謂：克，字克明，開封人，嘗爲上元縣尉。紹興三年，降詔恤刑，時克爲湖州提刑司幹官，因和凝書，易舊名曰折獄龜鑑。然書録解題明言克字武子，疑朱氏所云克明非其字。

〔三〕計三百九十五事　經籍考卷三十無此七字

律心四卷〔一〕 袁本後志卷一刑法類第六

右未詳撰人。 纂刑統綱要也〔二〕。 464

〔一〕律心四卷　按繆荃孫雲自在龕隨筆卷四書籍云：「晁志有律心四卷，纂刑統綱要爲之，而未詳撰人。何顒船之律心百卷，即本於此。」顒船乃秋濤之字，其書未見。

〔二〕綱要也　玉海卷六十六天聖律文音義條引讀書志無「也」字。

斷例四卷〔一〕 袁本後志卷一刑法類第七

右皇朝王安石執政以後，士大夫頗垂意律令〔二〕。 此熙、豐、紹聖中法寺決獄比例也〔三〕。 465

〔一〕斷例四卷　臥雲本、經籍考卷三十此下尚有「元豐斷例六卷」六字，袁本、其餘衢本同原本。 按四庫闕書目有熙甯守法斷例一卷、熙寧法寺斷例八卷（宋志卷三作十二卷、遂初堂書目題熙寧大理寺斷例），秘續目有斷例二卷，宋志更有曾旼刑名斷例三卷。 通志藝文畧卷三刑法類有紹聖斷例四卷，疑讀書志所録蓋即此書。

〔二〕垂意　臥雲本、經籍考「垂」譌作「重」。

〔三〕比例也　袁本、臥雲本、宛委本、舊鈔本俱無「例」字， 經籍考無「也」字。 又，臥雲本、經籍考此下尚有「其六卷，則元豐中法寺所斷罪節文也」十五字，乃自前元豐斷例條解題移併於此也。

地里類

山海經十八卷〔一〕 袁本後志卷一地理類第一

右大禹製，晉郭璞傳。漢侍中、奉車都尉劉秀校定。表言：「禹别九州，而益等類物善惡，著此書。皆聖賢之遺事，古文著明者也〔二〕。」十父嘗考之〔三〕，於其書有曰：「長沙零陵鴈門，皆郡縣名，又自載禹鯀〔四〕，似後人因其名參益之〔五〕。」 466

〔一〕 山海經十八卷 按漢志數術畧形法類十三篇，隋志卷二地理類、兩唐志地理類著録郭璞注本，俱二十三卷，至崇文總目、讀書志則作十八卷，其卷帙之異，詳見畢沅山海經新校正篇目考、姚振宗漢書藝文志條理卷五、隋書經籍志考證卷二十一、袁珂山海經寫作的時地及篇目考（載中華文史論叢第七輯）。

〔二〕 古文著明者也 原本「著明」作「明著」，臥雲本作「著明」，按劉歆上表作「古文之著明者也」，今據以乙正。袁本作「明著」，又無「者」字。

〔三〕 十父 原本李富孫校語云：「案『十父』通考作『大父』，瞿鈔本闕，袁本與此同。」剜改本李氏校語改作：「案『十父』袁本、通考作『大父』，非，瞿鈔本此字闕。」按影印宋刊袁本實作「十父」，而臥雲本、宛委本、沈録何校本、經籍考卷三十一地理類俱作「大父」。袁録顧校本作「十父」，顧廣圻校語云：「按『十』字最是。考元經下云『歸示四父』，（郤氏集下云『師事崇福十二父』，可得其例。」「十父」謂誰？顏氏未及詳考。王先謙刊本畧例引郭嵩燾語，則以爲「十父」當「世父」之譌，其云：「案『十父』無義，別集類於晁端友稱族祖，於說之、詠之稱從父，知昭德父沖之與景迂（即說之）同祖，而於封邱府稱世父，知封邱君者沖之之兄也。疑『十父』即『世父』之譌，所謂封邱府君也。」郭氏所謂「世父」者，名載之，字伯宇，詳見卷十九別集類下晁氏封丘集條及勞格讀書雜識卷九宋人世系考上。「十父」於讀書志凡四見，其餘三處，分見卷六實録類建康實録條、卷十三小說類鹿革事類條、卷十五醫書類養生必用方條，可參看。諸晁在宋代文獻相承，子孫蕃衍，有「天下無他晁」之稱，故依祖、曾之行出以聯排行次第。公武之父沖之在其具茨先生詩集中，稱說之以道爲四兄，稱詠之之道爲十二兄，稱貫之餙道爲二十弟，稱兑之息道爲二十二弟，皆此例也。然所謂「十兄」者，當與沖之父子過從甚密，竟未之見，終有可疑者。今姑録衆說以備考。

〔四〕又自載禹餘　玉海卷十五山海經條引讀書志無「自」字。

〔五〕似後人因其名參益之　玉海引讀書志作「後人參益之」。

山海經圖十卷〔一〕　袁本後志卷一地理類第二

右皇朝舒雅等撰。雅，仕江南，韓熙載之門人也〔二〕，後入朝數預修書之選。閩中刊行本或題曰「張僧繇畫」，妄也〔三〕。　467

〔一〕山海經圖十卷　按此書亦見崇文總目卷二、通志藝文畧卷四地理類，題舒雅撰，宋志卷五五行類作山海圖經十卷，玉海卷十五引中興書目凡兩見，其一題梁張僧繇、舒雅撰，蓋即讀書志所謂之閩本也。其解題云：「本梁張僧繇畫，咸平二年，校理舒雅銓次館閣圖書，見僧繇舊蹤尚有存者，重繪爲十卷。又載工侍朱昂進僧繇畫圖表於首。僧繇在梁以善畫名。每卷中，先類所畫名，凡二百四十七種。（原注：其經文不全見。）」

〔二〕韓熙載之門人　袁本無「之」字。

〔三〕或題曰張僧繇畫妄也　沈錄何校本何焯校語云：「閩本列女傳題顧愷之，亦其類矣。」

水經四十卷〔一〕　袁本前志卷二下地理類第二

右漢桑欽撰。欽，成帝時人〔二〕。水經三卷〔三〕，後魏酈道元注。道元，範之子，爲政嚴酷，蕭寶夤叛，死之〔四〕。史稱道元好學，歷覽奇書，撰注水經行於世。468

〔一〕水經四十卷　袁本作四卷。按桑欽書，隋志卷二作三卷，舊唐志卷上二卷，新唐志卷二作三卷，其後亦作三卷。酈道元注本，諸目俱四十卷，讀書志著錄乃酈氏注本，袁本當脫「十」字。

〔二〕欽成帝時人　袁本無「欽」字。按書錄解題卷八云：「桑欽不知何人，邯鄲書目以爲漢人，晁公武曰『成帝時人』，當有所據。」公武謂欽爲漢成帝時人，蓋據漢書儒林傳。歐陽玄圭齋集補正水經序畧云：「西漢儒林傳言塗惲授河南桑欽君長。晁氏言欽成帝時人，使古有兩桑欽則可，審爲成帝時欽，則是書不當見遺於漢藝文志也。」同據此儒林傳，姚振宗隋書經籍志考證卷二十一則云：「欽蓋爲孔氏第六傳弟子，王莽時與其師塗惲並貴顯，晁氏以爲成帝時人，亦相去不甚遠。」

〔三〕水經三卷　袁本、卧雲本、宛委本、舊鈔本、經籍考卷三十一「水經」俱作「本經」，亦通；瞿鈔本、顧校本同原本。

〔四〕道元範之子爲政嚴酷蕭寶夤叛死之　經籍考無此十五字，蓋馬端臨删去。諸衢本同原本。又，宛委本「寶」譌作「賓」，顧校本「夤」作「寅」。按道元被害於蕭寶夤事，詳北史卷二十七酈範傳，公武所據蓋本此。

十道志十三卷〔一〕　袁本後志卷一地理類第三

右唐梁載言撰。唐分天下爲十道。所載頗詳博，其書多稱咸通中沿革〔二〕。載言，蓋唐末人也〔三〕。 469

〔一〕十道志十三卷　按新唐志卷二作十六卷，崇文總目卷二同原本，書録解題卷八、玉海卷十五引中興書目作十道四蕃志十卷，宋志卷三作十道四蕃志十五卷，祕續目地理類、通志藝文畧卷四又作十道四蕃志三卷，卷數參差如此。今王謨重訂漢唐地理書鈔所收輯本止二卷，王仁俊經籍佚文中另有十道志佚文一卷。

〔二〕咸通中　顧校本無「中」字。按「咸通」疑當作「咸亨」，唐高宗紀年。詳下。

〔三〕載言蓋唐末人也　經籍考卷三十一無「載言」二字。岑仲勉唐史餘瀋卷一謂載言舊唐書一九〇中、新唐書二〇二均見劉憲傳，武后、中宗時人。此書所載斷不應爲咸通沿革，當由肅宗諱亨，唐人借作「通」，不防後懿宗以咸通爲號，輾轉不改，晁氏遂誤會，以爲載言唐末人。

青城山記一卷〔一〕 袁本前志卷二下地理類第四

右僞蜀杜光庭賓聖撰〔三〕。集蜀山、若水在青城者，悉本道家方士之言。470

〔一〕青城山記一卷 按此書見崇文總目卷二、宋志卷三、通志藝文略卷四俱一卷，並不著撰人，今商務印書館本說郛卷四所收亦闕名。書録解題卷八同讀書志，署杜光庭撰。

〔三〕僞蜀杜光庭 臥雲本、經籍考三十三作「僞蜀道士杜光庭」。

廬山記五卷〔一〕 袁本前志卷二下地理類第二十

右皇朝陳令舉舜俞撰〔三〕。先是，劉煥嘗爲記，令舉因而增廣之，又爲俯視圖，紀尋山先後之次云。471

〔一〕廬山記五卷 按書録解題卷八同原本，宋志卷三作二卷，四庫總目卷七十則作三卷，非完帙，今有吉石盦叢書本五卷，影印日本藏宋刊本，羅振玉另有校記，見貞松老人遺稿甲集。

〔三〕陳令舉舜俞撰 按舜俞字令舉，湖州烏程人，傳見宋史卷三三一。公武先舉其字，蓋本諸李常序。

太平寰宇志二百卷〔一〕 袁本後志卷一地理類第五

右皇朝樂史等撰。太平興國中，盡平諸國，天下一統。史悉取自古山經地志，考正謬誤〔二〕，纂成此書，上之於朝〔三〕。 472

〔一〕太平寰宇志二百卷　按「志」當作「記」。樂史表云：「臣今沿波討源，窮本知末，不量淺學，撰成太平寰宇記二百卷，並目録二卷。」諸目及今本亦俱題太平寰宇記，是公武偶疏矣。又，卧雲本「二」譌作「三」。

〔二〕謬誤　袁本、卧雲本、經籍考卷三十一作「訛繆」。

〔三〕上之於朝　經籍考無「於朝」二字。

圖經〔一〕　袁本後志卷一地理類第六

右皇朝李昉撰。 473

〔一〕圖經　按宋史卷二六五李宗諤傳云宗諤嘗預修諸路圖經。諸路圖經凡一千五百六十六卷，目録二卷。景德四年二月庚辰詔修，翰林學士李宗諤、知制誥王曾領其事。大中祥符三年十二月丁巳書成，宗諤等上之，命宗諤爲序。撰修始末及宗諤序見玉海卷十四祥符州縣圖經條。玉海引中興書目云：「今存九十八卷，兖州至利州，或附以近事云。」宋志卷三著録止李宗諤圖經九十八卷，又圖經七十七卷，亦殘卷。意者，讀書志著録即宗諤圖經殘本，卷帙零落，不易計卷數，而公武又誤署宗諤之父昉之名。

九域志十卷〔一〕 袁本前志卷二下地理類第十二

右皇朝王存被旨删定，總二十三路，京府四，次府十，州二百四十二，軍三十七，監四，縣一千一百三十五〔二〕。 474

〔一〕 九域志十卷 按此書書録解題卷八作元豐九域志，遂初堂書目地理類作皇朝九域志，玉海卷十五又題作熙寧九域志，宋志卷三、通志藝文畧卷四題同讀書志。今四庫總目卷六十八題從書録解題，卷七十二又有新定九域志十卷，云：「惟府州軍監縣下多出古蹟一門，詳畧失宜，視原書頗爲蕪雜，蓋即晁公武讀書志所云新本。」讀書志謂九域志有新、舊二本者，語見本卷職方機要條。

〔二〕 縣一千一百三十五 按此條所録諸路府州縣數蓋據王存序，今本存序作「縣一千二百三十五」。

輿地廣記三十八卷 袁本前志卷二下地理類第二十四

右皇朝歐陽忞纂。自堯舜以來，至於五代地理沿革離合，皆繫以今郡縣名〔一〕。或云無所謂歐陽忞者，特假名以行其書耳〔二〕。 475

〔一〕 皆繫以今郡縣名 袁本「繫以」作「係於」。

〔三〕特假名以行其書耳　按孫星衍平津館鑒藏記書籍補遺云：「忞爲歐陽修從孫，宋史藝文志有歐陽忞巨鼇記五卷，晁氏讀書志謂實無其人，乃著書者所假託，非也。」謂忞爲修從孫，乃據書録解題卷八，巨鼇記五卷載宋志卷三地理類，通志藝文畧卷四、國史經籍志卷三史類俱作六卷，未著撰人。

青唐録二卷〔一〕　袁本前志卷二下地理類第二十五

右皇朝汪藻撰。青唐，吐蕃遺種也。崇寧中，命童貫取湟、廓、西寧州，擒趙懷德，上爲之御樓受降，宰臣蔡京以下進官有差。476

〔一〕青唐録二卷　此條原本未收，今據袁本並依王先謙刊本次第補入。經籍考亦未收。按此書宋志卷二傳記類、浮溪文粹附孫覿撰汪藻墓誌銘俱作三卷。

春秋地譜十二卷　袁本前志卷二下地理類第二十一

右皇朝楊湜編。十三國地皆釋以今州縣名，并爲圖於其後。蓋常氏已嘗有此書〔一〕，而湜增廣焉。477

〔一〕常氏已嘗有此書　按隋志卷一春秋類、卷二地理類複出春秋土地名三卷，題晉裴秀客京相璠撰，疑此「常氏」爲「京氏」之誤。

洽聞記三卷〔一〕

右唐鄭常撰記郡國舊事〔二〕，故附之地里類〔三〕。478

〔一〕洽聞記三卷　按新唐志卷三小説家類作一卷，崇文總目卷三小説類下作洽聞集一卷，玉海卷五十七引中興書目、宋志卷五小説家類作二卷，今商務印書館本説郛卷四及卷七十五所收無卷數，宛委山堂本説郛弓三十二作一卷，殘本。以上諸目題鄭遂撰，今本題鄭常。本書卷十三小説類更有洽聞記三卷，可參看。程毅中古小説簡目云：「疑是一書，似記古今神異詭譎事者當屬鄭遂，記郡國舊事者當屬鄭常。」

〔二〕記郡國舊事　袁本、玉海卷十五唐洽聞記條引讀書志「記」上有「雜」字。

〔三〕地里類　袁本、經籍考卷三十一「里」作「理」。

三輔黄圖三卷〔一〕　袁本前志卷二下地理類第二十六

右按經籍志有黄圖一卷，記三輔宫觀、陵廟，明堂、辟雍、郊畤等，即此書也。不著撰人姓氏〔二〕。其間頗引劉昭漢志，然則出於梁陳間也〔三〕。479

〔一〕三輔黄圖三卷　袁本作一卷，解題亦異於是，俱録於下：「右未見撰人。隋經籍志、唐藝文志皆有其目，葢古書也。記秦漢以來宮殿、門闕、樓觀、池苑在關輔者，曰三輔黃圖，言東都不與焉。」諸衢本、經籍考卷三十一卷數、解題同原本。按隋志卷二、兩唐志、宋志卷三俱一卷，書録解題卷八作二卷。今畢沅重校經訓堂叢書本六卷補遺一卷，孫星衍、莊逵吉同校平津館叢書本一卷、張宗祥校本六卷，陳直據以又撰三輔黃圖校證。今本六卷者，蓋南宋紹興時苗昌言校刊時所分析。衢、袁二本解題相異，以所據不同：衢本據隋志注文，袁本據三輔黃圖序。

〔二〕姓氏　卧雲本、經籍考作「姓名」。

〔三〕出於梁陳間也　原本脱「不著撰人」至此凡二十二字，今據卧雲本、宛委本、季録顧校本、瞿鈔本、舊鈔本、經籍考補。按此書程大昌雍録謂唐肅宗以後人所作，然後人多從公武之説，題六朝人撰。陳直三輔黃圖校證序言云：「今本爲中唐以後人所作，注文更晚在其後。黃圖一書在古籍中所引，始見於如淳漢書注。如淳爲曹魏時人，則原書應成於東漢末，曹魏初期。」又云：此書經歷代補綴，原書成分存在者已屬不多。今本與宋敏求、程大昌所引均同，而與太平御覽、太平寰宇記所引尚有不同；至王應麟所見之本，分類亦有不同。是今本較唐補綴本，又有散佚及差異。

職方機要四十卷　袁本後志卷一地理類第八

右不題撰人姓名〔一〕。序云：「本新、舊九域志，上據歷代史，旁取左氏、水經、通典，且采舊聞，參以小說，黜謬舉真，紬成此書」。其間載政和間事，蓋當時人也。　480

〔一〕不題撰人姓名　按宋志卷三有程縯職方機要四十卷，玉海卷十五引中興書目云：「職方機要四十卷。大觀中晉原丞程縯撰。縯案新、舊九域志二書，上據歷代諸史、地志，旁取左傳、水經注釋并通典言郡國事，采異聞小説，紬次爲書。」公武所見此書，殆偶失其名。

渚宮舊事十卷〔一〕　袁本前志卷二下地理類第一

右唐余知古撰。自鬻熊至唐江陵君臣人物事迹、史子傳記所載者〔二〕，悉纂次之〔三〕。481

〔一〕渚宮舊事十卷　沈録何校本何焯校語云：「止存五卷。」按是書新唐志卷二、崇文總目卷二、宋志卷三地理類、通志藝文略卷四，俱作渚宮故事十卷，宋志卷二傳記類、王象之輿地紀勝卷六十五江陵府碑記門渚宮故事條引李淑邯鄲圖書志，標題、卷數俱同讀書志。書録解題卷七傳記類作渚宮故事五卷，云：「本十卷，今止晉代，闕後五卷。」四庫總目卷五十一作渚宮舊事五卷，又收輯見於他書者爲補遺一卷，其後爲補輯者更有孫星衍、黄奭，分見平津館叢書與黄氏逸書考。又，輿地紀勝引邯鄲圖書志語，與讀書志解題悉合，公武撰此解題蓋襲李淑。

〔二〕史子傳記所載者　卧雲本、經籍考卷三十二「子」作「氏」。又，原本脱「者」字，據袁本、宛委本、經籍考補。按邯鄲圖書志亦有「者」字。

〔三〕悉纂次之　原本「次」作「取」，今據袁本、舊鈔本改。輿地紀勝引邯鄲圖書志同袁本，經籍考作「悉編次之」。

洛陽伽藍記三卷〔一〕　袁本前志卷二下地理類第三

右元魏羊衒之撰〔二〕。後魏遷都洛陽，一時王公大夫多造佛寺，或捨其私第爲之，故僧舍之多，爲天下最。衒之載其本末及事迹甚備。482

〔一〕洛陽伽藍記三卷　袁本闕卷數，諸衢本、經籍考卷三十一同原本。按是書隋志卷二、兩唐志、書録解題卷八及今本俱作五卷，唯宋志卷三亦三卷，疑讀書志著録爲殘本，抑「三」乃「五」之譌歟？

〔二〕羊衒之　沈録何校本改「羊」作「陽」。按隋志、舊唐志卷上、書録解題、宋志及今本「羊」俱作「楊」。歷代三寶記卷九、大唐内典録卷四、嘉興藏本廣弘明集卷六、續高僧傳卷一元魏菩提流支傳、法苑珠林卷一一九傳記篇、景德傳燈録卷三菩提達摩傳俱作「楊」，與隋志等合。新唐志卷三釋家類、元河南志卷三則作「陽」，與何焯説合。唯史通卷五補注篇作「羊」，蓋即公武所本。近人有主姓陽者，如黄公渚洛陽伽藍記的現實意義（載文史哲一九五六年第十一期），亦有主姓楊者，以爲「陽」乃「楊」之譌，如范祥雍洛陽伽藍記校注附編一楊衒之傳畧注文。

南行記三卷〔一〕　袁本前志卷二下地理類第三十三

右王仁裕撰〔二〕。晉天福三年〔三〕，仁裕被命使高季興，記自汴至荆南道途賦詠及飲宴酬倡，殆百餘篇。483

〔一〕南行記三卷　按是書崇文總目卷二傳記類下、祕續目小説類、宋志卷二傳記類俱作一卷。

〔二〕王仁裕　經籍考卷三十一「裕」誤作「祐」，下同。

〔三〕晉天福三年　經籍考「三」作「二」。

東京記三卷〔一〕　袁本前志卷二下地理類第五

右皇朝宋敏求編開封坊巷、寺觀、官廨、私第所在及諸故實，極爲精博〔二〕。484

〔一〕東京記三卷　經籍考卷三十一脱「三卷」二字。按此書書録解題卷八、通志藝文略卷四俱三卷，唯宋志卷三作二卷。書録解題記此書内容頗詳，可參看。

〔二〕極爲精博　袁本「爲」作「其」。

長安志十卷〔一〕　袁本前志、後志未收

右皇朝宋敏求撰。敏求因韋氏所記，搜采羣書，罔有遺軼，二紀而成。凡府縣之政，官尹之職，河渠關塞之類〔二〕，至於風俗物産，宮室道衕〔三〕，無不詳備，世稱其博。趙彦若爲之序〔四〕。485

〔一〕長安志十卷　按讀書附志卷五上地理類收録此書，故趙希弁未摘録此條編入袁本，見後志存目。趙彥若序、附志、書録解題卷八及今本俱作二十卷，玉海卷十五韋述兩京新記條引中興書目、宋志卷三作十卷。

〔二〕闕塞　顧校本「闕」譌作「開」。

〔三〕道衜　經籍考卷三十一「衜」譌作「街」。

〔四〕趙彥若　經籍考誤作「趙若彥」。

河南志二十卷〔一〕　袁本前志卷二下地理類第七

右皇朝宋敏求以唐韋述兩京記爲未備，演之爲長安、河南志。司馬光爲之序〔二〕。　486

〔一〕河南志二十卷　按此書四庫總目未收，以原書久佚，然元修河南志，實多録宋敏求此書，元河南志永樂大典頗引之，徐松編全唐文時嘗輯得之，爲四卷，繆荃孫刊入藕香零拾，其跋見藝風堂文續集卷六。後張國淦又補輯五條。沈垚落帆樓文集卷四與徐星伯中書論河南志書云：「是志實出元人之手，而宮殿坊市，則直録宋敏求之書，間加改竄。」是此書猶可藉元河南志窺其大畧。

〔二〕司馬光爲之序　卧雲本、經籍考卷三十一此下尚有二十六字：「以爲考之韋記，其詳不啻十餘倍，開編粲然，如指諸掌，真博物之書。」按司馬光序載温國文正司馬公集卷六十五，以上卧雲本、經籍志所羨，俱見光序。

相臺志十二卷　袁本前志卷二下地理類第六

右皇朝韓琦欲編次未成，郡守李琮〔一〕命郡文學掾陳申之效宋敏求河南志成此書〔二〕。487

〔一〕李琮　按宋志卷三著録李獻父相臺志十二卷，獻父即琮字。事見宋史卷三三三。

〔二〕陳申之　按通志藝文略卷四有相臺志十二卷，陳臻撰，疑申之名臻。嘉靖鄴乘崔銑序云：「正德己卯，太保湯陰李公，於中祕得相臺志十二卷，續志十卷。」又宦蹟：「李琮知相州，嘗命其子回作相志十二卷，紀事頗詳，後郡志多因之。」據此，此書或有李回與焉？焦竑國史經籍志卷三署陳申之撰。

成都古今記三十卷〔一〕　袁本前志卷二下地理類第十一

右皇朝趙抃編〔二〕。抃自慶曆至熙寧凡四入蜀，知蜀事爲詳，摭其故實，以類相從，分百餘門〔三〕。488

〔一〕成都古今記三十卷　按是書嘉靖四川通志藝文志三十序志引范百祿序、書録解題卷八、宋志卷三題作成都古今集記，通志藝文略卷四作成都古今集注（「注」蓋「記」之誤）。遂初堂書目地理類同讀書志。抃之後，王剛中有續成都古今集記二十二卷，范成大有成都古今丙記十卷，胡元質有成都古今丁記二十五卷，皆祖述抃書，今俱佚去。

〔二〕趙抃編　袁本無「編」字，又無下一「抃」字。

〔三〕分百餘門　臥雲本、經籍考卷三十二此下尚有「時熙寧七年」五字，蓋據書録解題添入。

明越風物志七卷　袁本前志卷二下地理類第八

右皇朝姜嶼撰〔一〕。以明州本越地，故曰「明越」。又以郭璞注爾雅，多引江東，故詳載其風物云。489

〔一〕姜嶼　按佚存叢書本景文公集卷九十六崇祀録序載其事蹟。

蜀記一卷　袁本前志卷二下地理類第九

右皇朝張守約撰〔一〕。載孟昶初降至薨事。490

〔一〕張守約　按守約字希彥，濮州人，傳見宋史卷三五〇。

梁益志十卷〔一〕　袁本前志卷二下地理類第二十八

右皇朝任弁撰〔二〕。天禧中，遊宦於成都，以蜀記數家，其言皆無所據依〔三〕，乃引書傳刊正其事〔四〕。491

〔一〕梁益志十卷　袁本「志」作「記」。按是書書録解題卷八、玉海卷十五、宋志卷二傳記類、通志藝文略卷四俱作梁益記，國史經籍志卷三題同原本。

〔二〕任弁　按書録解題同此，玉海引中興書目、宋志作任升，國史經籍志作任牟，通志藝文略不著撰人。

〔三〕無所據依　卧雲本、顧校本、經籍考卷三十二「所」作「以」。

〔四〕刊正其事　袁本、卧雲本、經籍考「事」作「謬」。卧雲本、經籍考此下尚有「自爲序」三字。

峨眉志三卷〔一〕　袁本前志、後志未收

右皇朝張開撰。峨眉，山名也。隋開皇十三年以名其邑，奇勝冠三蜀。郡守吕勤命開考圖經及傳記、石刻〔二〕，綴輯成書，析爲十四門。宋白、吴中復詩文附於後〔三〕。492

〔一〕峨眉志三卷　按是書亦不見附志及存目。宛委本、季録顧校本「眉」作「嵋」。諸目罕見著録，唯蜀中廣記卷九十六載之，疑此書公武於晚年得之嘉定。

〔二〕吕勤　按嘉定府志卷二十一文秩有嘉州刺史吕勤，蓋即此人。

〔三〕詩文　宛委本無「文」字。

零陵記十五卷〔一〕　袁本前志卷二下地理類第三十二

右皇朝陶岳撰。永州地里志也。今永州所部才三縣〔二〕，其所録多連及數郡。自序云：「以其皆零陵舊

地，故收之〔三〕。」493

〔一〕零陵記十五卷　袁本題作零陵摠記，宋志卷三題作零陵總記。按此書亦名永州地理志，今陳運溶輯本一卷，題零陵總記，入麓山精舍叢書。

〔二〕才三縣　臥雲本、經籍考卷三十二「才」作「方」，顧校本「才」譌作「十」。永州轄三縣爲零陵、祁陽、東安，見宋史卷八十八地理志四。

〔三〕零陵舊地故收之　顧校本「舊」作「故」，「故」作「因」。

番禺記異五卷〔一〕　袁本前志卷二下地理類第三十

右皇朝馮拯撰。拯，淳化中謫知端州，見嶺表鳥獸草木、民俗物情舉異中原〔二〕，録之，類爲三十門，凡三百事。還朝上之。494

〔一〕番禺記異五卷　袁本題作蕃禺紀異。按祕續目作番禺異集，通志藝文畧卷四作番禺紀異集，國史經籍志卷三作番禺記異集，俱五卷。

〔二〕舉異中原　顧校本「舉」作「俱」。

宜春傳信録三卷〔一〕　袁本前志卷二下地理類第二十二

右皇朝羅誘述〔二〕。載其地古今人物及牧守政績〔三〕、山川靈異云〔四〕。　495

〔一〕宜春傳信録三卷　按宋志卷二傳記類同此，今存殘本，見商務印書館本説郛卷三十三、宛委山堂本説郛弓四十四。

〔二〕羅誘　宋志小注云：「一作羅綺。」今本題羅誘。

〔三〕政績　袁本、卧雲本、經籍考卷三十二作「政跡」。

〔四〕靈異云　顧校本無「云」字，卧雲本、經籍考作「靈異之跡」。

蜀三神祠碑文五卷〔一〕　袁本前志卷二下地理類第二十九

右皇朝井度編〔二〕。任四川漕日，裒梓橦、灌口、射洪三神祠碑文板記，成此書云〔三〕。　496

〔一〕蜀三神祠碑文五卷　袁本「碑文」作「録」。

〔二〕井度　原本所據底本作「幷度」，李富孫據袁本改正。李富孫云：「通考作『井庋』，目録類又作『开度』，一作『亓』，俱誤。」按瞿鈔本、季録顧校本「井」亦譌作「幷」，卧雲本「度」譌作「慶」。井度乃贈公武書者也。

〔三〕此書云　卧雲本、顧校本、經籍考卷三十二俱無「云」字。

袁州孚惠廟録一卷　袁本前志卷二下地理類第二十三

右皇朝張愨撰〔一〕。記仰山二神靈異之迹。497

〔一〕張愨撰　袁本「撰」作「纂」。

遊城南記一卷　袁本後志卷一地理類第四

右皇朝張禮撰。禮，秦人，元祐中，與陳明微自長安城南，探奇訪古，以抵樊川，因次之爲記〔一〕。498

〔一〕因次之爲記　袁本作「因次爲之記」。

嘉州志二卷〔一〕　袁本前志卷二下地理類第十五

右皇朝呂昌明撰〔二〕。以嘉州圖經增廣之。499

〔一〕嘉州志二卷　按蜀中廣記卷九十六載是書，又卷六十一方物記、卷六十二方物記、卷六十三方物記、卷八十五高僧記、卷一〇五畫苑記引此志八條。

〔二〕呂昌明　按昌明字潛叔，元祐中知嘉定。昌明，或作昌朝，見嘉定府志卷三十二政績。

洛陽名園記一卷　袁本前志卷二下地理類第三十四

右皇朝李格非撰。記洛中園圃自富鄭公以下十九所。其論以爲洛陽之盛衰，爲天下治亂之候，園圃之興廢，爲洛陽盛衰之候。則名園記之作〔一〕，豈徒然哉！公卿大夫忘天下之治忽而欲退享此樂〔二〕，得乎？唐之末路是也。500

〔一〕名園記之作　袁本、臥雲本、宛委本、舊鈔本、經籍考卷三十一俱脱「名」字。

〔二〕忘天下之治忽而欲退享此樂　袁本、臥雲本、經籍考俱脱「之」字。原本脱「退」字，據袁本、經籍考、以及本書補。又原本脱「樂」字，據臥雲本、經籍考以及本書補。袁本亦脱。按此條解題乃據李格非名園記末「論曰」。

郡齋讀書志卷第九

傳記類

黄帝内傳一卷〔一〕　袁本前志卷二下傳記類第一

右序云：「昔籛鏗得之於衡山石室中〔二〕，後至漢劉向於東觀校書見之，遂傳於世。」藝文志以書之紀國政得失、人事美惡，其大者類爲雜史，其餘則屬之小説。然其間或論一事、著一人者〔三〕，附於雜史、小説皆未安，故又爲傳記類，今從之。如神仙、高僧，不附其類而繫於此者，亦以其記一事，猶列女、名士也〔四〕。501

〔一〕黄帝内傳一卷　是書不見唐以前目録，至讀書志始於著録，尚見書録解題卷七、玉海卷五十八引中興書目、祕續目傳記類、宋志卷四道家類。陳振孫、陳騤俱謂出於依託。穿經室外集卷五有軒轅黄帝傳一卷，云：「不著撰人名氏。案注中引劉恕外紀、蜀檮杌等書，蜀檮杌爲張唐英所著，則此卷當是南宋人手筆。」軒轅黄帝傳一卷亦見錢遵王讀書敏求記校證卷二之中，管庭芬云：「晁氏志有黄帝内傳一卷，疑即此書。述古目作内傳六卷。」章鈺云：「平津館鑒藏記云不題撰人，姓氏末有『臣道一曰』，亦不詳何人。鈺疑即撰真仙體道通鑑之趙道一。」按道一，乃元人，其著歷世真仙體道通鑑五十三卷續編五卷後集六卷，入道藏洞真部紀傳類。公武不當見其所撰書，撰人當爲南宋人。

〔二〕昔籛鏗　袁本無「昔」字。

〔三〕著一人者　卧雲本、經籍考卷二十五傳記類「著」作「若」。

〔四〕猶列女名士也　袁本無「藝文志」至此凡八十四字。袁本所闕乃傳記類小序。

穆天子傳六卷　袁本前志卷二下傳記類第二

右晉太康二年〔一〕，汲縣民盜發古冢所得〔二〕，凡六卷，八千五百一十四字，詔荀勗、和嶠等以隸字寫之云。按春秋左氏傳：「穆王欲肆其心，周行天下，將皆必有車轍馬跡焉〔三〕。」此書所載即其事也。穆王好巡狩〔四〕，得驊騮〔五〕、緑耳之乘，造父爲御，以觀四荒。北絶流沙，西登崑崙，與太史公記同。汲郡收書不謹〔六〕，多毁闕。雖其言不典，皆古書，頗可觀覽。郭璞注本謂之周王遊行記〔七〕。勗之時，古文已不能盡識，時有闕者，又轉寫益誤，殆不可讀。502

〔一〕太康二年　經籍考卷二十一起居注類「二」作「六」，誤。按公武撰此條解題，蓋本荀勗序，序曰：「古文穆天子傳者，太康二年汲縣民不準盜發古冢所得書也。」又，春秋左傳正義卷末後序正義云：「王隱晉書束晳傳云：太康元年，汲郡民盜發魏安釐王塚，得竹書漆字科斗之文。科斗文者，周時古文也。其字頭麤尾細似科斗之蟲，故俗名之焉。大凡七十五卷，晉書有其目錄，其六十八卷，皆有名題，其七卷折簡碎雜，不可名題。有周易上下經二卷、紀年十二卷、瑣語十一卷，周王遊行五卷，說周穆王遊行天下之事，今謂之穆天子傳。」

〔二〕汲縣民　宛委本、瞿鈔本、鮑廷博校本、舊鈔本「民」下有「不準」二字。參見校注〔一〕。

〔三〕將皆必有車轍馬跡焉　袁本、臥雲本、宛委本、舊鈔本、經籍考俱無「必」字。按晁序引左傳此句「必」作「使」，左傳卷四十五昭公十二年同原本。

〔四〕穆王好巡狩　臥雲本、經籍考「好」譌作「始」。

〔五〕得驊騮　舊鈔本「驊」作「騂」，誤。晁序作「盜驪」。按盜驪、驊騮皆爲穆王「八駿」，此「驊」字疑當作「盜」。

〔六〕郡收書不謹　舊鈔本、經籍考「收」譌作「守」，晁序同原本。

〔七〕周王遊行記　按王隱晉書作周王遊行五卷，見校注〔一〕。

漢武內傳二卷〔一〕　袁本前志卷二下傳記類第三

右不題撰人〔二〕，記王母降。503

〔一〕漢武內傳二卷　按是書隋志卷二雜傳類三卷，舊唐志卷上雜傳類、新唐志卷三道家類作漢武帝傳二卷，玉海卷五十八引中興書目、宋志卷二傳記類俱同讀書志，今通行守山閣叢書本一卷，附外傳逸文校勘記一卷，錢熙祚跋考其卷帙分并及流傳原委甚詳，可參看。

〔三〕不題撰人　按是書以上諸目俱不著撰人，四庫總目卷一四二著録本舊題班固撰。日本人藤原佐世日本國見在書目録雜傳類亦有漢武内傳二卷，注云「葛洪撰」。續談助卷一洞冥記晁載之跋引張柬之語，亦謂葛洪僞造，余嘉錫從之，見四庫提要辨證卷十八。而姚振宗則疑張柬之誤記葛洪西京雜記序中語，見隋書經籍志考證卷十六。

漢武故事一卷〔一〕　袁本前志卷二下傳記類第四

右世言班固撰。唐張柬之書洞冥記後云：「漢武故事，王儉造〔二〕。」504

〔一〕漢武故事一卷　袁本、卧雲本、宛委本、經籍考卷二十五俱作二卷。按是書隋志卷二舊事類、兩唐志起居注類作二卷，崇文總目卷二雜史類上、玉海卷五十一引中興書目、宋志卷二故事類作五卷，崇文總目云：「班固撰。本題二篇，今世誤析爲五篇。」據是宋時此書或二卷，或五卷，無一卷者，疑「一」乃「二」之誤。

〔二〕王儉造　沈録何校本何焯批語曰：「可據」。按此書撰人，至崇文總目始題班固。資治通鑑考異卷一司馬光已謂「非班固書，蓋後人爲之，託固名耳」。孫詒讓札迻卷十一考爲葛洪依託，姚振宗隋書經籍志考證卷十六云：「此書爲葛稚川家所傳，而諸家著録皆不考其所始。六朝人每喜鈔合古書，而王儉有古今集記。疑儉鈔入集記中，故張東之以爲王儉造，殆亦不探其本意爲之說歟？」張東之語見續談助卷一洞冥記跋中，四庫提要辨證卷十八以爲東之「必別有據依，斷非憑虛立說」；「疑葛洪別有漢武故事，其後日久散佚，王儉更作此以補之」。文史第五輯游國恩居學偶記以爲潘岳西征賦已用漢武帝微行柏谷事，遠在王儉之前，此書即不出班固手，至晚當亦建安、正始間人所作。

漢武洞冥記五卷〔一〕 袁本前志卷二下傳記類第五

右後漢郭憲子横撰〔二〕。其序言：「漢武明儁特異之主，東方朔因滑稽浮誕以匡諫〔三〕。洞心於道，教使冥跡之奧，昭然顯著，故曰『洞冥』」。505

〔一〕漢武洞冥記五卷　經籍考卷四十二小說家類作洞冥記四卷拾遺一卷，蓋從書錄解題卷十一小說家類著錄。按是書隋志卷二雜傳類題同讀書志，一卷，舊唐志卷上傳記類作漢別國洞冥記四卷，新唐志卷三道家類作漢武帝別國洞冥記四卷，崇文總目卷二傳記類又作漢武帝列國洞冥記一卷，玉海卷五十八引中興書目、宋志卷二傳記類作洞冥記四卷，宋志卷五小說家類又複出，作漢武帝洞溟記四卷。續談助卷一洞冥記跋云：「案東之所稱湘東所造洞冥記一卷，而此分爲四。然則此書亦未知定何人所撰也。」皕宋樓藏書志卷六十四載嘉靖仿宋本漢武帝別國洞冥記四卷，并錄郭憲序，云：「撰洞冥記四卷，成一家之書。」是唐、宋時此書無作五卷者，疑讀書志著錄蓋合拾遺一卷也。

〔二〕後漢郭憲子橫撰　按隋志云「郭氏撰」，至兩唐志始謂郭憲撰，晁載之跋洞冥記則云：「其（張東之）父乃言後梁尚書蔡天寶（天當作大）與岳陽王啓稱湘東昔造洞冥記一卷，則洞冥記梁元帝所作。」隋書經籍志考證卷二十云：「案本志一卷，但云郭氏，後世神仙家必欲附託漢人，何不直云與漢武、東方朔同時之郭舍人乎爾？乃託之東漢郭憲，殊爲不倫。又南史顧野王傳野王撰續洞冥記一卷，今本四卷中，容或有顧氏所續者。」

〔三〕浮誕　卧雲本「浮」作「誣」，皕宋樓藏書志載憲序同原本。

十洲記一卷〔一〕　袁本前志卷二下傳記類第六

右漢東方朔撰。班固贊言：「朔之詼諧，逢占射覆，其事浮淺，童兒牧豎，莫不眩耀。而後世好事者，因取奇言怪語附著之朔」。豈謂此書之類乎？　506

〔一〕十洲記一卷　按是書或稱海內十洲記、海內十洲三島記。

襄陽耆舊記五卷　袁本後志卷一傳記類第一

右晉習鑿齒撰。前載襄陽人物〔一〕，中載其山川城邑，後載其牧守。隋經籍志曰耆舊記，唐藝文志曰耆舊傳〔二〕。觀其書紀錄叢脞，非傳體也，名當從經籍志云〔三〕。　507

〔一〕襄陽　袁本、臥雲本、經籍考卷二十五作「襄漢」。

〔二〕耆舊傳　原本「耆」譌作「載」，據宛委本改。袁本、諸衢本、經籍考亦誤。

〔三〕名當從經籍志云　按是書隋志卷二雜傳類、宋志卷二傳記類、玉海卷十五題同讀書志，兩唐志雜傳類、崇文總目卷二地理類、書録解題卷七俱題襄陽耆舊傳。章宗源隋書經籍志考證卷十三云：「續漢郡國志注『蔡陽有松子亭，下有神陂』，引襄陽耆舊傳，文選南都賦注同引之，則稱耆舊記。劉昭生處梁代，其所見在隋志前，則知稱傳之名，其來久矣。三國志注多省文，稱襄陽記。（原注：水經注、後漢書注亦同，省文。）」今本或題襄陽記，如王謨輯本，入重訂漢唐地理書鈔，或題襄陽耆舊記，如任兆麟心齋十種本，或題耆舊傳一卷，如宛委山堂本說郛弓五十八所收。

高士傳十卷　袁本後志卷一傳記類第二

右晉皇甫謐撰。纂自陶唐至魏八代二千四百餘載世士高節者，其或以身狥名，雖如夷齊〔一〕、兩龔，皆不録。凡九十六人〔二〕，而東漢之士居三之一。自古名節之盛，議者獨推焉，觀此尤信。508

〔一〕雖如夷齊　顧校本無「雖」。

〔二〕凡九十六人　按四庫總目卷五十七著録三卷，其畧云：「南宋李石續博物志曰：『劉向傳列仙七十二人，皇甫謐傳高士亦七十二人。』知謐書本數僅七十二人。此本所載乃多至九十六人……考讀書志亦作九十六人，而書録解題稱『今自披衣至管寧惟八十七人』，是宋時已有二本，竄亂非其舊矣。」今本謚序云「自堯至魏凡九十餘人」，據李石言，其序與讀書志著録本皆非其舊矣。

閩川名士傳二卷〔一〕　袁本前志卷二下傳記類第九

右唐黄璞撰。録唐神龍以來閩人知名於世者〔二〕。效楚國先賢傳爲之〔三〕。509

〔一〕閩川名士傳二卷　袁本、卧雲本作三卷，袁本題下注云：「黄璞，一本作皇甫璞。」按是書始見新唐志卷二雜傳類，一卷，題黄璞，注云：「字紹山，大順中進士第。」崇文總目卷二、書録解題卷七、宋志卷二（「川」譌作「中」），俱題黄璞，皆一卷，唯玉海卷三十八引中興書目作三卷，然亦題黄璞。中興書目云：「著録凡五十有四，起神龍，迄大順，歷歲二百，上春官者才四十有三。」今王謨漢唐地理書鈔輯本一卷。黄璞事見唐登科記考卷二十四、淳熙三山志卷二十六。

〔二〕録唐神龍以來　袁本無「録」字，顧校本無「唐」字。

〔三〕楚國先賢傳　按是書載隋志卷二雜傳類作楚國先賢傳贊，十二卷，晉張方撰。文選卷二十一應璩百一詩注引作張方賢楚國先賢傳，舊唐志卷上雜傳類作楚國先賢志十二卷，楊方撰，新唐志卷二雜傳類作張方楚國先賢傳十二卷。書録解題卷八地理類著録唐吳從政撰襄沔記三卷，據諸記襄漢書集合而成，其中有鄒閎甫楚國先賢傳。

王子年拾遺記十卷　袁本前志卷二下傳記類第十

右梁蕭綺敍録〔一〕。晉王嘉，字子年，嘗著書百二十篇〔二〕，載伏羲以來異事，前世奇詭之説。書逸不完，綺拾綴殘闕，輯而敍之。510

〔一〕梁蕭綺敍録　沈録何校本何焯批語云：「其文章不似晉人，疑即綺所託。」按何氏之説，胡應麟已發其端，見少室山房筆叢卷三十二。續談助卷一晁載之引張柬之跋洞冥記又謂虞義造王子年拾遺録，姚振宗隋書經籍志考證卷十三云：「義，不詳何許人，疑即南齊虞羲。」羲傳見南史卷五十九與鍾嶸詩品。

〔二〕嘗著書百二十篇　按蕭綺序云：「拾遺記者，晉隴西安陽人王嘉字子年所撰，凡十九卷，二百二十篇，皆爲殘缺。」讀書志所敍當本此，然則諸本及經籍考卷四十二小説家類俱脱「二」字。

古列女傳八卷續列女傳一卷〔一〕　袁本前志、後志未收

右漢劉向撰。向睹趙、衛之屬，起微賤，踰禮制，以爲王教由内及外，故采詩書所載賢妃貞女及嬖孽亂亡者，序次爲列女傳，凡八篇，以戒天子〔二〕。前有王回序，其畧曰：此書「有母儀、賢明、仁智、貞慎、節義、辯通、嬖孽等篇〔三〕，而各頌其義，圖其狀，摠爲卒篇〔四〕。傳如太史公記，頌如詩之四言，而圖爲屏

風。然世所行向書，乃分傳每篇上下，并頌爲十五卷。其十二傳無頌，三傳同時人，五傳其後人，通題曰向撰〔五〕。題其頌曰向子歆撰，與漢史不合。故崇文總目以陳嬰母等十六傳，爲後人所附。予以頌考之，每篇皆十五傳耳，則凡無頌者宜皆非向所奏書〔六〕，不特自陳嬰母爲斷也。頌云畫之屏風，而史有頌圖在八篇中，莫得而考。以向所序書多散亡，獨此幸存而完，復爲他手竄疑於其真，故并録其目而以頌證之，删爲八篇，號古列女傳。餘二十傳，其文亦奥雅可喜，故又以時次之，別爲一篇，號續列女傳。」公武按：隋經籍志有劉向列女傳十五卷，又有劉歆列女傳頌〔七〕，又有項原列女後傳。今回删此書爲八篇，以合漢史，得之矣。至於疑頌非歆作，蓋因顔籀之言爾，則未必然也〔八〕。二十傳豈項原所作邪〔九〕。511

〔一〕古列女傳八卷續列女傳一卷　按趙希弁以讀書附志卷上傳記類已收古列女傳八卷，故未將衢本此條二書摘編入後志，參見後志存目。

〔二〕以戒天子　原本「天」作「女」，卧雲本、宛委本、瞿鈔本、季録顧校本、經籍考卷二十五俱作「天」。按此條解題「向睹趙、衛之屬」至此，蓋本之漢書卷三十六劉向傳，向傳作「天」，兹據諸本及劉向傳改正。

〔三〕嬖孽　按今本（文選樓叢書本）王回序作「孽嬖」，本書卷七題作孽嬖傳，疑「嬖孽」當作「孽嬖」。

〔四〕圖其狀惣爲卒篇　原本「惣」譌作「物以」，此句經籍考作「圖其狀，總爲卒篇」，卧雲本作「圖其狀，惣爲卒篇」，與今本王回序合，據改。其餘衢本同原本。

〔五〕向撰　顧校本作「向傳」。

〔六〕宜皆非向所奏書　顧校本無「宜」字。

〔七〕列女傳頌　顧校本無「列女」二字。

〔八〕至於疑頌非歆作蓋因顏籀之言爾則未必然也　原本「籒」作「籀」，據卧雲本改。按四庫總目卷五十七云：「其頌本向所作，曾鞏及回所言不誤。而晁公武讀書志乃執隋志之文，詆其誤信顏籀之註。不知漢志舊註，凡稱『師古曰』者乃籀註，其不題姓氏者，皆班固之自註。以頌圖屬向，乃固說，非籀說也。考顏氏家訓（按見書證篇）稱『列女傳，劉向所造，其子歆又作頌』，是謂傳頌爲歆作，始於六朝。修隋志時，去之推僅四五十年，襲其誤耳。」四庫館臣糾公武誤以班固注爲顏籀註，極是；然因襲鞏、回之說，謂頌非歆所作，隋志乃襲顏之推之誤，則正如公武所言「未必然也」。姚振宗隋書經籍志考證卷二十云：「案本志載劉歆此頌，本自一帙，與父書各不相涉，宋代相傳曹大家注本，乃以向列女傳原有之頌，歸之劉歆，自是舛誤，然謂本志因顏氏而襲其誤，則不然。本志豈因是而虛列其目耶？歆之頌，顏氏既見之，唐時又流傳外藩，（按指日人藤原佐世撰日本國見在書目録有劉歆撰列女傳頌一卷，藤原氏書撰於唐昭宗時），文選思玄賦李善注引劉歆列女傳頌曰『材女修身，廣觀善惡』，今本一百十一頌中無此文，是可知別爲一書，亡已久矣。」是公武疑列女傳頌固劉歆作，不爲無識。

〔九〕二十傳豈項原所作邪　按公武此語不可據依，四庫總目已駁之，語詳不俱録。項原此書，後漢書卷八十四曹娥傳李賢注引作列女傳，並無「後」字。舊唐志卷上雜傳類撰人作顏原，新唐志卷二雜傳類則作項宗，公武此據隋志卷二雜傳類。項原始末不詳。

孔子編年三卷〔一〕　袁本後志卷一傳記類第三

右皇朝孔傳取左氏、國語、公羊、史記及他書所載孔子事〔二〕，以年次之，自生至卒〔三〕。512

〔一〕孔子編年三卷　按此書不見歷代目録著録，書録解題卷七、玉海卷四十七引中興書目、宋志卷二編年類有胡仔撰孔子編年五卷。仔書尚存。

〔二〕所載孔子事　顧校本無「孔子事」三字。

〔三〕以年次之自生至卒　顧校本改作「自生至卒，以年次之」。

東家雜記二卷　袁本後志卷一傳記類第四

右皇朝孔傳撰。孔子四十七代孫也。纂其家舊聞軼事於此書。513

汾陽王家傳十卷〔一〕　袁本前志卷二下傳記類第十一

右唐陳雄撰〔二〕。雄本汾陽王郭子儀僚吏，後又從事渾瑊幕府，故傳不名。第九卷録行狀，第十卷録副佐三十三人，大將二十七人，曰忠武將佐署。514

〔一〕汾陽王家傳十卷　按是書新唐志卷二雜傳類作陳翃郭公家傳八卷，注云：「子儀，翃嘗爲其僚屬，後又從事渾瑊河中幕。」崇文總目卷二傳記類上同新唐志，宋志卷二傳記類有陳翃郭令公家傳十卷，又忠武公將佐畧一卷，玉海卷一三四亦作郭令公家傳十卷，云：「陳翃撰。忠武公將佐畧錄副佐三十三人，大將二十七人，官至宰相者七人，節度使二十八人，尚書丞、郎，京兆尹十人，廉察使五人。」又引中興書目云：「將佐畧並人名在內，第九卷行狀，第十卷將佐畧。」與讀書志合。是此書數稱，子儀封汾陽王，故亦名汾陽王家傳。新唐志等作八卷者，殆不計行狀、將佐畧，後二卷疑後人附益。

〔三〕陳雄　按「雄」當作「翃」，原本、袁本、諸衢本、經籍考卷二十五俱誤，下同。又，顧校本無下一「雄」字。

翊聖保德傳三卷〔一〕　袁本後志卷一傳記類第五

右皇朝王欽若撰。建隆初，有神降於鳳翔民張守真家，開寶末徵守真詣闕，屬太宗踐祚，封神翊聖將軍，築宮於終南山。祥符中，詔欽若編次其事，御爲製序引。515

〔一〕翊聖保德傳三卷　按是書宋史卷二八三王欽若傳作翊聖真君傳，崇文總目卷四道書類九作翊聖保德真君傳三卷，通志藝文畧卷五道家類二同崇文總目，云：「宋朝王欽若撰。建隆中，有神降於燕南山，告符命之事，故加以號焉。」四庫闕書目神仙類、宋志卷四道家類、四庫總目卷一四七道家類存目題同讀書志。

相國鄴侯家傳十卷　袁本前志卷二下傳記類第二十八

右唐李繁撰〔一〕。繁，鄴侯泌之子也〔二〕。大和中〔三〕，以罪繫獄當死，恐先人功業不傳，乞廢紙掘筆於獄吏〔四〕，以成傳藁。戒其家求世聞人潤色之，後竟不果。宋子京謂其辭浮侈云。516

〔一〕唐李繁撰　卧雲本、宛委本、經籍考卷二十五作「唐亳州刺史李繁撰」。

〔二〕泌之子也　袁本無「泌」字，顧校本無「之」字。

〔三〕大和中　宛委本「大」作「太」。

〔四〕廢紙掘筆　陳師曾刊本、經籍考「掘」作「拙」。按公武語本新唐書卷一三九李繁傳附泌傳，傳云：「從吏求廢紙掘筆。」

晁以道揚雄別傳一卷　袁本前志卷二下傳記類第二十六

右從父詹事公撰〔一〕。雜取諸書所載雄逸事爲一編，係之以贊。517

〔一〕從父詹事公　袁本「從父」譌作「族父」，鮑廷博校本、喬録王校本已改正。按以道，名説之，公武從父，仕至中書舍人、太子詹事兼侍讀，故公武亦稱之詹事公，參見卷一易類晁以道古易、晁以道太極傳諸條。

忠臣逆臣傳三卷〔一〕　袁本前志卷二下傳記類第二十七

右皇朝楊堯臣撰。忠臣謂李若水也，逆臣謂劉豫也。518

〔一〕忠臣逆臣傳三卷　按此書衢本未收，今據袁本，並參以王先謙刊本次第補入。經籍考亦未著録。

補江總白猿傳一卷〔一〕　袁本後志卷一傳記類第十六

右不詳何人撰。述梁大同末，歐陽紇妻爲猿所竊，後生子詢。崇文目以爲唐人惡詢者爲之。519

〔一〕補江總白猿傳一卷　袁本「總」作「摠」。按此書始見新唐志卷三小説家類，題同原本。太平廣記卷四四四録此傳，題歐陽紇，注云：「出續江氏傳。」宋志卷五小説家類題作集補江總白猿傳。

緑珠傳一卷　袁本後志卷一傳記類第十七

右皇朝樂史撰。520

趙飛燕外傳一卷〔一〕 袁本前志卷二下傳記類第八

右漢伶玄子于撰〔二〕。茂陵卞理藏之於金縢漆櫃。王莽之亂，劉恭得之，傳於世。晉荀勗校上。 521

〔一〕趙飛燕外傳一卷 按書録解題卷七、四庫總目卷一四三小説類存目題飛燕外傳，宋志卷二傳記類同讀書志。是書乃僞書，公武似頗信之，參見四部正譌卷下、四庫總目。

〔二〕伶玄子于 原本「玄」作「元」，據袁本、臥雲本改。袁本「伶」作「令」，誤，諸目與今本俱同原本。又，舊鈔本「于」譌作「於」。

楊貴妃外傳二卷〔一〕 袁本前志卷二下傳記類第七

右皇朝樂史撰。敍唐楊妃事迹〔二〕，迄孝明之崩。 522

〔一〕楊貴妃外傳二卷 顧校本改「二」作「一」。袁本此條置趙飛燕外傳之前，鮑廷博校本鮑氏校語云：「此則當在飛燕外傳之下。」按是書書録解題卷七、宋志卷二俱題楊妃外傳，一卷，今本多題楊太真外傳，二卷。

〔二〕楊妃 宛委本作「楊貴妃」。

登科記三十卷〔一〕 袁本後志卷一傳記類第六

右皇朝樂史撰。記進士及諸科登名者，起唐武德，迄天祐末。523

〔一〕登科記三十卷 按徐松登科記考卷一至卷二十四載唐武德至天祐末進士及諸科及第姓名，藉以猶可窺見此書梗槩。書雍熙三年獻上，見宋史卷三〇六樂史傳。

唐制舉科目圖一卷 袁本後志卷一傳記類第七

右不題撰人〔一〕。凡七十六科，仕至宰相者七十二人，惟劉蕡名最高而宦最不達。524

〔一〕不題撰人 按玉海卷一一五引中興書目著録唐制舉科目圖一卷，鄭元翰撰。宋志卷二傳記類則有蔡元翰唐制舉科目圖一卷。經籍考卷二十五此條下引李燾語云：「寶元間蔡元翰編集。某家有制科登第録一卷，不著撰人氏字，止用年代次序，登第者姓名或不暇徧舉，且自敬宗以後闕不復録，而元翰所記科目以類相從，姓名具列，又間出其更歷始終，比某家本爲優。然而尚多脱遺，如天授中祝欽明中英才傑出業奥大經科。而此無之，蓋元翰獨據舊唐書，故所見有盡，博采別條，乃可備一家言耳。」據此，此書撰人爲蔡元翰，公武所見殆偶失其名。

宋登科記三卷〔一〕 袁本後志卷一傳記類第八

右皇朝登科人名氏。未詳何人所撰。525

〔一〕宋登科記三卷　按書録解題卷七、玉海卷一一八、宋志卷二俱載洪适大宋登科記二十一卷，其序見盤洲文集卷三十四，云：「國朝登科記，自建隆庚申至紹興之庚辰，姓名登載者毋慮二萬三千六百人有畸，爲二十一卷。先是，吳興學官有鏤板，混然不分卷第，所紀但進士而已，制舉詞科，顧泯沒不傳，貢士又傳著牘尾，其它魚魯脱逸，不可縷析，或一榜至誤百有餘字，覽者不以爲善。」讀書志著録或即此吳興郡學刊本歟？然洪适固言不分卷第，似又別爲一書，姑録以備考云。

柳氏序訓一卷〔一〕 袁本前志卷二下傳記類第十四

右唐柳玭序其祖公綽已下内外事迹，以訓其子孫。526

〔一〕柳氏序訓一卷　按是書已佚，資治通鑑考異間有採摭，全唐文卷八一六有玭戒子孫及家訓，可藉以窺見此書主旨。

張忠定公語録四卷〔一〕 袁本前志卷二下傳記類第十八

右皇朝張忠定公詠守蜀，有善政，其門人李畋記其語論可以垂世者。527

〔一〕張忠定公語録　按是書諸目著録各異，書録解題卷七作乖崖政行語録三卷，宋志卷二作乖崖語録一卷，注云：「載張詠政績。」張詠乖崖集，宋時有二本，一爲十卷，一爲十二卷，分見本書卷十九別集類下、書録解題卷十七別集類中，俱附載語録。又玉海卷五十八引中興書目載名賢遺範録十四卷，其中即收有李畋撰張詠語録四卷，是宋時固有四卷者。忠定，詠之謚也；乖崖，詠之自號也。

西李文正公談録一卷〔一〕 袁本前志卷二下傳記類第十九

右西李文正公昉也，相太宗〔二〕，其子宗諤録其平生所談十七事。528

〔一〕西李文正公談録一卷　按是書書録解題卷七作李公談録，云：「翰林學士饒陽李宗諤昌武撰。記其父昉之言，凡三十七事。」宋史卷二六五李昉傳云晉侍中崧，與昉同宗且同里，時人謂崧爲「東李家」，昉爲「西李家」。昉謚文正，故書題亦作西李文正公談録，今商務印書館本説郛卷四十、宛委山堂本説郛弓二十四題先公談録，商務印書館本卷三又題談録。

〔三〕相太宗　袁本、卧雲本作「相皇朝太宗」，疑原本脱「皇朝」二字。

魏國忠獻公別録三卷〔一〕　袁本前志卷二下傳記類第二十一

右皇朝韓魏公琦相仁宗、英宗〔二〕，其門人王嵒叟記其言論事實。然以國史考之，其歲月往往牴牾，蓋失之誣也。529

〔一〕魏國忠獻公別録三卷　經籍考卷二十六作魏公別録四卷，標題、卷數蓋從書録解題卷七。書録解題另有魏公語録一卷，云：「與別録小異而實同，別録分四卷，此總爲一編，先後次第亦不同，而末一則，別録所無，姑並存之。」宋志卷二有韓忠獻公別録一卷，疑即此一卷本。玉海卷五十八引中興書目，載名賢遺範録十四卷，內有王巖叟撰韓琦別録三卷，四庫總目卷五十九傳記類存目一著録韓魏公別録三卷，明正德張士隆刊本安陽集附別録亦三卷，俱與讀書志合。

〔二〕右皇朝韓魏公琦相仁宗英宗　經籍考無此十二字。

鍾山日録二十卷〔一〕　袁本前志卷二下傳記類第二十四

右皇朝王安石撰〔二〕。紹聖間，蔡卞同曾布獻於朝〔三〕，添入神宗實録。陳瑩中謂安石既罷相，悔其執政日無善狀，乃撰此書，歸過於上，掠美於己，且歷詆平生不悅者，欲以欺後世，於是著尊堯集及日録不合神道論云〔四〕。530

〔一〕鍾山日録二十卷　按衢本此書複出，參見卷六雜史類王氏日録條。袁本唯一見，標題「鍾」作「鐘」，舊鈔本亦作「鐘」。

〔二〕王安石撰　袁本、卧雲本、宛委本作「王安石介甫撰」。

〔三〕蔡卞同曾布　袁本、宛委本「同」作「合」。

〔四〕日録不合神道論　原本「神」譌「人」，據袁本、卧雲本、宛委本改正。按卷六王氏日録條不誤。

嘉祐名臣傳五卷〔一〕　袁本前志卷二下傳記類第二十五

右皇朝張唐英傳仁宗朝賢臣五十餘人。531

〔一〕嘉祐名臣傳五卷　按是書乃張唐英仁宗君臣政要中一門，此蓋單行本。參見本書卷六雜史類仁宗君臣政要條。玉海卷五十八本朝名臣傳條云：「唐英初改著作佐郎，援宋、齊間故事，凡領著作者，皆撰名臣傳一本，以試史才，因纂録天聖至嘉祐名臣世家譜牒，次第撰爲五十列傳。」

開元天寶遺事四卷 袁本前志卷二下傳記類第三十

右漢王仁裕撰。仁裕仕蜀，至翰林學士，蜀亡，仁裕至鎬京，採摭民言，得開元、天寶遺事一百五十九條。後分爲四卷〔一〕。532

〔一〕後分爲四卷 袁本無此五字，諸衢本、經籍考卷二十二雜史類同原本。按此書書録解題卷七作二卷，云「所記一百五十九條」，玉海卷五十一引中興書目作一卷，亦云「凡一百五十九條」，是分卷不同，所録實無異。四庫總目卷一四〇小説家類一卷數同原本。

明皇幸蜀記兩卷〔一〕 袁本前志卷二下傳記類第三十一

右唐宋巨纂。記明皇幸蜀迄于復歸京師。533

〔一〕明皇幸蜀記兩卷 按此書原本、諸衢本未收。本書卷六雜史類有宋居白幸蜀記三卷，居白書即以此書爲本，可參看。

吳湘事迹録一卷〔一〕 袁本前志卷二下傳記類第十五

右唐大中中，李紳鎮揚州〔二〕，陷吳湘以罪抵死〔三〕。後其兄汝納辨訴其枉狀〔四〕，錄總載焉。534

〔一〕吳湘事迹錄一卷　按是書新唐志卷二故事類、祕續目小説類、宋志卷二故事類俱題作吳湘事迹一卷，崇文總目卷二傳記類下題同讀書志，並不著撰人。

〔二〕唐大中中李紳鎮揚州　按李紳爲淮南節度使在武宗會昌中，見資治通鑑卷二四六唐紀六十二、卷二四七唐紀六十三、卷二四八唐紀六十四，李德裕如李紳奏，處吳湘死，在會昌五年二月；李紳卒於六年七月，亦不及入大中，此「大中」當誤。又，袁本、臥雲本「揚」誤作「楊」。

〔三〕陷吳湘以罪　原本作「陷湘州以罪」，沈錄何校本改「湘州」爲「吳湘」，據改。袁本、諸衢本，經籍考卷二十五亦誤。喬錄王校本删「州」字，云：「『州』字衍文。」

〔四〕後其兄　宛委本脱「後」字，陳師曾刊本脱「後其」二字。

唐宋科名分定錄三卷〔一〕　袁本前志卷二下傳記類第二十九

右不題撰人。元符間所著書也。序云：「己卯歲〔二〕，得張君房所誌唐朝科場故事〔三〕，今續添五代及本朝科名分定事，迄於李常寧云〔四〕。」535

〔一〕唐宋科名分定錄三卷　按是書罕見著錄，唯國史經籍志卷三史類科第種有此書，置李椿中興登科小錄并姓類四卷與錢明逸宋朝衣冠盛事一卷之間。椿書見書録解題卷七、明逸書見宋志卷三譜牒類。椿爲理宗時人；明逸，宋史卷三一七有傳，仁、英宗時人。

〔二〕己卯歲　己卯爲元符二年。

〔三〕張君房所誌唐朝科場故事　按崇文總目卷三小説類上有張君房科名定分録七卷，祕續目小説類作科名前定録一卷，宋志卷五小説家類作科名分定録七卷，當即序稱張君房所著書。

降聖記五十卷〔一〕　袁本前志卷二下傳記類第十二

右皇朝丁謂撰。大中祥符五年十月十七日，聖祖降。七年，謂請編次事迹，詔李維、宋綬、晏殊同編。天禧元年上之。536

〔一〕降聖記五十卷　舊鈔本「記」作「紀」，經籍考卷五十二神僊家類同原本。此書宋志卷二別史類作大中祥符降聖記五十卷目三卷，卷四道家類重出，作降聖記三十卷，「三」當「五」之譌。按丁謂等先撰封禪記、祀汾陰記，見卷八儀注類。玉海卷五十七云：「七年，謂與李維等又作迎奉聖像記二十卷、降聖記五十卷、奉祀記五十卷，天禧元年十一月辛亥，維等以獻。」

先天紀三十六卷〔一〕　袁本前志卷二下傳記類第十三

右皇朝王欽若集。聖祖趙諱，即軒轅黄帝也，故欽若奉詔編次傳記黄帝事迹上之，賜名先天紀。御製序冠其首。537

〔一〕先天紀三十六卷　經籍考入卷五十二神僊家類。按是書四庫闕書目入神仙類，祕續目入道書類，中興書目輯考入神仙家類，宋志入卷四道家類，歸類俱異讀書志。

民表録三卷〔一〕　袁本後志卷一傳記類第九

右皇朝胡納撰〔二〕。録國朝循吏善政。李淑以爲雖淺俗，亦可備廣記云。納，瑗之父〔三〕，天聖中，偕賢惠録上之。538

〔一〕民表録三卷　按玉海卷五十八云：「天聖七年七月乙卯，泰州泰興胡納上所著孝行録二卷、賢惠録二卷、民表録二卷，以備國史。」是書止二卷，然玉海引宋國史藝文志、祕續目傳記類、宋志卷二傳記類卷數仍同讀書志。

〔二〕胡納　原本李富孫校語云：「案宋藝文志作『胡訥』，瞿鈔本、袁本、通考俱作『納』，通考孝行録引陳氏又作『訥』。」按卧雲本作「訥」，下同。孝行録見經籍考卷二十五。書録解題卷七孝行録條與安定先生言行録條俱謂胡瑗翼之父名訥。

〔三〕納瑗之父　經籍考卷二十五無此四字。

賢惠録三卷〔一〕 袁本後志卷一傳記類第十

右皇朝胡納撰〔二〕。録國朝賢惠之女。後一卷，瑗嗣成之。539

〔一〕賢惠録三卷 宋志卷二、玉海卷五十八引宋國史藝文志俱作二卷，蓋不計胡瑗所續。

〔二〕胡納 臥雲本作「胡訥」。按宋志亦作「胡訥」。

萊公勳烈一卷〔一〕 袁本後志卷一傳記類第十一

右皇朝寇宗奭編。宗奭，準之曾孫也。編集仁宗祭準文及贈誥、墓碑、傳誌、賀詩等，爲此書。540

〔一〕萊公勳烈一卷 按是書罕見著録，書録解題卷七有寇萊公遺事一卷，宋志卷二作寇準遺事，遂初堂書目本朝雜傳類亦有寇萊公遺事，今歷代小史本題萊公遺事，一卷，廣四十家小説本題寇萊公遺事一卷，俱不題撰人，未知是否屬一書。

王魏公遺事四卷〔一〕 袁本前志卷二下傳記類第十六

右皇朝王魏公旦相真宗，其子素録遺事，凡五百條〔二〕，分四卷〔三〕。541

〔一〕王魏公遺事四卷　按此書遂初堂書目本朝雜傳類題作王文正遺事，宋志卷二作王旦遺事，四庫總目卷五十九傳記類存目一作王文正公遺事，今百川學海丙集本作文正王公遺事，歷代小史本作王文公遺事，俱一卷。歷代小史本止五十條，是公武所見尚爲完帙。玉海卷五十八引中興書目載名賢遺範録十四卷，中有「王旦遺事録四卷，子素撰」。是宋時完本與節本並行而足本未傳後也。又，旦薨，贈魏國公，謚文正，讀書志著録本用其封稱。又，書録解題卷七、遂初堂書目另有王文正家録，陳氏云：「一卷，端明殿學士王素仲儀記其父旦言行遺事。」

〔二〕凡五百條　袁本作「凡百餘條」。諸衢本、經籍考卷二十五同原本。

〔三〕分四卷　經籍考無此三字。

王文正公言行録三卷〔一〕　袁本前志卷二下傳記類第十七

右皇朝王文正公曾相仁宗〔二〕，其弟皞録其平生言行〔三〕，凡六十七事〔四〕。李清臣爲之序〔五〕。 542

〔一〕王文正公言行録三卷　卧雲本無「公」字，下同。經籍考卷二十五作王沂公言行録一卷，注云：「一作三卷。」其一卷之數當依書録解題卷七，「一作三卷」蓋指讀書志。又，經籍考解題亦異，俱録於下：「沂公弟天章閣待制皞録公平生言行，凡三十七事。」按是書已佚，今止存王文正公筆録一卷（此據百川學海乙集本，續談助卷三作沂公筆録）。宋志卷二題王皞言行録一卷，遂初堂書目本朝雜傳類題王沂公言行録，玉海卷五十八題王曾言行録一卷，又玉海卷五十八引中興書目載名賢遺範録十四卷，其中有「王曾言行録三卷，葉清臣撰」，是誤撰序人爲撰書人矣，而卷數與此合。

〔二〕王文正公　臥雲本作「王文正沂公」。按王曾，景祐二年封沂國公，寶元元年薨，謚文正。

〔三〕皞　臥雲本作「天章閣待制皞」。按皞，字子融，元昊友，請以字名，改字熙仲，傳見宋史卷三一〇。

〔四〕凡六十七事　袁本作「凡六十事」，臥雲本、經籍考作「凡三十七事」，玉海引中興書目云「凡六十七事」，疑袁本脱「七」字，臥雲本、經籍考又「六」誤作「三」。

〔五〕李清臣爲之序　按書録解題云：「前有葉清臣序文，後有晏殊、杜杞答書。」葉清臣與曾、皞同時，爲仁宗時人，事見宋史卷二九五；李清臣時代晚於曾、皞，神、哲間人，事見宋史卷三二八。且皞卒於英宗治平初，李清臣安得爲皞所著撰序？此「李清臣」當「葉清臣」之誤，公武偶疏。

韓魏公家傳二卷〔一〕　袁本前志卷二下傳記類第二十

右皇朝韓忠彦撰。録其父琦平生行事。近世著史者，喜采小説以爲異聞逸事，如李繁録其父泌，崔胤記其父慎由，事悉鑿空妄言。前世謂此等無異莊周鮒魚之辭、賈生服鳥之對者也，而唐書皆取之，以亂正史。由是近時多有家傳、語録之類行於世，陳瑩中所以發憤而著書，謂魏公名德在人耳目如此，豈假門生子姪之間區區自列乎〔二〕？持史筆其慎焉〔三〕。　543

〔一〕韓魏公家傳二卷　按書録解題卷七有韓魏公家傳十卷，云：「不著名氏，當是其家所傳也。」宋志卷二作韓忠獻公家傳一卷，注云：「韓琦五世孫庚卿作。」四庫總目卷五十九傳記類存目一標題、卷數俱合讀書志，然亦不著撰人。今安陽集（明正德安陽張士隆河東鹺使署刊本）附家傳作十卷，且十卷本亦有單刻本，見善本書室藏書志卷九，題宋忠獻韓魏王君臣相遇家傳，蓋崇禎刊本。

〔二〕子姪　原本「姪」誤「姓」，據袁本改正。

〔三〕持史筆其慎焉　喬録王校本、鮑廷博校本於「筆」上補「者」字，疑是，袁本、諸衢本、經籍考俱同原本。

潛德録一卷　袁本前志卷二下傳記類第二十二

右皇朝呂誨獻可之孫撰〔一〕。記其祖乞立英宗言章。544

〔一〕呂誨　原本所據底本「誨」譌作「晦」，李富孫據袁本、經籍考卷二十六改正。瞿鈔本亦誤。按卧雲本、季録顧校本亦誤，誨傳見宋史卷三二一，載誨建言立皇嗣疏。

文潞公私記一卷〔一〕　袁本前志卷二下傳記類第二十三

右皇朝文彥博所撰。元豐初，王堯臣之子同老，以其父至和中所撰立英宗爲皇子詔草上之，且曰：「時宰相文彥博、富弼知狀。」神宗以問彥博，彥博具以實對。至元祐中，賈易爲言官，因爲韓忠彥爭辨其事，彥博乃著此〔二〕。其後云：自古惟霍禹云：「縣官非我家將軍不得至此〔三〕。」楊復恭自稱爲「定策國老〔四〕」，謂昭宗爲門生天子，皆鞅鞅不道之語〔五〕，卒被夷滅。545

〔一〕文潞公私記一卷　袁本「卷」作「帙」。

〔二〕乃著此　喬録王校本王懋竑校語云「此」下當有「書」字。

〔三〕不得至此　袁本作「不得立此」。按霍禹語見漢書卷六十八本傳，作「不得至是」，袁本誤。

〔四〕自稱爲　袁本、經籍考卷二十六無「爲」字。

〔五〕鞅鞅不道之語　袁本、宛委本、舊鈔本、經籍考「語」俱作「言」。

列仙傳二卷　袁本後志卷一傳記類第十二

右漢劉向撰。546

神仙傳十卷〔一〕　袁本前志卷三下神仙類第十一

右晉葛洪弟子滕升嘗問洪曰〔二〕：「古人之仙者〔三〕，豈有其人乎？」洪答曰以「秦阮倉所記〔四〕，有數百人，劉向所纂，又七十一人，今復録集古之仙者，以傳真識之士」云。547

〔一〕神仙傳十卷　袁本脱「十卷」二字，諸衢本、經籍考卷五十二神僊家類俱同原本。按今本多作十卷。

〔二〕葛洪弟子滕升嘗問洪曰　袁本「洪」下有「之」字，無下一「洪」字。

〔三〕古人之仙者　袁本無「人」字。

〔四〕洪答曰以　袁本作「洪答云」，卧雲本、宛委本、經籍考作「洪答以」，疑當從袁本。

王氏神仙傳四卷〔一〕　袁本前志卷三下神仙類第十

右蜀杜光庭纂。光庭集王氏男真女仙五十五人，以諂王建。其後又有王虚中續纂三十八人，附於後。548

〔一〕王氏神仙傳四卷　袁本脱「四卷」二字，諸衢本、經籍考卷五十二神僊家類同原本。按是書書録解題卷十二神仙類作一卷，祕續目道書類作緱嶺會真王氏神仙傳五卷，今商務印書館本説郛卷七所收爲其孑遺也。

高僧傳六卷〔一〕　袁本前志卷三下釋書類第三十

右蕭梁僧惠敏撰〔二〕。分譯經、義解兩門。549

〔一〕高僧傳六卷　按隋志卷二雜傳類、舊唐志卷上雜傳類、新唐志卷三道家類著録虞孝敬高僧傳六卷。唐釋道世法苑珠林傳記篇曰：「内典博要，梁湘東王記室虞孝敬撰，後得出家，改名惠命。」姚振宗隋書經籍志考證卷二十引法苑珠林并公武讀書志此條，云：「案此云惠敏，音聲相似，轉寫偶異若此者類多，非兩人也。」陳垣乃以爲公武誤分一書爲二書，此惠敏高僧傳六卷，實即下一條慧皎高僧傳之殘本。中國佛教史籍概論卷二云：「四庫提要云：『高僧傳之名，起於梁釋惠敏，分譯經、義解兩門，釋慧皎復加推擴，分立十科』，此謬説也。梁僧未聞有惠敏，更未聞有惠敏著之高僧傳。惠與慧通，敏特皎之形譌耳。提要之説，蓋本於晁氏讀書志。晁志衢本傳記類著録高僧傳二部，一爲六卷，一爲十四卷。六卷本，袁本入釋書類，蓋一不全本。因慧皎高僧傳向分二函，可洪藏經音義隨函録二十七載高僧傳一部，上帙六卷，下帙八卷；慧琳音義（指一切經音義）八十九、九十同。晁志著録釋書類者（即此六卷本）蓋僅得前帙，因敍目在後，不知其不全。著録時，又誤慧皎爲惠敏，衢本乃將兩部并列，通考經籍考釋氏類因之。四庫提要遂演爲『高僧傳之名起於惠敏』之説，不知惠敏固無是公也。周中孚鄭堂讀書記、丁丙善本書室藏書志均循提要之誤。宋史藝文志有慧皓高僧傳十四卷，豈慧皎之外，又有慧皓耶？皎之誤敏，亦猶之耳。隋志雜傳類及雜家類重出虞孝敬高僧傳六卷，姚氏考證引法苑珠林傳記篇，謂孝敬後出家，改名惠命，即晁氏之惠敏云。按續高僧傳一：「孝敬僧命道命，不作惠命，故今不取其説。」陳垣所考甚碻，故詳録如上，讀書志此條不可據也。

〔三〕蕭梁　袁本、顧校本無「蕭」字。

又高僧傳十四卷〔一〕　袁本後志卷一傳記類第十三

右蕭梁僧釋慧皎撰〔二〕。慧皎以劉義慶宣驗記〔三〕、陶潛搜神録等數十家並書諸僧，殊疎畧，乃博采諸書，咨訪古老，起於永平十年，終於天監十八年，凡四百五十二載〔四〕，二百五十七人，又附見者二百餘人。分爲譯經、義解、神異、習禪、明律、遺身、誦經、興福、經師、唱道十科。550

〔一〕又高僧傳十四卷　袁本無「又」字。

〔二〕蕭梁僧釋慧皎撰　顧校本無「蕭」、「釋」二字。按是書隋志卷二雜傳類題釋僧祐撰，誤，詳見姚振宗隋書經籍志考證卷二十。舊唐志卷上雜傳類、新唐志卷三道家類「慧」皆作「惠」。又，陳垣中國佛教史籍概論卷二云古本隋志不誤。今本皆題慧皎。

〔三〕劉義慶宣驗記　原本誤作「劉義宣靈驗記」，脱「慶」字，衍「靈」字，今據慧皎自序改正，自序作「宋臨川康王義慶宣驗記」。袁本、諸衢本、經籍考卷五十四釋氏類亦誤。劉義慶宣驗記三十卷（一作十三卷）載隋志卷二雜傳類，今古小説鈎沉有輯本，記晉、宋佛教故事。

〔四〕凡四百五十二載　原本「四」譌「五」，據自序改正。袁本、諸衢本、經籍考亦誤。

續高僧傳三十卷〔一〕　袁本後志卷一傳記類第十四

右唐僧道宣撰。藝文志作道宗，大明寺僧也。以慧皎會稽人，故其書詳於吳、越而畧於燕、魏。故上距梁天監，下終唐貞觀十九年，百四十四載〔二〕，編載二百四十人，附見者又一百六十人〔三〕。分譯經、義解、習禪〔四〕、明律、護法、感通、遺身、讀誦、興福、雜科，凡十門。551

〔一〕續高僧傳三十卷　按是書舊唐志卷上雜傳類重出，一作二十卷，一作三十卷，題釋道宣撰。新唐志卷三道家類凡三見，兩條重出，作僧道宗續高僧傳三十二卷，一條作續高僧傳二十卷，注云：「起梁初，盡貞觀十九年。」大唐内典録卷五、開元釋教録卷八俱作三十卷，與讀書志合。今本多作四十卷。此書撰人當作道宣，新唐志誤，道宣傳見宋高僧傳卷十四。

〔二〕下終唐貞觀十九年百四十四載　按公武此據道宣自序。據陳垣考證，此書記事實止於高宗麟德二年，距道宣初成書之時，已二十年，故定自序乃初成書之序。詳中國佛教史籍概論。

〔三〕編載二百四十人附見者又一百六十人　按自序謂入正傳者三百三十一。又，陳垣詳數本書，正傳實得四百八十五人，附見二百一十九人。或云實正傳四百九十二人，附見二百一十五人。

〔四〕義解習禪　原本、袁本、諸衢本，經籍考卷五十一釋氏類「義解」俱倒作「解義」，據本書乙正。又，臥雲本、經籍考「習」作「集」，誤。

求法高僧傳二卷〔一〕　袁本前志卷三下釋書類第三十一

右唐僧義淨撰〔二〕。義淨垂拱中往天竺求佛經，既還，因纂集唐僧往西域者五十六人行事〔三〕。552

〔一〕求法高僧傳二卷　袁本「二」作「兩」。按新唐志卷三道家類題作大唐西域求法高僧傳二卷。

〔二〕義淨　袁本無「義」字。

〔三〕因纂集唐僧往西域者五十六人行事　宛委本「因纂集唐僧」，作「因集纂唐」，顧校本亦無「僧」字，卧雲本「集」譌作「習」。按是傳載五十六人，又重歸南海傳有師資四人。

比丘尼傳四卷〔一〕　袁本後志卷一傳記類第十五

右蕭梁僧寶唱撰。起晉升平訖梁天監〔二〕，得尼六十五人，爲之傳。以檢淨爲首〔三〕。寶唱，金陵人〔四〕。藝文志有其目。553

〔一〕比丘尼傳四卷　按是書隋志卷二雜傳類題作尼傳二卷，皎法師撰，誤矣，兩唐志、崇文總目卷四釋書類下同讀書志。

〔二〕起晉升平訖梁天監　按寶唱序云「起晉咸和，訖梁普通」，讀書志諸本俱誤。

〔三〕以檢淨爲首　按寶唱序「檢淨」作「淨檢」，原本、袁本、諸衢本、經籍考卷四十三釋氏類疑俱倒。

〔四〕金陵人　按續高僧傳卷一、歷代三寶記卷三、卷十一俱謂寶唱乃吳郡人，俗姓岑氏，楊都莊嚴寺僧也。

僧寶傳三十二卷〔一〕 袁本前志卷三下釋書類第三十二

右皇朝僧德洪撰。其序云：五家宗派，嘉祐中達觀、曇穎嘗爲之傳〔二〕，載其機緣語句而畧其終始行事。德洪謂入道之緣，臨終之效，有不可闕者，遂盡掇遺編別記〔三〕，補以諸方之傳，又自嘉祐至政和，取雲門、臨濟兩宗之裔絶出者，合八十七人〔四〕，各爲傳，係之以贊云。554

〔一〕僧寶傳三十二卷 袁本作三十卷，諸衢本、經籍考卷五十四釋氏類同原本。書録解題卷十二釋氏類亦三十卷，今嘉興續藏經本三十卷。四庫總目卷一四五釋家類三十二卷，云：「文獻通考作三十二卷（按通考即本諸讀書志），蓋原書本三十卷，後有補禪林僧寶傳一卷，又有臨濟宗旨一卷，共爲三十二卷。臨濟宗旨，亦惠洪（即德洪）所撰；補禪林僧寶傳，題舟峰菴僧慶老，蓋亦北宋人也。」

〔二〕曇穎 經籍考「穎」作「頴」，今本同讀書志。

〔三〕盡掇 顧校本無「盡」字。

〔四〕合八十七人 按本條解題全據宣和六年三月侯延慶序而爲之，侯序謂「自嘉祐至政和，取雲門、臨濟兩家之裔嶄然絶出者，合八十有一人，各爲傳而繫之以贊，分爲三十卷」，卷中亦實爲八十一人傳記，此「八十七」當「八十一」之誤。

譜牒類〔一〕

姓源韻譜一卷〔二〕 袁本前志卷二下譜諜類第一

右唐張九齡撰。依春秋正典、柳氏萬姓録、世本圖，捃摭諸書，纂爲此譜。分四聲以便尋閱。古者賜姓别之，黄帝之子得姓者十四人是也；後世賜姓合之，漢高命婁欽〔三〕、項伯爲劉氏是也。惟其别之也則離析，故古者論姓氏，推其本同；惟其合之也則亂，故後世論姓氏，識其本異。自五胡亂華〔四〕，百宗蕩析，夷夏之裔，與夫冠冕輿臺之子孫，混爲一區，不可遽知。此周齊以來，譜牒之學，所以貴於世也與〔五〕？ 555

〔一〕譜牒類 袁本附衢本目録、前志、後志文中標目「牒」作「諜」。

〔二〕姓源韻譜一卷 卧雲本「源」作「原」。袁本作五卷，諸衢本、經籍考卷三十四譜牒類卷數同原本。按今書録解題卷八譜牒類姓源韻譜條，其書名、卷數、撰人以及解題文字與衢本讀書志悉同，經籍考引解題亦綴於「陳氏曰」之下。陳振孫獲見衢本讀書志，豈一字不易，照録讀書志？疑經籍考誤引此條作書録解題語，四庫館臣輯編書録解題時，遂徑收入，而未詳考。又，姓源韻譜一書，有二本，俱不見兩唐志。玉海卷五十引中興書目云：「姓源韻譜五卷，唐曹大宗採諸書述姓氏郡望，以四聲類之。又一本，云張九齡撰，所存止三卷。」四庫闕書目譜系類、宋志卷三譜牒類俱有曹大宗姓源韻譜一卷，通志藝文略卷四譜系類有姓源韻譜四卷，曹大宗撰。張九齡所撰譜，通志亦作三卷，與中興書目同。此外，崇文總目卷二氏族類有姓源韻譜五卷，不知屬何本。讀書志二本著録卷數之異亦莫能辨。

〔三〕漢高命婁欽　臥雲本「高」下有「帝」字，經籍考、書録解題亦有「帝」字，且「欽」作「敬」。原本李富孫校語云：「案宋人避諱，『敬』作『欽』。」按宋太祖之祖諱敬。

〔四〕五胡亂華　宛委本作「西晉以後」，當館臣所改。又，下「夷夏」二字作空格。

〔五〕所以貴於世也與　臥雲本、宛委本、經籍考、書録解題「與」作「歟」。又，袁本無「古者賜姓別之」至此凡一百一十七字。按袁本所闕乃譜牒類小序，諸衢本、經籍考、書録解題俱同原本。

元和姓纂十一卷〔一〕　袁本前志卷二下譜諜類第二

右唐林寶撰。元和中，封閣某於諸家姓氏爲太原，其人乃言非本郡〔二〕。憲宗令宰相命寶纂諸家姓氏，自李氏外〔三〕，各依四聲類集，每韻之内，則以大姓爲首。556

〔一〕元和姓纂十一卷　按是書新唐志卷二譜牒類、崇文總目卷二譜牒類、書録解題卷八譜牒類、宋志卷三譜牒類俱作十卷，此十一卷，蓋合序録言之。四庫總目卷一三五類書類著録大典輯本，十八卷，嘉慶七年古歙洪氏刊孫星衍、洪瑩輯校本亦十卷。

〔二〕封閣某於諸家姓氏爲太原其人乃言非本郡　原本所據底本脱去此十八字，李富孫據瞿鈔本、袁本、經籍考卷三十四補。按影印宋刊袁本「某」譌作「具」，又，袁本、卧雲本、舊鈔本脱「爲」字。又，此語費解，岑仲勉元和姓纂四校記序謂「蓋後一行有『諸家姓氏』四字，此行之『諸家姓氏』四字，實是錯複，應正言『封閣某於太原』」。

〔三〕自李氏外　袁本脱「自李氏」三字。

千姓編三卷〔一〕　袁本後志卷一譜諜類第一

右不著撰人〔二〕。557

〔一〕千姓編三卷　原本李富孫校語云：「案書録解題、通考作一卷，袁本脱卷數。」按經籍考卷三十四未録讀書志，蓋據書録解題卷八著録，影印宋刊袁本不脱卷數，諸衢本卷數悉同原本。宋志卷三、通志藝文略卷四譜系類作一卷。

〔二〕右不著撰人　按宋志云採真子撰，書録解題云：「不著名氏，末云嘉祐八年采真子記。以姓苑、姓源等書撮取千姓，以四字爲句，每字爲一姓，題曰千姓編，三字亦三姓也。逐句文義亦頗相屬，殆千字文之比云。」通志則題吳可幾撰，國史經籍志卷三史類譜系種韻譜屬同通志。可幾，安吉人，景祐元年進士，仕至太常少卿。與弟知幾均好古博學。著千姓編，凡姓氏所出，悉有源委，時號「二吳」。事具嘉泰吳興志卷十七、宋詩紀事補遺卷九。是撰人及其行事尚可考也。

闕里世系一卷〔一〕 袁本前志卷二下譜諜類第四

右皇朝孔宗翰重修孔子家譜也。唐藝文志有孔子系葉傳，今亡。其家所藏譜雖曰古本，止敍承襲者一人，故多疎畧。宗翰元豐末知洪州，刊於牘。紹興中，端朝者續之，止於四十九代。洪興祖又以史記并孔光、孔僖傳，及太子賢注，與唐宰相世系諸家校正〔二〕，且作年譜，列於卷首〔三〕。558

〔一〕闕里世系一卷　按玉海卷五十引中興書目、宋志卷三有闕里譜系一卷，宋志不著撰人，中興書目云：「元豐中，孔子四十六代孫宗翰刻而傳之，紹興五年，洪興祖正其闕誤，又作先聖年表，列之卷首。」是此書又名闕里譜系。國史經籍志卷三史類譜系種家譜屬有闕里世系一卷，題孔宗翰撰。又，王圻續文獻通考卷一七八經籍考譜牒類著録闕里譜系，乃孔子五十四世孫文昇修，趙孟頫有序，雖同名非一書矣。

〔二〕諸家校正　袁本、宛委本「家」作「書」，疑是。

〔三〕且作年譜列於卷首　袁本「且」譌作「直」，又「首」下有「云」字。

釋迦氏譜十卷〔一〕 袁本後志卷一譜諜類第二

右梁釋僧祐撰〔二〕。僧祐以釋迦譜記雜見於經論，覽者難通〔三〕，因纂成五卷，又取內外族姓及弟子名氏附於後。559

〔一〕釋迦氏譜十卷　按是譜隋志卷三雜家類作釋氏譜十五卷，新唐志卷三道家類作釋迦譜十卷，俱不著撰人，宋志卷四道家類有僧佑（當作「祐」）釋迦譜五卷。據唐釋智昇開元釋教録卷六，齊、梁間撰釋迦譜三部，其異同詳姚振宗隋書經籍志考證卷三十。

〔二〕梁釋僧祐　原本、袁本、諸衢本、經籍考卷五十四「梁」俱譌作「唐」。僧祐，齊、梁間人也，傳見慧皎高僧傳卷十一，又附見梁書卷五十、南史卷七十二劉勰傳。高僧傳云：「祐集經藏，既成，使人抄撰要事爲三藏記、法苑記、世界記、釋迦譜及弘明集等，皆行于世。」是譜乃梁釋僧祐撰，據改。本書卷十六釋書類弘明集條不誤，此公武偶疏耳。

〔三〕覽者難通　袁本「者」譌作「亦」。

鮮于氏卓絶譜一卷〔一〕　袁本前志卷二下譜諜類第三

右唐喬琳撰。藝文志有其目。560

〔一〕鮮于氏卓絶譜一卷　袁本解題頗異，俱録於下：「右唐書藝文志有其目，喬琳撰。紹興初，鮮于戡續之。」諸衢本、經籍考卷三十四同原本。按新唐志卷二譜牒類、通志藝文略卷四譜系類有鮮于氏家譜一卷，四庫闕書目譜系類、宋志卷三有鮮于氏血脈圖一卷，蓋同書異名也。

書目類〔一〕

藝文志見闕書目一卷〔二〕　袁本前志卷二下書目類第一

右唐書藝文志。近因朝廷募遺書，刻牘布告境内，下注書府所闕，俾之訪求。561

〔一〕書目類　衢本史類總論「書目」作「目録」。

〔二〕藝文志見闕書目一卷　此書原本未收，今據袁本，並參以王先謙刊本次第補入。諸衢本、經籍考亦未收録。按是目罕見著録。宋時朝廷求訪遺書，往往據舊時目録，注明「闕」字，頒付諸州軍，以便按目索求。崇文總目有一卷本者，即據崇文總目訪求闕書之目也。紹興初有四庫闕書目（徐松有輯本），繼有祕書省續編到四庫闕書目二卷（葉德輝有刊本）。此據祕書總目訪求闕書之目也。十駕齋養新録卷十四云：「今考續宋會要載紹興十二年向子堅（錢侗崇文總目輯釋小引作「向子固」）言，乞以唐藝文志及崇文總目所闕之書，注『闕』字於其下，付諸州軍搜訪。」是當日付州軍者，除一卷本之崇文總目，尚有唐書藝文志。此藝文志見闕書目一卷，蓋即據唐書藝文志訪求闕書之目也。

吳氏西齋書目一卷〔一〕　袁本前志卷二下書目類第三

右唐吳兢録其家藏書〔二〕，凡一萬三千四百六十八卷。兢自撰書，附於正史之末，又有續鈔書列於後。562

〔一〕吳氏西齋書目一卷　袁本無「書」字。按新唐志卷二目録類、崇文總目卷二目録類、通志藝文略卷四目録類題同原本，宋志卷三目録類作西齋書目録一卷。

〔二〕吳兢録　原本「録」誤作「撰」，據袁本、卧雲本、宛委本、經籍考卷三十四改正。

文選著作人名三卷〔一〕　袁本後志卷一書目類第一

右唐常寶鼎撰〔二〕。纂文選所集文章著作人姓氏〔三〕、爵里、行事，及其述作之意。563

〔一〕文選著作人名三卷　按新唐志卷二、崇文總目卷二題作文選著作人名目，讀書志當脱「目」字。宋志卷八總集類題作文選名氏類目十卷，常寶鼎撰。

〔二〕常寶鼎　按崇文總目、通志藝文略卷四「常」作「章」。

〔三〕姓氏　袁本作「姓名」。

十三代史目三卷〔一〕 袁本後志卷一書目類第一

右唐殷仲茂撰。輯史記、兩漢、三國、晉、宋、齊、梁、陳、後魏、北齊、周、隋史籍篇次名氏。國朝杜鎬以唐、五代書目續之〔二〕。564

〔一〕十三代史目三卷　按是書不見兩唐志，新唐志卷二有宗諫注十三代史目十卷，崇文總目卷二同而無「注」字，四庫闕書目目録類、祕續目目録類題與卷數同讀書志，宋志卷三有商仲茂十三代史目一卷，通志藝文略卷四有殷仲茂十三代史目三卷。蓋新唐志之宗諫注書已含殷仲茂書。宋志避「殷」改「商」，蓋以宋太祖父諱弘殷也。

〔二〕國朝杜鎬以唐五代書目續之　按崇文總目卷二有十九代史目二卷，舒雅等撰，宋志卷三有杜鎬十九代史目二卷，當即讀書志所云續目。當時與修人蓋衆，故或著舒雅，或著杜鎬。其書蓋成於太宗、真宗時，所據乃兩舊史。

崇文總目六十四卷〔一〕 袁本前志卷二下書目類第二

右皇朝王堯臣等撰。景祐中，詔張觀、李若谷、宋庠取昭文〔二〕、史館、集賢、秘閣書刊正訛謬，條次之，凡四十六類，計三萬六百六十九卷。康定三年書成〔三〕。堯臣及提舉官聶冠卿、郭稹加階邑，編修官吕公綽、王洙、刁約、歐陽修、楊儀、陳經各進秩有差。國史謂書録自劉向至毋煚所著皆不存，由是古書難考，故此書多所謬誤。565

〔一〕 崇文總目六十四卷　袁本作崇文總目一卷，解題迥異，録之於下：「右皇朝崇文院書目也。隋嘉則殿書三十六萬，至唐散失已多，崇文書比之唐十得二三而已，自經丙午之亂，存者無幾矣。」按崇文總目，據玉海卷五十二引國史藝文志當作六十六卷，序録一卷，玉海引中興書目、宋史藝文志序等稱六十六卷者，不含序録一卷也，衢本所載六十四卷本，殆略有殘闕。至於袁本著録一卷本，祇存其目，序釋俱已删去，蓋備諸州軍搜訪遺書之用。錢大昕嘗得之，十駕齋養新録卷十四云：「崇文總目一册，予從范氏天一閣鈔得之，其書有目而無序釋，每書之下，多注『闕』字，陳直齋所見，（按書録解題卷八著録崇文總目一卷，云：「今此惟六十六卷之目耳，題云紹興改定。」）蓋即此本。題云紹興改定，今不復見題字，或後人傳鈔去之耳。朱錫鬯跋是書，（按跋見曝書亭集卷四十四）謂因鄭仲漁之言，紹興中從而去其注釋。今考續宋會要載紹興十二年向子堅（按錢侗崇文總目輯釋小引作向子固）言，乞以唐藝文志及崇文總目所闕之書，注『闕』字於其下，付諸州軍搜訪。是今所傳者，即紹興中頒下諸州軍搜訪之本，有目無釋，取其便於尋檢耳。」意者，公武先得一卷本，後得六十四卷本（實六十六卷本），衢本遂著録有序釋之本，並詳述其成書源委。又，隋西京嘉則殿儲書乃三十七萬卷，見新唐志序、玉海卷五十二引北史，袁本云「三十六萬」，未知所據。又，諸衢本、經籍考卷三十四標題、卷數、解題俱同原本，唯卧雲本、瞿鈔本、宛委本、舊鈔本、季録顧校本、經籍考「景祐中」至「秘閣」二十字，錯置「康定三年」之下，原本所據底本不誤。又，原本所據底本、顧校本自「陳經各進秩」以下，迄成都刻石總目三秩條「成都刻石總目三秩」止，爲脱簡。正一葉，黄丕烈據瞿鈔本補。按其餘衢本、經籍考亦未脱去。

〔二〕詔張觀李若谷宋庠　按續資治通鑑長編卷一一四云：景祐元年閏六月辛酉，「命翰林學士張觀、知制誥李淑、宋祁編三館、祕閣書籍，仍命判館閣盛度、章得象、石中立、李仲容覆視之。」卷一三四云：慶曆元年十二月己丑，「翰林學士王堯臣等上新修崇文總目六十卷。景祐初，以三館、秘閣所藏書其間亦有謬濫及不完者，命官定其存廢，因倣開元四部録爲總目，至是上之。所藏書凡三萬六百六十九卷，然或相重亦有可取而誤棄不録者」。「庚寅，以提舉修總目官資政殿學士禮部侍郎張觀、右諫議大夫宋庠、翰林學士兼龍圖閣學士兵部員外郎知制誥判集賢院王堯臣、翰林學士兼侍讀學士起復兵部郎中知制誥判昭文館聶冠卿、兵部員外郎知制誥郭稹，並加階及食邑有差。編修官太常博士直集賢院吕公綽爲工部員外郎，殿中丞天章閣侍講史館檢討王洙爲太常博士館閣校勘，殿中丞刁約、太子中允歐陽修、著作佐郎楊儀、大理評事陸經，並爲集賢校理管勾三館秘閣。內殿承制王從禮爲供備庫副使，入內供奉官裴滋侯御藥院滿日優與改官，高班楊安顯爲高品。張觀、宋庠雖在外，以嘗典領，亦豫之。（原注：陳經，本姓陸。）」此爲預修諸臣，其中並無李淑父若谷，録以備考。崇文總目成書後，又經刊正補寫，至嘉祐六年十二月寫校方畢，凡黄本六千四百九十六卷，白本二千九百五十四卷。見宋會要輯稿職官十八之五十三。

〔三〕康定三年　宛委本、卧雲本作「二年」。按慶曆改元在是年十一月丙寅，上書在十二月己丑，故當云慶曆元年，此云康定三年尚可，云康定二年則誤矣。

大宋史館書目一卷〔一〕　袁本前志卷二下書目類第五

右皇朝史館書。總計一萬五千一百四十二卷。566

〔一〕大宋史館書目一卷　按秘續目有史館書目一卷，通志藝文略卷四目録類有張方平撰史館書目二卷，玉海卷五十二、山堂考索前集卷十九引中興書目及國史藝文志有史館新定書目四卷，宋志卷三作史館新定書目録四卷，遂初堂書目目録類又有皇祐史館書目，不著卷數。玉海引國史藝文志有「乾德六年」四字，山堂考索前集引中興書目則云：「不知作者，載皇祐史館所藏書，其目分經、史、子、集四部，總一萬四千四百九卷。」據此，宋時史館目至少有二修，再修者曰「新定」，殆出仁宗時張方平手，公武所見不知屬何本。

邯鄲圖書志十卷〔一〕　袁本前志卷二下書目類第六

右皇朝李淑獻臣撰。淑，若谷之子也。載其家所藏圖書五十七類。經、史、子、集，通計一千八百三十六部，二萬三千一百八十六卷。其外又有藝術志、道書志、書志、畫志，通爲八目。567

〔一〕邯鄲圖書志十卷　袁本作邯鄲圖書十志十卷，解題亦異，俱録於下：「右皇朝李淑獻臣撰。載其家所藏圖書五十七類，釐爲十志。」諸衢本、經籍考卷三十四標題、解題同原本。又，玉海卷五十二李淑圖書十志條引讀書志亦據衢本。按皇宋文鑑卷八十六載李淑邯鄲圖書十志序，可參看。是書書録解題卷八、宋志卷三俱題邯鄲書目十卷，遂初堂書目目録類並録李邯鄲書目、邯鄲圖書志兩條，通志藝文略卷四目録類作李邯鄲書目三卷，殆係李德芻目而脱「十」字。玉海卷五十二引中興書目云：「淑皇祐中撰邯鄲書目十卷，其子德芻再集書目三十卷。淑藏書二萬八百十一卷，著爲目録，凡五十七類，至是，比舊少一千一卷。」所云藏書卷數與讀書志不合。又，邯鄲書目之道書志分四類，曰：經誥、傳録、丹藥、符篆。參見本書卷十六神仙類大洞真經條。

開元釋教録三十卷〔一〕 袁本後志卷一書目類第三

右唐僧智昇撰。智昇在開元中纂釋氏諸書入中國歲月及翻譯者姓氏。以楞嚴經爲唐僧懷迪譯，張天覺以懷迪與菩提流支同時，流支，後魏僧〔二〕，其言殆不可信也。568

〔一〕開元釋教録三十卷 按是録實二十卷，今唯讀書志此條及明北藏目録標三十卷，卷中分上、下耳。又，陳垣中國佛教史籍概論卷一有晁氏讀書志正誤一則，專糾駁此條解題之失，議論極精，兹録於下：「天覺者，張商英，宋觀文殿大學士，喜談禪，自謂得當時高僧兜率悦之傳，五燈會元十八有傳。媚之者至稱爲『相公禪』，見避暑録話上。曾撰護法論一卷，攻擊儒家。俞文豹吹劍録外集謂此論爲洪覺範假張名所著，是否，另一問題；然明南、北藏及清藏著録護法論，皆稱張商英撰。商英與洪覺範往來，且見宋史三五一本傳，其於佛教非門外漢可知也。」「菩提流支，北魏僧，見續僧傳一、開元録六；菩提流志及懷迪者，唐僧，均見開元録九、宋僧傳三。兩流支，雖同名，然相距三朝，垂二百年，商英乃混而爲一，抑何陋邪？商英謂開元録之言不可信，吾謂商英之禪尤不可信。晁氏既采其説，馬端臨經籍考復采晁氏説，謬説相傳，不容不辨。」「提要好採晁氏説，獨開元録條不然，最爲有見。」

〔二〕菩提流支同時流支後魏僧 卧雲本、經籍考卷五十四釋氏類俱脱「同時流支」四字。

道藏書目一卷　袁本前志卷二下書目類第四

右皇朝鄧自和撰。大洞真部八十一秩〔一〕，靈寶洞玄部九十秩，太上洞神部三十秩〔二〕，太真部九十六秩，太平部一十六秩，正一部三十九秩，凡六部三百一十一秩。569

〔一〕大洞真部　袁本「大」作「太」，誤。

〔二〕太上洞神部　原本脱「神」字，據宛委本、鮑廷博校本補。袁本、經籍考卷五十二神仙家類俱脱。

成都刻石總目三秩〔一〕　袁本後志卷一書目類第四

右皇朝劉涇撰。元祐中，蔡京帥成都，以意授涇纂府縣碑板幢柱。自東漢初平，迄偽蜀廣政，凡二百六十八。570

〔一〕成都刻石總目三秩　袁本、卧雲本「總」作「崇」，誤。按宋志卷三作成都府古石刻總目一卷。

田氏書目六卷〔一〕　袁本後志卷一書目類第五

右皇朝田鎬撰。田偉居荆南，家藏書幾三萬卷〔二〕。鎬，偉之子也，因成此目。元祐中，袁默爲之序〔三〕。571

〔一〕田氏書目六卷　按宋志卷三題作荆州田氏書總目三卷，田鎬撰。通志藝文略卷四目録類題荆州田氏書目三卷，田瑋撰。

〔二〕幾三萬卷　臥雲本、經籍考卷三十四無「幾」字。

〔三〕袁默　按默字思正，嘉祐進士，官京兆府教授，歷太學博士。

羣書備檢十卷〔一〕　袁本後志卷一書目類第六

右未詳撰人〔二〕。輯易、書、詩、左氏、公羊、穀梁、二禮、論語、孟子、荀子、揚子〔三〕、文中子、史記、兩漢、三國志、晉、宋、齊、梁、陳、後周、北齊、隋、新、舊唐、五代史書以備檢閱。572

〔一〕羣書備檢十卷　按是書四庫闕書目作羣書備檢録七卷，祕續目、通志藝文略卷四同。宋志卷三題校勘羣書備檢三卷，書録解題卷八作羣書備檢三卷，遂初堂書目目録類題同讀書志。

〔二〕未詳撰人　按諸目俱不著撰人，唯宋志云石延慶、馮至游撰。延慶，字光錫，舊名襲，高宗賜今名。新昌人，紹興進士，任容州司理、明州教授，中博學鴻詞科，紹興十八年以朝散郎添差通判台州。事具宋詩紀事補遺卷四十三。此外，張擴東窗集卷九有石延慶除國子監丞制。至游，紹興時嘗官大宗正丞，見續資治通鑑卷一二九。

〔三〕揚子　原本「揚」誤「楊」，據袁本、宛委本改。

郡齋讀書志卷第十

子之類凡十八：其一曰儒家，二曰道家，三曰法家，四曰名家，五曰墨家，六曰縱横家，七曰雜家，八曰農家，九曰小説，十曰天文，十一曰星曆，十二曰五行，十三曰兵家，十四曰類書，十五曰藝術，十六曰醫書，十七曰神仙，十八曰釋書，合五百五十五部，計七千七百六十卷〔一〕。序九流者，以爲皆出於先王之官〔二〕，咸有所長，及失其傳，故各有弊，非道本然，特學者之故也〔三〕，是以録之。至於醫、卜〔四〕、技、藝，亦先王之所不廢，故附於九流之末。夫儒、墨、名、法〔五〕，先王之教；醫卜、技藝，先王之政，其相附近也固宜。昔劉歆既録神仙之書〔六〕，而王儉又録釋氏，今亦循之者，何哉？自漢以後，九流寖微，隋、唐之間，又尚辭章，不復問義理之實，雖以儒自名者，亦不知何等爲儒術矣，況其次者哉！百家壅底，正塗之弊既息〔七〕，而神仙服食之説盛，釋氏因果之教興，雜然與儒者抗衡而意常先之。君子雖有取焉，而學之者不爲其所誤者鮮矣〔八〕，則爲患又甚於漢〔九〕。蓋彼八家〔一〇〕，皆有補於時〔一一〕，而此二教，皆無意於世也。八家本出於聖人，有補於時，特學者失之，而莊、老猶足以亡晉，申、商猶足以滅秦，況二教無意於世，不自附於聖人，若學而又失之，則其禍將如何〔一二〕？故存之以爲世戒云〔一三〕。

〔一〕計七千七百六十卷　按袁本自「子之類」至此與原本異，俱録於下：「子部其類十六：一曰儒家類，二曰道家類，三曰法家類，四曰名家類，五曰墨家類，六曰縱横類，七曰雜家類，八曰農家類，九曰小説類，十曰天文曆算類，十一曰兵家類，十二曰類家類，十三曰雜藝類，十四曰醫書類，十五曰神仙類，十六曰釋書類。」諸衢本分類同原本，唯卧雲本、舊鈔本「七千七百六十卷」作「七千七百六十一卷」。按袁本合天文、曆算爲一類，又脱去五行類，故止十六類。據袁本書内各類標名，凡十七類，依次爲：一曰儒家類，二曰道家類，三曰法家類，四曰名家類，五曰墨家類，六曰縱横家類，七曰雜家類，八曰農家類，九曰小説類，十曰天文卜算類，十一曰五行類，十二曰兵家類，十三曰類書類，十四曰雜藝術類，十五曰醫家類，十六曰神仙類，十七曰釋書類。　又經籍考卷五十二神仙家類之末引讀書志子類總論，然僅録「序九流者」至總論末。

〔二〕以爲皆出於先王之官　袁本、卧雲本、舊鈔本、經籍考「爲」作「謂」，喬録王校本云「謂」當作「爲」。

〔三〕學者之故也　袁本、卧雲本、宛委本、舊鈔本、經籍考「故」作「過」，楊希閔校本校語云：「遇」字李校作「故」，似仍原爲善。按「故」疑當作「過」。

〔四〕至於醫卜　袁本、宛委本、舊鈔本「至於」作「又以」，經籍考作「又有」。

〔五〕名法　顧校本作「各家」。

〔六〕劉歆既録　卧雲本、顧校本作「劉向阮録」，誤。

〔七〕既息　袁本、經籍考作「雖息」。

〔八〕君子雖有取焉而學之者不爲其所誤者鮮矣　袁本作「不爲所惑者鮮矣」，顧校本作「君子雖有取焉而學之者鮮不爲其誤」。

〔九〕則爲患又甚於漢　袁本「則」作「其」，顧校本「則」作「而」，「又」作「常」。

〔一〇〕彼八家　宛委本作「彼八家者」。

〔一一〕有補於時　袁本脱「時」字以及「而此二教」至下「有補於時」凡二十一字。

〔一二〕則其禍　顧校本作「其禍爲」。

〔一三〕故存之以爲世戒云　原本作「故有以爲之世戒云」，今據袁本、卧雲本、宛委本、經籍考改。顧校本作「止也」，連上爲句。

儒家類〔一〕

曾子二卷〔二〕　袁本前志卷三上儒家類第一

右曾子者，魯曾參也。舊稱曾參所撰，其大孝篇中乃有樂正子春事，當是其門人所纂爾。漢藝文志曾子十八篇，隋志曾子二卷目一卷，唐志曾子二卷。今此書亦二卷，凡十篇，蓋唐本也〔三〕，視漢亡八篇，視隋亡目一篇。考其書已見於大戴禮〔四〕，世人久不讀之，文字謬誤爲甚。乃以大戴禮參校之，其所是正者，至於千有餘字云。573

〔一〕儒家類　後志文中併儒家、道家、法家、名家、墨家、縱橫家、雜家、農家八類，統稱「子類」。

〔二〕曾子二卷　袁本解題迥異，俱録於下：「右魯曾參撰。漢藝文志曾子十八篇，隋志曾子十二卷目一卷，唐志曾子二卷。今世傳曾子二卷十篇本也，有題曰『傳紹述本』，豈樊宗師歟？視隋亡目一篇。考其書已見於大戴禮。漢有禮經七十篇，后氏、戴氏，記百三十一篇，七十子後學者所記。是時未有大、小戴之分，不知曾子在其中歟否也？予從父詹事公嘗病世之人莫不尊事孟子，而知子思中庸者蓋寡，知子思中庸者雖寡，而知讀曾子者，殆未見其人也，是以文字囬舛繆誤，乃以家藏曾子與温公所藏大戴參校，頗爲是正，而盧注遂行於曾子云。」諸衢本、經籍考卷三十五解題同原本。沈録何校本何焯批語云：「近元刻有四子書。」按袁本解題悉本晁説之嵩山文集卷十八曾子後記，而「今世傳曾子二卷十篇本也」句，「篇」下脱「蓋唐」二字。公武所見，當與陳振孫、王應麟所見相同，均是後人自大戴禮記中輯出者，自修身第四十九至天圓第五十八，凡十篇。然尤是唐世舊本。當時似已罕見，故紹興間有汪晫輯本一卷。四庫總目卷九十五儒家類存目一著録明曾承業編曾子全書三卷。何氏所謂「四子書」，殆指元人輯編之傳道四子書，題吳郡後學徐達左編，有顔子二卷，曾子二卷，子思子二卷，孟子二卷。又，鮑廷博校本於袁本解題末「而盧注遂行於曾子云」句傍加校語云：「案末句疑有誤。」按晁説之曾子後記原文爲：「輒以家藏曾子與温公所藏大戴禮參校，頗是正。因著其本末而盧注遂行於曾子云。」公武引文省略「因著其本末」五字。所謂「盧注」蓋北周盧辯注，今曾子四種本曾子十二篇讀本一卷有盧注並孔廣森補注。

〔三〕蓋唐本也　宛委本此下尚有「有題曰『傳紹述本』，豈樊宗師歟」十二字。按此十二字，亦本諸晁説之曾子後記，袁本有，疑衢本亦當有。紹述乃宗師之字，宗師傳見新唐書卷一五九。

〔四〕已見　殿本經籍考作「俱已見」，元刊經籍考「俱」作「也」。

子思子七卷〔一〕　袁本前志卷三上儒家類第二

右魯孔伋子思撰〔二〕。載孟軻問〔三〕：「牧民之道何先？」子思曰：「先利之。」孟軻曰：「君子之教民者，亦仁義而已，何必曰利〔四〕？」子思曰〔五〕：「仁義者，固所以利之也。上不仁，則下不得其所〔六〕；上不義，則樂爲詐〔七〕，此爲不利大矣〔八〕。故易曰：『利者，義之和也。』又曰：『利用安身，以崇德也。』此皆利之大者也。」温公采之，著於通鑑〔九〕。夫利者有二〔一〇〕，有一己之私利，有衆人之公利。子思所取，公利也。其所援易之言是也〔一一〕。孟子所鄙，私利也，亦易所謂「小人不見利不勸」之利也〔一二〕。言雖相反而意則同，不當以優劣論〔一三〕。574

〔一〕子思子七卷　袁本、玉海卷五十三子思子條引讀書志俱作一卷，諸衢本、經籍考卷二十五同原本。玉海此條所據蓋袁本。按宋時有汪晫輯本子思子一卷，袁本所據殆即是本。原本卷數與隋志卷三、新唐志卷三、宋志卷四合。

〔二〕魯孔伋子思撰　袁本作「周孔伋字子思撰」，又此句下尚有「四庫書目無之」六字，玉海引讀書志解題，自「四庫書目無之」至「孟軻曰」，是王應麟所見亦有此六字。四庫書目，當指開元四庫書目，或曰唐四庫書目，四十卷，見崇文總目卷二目録類，讀書志屢引之。

〔三〕孟軻問　袁本無「孟軻」二字，玉海引讀書志同原本，疑袁本脱去。

〔四〕何必曰利　顧校本「利」下有「乎」字。

〔五〕子思曰　袁本無此三字。

〔六〕則下不得其所　經籍考無「下」字。

〔七〕則樂爲詐　顧校本作「則下樂爲詐」。按疑脱「下」字。

〔八〕此爲不利大矣　顧校本「此」作「其」。

〔九〕著於通鑑　袁本作「著之於通鑑」。按司馬光採子思對孟子語，見資治通鑑卷二周紀二。

〔一〇〕夫利者有二　顧校本作「夫利有二焉」。

〔一一〕所援易　經籍考作「所引援易」。

〔一二〕不見利不勸　舊鈔本「勸」作「勤」，誤，公武引易，見周易繫辭下。

〔一三〕言雖相反而意則同不當以優劣論　袁本無「夫利者」至此凡六十七字。又，卧雲本、經籍考「論」下有「也」字。按明宋濂嘗得見讀書志。其著諸子辨，或援據之，或駁難之。其書子思子條亦引思、孟對問語，云：「蓋得子思子之本旨，或者不察，乃遽謂其言若相反者，何耶？」此「或者」當指公武。

趙岐孟子十四卷〔一〕　袁本前志卷三上儒家類第三

右鄒孟軻也〔二〕。趙岐字臺卿，後漢人，爲章指，析爲十四篇。其序云：軻，戰國時以儒術干諸侯，不用，退與公孫丑、萬章之徒難疑答問，著書七篇，三萬四千六百八十五言〔三〕。秦焚書，以其書號諸子〔四〕，故得不泯絶。又有外書四篇，其書不能洪深，似非孟子本真也〔五〕。按韓愈以此書爲弟子所彙集〔六〕，與岐之言不同。今考其書載孟子所見諸侯〔七〕，皆稱謚，如齊宣王、梁惠王、梁襄王〔八〕、滕定公、滕文公、魯平公是也。夫死然後有謚，軻無恙時所見諸侯，不應即稱謚〔九〕。且惠王元年至平公之卒，凡七十七年〔一〇〕，軻始見惠王，目之曰叟〔一一〕，必已老矣，決不見平公之卒也。後人追爲之明矣，則岐之言非也。荀子載〔一二〕「孟子三見齊王而不言，弟子問之，曰：『我先攻其邪心。』」揚子載孟子曰：「夫有意而不至者有矣，未有無意而至者也。」今書皆無之，則知散軼也多矣。岐謂秦焚書得不泯絶，亦非也。或曰「豈見於外書邪？」果爾，則岐又不當謂其不能洪深也。575

〔一〕趙岐孟子十四卷　袁本題孟子十四卷，解題頗異於斯，俱録於下：「右魯孟軻撰，漢趙岐注，自爲章指，析十四篇。序云：軻，鄒人，戰國時以儒術干諸侯，不用，退與公孫丑、萬章之徒難疑答問，著書七篇，三萬四千六百八十五言。按此書韓愈以爲弟子所會集，非軻自作。今考於軻之書，則知愈之言非妄發也。其書載孟子所見諸侯皆稱謚，如齊宣王、梁惠王、梁襄王、滕定公、滕文公、魯平公是也。夫死然後有謚，軻著書時所見諸侯不應皆死。且惠王元年，至平公之卒，凡七十七年，孟子見惠王，王目之曰叟，必已老矣，決不見平公之卒也。故予以愈言爲然。」諸衢本、經籍考卷十一經部孟子類解題同原本，又，經籍考題作趙岐註孟子十四卷。

〔二〕右鄒孟軻也　經籍考無此五字，又無下「趙岐」之「趙」字。

〔三〕三萬四千六百八十五言　原本李富孫校語云：「案孟子題辭、通考『言』作『字』。」按臥雲本亦作「字」。

〔四〕號諸子　顧校本「號」作「類」。按趙岐孟子題辭作「其書號爲諸子」。

〔五〕本真也　原本所據底本「真」作「旨」，李富孫據孟子題辭、經籍考改。按顧校本、瞿鈔本、舊鈔本、宛委本亦作「旨」。

〔六〕彙集　袁本、臥雲本、宛委本、瞿鈔本、顧校本、舊鈔本、經籍考俱作「會集」。昌黎集卷十四答張籍書云：「孟軻之書，非軻自著。軻既没，其徒萬章、公孫丑相與記軻所言焉耳。」

〔七〕今考其書載孟子所見諸侯　顧校本「書」作「所」，無「所」字。

〔八〕梁襄王　顧校本無「梁」字。

〔九〕軻無恙時所見諸侯不應即稱謚　顧校本作「則所見諸侯不應皆稱謚」，臥雲本、舊鈔本、經籍考「即稱謚」作「皆前死」。

〔一〇〕凡七十七年　按梁惠王元年爲公元前三七〇年，魯平公卒於公元前二九七年，其間凡七十四年。

〔一一〕目之曰叟　按梁惠王稱孟軻爲叟，見孟子注疏卷一上梁惠王上，袁本「目」上有「王」字，疑此脱。

〔一二〕荀子載　顧校本無此三字。按下引語見荀子卷二十七大略。

孟子音義二卷〔一〕　袁本前志卷三上儒家類第四

右皇朝孫奭等采唐張鎰、丁公著所撰〔二〕，參附益其闕。古今注孟子者，趙氏之外，有陸善經。奭等以趙注爲本〔三〕，其不同者，時時兼取善經。如謂「子莫執中」爲「子等無執中」之類。大中祥符間書成〔四〕，上於朝。 576

〔一〕孟子音義二卷　袁本解題異於是，俱録於下：「右皇朝孫奭等撰。大中祥符中，被旨校正孟子，因以張鎰、丁公著音義參考成書，上之。」諸衢本解題同原本，經籍考卷十一題作「孟子音義、正義共十六卷」，合書録解題卷三語孟類孟子正義十四卷爲一條，誤甚。十駕齋養新録卷三云：「晁公武讀書志有孫奭音義而無正義，蓋其時僞書未出，至陳振孫書録解題始並載之。馬端臨經籍考并兩書爲一條。今考『子等無執中』之説，初不載於正義，唯音義有之。馬氏既不能辨正義之僞託，又改竄晁語以實之，不知晁志本無正義也。」

〔二〕丁公著所撰　袁本「丁」誤作「于」。孟子丁氏手音一卷，馬國翰有輯本，收入玉函山房輯佚書經編孟子類。

〔三〕奭等以趙注爲本　經籍考作「奭等撰正義以趙注爲本」，此正錢大昕所譏「改竄晁語以實之」者也。

〔四〕大中祥符間　袁本、卧雲本、宛委本、舊鈔本、經籍考「間」作「中」。

石經孟子十四卷〔一〕　袁本前志、後志未收

右皇朝席旦宣和中知成都，刊石寘於成都學宮，云僞蜀時刻六經於石，而獨無孟子經，爲未備。夫經大

成於孔氏，豈有闕邪？其論既謬，又多誤字，如以「頻顣」爲「類」〔二〕，不可勝紀。577

〔一〕石經孟子十四卷　讀書附志卷上經類有石經孟子十四卷，趙希弁以附志已收，未摘録衢本此條編入袁本後志，見後志存目。按曾宏父石刻鋪敍卷上益都石經條謂宣和五年席旦始湊鐫，運判彭慥繼其成。

〔二〕以頻顣爲類　原本作「以『頻』爲『顣』之類。」按「頻顣」語見孟子卷六滕文公篇下，公武殆指石經誤「頻」作「類」，原本誤，據宛委本、元刊本經籍考改正。卧雲本、殿本經籍考「顣」誤作「頗」。

點注孟子十四卷〔一〕　袁本後志卷二子類第四

右皇朝熙寧中，蜀州張簡點節經注，附以釋文，以教童子。578

〔一〕點注孟子十四卷　按此書經籍考未收。

五臣解孟子十四卷　袁本前志卷三上儒家類第五

右皇朝范祖禹、孔武仲、吳安詩、豐稷、呂希哲元祐中同在經筵所進講義，貫穿史籍〔一〕，雖文辭微涉豐縟，然觀者誠知勸講自有體也〔二〕。579

〔一〕貫穿史籍　袁本作「貫穿史傳，辭旨精贍」，而無「籍」下十八字。顧校本「穿」作「串」。

〔三〕觀者誠知勸講自有體也 顧校本作「觀者以當得勸講之體云」。

伊川解孟子十四卷〔一〕 袁本後志卷二子類第一

右皇朝程頤正叔撰。頤居洛陽〔二〕，其門人號之爲伊川先生云〔三〕。 580

〔一〕伊川解孟子十四卷 袁本、經籍考卷十一經部孟子類題作伊川孟子解，宛委本作伊川先生孟子解。又，經籍考解題止四字：「程正叔撰」，與此絶異，當馬氏刪去。 按經籍考卷二三三引康紹宗語，曰：「晁氏讀書志載程氏孟子解十四卷，大全集止載一卷，近思録及時氏本無之，校之閣本，又止載『盡信書不如無書』一章，及反復通考，則皆後人纂集遺書、外書之有解者也。」

〔二〕頤居洛陽 顧校本「頤」作「正叔」。

〔三〕號之爲 顧校本作「號爲」。

橫渠孟子解十四卷〔一〕 袁本前志卷三上儒家類第六

右皇朝張載子厚撰〔二〕。并孟子統説附於後。載，汴人，居關中橫渠鎮，故學者以其所居稱之〔三〕。 581

〔一〕橫渠孟子解十四卷 袁本「橫」譌作「擴」，經籍考卷十一經部孟子類作二十四卷，諸衢本、袁本卷數同原本。

〔二〕張載子厚撰　顧校本作「張載字子厚撰」。

〔三〕稱之　袁本、經籍考無「載，汴人」至此凡十八字。

百家孟子解十二卷　袁本後志卷二子類第二

右集古今諸儒自裴日休至强至〔一〕、賈同百餘家解孟子成一編。582

〔一〕裴日休至强至　殿本經籍考卷十一經部孟子類「裴」作「皮」，元刊本經籍考同讀書志。

王安石解孟子十四卷王雱解孟子十四卷許允成解孟子十四卷〔一〕　袁本後志卷二子類第三

右皇朝王安石介甫素喜孟子，自爲之解。其子雱與其門人許允成皆有注釋。崇、觀間，場屋舉子宗之。583

〔一〕王安石解孟子十四卷王雱解孟子十四卷許允成解孟子十四卷　經籍考卷十一經部孟子類題作「王安石、王雱、許允成孟子解共四十二卷」。按宋志卷四儒家類有許允成孟子新義十四卷。

删孟二卷〔一〕　袁本前志卷三上儒家類第二十六

右皇朝馮休撰。休觀孟軻書時有叛違經者，疑軻没後，門人妄有附益，因删去之〔二〕，著書十七篇，以明

其意。前乎休而非軻者荀卿，刺軻者王充〔三〕，後乎休而疑軻者温公，與軻辨者蘇東坡，然皆不及休之詳也〔四〕。 584

〔一〕刪孟二卷　袁本闕卷數，解題亦異，俱録於下：「右皇朝馮休撰。其序云：『觀孟軻書時有叛經者，殆軻之沒，其門人妄有附益耳，將刪去，懼得罪於獨見，遂著書十七篇，以別其僞。』其後温公、蘇子瞻皆嘗疑軻之言有與經不合者，蓋始於休云。」諸衢本卷數同原本，解題亦與原本相近。經籍考卷十一經部孟子類「卷」作「篇」，解題大抵同原本。

〔二〕因刪去之　經籍考作「耳將刪去」，連上爲句，同袁本。顧校本無「之」字。

〔三〕刺軻者　原本衍「孟」字，作「刺孟軻者」，據卧雲本、宛委本、王先謙刊本、經籍考刪去。

〔四〕皆不及休之詳也　卧雲本、宛委本、顧校本、經籍考「及」作「若」，經籍考無「皆」字。

疑孟一卷〔一〕　袁本前志、後志未收

右皇朝司馬光君實撰。光疑孟子書有非軻之言者〔二〕，著論是正之〔三〕，凡十一篇。光論性不以軻道性善爲然〔四〕。 585

〔一〕疑孟一卷　按讀書附志卷下拾遺已著録疑孟一卷，故趙希弁未摘録衢本此條入袁本後志，見後志存目。諸

衢本、經籍考卷十一經部孟子類同原本。

〔二〕光疑孟子書　顧校本「光」作「君實」，下同。

〔三〕是正之　顧校本作「以正之」。

〔四〕軻道性善　顧校本無「道」字。

楊倞注荀子二十卷〔一〕　袁本前志卷三上儒家類第七

右趙荀況撰。漢劉向校定，除其重複，著三十二篇，爲十二卷，題曰新書。稱：卿，趙人，名況。當齊宣王、威王之時，聚天下賢士稷下。是時，荀卿爲秀才〔二〕，年十五始來遊學〔三〕。至齊襄王時，荀卿最爲老師。後適楚，楚相春申君以爲蘭陵令〔四〕。已而歸趙。按威王死，其子嗣立，是爲宣王。楚考烈王初，黃歇始相。年表自齊宣王元年至楚考烈王元年〔五〕，凡八十一年，則荀卿去楚時近百歲矣〔六〕。楊倞，唐人，始爲之注。且更新書爲荀子，易其篇第，析爲二十卷。其書以性爲惡〔七〕，以禮爲僞，非諫諍，傲災祥，尚强伯之道。論學術，則以子思、孟軻爲「飾邪說、文姦言」，與墨翟、惠施同詆焉。論人物，則以平原、信陵爲輔拂，與伊尹、比干同稱焉。其指往往不能醇粹，故後儒多疵之云〔八〕。

〔一〕楊倞注荀子二十卷　袁本無「楊倞注」三字。

〔二〕爲秀才　按「爲」疑當作「有」。

〔三〕年十五始來游學　沈録何校本「十五」乙改爲「五十」，袁録何校本同。袁録顧校本顧廣圻校語云：「按『十五』是也。又按顔氏家訓勉學篇作『五十』，當是六朝史記已如此。」汪中述學荀卿子通論云：「讀書志謂史記云『年五十』爲『年十五』之譌，然顔之推家訓勉學篇『荀卿五十始來游學』，之推所見史記古本已如此，未可遽以爲譌字也。且漢之張蒼、唐之曹憲，皆百有餘歲，何獨於卿而疑之？」按公武撰寫此條解題所據蓋非史記，乃劉向别録。史記卷七十四孟子荀卿列傳云：「年五十始來游學於齊。」今姚振宗快閣師石山房叢書本别録佚文同史記，然玉海卷一三一引别録乃作「年十五」，風俗通義卷七窮通篇亦作「年十五」，殆公武有所本，姑仍之。

〔四〕楚相　袁本、卧雲本、經籍考卷三十五無「楚」字，沈録何校本補「楚」字。按别録有「楚」字。

〔五〕自齊宣王元年　按公武據别録「當（今佚文作「方」）齊宣王、威王之時」一語，檢史記卷十五六國年表所載宣王紀年之始，遂疑荀卿年齡不得久老如此。然姚振宗隋書經籍志考證卷二十四云：威王在宣王之前，此「宣王」二字似衍文；又下文云「是時」，乃謂孫卿之時，非齊宣王之時，孫卿實以襄王時年五十游稷下。是公武所據别録不可全信。

〔六〕近百歲　原本所據底本「近」作「年且」，李富孫據經籍考改。瞿鈔本、袁本作「僅」。按顧校本亦作「年且」，袁本、卧雲本、宛委本、季録顧校本、舊鈔本、元刊本經籍考俱作「僅」，唯殿本經籍考作「近」，僅、近古相通。

〔七〕其書　顧校本作「是書」。

〔八〕故後儒多疵之云　袁本無「楊倞唐人」至此凡一百四字。諸衢本、經籍考同原本。

董子一卷　袁本後志卷二子類第五

右周董無心撰。皇朝吳祕注。無心在戰國時著書闢墨子。587

新書十卷〔一〕　袁本前志卷三上儒家類第八

右漢賈誼撰。誼著事勢、連語、雜事，凡五十八篇〔二〕，考之漢書，誼之著述未嘗散軼〔三〕，然與班固所載時時不同〔四〕。固既云〔五〕「掇其切於世者」，容有潤益刊削，無足怪也〔六〕。獨其説經多異義而詩尤甚〔七〕，以「騶虞」爲天子之囿官，以「靈臺」爲神靈之臺，與毛氏殊不同〔八〕，學者不可不知也。588

〔一〕新書十卷　經籍考卷三十五題作賈誼新書。

〔二〕凡五十八篇　袁本此句下有「劉向校定，除其重復者，或取漢書誼傳附于後」十八字，而無「考之漢書」以下八十二字。諸衢本、經籍考同原本。

〔三〕著述　經籍考作「著書」。

〔四〕時時不同　顧校本作「往往不同」。

〔五〕固既云　臥雲本、經籍考「既」作「紀」，殆誤，以下公武引自漢書屈賈列傳贊。

〔六〕無足怪也　陳鱣校本「也」作「者」。

〔七〕獨其說經　宛委本「獨」作「然」。

〔八〕與毛氏殊不同　按姚振宗漢書藝文志條理卷二之上云：「案賈之時，詩唯有魯、齊、韓三家，毛學不行，無怪其然矣。」

太玄經十卷　袁本前志、後志未收

右漢揚雄子雲撰。雄作此書，當時已誚其艱深，其後字讀多異。予嘗以諸家本參校，不同者，疏於其上。且發策以問諸生云：揚雄準易作太玄經，其自序稱玄盛矣，而諸儒或以爲猶吳、楚僭王，當誅絶之罪，或以爲度越老子之書。大抵譽之者過其實，毀之者失其真，皆未可信。然譬夫聽訟〔一〕，曾未究其意，烏能決其曲直哉！今欲論玄之得失，必先窺其奧，然後可得而議也。夫玄雖準易，然託始高辛、太初二曆而爲之〔二〕，故玄有方、州、部、家，凡四重而爲一首九贊，通七百二十九贊有奇，分主晝夜，以應三百六旬有六日之度〔三〕。首準一卦，始於中準中孚，而終於養準頤。二十四氣，七十二候，與夫二十八宿，錯居其間，先後之序，蓋不可得而少差也。夫易卦之直日，起於漢儒之學舍，四正卦取六十卦之爻三百六十，各直一日，此玄之所準者也。然易之卦直日，其亦如玄之首有序乎，抑無也？若亦有之，則雄之爲玄不亦善乎〔四〕？不然，則玄之序亦贅矣。自復、姤而爲乾、坤，十有二卦，皆以陰陽之消長，分居十二月，謂之「辟卦」，則固有序矣。其餘一月而四卦之序云何？且如中孚、頤，何以爲一日之卦也？曰公卿，大夫，侯者、何謂也？其所謂屯正於丑間時而左行，蒙正於寅間時而右行者〔五〕，其旨可得聞歟？又一陽一陰者，玄相錯之法也，然養爲陽而中不爲陰；水、火、木、金、土者，玄相傳之法也，然狩爲金而羨不爲土，其自相戾類如此　豈得無説哉？ 589

〔一〕然譬夫　顧校本無「然」字。

〔二〕託始高辛太初二曆　按漢書卷八十七揚雄傳云：「（太玄）與泰初曆相應，亦有顓頊之曆焉。」疑「高辛」乃「高陽」之誤。

〔三〕三百六旬有六日　顧校本作「三百有六旬有六日」。

〔四〕雄之爲玄　宛委本無「爲」字。

〔五〕右行者　顧校本無「者」字。

范氏注太玄經解十卷〔一〕　袁本前志卷三上儒家類第九

右吳范望叔明注〔二〕。其序云：「子雲著玄，桓譚以爲絶倫，張衡以擬五經〔三〕。自侯芭受業之後，希有傳者。建安中，宋衷、陸績解釋之，文字繁猥。今以陸爲本，録宋所長，訓理其義，爲十卷。且以首分居本經之上，以測散處贊辭之下。」其前又有陸績序，以子雲爲聖人云。590

〔一〕范氏注太玄經解十卷　袁本題作范氏注太玄經十卷，解題頗詳於是，俱録於下：「右漢揚雄撰。雄，字子雲，準易而作太玄，覃思渾天，書爲三方、九州、二十七部、八十一家，以三相乘，爲八十一首，首爲九贊，共七百二十九贊，二贊當一度，以盡周天三百六十五度，又爲踦二贊，以當四分度之一，以五行爲一家，起于中孚，而終於頤。范望，字叔明，晉人也，爲解，其序云：子雲著玄，桓譚以爲絶倫，張衡擬五經，自侯芭受業之後，希有傳者。建安中，宋衷、陸績解釋之文字繁猥，今以陸爲本，録宋所長，訓理其義，爲十卷，且以首分居本經之上，以測散處贊辭之下。其前又有陸績序，以子雲爲聖人云。」按袁本未收前一條太玄經，故解題詳釋太玄本經。諸衢本、經籍考卷三十五解題同原本。

〔二〕吳范望叔明注　袁本稱「范望，字叔明，晉人也」，蓋據書首所題名，今本范望自序云：「昔在吳朝，校書臺觀，後轉爲郎。」蓋仕吳入晉也。

〔三〕張衡以擬五經　袁本脱「以」字。

說玄一卷〔一〕　袁本後志卷二子類第六

右唐王涯廣津撰。涯始以貞元丙子，終於元和己丑，二十六年間〔二〕，注太玄爲六卷。今不之見，獨此書行於世。凡五篇：明宗一，立例二，揲法三，占法四，辨首五〔三〕。 591

〔一〕說玄一卷　按新唐志卷三儒家類有王涯注太玄經六卷，無說玄，然玉海卷三十六引唐志題與卷數同讀書志。

四庫闕書目儒家類、祕續目儒家類、山堂考索前集卷一引中興書目、書録解題卷九、宋志卷四俱同讀書志。今四部叢刊本太玄經附有王涯說玄一卷。

〔二〕以貞元丙子終於元和己丑二十六年間　袁本、臥雲本、宛委本、顧校本「貞」作「正」。按今本說玄立例亦作「正」，蓋避宋仁宗諱；且立例無「二十六年間」五字，貞元丙子至元和己丑凡十四年，此云「二十六年」，誤。

〔三〕明宗一立例二揲法三占法四辨首五　袁本作「一明宗、二立例、三揲法、四占法、五辨首」。

宋惟幹太玄解十卷〔一〕　袁本後志卷二子類第七

右皇朝宋惟幹注。惟幹嘗得太玄古本於昭應。咸平中知滑臺，取宋衷、陸績、范望三家訓解，別爲之注，仍作太玄宗旨兩篇附於後。其學蓋師濟東田告。司馬溫公所謂「小宋」者也〔二〕。592

〔一〕宋惟幹太玄解十卷　原本「惟」作「維」，據袁本、臥雲本、玉海卷三十六漢揚雄太玄條引讀書志、經籍考卷三十五改，下同。按惟幹此書不存，然司馬光採其太玄解入集注太玄經，參見溫公集注太玄經條。

〔二〕所謂小宋者也　沈録何校本何焯批語云：「『小宋』當是對宋衷而言。」

徐庸注太玄經解十卷〔一〕　袁本前志卷三上儒家類第十

右皇朝徐庸注。庸，慶曆間人也。以范望解指義不的，因王涯、林氏諸解，重爲之注。取王涯說玄附於後，及自爲玄頤，通名之爲太玄性總。其自序云爾。又多改其文字，如以「柂」爲「佗」〔二〕，以「娩」爲「姤」〔三〕，以「壯凡」爲「札乃」〔四〕，以「孿」爲「嬵」，以「稚」爲「推」之類。其所謂林氏者，瑀也〔五〕。賈文元嘗闢瑀之姦妄於朝。593

〔一〕徐庸注太玄經解十卷　袁本題作太玄經十卷。

〔二〕以柂爲佗　按讀書志所引太玄，與今四部叢刊本又多異。今本「柂」作「扡」，見卷四廓。

〔三〕以娩爲姤　袁本作「以『姤』爲『娩』」，今本作「姤」，見卷六瞢：「瞢瞢之離，不宜熒且姤。」范望注云：「小貌也。」疑以袁本爲是。

〔四〕以壯凡爲札乃　袁本「壯凡」作「牡凡」，今本語見卷三居，作「牝几」，注云：「牝，非也，爲老父，故用几」。據此，二本俱誤也。又，袁本此句下有「以半爲手」四字，蓋指卷六劇：「熏而半而，戴禍顏而。」

〔五〕瑀也　袁本作「林瑀也」。又，袁本無以下「賈文元」云云十一字。諸衢本、經籍考同原本。

章氏太玄經注十四卷疏三十卷〔一〕　袁本前志卷三上儒家類第二十七

右皇朝章詧撰〔二〕。嘉祐中，成都帥蔣堂獻其書於朝〔三〕，詔書寵獎，賜號沖退處士〔四〕。實録稱：詧，字隱之，雙流人，通經術，善屬文，性恬淡，屏居林泉，以養生治氣爲事。594

〔一〕章氏太玄經注十四卷疏三十卷　袁本題作太玄經解十卷并發隱三卷釋文一卷，諸衢本、經籍考卷三十五題同原本。按章詧所注太玄，其書諸目著録參差，祕續目作章察(當「詧」之誤)太真經講疏四十六卷(「真」當避宋始祖諱改)，續資治通鑑長編卷一七七謂詧著發隱三編、講疏四十五卷，玉海卷三十五引中興書目作章詧太玄圖一卷發隱一卷，宋志卷四作章詧太玄圖一卷，又太玄經發隱一卷。又玉海卷三十六漢揚雄太玄條引讀書志作章詧太玄經注十四卷疏三十卷，小注云：「皇祐五年閏七月二十五日，章詧上太玄經發隱三篇。章詧一作張詧。」小注又著録太玄經解十卷并發隱三卷釋文一卷，云：「嘉祐中，成都守蔣堂獻其書，詔獎之。」王應麟當見讀書志衢、袁二本，故並録焉。中興書目解題釋此書意旨，云：「慶曆中撰。始序雄出處本末、著玄之意，中陳準易造玄之法，末論玄之妙，以適變通。」

〔二〕章詧　袁本「章」作「張」。

〔三〕蔣堂獻其書　經籍考「堂」譌作「棠」，蔣堂傳具宋史卷二九八。

〔四〕沖退處士　袁本「沖」作「同」。按公武避父諱，凡「沖」悉當改「同」，原本已經後人回改。經籍考引李燾語云：「(章詧)成都人，王素、趙抃守蜀，皆賓禮之，賜沖退，素所請也。」

陳漸演玄十卷〔一〕　袁本後志卷二子類第八

右皇朝陳漸撰。漸，堯佐族子也。國史有傳。凡十四篇。漸謂史以揚雄非聖人而作經，猶吳、楚僭王。

按子雲法言、解嘲止云太玄〔二〕，然則經非其自稱，弟子侯芭之徒尊之耳。595

〔一〕陳漸演玄　按此書玉海卷三十六引宋國史藝文志、中興館目及宋志卷四俱作七卷，四庫闕書目同讀書志。國史志云：「本十卷，自焚三卷。」又引國史漸傳云：「著書十五篇」，又引中興書目云：「有玄統、述策、紀鏑、鍵路各一篇，彈誤二篇，玄圖一篇，玄籥一篇，字摹十六篇。」（此「十」字衍）

〔二〕按子雲　袁本作「今按」，無「子雲」二字。

太玄淵旨一卷　袁本後志卷二子類第九

右皇朝張揆撰。596

太玄經疏十八卷　袁本前志卷三上儒家類第十一

右皇朝郭元亨撰。元亨謂雄之作玄〔一〕，傳之侯芭，後獨有張衡〔二〕、桓譚、張華見而稱歎，吳郡鄒伯岐求本不能得〔三〕。宋衷爲訓，陸績爲解〔四〕，范叔明、王涯亦注之，皆未明白〔五〕。元亨在蜀，自淳化末迄於祥符八年，僅三十年，撰成今疏。又云太玄潤色於君平，未知何所據而言然〔六〕。597

〔一〕元亨謂雄之作玄　袁本作「元亨序云昔揚雄作玄」。

〔二〕張衡　顧校本無此二字。按張衡以太玄擬五經，見范望序。

〔三〕鄒伯岐　按伯岐名邠，著玄思，見論衡案書篇。

〔四〕宋衷爲訓陸績爲解　袁本作「宋衷爲訓解，陸績爲注解」。

〔五〕范叔明王涯亦注之皆未明白　袁本作「皆未明白，范叔明、王涯皆注之」。

〔六〕太玄潤色於君平未知何所據而言然　袁本「未知何所據而言然」作「未知出何書也」。沈録何校本何焯批語云：「張昭遠亦有嚴君平爲下星緯行度之説，見五代補録。」姚振宗隋書經籍志考證卷二十四云：「案嚴遵字君平，子雲師事之。豈其書爲君平所及見而點定之耶？是亦異聞也。」

温公集注太玄經十卷〔一〕　袁本後志卷二子類第十

右皇朝司馬光君實集漢宋衷解詁、吳陸績釋文、晉范望解贊、唐王涯注經及首測、宋惟幹通注、陳漸演玄、吳祕音義七家，爲此書。自慶曆至元豐，凡三十年始成。其直云宋者，衷也；小宋者，惟幹也。惟幹、漸、祕皆國朝人〔二〕。598

〔一〕温公集注太玄經十卷　按司馬光集注太玄經一書，書録解題卷九、玉海卷三十六引中興書目、宋志卷四俱作六卷。今本有六卷者，如道藏太清部所收本；有十卷者，如子書百家本。十卷者，其後四卷乃宋襄陵許翰仿韓康伯注繫辭合王弼注爲全書例，通司馬光書爲十卷也。許書單行本，題玄解四卷，見書録解題卷九。今本卷七注測、衝、錯、攡、瑩，卷八注數、挩，卷九注文，卷十注圖、告。

〔二〕皆國朝人　經籍考此下有「温公説玄」云云，李富孫曰：「當别爲一條，非晁氏語。」其文頗繁，不俱録。

易玄星紀圖一卷〔一〕　袁本前志卷一上易類第三十二

右從父詹事公撰〔二〕。以温公玄曆及邵康節太玄準易圖合而譜之〔三〕，以見揚雄以首準卦非出私意，蓋有星候爲之機括。且辨正古今諸儒之失，如羨不當準臨〔四〕，夷不當準大壯之類〔五〕。凡此難與諸家口舌爭，觀譜則彼自屈矣，此譜之所以作也。599

〔一〕易玄星紀圖一卷　袁本題作晁以道易玄星紀譜一卷。剜改本李富孫校語云「譜」字誤。按嵩山文集卷十所載、宛委本、玉海卷三十六引中興書目、宋志卷四、嘉靖新修清豐縣志卷九俱作「譜」，與袁本同，是「譜」字不誤；唯中興書目、宋志作二卷，縣志作三卷。

〔二〕從父詹事公　袁本「從」譌作「族」。晁説之以道乃公武從父。

〔三〕以温公玄曆　袁本脱「以」字，鮑廷博校本作「温公以曆玄」，誤，玄曆乃太玄曆，見嵩山文集卷十、玉海卷三十六。

〔四〕羨不當準臨　陳師曾刊本「羨」誤作「漸」，影印淳祐本不誤。説之謂羨當準小過而不當準臨，見嵩山文集卷十易玄星紀譜後序。

〔五〕夷不當準大壯　袁本「夷」上有「明」字，明夷乃卦名，疑是；然易玄星紀譜後序亦無「明」字，姑仍之。説之謂「夷準豫而以準大壯則失之」。

李氏注法言十三卷〔一〕

右漢揚雄撰。晉祠部郎中李軌注〔二〕。雄好古學，見諸子各以其知舛駁〔三〕，不與聖人同，是非頗謬於經，故人時有問雄者，常用法應之〔四〕，撰此以象論語，號曰法言。每篇復爲序贊，以發其大意。然雄之學，自得者少，其言務擬聖人，斬斬然若影之守形，既鮮所發明，又往往違其本指，正古人所謂畫者謹毛而失貌者也。600

〔一〕李氏注法言十三卷　經籍考卷三十五題作揚子法言十三卷，袁本題法言十三卷。

〔二〕晉祠部郎中李軌注　袁本作「皇朝司馬光集晉李軌、唐柳宗元、皇朝宋咸、吳祕注」。按此條著録乃李軌注法言，非司馬光集注，袁本此二十字當温公集注法言條解題錯竄於此，又妄删「晉祠部郎中李軌注」八字，參見下集注條。諸衢本、經籍考不誤。

〔三〕舛駁　袁録何校本作「舛馳」。按此條解題，公武乃約漢書卷八十七下揚雄傳下爲之，傳作「舛馳」。袁本、卧雲本作「舛駮」，「駮」乃「駁」之異體。

〔四〕常用法應之　顧校本作「常用法以應之」，經籍考作「常用法言應之」。按袁本、本傳同原本，經籍考衍「言」字。

温公集注法言十三卷　袁本後志卷二子類第十一

右皇朝司馬光君實集晉李軌、唐柳宗元、國朝宋咸、吳祕注。光自言〔一〕：「少好此書，歷年已多，今輒采諸家所長，附以己意，名曰集注。凡觀書者，當先正其文，辨其音，然後可以求其義。故宋相公庠家有李祠部注本及音義，最爲精詳。宋、吳亦據李本，而其文多異同〔二〕。今參以漢書，取其通者，以爲定本。先審其音，乃解其義」云。601

〔一〕光自言　顧校本作「君實自言」。

〔二〕其文多異同　宛委本無「同」字，鮑廷博校本云：「衢本無『同』字。」而今袁本、原本俱有「同」字，鮑氏所見與宛委本合。

新序十卷　袁本前志卷三上儒家類第十三

右漢劉向子政撰〔一〕。向當成帝時，與校書〔二〕，因采傳記、行事、百家之言，删取正辭美義可勸戒者，爲新序、説苑，共五十篇。新序陽朔元年上。世傳本多亡闕〔三〕，皇朝曾鞏子固在館中〔四〕，日校正其訛舛而綴緝其放逸，久之，新序始復全〔五〕。自秦之後，綴文之士有補於世者，稱向與揚雄爲最。雄之言，莫不步趨孔、孟；向之言，不皆槩諸聖〔六〕，故議者多謂雄優於向。考其行事，則反是。何哉？今觀其書，蓋向雖雜博〔七〕，而自得者多，雄雖精深，而自得者少故也〔八〕。然則向之書可遵而行，殆過於雄矣。學者其可易之哉〔九〕？ 602

〔一〕劉向子政撰　袁本作「劉向撰」。

〔二〕與校書　袁本、卧雲本「與」作「典」，疑是。

〔三〕世傳本多亡闕　顧校本作「世久失傳，因多亡闕」。

〔四〕曾鞏子固　袁本無「鞏」字。

〔五〕日校正其訛舛而綴輯其放逸久之新序始復全　袁本「日」作「自」。四庫總目卷九十一云：「隋書經籍志：新序三十卷録一卷。唐書藝文志其目亦同（按兩唐志不復載録一卷）。曾鞏校書序則云：『今可見者十篇。』鞏與歐陽修同時，而所言卷帙懸殊，蓋藝文志所載，據唐時全本爲言，鞏所校録則宋初殘闕之本也。晁公武謂『曾子固綴輯散逸，新序始復全』者，誤矣。」

〔六〕不皆槩諸聖　顧校本作「不必盡取諸聖」。

〔七〕蓋向　顧校本無「蓋」字。

〔八〕故也　顧校本無此二字。

〔九〕學者其可易之哉　顧校本作「學者細思當自得之耳」。又，袁本無「自秦之後」至此凡一百一字，諸衢本、經籍考同原本。

説苑二十卷 袁本前志卷三上儒家類第十四

右漢劉向撰〔一〕。以君道〔二〕、臣術、建本、立節、貴德、復恩〔三〕、政理、尊賢、正諫、法誡〔四〕、善説、奉使、權謀、至公、指式、談叢、雜言、辨物〔五〕、修文爲目〔六〕。鴻嘉四年上之〔七〕。闕第二十卷〔八〕。曾子固校書，自謂得十五篇於士大夫家，與崇文舊書五篇合爲二十篇〔九〕，又敍之〔一〇〕。然止是析十九卷，作修文上、下篇耳。 603

〔一〕漢劉向撰　原本脱「漢」字，據袁本補。

〔二〕以君道　顧校本作「其目有君道」。

〔三〕復恩　原本「恩」誤「思」，據袁本、臥雲本、宛委本改正，今本復恩篇居卷六。

〔四〕法誡　楹書隅録卷三有校宋本説苑二十卷，録黄丕烈題跋，云：「吳本（按指吳騫藏宋咸淳乙丑重刊本）載乾隆甲辰二月仁和孫志祖跋，云：『晁氏郡齋讀書志敍説苑篇目，避孝宗諱，易敬慎爲法誡，而此本不易』，以爲疑。余謂此疑咸淳本之出孝宗後爾，何亦不避？豈知重刻云者，特翻舊本，故遇『慎』字，間缺末筆，若余所得本，並不避『慎』字，則刻較先矣，宜敬慎之不易爲法戒也。」按疑公武所見爲孝宗時本子。

〔五〕指式談叢雜言辨物　今四部叢刊本曾鞏序後附目録謂「卷十五指武，卷十六叢談」，卷内標目則作「指武」，

「談叢」。袁本「辨」作「辦」，經籍考卷三十六作「辯」，今本作「辯」，袁本誤。

〔六〕修文爲目　顧校本作「修文爲臣等名」，且撰校語云：「一本有『其目有』及下『等名』五字，『爲臣』亦作篇名。一本無五字，『臣』作『目』，然既有臣術，則『爲臣』不似篇名。」王應麟漢藝文志考證卷五云：「凡二十篇，君道至反質，七百八十四章。（原註：鴻嘉四年三月己亥上。按此九字，姚振宗以爲乃別録敍文，見漢書藝文志條理卷二之上）崇文總目存者五篇，曾鞏復得十五篇，與舊爲二十篇。李德芻云：『闕反質一卷，鞏分修文爲上、下，以足二十卷，後高麗進一卷，遂足。』」四庫總目卷九十一云今本修文篇後有反質篇，則宋時已有此本，晁公武偶未見也。

〔七〕鴻嘉四年上之　卧雲本、經籍考卷三十六「鴻」譌作「陽」。按劉向上新序在成帝陽朔元年二月癸卯（此據王應麟漢藝文志考證，馬總意林謂河平四年），上説苑在鴻嘉四年三月己亥，故説苑別録佚文云：「除去與新序復重者。」楹書隅録卷三録黄丕烈題識云：「舊本新序、説苑卷首開列『陽朔、鴻嘉四年三月具官劉向上』一行，此古人修書經進之體式。」卧雲本等以「陽朔」、「鴻嘉」連文而誤。

〔八〕闕第二十卷　袁本作「闕第十三卷」，鮑廷博校本「二十」作「十二」。

〔九〕與崇文舊書五篇合爲二十篇　原本脱「五篇」二字，據袁本、卧雲本、宛委本、經籍考補。

〔10〕又敍之　袁本「又」作「而」。

鹽鐵論十卷〔一〕　袁本前志卷三上儒家類第十五

右漢桓寬撰。按班固曰：所謂鹽鐵議者〔二〕，起始元中，徵文學賢良，問以治亂，皆對願罷郡國鹽鐵〔三〕、酒榷、均輸，務本抑末〔四〕，毋與天下爭利，然後教化可興。御史大夫桑弘羊以爲此乃所以安邊境〔五〕、制四夷國家大業，不可廢也。當時相詰難，頗有其議文〔六〕。至宣帝時，汝南桓寬次公治公羊春秋〔七〕，舉爲郎，至廬江太守丞。博通善屬文，推衍鹽鐵之議，增廣條目，極其論難〔八〕，著數萬言，亦欲以究治亂，成一家之法焉。凡六十篇〔九〕。 604

〔一〕鹽鐵論十卷　袁本解題頗簡略，俱録於下：「右漢桓寬次公撰。寬，汝南人。孝昭時，丞相、御史與賢良文學論鹽鐵事，因撰次之。」按袁本解題乃抄録漢書藝文志諸子略儒家桓寬鹽鐵論條師古注成。諸衢本、經籍考卷二十六解題同原本。

〔二〕鹽鐵議者　宛委本「議」作「論」。按衢本解題乃録漢書卷六十六車千秋傳贊，傳贊同原本。

〔三〕皆對願　顧校本無「對」字。傳贊同原本。

〔四〕務本抑末　原本脱「本」，據顧校本、傳贊補。

〔五〕桑弘羊　卧雲本、經籍考及傳贊俱無「桑」字。

〔六〕頗有其議文　原本作「頗有異議」，卧雲本作「頗有其議」，經籍考作「頗有其議文」，與傳贊同，據改。

〔七〕桓寬　宛委本「寬」譌作「温」。

〔八〕極其論難　卧雲本、元刊經籍考「其」作「有」，殿本經籍考、傳贊同原本。

〔九〕凡六十篇　原本所據底本脱此四字，李富孫補正。瞿鈔本、卧雲本、經籍考「六十」誤作「十六」。按顧校本亦脱，宛委本、元刊經籍考不誤。

潛夫論十卷　袁本前志卷三上儒家類第十六

右後漢王符節信撰〔一〕。在和、安之世〔二〕，耿介不同於俗，遂不得進，隱居著書三十六篇〔三〕，以譏當時失得〔四〕，不欲彰顯其名，故號曰潛夫〔五〕。范曄取其貴忠、浮侈、實貢〔六〕、愛日、述赦等五篇，以爲足以觀見當時風政。頗潤益其文。後韓愈亦贊其述赦旨意甚明云。605

〔一〕王符節信撰　袁本無「節信」二字。

〔二〕在和安之世　卧雲本、經籍考卷三十六「和」、「安」二字互倒。又，楊希閔校本楊氏校語謂「在」字上當有「符」字。

〔三〕著書三十六篇　袁本作「注書二十餘篇」，誤。公武此條解題蓋本諸後漢書卷四十九王符傳，本傳云：「著書三十餘篇」。今本三十五篇，加敍録爲三十六篇。

〔四〕當時失得　顧校本「失得」作「得失」，本傳同原本。

〔五〕潛夫　袁本作「潛夫云」。

〔六〕范曄取其貴忠浮侈實貢　原本所據底本「實貢」譌作「真實」，李富孫改正。按瞿鈔本、卧雲本、顧校本、宛委本、舊鈔本、經籍考亦誤。

中論二卷〔一〕 袁本前志卷三上儒家類第十七

右後漢徐幹偉長撰。幹，「鄴下七子」之一也。曾子固嘗序其書，畧曰：「始見館閣有中論二十篇，以爲盡於此〔二〕。及觀貞觀政要，太宗稱嘗見幹中論復三年喪篇，而今書闕此篇〔三〕。因考之魏志，見文帝稱幹著中論二十餘篇，於是知館閣本非全書也。」幹篤行體道，不耽世榮，魏太祖特旌命之，辭疾不就，後以爲上艾長，又以疾不行。夫漢承秦滅學之後〔四〕，百氏雜家，與聖人之道並傳〔五〕，學者罕能自得於治心養性之方，去就語默之際，況於魏之濁世哉！幹獨能考論六藝，其所得於內，又能信而充之，逡巡濁世，有去就顯晦之大節，可不謂賢乎？今此本亦止二十篇〔六〕，中分爲上、下兩卷。按崇文總目六卷〔七〕，
不知何人合之。李獻民云〔八〕：「別本有復三年、制役二篇〔九〕。」乃知子固時尚未亡，特不之見爾。 606

〔一〕中論二卷　袁本解題迴異，俱錄於下：「右後漢徐幹所撰。幹，『鄴下七子』之一人也，仕魏王國文學。建安之間，嫉詞人美麗之文，不能敷散道教，故著中論二十餘篇。辭義典雅，當世嘉之。此本無復三年、制役二篇。」臥雲本、經籍考卷三十六標題「二卷」作「二篇」。諸衢本、經籍考解題同原本。

〔二〕以爲盡於此　臥雲本、宛委本、元刻經籍考「爲」作「謂」，顧校本「以爲」作「意謂」。今四部叢刊本曾鞏序與臥雲本相同。

〔三〕今書闕此篇　顧校本「書」作「世」。

〔四〕夫漢承秦滅學之後　宛委本、經籍考「夫」作「蓋」。

〔五〕並傳　顧校本無「傳」字。

〔六〕亦止二十篇　顧校本「亦止」作「正」。

〔七〕六卷　臥雲本、經籍考作「七卷」。陳漢章崇文總目輯釋補正卷三云：「又玉海六十二引崇文目，卷同隋、唐志，六卷，與晁志（按陳氏蓋指經籍考引讀書志）七卷不合，蓋『七』字誤。晁氏與王氏所見崇文目未必有二本也。」

〔八〕李獻民　按淑字獻民，公武此蓋指李淑邯鄲圖書志也。

〔九〕復三年制役二篇　宛委本「役」誤作「後」。

家訓七卷　袁本前志卷三上儒家類第十八

右北齊顏之推撰。之推，本梁人，所著凡二十篇。述立身治家之法，辨正時俗之謬，以訓諸子孫。607

續家訓八卷〔一〕　袁本前志卷三上儒家類第十九

右皇朝董正功撰〔二〕。續顏氏之書。608

〔一〕續家訓八卷　袁録何校本何焯批語云：「此書錢楚殷有其半。」按楚殷，沅之字，錢曾之子。錢遵王讀書敏求記校證卷三之上有續顏氏家訓七卷，半是宋板，半是影宋舊鈔，何氏所指殆即此。又張金吾愛日精廬藏書志卷二十一亦著録此書宋刊殘本三卷，云：「原八卷，今有卷六至卷八三卷，自誠兵至終制凡七篇，卷六闕一二兩頁。其書似顏氏，家訓列前而正功所續者繫其後，敍次體例，一依原書，引據詳贍，辭義宏博。」

〔三〕董正功　卧雲本作「董正公」，經籍考卷三十六作「董政公」。按書録解題卷十雜家類題作「左朝請大夫李正公」，宋志卷二傳記類作「董正工」（卷二職官類又有董正工職官源流五卷）、國史經籍志卷四上子類儒家同經籍考。讀書敏求記題「朝請大夫李正公撰」，而愛日精廬藏書志則題「宋董正功撰」。諸目著録參差如此，莫知孰爲正。

家範十卷　袁本前志卷三上儒家類第二十

右皇朝司馬光君實纂，取經史所載聖賢修身齊家之法〔一〕，分十九門，編類以訓子孫。609

〔一〕司馬光君實纂取經史所載聖賢　顧校本「光」下有「撰」字，袁本、顧校本「纂」作「撰」，又，袁本、卧雲本、宛委本、顧校本「聖賢」作「賢聖」。

阮逸注中説十卷〔一〕　袁本前志卷三上儒家類第二十五

右隋王通之門人共集其師之語爲是書。通行事於史無考，獨隋唐通録稱其有穢行〔二〕，爲史臣所削。

今觀中說，其迹往往僭聖人，模擬竄竊，有深可怪笑者。獨貞觀時，諸將相若房、杜、李、魏、二溫、王、陳皆其門人。予嘗以此爲疑〔三〕。及見李德林、關朗、薛道衡事〔四〕，然後知其皆妄也。通生於開皇四年，而德林卒以十一年，通適八歲，固未有門人。通仁壽四年，嘗一到長安，時德林卒已九載矣〔五〕，其書乃有子在長安〔六〕，德林請見，歸，援琴鼓蕩之什，門人皆霑襟。關朗在太和中見魏孝文，自太和丁巳〔七〕，至通生之年甲辰〔八〕，蓋一百七年矣，而其書有問禮於關子明〔九〕。隋書薛道衡傳稱道衡仁壽中，出爲襄州總管，至煬帝即位，召還。本紀：「仁壽二年九月，襄州總管周搖卒〔一〇〕。」道衡之出，當在此年也。通仁壽四年始到長安，是年高祖崩，蓋仁壽末也。又隋書稱「道衡子收，初生即出繼族父孺，養於孺宅，至於長成，不識本生。」其書有「內史薛公見子於長安，語子收曰：『汝往事之。』」用此三事推焉，則以房、杜輩爲門人，抑又可知矣。610

〔一〕阮逸注中說十卷　袁本題作文中子中說，經籍考卷三十六題文中子。今本或題中說，或題文中子，亦有題文中子中說者，多十卷，唯廣漢魏叢書本作二卷。

〔二〕獨隋唐通録　袁本「獨」作「焉」，連上爲句。宛委本、鮑廷博校本「通録」作「録通」。按隋唐通録不詳何書。

〔三〕予嘗以此疑　按余嘉錫云：「貞觀時將相雖不盡屬通之門人，而通門人中亦未嘗無至公輔者。」詳見四庫提要辨證卷十。

〔四〕李德林關朗　袁本作「關朗李德林」。

〔五〕時德林卒已九載矣　宛委本「載」作「年」。按開皇十一年至仁壽四年爲十三年，此云「九載」，誤。若依資治通鑑卷一七七隋紀一德林卒開皇十年，至仁壽四年，當作十四年。

〔六〕子在長安　原本「子」作「予」，據卧雲本、宛委本、顧校本、經籍考改。此書弟子記其師語，當稱「子」，語見王道篇。

〔七〕太和丁巳　袁本「太」誤作「大」。

〔八〕甲辰　顧校本無此二字。

〔九〕關子明　原本「明」誤作「朗」，據袁本、宛委本、經籍考改。

〔一〇〕周揺　宛委本「揺」誤作「瑶」。

元經十卷〔一〕　袁本後志卷二子類第十二

右隋王通撰，唐薛收傳，皇朝阮逸學。起晉惠帝太熙元年，終於陳亡〔二〕。予從兄子逸仕安康，嘗得其本，歸而示四父，四父讀至「帝問蛙鳴〔三〕」，哂其陋曰：「六籍奴婢之言不爲過」。按崇文無其目，疑逸依託爲之〔四〕。611

〔一〕元經十卷　經籍考卷二十編年類作元經薛氏傳十五卷，其標題、卷數乃據書録解題卷四編年類著録，袁本、諸衢本俱同原本。今本亦作十卷，題元經薛氏傳。

〔二〕起晉惠帝太熙元年終於陳亡　按舊唐書卷一九〇上王勃傳云：「祖通依春秋體，自獲麟後歷秦、漢至於後魏，著紀年之書，謂之元經。」與今本止於開皇九年陳皆平不合。又，公武所見當有薛收續一卷，自開皇十年迄武德元年。

〔三〕四父　按指晁説之以道也。

〔四〕疑逸依託爲之　袁録何校本何焯批語云：「其尤可異者，太元八年書秦苻堅來寇，將軍謝石、謝玄、謝琰、桓伊及苻堅戰于淝水，堅爲慕容垂所敗。此直一文理不通人僞託也。」

帝範一卷　袁本後志卷二子類第十三

右唐太宗撰。凡十二篇〔一〕，今存者六篇。貞觀末〔二〕，著此書以賜高宗。且曰：「修身治國，備在其中。一旦不諱，更無所言矣。」其末頗以汰侈自咎，以戒高宗，俾勿效已。殊不知閨門之內，慙德甚多，豈特汰侈而已哉！武后之立，實有自來〔三〕。不能身教　多言奚益，悲夫！ 612

〔一〕凡十二篇　袁本作「凡二十篇」，誤。按是書讀書志著録乃殘本，據今本元吳萊跋稱，征雲南僰夷時方得完書，故明初轉得收入永樂大典。四庫總目卷九十一著録大典輯本，武英殿聚珍版叢書本其十二篇篇目爲：君體、建親、求賢、審官、納諫、去讒、誡盈、崇儉、賞罰、務農、閱武、崇文。

〔二〕貞觀　袁本「貞」作「正」，蓋避宋仁宗諱。

〔三〕實有自來　楊希閔校本楊氏校語謂「有」當作「由」。

臣範二卷　袁本後志卷二子類第十四

右唐則天皇后武氏撰〔一〕。「範」或作「軌」〔二〕。武氏稱制時，嘗詔天下學者習之，尋廢。本十篇，今闕其下五篇。613

〔一〕則天皇后　顧校本無「皇」字。
〔二〕範或作軌　按兩唐志、崇文總目卷三、擘經室外集卷二題臣軌，今本亦作臣軌。

大和辨謗略三卷〔一〕

右唐李德裕撰。先是，唐次撰辨謗畧。至大和中，文宗詔德裕、裴潾等續益唐事，删爲三卷〔二〕，上之。614

〔一〕大和辨謗略三卷　宛委本「大」作「太」。按是書衢本於卷六史部雜史類重出，可參看。
〔二〕三卷　臥雲本、宛委本作「三篇」。

法語二十卷〔一〕 袁本後志卷二子類第十五

右南唐劉鶚撰〔二〕。鶚，甲戌歲擢南唐進士第，實開寶七年也。著書凡八十一篇，言治國立身之道。徐鉉爲之敍。615

〔一〕法語二十卷 按宋志卷四雜家類作劉子法語二十卷。

〔二〕劉鶚 崇文總目卷三雜家類撰人作劉鄂，誤。

聱隅子歔欷瑣微論十卷〔一〕 袁本前志、後志未收

右皇朝黄晞撰。聱隅子，晞自號也。其敍畧曰：「聱隅者，枅物之名；歔欷者，兼歎之聲；瑣微者，述之之謂，故以名其書〔二〕。」616

〔一〕聱隅子歔欷瑣微論十卷 按是書讀書附志卷上諸子類已著録，故趙希弁未摘録衢本此條入後志，見後志存目，存目題聱隅子十卷。附志、書録解題卷十雜家類俱作二卷，宋志卷四儒家類作一卷，今知不足齋叢書本亦二卷，無作十卷者，疑讀書志以篇爲卷。

〔二〕名其書 臥雲本、經籍考卷三十六此下尚有「晞，蜀人，本朝仁宗時」八字，疑自書録解題竄入。按附志謂晞閩

人，澠水燕談録卷四高逸亦謂晞建安人，疑所謂蜀人誤。

弟子記一卷〔一〕　袁本前志、後志未收

右皇朝劉敞原父撰〔二〕。記其門人答問之言。楊慥、王安石之徒書名，王深甫、歐陽永叔之徒書字〔三〕。 617

〔一〕弟子記一卷　按是書讀書附志卷上雜説類已收，故趙希弁未摘録衢本此條入後志，然亦不見後志存目，當屬趙氏疎略也。附志題公是先生弟子記一卷，可參看。按今知不足齋叢書本鮑廷博識語云：「按先生墓誌及本傳俱云五卷，今本祇一卷，與晁公武讀書志合。」又，錢遵王讀書敏求記校證卷三上著録公是先生極没要緊一卷，云：「即劉原父弟子記也，於時人或稱名，或稱字，蓋以微旨別其人之賢否耳。」四庫總目卷九十二以爲二書，録極没要緊一卷入卷一四七道家類存目。此錢曾所謂稱名稱字以別賢否，當即本諸讀書志此條解題。四庫總目卷九十二云：「今考公武所説，亦大概以意推之。即如王回一人，論四岳薦鯀一條、論聖人一條，則書其名；論泰伯一條、論晉武公一條，則書其名：是於褒貶居何等乎？且其書固多攻王氏新學，而亦兼寓鍼砭元祐諸賢之意。」據此，公武之言，亦未可全信。

〔二〕原父　卧雲本、宛委本、顧校本、經籍考卷三十六「父」俱作「甫」。

〔三〕歐陽永叔　宛委本、經籍考脱「陽」字。

潛虛一卷　袁本前志卷三上儒家類第二十二

右皇朝司馬光君實撰。光擬太玄撰此書〔一〕，以五行爲本，五五相乘爲二十五，兩之得五十。首有氣、體、性、名、行、變、解七圖，然其辭有闕者，蓋未成也。其手寫藁草一通〔二〕，今在子健姪房〔三〕。618

〔一〕司馬光君實撰光擬太玄　袁本無「君實撰光」四字，顧校本無二「光」字，下一「光」字作「君實」，又無「擬」字，蓋脱去。

〔二〕藁草一通　袁本「藁草」作「草藁」。

〔三〕子健姪　鮑廷博校本「健」作「建」。卧雲本脱「姪」字。按晁子健名見張栻南軒集卷十三多稼亭記、費袞梁溪漫志卷四。

周子通書一卷〔一〕　袁本前志、後志未收

右皇朝周敦頤茂叔撰〔二〕。茂叔師事鶴林寺僧壽涯，以其學傳二程，遂大顯於世。此其所著書也。619

〔一〕周子通書　此書不見袁本前志、後志、附志，後志存目與二本考異亦不載。附志卷下別集類三有濂溪先生大成集七卷、濂溪先生大全集七卷，疑通書已收入大成集、大全集，故爲趙希弁删去，仿希弁删平泉草木記例也。

〔二〕周敦頤　卧雲本、宛委本作周敦實。按敦頤初名敦實，避宋英宗舊諱改。

正蒙書十卷 袁本前志卷三上儒家類第二十一

右皇朝張載子厚撰。張舜民嘗乞追贈載於朝云。横渠先生張載著書萬餘言〔一〕，名曰「正蒙」。陰陽變化之端，仁義道德之理，死生性命之分，治亂國家之經。罔不究通。方之前人，其孟軻、揚雄之流乎？此書是也。初無篇次，其後門人蘇昞等區別成十七篇云〔二〕。620

〔一〕張載著書萬餘言 顧校本無「張」字，袁本無「餘」字。

〔二〕蘇昞等區別成十七篇云 袁本無「此書是也」至此凡二十二字。宛委本、顧校本無「等」字。又經籍考卷二十七此句下尚有「又爲前、後序，又有胡安國所傳，編爲一卷，末有行狀一卷」二十二字，李富孫以爲馬氏摘書録解題語，極是，諸衢本皆同原本，無此二十二字。按書録解題卷九謂是書凡十九篇。

帝學十卷〔一〕 袁本前志卷三上儒家類第二十三

右皇朝范祖禹淳夫纂自古賢君迨於祖宗務學事迹爲一篇〔二〕，以勸講。淳夫，元祐時在講筵八年。詰旦當講，前一夕，正衣冠儼然如在上前，命子弟侍坐，先按講其說〔三〕。平時語若不出諸口，及當講，開列古義〔四〕，仍參之時事，以爲勸戒〔五〕。其音琅然，聞者興起。東坡嘗曰：「淳夫講書，言簡義明，粲然成文章，爲今講官第一。」621

〔一〕帝學十卷　按是書書録解題卷九、宋志卷二史鈔類、卷四儒家類以及後代書目與傳本俱作八卷，疑此卷數有誤。又，袁本解題頗簡略，俱録於下：「右皇朝范祖禹編。纂自古賢君下迨祖宗務學事跡爲一編，以勸講。」諸衢本、經籍考卷三十七同原本。

〔二〕皇朝　顧校本無此二字。

〔三〕先按講其説　原本「按」誤作「接」，據卧雲本、宛委本、經籍考改。

〔四〕古義　卧雲本、經籍考作「古議」，宛委本作「古誼」。

〔五〕參之時事以爲勸戒　顧校本「之」下有「以」字，又無「以爲勸戒」四字。

漁樵對問一卷〔一〕　袁本前志卷一下經解類第三

右皇朝張載撰〔二〕。設爲答問，以論陰陽化育之端，性命道德之奥云。邵氏言其祖之書也，當考〔三〕。622

〔一〕漁樵對問一卷　經籍考卷三十七題作漁樵問對。按是書宋志卷四及今通行諸本俱題漁樵問對，唯説郛（商務印書館本）卷九十二題同讀書志。

〔二〕張載撰　卧雲本、經籍考作「邵雍撰」。盧文弨羣書拾補云：「（經籍考）誤作邵雍。案下云『邵氏言其祖之書，當考』，則不應直題邵雍撰。」沈録何校本何焯批語云：「按此乃邵書。」按是書又附劉安節劉左史集末。周中孚鄭堂讀書記卷三十六云：「其發明義理，頗與觀物內、外篇相近，則爲邵子所作無疑矣。或元承愛其書而録之，編集者誤取以殿諸後歟？晁氏之不敢斷爲康節書者，殆失於不考。」今本俱題邵雍撰。

〔三〕邵氏言其祖之書也當考　袁本無此十字。原本所據底本、宛委本、瞿鈔本、舊鈔本「祖」下俱空二格，原本黄丕烈校語云：「盧本作『康節』。」按黄氏所謂盧本，蓋李富孫跋中所云「盧抱經學士鈔本」也，黄、李校勘時，不常用是本。

程氏雜説十卷〔一〕　袁本前志卷一下經解類第四

右皇朝程頤正叔門人雜記其師之言〔二〕。　623

〔一〕程氏雜説十卷　袁本作一卷。按陸心源皕宋樓藏書志卷一一三有明成化丙申廣信府刊本河南程氏文集十卷，載元虞槃爲元至正二年臨川譚善心刊蜀大字本二程遺書所撰題識，略云：「周、二程、張、邵書，余以晁昭德讀書志校之，程氏雜説十卷，疑即朱子所謂『諸公各自爲書，散出並行』之一者也。而遺書二十五卷，又爲外書十二卷，蓋多雜説數倍，而雜説固不傳，合晁氏所記，與今所傳，蓋可考矣。」又，國史經籍志卷四上子類儒家亦著録程氏雜説十卷，注云：「門人記正叔語。」焦竑此書之末附有糾繆，其中專糾讀書志歸類之誤者三十餘條，按其所糾之誤，所見當是袁本。程氏雜説，焦氏未必親見，若焦氏所據乃讀書志，則所見袁本又作十卷，反與衢本相合，據此，頗疑袁本「一」乃「十」之譌。

〔三〕雜記其師之言　袁本無「雜」字。

信聞記一卷〔一〕　袁本前志卷一下經解類第七

右皇朝張載撰。雜記經傳之義及辨釋老之失。624

〔一〕信聞記一卷　袁本解題迥異，俱録於下：「右皇朝張載撰。雜解六經。」又，經籍考卷三十七移經學理窟一卷，綴此條標題之下，其解題仍與原本相同。諸衢本解題亦同原本。

理窟二卷〔一〕　袁本前志卷三上儒家類第二十四

右題曰金華先生，未詳何人。蓋爲二程、張氏之學者。625

〔一〕理窟二卷　經籍考卷三十七於信聞記條下題經學理窟一卷，而不載此條解題，其標題當據書録解題卷九。又，讀書附志卷下語録類有横渠先生經學理窟一卷，且俱録袁本解題，可參看。按朱熹近思録采用羣書目録不載是書。然道命録卷九引魏了翁爲周、二程、張四先生請謚奏實載是書，疑此「金華先生」乃編者，公武、希弁所見非一本。今諸儒鳴道、張子全書中載是書，五卷。

儒言一卷　袁本前志卷一下經解類第五

右從父詹事公撰〔一〕。其書蓋辨正王安石之學違僻者〔二〕。626

〔一〕從父詹事公　按晁說之以道也。

〔二〕蓋辨正王安石之學違僻者　按四庫總目卷九十二云：「今觀所論，大抵新經義及字說居多，而託始於安石之廢春秋。公武所言良信。然序稱作於玄默執徐，實徽宗政和二年壬辰，在崇寧二年安石配享孔子後。故其中孔孟一條、名聖一條、祀勝一條，皆直斥其事，則實與紹述之徒辨，非但與安石辨也。又不奪一條、心迹一條及流品以下凡數條，併兼斥安石之居心行事，亦非但爲學術辨也。」

郡齋讀書志卷第十一

道家類

鬻子一卷〔一〕 袁本前志、後志未收

右楚鬻熊撰。按漢志云:「爲周師,自文王以下問焉。周封爲楚祖。」凡二十二篇。今存者十四篇。唐逢行珪注〔二〕,永徽中上於朝。敍稱見文王時行年九十,而書載周公封康叔事,蓋著書時百餘歲矣。 627

〔一〕鬻子一卷　按此書已載讀書附志卷上諸子類,故趙希弁未摘録衢本此條入後志,見後志存目。存目作鬻子十卷,「十」當「一」之誤。

〔二〕逢行珪　經籍考卷三十八道家類「逢」作「逄」。按唐書經籍藝文合志本新唐志卷三作「逄」,(中華書局標點本作「逢」)書録解題卷九、附志卷上、全唐文卷一六三俱同原本。周有逢同、漢有逢安、逢萌,而孟子離婁下又有逢蒙,阮元校勘記云:「按逢字從夆,逢蒙、逢伯陵、逢丑父、逢公,皆薄紅反,東韓江,乃薄江反。宋人廣韻改字作逄,薄江切,殊謬。孟子音義同謬,不可不正。逢蒙古書作蠭蒙,則其字不當從夅可知矣。」郭忠恕佩觿卷上亦云刊謬

正俗混說逢、逄，是逢、逄本易相混，姑仍之。今本（道藏本、守山閣叢書本等）俱作逄行珪。

老子道德經二卷〔一〕　袁本前志、後志未收

右李耳撰。以周平王四十二年授關尹喜〔二〕，凡五千七百四十有八言，八十一章，言道德之旨。予嘗學焉，通其大旨而悲之〔三〕。蓋不幸居亂世憂懼者所爲之書乎〔四〕？不然，何其求全之甚也！古之君子應世也〔五〕，或知或愚，或勇或怯〔六〕，惟其當之爲貴〔七〕，初不滯於一曲也。至於成敗死生〔八〕，則以爲有命〔九〕，非人力所能及，不用知於其間以求全，特隨其所遇而處之以道耳。是以臨禍福得喪，而未嘗有憂懼之心焉。今耳之書則不然，畏明之易闇，故守以昏；畏寵之必失，故不辭辱；畏剛之折，則致柔；畏直之挫，則致曲；畏厚亡也，則不敢多藏；畏盈溢也，則不如其已〔一〇〕；既貴矣，畏其咎，故退；功成矣，畏其去，故不居。凡所以知雄守雌，知白守黑，以懦弱謙下爲道者，其意蓋曰：不如是，則不免於咎矣〔一一〕。用此觀之〔一二〕，豈非所謂求全也哉？嗟夫！人惟有意於求全，故中懷憂懼，先事以謀〔一三〕，而有所不敢爲；有所不敢爲，則其蔽大矣。此老子之學，雖深約博大〔一四〕，不免卒列於百家，而不爲天下達道歟？因以諸家本參校〔一五〕，其不同者近二百字，互有得失，乙者五字〔一六〕，注者五十五字，塗者三十八字。其間徽宗御注最異。諸本云〔一七〕：「天下柔弱莫過於水，而攻堅强者莫之能勝〔一八〕，以其無能易之〔一九〕。」而御注作：「天下莫柔弱於水，而攻堅强者莫之能先〔二〇〕，以其無以易之也。」諸本云〔二一〕：「恬淡爲上〔二二〕，勝而

不美，而美之者，是樂殺人者〔二三〕，不可得志於天下矣。吉事尚左，凶事尚右。偏將軍處左，上將軍處右，言以喪禮處之。」御注作〔二四〕：「恬淡爲上〔二五〕，故不美也。若美，必樂之。樂之者，是樂殺人也。夫樂殺人者〔二六〕，不可得志於天下矣〔二七〕。故吉事尚左，凶事尚右。偏將軍處左〔二八〕，上將軍處右，言居上則以喪禮處之〔二九〕。」其不同至如此。628

〔一〕老子道德經二卷　臥雲本脱「道德經二」四字。按是條袁本未著録，然其中解題有摘取袁本河上公注道德經條、老子疏條而爲之者，蓋公武於原本增補此條，遂移後兩條部分解題於此，今遇其解題與袁本兩條相應者，仍予出校。又，此條不見附志及後志存目。

〔二〕關尹喜　按玉海卷五十三老子條引讀書志作「關令尹喜」，袁本河上公注道德經條、諸衢本、經籍考卷三十八同原本，疑脱「令」字。

〔三〕而悲之　顧校本作「竊爲悲之」。

〔四〕所爲之書乎　顧校本作「之所爲作乎」。

〔五〕古之君子　顧校本作「古君子之」。

〔六〕或勇或怯　顧校本作「或怯或勇」。

〔七〕當之爲貴　顧校本無「之」字。

〔八〕死生　臥雲本、經籍考作「生死」。

〔九〕則以爲有命　顧校本作「則有命焉」。

〔一〇〕則不如其已　顧校本「其」作「速」。

〔一一〕則不免於咎矣　舊鈔本、瞿鈔本、季録顧校本無「則」字，卧雲本、宛委本、經籍考「則」作「則將」，顧校本無「於咎」二字。

〔一二〕用此　宛委本、經籍考作「由此」。

〔一三〕有意於求全故中懷憂懼先事以謀　顧校本作「有意求全，故先事而謀，中懷憂懼」。

〔一四〕雖深約博大　宛委本「雖」上有「所以」二字。

〔一五〕因以諸家本　顧校本、經籍考無「因」字。

〔一六〕不同者近二百字互有得失乙者五字　袁本老子疏條作「不同者百餘字，以校世傳本，當乙者五字」，又以下「注者」、「塗者」上袁本俱有「當」字。按以下所校，所謂「袁本」，皆指袁本老子疏條。

〔一七〕其間徽宗御注最異諸本云　袁本作「最與御注不同，如此本云」。按袁本舉例以徽宗御注本與玄宗疏本相比，而衢本則以御注本與「諸本」比，下引御注本文字往往與今通行本相同，而所謂「諸本」則異於今本。

〔一八〕攻堅强者莫之能勝　袁本無「攻」、「之」二字，當脱去。按此句見老子第七十八章。

〔一九〕以其無能易之　袁本無「其」字，蓋亦脱去。

〔二〇〕攻堅强者　袁本「攻」譌作「故」。

〔二一〕諸本云　袁本作「如此本云」。

〔二二〕恬淡爲上　袁本「淡」作「惔」。按以下引文載老子第三十一章，今景龍本老子作「惔」，河上公注本作「恢」，王弼注本作「澹」，傅奕本作「憺」。馬王堆漢墓帛書甲本「恬淡」作「銛襲」，乙本作「銛𢤦」。

〔二三〕是樂殺人者　按疑此句下有脫文。

〔二四〕御注作　袁本作「御注本作」。

〔二五〕恬淡爲上　袁本、舊鈔本「淡」作「惔」。按今御注本作「淡」。

〔二六〕樂殺人者　經籍考「者」作「也」。

〔二七〕不可得志於天下矣　袁本無「可」字，經籍考「矣」作「者」。按今御注本作「不可得志於天下」，帛書甲本、乙本、傅奕本作「不可以得志於天下矣」。

〔二八〕偏將軍處左　袁録何校本無「軍」字，當脱去。

〔二九〕言居上則以喪禮處之　袁本無「居上則」三字。按傅奕本「居上則」作「居上勢則」，今帛書甲本、乙本、御注本同袁本。

河上公注老子二卷〔一〕　袁本前志卷三上道家類第一

右河上公注。太史公稱河上丈人通老子，再傳而至蓋公。蓋公即齊相曹參師也〔二〕。而晉葛洪曰〔三〕：「河上公者，莫知其姓名。漢孝文時居河之濱〔四〕，侍郎裴楷言其通老子〔五〕。孝文詣問之，即授素書、道德經章句二卷〔六〕。」兩說不同，當從太史公也〔七〕。其書頗言吐故納新、按摩導引之術〔八〕，近神仙家。劉子玄稱其非真，殆以此歟〔九〕？傅奕謂「常善救人，故無棄人；常善救物，故無棄物」四句，古本無有，獨得於公耳〔一〇〕。629

〔一〕河上公注老子二卷　袁本題作河上公注道德經二卷，其部分解題衢本採入老子道德經條（見前），此條解題亦異於原本，俱録於下：「右李耳撰。以周平王四十二年授關尹喜，凡五千七百四十有八言，八十一章，言道德之旨。其末云：『使民復結繩而用之』，蓋三皇之道也。河上公注。晉葛洪曰：『河上公者，莫知其姓名。漢孝文時居河之上，侍郎裴楷言其通老子，孝文詣問之，即授素書、道德經章句二卷。』其書頗言吐故納新、按摩步引之術。近神仙家也。傅奕謂『常善救人，故無棄人；常善救物，故無棄物』四句，古本無有，獨得於河上公耳。」諸衢本、經籍考標題、卷數、解題同原本。

〔二〕再傳而至蓋公蓋公即齊相曹參師也　宛委本、舊鈔本、顧校本無「曹」字，蓋脱去。按此段當本諸史記卷八十樂毅列傳「太史公曰」，太史公曰：「樂臣公學黄帝、老子，其本師號曰河上丈人，不知其所出。河上丈人教安期生，安期生教毛翕公，毛翕公教樂瑕公，樂瑕公教樂臣公，樂臣公教蓋公。蓋公教於齊高密、膠西，爲曹相國師。」據此河上丈人至蓋公非「再傳」，而是五傳矣。

〔三〕晉葛洪曰　按以下所引當出太極左仙公葛玄老子道德經序。葛玄乃洪從祖父，事具抱朴子内篇卷四金丹篇；道家稱之葛仙翁、太極左仙公，公武每與葛洪相混，本書卷十六神仙類葛仙翁胎息術一卷，公武亦謂葛洪撰，俱誤。

〔四〕河之濱　袁本「濱」作「上」。按四部叢刊影印宋刊本葛玄序同原本。

〔五〕褧楷　袁本「楷」作「偕」，誤。四部叢刊本玄序同原本。

〔六〕道德經章句二卷　原本脱「德」、「二卷」三字，據袁本、葛玄序補。

〔七〕兩説不同當從太史公也　姚振宗隋書經籍志考證卷二十五云：「案此言極是。」按此十字不見袁本。

〔八〕導引　袁本「導」作「步」，誤。

〔九〕劉子玄稱其非真殆以此歟　袁本無此十一字。

〔一〇〕獨得於公耳　袁本「公」上有「河上」二字，疑原本奪脱。

明皇老子注二卷疏六卷〔一〕　袁本前志卷三上道家類第二

右唐玄宗撰。玄宗既爲注二卷，又爲疏六卷〔二〕。天寶中，加號玄邁道德經〔三〕，世不稱焉。又頗增其辭，如「而貴食母」作「兒貴求食於母」之類〔四〕。「貴食母」者，嬰兒未孩之義。諸侯之子，以大夫妻爲食母增之贅矣。630

〔一〕明皇老子注二卷疏六卷　袁本題老子疏六卷。經籍考卷三十八「六」作「一」，誤。新唐志卷三有玄宗注道德經二卷，又疏八卷，崇文總目卷三有道德經二卷，云：「唐明皇注。」又道德疏六卷，唐玄宗撰。宋志卷四有唐玄宗注老子道德經二卷(原注:「有序。」)、唐玄宗道德經音疏六卷。疑明皇注疏凡八卷,其中注二卷、疏六卷,新唐志所稱八卷者,即合注、疏之數。今道藏中注作四卷,疏作十卷,非復其舊;而另有唐玄宗御製道德真經疏四卷外傳一卷,細觀其疏,乃申明玄宗疏者,疑出諸臣之手。又,袁本此解題頗異,其中大半已爲衢本採入老子道德經條,不復出校。其文曰:「右唐玄宗撰。玄宗既爲注,又爲疏六卷,唐藝文志有之。天寶中,加號玄邁道德經,世不稱之。嘗以河上公本校之,不同者百餘字,以校世傳本,當乙者五字,當注者五十五字,當塗者三十八字,最與御注不同,如此云『天下柔弱莫過於水,而堅强者莫能勝,以無能易之。』而御注作『天下莫柔弱於水,而故堅强者莫之能先,以其無以易之也。』如此本云:『恬惔爲上,勝而不美,而美之者,是樂殺人者。不可得志於天下矣。吉事尚左,凶事尚右,偏將軍處左,上將軍處右,言以喪禮處之。』御注本:『恬惔爲上,故不美也。若美必樂之,樂之者是樂殺人也。夫樂殺人者,不得志於天下矣。故吉事尚左,凶事尚右,偏將軍處左,上將軍處右,言以喪禮處之。』其不同至如此。」諸衢本、經籍考大抵與原本相同。詳下。

〔二〕玄宗既爲注二卷又爲疏六卷　經籍考無此十二字。

〔三〕天寶中加號玄邁道德經　按公武此語本諸新唐志,新唐志注云:「天寶中,加號玄通道德經,世不稱之。」疑「邁」當「通」之誤。

〔四〕而貴食母作兒貴求食於母　原本所據底本「而」誤「兒」,李富孫據瞿鈔本、經籍考改正。按李氏所改是,語見老子第二十章。然下一「兒」字,亦當改「而」,唐玄宗所添止「求」、「於」二字耳。又,經籍考下一「食」字誤「合」。

三十家注老子八卷〔一〕　袁本前志卷三上道家類第三

右唐蜀郡岷山道士張君相集河上公、嚴遵〔二〕、王弼〔三〕、何晏〔四〕、郭象〔五〕、鍾會〔六〕、孫登〔七〕、羊祜〔八〕、羅什〔九〕、盧裕〔一〇〕、劉仁會〔一一〕、顧歡〔一二〕、陶隱居〔一三〕、松靈仙人〔一四〕。裴處恩〔一五〕、杜弼〔一六〕、節解〔一七〕、張憑〔一八〕、張嗣〔一九〕、臧玄靜〔二〇〕、大孟〔二一〕、小孟〔二二〕、竇畧〔二三〕、宋文明〔二四〕、褚糅〔二五〕、劉進喜〔二六〕、蔡子晃〔二七〕、成玄英〔二八〕、車惠弼第注〔二九〕。君相稱三十家，而列其名止二十有九，蓋君相自以爲一家言并數之爾〔三〇〕。君相，不知何時人，而謂成玄英爲皇朝道士，則唐天寶後人也〔三一〕。以「絶學無憂」一句〔三二〕，附「絶聖棄知」章末〔三三〕，以「唯之與阿」別爲一章〔三四〕，與諸本不同。631

〔一〕三十家注老子八卷　卧雲本作十卷。按是書玉海卷五十三引中興書目題道德經三十家注六卷，祕續目作道士張君相集三十家注解道德經四卷，宋志卷四有老子道德經三十家注六卷，注云：「唐道士張君相集解。」而舊唐志卷下有老子集注四卷，注云：「張道相集注。」新唐志卷三題張道相集注四卷。此外，今道藏洞神部玉訣類有杜光庭道德真經廣聖義五十卷，首載杜光庭天復元年序，其序所載六十餘家注老子書，其中有岷山道士張君相，注云：「作集解四卷。」今宛委别藏本作道德真經集解八卷，與原本合，著録見揅經室外集卷一。

〔二〕嚴遵　袁本作「嚴遵君平」。

〔三〕王弼　袁本作「王弼輔嗣」。

〔四〕何晏　袁本脱此二字。袁録顧校本顧氏校語云：「經籍考『郭象』上有『何晏』，爲是。」按今本有何晏。何晏著老子道德論二卷，七録尚有，隋志卷三云「亡」。

〔五〕郭象　袁本作「郭象子玄」。

〔六〕鍾會　袁本作「鐘會士秀」。按袁本「鐘」乃「鍾」之誤，鍾會傳見三國志卷二十八，隋志卷三有鍾會注老子道德經二卷。

〔七〕孫登　袁本作「孫登公和」。按隋志有晉尚書郎孫登注老子道德經二卷音一卷。經典釋文序録有老子孫登集注二卷，謂「(登)字仲山，太原中都人，東晉尚書郎。」與此所述登字不合。道德真經廣聖義杜光庭序云：「孫登公和，隱士，魏文、明帝時人。」所云登字與袁本相合，時代又和隋志、釋文不合。晉書卷五十六孫楚傳謂楚之孫統、綽並知名，統之子登「少善名理，注老子行於世，仕至尚書郎，早終」。未明其字。晉書卷九十四有孫登傳，云字公和，然不云其嘗注老子。俟考。

〔八〕羊祜　袁本作「羊祜叔子」。

〔九〕羅什　按羅什，沙門，本西胡人，有注二卷。見杜光庭序。兩唐志有鳩摩羅什注老子二卷。

〔一〇〕盧裕　袁本作「盧裕仲儒」。按盧裕即盧景裕，隋志有盧景裕老子道德經二卷，魏書卷八十四本傳云景裕字仲儒，同袁本，然北史卷三十云字仲孺。又，二本「裕」皆從「示」，據本傳改。

〔一一〕劉仁會　按杜光庭序云：「草萊臣，後魏伊川梁縣人，注二卷。」

〔一二〕顧歡　袁本作「顧歡景怡」。

〔一三〕陶隱居　按即陶弘景也，梁武帝時人，杜光庭序謂有注四卷。

〔一四〕松靈仙人　袁本作「松靈仙」。杜光庭序云：「靈仙人，隱青溪山，無名氏、年代。」今本題名同袁本。

〔一五〕裴處恩　卧雲本、經籍考「恩」譌作「思」。杜光庭序云：「晉人河東裴楚恩注二卷。」疑「楚」當作「處」。

〔一六〕杜弼　按杜光庭序云：「秦京兆人。」

〔一七〕節解　按此乃書名。隋志卷三有老子節解二卷，不著撰人。經典釋文序録云：「節解二卷，不詳作者，或云老子所作，一云河上公作。」宋志卷四有葛玄老子道德經節解二卷，或即此書耶？

〔一八〕張憑　按隋志卷三云有張憑注老子道德經二卷。憑傳見晉書卷七十五。

〔一九〕張嗣　按隋志卷三云：「梁有老子道德經二卷，張嗣注。亡。」杜光庭序云：「清河人，不知年代，注四卷。」

〔二〇〕臧玄靜　原本「玄」作「元」，據袁本改。杜光庭序云：「梁道士，疏四卷。」

〔二一〕大孟　按杜光庭序云：「孟安排，梁道士，號大孟，經義二卷。」隋志卷三云：「梁有老子二卷，孟氏注。亡。」經典釋文序録云：「老子孟子注二卷，或云孟康。康字公休，安平廣宗人，魏中書監，廣陵亭侯。」姚振宗隋書經籍志考證卷二十五疑孟康爲大孟，誤。

〔二二〕小孟　杜光庭序云：「孟智周，梁道士，注五卷。」隋志卷三有老子義疏五卷，孟智周私記。

〔二三〕竇略　杜光庭序云：「梁道士，注四卷。」

〔二四〕宋文明　杜光庭序云：「法師，義泉五卷。」

〔二五〕褚糅　袁本「褚」從「示」，誤。杜光庭序云：「陳道士，作玄覽六卷。」

〔二六〕劉進喜　杜光庭序云：「隋道士，疏六卷。」按進喜有老子通諸論一卷，顯正論一卷，見新唐志卷三。敦煌卷子伯二五一七有老子道德經義疏五卷，李孟楚以爲即進喜所疏（見中山大學語言歷史學研究所週刊第十集敦煌石室老子義疏殘本劉進喜疏證），其説爲蒙文通所駁，蒙以爲乃成玄英疏，見圖書集刊第七期校理老子成玄英疏敍録。

〔二七〕蔡子晃　舊鈔本「晃」譌作「見」。

〔二八〕成玄英　按成玄英有老子注二卷，見兩唐志。今有蒙文通輯本，題老子義疏。

〔二九〕車惠弼　杜光庭序云道士，作注七卷。

〔三〇〕自以爲一家　袁本無「以」字。

〔三一〕唐天寶後人也　阮元云：「案杜光庭道德經廣聖義序引著述人名，有岷山道士張君相集解，在玄宗御疏之前，則不在天寶後矣。且晁氏之言（按指「皇朝道士」）書中亦不見，未知何據？」

〔三二〕以絶學無憂　臥雲本「學」作「家」，誤。「絶學無憂」章爲第二十章。

〔三三〕附絶聖棄知章末　袁本「附」作「在」、「末」作「下」。

〔三四〕唯之與阿　原本「唯」作「惟」，據袁本、臥雲本、宛委本、顧校本、經籍考改。

老子指歸十三卷〔一〕　袁本前志卷三上道家類第四

右漢嚴遵君平撰，谷神子注。其章句頗與諸本不同〔二〕，如以「曲則全」章末十七字爲後章首之類。按唐志有嚴遵指歸四十卷〔三〕，馮廓注指歸十三卷。此本卷數與廓注同〔四〕，其題谷神子而不顯姓名〔五〕，疑即廓也〔六〕。632

〔一〕老子指歸十三卷　袁本標題、卷數同此，解題有異，俱録於下：「右漢嚴遵撰，谷神子注，本理國修身、清靜無爲之說。按唐志有嚴遵指歸四十卷，馮廓注指歸十三卷。此本有序注而題谷神子，疑即廓也。」諸衢本、經籍考卷三十八大抵同原本。按錢遵王讀書敏求記校證卷三之上錢曾據僞谷神子序，疑公武不得見全本指歸，其說已爲四庫總目卷一四六所駁正。

〔二〕章句　顧校本無「句」字。

〔三〕唐志有嚴遵指歸四十卷　按兩唐志著録嚴遵指歸俱作十四卷，原本、袁本、諸衢本、經籍考俱倒作「四十」，疑誤。

〔四〕與廓注同　卧雲本、季録顧校本、瞿鈔本、經籍考俱脱「同」字，宛委本「同」作「合」。

〔五〕其題谷神子而不顯姓名　諸衢本、經籍考俱無「其」字，又，宛委本「顯」作「題」。

〔六〕疑即廓也　按今道藏本道德真經指歸十三卷（原缺卷一至卷六），亦題谷神子注，據余嘉錫考證，谷神子即唐鄭還古、廓，開元前人；還古則爲元和間人，卽著博異記者。詳四庫提要辨證卷十八。

老子略論一卷〔一〕 袁本後志卷二子類第十六

右魏王弼撰，凡十有八章。景迂云〔二〕，弼有得於老子而無得於易，注易資於老子〔三〕，而老子論無資於易，則其淺深之效可見矣。633

〔一〕老子略論一卷　瞿鈔本、季録顧校本作二卷。按隋志卷三有王弼注老子道德經二卷，又云：「梁有老子雜論一卷，何、王等注，亡。」姚振宗隋書經籍志考證卷二十五云：「案此（指略論）似即此書（指雜論）之不全者。唐經籍志有老子指例略二卷，不著撰人，次何晏道德論之後，唐藝文志卷同，以爲王弼撰，皆即此何、王雜論也。」

〔二〕景迂云　按明孫鑛刊王弼注老子卷末有政和乙未晁説之跋尾一則。與公武所引文字有出入，録其有關部分以參照。其跋云：「王弼老子道德經二卷，真得老子之學歟？蓋嚴君平指歸之流也。弼本深於老子而易則未矣。其於易，多假諸老子之旨，而老子無資於易者，其有餘不足之迹，斷可見也。」

〔三〕注易資於老子　顧校本「資」上有「取」字。

御注老子二卷〔一〕 袁本前志、後志未收

右徽宗御撰。或云鄭居中視草，未詳。634

〔一〕御注老子二卷　此書讀書附志卷上諸子類已予著録，題御解老子二卷，故趙希弁未摘録衢本此條入後志，見後志存目。

温公道德論述要二卷〔一〕　袁本後志卷二子類第十七

右皇朝司馬光撰。光意謂道、德連體〔二〕，不可偏舉，故廢道經、德經之名，而曰道德論。墓誌載其目。「無名天地之始，有名萬物之母，常無欲以觀其妙，常有欲以觀其徼〔三〕」，皆於「無」與「有」下斷句〔四〕，不與先儒同〔五〕。635

〔一〕温公道德論述要二卷　袁本「二」作「兩」。卧雲本、經籍考卷三十八題作老子道德經論著二卷。按書録解題卷九題老子道德論述要二卷，宋志卷四題司馬光老子道德經注二卷，今道藏本題道德真經論四卷，卷帙乃後人所分。

〔二〕光意謂　卧雲本、經籍考此下尚有三十一字，曰：「太史公曰『老子著書，言道德之意』，後人以其篇首之文，名上篇曰道，下篇曰德，夫」。按此三十一字，疑乃馬端臨據書録解題採入，非讀書志原文。

〔三〕觀其徼　原本所據底本「徼」作空格，瞿鈔本作「徼」，經籍考作「徼」，黄丕烈據補。按季録顧校本、舊鈔本亦作「徼」，宛委本、卧雲本同原本。朱謙之以爲當從敦煌卷子本，作「曒」，見老子校釋。帛書甲、乙本亦作「曒」。

〔四〕無與有　瞿鈔本、宛委本、季録顧校本無「與」字。

〔五〕不與先儒同　沈録何校本何焯校語云：「下二句與介甫同。」按王安石注老子條，袁本入前志，其中「無名天地之始」至「與先儒不同」一段與此條同，何氏故云。意者，公武先撰王氏注條載入先刊之本（即現存袁本前志之祖本）；之後公武整比爲一本（即現在衢本之祖本），增收司馬氏注列王氏注前，遂移王氏注條解題入司馬氏注條，唯於王氏注條注明「與温公同」。趙希弁摘編後志，未嘗審察，以致相同文字於兩條複見。

王安石注老子二卷〔一〕王雱注二卷〔二〕呂惠卿注二卷〔三〕陸佃注二卷劉仲平注二卷 袁本

前志卷三上道家類第五

右皇朝王安石介甫注。介甫平生最喜老子，故解釋最所致意。首章皆斷「無」、「有」作一讀，與温公同〔四〕。後其子雱及其徒呂惠卿〔五〕、陸佃、劉仲平皆有老子注。636

〔一〕王安石注老子　袁本、經籍考卷三十八「安石」作「介甫」，宛委本作「安石介甫」。

〔二〕王雱注二卷　袁本「雱」作「元澤」，宛委本「注」作有「老子」二字。

〔三〕呂惠卿注二卷　袁本「惠卿」作「吉甫」。

〔四〕首章皆斷無有作一讀與温公同　顧校本無「首章」二字。鮑廷博校本「首」上有「者」字。宛委本、瞿鈔本、鮑校本、舊鈔本、季録顧校本、經籍考「無有」作「有無」，疑當從諸本，原本倒文。袁本無此十三字，而有「如『無，名天地之始；有，萬物之母。常無，欲以觀其妙；常有，欲以觀其徼。』皆於『有』、『無』字下斷句，與先儒不同，他皆類此」凡四十三字。參見温公道德論述要條校注〔五〕。

〔五〕其子雱及其徒呂惠卿　袁本無「及」字，「徒」作「黨」。

呂氏老子注二卷　袁本後志卷二子類第十八

右皇朝呂大臨撰。其意以老氏之學合有無謂之玄，以爲道之所由出，蓋至於命矣。其言道體，非獨智之見〔一〕，孰能臻此？求之終篇，繆於聖人者蓋寡〔二〕，但不當以聖知仁義爲可絶棄爾。637

〔一〕非獨智之見　顧校本「智」作「知」。

〔二〕繆於聖人　經籍考卷三十八、陳師曾刊本「繆」作「膠」。

蘇子由注老子二卷　袁本前志卷三上道家類第六

右皇朝蘇轍子由注。子由謫官筠州，頗與學浮屠者遊〔一〕，而有所得焉，於是解老子。嘗曰〔二〕：「中庸云〔三〕：『喜怒哀樂未發謂之中〔四〕，發而皆中節，謂之和〔五〕。致中、和，天地位焉，萬物育焉。』此蓋佛法也〔六〕。六祖謂不思善，不思惡〔七〕，則喜怒哀樂之未發也。蓋中者，佛法之異名〔八〕，而和者，六度萬行之總目〔九〕。致中極和而天地萬物生於其間〔一〇〕，非佛法何以當之〔一一〕？天下無二道，而所以治人則異，古之聖人，中心行道而不毀世法〔一一〕，以此耳。」故解老子，亦時有與佛法合者。其自序云耳〔一二〕。其解「是謂襲明」，以爲釋氏傳燈之類。638

〔一〕頗與學浮屠者遊　顧校本無「頗」字。

〔二〕嘗曰　袁本無此二字，疑脱去。公武下引當出蘇轍大觀二年十二月自序。

〔三〕中庸云　袁本「云」作「曰」。

〔四〕喜怒哀樂未發謂之中　顧校本「樂」下有「之」字，袁本「謂之」作「之謂」。按今本中庸同顧校本。今寶顔堂祕籍本老子解轍自序同原本。

〔五〕謂之和　袁本作「之謂和」，今本轍序同原本。又，今本轍自序此句下尚有「中也者，天下之大本也；和也者，天下之達道也」十八字。

〔六〕此蓋佛法也　袁本作「此非佛法而何」，今本轍序同袁本。

〔七〕不思善不思惡　宛委本、季録顧校本、舊鈔本上一「思」字作「忍」。又，原本「惡」作「不善」，諸衢本、經籍考卷三十八、今本轍自序俱作「惡」，據改。

〔八〕佛法之異名　按今本轍自序「法」作「性」。

〔九〕總目　袁本「目」下有「也」字，與今本轍自序合，疑原本脱去。

〔一〇〕致中極和　按轍自序無「極」字，蓋脱去。

〔二〕非佛法　袁本「非」上有「此」字，與今本轍序合，疑原本脱去。

〔三〕中心行道　卧雲本、舊鈔本、經籍考「中心」作「忠信」，誤，轍自序同原本。

〔四〕自序云耳　袁本「云耳」作「如此」。又，袁録何校本何焯批語云：「老子解，無能過子由，此頗不滿之，但讀其序而以爲皆佛説耳。」

劉巨濟注老子二卷　袁本前志卷三上道家類第七

右皇朝劉涇巨濟注。涇，蜀人。篤志於學，文辭奇偉。早登蘇子瞻之門，晚受知於蔡京，除太學博士。639

李暹注文子十二卷〔一〕　袁本前志卷三上道家類第八

右李暹注。其傳曰姓辛氏〔二〕，葵丘濮上人，號曰計然，范蠡師事之。本受業於老子，録其遺言〔三〕，爲十二篇云。按劉向録文子九篇而已〔四〕。唐志録暹注，與今篇次同，豈暹析之歟？顏籀以其「與孔子並時〔五〕，而稱周平王問，疑依託者」。然三代之書，經秦火幸而存者〔六〕，其錯亂參差類如此。爾雅〔七〕，周公作也，而有「張仲孝友」。列子，鄭穆公時人，而有「子陽餽粟」是也。李暹師事僧般若流支，蓋元魏人也〔八〕。640

〔一〕李暹注文子十二卷　袁本題作文子十二篇。

〔二〕姓辛氏　原本脱「氏」，據袁本、宛委本補。　按王應麟漢藝文志考證卷六文子九篇條蓋據讀書志此條爲之，今亦参校焉。　王氏考證有「氏」字。

〔三〕録其遺言　袁本、王氏考證俱作「文子録其遺言」。

〔四〕九篇而已　袁本作「九卷而已」。　按此劉向即指漢志，漢志諸子略道家類著録作文子九篇。

〔五〕顔籀以其與孔子並時　按「與孔子並時」云云乃漢志班固自註，公武以爲顔師古注，誤甚。

〔六〕經秦火幸而存者　原本「幸」、「而」互倒，據袁本、宛委本、臥雲本、顧校本、經籍考卷三十八、王氏考證乙正。袁本、王氏考證「秦火」下有「之後」二字，顧校本「經」上有「皆」字。

〔七〕爾雅　袁本、舊鈔本「爾」譌作「小」。

〔八〕蓋元魏人也　按李暹注文子十二卷，不載隋志、舊唐志，始見新唐志卷三，題訓注文子。玉海卷五十三直標魏李暹。隋志卷三天文類有天文占六卷。李暹撰，未知是否其人。

默希子注文子十二卷〔一〕　袁本後志卷二子類第十九

右默希子者，唐徐靈府自號也。靈府謂文子周平王時人。641

〔一〕默希子注文子十二卷　原本所據底本「默」作「墨」，李富孫據袁本、書録解題卷九改。瞿鈔本、經籍考卷三十八亦作「墨」。按卧雲本、顧校本、舊鈔本亦作「墨」，下同。書録解題云：「默希子，不著名氏，晁公武曰『唐徐靈府自號也』。」是所見讀書志（陳氏所見乃衢本）亦作「默」。

朱玄注文子十二卷　袁本後志卷二子類第二十

右唐朱玄注。闕符言一篇〔一〕，或取默希注補焉〔二〕。 642

〔一〕符言　卧雲本、經籍考卷三十八誤作「府言」，按符言乃文子第四篇。

〔二〕默希注　顧校本「默」作「墨」，經籍考脱「希」字。

張湛注列子八卷〔一〕　袁本前志卷三上道家類第九

右鄭列禦寇撰。劉向校定八篇〔二〕，云：「繆公時人，學本於黄帝老子，清虚無爲，務崇不競〔三〕，其寓言與莊周類〔四〕」。晉張湛注。唐號沖虚真經〔五〕。景德中，加「至德」之號〔六〕。力命篇言壽夭不存於葆養，窮達不繫乎知力，皆天之命〔七〕。楊朱篇言極耳目之欲〔八〕，而不卹生之危，縱酒色之娱而不顧名之醜，是之謂制命於内。劉向以「二義乖背〔九〕，不似一家之言」。予以道家之學〔一〇〕，本謂世衰道喪〔一一〕，物僞滋起，或騁知力以圖利　不知張毅之走高門，竟以病殞；或背天真以徇名〔一二〕，不知伯夷之在首陽，因以餧終。是以兩皆排擯，欲使好利者不巧詐以干名〔三〕，好名者不矯妄以失性爾，非不同也。雖然，儒者之道則異乎是，雖知壽夭窮達非人力也〔四〕，必修身以竢焉〔五〕，以爲立巖牆之下而死者〔六〕，非正命也。雖知耳目之於聲色有性焉〔七〕，以爲其樂也外而不易吾內。嗚呼，以此自爲，則爲愛己，以此教人，則爲愛人。儒者之道所以萬世而無弊歟？643

〔一〕張湛注列子八卷　袁本題列子沖虛至德真經八卷。諸衢本、經籍考卷三十八標題同原本。

〔二〕劉向校定　袁本「劉」上有「禦寇」二字，當衍。

〔三〕務崇不競　袁本「崇」作「宗」，誤。今別録作「崇」。

〔四〕莊周　顧校本、舊鈔本脱「周」字。

〔五〕沖虛真經　原本所據底本「虛」作「靈」，李富孫據袁本改。按季録顧校本、瞿鈔本、經籍考、舊鈔本亦誤，宛委本不誤。新唐志卷三王士元亢倉子條注云：「天寶元年，詔列子爲沖虛真經。」

〔六〕景德中　袁本作「皇朝」。

〔七〕皆天之命　袁本「命」下有「也」字，顧校本「之」作「所」。

〔八〕極耳目之欲　袁本、宛委本「極」作「肆」，鮑廷博校本作「逞」，卧雲本、瞿鈔本、季録顧校本、舊鈔本、經籍考無「極」字。

〔九〕乖背　袁本「背」誤作「皆」。

〔一〇〕子以道家之學　袁本作「子以爲非也，道家之學」。

〔一一〕本謂世衰道喪　原本「謂」作「於」，據袁本、宛委本、卧雲本、瞿鈔本、經籍考改。

〔一二〕徇名　原本「名」作「俗」，據袁本、卧雲本、宛委本、經籍考改。

〔一三〕不巧詐以干名　顧校本「巧」作「知」。袁本、卧雲本、經籍考「名」作「命」。

〔一四〕雖知壽夭窮達非人力也　袁本作「雖壽夭窮達之非人力也」。

〔一五〕修身以竢焉　袁本無「以」字。

〔一六〕以爲立巖牆之下　袁本無「立」字。當脱去。

〔一七〕雖知耳目　原本無「雖」字，據袁本、宛委本補。

列子釋文一卷〔一〕　袁本前志、後志未收

右唐殷敬順撰。敬順嘗爲當塗丞。644

〔一〕列子釋文一卷　讀書附志卷下拾遺已録列子釋文二卷，故趙希弁未摘録衢本此條入後志，見後志存目。又，存目、書録解題卷九、經籍考卷三十八以及今本俱作二卷，疑此「一」乃「二」之誤。

郭象注莊子十卷〔一〕　袁本前志卷三上道家類第十

右莊周撰，晉郭象注。周爲蒙漆園吏〔二〕。按漢書志本五十二篇〔三〕，晉向秀、郭象合爲三十三篇〔四〕：內篇八〔五〕，外篇十五，雜篇十一。唐世號南華真經。自孔子沒，天下之道術日散。老聃始著書垂世〔六〕，而虛無自然之論起〔七〕。周又從而羽翼之，掊擊百世之聖人，殫殘天下之聖法而不忌，其言可謂反道矣。自荀卿、揚雄以來，諸儒莫不闢之，而放者猶自謂遊方之外，尊其學以自肆。於是乎禮教大壞〔八〕，戎狄亂華〔九〕，而天下橫流，兩晉之禍是已。自熙寧、元豐之後，學者用意過中〔一〇〕，見其書末篇論天下之道術，雖老聃與其身皆列之爲一家而不及孔子，莫不以爲陽訕孔子而陰尊焉，遂引而內之，殊不察其言之指歸宗老氏耶，宗孔氏耶〔一一〕？既曰宗老氏矣，詎有陰助孔子之理也耶〔一二〕？至其論道術而有是言，蓋不得已耳。夫盜之暴也，又何嘗不知主人之爲主人耶？顧可以其知及此，遂以爲尊我，開關揖而進之乎〔一三〕？竊懼夫禍之過乎兩晉也。645

〔一〕郭象注莊子十卷　袁本題作莊子南華真經十卷，諸衢本、經籍考卷三十八題同原本。

〔二〕蒙漆園吏　顧校本「蒙」作「楚」，袁本「吏」作「史」，俱誤。公武此據史記卷六十三老莊列傳。

〔三〕漢書志本五十二篇　袁本「志」下有「書」字。原本「二」誤作「一」，據袁本、卧雲本、宛委本、經籍考以及漢志諸子略本條改正。

〔四〕晉向秀郭象合爲三十三篇　孫星衍廉石居藏書記內編引讀書志此段，云：「但隋志載向秀注本二十卷、郭象注三十卷目一卷，俱不作三十三篇。古者篇、卷同耳，晁氏公武說未確也。」又，王先謙刊本校語云：「按下文是三十四，疑「三」字誤。」按孫、王皆未知公武此說出處。經典釋文序録云：「向秀注二十卷，二十六篇，一作二十七篇，一作二十八篇，亦無雜篇。」又云：「郭象注三十三卷，三十三篇：內篇七、外篇十五、雜篇十一。」此公武之所本也：唯向秀注本篇數與郭象注不同，公武不當混而言之。至於三十三篇之數不誤，所誤乃「內篇八」，當作「內篇七」。篇、卷義古人往往等視之，說詳盧文弨鍾山札記卷一，然亦有例外，向秀注本即是一例。

〔五〕內篇八　按當作「內篇七」，詳前。

〔六〕老聃　原本「聃」作「聃」、袁本作「聃」，今據顧校本改正。下同。袁本下一「聃」字不誤。

〔七〕自然　原本「自」誤作「目」，據袁本改正。

〔八〕禮教大壞　袁本作「禮教之大壞」，袁録何校本作「禮教爲之大壞」。

〔九〕戎狄亂華　宛委本四字作空格。

〔一〇〕學者用意過中　袁本作「學者用意之過」。按此「學者」蓋以蘇軾爲代表，東坡前集卷三十二莊子祠堂記云：「莊子蓋助孔子者，……皆實予而文不予，陽擠而陰助之。」公武駁斥此說。

〔一一〕宗老氏耶宗孔氏耶　顧校本作「宗孔氏耶，宗老氏耶。」

〔一二〕詎有陰助孔子之理也耶　袁本「詎」上有「庸」，「子」作「氏」，宛委本無「也」字。

〔一三〕開闢揖而進之　宛委本、顧校本「闢」作「門」。

成玄英莊子疏三十三卷〔一〕　袁本前志卷三上道家類第十一

右唐成玄英撰〔一〕。本郭象注，爲之疏義。玄英，字子實，陝州人，隱居東海。貞觀五年，召至京師，加號西華法師。永徽中，流郁州〔三〕。書成，道士王元慶邀文學賈鼎就授大義〔四〕。序云〔五〕：周字子休，師長桑公子。内篇理深，故別立篇目。外篇、雜篇，其題取篇首二字而已〔六〕。646

〔一〕成玄英莊子疏三十三卷　原本無「疏」字，據宛委本補入。袁本題作南華真經疏三十三卷，諸衢本、經籍考卷三十八題同原本。按是書諸家著録卷帙多寡不同。舊唐志卷下作莊子疏十二卷，新唐志卷三作注莊子三十卷、疏十二卷，書録解題卷九作三十卷，今道藏洞神部玉訣類所收則爲三十五卷。

〔二〕唐成玄英撰　宛委本、經籍考「唐」下有「道士」二字。

〔三〕流郁州　卧雲本、宛委本、經籍考此下有「不知坐何事」五字。按此段解題公武乃録新唐志卷三玄英注疏條小註，小注無此五字。

〔四〕王元慶邀文學賈鼎就授大義　按「邀」字新唐志作「遣」。此誤。又，袁本此句下尚有「嵩高山人李利涉爲之序」十字，此十字亦見新唐志，疑原本脱去。

〔五〕序云　袁本作「疏云」。

〔六〕篇首二字而已　袁本無「師長桑公子」至此凡二十七字。諸衢本、經籍考同原本。按公武乃約玄英序意爲此二十七字。

文如海莊子疏十卷〔一〕　袁本後志卷二子類第二十一

右唐文如海撰。如海，明皇時道士也。以郭象注放乎自然而絶學習，失莊生之旨，因再爲之解。凡九萬餘言。647

〔一〕文如海莊子疏十卷　按是書兩唐志不載，四庫闕書目道家類、宋志卷四題作文如海莊子正義十卷、秘續目道書類作道士文如海注莊子十卷。又以上三目尚有文如海莊子邈一卷，道藏目録詳注入洞神部玉訣類，題南華邈。

呂吉甫注莊子十卷〔一〕　袁本後志卷二子類第二十二

右皇朝呂惠卿撰。吉甫，惠卿字也〔二〕。648

〔一〕呂吉甫注莊子十卷　按是書書録解題卷九題作莊子義，宋志卷四題作莊子解。四庫總目不載，楹書隅録卷三收有宋刊本，題呂太尉經進莊子全解。以上俱作十卷。今道藏洞神部玉訣類所收，題道德真經傳四卷。

〔二〕惠卿字也　宛委本、卧雲本、經籍考卷三十八此句下尚有「元豐七年，先表進内篇，餘續成之」十三字。按此十三字，與書録解題解題相同，疑自彼竄此。傅增湘藏園羣書題記卷三有殘宋本呂觀文經進莊子内篇義，蓋即先進呈者。

王元澤注莊子十卷〔一〕 袁本後志卷二子類第二十

右皇朝王雱撰。元澤，其字也。649

〔一〕王元澤注莊子十卷 按是書道藏及四庫總目卷一四六著録，俱題南華真經新傳二十卷。

東坡廣成子解一卷 袁本後志卷二子類第二十四

右皇朝蘇軾撰。軾取莊子中「黄帝問道於廣成子」一章〔一〕，爲之解。景迂嘗難之。其序畧曰：「某晚玷先生薦賢中，安敢與先生異論？然先生許我不苟同，翰墨具在。」650

〔一〕取莊子中黄帝問道於廣成子 按玉海卷五十三廣成子條引讀書志無「中」、「於廣成子」五字。

鶡冠子八卷〔一〕 袁本前志卷三上道家類第十二

右班固載：「鶡冠子，楚人。居深山，以鶡羽爲冠〔二〕。」著書成編〔三〕，因以名之。至唐韓愈稱愛其博選、學問篇，而柳宗元以其多取賈誼鵩賦〔四〕，非斥之。按四庫書目：鶡冠子三十六篇〔五〕，與愈合，已非漢志之舊。今書乃八卷，前三卷十三篇〔六〕，與今所傳墨子書同〔七〕。中三卷十九篇，愈所稱兩篇皆在〔八〕，宗元非之者，篇名世兵，亦在〔九〕。後兩卷有十九篇〔一〇〕，多稱引漢以後事，皆後人雜亂附益之。今削去前、後五卷，止存十九篇〔一一〕，庶得其真。其辭雜黃老刑名，意皆鄙淺〔一二〕，宗元之評蓋不誣〔一三〕。651

〔一〕鶡冠子八卷　袁本題作鶡冠子三卷，解題亦異，俱録於下：「右按漢志：『鶡冠子，楚人，不顯名氏，居深山，以鶡羽爲冠。』因自號焉。著書十五篇，論三才變通、古今治亂之道。唐柳宗元嘗辯此書非古，而韓愈獨稱焉。二人皆名儒，未知孰是。」諸衢本、經籍考卷三十八解題大抵同原本。按二本卷數不同，詳下。

〔二〕以鶡羽爲冠　按漢志諸子略道家類鶡冠子條班固自注止云「以鶡爲冠」，師古注云：「以鶡鳥羽爲冠。」

〔三〕著書成編　臥雲本、宛委本、瞿鈔本、舊鈔本、經籍考「成編」作「一篇」。

〔四〕鵩賦　顧校本作「鵩鳥賦」。按賈誼鵩鳥賦，古人多稱鵩賦，柳宗元增廣註釋音辨唐柳先生集卷之四辨鶡冠子一文引作鵩賦。

〔五〕四庫書目鶡冠子三十六篇　按諸本、經籍考俱脱「卷」字，此句當作「四庫書目：鶡冠子三卷十六篇」。韓愈所見止十六篇。四庫書目當指唐開元四庫書目，四十卷，見崇文總目卷二目録類。

〔六〕十三篇　鮑廷博校本無「十」字，疑脱去。

〔七〕墨子書同　顧校本無「書」字。

〔八〕兩篇　宛委本、舊鈔本、經籍考「篇」作「卷」。

〔九〕篇名世兵亦在　顧校本作「亦在。篇名世兵」。

〔一〇〕十九篇　原本「篇」作「論」，據顧校本改。

〔一一〕止存十九篇　按宋濂諸子辨云：「陸佃解本十九篇，與晁氏削去前後五卷者合。予家所藏，但十五篇云。」宋氏十五篇者，與崇文總目卷三著録相合。今通行陸佃注本十九篇，雖合晁氏所刪定者，二本恐終非本真，參見藏園羣書題記續集卷二敦煌卷子本跋。

〔一二〕鄙淺　經籍考作「淺鄙」。

〔一三〕宗元之評蓋不誣　卧雲本、經籍考「誣」下有「也」字。袁録何校本何焯批語云：「自以韓爲正。」

亢倉子二卷　袁本前志卷三上道家類第十三

右唐柳宗元曰：「太史公爲莊周列傳，稱其爲書，畏累〔一〕、亢桑子，皆空言無事實。今世有亢桑子書，其首篇出莊子而益以庸言，蓋周所云者尚不能有事實，又況取其語而益之者？其爲空言尤也。劉向、班固録書無亢倉子〔二〕，而今之爲術者，乃始爲之傳注，以教於世，不亦惑乎！」按唐天寶元年〔三〕，詔號亢桑子爲洞靈真經〔四〕，然求之不獲。襄陽處士王士元謂莊子作庚桑子〔五〕，太史公列傳作亢桑子，其實一也〔六〕。取諸子文義類者，補其亡。今此書乃士元補亡者，宗元不知其故而遽詆之〔七〕，可見其鋭於譏議也。其書多作古文奇字，豈內不足者，必假外飾歟？何璨注〔八〕。652

〔一〕畏累　按史記卷六十三老莊列傳、唐柳先生集卷之四辨亢倉子俱作「畏累虛」，疑此脫「虛」字。

〔二〕班固録書無亢倉子　袁本「班」誤作「斑」。又，原本「倉」作「桑」，據袁本、臥雲本、宛委本、顧校本、經籍考卷三十八改正。柳氏辨亢倉子亦作「亢倉子」。

〔三〕唐　袁本作「大唐」。

〔四〕亢桑子　顧校本、經籍考「桑」作「倉」。按「天寶元年」以下至「補其亡」，公武悉本新唐志卷三王士元亢倉子條小注。注作「亢桑子」。

〔五〕王士元　袁録何校本何焯校語云：「『士元』當作『士源』，即爲孟浩然集序者，唐志亦譌『士元』。」按孟浩然集韋滔序云：「（宜城王士源）著亢倉子數篇，傳之於代。」劉肅大唐新語、李石續博物志亦有是説。

〔六〕太史公列傳作亢桑子其實一也　臥雲本、宛委本、瞿鈔本、新唐志、書録解題卷九（按乃引新唐志）「傳」作「子」、「桑」作「倉」，李富孫疑「子」字誤。按史記老莊列傳實作亢桑子，原本不誤。劉肅大唐新語卷九著述引王源（當「王士源」之誤）序云：「莊子謂之庚桑子，史記作亢桑子，列子作亢倉子，其實一也。」據此，新唐志「太史公」下實脱「作亢桑子」四字，書録解題及讀書志諸本皆沿其誤。此段文字當作「太史公作亢桑子，列子作亢倉子，其實一也」。

〔七〕宗元不知其故而遽詆之　袁本脱「宗」字，「詆」作「掊擊」。

〔八〕何璨注　今本注者俱作何粲，不從「玉」。

素書一卷　袁本前志卷三上道家類第十四

右題黄石公著，凡一千三百六十六言。其書言治國治家治身之道，而厖雜無統〔一〕，蓋采諸書以成之者也。653

〔一〕 厖雜　袁本作「厖亂」。

無盡居士注素書一卷　袁本前志卷三上道家類第十五

右皇朝張商英注〔一〕。商英稱素書凡六篇。按漢書黃石公圯上授子房，世人多以三畧爲是，蓋誤也。晉亂，有盜發子房冢，玉枕中獲此書〔二〕。商英之言，世未有信之者。654

〔一〕 張商英　袁本「商」誤「商」，下同。

〔二〕 獲此書　袁本「書」下有「云」字，而無此句下十字。

七賢注陰符經一卷李筌注陰符經一卷〔一〕　袁本前志卷三上道家類第十七

右唐少室山布衣李筌注〔二〕，云：「陰符經者，黃帝之書。或曰受之廣成子，或曰受之玄女，或曰黃帝與風后、玉女論陰陽六甲，退而自著其事。陰者暗也，符者合也。天機暗合於事機，故曰『陰符』。」皇朝黃庭堅魯直嘗跋其後，云：「陰符出於李筌〔三〕。熟讀其文，知非黃帝書也。蓋欲其文奇古，反詭譎不經，蓋糅雜兵家語，又妄說太公、范蠡、鬼谷、張良、諸葛亮訓注〔四〕，尤可笑。惜不經柳子厚一捂擊也。」655

〔一〕七賢注陰符經一卷李筌注陰符經一卷　袁本題作陰符經一卷，諸衢本、元刊經籍考卷三十八題同原本，殿本經籍考「七」誤作「士」。按新唐志卷三有李筌驪山母傳陰符玄義一卷，注云：「筌號少室山達觀子，於嵩山虎口巖石壁得黄帝陰符本，題云：魏道士寇謙之傳諸名山，筌至，驪山老母傳其說。」又著録集注陰符經一卷，注云：「太公、范蠡、鬼谷子、張良、諸葛亮、李淳風、李筌、李治、李鑒、李鋭、楊晟。」宋志卷四有黄帝陰符經一卷，云：「舊目云驪山老母注，李筌撰。」又李筌陰符經疏一卷，又太公等陰符注一卷。衢本較袁本增添著録一部七賢注陰符經一卷，其本比新唐志所録集注本少六家。今世所傳李筌注，亦有二本，一爲集注本中之李筌注，一爲黄帝陰符經疏中之李筌注。（俱載道藏洞真部玉訣類，前者一卷，後者三卷。）讀書志與玉海卷五並引「陰者暗也，符者合也」，不見今集注本，而見於陰符經疏中之注文，故知後者李筌注，確爲筌作，而前者李筌注蓋宋人僞撰，說見劉師培讀道藏記。據此，衢本增補集注本不可信，其爲僞書無疑。

〔二〕唐少室山布衣李筌注　袁本「注」作「序」，連下爲文。按王重民敦煌古籍敍録謂唐同時同地有李筌、李荃兩人：著陰符經疏者爲李筌，取莊子「得魚忘筌」之意以爲名，故又號達觀子，居少室山，非布衣，嘗迭任内外諸軍職，乃以道家而言兵者。著閫外春秋、中台志者，爲李荃，亦居少室山，終於布衣，則爲爲儒家言者。二人前人往往相混淆。新唐志小注（前引）明著號少室山達觀子，未云布衣，且李筌黄帝陰符經疏自序，已自稱少室山達觀子（見全唐文卷三六一），而公武不察，妄加「布衣」，是必亦混二人爲一人矣。

〔三〕李筌　袁本無「李」字。按黄庭堅謂陰符經出李筌僞託，朱熹（朱子語類卷一二五）、陳振孫（書録解題卷十二兵書類）等皆持此說，公武亦不之疑。然後人頗有疑之者。參見四部正譌卷中、古今僞書考、漢魏叢書本王謨題識、四庫提要辨證卷十九、古今僞書考補證。

〔四〕又妄說太公范蠡鬼谷張良諸葛亮訓注　袁本作「又妄託子房、孔明諸賢訓注」，顧校本「諸葛亮」作「諸葛武侯」。

天機子一卷〔一〕　袁本後志卷二子類第二十五

右不著撰人。凡二十五篇。或曰一名陰符二十四機，諸葛亮撰〔二〕。予觀其辭旨，殆李筌所爲爾，託之孔明也。載道藏中。656

〔一〕天機子一卷　按崇文總目卷三有陰符天機經一卷，（通考引「天」作「元」，崇文總目輯釋補正卷三謂當作「玄」），原釋悉引新唐志卷三李筌驪山母傳陰符經玄義條小注，又玉海卷五十三引中興書目有天機經一卷，云「不知作者」，趙士煒中興館目輯考卷四以爲崇文總目所録陰符天機經與中興書目所録天機經非一書。

〔二〕或曰一名陰符二十四機諸葛亮撰　按四庫闕書目兵家類、祕續目兵書類俱有諸葛亮撰陰符二十四機一卷，宋志卷六兵書類題同而不著撰人。今道藏太清部有天機經一卷，道藏精華録第三集有陰符天機經一卷。公武所謂「載道藏中」，未知是否即天機經。

無能子三卷　袁本後志卷二子類第二十六

右不著撰人。唐光啓三年，天子在褒。寓三輔景氏舍〔一〕，成書三十篇〔二〕，述老莊自然之旨，總目録之於道家。657

〔一〕寓三輔景氏舍　按影正統道藏本佚名序云：「無能子寓於左輔景氏民舍」。

〔二〕成書三十篇　按序謂「余因析爲品目，凡三十四篇，編上、中、下三卷。」疑讀書志脱「四」字。

四子治國樞要四卷〔一〕　袁本後志卷二子類第二十七

右唐范乾九集。「四子」謂莊子、文子、列子、亢倉子。其意以爲黄、老之道〔二〕，内足以修身，外足以治國。周王得文子之言，趙王納莊周之論，皆都興邦致治，故采其書有益治道者，分爲二十門。658

〔一〕四子治國樞要四卷　按此書不見兩唐志，四庫闕書目道家類、宋志卷四作范乾元（原注：一作「九」）四子樞要二卷，祕續目道書類作道士范乾元道門四子治國樞要一卷，國史經籍志卷四上子類題同祕續目，二卷，范乾元撰。

〔二〕其意以爲　袁本、宛委本、舊鈔本以及玉海卷五十三四子治國樞要條引讀書志「爲」俱作「謂」。

法家類

管子二十四卷〔一〕 袁本前志卷三上法家類第一

右劉向所定，凡八十六篇〔二〕，今亡十篇〔三〕。世稱齊管仲撰。杜佑指畧序云：「唐房玄齡注。其書載管仲將没，對桓公之語，疑後人續之。而注頗淺陋，恐非玄齡〔四〕，或云尹知章也。」管仲九合諸侯，以尊王室，而三歸反坫，僭擬邦君，是以孔子許其仁〔五〕，而陋其不知禮。議者以故謂仲但知治人而不知治己〔六〕。予讀仲書，見其謹政令，通商賈，均力役，盡地利，既爲富强，又頗以禮義廉恥化其國俗。如心術、白心之篇，亦嘗側聞正心誠意之道。其能一匡天下〔七〕，致君爲五伯之盛，宜矣。其以汰侈聞者，蓋非不知之，罪在於志意易滿，不能躬行而已。孔子云爾者，大抵古人多以不行禮爲不知禮，陳司敗譏昭公之言亦如此。然則其爲書固無不善也，後之欲治者庶幾之，猶可以制四夷而安中國〔八〕，學者何可忽哉！因爲是正其文字而辨其音訓云。 659

〔一〕管子二十四卷　袁本題作管子十八卷，解題極簡略，俱録於下：「右齊管夷吾撰。書富國之要，述輕重、九府、取人之制。劉向校八十一篇，今亡一篇，五十八篇有注解。按杜佑指略序云房玄齡所注，或云唐尹知章注，未詳。」諸衢本、經籍考卷三十九法家類標題、卷數、解題同原本。按管子一書漢志諸子略道家類作八十六篇，隋志卷三法家類、新唐志卷三作十九卷，舊唐志卷下作十八卷，崇文總目卷三録管子十八卷。原釋：「劉向校録。」又録管子十九卷，原釋：「唐國子博士尹知章注。按吳兢書目凡三十卷，今存十九卷，自形勢解篇而下十一卷亡。」書録解題卷十、宋志卷四、玉海卷五十三引中興書目以及今通行本俱二十四卷，與衢本相合。楹書隅録卷三有宋刊本二十四卷，卷末後有木記：「蔡潛道宅板行紹興壬申孟春朔題」。并張嵲跋一則，謂「紹興己未，從人借得，舛錯甚衆，頗爲是正，鈔藏於家」云云，明趙用賢本正從此本出。衢本所録亦此二十四卷本歟？

〔二〕凡八十六篇　原本「八」譌「九」，按別録管子敍録云：「定著八十六篇」，漢志署子署道家著録筦子八十六篇，據改。袁本作「八十一篇」，「一」當「六」之誤。

〔三〕今亡十篇　袁本作「今亡一篇」。按管子在梁、隋間亡十篇，至宋又亡王言一篇，共十一篇，疑衢本脱「一」而袁本脱「十」字。

〔四〕恐非玄齡　顧校本作「恐非出於玄齡」。

〔五〕是以孔子許其仁　顧校本無「是以」二字。

〔六〕不知禮議者以故謂仲但知治人而不知治己　顧校本無「議者以故」四字，蓋原本「議」作「義」，連上爲句，語不可通，故顧氏删去四字，今宛委本「義」實作「議」，「議者」連下爲句，據改。又，顧校本「治己」下有「也」字。

〔七〕一匡天下　卧雲本、經籍考「匡」作「正」。

〔八〕制四夷　宛委本「夷」作「方」。

右韓非撰。非，韓之諸公子也。喜刑名法術之學，作孤憤、五蠹、說林、說難十餘萬言。秦王見其書，歎曰：「得此人，與之遊，死不恨矣。」急攻韓，得非。後用李斯之毀，下吏使自殺。書凡五十五篇。其極刻覈無誠悃〔二〕，謂夫婦父子舉不足相信，而有解老、喻老篇〔三〕，故太史公以爲大要皆原於道德之意。夫老子之言高矣，世皆怪其流裔何至於是〔四〕，殊不知老子之書，有「將欲歙之，必固張之〔五〕；將欲弱之，必固强之；將欲廢之，必固興之；將欲奪之，必固與之」及「欲上人者，必以其言下之；欲先人者，必以其身後之」之言〔六〕，乃詐也。此所以一傳而爲非歟。660

〔一〕韓非子二十卷　袁本題作韓子二十卷，解題亦異，俱錄於下：「右韓非撰。非，韓諸公子，喜刑名法術，以富公彊兵法制之策干韓王，不用，作孤憤、五蠹、說林、說難十餘萬言。秦王見書，嘆曰：『得此人與之游，死不恨。』急攻韓，得非，後用李斯之毀，下吏治，赦之不及。」諸衢本、經籍考卷三十九標題、解題同原本。

〔二〕其極刻覈　顧校本「其極」作「極其」，疑是。

〔三〕喻老篇　顧校本作「喻老之篇」。

〔四〕何至於是　顧校本作「何乃至是」。

〔五〕必固張之　原本所據底本「固」作「故」，瞿鈔本同，李富孫據老子改，下三「固」字亦李氏所改。按宛委本、顧校本亦俱作「故」。按此段語見老子第三十六章。

〔六〕之言　顧校本無此二字。

商子五卷〔一〕　袁本前志卷三上法家類第三

右秦公孫鞅撰。鞅，衛之庶孽〔二〕，好刑名之學。秦孝公委之以政，遂致富强，後以反誅。鞅封於商，故以名其書。本二十九篇，今亡者三篇。太史公既論鞅刻薄少恩，又讀鞅開塞書，謂與其行事相類，卒受惡名，有以也。索隱曰：「開謂刑嚴峻則政化，開塞謂布恩惠則政化塞〔三〕。」今考其書，司馬貞蓋未嘗見之而妄爲之説耳〔四〕。開塞乃其第七篇，謂道塞久矣，今欲開之，必刑九而賞一。刑用於將過，則大邪不生，賞施於告姦，則細過不失。大邪不生，細過不失，則國治矣。由此觀之，鞅之術無他，特恃告訐而止耳。故其法不告姦者與降敵同罰，告姦者與殺敵同賞，此秦俗所以日壞，至於父子相夷，而鞅不能自脱也。太史公之言，信不誣也。661

〔一〕商子五卷　袁本解題頗異，俱録於下：「右秦公孫鞅撰。魏之庶孽，相秦，封商。好刑名之學，秦委以政，遂致富彊，卒以刻薄致誅。所著本二十九篇，今亡者三篇。」諸衢本、經籍考卷三十九解題同原本。

〔二〕衛之庶孽　袁本「衛」誤作「魏」。

〔三〕布恩惠　按史記卷六十八商君列傳索隱「惠」作「賞」。

〔四〕司馬貞蓋未嘗見之而妄爲之説耳　宛委本、舊鈔本、經籍考無「而」字。

名家類

尹文子二卷〔一〕 袁本前志卷三上名家類第一

右周尹文撰，仲長氏所定〔二〕。序稱文當齊宣王時居稷下〔三〕，學於公孫龍，龍稱之。而前漢藝文志敍此書在龍書上〔四〕。顔師古謂嘗説齊宣王，在龍之前〔五〕。史記云公孫龍客於平原君，君相趙惠文王〔六〕，文王元年，齊宣殁已四十餘歲矣〔七〕。則知文非學於龍者也。今觀其書〔八〕，雖專言刑名，然亦宗六藝，數稱仲尼〔九〕，其叛道者蓋鮮。豈若龍之不宗賢聖〔一〇〕、好怪妄言哉！李獻臣云〔一一〕：「仲長氏，統也。熙伯，繆襲字也。」傳稱統卒於獻帝遜位之年，而此云「黄初末到京師」，豈史之誤乎〔一二〕？此本富順李氏家藏者〔一三〕，謬誤殆不可讀，因爲是正其甚者，疑則闕焉〔一四〕。662

〔一〕尹文子二卷　袁本作三卷，諸衢本、經籍考卷三十九名家類同原本。按是書漢志諸子略名家作一篇，隋志卷三、舊唐志卷下、崇文總目卷三、玉海卷五十三引中興書目俱作二卷，新唐志卷三、宋志卷四、四庫總目卷一一七雜家類作一卷。今本或二卷，如四部叢刊本；或一卷，如道藏本。唯書録解題卷十與袁本同。仲長氏序稱「條次撰定爲上、下篇」，是作三卷殊不可解，疑誤。

〔二〕右周尹文撰仲長氏所定　袁本作「右仲長氏所定尹文子篇」。

〔三〕序稱文當齊宣王時　袁本「文」下有「子」，殿本經籍考作「序稱尹文齊宣王時」，元刊經籍考「尹文」誤作「文宣」。按袁本、殿本經籍考亦可通，仲長氏序原文爲：「尹文子者，蓋出於周之尹氏，齊宣王時居稷下」。

〔四〕而前漢藝文志　顧校本無「而」字。

〔五〕顏師古謂嘗說齊宣王在龍之前　按漢志班固自注云：「說齊宣王，先公孫龍。」師古注云：「劉向云與宋鈃俱游稷下。」公武所引乃班固自注，非師古注。公武往往誤漢志班固注爲師古注，讀書志中已數見，而四庫總目亦云：「顏師古注漢書，謂齊宣王時人」，蓋未檢漢志，因襲讀書志之誤。

〔六〕君相　顧校本作「平原相」。

〔七〕文王元年齊宣殁已四十餘歲矣　按趙惠文王元年（公元前二九八年）上推至齊宣王卒（公元前三〇一年）止四年。未知公武何所據依，而高似孫子略尹文子條、宋濂諸子辨條亦全襲讀書志。

〔八〕今觀其書　顧校本「觀」作「視」。

〔九〕亦宗六藝數稱仲尼　顧校本作「亦知重六藝，數稱孔氏」。按高似孫子略云：「鼂氏嘗稱其『宗六藝，數稱仲尼』。熟考其書，未見其所以稱仲尼、宗六藝者；僅稱誅少正卯一事耳。嗚呼，士之生於春秋、戰國之間，其所以薰蒸染習，變幻捭闔，求騁於一時而圖其所大欲者，往往一律而同歸；其能竑立中流、一掃羣異，學必孔氏，言必六經者，孟子一人而已！」是高氏所見亦同原本。

〔一〇〕不宗賢聖　顧校本作「不宗聖賢」，卧雲本「宗」作「崇」。

〔一一〕李獻臣云　按獻臣，淑字。以下引文當出李淑邯鄲圖書志。

〔一二〕豈史之誤乎　四庫總目引公武此段考證，以爲撰序之仲長氏未必是統，而謂公武因此而疑史，未免附會。按後漢書卷四十九仲長統傳云統卒於獻帝遜位之歲，三國志卷二十一劉劭傳注引繆襲撰統昌言表稱統延康元年卒，延康乃獻帝末年改號，至冬而魏受禪，改元黄初。統安得於黄初末尚在？公武所疑極是。然不知造僞序者，亦正據史書，以影射仲長氏即仲長統歟？以劉劭傳正有「襲友人山陽仲長統，漢末爲尚書郎」之語。唯造序者未暇細考仲長統卒年，遂露破綻於後人耳。與其疑史，不若疑序矣。至於四庫館臣疑另有仲長氏者，亦非，此序所指必仲長統也。

〔一三〕富順李氏家藏者　袁本「藏」上有「所」字，宛委本、經籍考「者」作「書」。

〔一四〕疑則闕焉　顧校本「疑」作「餘」，袁本「闕」誤作「闘」。

鄧析子二卷　袁本前志卷三上名家類第二

右鄧析二篇。文字訛闕，或以「繩」爲「澠」〔一〕，以「巧」爲「功」，頗爲是正其謬，且撮其旨意而論之。曰：先王之世，道德修明，以仁爲本〔二〕，以義爲輔。誥命謨訓則著之書，諷頌箴規則寓之詩，禮、樂以彰善，春秋以懲惡，其始雖若不同而其歸則合。猶天地之位殊而育物之化均〔三〕，寒暑之氣異而成歲之功一，豈非出於道德而然邪！自文、武既没，王者不作，道德晦昧於天下而仁義幾乎熄〔四〕。百家之説蠭起，各求自附於聖人，而不見夫道之大全，以其私知臆説〔五〕，譁世而惑衆。故九流皆出於晚周，其書各有所長而不能無所失〔六〕。其長蓋或有見於聖人，而所失蓋各奮其私知，故明者審取舍之而已〔七〕。然則析之書豈可盡廢哉！左傳曰：「駟歂殺析而用其竹刑。」班固録析書於名家之首，則析之學，蓋兼名、法家也。今其大旨訐而刻〔八〕，真其言也，無可疑者。而其間時勦取他書，頗駁雜不倫〔九〕，豈後人附益之歟〔一〇〕？ 663

〔一〕以繩爲澠　袁本「澠」作「蠅」。

〔二〕以仁爲本　袁本無此四字。

〔三〕天地之位殊　袁本「位」作「勢」。

〔四〕晦昧於天下而仁義幾乎熄　袁本無「晦」字。又袁本、卧雲本、宛委本「乎」作「于」。

〔五〕以其　顧校本作「騁其」。

〔六〕其書　袁本作「其言」。

〔七〕故明者　顧校本作「在明者」。

〔八〕其大旨　袁本、玉海卷五十三鄧析子條引讀書志作「其書大旨」。

〔九〕頗駁雜不倫　顧校本作「頗駁雜而不倫」。

〔一〇〕附益之歟　按王應麟漢藝文志考證卷七鄧析兩篇條引讀書志此句下尚有「荀子非十二子與惠施并言」十一字，疑非讀書志所有。

人物志三卷〔一〕 袁本前志卷三上名家類第三

右魏邯鄲劉劭孔才撰〔二〕，僞涼燉煌劉昞注〔三〕。以人之材器志尚不同，當以「九徵」、「八觀」，審察而任使之。凡十二篇〔四〕。劭，郄慮所薦。慮，譖殺孔融者，不知在劭書爲何等，而劭受其知也。664

〔一〕人物志三卷 袁本解題絶異，俱録於下：「右魏劉劭撰。凡一十二篇。僞涼劉昞注。以人物情性志氣不同，當審察材理，各分等列云。」諸衢本、經籍考卷三十九解題同原本。

〔二〕劉劭孔才 袁本「劭」作「邵」。按隋志卷三、兩唐志同袁本，三國志卷二十一本傳、崇文總目卷三、書録解題卷十同原本。四庫總目卷一一七雜家類作「邵」，云：「別本或劉劭，或作劉邵。此書末有宋庠跋云：『據今官書，魏志作勉劭之劭，從力。他本或從邑者，晉邑之名。案字書，此二訓外別無他釋，然俱不協孔才之義。說文則爲卲，音同上，但召旁從卩耳，訓高也。李舟切韻訓美也。高美又與孔才義符。揚子法言曰周公之才之卲是也。』所辨精核，今從之。」又李慈銘桃華聖解盦日記甲集六七亦持此說，謂當從卩，「從卩者高也，劉字孔才，故知當作卲。應仲遠之名，亦當從卩，今傳寫皆誤作劭。」李氏所謂从卩即卩，篆體卩作ㄗ也。

〔三〕劉昞 宛委本「昞」作「炳」，經籍考作「眪」，俱誤。昞，魏書卷五十二有傳。

〔四〕凡十二篇 卧雲本、經籍考作「凡十六篇」，誤。四庫總目蓋據經籍考引讀書志遽謂「晁公武讀書志作十六篇，疑傳寫之誤」，蓋未查檢本書也。

墨家類

墨子十五卷〔一〕 袁本前志卷三上墨家類第一

右宋墨翟撰。戰國時，爲宋大夫，著書七十一篇，以「貴儉」、「兼愛」、「尊賢」、「右鬼」、「非命」、「上同」爲説〔二〕。荀、孟皆非之，韓愈獨謂「辨生於末學〔三〕，非二師之道本然也」。 665

〔一〕墨子十五卷 袁本作五十卷，誤倒「五」、「十」二字。是書隋志卷三、兩唐志、崇文總目卷三、宋志卷四、山堂考索前集卷十引中興書目皆同原本。諸衢本、經籍考卷三十九作十五卷，不誤。

〔二〕上同爲説 袁本作「尚上爲説云」。

〔三〕韓愈獨謂辨生於末學 袁本、王應麟漢藝文志考證卷七墨子七十一篇條引讀書志「韓」上有「而」字。顧校本「韓愈獨」作「獨韓愈」。經籍考「辨」作「辯」，是。

晏子春秋十二卷〔一〕 袁本前志卷三上墨家類第二

右齊晏嬰也〔二〕。嬰相景公，此書著其行事及諫諍之言〔三〕。昔司馬遷讀而高之，而莫知其所以爲書〔四〕。或曰晏子爲之而人接焉〔五〕，或曰晏子之後爲之。唐柳宗元謂遷之言不然〔六〕，以爲〔七〕「墨子之徒有齊人者爲之。墨好儉，晏子以儉名於世，故墨子之徒尊著其事〔八〕，以增高爲己術者。且其旨多尚同、兼愛、非樂、節用、非厚葬久喪、非儒、明鬼，皆出墨子〔九〕，又往往言墨子聞其道而稱之，此甚顯白。自向、歆、彪、固皆録之儒家〔一〇〕，非是。後宜列之墨家。」今從宗元之說〔一一〕。

〔一〕晏子春秋十二卷　按是書劉向別録晏子敍録、漢志諸子畧儒家類作晏子八篇，隋志卷三儒家類、兩唐志儒家類作七卷，至崇文總目卷三儒家類始作十二卷。今本多作八卷，亦有作七卷者，如孫星衍校經訓堂叢書本。崇文總目云：「晏子八篇，今亡。此書後人採嬰行事爲之，以爲嬰撰則非也。」

〔二〕晏嬰也　卧雲本作「晏嬰平仲也」。

〔三〕及諫諍之言　顧校本作「及其諫諍之言」。按此句下「昔司馬遷」云云，經籍考卷三十九另行，徑引作「柳氏辯晏子春秋曰」，文字與此微異；而卧雲本「柳氏辨晏子春秋曰」不提行，文字與經籍考悉同，疑據經籍考竄改。今取柳宗元增廣註釋音辨唐柳先生集卷之四辨晏子春秋條校覈二本同異，卧雲本、經籍考異文不予出校。袁録顧校本顧廣圻校語云：「按『昔司馬遷』以下，經籍考云『柳氏辨晏子春秋』，別出在後，疑趙希弁誤入於晁志也。當檢衢本訂□。衢本亦有，然則經籍考有誤也。」顧氏所校爲袁本，當時未見衢本，故云。

〔四〕所以爲書　原本脱「以」字，據袁本、柳氏辨晏子春秋補。

〔五〕或曰晏子爲之而人接焉　袁本脱此十字。顧校本、舊鈔本、陳師曾刊本脱「接」字作空格，顧氏補「習」字。按柳氏辨晏子春秋同原本。

〔六〕不然　袁本作「乃然」。按柳宗氏止謂以上兩「或曰」「皆非也」，未嘗以爲司馬氏非。

〔七〕以爲　顧校本無此二字。

〔八〕墨好儉晏子以儉名於世故墨子之徒尊著其事　袁本脱「晏子以儉」、「於」五字，顧校本「好」作「尚」，又無「墨子之徒」四字。柳氏辨晏子春秋同原本。

〔九〕非樂節用非厚葬久喪非儒明鬼皆出墨子　顧校本「非樂、節用、非厚葬久喪」作「非厚葬久喪、非樂、節用」。按柳氏辨晏子春秋此段作：「且其旨多尚同、兼愛、非樂、節用、非厚葬久喪者，是皆出墨子；又非孔子，好言鬼事；非儒、明鬼，又出墨子。」公武此乃約言之。

〔一〇〕向歆彪固皆録之儒家　按班彪以史記漢武太初以下闕而不録，遂因而演之，作後傳六十五篇，（見史通卷十二古今正史篇）其書未嘗有志、表，何「録之儒家」之有？柳氏誤在前，公武又踵其謬。

〔一一〕今從宗元之説　袁本「説」下有「云」字。按經訓堂叢書本孫星衍序云：「凡稱子書，多非自著，無足怪者。柳宗元文人無學，謂墨氏之徒爲之，可謂無識。」

縱横家類

鬼谷子三卷　袁本前志卷三上縱横家類第一

右鬼谷先生撰。按史記，戰國時隱居潁川陽城之鬼谷〔一〕，因以自號。長於養性治身，蘇秦、張儀師之〔二〕。敍謂此書即授之二子者，言捭闔之術，凡十三章〔三〕。本經、持樞、中經三篇〔四〕，梁陶弘景注。隋志以爲蘇秦書〔五〕，唐志以爲尹知章注，未知孰是。陸龜蒙詩謂鬼谷先生名詡〔六〕，不詳所從出。柳子厚嘗曰〔七〕：「劉向班固録書無鬼谷子。鬼谷子後出，而險盭峭薄〔八〕，恐其妄言亂世難信〔九〕，尤者晚乃益出七術，怪謬異甚〔一〇〕，言益陿〔一一〕，使人猖狂失守〔一二〕。」來鵠亦曰：「鬼谷子昔教人詭紿激訐〔一三〕，揣測憸滑之術，悉備於章旨〔一四〕，六國時得之者〔一五〕，惟儀、秦而已。如捭闔、飛箝〔一六〕，實今之常態。」是知漸漓之後，不讀鬼谷子書者，其行事皆若自然符合也〔一七〕。昔倉頡造字〔一八〕，鬼爲之哭。不知鬼谷子作是書〔一九〕，鬼復何爲邪〔二〇〕？世人欲知鬼谷子者，觀二子之言畧盡矣〔二一〕。故掇其大要，著之篇首〔二二〕。 667

〔一〕按史記戰國時隱居潁川陽城之鬼谷　袁本「潁」誤作「穎」，顧校本無「陽城」二字。按史記卷六十九蘇秦列傳云：「（蘇秦）東事師於齊，而習之於鬼谷先生。」集解云：「徐廣曰：『潁川陽城有鬼谷，蓋是其人所居，因爲號。』」索隱云：「按鬼谷，地名也。扶風池陽、潁川陽城並有鬼谷墟，蓋是其人所居，因爲號。又樂壹注鬼谷子書云：『蘇秦欲神祕其道，故假名鬼谷。』」史記卷七十張儀列傳云：「張儀者，魏人也。始嘗與蘇秦俱事鬼谷先生，學術，蘇秦自以不及張儀。」公武所引「隱居潁川陽城」云云非史記本文，而統謂之史記，故録以備考。

〔二〕蘇秦張儀師之　袁本、王應麟漢藝文志考證卷七鬼谷子條引讀書志此句下尚有「受縱横之事」五字。

〔三〕敍謂此書即授之二子者言捭闔之術凡十三章　袁本、王氏考證引讀書志「之二子」作「秦、儀」，又無「言」、

「凡」二字。顧校本、舊鈔本、經籍考卷三十九無「之」字。又，王氏考證在「敍」上有「尹知章」三字，「十三章」下小注云：「一云十二章。」

〔四〕本經持樞中經三篇　王氏考證「篇」下小註云：「一云受轉九（按疑「丸」之誤）胠篋三章。」注下又有「秦、儀復往見，先生乃正席而坐，嚴顏而言，告二子以全身之道」二十四字。又，宋濂諸子辨鬼谷子條亦據讀書志爲之，其云：「又受轉圓、胠篋，及本經、持樞、中經三篇。轉圓、胠篋今亡。」而今本凡三卷，卷上爲捭闔、反應、内揵、抵巇四篇；卷中爲飛箝、忤合、揣篇、摩篇、權篇、謀篇、決篇、符言八篇，又轉丸、胠亂二篇亡；卷下爲本經陰符七篇、持樞、中經三篇。計篇數自捭闔至符言止十二云。

〔五〕隋志以爲蘇秦書　按隋志卷三著録鬼谷子三卷，云：「皇甫謐注。鬼谷子，周世隱於鬼谷。」未嘗以爲蘇秦書。至兩唐志遂題蘇秦撰。唐志依據蓋即史記蘇秦傳索隱引樂壹注鬼谷子書語（見校注〔一〕，此語玉海卷五十三作史記正義引七録語，今本史記未見），是謂鬼谷子爲蘇秦撰，殆始於樂氏。隋志有樂一注鬼谷子三卷，姚振宗云大抵爲晉人。見隋書經籍志考證卷二十九。

〔六〕陸龜蒙詩謂鬼谷先生名誗　卧雲本「誗」作「詡」，經籍考作「訓」。按諸子辨云：「或曰王誗（原注：或云王詡）者，妄也。」此「或曰」當即指讀書志引陸氏詩，是以宋濂所見讀書志已有異本。

〔七〕柳子厚嘗曰　經籍考另行作「柳氏辨鬼谷子曰」，下引柳宗元辨鬼谷子原文，卧雲本同原本，然下引文字悉同經籍考。柳氏辨鬼谷子載增廣註釋音辨唐柳先生集卷之四。

〔八〕險盭峭薄　袁本「險」作「嶮」。柳氏辨鬼谷子同原本。

〔九〕恐其妄言亂世難信　袁本「妄」、「言」互倒，袁録何校本已乙正。又，卧雲本、經籍考此句下更有「學者宜其不道，而世之言縱横者時葆其書」十七字，與柳氏辨鬼谷子合。

〔一〇〕怪謬異甚　原本「異」誤作「益」，據袁本、卧雲本、宛委本、王應麟漢藝文志考證卷七引讀書志改。

〔一一〕言益陋　袁本「陋」作「隘」，王氏考證引讀書志同袁本。按此處疑二本俱有脱文，卧雲本作「不可考校，其言益奇而道益陋」，同柳氏辨鬼谷子。

〔一二〕使人猖狂失守　袁録何校本、柳氏辨鬼谷子「猖」作「狙」。卧雲本此句下尚有「而易於陷墜，幸矣人之葆之者，今元子又文以指要，嗚呼，其爲術也過矣」二十八字。按卧雲本引語同柳氏辨鬼谷子，唯「者」下脱「少」字。王氏考證引讀書志同二本。

〔一三〕激訐　卧雲本「激」作「繳」，經籍考作「徼」。

〔一四〕悉備於章旨　袁本、王氏考證引讀書志無「旨」字。

〔一五〕六國時得之者　袁本、王氏考證作「學之者」，顧校本「六」作「七」。

〔一六〕如捭闔　袁本、王氏考證「如」作「始」。

〔一七〕若自然符合也　袁本、卧雲本、宛委本、舊鈔本、經籍考、王氏考證「若」作「得」、「合」作「契」。

〔一八〕造字　袁本、卧雲本、宛委本、舊鈔本、經籍考、王氏考證作「作文字」。

〔一九〕鬼谷子　袁本、卧雲本、宛委本、舊鈔本、經籍考、王氏考證無「子」字。

〔二〇〕鬼復何爲邪　袁本、卧雲本、宛委本、舊鈔本、經籍考、王氏考證無「復」字。

〔二〕二子之言　袁本、王氏考證無「之」字。

〔三〕著之篇首　袁本、卧雲本、宛委本、舊鈔本、經籍考無「首」字。

戰國策三十三卷〔一〕　袁本前志卷三上縱橫家類第二

右漢劉向校定三十三篇。東、西周各一〔二〕，秦五，齊六，楚、趙、魏各四，韓、燕各三，宋衛、中山各一〔三〕。舊有五號，向以爲皆戰國時遊士策謀，改定今名。其事則上繼春秋，下訖楚、漢之起，凡二百四五十年之間〔四〕。崇文總目多闕，至皇朝曾鞏校書，訪之士大夫家，其書始復完。漢高誘注，今止十篇〔五〕，餘逸。歷代以其紀諸國事，載於史類。予謂其紀事不皆實録，難盡信，蓋出於學縱橫者所著，當附於此〔六〕。668

〔一〕戰國策三十三卷　原本脱上一「三」字，據袁本、劉向別録戰國策敍録補。

〔二〕東西周各一　顧校本作「東周、西周各一」。

〔三〕宋衛中山各一　袁本脱「中山各一」四字。顧校本、宛委本、舊鈔本脱「中山」二字，袁録何校本作「宋衛一」。按宋衛合一卷，中山一卷，故「宋」下不加標點。

〔四〕凡二百四五十年之間　袁本、宛委本「四五十年」作「四十五年」，袁本無「之間」二字。按別録戰國策敍録云：「其事繼春秋以後，訖楚、漢之起，二百四十五年之間之事。」楚漢起事，在秦二世元年，上推二百四十五年，適三家分晉始。然曾鞏序實云：「至於此書之作，則上繼春秋，下至楚漢之起，二百四五十年之間。」公武著録爲曾氏校定本，其所據蓋即曾氏序，姑仍之。

〔五〕今止十篇　袁本「止」誤作「上」。

〔六〕當附於此　袁本作「當附於縱横家云」。按戰國策公武入子部，頗爲不倫，四庫總目卷五十二雜史類專有論斥之。

郡齋讀書志卷第十二

雜家類

呂氏春秋二十六卷〔一〕 袁本前志卷三上雜家類第一

右秦呂不韋撰，後漢高誘注。按史記不韋傳云：不韋相秦，招致辯士，厚遇之。使人人著所聞〔二〕，集論以爲八覽、六論、十二紀，二十餘萬言，以爲備天地萬物古今之事，號曰呂氏春秋。暴之咸陽市門〔三〕，懸千金其上，有能增損一字者予之〔四〕，時人無增損者。高誘以爲非不能也，畏其勢耳。昔張侯論爲世所貴〔五〕，崔浩五經注，學者尚之。二人之勢，猶能使其書傳如此，況不韋權位之盛，學者安敢悟其意而有所更易乎？誘之言是也。然十二紀者，本周公書，後儒置於禮記，善矣。而目之爲「呂令」者，誤也〔六〕。　669

〔一〕呂氏春秋二十六卷　原本所據底本脱去呂氏春秋、淮南子兩條，李富孫據袁本、經籍考卷四十雜家類補。瞿鈔本亦脱，瞿鈔本云：「脱第一葉。」按卧雲本不脱，宛委本、季録顧校本脱葉同原本所據底本，雜家類自子華子始。又，經籍考卷數作二十卷，脱「六」字，原本沿其誤，今據袁本補正。

〔二〕所聞　袁本「聞」譌作「文」。

〔三〕暴之咸陽市門　袁本「暴之」作「布」。按此段解題本諸史記卷八十五吕不韋列傳。袁本同本傳。

〔四〕有能增損一字者予之　袁本作「延諸侯遊士賓客有能增損一字予千金」，同本傳，唯脱「字」下「者」字。

〔五〕張侯論爲世所貴　按漢張禹本受魯論語，兼講齊論語，所説論語最後出而尊貴，餘家寖微。張禹封安昌侯，故稱其説論語爲張侯論。參見漢書卷八十一本傳、何晏論語集解敍、經典釋文序録。漢志六藝略著録作魯安昌侯説二十一篇。（姚振宗謂當合論語篇目弟子一篇，見漢書藝文志條理卷一之下、後漢藝文志卷一。）

〔六〕誤也　袁本無「時人無增損者」至此凡九十八字。

淮南子二十一卷〔一〕　袁本前志卷三上雜家類第二

右漢劉安撰。淮南厲王長子也。襲封，招致諸儒方士講論道德〔二〕，總統仁義，著内書二十一篇，號曰鴻烈。鴻，大也；烈，明也。以爲大明道之言也。避父諱，以「長」爲「修」。後漢許慎注。慎自名注曰「記上」。今存原道、俶真、天文、墬形〔三〕、時則、覽冥〔四〕、精神、本經、主術、繆稱、齊俗、道應、氾論、詮言、兵畧〔五〕、説山、説林等十七篇。李氏書目亦云第七、第十九亡，崇文目則云存者十八篇。蓋李氏亡二篇，崇文亡三篇。家本又少其一〔六〕，俟求善本是正之。670

〔一〕淮南子二十一卷　袁本解題頗異，俱録於下：「右漢劉安撰。安，淮南厲王子也，襲封，招致儒士賓客，講道德，總統仁義，作爲内書二十一篇。後漢許慎注。慎標其首皆曰『間詁』，次曰『淮南鴻烈』，自名注曰『記上』。第七、十九闕。」按讀書志二本著録是書，雖止云有許慎注，不云有高誘注，然未可視爲即許注本。余嘉錫四庫提要辨證卷十四云：「許注自崇文總目已只存十八篇，蘇頌以七本互校，所得許注亦僅與總目適合。晁志所載許慎注已有十七篇，而今本又有三篇爲晁志所無，是宋時許注當共存二十篇矣。其數轉溢出蘇頌所見本之外，此事之所必無。蓋晁氏不知其中雜有高注耳。」按今本有許慎注之人間、泰族、要畧三篇，爲公武所見本無。又，公武所見非完本而題二十一卷者，蓋據舊時目録耳。

〔二〕講論道德　袁本脱「論」字。按「講論道德，總統仁義」云云，語出高誘序，此益證余氏之説，公武所見殆亦許、高二注相參之本。

〔三〕墬形　原本脱此二字，據勞格讀書雜識卷二引衢本讀書志補。按卧雲本、經籍考卷四十作「地形」。淮南子此條，原本所據底本屬脱葉，李富孫以經籍考補，經籍考有地形篇，正與下云「十七篇」符合，李氏采補偶疏。勞氏所謂「衢本讀書志」，似非汪士鍾刊本，亦與經籍考不合，似亦非自經籍考轉引，故直據以校補。

〔四〕覽冥　原本「冥」作「宜」，據勞氏引讀書志改。

〔五〕兵畧　原本「兵」作「巳」，經籍考作「邱」，今亦據勞氏引讀書志改。

〔六〕家本又少其一　按袁本止云「第七、十九闕」，與李淑邯鄲圖書志同，然則公武所見亦當有十九篇，而此云存十七篇，二本牴牾不合。意者，袁、衢二本著録實止一本，唯公武撰寫袁本解題時，蓋未及細檢本書耳。

子華子十卷〔一〕 袁本前志卷三上雜家類第三

右其傳曰：「子華子，程氏，名本，晉人也。」劉向校定其書。按莊子稱「子華子見韓昭侯」，陸德明以爲魏人，既不合。又藝文志不録子華子書。觀其文辭，近世依託爲之者也。其書有「子華子爲趙簡子不悦」，又有「秦襄公方啓西戎，子華子觀政於秦」。夫秦襄之卒在春秋前〔二〕，而趙簡子與孔子同時，相去幾二百年〔三〕，其牴牾類如此〔四〕。且多用字說，謬誤淺陋，殆元豐以後舉子所爲耳〔五〕。 671

〔一〕子華子十卷 袁録何校本何焯批語云：「僞作。」按子華子之爲僞書，經歷代勘驗，已確鑿無移，其中以朱熹之說爲最詳核（見晦庵先生文集卷七十一偶讀漫記），後人若胡應麟四部正譌卷中謂「必元豐間越中舉子姓程名本而不得志場屋者所作」，四庫提要卷一一七謂「其殆熙寧、紹聖之間，宗子之忤時不仕者」所撰，譚獻復堂日記卷四謂「爲荆公之學者作僞欺世」，大抵皆本諸讀書志。唯書首載劉向校定序，朱氏謂「托爲劉向而殊不類向」，公武似仍信其爲真。

〔二〕秦襄公方啓西戎子華子觀政於秦夫秦襄之卒 袁本脱「公方啓戎」至「夫秦襄」凡十五字。

〔三〕相去幾二百年 宛委本、顧校本「幾」作「凡」。

〔四〕牴牾 袁本、宛委本作「抵捂」。

〔五〕所爲耳　袁本、宛委本「耳」作「爾」。

孔叢子七卷〔一〕　袁本前志、後志未收

右楚孔鮒撰。鮒，字子魚，孔子八世孫也。仕陳勝，爲博士，以言不見用，託目疾而退，論集其先仲尼、子思、子上、子高、子順之言及己之行事，名之曰孔叢子，凡二十一篇。叢之爲言聚也。邯鄲書目云：「一名盤盂，取事雜也。」至漢，孔臧又以其所著賦與書，謂之連叢，附於卷末，凡十篇〔二〕。嘉祐中，宋咸爲之注。按漢志無孔叢子，而儒家有孔臧十篇，雜家有孔甲盤盂書二十六篇。其注謂「孔甲，黃帝史。或曰夏帝，疑皆非。」今此書一名盤盂，獨治篇又云鮒或稱孔甲，連叢又出孔臧。意者孔叢子即漢志孔甲盤盂書，而亡六篇；連叢即漢志孔臧書〔三〕，而其子孫或續之也。崇文總目亦録於雜家，今從之〔四〕。672

〔一〕孔叢子七卷　按是書已載讀書附志卷上諸子類，作孔叢子七卷，故趙希弁未摘録衢本此條入袁本後志，見後志存目。又，卧雲本、宛委本、季録顧校本作十卷，經籍考卷三十六儒家類、後志存目同原本。按隋志卷一論語類有孔叢七卷，舊唐志卷上論語類作孔叢子七卷，新唐志卷一論語類作孔叢七卷，崇文總目卷三雜家類作三卷，書録解題卷九儒家類、附志卷上、宋志卷四儒家類、玉海卷五十三引中興書目俱七卷，又讀書志著録乃宋咸注本，宋咸序實云孔叢子六卷，附連叢子一卷，是當爲七卷。卧雲本、宛委本誤。

〔二〕孔臧又以其所著賦與書謂之連叢附於卷末凡十篇　顧校本脱「所著」二字，又「謂之連叢，附於卷末」作「附於卷末，謂之連叢」。玉海卷五十三引讀書志「連叢」下有「上下篇爲一卷」六字。卧雲本、宛委本、瞿鈔本、季録顧校本、舊鈔本、經籍考「凡十篇」作「凡十一篇」。按公武此段解題及所引李淑圖書志蓋皆本諸宋咸序。序云孔鮒論集先君及已之事，「凡二十一篇，爲六卷，名之孔叢子」，「至漢孝武朝太常孔臧又其所爲賦與書謂之連叢子上下篇，爲一卷，附之」。今連叢子二篇，其上篇載敍書一篇，次爲孔臧作賦四篇，次爲與從弟安國、子琳書各一篇，次爲敍世一篇，次爲左氏傳義詁序一篇；其下篇則載孔僖、孔季彦行事、問答等十一段，亦與「十篇」或「十一篇」之數不合。俟考。

〔三〕意者孔叢子即漢志孔甲盤盂書而亡六篇連叢即漢志孔臧書　按公武寧信僞書而作此附會之説，已爲後人所駁，參見書録解題、宋濂諸子辨、李慊漢魏叢書本孔叢子序、黄彭年陶樓文鈔重刊嘉祐足本孔叢子序等。四庫總目卷九十一儒家類引讀書志此條謂公武附會，陳振孫、宋濂謂中興書目附會，皆未溯其源，宋人中先受其愚者蓋李淑也；公武、陳騤、洪邁（客齋三筆卷十）蓋皆沿淑之誤耳。

〔四〕崇文總目亦録於雜家今從之　經籍考無此十二字，蓋馬氏從書録解題入儒家類，故删去。

風俗通義十卷〔一〕　袁本後志卷二子類二十八

右漢應劭撰。劭，字仲遠〔二〕，奉之子。篤學，博覽多聞〔三〕。靈帝時舉孝廉，仕至泰山太守〔四〕。撰風俗通以辨物名號，釋時俗嫌疑〔五〕。文雖不典，世服其洽聞〔六〕。673

〔一〕風俗通義十卷　原本無「義」字。公武所見當蘇頌校定本，蘇魏公集卷六十六校定序作風俗通義，今據袁本、臥雲本、宛委本、舊鈔本、季録顧校本、經籍考卷四十補正。

〔二〕仲遠　顧校本作「中遠」。按後漢書卷四十八應劭傳同原本。

〔三〕博覽多聞　臥雲本「覽」下有「名」字，衍。

〔四〕泰山　袁本「泰」作「泰」，刻之誤也，沈録何校本已改正。

〔五〕釋時俗嫌疑　臥雲本、經籍考無「俗」字，當脱去，此條解題，公武悉録後漢書應劭傳，傳同原本。

〔六〕服其洽聞　臥雲本、經籍考此句下尚有四十五字，云：「自序云『風者，天氣有寒暖，地形有陰陽，泉水有美惡，草木有剛柔。俗者，含血之類，象而生之。千里不同風，百里不同俗。』」按此引自序，文字與今傳元大德本、太平御覽卷六〇二引互有出入，「千里不同風」云云，自序文轉引自「傳曰」，詳見吳樹平風俗通義校注。

論衡三十卷〔一〕　袁本前志卷三上雜家類第四

右後漢王充仲任撰。充好論説〔二〕，始如詭異，終有實理〔三〕。以俗儒守文，多失其真，乃閉門潛思，户牖牆壁，各置刀筆，著論衡八十五篇，釋物類同異，正時俗嫌疑。後蔡邕得之，秘玩以爲談助云。世謂漢文章温厚爾雅，及其東也已衰。觀此書與潛夫論、風俗通義之類，比西京諸書驟不及遠甚，乃知世人之言不誣〔四〕。674

〔一〕論衡三十卷　袁本作三卷，脱「十」字。諸衢本、經籍考卷四十一同原本。按解題語悉本楊文昌序（楊氏序雖亦據後漢書卷四十九王充傳及本傳李賢注所引袁山松後漢書語爲之，然細按解題，公武未必據本傳），疑讀書志著録即楊氏慶曆刊年或出於楊氏刊本。

〔二〕王充仲任撰充好論説　顧校本作「王充撰。充字仲任，好論説」。

〔三〕實理　按後漢書本傳、楊氏序作「理實」，當乙。

〔四〕世人之言不誣　袁本無「世謂漢文章」至此凡四十六字。

抱朴子外篇十卷〔一〕　袁本前志卷三上道家類第十六

右晉葛洪稚川撰。自號抱朴子，博聞深洽，江左絶倫，著書甚富。言黄白之事者，名曰内篇，其餘外篇。晉書：内外通有一百一十六篇，今世所傳者，四十篇而已。外篇頗言君臣理國用刑之道，故附於雜家云。675

〔一〕抱朴子外篇十卷　袁本抱朴子内篇、外篇合作一條，題抱扑子内篇二十卷外篇十卷。按袁本「扑」當作「朴」。又，抱朴子内篇、外篇，非成於一時，流傳中也獨立成帙（參見内篇序、黄白篇），故隋、唐志均分别入道、雜二類，衢本仿之，似較袁本爲優。又，是書抱朴子自序云五十卷，舊唐志卷下、晉録解題卷九引中興書目、宋志卷四及今本同，隋志卷三作三十卷，新唐志卷三、崇文總目卷三又作二十卷，經籍考、宋濂諸子辨亦俱云十卷，蓋襲讀書志也。解題云「今世所傳者四十篇而已」，當合内篇計之，此所謂篇數即卷數，内篇二十卷，已見卷十六道家類，是此外篇爲二十卷，疑讀書志此條著録「十卷」當「二十卷」之誤。

金樓子十卷　袁本前志卷三上雜家類第五

右梁元帝繹撰〔一〕。書十篇〔二〕，論歷代興亡之迹〔三〕、箴戒、立言、志怪、雜説〔四〕、自敍、著書、聚書，通曰「金樓子」者，在藩時自號。676

〔一〕梁元帝繹撰　袁本「繹」、「撰」互倒，喬録王校本云：「『繹』字當在『撰』字上，或是衍字。」

〔二〕書十篇　袁本作「書十五篇」，諸衢本、經籍考同原本。按是書至明散佚，今本六卷，乃永樂大典輯本，奇零斷續，脱誤甚多，凡十四篇：興王、箴戒、后妃、終制、戒子、聚書、二南五霸、説蕃、立言、著書、捷對、志怪、雜記、自序，其二南五霸篇僅存三條，與説蕃篇同，疑後人誤分之。公武舉其篇目止七，若加「興王」則爲八。四庫總目卷一一七據袁本，云：「晁公武讀書志謂其書十五篇，是宋代尚無闕佚。」以爲原本當爲十五篇，近是，疑原本、諸衢本脱「五」字。

〔三〕論歷代興亡之迹　卧雲本、經籍考卷四十一「歷代」作「歷古」，顧校本此句作「歷代帝王興亡之迹」，袁本、宛委本、舊鈔本「興亡」作「興王」。按「興王」乃其篇名，詳下。

〔四〕雜說　今本篇名爲「雜記」。

劉子三卷〔一〕　袁本前志、後志未收

右齊劉晝孔昭撰，唐袁政注〔二〕。凡五十五篇。言修心治身之道，而辭頗俗薄。或以爲劉勰，或以爲劉孝標，未知孰是〔三〕。677

〔一〕劉子三卷　是書讀書附志卷上諸子類已收録，故趙希弁未摘録衢本此條編入袁本後志，見後志存目。卧雲本、經籍考卷四十一作五卷，存目、諸衢本卷數同原本。按是書兩唐志作十卷，附志、書録解題卷十作五卷，崇文總目卷三、玉海卷五十三引中興書目、宋志卷四作三卷，大抵篇數皆同，止分卷有異耳。又，今有題新論者，蓋始於程榮漢魏叢書。

〔二〕袁政注　按當作袁孝政，讀書志諸本、經籍考皆無「孝」字，疑公武所見偶脱「孝」。

〔三〕或以爲劉勰或以爲劉孝標未知孰是　經籍考無此十五字。按是書隋志未收（隋志卷三云「梁有劉子十卷，亡。」疑即此書，終不敢遽定），兩唐志俱謂劉勰撰，宋刊本亦有題劉晝者（天禄琳瑯書目續編卷五），亦有題劉勰者（平津館鑒藏記卷一），故疑之者甚衆。然似以余嘉錫四庫提要辨證卷十四、楊明照劉子理惑所論最爲精詳，撰人當爲北齊劉晝可斷論矣。

長短經十卷〔一〕　袁本前志卷三上雜家類第六

右唐趙甤撰〔二〕。北夢瑣言云甤，梓州鹽亭人。博學韜鈐，長於經世。夫婦俱有隱操，不應辟召。論王伯機權正變之術。第十卷載陰謀〔三〕，家本闕，今存者六十四篇〔四〕。678

〔一〕長短經十卷　袁本解題頗異，俱録於下：「右唐趙蕤撰。論王霸、機權、正變、長短之術，凡六十三篇，第十、九載兵權、陰謀云。」諸衢本、經籍考卷四十一俱同原本。按新唐志卷三、四庫闕書目、宋志卷四題作長短要術。讀書志此書作十卷，蒙其自序及新唐志卷數也，實止九卷。

〔二〕趙甤　按「甤」當作「蕤」，从艸甤聲（甤，从生豕聲），見説文解字第一篇下。蕤字太賓，「蕤賓」語見禮記月令。袁本作「蕤」，誤。

〔三〕第十卷載陰謀　袁本作「第十、九載兵權、陰謀」。按今讀畫齋叢書本，大抵與公武所見相同，卷九爲兵權，凡二十四篇，未嘗闕，闕者卷十。袁本「十」、「九」二字顛倒，亦未云闕失，疑有脱誤。

〔四〕今存者六十四篇　袁本云「凡六十三篇」，乃據趙氏自序，然今本實六十四篇，與衢本所載相合。其書亡一卷，不當增多一篇。四庫總目卷一一七著録徐乾學傳是樓舊藏，亦如衢本所載，云：「疑蕤序或傳寫之譌也。」至於皕宋樓藏書志卷五十五、莫伯驥五十萬卷樓藏書目録初編卷十俱收有舊鈔本九卷，其自序均云：「總六十有四篇，合爲九卷」，蓋即祕續目、宋志著録之九卷，其卷數、篇數殆後人據實存竄改。

意林三卷　袁本後志卷二子類第二十九

右唐馬總會元撰〔一〕。初，梁潁川庾仲容取諸家書、術數雜説凡一百七家〔二〕，鈔其要語，爲三十卷，總以其繁畧失中，增損成三軸。前有戴叔倫、楊伯存兩序〔三〕。679

〔一〕馬總　袁本「總」作「揔」，下同。

〔二〕潁川　袁本「潁」誤作「頴」，沈録何校本已改正。仲容，潁川鄢陵人，傳見梁書卷五十、南史卷三十五。

〔三〕楊伯存　按「楊」當作「柳」，今本有柳并伯存貞元丁卯序，柳序載全唐文卷三七二。

炙轂子雜録注解五卷〔一〕　袁本前志卷三上雜家類第十一

右唐王叡撰。二儀實録、古今注載事物之始〔二〕，樂府題解載樂府所由起。叡輯纂數家之言，正誤補遺，削冗併歸一篇〔三〕。680

〔一〕炙轂子雜録注解五卷　今宛委山堂本説郛弖二十三題炙轂子録一卷，撰人誤作王獻，新唐志卷三小説家類同讀書志。

〔二〕二儀實録　按此蓋指唐劉孝孫所著二儀實録，見新唐志卷二史部儀注類。劉孝孫撰有事始，亦此類書，詳，下。

〔三〕正誤補遺削冗併歸一篇　袁本作「正誤闕疑，補遺削冗，併歸一編云」。經籍考卷四十一「削冗」誤作「劉允」，陳師曾刊本「削冗」下又誤加「劉允」二字。

致理書十卷〔一〕　袁本前志卷三上雜家類第七

右唐朱朴撰。乾寧中，爲國子毛詩博士，論述時務五十篇上之〔二〕。辭如近時策斷之類，迂緩不切，與馬周所建明不啻霄壤矣。昭宗善其言，用太宗擢周故事拔爲相，徒以益亂，可歎也〔三〕。681

〔一〕致理書十卷　按是書袁本、衢本俱於雜家、別集類複出，參見卷十八別集類中朱朴致理書條。袁録何校本何焯批語云：「朱朴嘗相昭宗。」

〔二〕五十篇　袁本「五」上有「凡」字。袁録何校本「五」作「三」。按玉海卷五十五引中興書目亦云「凡五十篇」，何校本誤；兩唐書本傳未言其書篇數。

〔三〕可歎也　袁本無「辭如近時」至此凡四十五字，諸衢本、經籍考同原本。

事始三卷　袁本前志卷三上雜家類第八

右唐劉孝孫等撰〔一〕。太宗命諸王府官以事名類，推原本始〔二〕，凡二十六門，以教始學諸王〔三〕。易大傳自始作八卦，至網罟、耒耜〔四〕、臼杵之微，皆記其本起。檀弓所述，亦皆物之初也〔五〕。然則事始之書，當繫之儒。今以其所取不一，故附於雜家。682

〔一〕劉孝孫撰　按舊唐志卷下有事始三卷，劉孝孫撰，新唐志入卷三小說家類題劉孝孫、房德懋撰，書録解題卷十題「唐吳王諮議宏文館學士南陽劉存撰」，宋志卷五小說家類、遂初堂書目類書類同。今宛委山堂本説郛弓所收一卷，題劉孝孫，商務印書館本説郛卷十題劉存，四庫總目卷一二六雜家類存目三不著名氏。據岑仲勉唐史餘瀋卷一考證，謂劉存當劉孝孫之誤。

〔二〕推原本始　袁本、卧雲本、宛委本、瞿鈔本、季録顧校本、經籍考卷四十一「本」俱作「初」。

〔三〕諸王　原本「王」譌作「生」，剜改本已予改正。袁本、宛委本、陳鱣校本俱作「王」。又，袁本「王」下有「云」字而無「易大傳」迄末凡五十三字。

〔四〕耒耜　卧雲本、經籍考作「耒耨」。

〔五〕物之初也　經籍考「初」作「始」。

續事始五卷　袁本前志卷三上雜家類第九

右僞蜀馮鑑廣孝孫所著。683

事原録三十卷〔一〕　袁本前志卷三上雜家類第十

右皇朝朱繪撰。其書事始之類也。684

〔一〕事原録三十卷　袁本脱「三十卷」三字，諸衢本、經籍考卷四十一同原本。按宋志卷六類書類有朱繪事原三十卷。朱繪另有歷代帝王年運銓要十卷，玉海卷四十七引中興書目云紹興初撰，蓋南宋初人。

宋齊丘化書六卷〔一〕　袁本前志卷三上雜家類第十二

右僞唐宋齊丘子嵩撰。張耒文潛嘗題其後，云：「齊丘之智〔二〕，特犬鼠之雄耳，蓋不足道。其爲化書，雖皆淺機小數，亦微有以見於黄老之所謂道德〔三〕，其能成功，有以也〔四〕。文章頗高簡〔五〕，有可喜者。其言曰：『君子有奇智，天下不親〔六〕。』雖聖人出，斯言不廢。」685

〔一〕宋齊丘化書六卷　袁録何校本何焯校語云：「此書或以爲泉州道士譚紫霄作，又名譚子化書。元延祐間張恒書其後，云『譚峭字景升』，然則紫霄蓋其道號耶？」又云：「吳艸廬有張恒伯固字説，似亦其學徒，而此書之前則自署爲直方真逸。」按化書乃譚峭撰，宋齊丘攘奪爲己有，宋碧虛子陳景元跋已辨之，公武惑於張耒之跋，誤題撰人。

〔二〕齊丘之智　原本「智」作「志」，據袁本、張右史文集卷四十七書宋齊丘化書改。卧雲本、經籍考卷四十一亦誤作「意」。

〔三〕所謂道德　顧校本「德」下有「者」字。

〔四〕有以也　卧雲本、經籍考卷四十一此句下尚有七十一字，云：「吾嘗論黄、老之道德本於清靜無爲，遣去情累，而其末多流而爲智術刑名，何哉？仁義生於恩，恩生於人情，聖人節情而不遣者也。無情之至，至於無親，無親則忍矣：此刑名之所以用也。」按語本張耒跋，然有奪脱，今四部叢刊本張耒跋云：「吾嘗論黄化（疑當「老」之誤）之道德本於清靜無爲，遣去情累，而其末多流爲智術刑名，何哉？夫惟靜者見物之情，而無爲者知事之要，據其要而中其情者，智術之所從出也。仁義生於恩，恩生於人情，聖人節情而不遣也；無情之至，至於無親，人而無親，則忍矣：此刑名之所用也。」

〔五〕文章頗高簡　袁本「頗」下有「亦」字，與今本張耒跋同，疑原本脱「亦」字。

〔六〕君子有奇智天下不親　原本「智」作「知」，據袁本、宛委本、舊鈔本以及張耒跋改，卧雲本、經籍考作「志」。袁録何校本「子」字作空格，何焯云：「二語在德化篇異心章，『不親』，近刻作『不臣』。」

格言五卷〔一〕　袁本後志卷二子類第三十

右僞唐韓熙載叔言撰。熙載以經濟自任，乃著書二十六篇，論古今王伯之道，以干李煜。首言陽九百六之數及五運迭興事，其駁雜如此〔二〕。有門生舒雅序。686

〔二〕格言五卷　沈録何校本何焯批語云：「『格言』之名始於熙載。」按是書崇文總目卷三、書録解題卷十、宋志卷四同原本，通志藝文畧卷六作六卷，宋志卷四尚有韓熙載格言後述三卷。又，本書卷十二別集類中著録韓熙載文集五卷，袁本題作韓熙載格言五卷，疑與此條複出，可參看。

〔三〕駁雜　袁本、舊鈔本「駁」作「駮」。

兩同書兩卷〔一〕　袁本後志卷二子類第三十一

右唐羅隱撰。隱謂老子養生，孔子訓世，因本之著内、外篇各五。其曰兩同書者，取兩者同出而異名之意也〔二〕。687

〔一〕兩同書兩卷　按崇文總目卷三雜家類、宋志卷四有羅隱兩同書二卷。新唐志不載羅書，卷三小説家類有吳筠兩同書一卷，崇文總目卷三小説類上同，宋志卷四作二卷，祕續目道書類有太平兩同書二卷，吳筠撰。書録解題卷十不著名氏，名祝融子兩同書，云「采孔、老爲内外十篇」，似即羅隱書，然陳氏引中興書目以爲吳筠撰。四庫總目卷一一七以爲異書同名。今羅隱書尚存，續百川學海甲集本一卷，式訓堂叢書三集本作二卷。

〔二〕取兩者同出而異名之意也　袁本、卧雲本、宛委本、瞿鈔本、舊鈔本、經籍考卷四十一「意」作「言」。崇文總目原釋云：「唐羅隱撰。采孔、老之書著爲内、外十篇，以老子修身之説爲内，孔子治世之道爲外，會其旨而同元。」四庫總目引此云：「蓋取晉人『將無同』之義，晁公武以爲『兩者同出而異名』，非其旨矣。」按「晉人『將無同』之義」，出晉書卷四十九阮瞻傳。王戎問曰：「聖人貴名教，老、莊明自然，其旨同異？」瞻曰：「將無同。」

物類相感志十卷〔一〕 袁本後志卷二子類第三十二

右皇朝僧贊寧撰。采經籍傳記物類相感者志之。分天、地、人、物四門。贊寧，吳人，以博物稱於世。柳如京、徐騎省與之遊，或就質疑事。楊文公、歐陽文忠公亦皆知其名。688

〔一〕物類相感志十卷　是書宋志卷四雜家類、通志藝文略卷六雜家類作十卷，宋志卷五小説家類重出，作五卷，書録解題卷十雜家類作一卷，俱題贊寧撰。四庫總目卷一三〇雜家類存目七著録二本，一爲十八卷，一爲一卷，舊題蘇軾撰。今本俱一卷，唯宛委山堂本説郛弓一〇九有感應類從志一卷，題宋釋贊寧撰。鄭堂讀書記補逸卷二十六以爲晁氏讀書志所載殆其全帙，今一卷本爲節録本，後人妄題蘇軾之名，蓋以重其書耳。按高似孫緯畧頗引其書，亦謂贊寧撰。

王氏雜説十卷 袁本後志卷二子類第三十三

右皇朝王安石介甫撰。蔡京爲安石傳，其畧曰：「自先王澤竭，國異家殊。由漢迄唐，源流浸深。宋興，文物盛矣，然不知道德性命之理。安石奮乎百世之下，追堯、舜、三代，通乎晝夜陰陽所不能測而入於神。初著雜説數萬言，世謂其言與孟軻相上下，於是天下之士，始原道德之意，窺性命之端云。」所謂雜説，即此書也。以京之夸至如此〔一〕，且不知所謂「通乎晝夜陰陽所不能測而入於神」者〔二〕，爲何等語，故著之〔三〕。689

〔一〕以京之夸至如此　顧校本「以」作「夫」，袁本「夸」作「誇」。

〔二〕且不知　顧校本作「其亦不知」。

〔三〕爲何等語故著之　顧校本作「爲何等語耳」。

汲世論一卷〔一〕　袁本前志卷四下别集類下下第九十二

右未詳何人所著。多稱元祐間事，且喜論兵，疑呂氏書也。凡十門。690

〔一〕汲世論一卷　按袁本趙希弁撰二本考異録此書作汲古論一卷，袁本前志别集類下下題同原本。宋志卷四雜家類有汲世論一卷，不知作者。又，鮑廷博校本鮑氏校語云：「不當入别集。」

馭臣鑒古二十卷〔一〕　袁本前志卷四下别集類下下第八十九

右皇朝鄧綰撰〔二〕。綰，元豐中爲中丞，獻之朝〔三〕。未幾，坐操心頗僻，賦性姦回，論事薦人，不循分守，貶。691

〔一〕馭臣鑒古二十卷　宋志卷四題作馭臣鑒古論二十卷。鮑廷博校本鮑氏校語云：「(袁本)不當入別集。」

〔二〕鄧綰撰　袁本作「鄧綰所著書」。

〔三〕獻之朝　袁本作「所獻書也」。

農家類

齊民要術十卷　袁本前志卷三上農家類第一

右元魏賈思勰撰。記民俗、歲時、治生、種蒔之事，凡九十二篇〔一〕。農家者，本出於神農氏之學。孔子既稱「禮義信足以化民，焉用稼」〔二〕，以誚樊須，而告曾參以「用天之道，分地之利，爲庶人之孝」，言非不同，意者，以躬稼非治國之術，乃一身之任也。然則士之倦遊者，詎可不知乎？故今所取，皆種藝之書也。前世録史部中有歲時，子部中有農事，兩類實不可分，今合之農家。又以錢譜寘其間，今以其不類，移附類書〔三〕。692

〔一〕凡九十二篇　宛委本脱「九」字。

〔二〕孔子既稱　宛委本、經籍考卷四十五農家類「孔子」作「仲尼」。

〔三〕移附類書　袁本無「農家者本出於神農氏」至此凡一百三十一字。諸衢本、經籍考同原本。按衢本增補者乃農家類小序。

四時纂要五卷　袁本前志卷三上農家類第二

右唐韓諤撰〔一〕。諤徧閲農書，取廣雅、爾雅定土産，取月令、家令敍時宜，采氾勝種樹之書〔二〕，掇崔寔試穀之法〔三〕，兼删韋氏月録〔四〕、齊民要術，編成五卷〔五〕。693

〔一〕韓諤　新唐志卷三農家類、崇文總目卷二史部歲時類、玉海卷十二引中興書目、宋志卷四俱作韓鄂，書録解題卷十同讀書志。讀書志另有歲華紀麗四卷（詳下），撰者當是同一人。四庫總目卷一三七類書類存目一歲華紀麗條謂：「考唐書宰相世系表載韓休之弟殿中丞倩，倩之子河南兵曹參軍滌，鄂乃滌之曾孫也。」四庫提要辨證卷十六云：「唐書宰相世系表河南兵曹參軍滌之曾孫名鍔，不名鄂。其名鄂者，韓休第三子邢州長史洪之曾孫也。」又云：「是其人是否名鄂不可知。」

〔二〕氾勝　袁本「氾」作「沉」，元刊經籍考卷四十五作「汎」，俱誤。原本李富孫校語云：「漢藝文志農家有氾勝之十八篇。」

〔三〕崔寔　按崔寔有四民月令一卷，見隋志卷三、兩唐志，是書讀書志未收，殆佚於北宋，近有石聲漢四民月令校注。寔傳見後漢書卷五十二。

〔四〕 兼删韋氏月録　宛委本、瞿鈔本、季録顧校本「删」作「採」。卧雲本、經籍考「月」誤作「日」。按韋氏月録，即韋行規保生月録也。

〔五〕 五卷　袁本、卧雲本、宛委本、經籍考無此二字。

保生月録一卷　袁本後志卷二子類第三十四

右唐韋行規撰。分十二月，雜纂每月攝養、種藝、祈禳之術也〔一〕。694

〔一〕 祈禳之術也　卧雲本、宛委本、經籍考卷三十三時令類此句下尚有「李翱爲之序」五字。

歲華紀麗四卷　袁本前志卷三上農家類第三

右唐韓諤撰〔一〕。分四時十二月節，序以事實，爲偶麗之句，附著之。695

〔一〕 韓諤　宛委本「諤」作「鄂」。按新唐志卷三、崇文總目卷二歲時類、書録解題卷六時令類、山堂考索前集卷五十五引中興書目、宋志卷四以及今本俱作韓鄂。參見四時纂要條校注〔一〕。

荆楚歲時記四卷〔一〕　袁本前志卷三下類書類第二十六

右梁宗懔撰。其序云：「傅玄之朝會〔二〕，杜篤之上巳〔三〕，安仁秋興之敍〔四〕，君道娱蜡之述〔五〕，其屬辭則已洽，其比事則未弘，某率爲小記〔六〕，以録荆楚歲時〔七〕。自元日至除夕〔八〕，凡二十餘事〔九〕。」696

〔一〕荆楚歲時記四卷　袁本作一卷，諸衢本、經籍考卷三十三時令類同原本。按是書諸目著録参差：舊唐志卷下雜家類作十卷，新唐志卷三作一卷，崇文總目卷二史部歲時類作二卷，書録解題卷六史部時令類作六卷，宋志卷四農家類作一卷；又，兩唐志有杜公瞻（新唐志「瞻」作「贍」）撰荆楚歲時記二卷，通志藝文略卷二禮類月令之歲時種作二卷，云梁宗懔撰，杜公贍注。今本多作一卷。

〔二〕傅玄　按此當指晉傅玄朝會賦。

〔三〕杜篤之上巳　原本「巳」作「已」，據袁本改。按此當指後漢杜篤祓禊賦，袁本「篤」誤作「駕」，篤傳見後漢書卷八十上。

〔四〕安仁秋興之敍　按當指晉潘岳秋興賦序。

〔五〕君道娱蜡之述　陳師曾刊本「述」作「術」。按此當指晉嵇含娱蜡賦序。

〔六〕某率爲小記　原本無「某」字，「記」作「説」，據袁本補正。

〔七〕以録荆楚歲時　卧雲本、經籍考此句下尚有「風物故事」四字。

〔八〕除夕　經籍考「夕」誤作「日」。

〔九〕二十餘事　顧校本「事」下有「云」字。

輦下歲時記一卷〔一〕　袁本後志卷二子類第三十五

右唐李綽撰。綽經黄巢之亂，避地蠻隅〔二〕，偶記秦地盛事，傳諸晚學云。697

〔一〕輦下歲時記一卷　按新唐志卷三、崇文總目卷二史部歲時類、宋志卷四、書録解題卷六史部時令類有李綽秦中歲時記一卷，當即一書異名。書録解題、山堂考索前集卷五十五引中興書目亦作秦中歲時記一卷，云：「唐膳部郎中趙郡李綽撰。紀唐室朔望薦獻及歲時宴會賞之事，一名輦下歲時記，一名咸鎬歲時記。」書録解題卷六尚有唐韋愼微咸鎬故事一卷，陳氏謂與此書大同小異，竟不知何人所作。咸鎬故事，本書入卷八儀注類，李綽另有尚書故實一卷，入卷十三小説家類，可參看。又，沈録何校本何焯批語云：「此夢華録之權輿。」

〔二〕避地蠻隅　按此段解題當節自李綽自序，然余嘉錫以爲「晁氏謂綽經黄巢之亂而避地則誤」，四庫提要辨證卷十五云：「方巢破兩京時，綽雖亦嘗避難，然龍紀元年以後，復官京曹（按舊唐書卷二十上昭宗紀載龍紀元年綽爲太常博士），未嘗竟客蠻隅。此必朱温篡弑之時，綽棄官逃去，始有此語。夫以文詞泛言之，楚粵之間，皆可謂之蠻隅，不知綽所適爲何地，然惟湖湘以南，於義爲協。」

國朝時令十二卷〔一〕 袁本後志卷二子類第三十六

右皇朝賈昌朝撰。景祐初，復禮記舊文，其唐月令別行。三年，詔昌朝與丁度、李淑采國朝律曆典禮、百度昏曉、中星祠祀、配侑歲時施行，約唐月令定爲時令一卷〔二〕，以備宣讀。後昌朝注爲十二卷〔三〕，奏上頒行。 698

〔一〕國朝時令十二卷 宋志卷四作國朝時令集解十二卷，當即賈注書原稱，祕續目農家類有丁度等撰國朝時令一卷，當即未注之本。山堂考索前集卷五十五引中興書目云：「最後，昌朝又參以蔡時、高誘、李林甫諸家月令之説爲集解。」按「蔡時」疑「蔡邕」之誤。

〔二〕定爲時令一卷 原本脱「定」字，據袁本、宛委本、經籍考卷三十三時令類補。

〔三〕注爲十二卷 宛委本、瞿鈔本、季録顧校本「注」作「著」。

茶經三卷 袁本前志卷三上農家類第六

右唐太子文學陸羽鴻漸撰〔一〕。載産茶之地、造作器具、古今故事，分十門。 699

〔一〕唐太子文學陸羽 袁本無「太子文學」四字。

顧渚山記二卷　袁本後志卷二子類第三十七

右唐陸羽撰。羽與皎然、朱放輩論茶，以顧渚爲第一。顧渚山在湖州，吳王夫槩顧望〔一〕，欲以爲都，故以名山。700

〔一〕夫槩　原本、袁本、諸衢本、經籍考卷四十五俱誤作「夫差」，今據沈録何校本改。按夫槩乃闔廬之弟。

煎茶水記一卷　袁本前志卷三上農家類第七

右唐張又新撰。其所嘗水凡二十種，因第其味之優劣。701

茶譜一卷　袁本前志卷三上農家類第八

右僞蜀毛文錫撰〔一〕。記茶故事。其後附以唐人詩文。702

〔一〕右僞蜀　袁本「右」下衍「魏」字。

建安茶録三卷〔一〕 袁本前志卷三上農家類第九

右皇朝丁謂撰。建州研膏茶起於南唐，太平興國中始進御。謂咸平中爲閩漕，監督州吏，創造規模，精緻嚴謹，録其園焙之數〔二〕，圖繪器具及敍采製入貢法式〔三〕。盧仝譏陽羨貢茶有「安知百萬億蒼生，墜在顛崖受辛苦」之句，余於謂亦云。703

〔一〕建安茶録三卷 袁本解題頗簡，俱録於下：「右皇朝丁謂撰。録建安園焙之數，圖其器具，敍採制入貢法式。」諸衢本、經籍考卷四十五解題同原本。按是書崇文總目卷三小説類下、宋志卷四題作北苑茶録三卷，阮閱詩話總龜後集卷二十九引楊文公談苑亦稱此書爲北苑茶録。

〔二〕園焙之數 經籍考「園」作「團」。

〔三〕圖繪 顧校本作「圖畫」。

北苑拾遺一卷〔一〕 袁本前志卷三上農家類第十

右皇朝劉異撰〔二〕。北苑，建安地名〔三〕，茶爲天下最。異慶曆初在吳興，采新聞，附於丁謂茶録之末。其書言滌磨調品之器甚備，以補謂之遺也。704

〔一〕北苑拾遺一卷　袁本解題頗簡，俱録於下：「右皇朝劉异採新聞遺事，附丁晉公茶經之末。」諸衢本、經籍考卷四十五解題同原本。

〔二〕劉異　袁本、卧雲本、宛委本「異」作「异」。按四庫闕書目農家類作「異」，宋志卷四作「异」。

〔三〕北苑建安地名　按公武此説蓋本丁謂茶録，朱子安東溪試茶録序、熊克宣和北苑貢茶録序亦云北苑爲建安地名。唯沈括筆談補卷一以爲北苑乃江南禁苑，在金陵，南唐時有北苑使，善製茶，謂之「北苑茶」，如今茶中有「學士甌」之類，皆因人得名，非地名也。吳曾能改齋漫録卷八亦持此説，謂其曰「北苑茶」，猶「澄心堂紙」耳，以供奉得名。

補茶經一卷又一卷〔一〕　袁本前志卷三上農家類第十一

右皇朝周絳撰。絳，祥符初知建州，以陸羽茶經不載建安，故補之。又一本有陳龜注。丁謂以爲茶佳不假水之助，絳則載諸名水云。705

〔一〕補茶經一卷又一卷　袁本無「又一卷」三字，解題亦簡略，俱録於下：「右皇朝周絳以陸羽茶經不載建安，故補之。」諸衢本、經籍考卷四十五標題、卷數、解題同原本。按是書宋志卷四題作補山經，疑誤。四庫闕書目、秘續目同原本。

試茶録二卷〔一〕 袁本前志卷三上農家類第十二

右皇朝蔡襄君謨撰。襄，皇祐中修注，仁宗嘗面諭云：「昨卿所進龍茶甚精」〔二〕。襄退而記其烹試之法，成書二卷，進御。世傳歐公聞君謨進小團茶〔三〕，驚曰：「君謨士人，何故如此。」706

〔一〕試茶録二卷　袁本解題頗簡，俱録於下：「右皇朝蔡襄撰。記其烹試之法。」諸衢本、經籍考卷四十五解題大抵同原本。顧校本無「試」字，疑是。蔡襄茶録自序云：「勒成二篇，名曰茶録」，自跋云：「造茶録二篇上進」，俱無「試」字，宋志卷四、四庫總目卷一一五以及今存諸本亦皆題茶録。

〔二〕龍茶　鮑廷博校本作「龍團」。按蔡襄所進茶之精者，名曰「小龍團」，或稱「小團」。參見葉夢得石林燕語卷八、蔡絛鐵圍山叢談卷六。

〔三〕君謨進小團茶　顧校本「君謨」作「襄」。

東溪試茶録一卷〔一〕 袁本前志卷三上農家類第十三

右皇朝宋子安集拾丁、蔡之遺〔二〕。東溪，亦建安地名。其序謂「七閩至國朝，草木之異，則産臈茶、荔子；人物之秀，則産狀頭、宰相〔三〕，皆前代所未有。以時而顯，可謂美矣。然其草木厚味，不宜多食〔四〕；其人物雖多知〔五〕，難於獨任〔六〕，亦地氣之異」云。707

〔一〕東溪試茶録一卷　袁本解題極簡畧，俱録於下：「右皇朝宋子安集拾丁、蔡之遺。」諸衢本、經籍考卷四十五同原本。

〔二〕宋子安　原本「宋」誤作「朱」，據袁本、宛委本、舊鈔本改。按是書今皆題宋子安撰，子安始末不詳。

〔三〕狀頭　陳鱣校本作「狀元」。

〔四〕不宜多食　卧雲本、宛委本、經籍考作「難多食」。

〔五〕人物雖多知　卧雲本、宛委本、經籍考無「雖」字，「知」作「智」。

〔六〕難於獨任　卧雲本、宛委本、舊鈔本、經籍考俱無「於」字。

呂惠卿建安茶記一卷〔一〕　袁本後志卷二子類第三十八

右皇朝呂惠卿撰。708

〔一〕呂惠卿建安茶記一卷　袁本無「一卷」二字。按宋志卷四有呂惠卿建安茶用記二卷，當即此書，疑宋志衍「用」字。

聖宋茶論一卷〔一〕　袁本後志卷二子類第三十九

右徽宗御製。709

〔一〕聖宋茶論一卷　按宛委山堂本說郛弓九十三有宋徽宗大觀茶論一卷（商務印書館本收入卷五十二，不著卷數）當即是書，全書凡二十篇。

茶雜文一卷　袁本後志卷二子類第四十

右集古今詩文及茶者〔一〕。710

〔一〕古今詩文　原本「文」作「人」，據臥雲本、宛委本、袁本、經籍考卷四十五改。

竹譜一卷　袁本後志卷二子類第四十一

右戴凱之撰〔一〕。凱之字慶預，武昌人。裒輯竹事，四字一讀〔二〕，有韻，類賦頌。李邯鄲云：「未詳何代人。」711

〔一〕戴凱之撰　按竹譜一卷，始載隋志卷二史部譜系類，不著撰人，兩唐志入農家類，始題戴凱之撰，皆不明時代。至左圭百川學海收入，題作晉人，之後多沿左氏之說。據姚振宗隋書經籍志考證卷二十二、陳直古籍述聞（文史第三輯）、胡立初齊民要術引用書目考證，戴氏當爲劉宋人。

〔二〕四字一讀　袁本「讀」作「韻」，顧校本「一」作「句」。

筍譜三卷〔一〕 袁本後志卷二子類第四十二

右皇朝僧惠崇撰〔二〕。712

〔一〕筍譜三卷 卧雲本、經籍考卷四十五作二卷。按今本作一卷（如百川學海本）或二卷（如唐宋叢書本）。

〔二〕惠崇 按當作贊寧。崇文總目卷三小説類下、書録解題卷十、宋志卷四、晁載之續談助以及今存諸本俱題僧贊寧，且書中云「愚著物類相感志」，物類相感志載讀書志卷十二雜家類，題僧贊寧，則是贊寧而非惠崇明矣。王得臣麈史卷中云：「贊寧筍譜「摘摭古人詩詠，自梁元帝至唐楊師道皆詩中言及筍者，惟孟蜀時學士徐光溥等二人絶句，亦可謂勤篤，然未盡也。」

平泉草木記一卷〔一〕 袁本前志、後志未收

右唐李德裕撰。記其別墅奇花、異草、樹石名品，仍以詠歎其美者詩二十餘篇附於後。平泉，即別墅地名。713

〔一〕平泉草木記一卷 按是書已載入李衛公集，故趙希弁未摘録衢本此條入後志，見後志存目。

荔支譜一卷荔支故事一卷　袁本前志卷三上農家類第十四

右皇朝蔡襄撰。記建安荔支味之品第〔一〕，凡三十餘種，古今故事〔二〕。714

〔一〕味之品第　袁本無此四字。

〔二〕古今故事　顧校本「古」上有「并」字，疑原本脱去。荔支譜分荔支爲三十二品，并記荔支本始、尤異、貿鬻、服食等故事。

牡丹譜一卷〔一〕　袁本前志、後志未收

右皇朝歐陽修撰〔二〕。修初調洛陽從事，見其俗重牡丹，因著花品，凡三篇。715

〔一〕牡丹譜一卷　按是書趙希弁已載入歐陽公集中，故未摘録衢本此條入後志，見後志存目。卧雲本、顧校本、後志存目作牡丹記一卷。按是書今本作洛陽牡丹記。

〔二〕皇朝歐陽修撰　宛委本、舊鈔本脱「皇朝」二字，顧校本「修」作「永叔」，且下一「修」字亦作「永叔」。

續酒譜十卷〔一〕　袁本前志卷三上農家類第十六

右唐鄭遨雲叟撰。纂輯古今酒事〔二〕，以續王績之書〔三〕。716

〔一〕續酒譜十卷　按此書不載兩唐志、崇文總目，兩五代史本傳亦不載。焦竑國史經籍志卷三史類食貨種有鄭遨酒譜十卷。

〔二〕纂輯　袁本無「纂」字。

〔三〕續王績之書　按唐文粹卷九十三引呂才東皋子集序，謂王績著酒譜一卷。又云，「時太樂有府史焦革家善醲酒」，績「追述革酒經一卷」，又「採杜康、儀狄以來善爲酒人，爲酒譜一卷」。

忘懷録三卷〔一〕　袁本前志卷三上農家類第十七

右皇朝元豐中夢溪丈人撰〔二〕。所集皆飲食器用之式、種藝之方，可以資山居之樂者。或曰沈括也〔三〕。717

〔一〕忘懷録三卷　按是書書録解題卷十題作夢溪忘懷録三卷，遂初堂書目農家類作山居忘懷録，宋志卷四作志懷録，「志」當「忘」之誤，文淵閣書目卷八荒字第一橱有一部，題忘懷録，各一册，均闕。是明時尚存。胡道靜輯得三十五條，題夢溪忘懷録鈎沉，并著文沈括的農學著作夢溪忘懷録，載文史第三輯。

〔二〕元豐中夢溪丈人　袁本、舊鈔本「溪」作「上」，誤。又，此書乃沈括隱居潤州夢溪後撰，夢溪丈人即得名於所築夢溪園，園建於元祐元年，故此「元豐」當「元祐」之誤。參見胡道靜所著文章。

〔三〕或曰沈括也　袁本作「不詳其名氏」。

酒經三卷〔一〕　袁本前志卷三上農家類第十五

右皇朝朱肱撰。記釀酒諸法并麴蘖法。718

〔一〕酒經三卷　按是書原本未收，今據宛委本補。王先謙刊本據袁本配補，置荔支譜之後、牡丹譜之前，宛委本在此卷最末，姑從之。按是書書録解題卷十四雜藝術類作北山酒經三卷，云：「大隱翁撰。」宋志卷四有無求子酒經一卷，云「不知姓名」，又有大隱翁酒經一卷。四庫總目卷一一五作北山酒經三卷。按無求子，即朱肱，見南陽活人書張蕆序，大隱翁亦朱肱號，見李保北山酒經題詞序。今續古逸叢書本、知不足齋叢書本題同讀書志，亦三卷。

郡齋讀書志卷第十三

小說類

周盧注博物志十卷盧氏注六卷〔一〕 袁本前志卷三下小說類第九

右晉張華撰。載歷代四方奇物異事。兩本前六卷畧同〔二〕，無周氏注者稍多而無後四卷。周名日用。西京賦曰：「小說九百，起自虞初。」周人也〔三〕，其小說之來尚矣，然不過志夢卜、紀譎怪、記談諧之類而已。其後史臣務采異聞，往往取之。故近時爲小說者，始多及人之善惡，甚者肆喜怒之私，變是非之實，以誤後世。至於譽桓温而毀陶侃，褒盧杞而貶陸贄者有之。今以志怪者爲上，褒貶者爲下云。719

〔一〕周盧注博物志十卷盧氏注六卷　袁本題作博物志十卷，而無「盧氏注六卷」五字，其解題亦頗異，俱録於下：「右晉張華茂先撰，周日用注。載歷代四方奇物異事。首卷有地理畧，後有讚文。」陳師曾刊本「地理畧」作「理畧」，脱「地」字。四庫總目卷一四二小說家類三據陳刊謂今本已非宋人之舊，其說已爲余嘉錫所駁，見四庫提要辨證卷十八。玉海卷五十七晉博物志條引讀書志，語同袁本，唯刪去「右晉張華茂先撰」七字。諸衢本、經籍考卷四十二標題，解題俱同原本。按宋時博物志有繁、簡二本，俱十卷，繁本當張華舊本，衢本著録之盧氏注六卷，疑即此本殘卷；簡本蓋出北魏常景刪削，今通行本多出此。唯士禮居叢書本，據汲古閣影宋本重刻，黃丕烈以爲即讀書志著録之十卷本，而范寧則以爲士禮居刊本並非南宋本，而是邵亭知見傳本書目卷十一所載明葉氏刊本，乃後人併合張華舊殘本六卷、李石所見十卷本刪改而成。詳博物志校證後記。又，衢本解題「西京賦曰」以下一百一十二字，乃小説類小序。

〔二〕兩本前六卷畧同　顧校本無「兩本」二字。

〔三〕周人也　按疑「周」上當重「虞初」二字。漢志諸子畧小説家有虞初周説九百四十三篇。班固原注云：「河南人，武帝時以方士侍郎，號黃車使者。」顏師古注云：「史記云：『虞初，洛陽人。』即張衡西京賦『小説九百，本自虞初』者也。」

世説新語十卷重編世説十卷〔一〕　袁本前志卷三下小説類第八

右宋劉義慶撰，梁劉孝標注〔二〕。記東漢以後事，分三十八門〔三〕。唐藝文志云：「劉義慶世説八卷，劉孝標續十卷。」而崇文總目止載十卷，當是孝標續義慶元本八卷，通成十卷耳〔四〕。家本有二：一極詳，一殊畧。畧有稱改正，未知誰氏所定〔五〕，然其目則同。劉知幾頗言此書非實録〔六〕，予亦云〔七〕。720

〔一〕重編世説十卷　袁本無此六字。按據衢本解題云公武所見有詳畧二本，其畧本經佚名氏改定，此重編世說，蓋即指畧本。

〔二〕梁劉孝標注　袁本無「梁」字。

〔三〕分三十八門　按今影印紹興八年董弅刊本作三卷，卷分上下，凡三十六門，出晏殊校定。其本附汪藻世說敍録著録諸本，中有分門三十六、三十八、三十九三種，分三十八門者有邵本。汪氏云：「邵本於諸本外別出一卷，以直諫爲三十七、姦佞爲三十八，唯黄本有之，它本皆不録。」黄本，即黄庭堅本，十卷。殆公武所見，其分門近似黄庭堅本。

〔四〕當是孝標續義慶元本八卷通成十卷耳　按舊唐志卷下、新唐志卷三著録劉孝標續世說十卷。鄭堂讀書記卷六十三云「續」字當「注」字之譌。又，崇文總目輯釋卷三小說類上錢侗即據讀書志此說加按，王先謙思賢講舍刊本附世說新語攷證以爲非，云：「侗亦因唐志有續世說之語，遂誤信晁志而以二書合一也。」又云：「不知宋時十卷本，均是劉注本，郡齋云云，蓋猶狃於唐志續撰之說也。」是公武此說不可信，攷證是，唯「以二書合一」當云「歧一書爲二」，參見陳漢章崇文總目輯釋補正卷三。

〔五〕誰氏所定　袁本自「家本」至此與原本異，其文曰：「一本極詳，一本殊畧，未知孰爲正。」

〔六〕頗言此書非實録　袁本作「頗言非其實録」。經籍考同原本。按劉知幾語參見史通卷十七雜說篇中。

〔七〕予亦云　袁本無此三字。經籍考同原本。

殷芸小説十卷　袁本後志卷二小説類第一

右宋殷芸撰〔一〕。述秦、漢以來雜事。予家本題曰「劉餗」，李淑以爲非〔二〕。721

〔一〕宋殷芸撰　按「宋」當作「梁」。隋志卷三注云：「梁武帝勅安右長史殷芸撰。梁目，三十卷。」余嘉錫殷芸小説輯證序云是書當成於梁武帝天監十三、四年間。殷芸傳見梁書卷四十一、南史附卷二十七殷鈞傳，芸生於宋季，仕齊，入梁且三十歲，至大通三年乃卒。今續談助卷四所收題梁殷芸。

〔二〕李淑以爲非　書録解題云：「邯鄲書目云：『或題劉餗，非也。』今此書首題秦、漢、魏、晉、宋諸帝，注云『齊殷芸撰』，非劉餗明矣，故其序事止宋初，蓋於諸史傳記中鈔集。或稱商芸，宣廟未祧時避諱也。」按宣廟，乃宋太祖父，名弘殷。劉餗小説，衢本不收，今已據袁本補入，可參看。

述異記二卷〔一〕　袁本前志卷三下小説類第十

右梁任昉撰〔二〕。昉家藏書三萬卷。天監中，采輯前代之事〔三〕，纂新述異，皆時所未聞，將以資後來屬文之用，亦博物之意。唐志以爲祖同所作，誤也〔四〕。722

〔一〕述異記二卷　袁本解題頗異，俱録於下：「右梁任昉撰。昉家藏書三萬，采前世異聞成書。」經籍考卷四十二解題大抵同原本。

〔二〕梁任昉撰　沈録何校本何焯校語云：「述異記中有王僧辨得桔一蔕三十子獻梁元帝事，安得爲彦升所撰？書中所載州郡之名，亦多出於唐世也。」按任昉此書，不見隋志、兩唐志，崇文總目卷三始於著録。昉卒於梁天監七年，而記事有昉身後事，爲後人僞託無疑。公武似未細察。

〔三〕采輯前代之事　卧雲本、舊鈔本、經籍考「代」作「世」。

〔四〕唐志以爲祖同所作誤也　按隋志卷二、舊唐志卷上雜傳類、新唐志卷三小説家類有祖沖之述異記十卷，公武避父諱，改「沖之」爲「同」。公武誤以爲任昉書與沖之書實一書，遂謂唐志誤題撰人。衢本解題明言「纂新述異」，是與沖之之述異有别。參見章宗源隋書經籍志考證卷十三。任昉書今有漢魏叢書諸本，沖之書有輯本，入古小説鈎沉。

卓異記一卷〔一〕　袁本前志卷三下小説類第三十二

右唐李翱撰，或題云陳翱〔二〕。開成中，在襄陽，記唐室君臣功業殊異者，二十七類。723

〔一〕卓異記一卷　袁本解題作：「右唐李翱撰，或題云陳翱。記唐室功業特異并其臣美事，二十七類。」經籍考卷四十七解題同原本。

〔二〕唐李翱撰或題云陳翱　按新唐志卷三題作陳翱，注云：「憲、穆時人。」玉海卷五十七引中興書目云：「開成中李翱撰唐世君臣盛事，如封禪并兩朝三代爲相之類（原注：二十七類）。」崇文總目云陳翱撰。宋志卷七複出，一作李翱，一作陳翰（注云：一作「翱」）。樂史廣卓異記稱李翱作。四庫總目卷五十七云：「李翱爲貞元、會昌間人，陳翱爲憲、穆間人，何以紀及昭宗？其非李翱，亦非陳翱，甚明。」宋志之陳翰，著有異聞集十卷，新唐志卷四注云：「唐末屯田郎。」勞格謂翰懿、僖時人，詳唐郎官石柱題名考卷十六。今本多題李翱撰。

異聞集十卷〔一〕 袁本前志卷三下小說類第三十七

右唐陳翰編。以傳記所載唐朝奇怪事，類爲一書。 724

〔一〕異聞集十卷 按文史第七輯載程毅中異聞集考，可參看。

博異志一卷〔一〕 袁本前志卷三下小說類第四十一

右題曰谷神子纂〔二〕。序稱其書頗箴規時事，故隱姓名。或曰名還古而竟不知其姓〔三〕。志怪之書也。 725

〔一〕博異志一卷 袁本脫「一卷」二字，解題作：「右題谷神子纂，不知撰人。志怪之書也。」經籍考卷四十二卷數、解題同原本。

〔二〕題曰谷神子纂 袁錄何校本何焯校語云：「此谷神子，豈即注嚴遵道德指歸者耶？」又顧廣圻校語云：「按經籍考所引『或曰名還古而竟不知其姓』，何說非。」按本書卷十一老子指歸條疑注指歸之谷神子爲馮廓，廓名見舊唐志卷下道家類，當是開元前人，與此谷神子時代了不相及。

〔三〕或曰名還古而竟不知其姓 按余嘉錫據唐語林等書記載，考爲鄭還古，云：「晁公武所得，蓋亦不全之本，適無此條（按太平廣記卷七十九許建宗條引作傳異記，當即博異志），故但據傳聞，知其名還古，而不知其姓耳。」還古，滎陽人，登元和進士第，嘗爲河北從事，爲同院所誹謗，貶吉州掾，除國子博士。詳見四庫提要辨證卷十八。

集異記二卷〔一〕　袁本前志卷三下小說類第四十三

右唐薛用弱撰〔二〕。集隋唐間譎詭之事〔三〕。一題古異記。首載徐佐卿化鶴事〔四〕。726

〔一〕集異記二卷　袁本「二」作「三」，經籍考卷四十二同原本。按此書新唐志卷三、崇文總目卷三、通志藝文略卷三傳記類俱作三卷，疑卷數當從袁本。

〔二〕薛用弱撰　新唐志注云：「字中勝，長慶光州刺史。」太平廣記卷三一一引三水小牘，言其大和中自儀曹郎出守弋陽，爲政嚴而不殘。

〔三〕譎詭之事　原本「譎」訛作「談」，據袁本、宛委本改。

〔四〕首載徐佐卿化鶴事　袁本無此八字。

陸氏集異記二卷〔一〕　袁本前志卷三下小說類第十九

右唐陸勳纂。語怪之書也，凡三十二事，言犬怪者居三之一〔二〕。727

〔一〕陸氏集異記二卷　按是書宋志卷五及今本俱題集異志。

〔二〕言犬怪者居三之一　袁本無此八字，經籍考卷四十二同原本。四庫總目卷一四四小說家類存目二誤引讀書志此條解題作書錄解題語，云：「此書較陳氏（當作晁氏，下同）所載多二卷，而事較振孫所記之數多三四倍，亦不多言犬怪。豈後人附會，非其本書歟？」

稽神異苑十卷　袁本前志卷三下小說類第四十八

右題云南齊焦度撰。雜編傳記鬼神變化及草木禽獸妖怪譎詭事。按焦度，南安氏也〔一〕，質訥樸戇〔二〕，以勇力事高帝，決不能著書。又，卒於建元四年，而所記有梁天監中事，必非也。唐志有焦路窮神祕苑十卷〔三〕，豈即此書而相傳之訛歟？　728

〔一〕南安氏也　原本所據底本「氏」訛作「民」，李富孫據經籍考卷四十二改。按袁本作「氏」。

〔二〕樸戇　原本「戇」作「戅」，據袁本改。

〔三〕唐志有焦路窮神祕苑十卷　新唐志卷三「路」作「璐」，宛委本作「詻」，疑當作「璐」。又，袁本「苑」作「菀」。按窮神秘苑十卷，尚見崇文總目卷三、通志藝文略卷三傳記類（「璐」作「潞」）。新唐志卷二又有焦璐唐朝年代記（宋志卷二「唐」作「聖」）十卷，注云：「徐州從事，龐勛亂，遇害。」據此，焦璐當是唐宣、懿時人。資治通鑑考異引唐朝年代記近十條，撰人亦作焦璐。宋志卷五有稽神異苑十卷，題焦潞撰，雖似與公武說合，然今類說卷四十所載稽神異苑十四條。與太平廣記所引窮神秘苑佚文，無一相同，疑非一書，公武說恐不可據依。

宣室志十卷　袁本前志卷三下小說類第三十四

右唐張讀聖朋撰〔一〕。纂輯仙鬼靈異事。名曰宣室志者，取漢文召見賈生論鬼神之義。苗台符爲之序。729

〔一〕唐張讀聖朋撰　原本所據底本「朋」作「明」，李富孫據袁本、經籍考卷四十二改。按新唐志卷二雜史類著録張讀建中西狩録十卷，注云：「字聖用，僖宗時吏部侍郎。」書録解題卷十一亦云讀字聖用。讀傳附見舊唐書卷一四九、新唐書卷一六一張薦傳。

玄怪録十卷　袁本後志卷二小說類第二

右唐牛僧孺撰。僧孺爲宰相，有聞於世，而著此等書，周秦行紀之謗，蓋有以致之也。730

續玄怪録十卷　袁本前志卷三下小說類第三十六

右唐李復言撰。續牛僧孺書也。分仙術、感應三門〔一〕。731

〔一〕分仙術感應三門　袁本無此七字。按「三」疑作「二」，或句下有脱文。今存世有宋臨安府尹家書籍鋪刊本，題續幽怪録四卷，不分門。鐵琴銅劍樓藏書目録卷十七云：「殆尹氏得其書重編以刻者。」

周秦行紀一卷　袁本後志卷二小説類第三

右唐牛僧孺自敍所遇異事。賈黄中以爲韋瓘所撰〔一〕。瓘，李德裕門人〔二〕，以此誣僧孺。732

〔一〕賈黄中以爲韋瓘所撰　按賈説見張洎賈氏談録。祕續目小説類逕題韋瓘撰周秦行紀一卷。今本俱出太平廣記卷四八九，題牛僧孺撰，當正。

〔二〕瓘李德裕門人　按此韋瓘乃正卿子，字茂卿，傳附新唐書卷一六二韋夏卿傳，元和時有同姓名者，見唐登科記考卷十七，徐松曰：「此與韋珩（按韋珩乃韋茂卿之兄）之弟同姓名，別是一人。」

洽聞記三卷　袁本前志卷三下小説類第三十五

右唐鄭常撰〔一〕。記古今神異詭譎事，凡百五十六條。或題曰鄭遂〔二〕。733

〔一〕唐鄭常撰　原本所據底本「常」作「當」，李富孫以爲誤，黄丕烈據經籍考卷四十二改。袁本、玉海卷五十七引讀書志皆作「鄭常」。

〔二〕或題曰鄭遂　新唐志卷三、崇文總目卷三（題洽聞集一卷，玉海卷五十七引崇文總目「集」作「記」，「集」當

「記」之誤)、玉海卷五十七引中興書目(二卷)、宋志卷五(二卷),皆謂撰人爲鄭遂。本書卷八地理類有唐鄭常洽聞記三卷,可參看。今説郛本題鄭常。

甘澤謡一卷〔一〕 袁本前志卷三下小説類第三十八

右唐袁郊撰〔二〕。載譎異事九章。咸通中,久雨卧疾所著,故曰甘澤謡。734

〔一〕甘澤謡一卷 原本所據底本脱「一卷」二字,李富孫據袁本及經籍考卷四十二補。按卧雲本、宛委本不脱。

〔二〕唐袁郊撰 按郊字之乾(一説之儀),蔡州朗山人。官虢州刺史。咸通中爲祠部郎中(一説刑部郎中),見新唐書卷七十四下宰相世系表、卷一五一袁滋傳、唐詩紀事卷六十五、書録解題卷十一。

河東記三卷〔一〕 袁本前志卷三下小説類第四十

右唐薛漁思撰〔二〕。亦記譎怪事。序云續牛僧孺之書。735

〔一〕河東記三卷 袁本解題迥異,其文云:「右不著撰人。亦記譎怪之事。」

〔二〕唐薛漁思撰 按洪邁夷堅支志癸集序「漁」作「湌」,今説郛本不題撰人。

酉陽雜俎二十卷續酉陽雜俎十卷〔一〕　袁本前志卷三下小説類第二十九

右唐段成式撰〔二〕。自序云：「縫掖之徒，及怪及戲，無侵於儒。詩書爲太羹〔三〕，史爲折俎〔四〕，子爲醯醢，大小二酉山多藏奇書，故名篇曰酉陽雜俎〔五〕。分三十門，爲二十卷〔六〕。」其後續十卷〔七〕。736

〔一〕續酉陽雜俎十卷　袁本無「酉陽雜俎」四字。卧雲本、經籍考卷四十二同原本。

〔二〕段成式撰　袁本「成」作「承」，誤，舊唐書卷一六七、新唐書卷八十九本傳皆作「成」。

〔三〕詩書爲太羹　袁本「太」作「大」，按「太羹」語出禮記樂記、左傳桓公二年，「太」或作「大」。

〔四〕史爲折俎　袁本脱「爲」字。「折俎」語出左傳宣公十六年。

〔五〕故名篇曰　袁本無「篇曰」二字。按段氏自序云：「號酉陽雜俎」。

〔六〕爲二十卷　袁本「二」作「三」，諸衢本、經籍考同原本。酉陽雜俎一書，新唐志卷三、崇文總目卷三、通志藝文略卷六小説類俱作三十卷。疑成式書原有三十卷，無所謂續雜俎。經宋人删削爲二十卷，今本序云「爲二十卷」，亦録者所改。至於續雜俎十卷乃南渡後好事者鈔綴而成，合二十卷爲三十卷以合新唐志卷數。説見日本訪書志卷八。四庫提要辨證卷十八則以爲續雜俎出南宋人手，乃楊守敬臆度之辭。按公武所見雜俎已爲二十卷，袁本「三」當「二」之誤。

〔七〕其後續十卷　袁本「後」下有「又」字。

傳奇三卷　袁本前志卷三下小說類第四十七

右唐裴鉶撰。唐志稱鉶高駢客〔一〕。故其書所記皆神仙恢譎事〔二〕。駢之惑呂用之，未必非鉶輩導諛所致〔三〕。737

〔一〕唐志稱鉶高駢客　袁本無「唐志稱」三字，顧校本「鉶」下有「爲」字。按新唐志卷三注云：「鉶，高駢從事。」鉶，號谷神子。咸通中爲靜海軍節度使高駢掌書記。乾符五年，以御史大夫爲成都節度副使。見唐詩紀事卷六十七、雲笈七籤卷八十八，全唐文卷八〇五。

〔二〕恢譎事　袁本「恢」作「怪」，經籍考作「詭」，卧雲本同原本。

〔三〕駢之惑呂用之未必非鉶輩導諛所致　按此乃公武臆度之辭，不可信從，詳周楞伽輯注裴鉶傳奇前言。

稽神録六卷〔一〕　袁本前志卷三下小說類第三十九

右南唐徐鉉撰〔二〕。記怪神之事。序稱「自乙未歲至乙卯，凡二十年，僅得百五十事〔三〕。」楊大年云：「江東布衣蒯亮好大言夸誕，鉉喜之，館於門下。稽神録中事，多亮所言。」738

〔一〕稽神録六卷　袁本「六」作「十」。諸衢本、經籍考卷四十三同原本。按此書鉉集附徐公墓誌銘云二十卷，崇文總目卷三、宋志卷五、通志藝文略卷三傳記類作十卷，書録解題卷十一作六卷。後世所傳多作六卷，通行本又有拾遺一卷，唯述古堂書目著録鈔本十卷。書録解題云：「元本十卷，今無卷第，總作一卷，當是自他書中録出者。」

〔二〕南唐徐鉉　按是書蓋撰於入宋前，故公武稱之爲南唐人。

〔三〕僅得百五十事　袁本脱「得」字。

乘異記三卷　袁本前志卷三下小説類第五十二

右皇朝張君房撰。其序謂「乘者，載記之名〔一〕；異者，非常之事。」蓋志鬼神變怪之書，凡十一門，七十五事。739

〔一〕載記之名　原本「載記」作「記載」，據袁本、經籍考卷四十三乙正。按書名「乘」乃取「晉之乘」之義。

括異記十卷〔一〕　袁本前志卷三下小説類第九十三

右皇朝張師正撰。師正擢甲科，得太常博士〔二〕。後遊宦四十年〔三〕，不得志，於是推變怪之理，參見聞之異〔四〕，得二百五十篇。魏泰爲之序〔五〕。740

〔一〕括異記十卷　袁本題作括異志纂，諸衢本、經籍考卷四十三同原本。按書録解題卷十一、宋志卷五俱作括異志，書録解題另有後志十卷。今四部叢刊續編影印明正德依宋寫本，亦名括異志。

〔二〕擢甲科得太常博士　袁本無此八字。諸衢本、經籍考同原本。按師正事跡見宋詩紀事卷二十六、宋詩紀事小傳補正卷二。

〔三〕後遊宦四十年　袁本無「後」字。

〔四〕見聞之異　袁本「異」作「事」。

〔五〕魏泰爲之序　袁本無此五字。諸衢本、經籍考同原本。按河南邵氏聞見後録卷十六引王銍跋范仲尹墓誌云：「近時襄陽魏泰者，場屋不得志，喜僞作他人著書，如志怪集、括異志、倦游録，盡假武人張師正。」後人據此，多謂括異志非師正撰，乃出於魏泰。

祖異志十卷〔一〕　袁本前志卷三下小説類第九十四

右皇朝聶田撰〔二〕。田，天禧中進士，不中第，至元祐初，因記近時詭聞異見一百餘事。天禧至元祐七十餘年，田且百歲矣〔三〕。741

〔一〕祖異志十卷　袁本解題作：「右皇朝聶由撰。由，天禧中舉進士第不中，因記近時詭聞異見一百餘事。」按宋志卷五「祖」作「俱」，殆「徂」之誤。

〔二〕皇朝聶田撰　袁本「田」作「由」。書録解題卷十一、宋志同原本。按宛委山堂本説郛弓一一八題作徂異記，一卷，聶田撰。

〔三〕田且百歲矣　卧雲本無「且」字。又，卧雲本、經籍考此句下有「康定元年序」五字。

洛中紀異十卷〔一〕　袁本前志卷三下小說類第九十

右皇朝秦再思記五代及國初讖應雜事〔二〕。742

〔一〕洛中紀異十卷　卧雲本、宛委本、經籍考卷四十三「紀」作「記」。按今宛委山堂本說郛弓四十九題洛中紀異録一卷，商務印書館本說郛卷三題紀異録，卷二題洛中記異録。

〔二〕秦再思　袁本「思」下有「撰」字。

洞微志十卷　袁本前志卷三下小說類第五十一

右皇朝錢希白述〔一〕，記唐以來詭譎事。743

〔一〕皇朝錢希白述　按希白名易，傳見宋史卷三一七。書録解題卷二十錢希白歌詩條稱，尚有滑稽集四卷。

太平廣記五百卷　袁本前志卷三下小說類第一

右皇朝太平興國初，詔李昉等取古今小說編纂成書，同太平御覽上之〔一〕。744

〔一〕同太平御覽上之　袁本作「同太平總類、太平御覽上之」。按太平御覽初名太平總類，書成，太宗日覽三卷，一年而讀周，賜名太平御覽。參見本書卷十四太平御覽條。袁本一書復擧。御覽於太平興國二年受詔，八年書成。據本書進書表，廣記於二年三月受詔，明年八月書成表進，則廣記先成，不可謂「同上之」。又，卧雲本、經籍考卷四十三此句下有「賜名廣記」四字。

鹿革事類三十卷鹿革文類三十卷　袁本後志卷二小説類第四

右節太平廣記事實成一編，曰事類；詩文成一編，曰文類。蔡蕃晉如所撰〔一〕。晉如博學，通音律，能屬文，與十父相友善〔二〕。745

〔一〕蔡蕃晉如　按公武父沖之晁具茨先生詩集卷十三有挽蔡晉如一首，詩云：「南部清笳咽，東門素旐飛。如何一老没，不及二疏歸？宇宙那復見，死生從此違。吾年未四十，已嘆故人稀。」

〔二〕與十父相友善　原本、顧校本作「相善友」。十父注見卷八地理類山海經條校注〔三〕。

唐語林十卷　袁本前志卷三下小説類第四十五

右未詳撰人〔一〕。效世説體分門，記唐世名言〔二〕，新增嗜好等十七門，餘皆仍舊〔三〕。746

〔一〕未詳撰人　按唐語林撰人爲王讜。讜，字正甫，樊川人。事蹟詳中國歷史文獻研究集刊第一集顔中其撰閱於唐語林作者王讜。

〔二〕記唐世名言　袁本「名言」作「名事」，顧校本作「名賢」。

〔三〕餘皆仍舊　袁本作「餘仍舊云」。

史話三卷　袁本前志卷三下小説類第四十六

右不題撰人。自後漢及江左朝野雜事皆記之。747

因話録六卷　袁本前志卷三下小説類第十三

右唐趙璘撰。璘，字澤章〔一〕，大中衢州刺史〔二〕。記唐史逸事。748

〔一〕璘字澤章　袁本無「璘」字，新唐志卷三小注云「字澤章」，當公武所本。

〔二〕大中衢州刺史　原本「大中」下有「時爲」二字，所據底本無，李富孫據袁本、經籍考卷四十二補。按此六字實鈔新唐志注，影印淳祐宋刻袁本、宛委本皆無此二字，李富孫所見底本不誤，復其舊。

劇談録三卷　袁本前志卷三下小説類第十二

右唐康駢字駕言撰〔一〕。乾符中登進士第〔二〕。書咸載唐世故事〔三〕。749

〔一〕唐康駢　袁本脱「康」字，「駢」作「軿」。按康氏名，諸書或作「軿」，或作「騈」。作「軿」者，有新唐志卷三、崇文總目卷三、宋志卷七別集類九筆雜編條、通志藝文畧卷六等，作「騈」者，有資治通鑑考異、宋志卷五小說家類，今本亦多作「騈」。

〔二〕乾符中登進士第　袁本無「進士」二字。按徐松唐登科記考卷二十三據大典引池州府志，謂軿乾符五年登第，六年中博學宏詞。

〔三〕書咸載唐世故事　袁本無「咸」字。原本、卧雲本、宛委本、顧校本、舊鈔本、元刊經籍考「咸」作「成」，據殿本經籍考改。

樹萱録一卷　袁本前志卷三下小說類第十八

右序謂纂尚書滎陽公所談〔一〕。 750

〔一〕右序謂纂尚書滎陽公所談　宛委本作「右不著名氏。序謂纂尚書滎陽公所談。亦不知何人」。原本黄丕烈校語云：「袁本與此同，通考引作陳氏語。」按經籍考卷四十一唯引書録解題，未引讀書志。書録解題語同讀書志，疑陳氏襲公武。書録解題卷十一云：「不著名氏。序稱纂尚書滎陽公所談者，亦不知何人。又云『普聖圜丘之明年』，普聖者，僖宗由普王踐位也。書雖見唐志，今亦未必本真。或云劉燾無言所爲也。」何薳亦謂此書撰者乃劉燾，見春渚紀聞卷五。今說郛本、五朝小說大觀本題劉燾撰。

資暇三卷〔一〕　袁本前志卷三下小説類第二十

右唐李匡文濟翁撰〔二〕。序稱世俗之談，類多訛誤，雖有見聞，嘿不敢證，故著此書。上篇正誤，中篇譚元〔三〕，下篇本物，以資休暇云。751

〔一〕資暇三卷　卧雲本「暇」下有「集」字。

〔二〕唐李匡文濟翁撰　原本李富孫校語云：「原本（指其所據底本）作『匡義』，袁本作『乂』，俱誤。今據瞿鈔本、書録解題、唐、宋藝文志改正。通考雜家、小説家此書兩見，前引陳氏語，多『集』字，作『匡文』，後作『義』。錢氏大昕曰：『義』與『文』乃字形相譌而譌也。」顧校本作「文」，卧雲本、舊鈔本作「義」。按資暇撰者之名，似未可遽定。鄭堂讀書記卷五十四據新唐書宗室世系表、新唐志、渭南文集卷二十八跋資暇集等，定爲「匡文」，四庫提要辨證卷十五亦主此説。然陳垣以爲當從袁本讀書志，作「匡乂」，見史諱舉例卷四。岑仲勉則疑資暇撰人與著兩漢至唐年紀及衆譜者當是二人：前者乃直隴西一系，并非宗室子，時代較後，其書似成於僖宗乾符、中和間；後者則是李夷簡之子，文宗時人。見唐史餘瀋卷四。據此，袁本「匡乂」未必誤；退而論之，即使二人同名「匡文」，亦不得以彼糾此。又唐會要卷十六云：「中和元年，僖宗避賊成都，有司請享太祖以下十一室，太子賓客李匡乂建議。」此匡乂時代與資暇撰人相合，而其名又獨與撰紀年書、衆譜者（凡撰紀年書及衆譜者無一例外俱作「匡文」）相異，愈益證「匡文」、「匡乂」不必一人矣。

〔三〕譚元　袁本、顧校本、經籍考「元」作「原」。

芝田録一卷　袁本前志卷三下小説類第二十二

右敍譚嘗甜綫氏，故取潘岳西征賦名其書。記隋唐雜事。未詳何人〔一〕。總六百條。752

〔一〕未詳何人　按新唐志卷三不著撰人，今説郛本、五朝小説本題唐丁用晦撰。

封氏見聞記五卷〔一〕　袁本前志卷三下小説類第二十一

右唐封演撰。分門記儒道、經籍、人物、地里〔二〕、雜事，且辨俗説訛謬，蓋著其所見聞如此。753

〔一〕封氏見聞記五卷　按此書新唐志卷二雜傳記類，崇文總目卷二傳記類下、續祕目小説類、宋志卷五題俱作封氏聞見記，後世諸目著録及今本亦多同新唐志，卷數析爲十卷。書録解題卷十一、通志藝文略卷三雜史類題同讀書志，愛日精廬藏書志卷二十四有舊鈔本十卷，書名亦與讀書志同。

〔二〕地里　袁本「里」作「理」。

松窗録一卷〔一〕　袁本前志卷二上雜史類第二十

右唐韋叡撰〔二〕。記唐朝故事〔三〕。754

〔一〕松窗録　袁本「窗」作「窻」。按此書新唐志卷三、崇文總目卷二傳記類下、太平廣記等題同原本，宋志卷五作松窗小録，今通行本多作松窗雜録，重編説郛本等又作摭異記。書中有中宗稱蘇瓌有子、李嶠無兒條，資治通鑑考異（見通鑑卷二〇七武后長安二年、卷二一一玄宗開元元年）嘗予徵引，稱其書爲松窗雜録。

〔二〕唐韋叡撰　按新唐志未著撰人，崇文總目、宋志以及今通行本作唐李濬，能改齋漫録卷三作唐王叡，唐詩紀事卷十李嶠條又謂撰人爲皮日休，未知孰是。

〔三〕記唐朝故事　袁本無「朝」字。顧校本作「韋，唐人，説其本朝故事。」

朝野僉載補遺三卷〔一〕　袁本前志卷三下小説類第二十三

右唐張鷟文成撰。分三十五門，載唐朝雜事。鷟自號浮休子，蓋取莊子「其生也浮，其死也休」之義。755

〔一〕朝野僉載補遺三卷　袁本「僉」作「簽」。按新唐志卷二雜傳記類、通志藝文略卷三雜史類、宋志卷二傳記類皆著録朝野僉載二十卷。補遺三卷尚見玉海卷五十五引中興書目及宋志，均題張鷟撰。遂初堂書目小説類則並載朝野僉載、僉載補遺。四庫總目卷一四〇云：「疑僉載乃鷟所作，補遺則爲後人補益。」癸巳類藁卷十三以爲今本乃後人從太平廣記所載復録出者。四庫提要辨證卷十七又以爲今本蓋有補遺之文。中華書局唐宋史料筆記叢刊本，經趙守儼校點，并輯附佚文，其點校説明謂今本大致分一卷本、六卷本兩個系統，二者不出一源，前者非後者之節畧。一卷本由説郛派生，歷代小史等本屬焉；六卷本則全據太平廣記，寶顏堂秘笈本是也。兩種本子俱非宋時所存二十卷本或補遺本舊觀。

幽閒鼓吹一卷　袁本前志卷三下小説類第二十八

右唐張固撰。紀唐史遺事二十五篇〔一〕。懿僖間人。756

〔一〕紀唐史遺事二十五篇　袁本作「紀唐二十餘事」，宛委本「遺」作「逸」。

朝廷卓絶事一卷〔一〕　袁本前志卷三下小説類第三十一

右唐陳岠撰。記唐朝忠賢卓絶事五十〔二〕。757

〔一〕朝廷卓絶事一卷　按是書不載兩唐志，祕續目小説類有陳岠撰朝廷宇絶事紀一卷（「宇」當「卓」之誤），宋志卷二傳記類作陳岠朝廷卓絶記一卷。陳岠朝廷卓絶事序載全唐文卷六八三。

〔二〕卓絶事五十　袁本、卧雲本，宛委本，經籍考卷四十二作「五十事」，顧校本作「卓絶事五十則」。

戎幕閒談一卷　袁本前志卷三下小説類第十四

右唐韋絢撰。大和中，爲李德裕從事，記德裕所談。758

杜陽雜編三卷　袁本前志卷三下小說類第二十五

右唐蘇鶚撰。字德祥〔一〕。光啓中進士，家武功杜陽川。雜録廣德以至咸通時事。759

〔一〕蘇鶚撰字德祥　袁本無「撰」字。臥雲本、經籍考卷四十二作「蘇鶚字德祥撰」，鮑廷博校本、季録顧校本作「蘇鶚撰。鶚字德祥」。

雲谿友議三卷　袁本前志卷三下小說類第二十四

右唐范攄撰。記唐開元以後事。攄，五谿人〔一〕，故以名其書。760

〔一〕五谿人　新唐志卷三小注云：「咸通時自稱五雲溪人。」按五雲溪乃若耶溪之別名，疑脫「雲」字。

譚賓録十卷　袁本前志卷三下小說類第十一

右唐胡璩子温撰〔一〕。皆唐朝史之所遺。文武間人〔二〕。761

〔一〕唐胡璩子温　宋志卷五「璩」作「璩」。按新唐志卷三、崇文總目卷二傳記類下皆同讀書志，宋志誤。

〔二〕文武間人　袁本「間」訛作「聞」。

金華子三卷　袁本前志卷三下小説類第二十六

右唐劉崇遠撰〔一〕。金華子，崇遠自號〔二〕，蓋慕黄初平爲人也〔三〕。録唐大中後事。一本題曰劉氏雜編〔四〕。762

〔一〕唐劉崇遠撰　按崇遠家本河南，唐末避亂江南，仕南唐爲文林郎、大理司直。此書自序末題名不著年月，而書中稱南唐先主李昪爲烈祖高皇帝，又有「昪元受命」之語；昪元乃中主李璟紀年。書録解題卷十一謂「五代時人」，是。此「唐」當改標「南唐」。

〔二〕崇遠自號　袁本「號」下有「也」字。經籍考卷四十三「崇遠」作「其」。

〔三〕蓋慕黄初平爲人也　袁本無此八字。卧雲本、經籍考卷四十三「黄」作「皇」。按自序稱「金華子者，河南劉生，少慕赤松子兄弟能釋羈鞅于放牧間，讀其書，想其人，恍若遊于金華之境，因自云焉。」相傳金華山乃漢赤松子得道處。黄初平，或作皇初平，漢丹谿人，入金華山，後仙去。事詳雲笈七籤卷一〇九、太平廣記卷七。

〔四〕一本題曰劉氏雜編　按崇文總目卷二傳記類下、通志藝文畧卷三雜史類、宋志卷五作金華子雜編，資治通鑑考異引作金華子。書録解題卷十一作金華子新編，「新」蓋「雜」之訛。

乾䐑子三卷〔一〕　袁本前志卷三下小說類第二十七

右唐溫庭筠撰。序謂語怪以悅賓，無異䐑味之適口，故以「乾䐑」命篇〔二〕。763

〔一〕乾䐑子三卷　袁本「䐑」作「饌」，下同。見校注〔二〕。

〔二〕故以乾䐑名篇　書錄解題卷十一云：「序言『不爵不觥，非炰非炙，能悅諸心，聊甘衆口，庶乎乾䐑之義』。『䐑』與『饌』同，字從肉，見古禮經。」

摭言十五卷　袁本前志卷三下小說類第三十三

右唐王定保撰〔一〕。分六十三門。記唐朝進士應舉登科雜事。764

〔一〕唐王定保撰　四庫總目卷一四〇題「五代」，鄭堂讀書記卷六十三題作「南漢」。按定保，生於懿宗咸通十一年，光化三年中進士第，喪亂入嶺南，劉隱辟置幕府，官至中書侍郎、同平章事。其書蓋成于梁貞明二、三年間。詳見劉毓崧通義堂集卷十二唐摭言跋。是此書撰成之時，唐亡已及十載，固不得稱「唐」，然定保於書中自稱「唐末進士」、稱「唐」爲「國朝」、「我唐」，心繫唐室，不附後梁，公武標定保爲唐人，殆以此歟？

北里志一卷　袁本前志卷三下小説類第四十二

右唐孫棨撰〔一〕。記大中進士遊狹邪雜事〔二〕。孫光憲言棨之意在譏盧相攜也。蓋攜之女與其甥通，攜知之，遂以妻之，殺家人以滅口云〔三〕。765

〔一〕孫棨　袁本「棨」作「棨」。

〔二〕遊狹邪雜事　卧雲本、經籍考卷四十二作「游俠平康事」。

〔三〕以滅口云　袁本無自「孫光憲」至此凡三十五字。按光憲語見北夢瑣言卷四。

劉公嘉話録一卷〔一〕　袁本前志卷三下小説類第十五

右唐韋絢撰。劉公謂禹錫。絢，字文明，執誼子也。咸通中，爲義武節度〔二〕。幼從學於禹錫，録其話言。766

〔一〕劉公嘉話録　卧雲本、經籍考卷四十二作「劉公嘉話」。按新唐志卷三同原本。崇文總目卷二傳記類下作嘉話録，書録解題卷十一作劉公佳話，宋志卷五同卧雲本，又有賓客佳話一卷，殆即一書。今本多題曰劉賓客嘉話録，其中有尚書故實、續齊諧記、隋唐嘉話竄入，唐蘭嘗作校輯，文載文史第四輯。

〔二〕爲義武節度　袁本、卧雲本、宛委本、經籍考作「節度義武」。按讀書志語本新唐志注，注云：「咸通義武軍節度使」。

尚書故實一卷　袁本前志卷三下小説類第四十四

右唐李綽編〔一〕。崇文總目謂尚書即張延賞也〔二〕。綽紀延賞所談，故又題曰尚書談録〔三〕。按其書稱嘉貞爲四世祖，疑非延賞也〔四〕。767

〔一〕唐李綽　宋志卷五注云「綽」一作「緯」，蓋誤字。綽有輦下歲時記，見本書卷十二。

〔二〕崇文總目　袁本無「總」字。

〔三〕故又題曰尚書談録　按祕續目小説類有尚書談録三卷，不著撰人，蓋即此書。

〔四〕其書稱嘉貞爲四世祖疑非延賞也　按新唐志卷二雜傳類亦據崇文總目謂「尚書即張延賞」。書録解題卷十一亦疑其有誤。四庫總目卷一二〇云所謂張尚書者，當是歷代名畫記撰者張彦遠之諸兄弟。四庫提要辨證卷十五亦有詳考，可參看。

家學要録一卷　袁本前志卷三下小説類第十六

右唐柳珵采其曾祖彦昭、祖芳、父冕家集所記累朝典章因革、時政得失〔一〕，著此録〔二〕。小説之尤者也。768

〔一〕唐柳珵采　袁本「珵」下有「撰」字。

〔二〕著此録　玉海卷五十八引中興書目云：「凡三十四章。」

常侍言旨一卷　袁本前志卷三下小説類第十七

右唐柳珵記其世父登所著〔一〕，凡六章〔二〕，上清、劉幽求二傳附。769

〔一〕記其世父登所著　𠛬改本改「登」爲「芳」。按袁本、臥雲本、宛委本、季録顧校本、舊鈔本、玉海卷五十八引讀書志皆同原本，王先謙刊本、經籍考卷四十二同𠛬改本。書録解題卷十一云：「常侍者，其世父芳也。」𠛬改本蓋據此。珵乃芳之孫，見家學要録條：芳生登、冕，見元和姓纂卷七，冕生珵，登爲珵世父，原本不誤，𠛬改本以不誤爲誤，盲從書録解題之過也。

〔二〕凡六章　袁本、舊鈔本、玉海引讀書志無「凡」字。

北夢瑣言二十卷〔一〕　袁本前志卷三下小説類第三十

右荆南孫光憲撰。光憲，蜀人，從楊玭、元澄遊〔二〕，多聞唐世賢哲言行，因纂輯之，且附以五代十國事。取傳「畋於江南之夢」，自以爲高氏從事，在荆江之北，故命編云。770

〔一〕北夢瑣言二十卷　袁本「二」作「三」。按雲自在龕叢書本光憲自序、崇文總目卷二傳記類下、書録解題卷十

一、宋史卷四八三本傳同袁本，作三十卷，宋志卷五作十二卷。今雅雨堂叢書本光憲自序作二十卷，當已出後人所改。袁本著録三十卷，衢本不當作二十卷，「二」當「三」之誤。又，袁本解題頗異於此，俱録於下：「右荆南孫光憲撰。取傳『畋於江南之夢』，以其爲高氏從事，在荆江之北，故以命篇。記唐至五代及十國雜事。」

〔三〕楊玭元澄　經籍考卷四十三作「陽玭、元證。」按公武語本光憲自序，雲自在龕叢書本自序同讀書志。

皮氏見聞録五卷〔一〕　袁本前志卷三下小説類第八十九

右五代皮光業撰。唐末爲餘杭從事，記當時詭異見聞，自唐乾符四年，迄晉天福二年。自號鹿門子。771

〔一〕皮氏見聞録五卷　按崇文總目卷二傳記類下、宋志卷五作十三卷，祕續目作十二卷，讀書志著録殆非全書。又，袁本解題頗異，俱録於下：「右唐皮光業撰。光業唐末爲錢鏐從事，記當時詭異見聞。」

鑑誡録十卷〔一〕　袁本後志卷二小説類第五

右後蜀何光遠撰〔二〕。字輝夫，東海人，廣政中纂輯唐以來君臣事迹可爲世鑒者〔三〕。前有劉曦度序。李獻臣云：「不知何時人」。考之不詳也。772

〔一〕鑑誡録十卷　袁本「誡」作「戒」。詩話總龜前集附集一百家詩話總目、宋志卷五、經籍考卷四十三同原本。按四庫總目卷一四〇著録題同袁本，今知不足齋叢書本同原本。宋志作三卷。

〔二〕何光遠撰　宋志此書重出，一作劉曦度撰，蓋以曦度撰序而誤。

〔三〕廣政中纂輯唐以來君臣事迹可爲世鑒者　原本、袁本「廣政」訛作「唐證」，據沈録何校本改。又，皕宋樓藏書志卷六十二有舊鈔本十卷，吳焯跋云：「所録詩文，多取俚鄙，僅成小説家耳。録中頗多點竄他人之詩，不解何故。至後數卷又多采摭唐人詩話，與『鑑戒』命名之旨，似無取焉。」按公武似未細覩其書。

賈氏談録一卷〔一〕　袁本前志卷三下小説類第四十九

右僞唐張洎奉使來朝，録其家賈黄中所談三十餘事〔二〕，歸獻其主〔三〕。773

〔一〕賈氏談録一卷　宋志卷五題作賈黄中談録。今本多同讀書志。

〔二〕録其家賈黄中　袁本「其家」作「典客」，卧雲本、經籍考無「典客」二字。按典客，秦時官名，掌諸侯及歸義蠻夷。張洎使宋，黄中殆爲館伴，主迎送之事，與典客所掌正合，疑原本「其家」二字本是闕文，後人妄添。

〔三〕歸獻其主　四庫總目卷一四〇云：「是書乃洎爲李煜使宋時録所聞於賈黄中者，故曰賈氏談録。前有自序，題庚午歲，爲宋太祖開寶三年。……又序末稱『貽諸好事』，而晁公武讀書志乃稱南唐張洎奉使來朝，録賈黄中所談，歸獻其主。殆偶未檢此序歟？」

楊文公談苑八卷　袁本前志卷三下小説類第五十四

右皇朝宋庠編。初，楊公億里人黃鑑裒撰平生異聞爲一編〔一〕，庠取而刪類之，分爲二十一門。774

〔一〕異聞　袁本作「異事」。按黃鑑所編名南陽談籔，見書録解題卷十一談苑條。

景文筆録三卷〔一〕　袁本前志卷三下小説類第五十七

右皇朝宋祁撰。皆故事異聞、嘉言奥語〔二〕，可爲談助。不知何人所編，每章冠以「公曰」。景文，乃祁謚也。775

〔一〕景文筆録三卷　經籍考卷四十一雜家類「景」上有「宋」字。按書録解題卷十雜家類有宋景文筆記一卷。宋志卷二傳記類有宋景文筆記五卷，注云：「契丹官儀及碧雲騢附。」卷帙增多，蓋以有書附焉。卷四雜家類有宋祁筆録一卷。又卷五小説家類有宋肇筆録三卷，注云：「次其祖祥（「祥」當「庠」之訛，詳下）遺語。」宋肇書條殆取材於中興藝文志。經籍考卷四十一引中興藝文志云：「筆録三卷，皇朝紹聖中宋肇次其祖庠遺語，凡一百七十條。」馬端臨云：「二筆録卷數同，祁、庠又兄弟也。然則一書邪，二書邪？當考。」四庫總目卷一二〇云：「今考書中稱引莒公者不一，莒公即庠，則此録爲祁明矣。或肇所編又別一書，亦各筆録耳。」鄭堂讀書記卷五十六則以爲一書，云：「蓋肇次其叔祖遺語，非別有一書也。中興或誤涉而宋志因之重載耳。」今本俱題筆記，無題筆録者。

〔三〕奥語　袁本「語」作「論」。

歸田録六卷〔一〕　袁本後志卷二小説類第六　776

〔一〕歸田録六卷　按原本解題脱去，今存其目。詳見該聞録條校注〔一〕。是書宋志卷二傳記類作八卷、通志藝文略卷六作五卷，書録解題卷十一及今本俱作二卷，蓋二卷者爲歐陽修砍削之本，八卷、六卷、五卷者爲其原本，原本輾轉傳鈔，卷帙或有參差歟？

該聞録十卷〔一〕　袁本前志卷三下小説類第五十九

右皇朝李畋撰〔二〕。畋，蜀人，張詠客也，與范鎮友善。熙寧中致仕〔三〕，歸，與門人賓客燕談，袞袞忘倦〔四〕。門人請編録，遂以「該聞」爲目〔五〕。又有雜詩十二篇，係於後。777

〔一〕該聞録十卷　原本作「歸田録六卷」，今據袁本改正。按歐陽修歸田録與李畋該聞録乃二人撰二書。在蜀刻讀書志四卷本中，當止有李畋該聞録一條，故據刻之袁本前志亦止收録此條。迨姚應績編輯蜀刻讀書志二十卷本時，添入歐陽修歸田録條，置該聞録之前，而當遊鈞據二十卷本刊刻衢本時，遺落歸田録解題與該聞録標題、卷數，遂使歸田録標題、卷數與該聞録解題相接，造成衢本此條標題與解題「郢書燕説」、齟齬不合。趙希弁摘編後志時，未察其誤，遂使袁本於前志、後志複出，以致解題相同而其標題、卷數却相異。馬端臨編輯經籍考時，殆發現衢本標題與解題枘鑿不合，然馬氏亦不明其由，遂妄合二書爲一書，書名從衢本，卷數從袁本前志（或蜀刻四卷本讀書志）改解題「遂以『該聞』爲目」爲「又名該聞録」，又於句下添注云：「書録解題作十卷」，至此，衢本脱簡之跡泯去，而歐陽修之歸田録亦竟歸李畋名下，其謬也甚。汪刊衢本襲此誤，而黄丕烈亦未細審其致誤之由，其校語謂：「『又名該聞録』句下有『書録解題作十卷』夾注七字，則通考之標目十卷者，從陳氏也。」豈不知馬氏此注乃爲其改動卷數補充旁證耳，此注正説明其所見衢本卷數絶非十卷，且説明其改卷數所據依者並非書録解題。今歸田録、該聞録各別分列作二條，唯歸田録條解題脱去，止存其目，見前。李畋該聞録，尚見宋志卷五、國史經籍志卷四下，亦十卷，（國史經籍志題「該」誤「談」）遂初堂書目小説類不著卷數。今宛委山堂本説郛弓三十九收録該聞録五則，唯其書目録題作者「李畧」。「畧」必「畋」之誤，所引第二則「唐公肅文」、第三則「畋生于丑門昌西橋」條俱自稱「畋」可證。

〔二〕皇朝李畋撰　按嘉定府志卷三十二云：「李畋，華陽人。淳化進士。國子監直講，除榮州。」其行事參見宋史卷二九三張詠傳、澠水燕談録卷六、東齋紀事卷四（又類宛卷七十八引東齋紀事）、能改齋漫録卷十二。其所著尚有孔子弟子贊傳六十卷（見宋志卷二傳記類，玉海卷五十八引中興書目云其書十餘萬言）、乖崖語録一卷（見宋志卷二傳記類，讀書志卷九題張忠定公語録四卷）、道德經音解二卷（見秘續目道書類）、李畋集十卷（見宋志卷七別集類）。

〔三〕熙寧中致仕　袁本「仕」誤作「事」。按畋淳化中登第，至熙寧當有百歲矣。畋嘗爲黄休復益州名畫録撰序，題「虞曹外郎致仕」，「時景德二年五月二十日序，李畋述」。是此「熙寧」必誤。

〔四〕衮衮忘倦　卧雲本、經籍考卷四十三無「衮衮」二字。

〔五〕遂以該聞爲目　卧雲本、經籍考「遂」上有「之」字，此句作「又名該聞録」，句下有夾注七字：「書録解題作十卷。」黄丕烈校語云：「通考之標目十卷者，從陳氏也。」

江鄰幾雜誌三卷〔一〕　袁本前志卷三下小説類第五十六

右皇朝江休復撰。休復，歐陽永叔之執友。其所記精博，絶人遠甚。鄰幾，其字也〔二〕。778

〔一〕江鄰幾雜誌三卷　袁本脱「三卷」二字，經籍考卷四十三同原本。

〔二〕其字也　經籍考此句下有「又名嘉祐雜誌」六字。按書録解題卷十一、宋志卷五皆名嘉祐雜誌，經籍考「又名」云云出書録解題。

開談録二卷〔一〕　袁本後志卷二小説類第七

右皇朝蘇耆撰。舜欽之父也〔二〕。記五代以來雜事，下帙多載馮道行義〔三〕。779

〔一〕開談録二卷　袁本、卧雲本作「開譚録兩卷」，經籍考卷四十三作「開談録兩卷」。沈録何校本改「開」作「閑」，又云：「諸本並作『開』。」季録顧校本在「開」字旁標「閒」字。按宋志卷五有蘇耆閑談録二卷，今宛委山堂本説郛弖三十二與商務印書館本説郛卷十四所收俱題閒談録。「開」當「閑」之誤。

〔二〕舜欽之父也　原本、袁本「欽」訛作「卿」。據沈録何校本改。宋史卷四四二蘇舜欽傳云：「父耆，有才名，嘗爲工部郎中，直集賢院。」

〔三〕馮道行義　季録顧校本改「義」爲「事」，疑當作「事」。

東齋記十卷〔一〕　袁本前志卷三下小説類第五十八

右皇朝范鎮景仁元豐中撰〔二〕。序言：「既謝事，日於東齋燕坐，追憶在朝時交遊言語，與夫俚俗傳記〔三〕，因纂集成一編。」崇、觀間，以其及國朝故事，禁之。780

〔一〕東齋記十卷　書録解題卷十一作東齋記事十卷，宋志卷二故事類、傳記類重出，皆作東齋紀事十二卷。今通行墨海金壺本鎮自序亦曰「目爲東齋紀事」，讀書志當脱「事」字。

〔二〕景仁　卧雲本、經籍考卷四十三作「景仁撰」，無「元豐中」下「撰」字。

〔三〕俚俗傳記　袁本「記」作「説」。按墨海金壺本自序作「説」。

春明退朝録三卷〔一〕　袁本前志卷三下小説類第六十一

右皇朝宋敏求次道撰。多記國朝典故〔二〕。其序云：熙寧三年，予奉朝請於春明里，因纂所聞也〔三〕。781

〔一〕春明退朝録三卷　讀書附志卷上雜説類作五卷，可參看。

〔二〕典故　袁本作「故典」。

〔三〕因纂所聞也　袁本「也」作「見」，顧校本作「焉」。按百川學海本自序云「觀唐人洎本朝名輩撰著以補史遺者，因纂所聞見繼之。」疑原本脱「見」字。

南遷録二卷　袁本前志卷三下小説類第六十七

右皇朝張舜民芸叟撰。舜民元豐中從軍攻靈州，師還，謫授郴州監酒〔一〕，即日之官，記塗中所歷并其詩文。782

〔一〕謫授郴州監酒　卧雲本、經籍考卷四十三「郴州」作「柳州」，誤。見宋史卷三四七張舜民傳。

孔氏雜説記一卷〔一〕　袁本前志卷三下小説類第六十三

右皇朝孔武仲撰〔二〕。論載籍中前言往行及國家故實、賢哲文章，亦時記其所見聞者。783

〔一〕孔氏雜説記一卷　袁本無「説」字。卧雲本、瞿鈔本、經籍考卷四十一同原本。按此書書録解題卷十雜家類、宋志卷五皆作孔氏雜説，然能改齋漫録卷三題雜説記、卷十又題雜説，蓋宋時書題即參差不一。讀書附志卷上雜説類有孔氏雜説一卷，云：「圖志謂之珩璜論。」今本或作珩璜新論，如學海類編本，或作孔氏雜説，如寶顔堂祕笈本。

〔二〕皇朝孔武仲撰　按讀書附志、書録解題、宋志及今諸通行本皆著孔平仲撰，而能改齋漫録卷三題孔經父雜説記、卷十題孔經父雜說，經父乃文仲之字，疑此「武仲」當是「平仲」之譌，「經父」當「毅父」之譌，詩話總龜後集、詩人玉屑等書所引與附志等合。

筆談二十六卷〔一〕 袁本前志卷三下小說類第六十

右皇朝沈括存中撰。括好功名〔二〕，城永樂不克，貶死〔三〕。而實高材博學，多技能，音律星曆尤邃。自序云：「退處林下，深居絶過從，所與談者〔四〕，惟筆硯而已。」故以命其書。凡十七目。784

〔一〕筆談 書録解題卷十一作夢溪筆談，宋志卷五、通志藝文畧卷六小說類、經籍考卷四十三同讀書志。按讀書志屢引是書，無有作夢溪筆談者，公武所見蓋無「夢溪」二字。

〔二〕好功名 顧校本「好」作「喜」。

〔三〕城永樂不克貶死 按元豐五年九月西夏兵圍永樂，括奉詔力保綏德，弗救永樂而責授均州團練副使。之後又築室潤州夢溪，又嘗編修天下郡縣圖，至紹聖二年方死。（據胡道靜夢溪筆談校證、補筆談三，5/5注三）公武對沈括行事似不的知。

〔四〕所與談者 袁本無「與」字。今諸本沈括自序同原本。

龍川畧志六卷龍川别志四卷〔一〕 袁本前志卷三下小說類第一百

右皇朝蘇轍撰。轍元符二年夏，居循州〔二〕，杜門閉目，追憶平昔〔三〕，使其子遠書之於紙，凡四十事。其秋，復記四十七事。龍川，循州地名。785

〔一〕龍川畧志六卷龍川別志四卷　書録解題卷十一、經籍考卷四十三同讀書志。按今通行之百川學海本、四庫全書本、涵芬樓本畧志爲十卷，其序云「凡四十事，十卷」，其「十」字當後人妄改。稗海本、四庫全書本別志二卷，失去序文。夏敬觀校此二書，未考得宋本之真面目。宋本原藏顧麟士，傅增湘得其影本，云：「其本各冠於序。畧志序於元符二年孟夏二十九日，凡四十事。別志則其年孟秋之二十二日，四十七事。所列事目與序文適合，證之晁志，初無差異，斷然爲公武所見之本。」見藏園羣書題記續集卷三。

〔二〕轍　袁本無此字，原本訛作「輙」，袁本、臥雲本、宛委本、顧校本、章壽康本、經籍考不誤，據改。

〔三〕追憶平昔　臥雲本、舊鈔本、經籍考「憶」作「惟」。

古今前定録二卷　袁本後志卷二小説類第八

右皇朝尹國均輯經史子集、古今之人興衰窮達，貴賤貧富，死生壽夭，與夫一動靜，一語默，一飲一啄，定於前而形於夢，兆於卜，見於相貌，應於讖記者，凡一門〔一〕，以爲不知命而躁競者之戒。至若裴度以陰德而致貴，孫亮以陰譴而減齡之類，又別爲二門，使君子不以天廢人云。786

〔一〕凡一門　喬録王校本王懋竑校語云：「案『一』字誤。」

牧豎閒談三卷〔一〕　袁本前志卷三下小說類第九十一

右皇朝景溪纂十九事〔二〕。景溪，蜀人也。787

〔一〕牧豎閒談三卷　袁本無「三卷」二字。按宋志卷五有耿煥牧豎閒談三卷，又野人閑話五卷。袁本解題頗異，俱録於下：「右皇朝景渙撰。多記奇器異物。渙自號玉壘山閑吟牧豎云。」

〔二〕景溪　袁本「溪」作「渙」，下同。袁録何校本同袁本。卧雲本、舊鈔本、經籍考「溪」作「漁」，下同。宛委本、瞿鈔本同原本，下同。原本黃丕烈校語云：「『渙』、『溪』、『漁』字形相近，故諸本錯出，存疑於此。」宋志作耿煥。容齋續筆卷二「戒石銘」條云：「按成都人景煥有野人閑話一書，乾德三年所作。」書録解題卷十一有野人閑話五卷，云：「成都景煥撰。記孟蜀時事，乾德三年序。」今說郛所收牧豎閒談、野人閒話俱作景煥撰。按是書撰人當從袁本，作景煥。

郡閣雅言一卷〔一〕　袁本前言卷三下小說類第五十三

右皇朝潘若同撰〔二〕。太宗時守郡，與僚佐話及南唐野逸賢哲異事佳言，輒疏之於書，凡五十六條，以資雅言。或題曰郡閣雅談。788

〔一〕郡閣雅言二卷　書録解題卷十一、宋志卷五皆作二卷。經籍考卷四十三同讀書志，又云：「書録解題作郡閣雜言，題贊善大夫潘欲沖撰。」按今本書録解題不作「雜言」，仍作「雅言」，撰者亦不作「潘欲沖」，而作「潘若沖」。詩話總龜前集引作郡閣雅談，今宛委山堂本説郛弓十七所收題同讀書志，一卷。

〔二〕潘若同撰　按公武避父諱改「沖」作「同」。若沖，太平興國六年以右贊善大夫知揚州，官終桂林守。是書詩話總龜幾全載，且有若沖事蹟。此外，若沖行事尚見北宋經撫年表、宋詩紀事卷四。今説郛本亦題潘若同，蓋本讀書志而不知「同」系公武所改也。

祕閣雅談五卷〔一〕　袁本前志卷三下小説類第五十

右皇朝吳淑撰。記祕閣同僚燕談。淑仕南唐，後隨李煜降〔二〕。789

〔一〕祕閣雅談五卷　袁本「雅」作「閑」，祕續目、經籍考卷四十三、通志藝文畧卷六小説類同袁本，宋志卷五作祕閣閑觀五卷，遂初堂書目小説類同原本。

〔二〕淑仕南唐後隨李煜降　袁本無此九字，經籍考同原本，且此句下有「丹陽人」三字。

幕府燕閒録十卷〔一〕　袁本前志卷三下小説類第九十六

右皇朝畢仲詢撰〔二〕。仲詢，元豐初爲嵐州推官，纂當代奇怪可喜之事〔三〕，爲二十門。790

〔一〕幕府燕閒録　袁本「閒」作「間」，誤。

〔二〕畢仲詢撰　袁本作「畢仲詢景儒撰」。

〔三〕當代奇怪可喜之事　袁本「奇怪」作「恠奇」。

澠水燕談十卷〔一〕　袁本前志卷三下小説類第六十九

右皇朝王闢紹聖間撰〔二〕。澠水，其退居之地也。闢從仕四方，與賢士大夫燕談，有可取者輒記之，久而得三百六十餘事。791

〔一〕澠水燕談十卷　今通行本皆作澠水燕談録，書録解題卷十一、宋志卷五、經籍考卷四十三皆同讀書志，無「録」字。

〔二〕皇朝王闢紹聖間撰　書録解題、宋志以及今本「王闢」皆作「王闢之」。今本自序自稱「闢之」，元祐四年滿中行題識亦云：「齊國王闢之聖塗，余同年進士也。」讀書志脱「之」字。

傅公嘉話一卷〔一〕　袁本後志卷二小説類第九

右皇朝傅堯俞之子孫記堯俞之言行，凡四十餘章。獻簡，堯俞謚也。792

〔一〕傅公嘉話　書録解題卷七傳記類作傅獻簡佳話，遂初堂書目小説類題同讀書志。經籍考卷二十六傳記類、卷四十三小説家類重見，前者録陳氏語，後者録讀書志。按讀書志解題既云「獻簡，堯俞謚也」，蓋公武亦知是書或題傅獻簡之名。

曾公南遊記一卷　袁本後志卷二小説類第十

右曾公，未詳何人，當是公亮之孫也。共十二章，記國朝雜事。793

搢紳脞説二十卷　袁本後志卷二小説類第十一

右皇朝張唐英君房撰〔一〕。君房博學〔二〕，通釋老，善著書，如名臣傳、蜀檮杌、雲笈七籤，行於世者，無慮數百卷〔三〕。此書亦詳實。794

〔一〕皇朝張唐英君房撰　按此書撰人乃張君房，見書録解題卷十一乘異記條、宋志卷五。書録解題云：「晁公武讀書志以脞説爲張唐英君房撰，又言君房著名臣傳、蜀檮杌、雲笈七籤行於世。按君房，祥符、天禧以前人，楊大年（指楊億）改閑忙令所謂『紫微失却張君房』者，即其人也。常爲御史，屬坐鞫獄貶秩，因編修七籤，得著作郎。七籤序自言君房，蓋其名，非字也。唐英，字次功，熙、豐間人，丞相商英天覺之兄，作名臣傳、蜀檮杌者，與君房了不相涉，不知晁何以合爲一人也。其誤明矣。」按本卷麗情集條亦誤合二人爲一人，而本書卷七外史檮杌（即蜀檮杌）、卷九嘉祐名臣傳、卷十六雲笈七籤三書撰人又未嘗誤署。唐英傳見宋史卷三五一，君房事見默記卷下，云：「字允方，安陸人，仕至祠部郎中、集賢校理。年八十餘卒。平生喜著書，如雲笈七籤、乘異記、麗情集、科名分定録、潮説、脞説之類甚衆。知杭州錢唐，多刊作大字版攜歸，印行於世。」又見王得臣麈史卷中學術。麈史云，君房字尹才，安陸人，四十餘歲以校道書得館職，後知隨、郢、信陽三郡，年六十九致仕。

〔二〕君房博學　袁本無「博」字，「學」連下讀。

〔三〕無慮數百卷　袁本、卧雲本、經籍考卷四十三「無」作「毋」。麈史謂君房所著有：乘異記三編，科名定分録七卷，儆戒會蕞五十事，麗情集十二卷，潮說、野語各三篇。脞說二十卷乃其退居後撰，年七十六仍著詩賦雜文，其子百藥嘗纂爲慶曆集三十卷。公武謂數百卷，當合雲笈七籤等言之。

稗官志一卷　袁本前志卷三下小説類第九十八

右皇朝呂大辨撰〔一〕。雜記其所聞前言往行。795

〔一〕呂大辨撰　原本脱「撰」字，據袁本補。

倦遊雜録八卷　袁本前志卷三下小説類第六十四

右皇朝元豐初張師正撰〔一〕。序言「倦遊」云者，仕不得志，聊書平生見聞〔二〕，將以信於世也。自以非史官，雖書善惡而不敢褒貶。796

〔一〕皇朝元豐初張師正撰　袁本脱「師」字。季録顧校本「正」作「古」，當訛。宋志卷五有張師正倦遊雜録十二卷，又有怪集（「怪」上當脱「志」字）五卷、括異志十卷，王銍謂系魏泰僞託，參見本卷括異記條校注〔五〕。

〔三〕聊書平生見聞　顧校本「平生」作「所」。

東軒筆錄十五卷續錄一卷　袁本前志卷三下小說類第七十八

右皇朝魏泰撰。泰，襄陽人〔一〕，曾布之婦弟，爲人無行而有口，頗爲鄉里患苦。元祐中，紀其少時公卿間所聞，成此編〔二〕。其所是非多不可信。心喜章惇，數稱其長，則大概已可見。又多妄誕，姑舉其一。如謂王沂公登甲科，劉子儀爲翰林學士，嘗戲之。按沂公登科，雖在子儀後四年，其入翰林，沂公反在子儀前七年。沂公咸平五年登科，子儀天禧二年始除學士〔三〕，蓋相去二十年，其謬至此。797

〔一〕泰襄陽人　袁本、經籍考卷四十三無「泰」字。

〔二〕成此編　袁本作「成此編云」，無此下一百零二字。

〔三〕天禧二年　臥雲本、經籍考「二」作「三」。

師友談記一卷〔一〕　袁本前志卷三下小說類第九十九

右皇朝李廌方叔撰。多記蘇子瞻、范淳夫及四學士所談論〔二〕，故曰「師友」。798

〔一〕師友談紀一卷　書錄解題卷十一題作師友閒談，宋志卷五、遂初堂書目小說類、經籍考卷四十四題同讀書志。宋志作十卷，疑「十」乃「一」之誤。今百川學海本題濟南先生師友談記。

〔三〕多記蘇子瞻范淳夫及四學士所談論　原本「范淳夫」作「范純夫」，沈録何校本改「純」作「淳」，是，據改。顧校本於「夫」傍注「仁」字，純仁乃堯夫字，是書記蘇軾、范祖禹及四學士所談，當爲范淳夫。

青箱雜記十卷〔一〕　袁本後志卷二小説類第十二

右皇朝吳處厚撰。處厚，發蔡確車蓋亭詩事者〔二〕。所記多失實。成都置交子務起於寇瑊，處厚乃以爲張詠〔三〕，他多類此。799

〔一〕青箱雜記十卷　原本所據底本缺卷數，李富孫據經籍考卷四十四補。袁本、宛委本、瞿鈔本、顧校本亦脱「十卷」二字。今本多作十卷。

〔二〕發蔡確車蓋亭詩事者　經籍考無「詩者」二字。

〔三〕乃以爲張詠　顧校本作「乃以爲起於張詠」。

緗素雜記十卷〔一〕　袁本後志卷二小説類第十三

右皇朝黄朝英撰。所記二百事。朝英，建州人，紹聖後舉子也。爲王安石之學者，以「贈之以芍藥」爲男淫女，「貽我握椒」爲女淫男〔二〕，前輩嘗以是爲嗤〔三〕，朝英獨愛重之〔四〕，他可知矣〔五〕。800

〔一〕緗素雜記　經籍考卷四十一雜家類「記」作「説」，誤。書録解題卷十雜家類同讀書志，今本多題靖康緗素雜記。

〔二〕爲女淫男　四庫提要辨證卷十五云：「謂『贈之以芍藥』爲男淫女者，爲王安石學者之詞，謂『貽我握椒』爲女淫男者，特劉攽戲謔之詞，朝英合而引之，公武概以爲王學，恐亦誤也。」又，經籍考此句下有「鄙褻不典」四字，乃採書録解題語。

〔三〕以是爲嗤　原本「嗤」訛作「嗤」，據沈録何校本改。袁本亦訛。又，經籍考「嗤」下有「笑」字。

〔四〕朝英獨愛重之　經籍考「獨」作「特」，此句下有「以爲得詩人深意其」八字，蓋亦採書録解題語。

〔五〕他可知矣　袁本作「它可知也」。

湘山野録四卷〔一〕　袁本前志卷三下小説類第六十二

右皇朝熙寧中僧文瑩撰〔二〕，記國朝故事。801

〔一〕湘山野録四卷　卧雲本、經籍考卷四十三作湘山野録三卷續三卷，宋志卷五止湘山野録三卷。按諸目著録多作野録三卷續録一卷，如讀書敏求記卷三有鈔宋本、楹書隅録續編卷三有校宋本、鐵琴銅劍樓藏書目録卷十七有宋刻元補過録本、善本書室藏書志卷二十一有明鈔本等。今通行本亦與諸目著録同。疑原本四卷乃合續録一卷，宋志則僅有野録而無續録。

〔二〕僧文瑩撰　卧雲本、經籍考「僧」上有「吳」字。按鐵琴銅劍樓藏書目録著録之續録，題「吳僧文瑩如晦編」，善本書室藏書志明鈔本亦題曰「吳僧文瑩」。文瑩，字道溫，錢塘人。

冷齋夜話六卷〔一〕　袁本前志卷三下小説類第七十九

右皇朝僧惠洪撰。多記蘇、黄事，皆依託也。江淹擬陶淵明詩，其辭浮淺，洪既誤以爲真淵明語，且云東坡嘗稱其至到；鬼谷子書，世所共見，而云有「崖蜜，櫻桃也」之言，東坡橄欖詩「已輸崖蜜十分甜」蓋用之。如此類甚多，不可枚舉〔二〕。802

〔一〕冷齋夜話六卷　袁本解題頗異，俱録於下：「右皇朝僧惠洪撰。崇、觀間記一時雜事。惠洪喜遊公卿之門，後坐事配隸嶺表。」經籍考卷四十四同原本。

〔二〕不可枚舉　卧雲本、經籍考「枚」作「槩」。

茅亭客話十卷〔一〕　袁本前志卷三下小説類第六十八

右皇朝黄休復撰。茅亭，其所居也。暇日，賓客話言及虚無變化、謡俗卜筮，雖異端而合道，旨屬懲勸者〔二〕，皆録之。803

〔一〕茅亭客話　袁本「茅」作「茆」，下同。經籍考卷四十三同原本。

〔二〕屬懲勸者　卧雲本無「者」字，經籍考同原本。

玉壺清話十卷〔一〕　袁本前志卷三下小説類第六十五

右皇朝僧文瑩元豐中撰。自序云：「文瑩收國初至熙寧中文集數千卷。其間神道、墓誌、行狀、實録、奏議之類，輯其事成一家言」。玉壺者，其隱居之潭也〔二〕。804

〔一〕玉壺清話十卷　四庫總目卷一四〇題作玉壺野史，云：「疑後人所改題，然元人南溪詩話已引爲玉壺野史，則其來已久矣。」按讀書敏求記卷三有鈔本、皕宋樓藏書志卷六十二丁鈍丁校本亦題玉壺野史。今通行知不足齋叢書本同讀書志。又，學海類編本名玉壺詩話者，乃摘清話之有關談詩條目，裒爲一卷。

〔二〕玉壺者其隱居之潭也　袁本無「者其」二字。

衣冠嘉話一卷　袁本前志卷三下小説類第六十六

右未詳何人撰。記國初至熙寧中雜事。805

遯齋閒覽十四卷〔一〕　袁本前志卷三下小説類第八十二

右皇朝陳正敏崇觀間撰〔二〕。正敏自號遯翁，録其平昔所見聞，分十門，爲小説一編〔三〕，以備後日披閱〔四〕。806

〔一〕遯齋閒覽十四卷　卧雲本、經籍考卷四十四此書標題下尚有「劍溪野語三卷」六字，蓋採自書録解題卷十一。書録解題著録劍溪野語三卷，云：「延平陳正敏撰。自號遯翁，别有遯齋閒覽十四卷，未見。」按閒覽今有説郛本。

〔二〕陳正敏　按是書撰人今説郛本題范正敏，歷代笑話集收閒覽二十八則，亦題范正敏，國史經籍志卷四下小説家題程正敏。按是書宋人筆記多引及，其中詩話總龜、苕溪漁隱叢話引用較多。宋志卷五、能改齋漫録、史繩祖學齋佔畢卷二等作陳正敏撰。

〔三〕爲小説一編　袁本「編」作「篇」。

〔四〕以備後日披閲　袁本「後」作「異」。

褒善録一卷　袁本後志卷二小説類第十四

右皇朝王蓄撰。嘉祐中，巴縣簿黄靖國死而復蘇，道其冥中所見，廖生嘗傳之〔一〕，蓄删取其要，爲此書。807

〔一〕廖生嘗傳之　宋志卷二傳記類、通志藝文略卷三傳記類有黄靖國再生傳一卷，云廖子孟撰。祕續目小説類同，未題撰人。

吉凶影響録十卷〔一〕　袁本前志卷三下小説類第三

右皇朝岑象求編。象求，熙寧末閒居江陵〔二〕，披閱載籍〔三〕，見善惡報應事，輒刪潤而記之。閒有聞見者，難乎備載〔四〕，亦采摘著於篇。808

〔一〕吉凶影響録十卷　袁本無「録」字。按四庫闕書目小説類有吉凶影響録十卷，祕續目止一卷，宋志卷五作八卷。今本題同原本，止一卷。

〔二〕象求熙寧末閒居江陵　袁本無「象求」二字。經籍考卷四十三同原本。

〔三〕披閱載籍　袁本「披」作「散」。

〔四〕難乎備載　袁本「乎」作「於」。

勸善録六卷　袁本前志卷三下小説類第八十三

右皇朝周明寂元豐中纂道釋、神奇、禍福之效前人爲傳紀者〔一〕，成一编，以誡世〔二〕。809

〔一〕傳紀者　袁本、經籍考卷四十三「紀」作「記」。

〔二〕以誡世　卧雲本、經籍考「誡」作「戒」。

勸善録拾遺十五卷〔一〕　袁本前志卷三下小説類第八十四

右不題撰人。疑亦明寂所纂，僅百事。810

〔一〕勸善録拾遺十五卷　袁本無「十五卷」三字，經籍考卷四十三同原本。

雞跖集十卷〔一〕　袁本前志卷三下小説類第九十五

右未詳撰人〔二〕。所集書傳中瑣碎佳事，分門編次之。淮南子曰：「善學者，如齊王食雞，必食其跖〔三〕。」名書之意殆以此。811

〔一〕雞跖集十卷　袁本解題作：「右未詳撰人。纂集書傳中瑣碎佳事，分門編次之。傳曰：善學者如齊王之食鷄跖。其名書之意，殆以此也。」

〔二〕未詳撰人　讀書附志卷上雜説類、宋志卷六類事類有宋庠雞跖集二十卷，附志云：「讀書志云雞跖集十卷，未詳撰人。希弁所藏二十卷，題曰宋景文雞跖集，有建炎元年黄邦俊序。」今宛委山堂本説郛弓三十一、商務印書館本説郛卷七十五有鷄跖集，題王子韶撰。

〔三〕善學者如齊王食雞必食其跖　語見淮南子卷十六説山訓，亦見吕氏春秋卷四孟夏紀第四用衆篇。

二百家事類六十卷〔一〕　袁本前志卷三下小説類第七

右分門編古今稗官小説成一書，雖曰該博，但失於太畧耳。不題撰人姓氏〔二〕。812

〔一〕二百家事類　袁本「事類」作「類事」，經籍考卷四十三同原本。袁行霈、侯忠義中國文言小説書目云：存。清刻本三十卷。

〔三〕不題撰人姓氏　袁本無「撰」字，蓋脱。經籍考無「姓氏」二字。

紺珠集十三卷　袁本前志卷三下小説類第五

右皇朝朱勝非編百家小説成此書〔一〕。舊説張燕公有紺珠〔二〕，見之則能記事不忘，故以爲名。 813

〔一〕皇朝朱勝非編百家小説成此書　書録解題卷十一亦謂勝非撰，宋志卷五則云不知作者。明天順庚辰覆紹興丁巳本有王宗哲序，謂紺珠集不知起於何氏。四庫總目卷一二三以爲宗哲與勝非爲同時人，「使此書果出其手，何至刊校之人俱不能詳知姓氏？於情理殊爲可疑。或公武所記有誤，未可知也。」善本書室藏書志卷十九云：「晁氏藏書富，議論覈，似不當有誤，疑莫能明也。」按書録解題卷六時令類秦中歲時記條嘗徵引此書，云：「朱藏一（勝非字藏一）紺珠集、曾端伯（慥字端伯）類説載此書，有杏園探花使、端午扇巾、歲除儺公儺母及太和八年無名子詩數事，今皆無之。」

〔二〕舊説　袁本作「序説」。

類説五十六卷〔一〕　袁本前志卷三下小説類第六

右皇朝曾慥編。其序云：「閒居銀峯，因集百家之説，纂集成書，可以資治體，助名教，供談笑〔二〕，廣聞見」。814

〔一〕類說五十六卷　袁本作「類記六十卷」，卧雲本、經籍考卷四十四作「類說五十卷」。按書録解題卷十一、宋志卷六類事類皆同卧雲本。諸家書目著録有五十卷者，如愛日精盧藏書志卷二十五有舊鈔本、鐵琴銅劍樓藏書目録卷十六有舊鈔本，郘園讀書志卷六有明配元鈔本，其源蓋出寶慶丙戌葉時郡齋本；又有作六十卷者，如明天啓六年岳鍾秀刊本，四庫總目卷一二三著録本；儀顧堂續跋卷十又有宋建陽麻沙清思軒刊本五十卷，陸氏詳計篇目，實六十四卷。愛日精盧藏書志卷二十五另有宋刊殘本，云自序「編纂成書」下，直接「名曰類說」，無「分五十卷」四字，則慥之原本，本不分卷。瞿氏亦云。據此，慥書分卷殆出後人之手，故諸目著録參差如此。袁本「記」當「說」之誤。

〔二〕供談笑　袁本、卧雲本、經籍考作「供笑談」。

漁樵閒話二卷〔一〕　袁本前志卷三下小說類第七十

右設漁樵問答及史傳雜事。不知何人所爲〔二〕。815

〔一〕漁樵閒話二卷　陳繼儒寶顔堂祕笈本作漁樵閒話録一卷，書分上、下兩卷，非宋人舊笈。

〔二〕不知何人所爲　寶顔堂祕笈本題蘇軾撰，乃明人妄題。

麗情集二十卷　袁本後志卷二小説類第十五

右皇朝張君房唐英編古今情感事〔一〕。816

〔一〕皇朝張君房唐英編　祕續目總集類未著撰人。按是書君房撰，君房、唐英乃二人，公武誤作一人，參見本卷搢紳脞説條校注〔二〕。

雲齋廣録十卷〔一〕　袁本前志卷三下小説類第八十一

右皇朝政和中李獻民撰。分九門，記一時奇麗雜事，鄙陋無所稽考之言爲多〔二〕。817

〔一〕雲齋廣録十卷　四庫總目卷一四四有雲齋廣録八卷後集一卷。宋志卷五作雲齋新説十卷。

〔二〕鄙陋無所稽考之言爲多　袁本無此十字，經籍考卷四十四同原本。

青瑣高議十八卷　袁本前志卷三下小説類第八十

右不題撰人〔一〕。載皇朝雜事及名士所撰記傳。然其所書，辭意頗鄙淺。818

〔一〕不題撰人　按宋志卷五、趙與旹賓退録卷六謂劉斧撰。四庫總目卷一四四著録青瑣高議前集十卷後集十卷，亦不著撰人。善本書室藏書志卷二十一有黄丕烈藏本、皕宋樓藏書志卷六十三有舊鈔本（更有别集七卷）均題劉斧撰。此書孫副樞序云：「劉斧秀才者自京來杭謁余，吐論明白，有足稱道，復出異事數百篇，予愛其文，求余爲序。」公武所見殆偶失題名及孫氏序。

說神集二卷〔一〕　袁本前志卷三下小説類第八十五

右不題撰人。記滑稽之説。唐有邯鄲淳笑林，此其類也。819

〔一〕説神集二卷　袁本、臥雲本、宛委本、舊鈔本、經籍考卷四十三「説」作「悦」。袁本、經籍考「二」作「一」。

漫叟見聞一卷〔二〕　袁本前志卷三下小説類第八十六

右不知何人，建炎中所撰也〔三〕。820

〔二〕漫叟見聞一卷　此條原本、經籍考未收，據宛委本，參以王先謙刊本編次補入；宛委本誤置本卷之末。袁本作漫叟見聞録一卷。

〔三〕不知何人建炎中所撰也　袁本無「也」字。按宋詩話考卷中之上有漫叟詩話，一卷，據説郛著録。郭紹虞云：「考詩話中有『予建中靖國中寓興國寺』，及『予崇寧間往興國軍』諸語，核其時代，正與漫叟見聞録相近。然則，二書殆出一手，或此書即由見聞録中輯出别行者歟？」詩話考據墨莊漫録卷九等，疑漫叟詩話，即李公彦潛堂詩話，然公彥不號漫叟，據宋元學案補遺卷四十五羅良弼條所記，良弼號漫叟，又不聞有詩話。

劉餗小說十卷〔一〕 袁本前志卷三下小說類第八十八

右唐劉餗撰。纂周漢至晉江左雜事。821

〔一〕劉餗小說十卷　按是書不見兩唐志。新唐志卷二雜傳記類有國朝傳記三卷，卷三小說類復出，題傳記三卷，注云："一作國史異纂。"國史異纂三卷，見宋志卷二傳記類、玉海卷四十七唐太宗勳史條引中興書目。李肇國史補序云："昔劉餗集小說，涉南北朝至開元，著爲傳記。"傳記（或國朝傳記、國史異纂）佚文見太平御覽、太平廣記、類說、紺珠集諸書，所引與今隋唐嘉話合；小說佚文見資治通鑑卷一八八、一九一、二〇一、二〇四、二一〇考異，所引亦與隋唐嘉話合，故程毅中隋唐嘉話校點本點校說明以爲今隋唐嘉話實即傳記，亦是小說之異名。隋唐嘉話一卷，始見書録解題卷十一，程氏疑其名乃宋人改題。其實，宋人稱引其題名十分混亂，如緯畧卷四引作國朝傳記，卷十則作隋唐嘉話，又如野客叢書卷一並引隋唐嘉話、國史異纂，又似非一書。據今本隋唐嘉話及李肇語，劉餗是書不及周、漢，亦不訖於東晉，似續殷芸小說而至開元，與此條解題不相符合。據本卷殷芸小說條解題，公武所藏殷芸書，誤題劉餗，故袁本此條蓋先據誤題之本著録，後公武察其誤而予删去。此條自不可據依，今據袁本并參以王先謙刊本次第補入，以禆覆按耳。

補妬記一卷　袁本前志卷三下小說類第二

右古有妬記，久已亡之，不知何人輯傳記中婦人嚴妬事以補亡〔一〕。自商周至於唐初〔二〕。822

〔一〕不知何人輯　新唐志卷二雜傳記類有續妬記五卷、虞通之妬記二卷，書録解題卷十一、宋志卷五有王績補妒記八卷（宋志「妒」誤作「妬」），書録解題云：「稱京兆王績編，不知何時人，古有宋虞之妒記（按隋志卷二雜傳類有妬記二卷，虞通之撰），今不傳，故補之。自商、周而下，迄於五代史傳，所有妒婦皆載之，未及神怪、雜說、文論等。最後有治妬二方，尤可笑也。」陳氏所見書見四庫總目卷一三二著録。然記事讀書志云迄於唐初，似非一書，或後人續有附益邪？今古小說鈎沉有妬記一卷。

〔二〕自商周至於唐初　經籍考卷四十三無此七字。

後山詩話二卷　袁本前志卷三下小說類第七十一

右皇朝陳師道無己撰。論詩七十餘條。823

續詩話一卷　袁本前志卷三下小說類第七十二

右皇朝司馬光君實撰。序云：「詩話尚有遺者，歐公文章聲名雖不可及，然記事一也，故敢續之。」824

歐公詩話一卷〔一〕 袁本前志卷三下小説類第七十四

右皇朝歐陽修永叔撰〔二〕。修退居汝陰，戲作此，以資談笑。825

〔一〕歐公詩話一卷 經籍考卷七十六文史類無「歐公」二字，殆從書録解題卷二十二。按此書原無特稱，「歐公」以及後之「六一」、「六一居士」「歐陽文忠公」諸稱，蓋係後人所加。

〔二〕歐陽修永叔 顧校本無「修」字，下一「修」字作「永叔」。

東坡詩話二卷 袁本前志卷三下小説類第七十三

右皇朝蘇軾號東坡居士，雜書有及詩者，好事者因集之，成二卷。826

中山詩話三卷〔一〕 袁本前志卷三下小説類第七十五

右皇朝劉攽貢父撰。多及歐、梅、蘇、石〔二〕。攽以博學名世，如言蕭何未嘗掾功曹〔三〕，亦有誤謬。827

〔一〕中山詩話三卷 宛委本作二卷。

〔二〕多及歐梅蘇石 經籍考卷七十六文史類作「多及蘇、梅、歐、石」。

〔三〕言蕭何未嘗掾功曹 原本「功」作「工」，據沈録何校本改。袁本亦誤。按攽以爲「功曹」當屬曹參，王直方詩話引江子載語，藏海詩話皆已駁正之，其說非始於公武，四庫總目卷一九五詩文評類一舉放此失，謂「爲晁公武所糾」，不知公武蓋有所本也。

詩眼一卷〔一〕　袁本前志卷三下小說類第七十六

右皇朝范温元實撰。温，范祖禹之子〔二〕，學詩於黄庭堅。828

〔一〕詩眼一卷　經籍考卷七十六文史類標題作潛溪詩眼，蓋從書録解題卷二十二。今宋詩話輯佚本亦題潛溪詩眼。

〔二〕范祖禹之子　經籍考無「范」字。

歸叟詩話六卷〔一〕　袁本前志卷三下小說類第七十七

右皇朝王直方立之撰。直方自號歸叟。元祐中，蘇子瞻及其門下士以盛名居北門東觀，直方世居浚儀，有別墅在城南，殊好事，以故諸公亟會其家，由是得聞緒言餘論，因輯成此書。然其間多以己意有所抑揚，頗失是非之實。宣和末，京師書肆刻印鬻之，鼂從中以其多記從父詹事公話言〔二〕，得之以呈，公取覽之，不懌曰：「皆非我語也。」829

〔一〕歸叟詩話六卷　按是書類說本題王直方詩話，止一卷，今宋詩話輯佚本有三百餘條，庶幾復六卷之舊矣。

〔三〕從父詹事公話言　經籍考卷七十六文史類「話」作「語」。按從父詹事公乃晁説之以道。

天文類〔一〕

司天考占星通玄寶鏡一卷〔二〕　袁本前志卷三下天文卜算類第一

右題曰巫咸氏。皇朝太平興國中〔三〕，詔天下知星者詣京師，未幾，至者百許人，坐私習天文〔四〕，或誅，或配隸海島〔五〕，由是星曆之學殆絕。故予所藏書中亦無幾，姑裒數種以備數云〔六〕。830

〔一〕天文類　袁本合天文、星曆二類爲一類，其史類總論、後志文中標作「天文曆算類」，而前志文中標作「天文卜算類」。按讀書志以占書入五行類，算書入藝術類，袁本標類目與所收書不合，分類當以衢本爲是。

〔二〕司天考占星通玄寶鏡　原本「玄」作「元」，據袁本、經籍考卷四十六改。又，「占」誤作「古」，據袁本、宛委本改正。按隋志卷三天文類有巫咸五星占一卷，姚振宗疑是書乃五星占異名，説詳隋書經籍志考證卷三十四。

〔三〕太平興國中　袁本無「太平」二字，經籍考同原本。

〔四〕私習天文　袁本脱「天」字。

〔五〕或配隸海島　袁本無「或」字，殆脱。

〔六〕以備數云　袁本無「故予」至此凡十七字，諸衢本、經籍考同原本。按衢本所補者乃天文類、星曆類小序。

甘石星經一卷〔一〕 袁本前志卷三下天文卜算類第二

右漢甘公、石申撰〔二〕。以日月、五星、三垣、二十八舍恒星圖象次舍〔三〕，有占訣以候休咎。 831

〔一〕 甘石星經一卷　按隋志卷三有甘氏四七法一卷、天文占八卷，有石氏渾天圖一卷，星簿經讚一卷、天文占八卷。至祕續目天文類尚有石氏星說一卷、遂初堂書目數術家類有甘氏星經、別本甘氏經、星經簿讚，宋志卷五有石氏星簿讚曆一卷，殆俱非原書。讀書志著録此書，當亦出後人撮拾成佚，大抵與今本相合。今本題或曰通占大象曆星經，如道藏洞真部衆術類所收；或曰星經，見四庫總目卷一〇七，皆作二卷。周中孚以爲北宋人作，見鄭堂讀書記卷四十四；錢大昕以爲乃後人采隋、晉二書天文、律曆志成之，見十駕齋養新録卷十四。敦煌遺書中有星占書多卷，出於宋之前，其中伯二五一二號，羅振玉有跋，載雪堂校刊羣書敍録卷下。

〔二〕 漢甘公石申撰　按史記卷二十七天官書云：「昔之傳天數者」，「在齊，甘公」，「魏，石申」。徐廣曰：「或曰甘公名德也，本是魯人。」張守節曰：「七録云楚人，戰國時作天文星占八卷。」卷八十九張耳陳餘傳云：「甘公曰：『漢王之入關，五星聚東井。東井者，秦分也。先至必霸。楚雖彊，後必屬漢。』故耳走漢。」司馬貞曰：「劉歆七略云『字逢，甘德。』志林云：『甘公一名德。』」似已入漢。又錢遵王讀書敏求記校證卷一之下，章鈺校語謂公武誤合甘公、石申爲一人，未知何據。公武所見當已合甘、石二家爲一，不辨爲何人所作，並稱甘、石，亦無不可。參見漢魏叢書本王謨輯本序。

〔三〕二十八舍　袁本「舍」作「宿」，經籍考卷四十六同原本。

景祐乾象新書三卷〔一〕　袁本後志卷二天文曆算類第一

右崇文目有三十卷。置之天文類。832

〔一〕景祐乾象新書三卷　經籍考卷四十六先引書録解題，次引讀書志，云：「晁氏曰：『今惟三卷。』」按此書崇文總目卷四、續資治通鑑長編卷一一五、宋志卷五、通志藝文畧卷六天文類均作三十卷，公武蓋據實存卷數著録。續資治通鑑長編卷一一五云：「景祐元年七月乙未，觀景祐新書。初命同判司天監楊惟德等纂爲書三十卷，至是上之。」書録解題卷十二云：「司天春官正楊惟德等撰。以歷代占書及春秋至五代諸史，采摭撰集。元年七月書成，賜名，仍御製序。」錢天樹疑讀書志脱「十」字，見羅振玉影印元豐寫本殘卷錢氏跋。

步天歌一卷〔一〕　袁本前志卷三下天文卜算類第五

右未詳撰人。二十八舍歌也〔二〕。三垣頌、五星凌犯賦附於後。或云唐王希明撰，自號丹元子〔三〕。833

〔一〕步天歌　按通志藝文畧卷六天文類全採此書成篇，曰：「步天歌只傳靈臺，不傳人間，術家祕之，名曰鬼料竅，即步天歌也。」讀書敏求記卷三有天文機要鬼料竅十卷，前半詳解步天歌，後則兼採衆論，附列諸圖。四庫總目卷一一〇云：「蓋步天歌稱鬼料竅，特轉相珍祕之隱語，而未嘗竟改書名。後人因樵此言，遂輯鬼料竅一書，而摭步天歌於其内。以實而論，則鬼料竅該步天歌，步天歌不該鬼料竅；以名而論，則步天歌兼鬼料竅，鬼料竅不兼步天歌也。」

〔二〕二十八舍歌也　袁本「舍」下有「地」字。經籍考卷四十六、玉海卷三唐步天歌條引讀書志皆同原本。疑袁本衍。

〔三〕或云唐王希明撰自號丹元子　袁本、玉海引讀書志無「撰」字。按新唐志卷三、崇文總目卷四、宋志卷五、通志藝文略卷六天文類俱謂王希明丹元子撰。又玉海卷三引中興書目云：「題右拾遺王希明撰。圖二十八宿及太微、天市垣，各總爲歌。」經籍考此條另引通志天文略云：「隋有丹元子，隱者之流也，不知名氏，作步天歌，見者可以觀象焉。王希明纂漢、晉志以釋之，唐書誤以爲王希明撰也。」錢大昕疑非出隋人手，譏鄭氏好異無識。見十駕齋養新録卷十四。

列宿圖一卷天象分野圖一卷　袁本前志、後志未收

右未詳撰人〔一〕。834

〔一〕未詳撰人　按玉海卷一引中興書目、宋志卷五載列宿圖一卷，謂張宋臣撰。中興書目曰：「嘉祐中，張宋臣考傳記馬遷，歷漢、晉、隋、唐諸史，凡星有其名者，具事蹟本末，編爲圖。」

星曆類〔一〕

合元萬分曆一卷　袁本前志卷三下天文卜算類第三

右唐曹氏撰，未知其名〔二〕。曆元起唐高宗顯慶五年庚申，蓋民間所行小曆也。本天竺曆爲法，李獻臣云。835

〔一〕星歷類　原本作「曆算類」。按讀書志凡算書入藝術類，此類所收皆星曆書，原本卷首目録與袁本附衢本目録俱作「星曆類」，與所收書相合，據改。

〔二〕未知其名　按曹氏名士蔿。新五代史卷五十八司天考第一曰：「初，唐建中時，術者曹士蔿始變古法，以顯慶五年爲上元，雨水爲歲首，號符天曆。然世謂之小曆，祇行於民間。而重績乃用以爲法，遂施于朝廷，賜號調元曆……民間又有萬分曆……萬分止行於民間。」困學紀聞卷九曰：「唐曹士蔿七曜符天曆，一名合元萬分曆。本天竺曆法，以顯慶五年庚申爲曆元，雨水爲歲首，世謂之小曆，行於民間。」新唐志卷三曆算類有曹士蔿七曜符天曆一卷，注云：「建中時人。」宋志卷六著録合元萬分曆三卷，注云：「作者名術，不知姓。」通志藝文略卷六曆數類有合乾曆三卷，曹士蔿撰。宋志「術」蓋稱「術士」而誤，而通志則形似而訛也。

曆法一卷 袁本後志卷二天文曆算類第二

右未詳撰人，曆草也。836

刻漏圖一卷 袁本後志卷二天文曆算類第三

右皇朝燕肅撰。肅有巧思，上蓮花漏法〔一〕。嘗知潼川〔二〕，有石刻存焉。洛陽宋君者增損肅之法，爲此圖。837

〔一〕蓮花漏法　玉海卷十一引中興書目、宋志卷六著録此書，作一卷，通志藝文畧卷六曆數類題作東川蓮花漏圖，亦一卷。

〔二〕潼川　經籍考卷四十六「川」作「州」，誤。

百中經三卷〔一〕 袁本前志、後志未收

右自紹興二十一年以上百二十年曆日節文也。838

〔一〕百中經三卷　按趙希弁所見衢本載有此條，趙氏删去，僅録其目，見袁本附志存目。書録解題卷十二陰陽家類有信齋百中經一卷、怡齋百中經一卷。前書不著名氏，後者解題云：「東陽術士曹東野。自言今世言五星者，皆

用唐顯慶曆，曆法更本朝前後無慮十餘變，而百中經猶守舊曆，安得不差？於是用見行曆法推算。其說如此，未之能質也。」

集聖曆四卷〔一〕　袁本前志卷三下五行類第十

右皇朝楊可集。可爲司天冬官正〔二〕，輯古今陰陽書，彙爲四時，以涓擇日辰云。839

〔一〕集聖曆四卷　集聖曆一書，袁本、宛委本重見，宛委本複出一條與袁本卷三下天文卜算類所録同，作一卷，解題云：「右皇朝楊可撰。推神物所向、擇日辰、吉凶應用之法。」

〔二〕可爲司天冬官正　經籍考卷四十六「可」下有「久」字。

郡齋讀書志卷第十四

五行類

廣古今五行志三十卷〔一〕　袁本後志卷二五行類第一

右竇惟鋈撰〔二〕。唐志有其目，未詳何人纂。五行變異，敍其徵應，蓋爲洪範之學者〔三〕。自古術數之學多矣，言五行則本洪範，言卜筮則本周易，近時兩者之學殆絶，而最盛於世者，葬書、相術、五星、禄命、六壬、遁甲、星禽而已〔四〕。然六壬之類，足以推一時之吉凶；星禽、五星、禄命、相術之類，足以推一身之吉凶；葬書之類，足以推一家之吉凶；遁甲之類，足以推一國之吉凶。其所知若有遠近之異，而或中或否，不可盡信，則一也。且其說皆本於五行，故同次之爲一類〔五〕。　840

〔一〕廣古今五行志　新唐志卷三、崇文總目卷四、玉海卷五引中興書目、宋志卷五、太平廣記所引「志」皆作「記」，經籍考卷四十七同原本。

〔二〕竇惟鋈撰　原本、袁本脱「惟」字，據手録顧校本補。按新唐志卷三、崇文總目卷四五行類上作「竇惟鋈」，玉海卷五引中興書目、宋志卷五 通志藝文略卷六五行類二「惟」作「維」。讀書志云「唐志有其目，未詳何人纂」。今新唐志撰人赫然俱在，豈公武所見適闕其名歟？

〔三〕蓋爲洪範之學者 顧校本「爲」作「學」，「學」作「書」。

〔四〕星禽而已 顧校本「禽」作「氣」，下同。舊鈔本「禽」作「命」，下同。

〔五〕且其説皆本於五行故同次之爲一類 卧雲本「次」作「名」，經籍考無此十五字。

八五經三卷〔一〕袁本前志卷三下五行類第一

右序云黄帝書〔二〕。「八五」，謂八卦，五行。雖後人依託者，而其辭亦馴雅。相墓書也。吕才葬篇以六説詰其不驗，且云：「世之人爲葬巫所欺〔三〕，忘擗踊荼毒〔四〕，以期徼倖。由是相塋隴，希官爵〔五〕，擇時日〔六〕，規財利。」誠哉是言也〔七〕。 841

〔一〕八五經三卷 經籍考卷四十七形法類作「一卷」，卷數從書録解題卷十二形法類。

〔二〕序云黄帝書 書録解題云：「序稱大將軍記室郭璞後，序言：『余受郭公囊書數篇，此居一，公戒以祕之，丞相王公盡索余書。余以公言告之，得免。』末稱太興元年六月，蓋晉元帝時。王公，謂導也。然皆依託爾。」

〔三〕世之人 宛委本、陳鱣校本、經籍考作「世人之」。按公武所録葬篇，當自新唐書卷一〇七本傳轉引，本傳作「世之人」。

〔四〕擗踊荼毒　陳鱣校本「荼毒」作「棄委」，本傳同原本。

〔五〕希官爵　卧雲本、舊鈔本、經籍考「希」作「依」，宛委本「爵」作「次」，誤。本傳同原本。

〔六〕擇時日　卧雲本作「擇日時」。

〔七〕是言也　袁本無「吕才葬篇」至此凡四十九字。

青囊補注三卷〔一〕　袁本後志卷二五行類第二

右晉郭璞撰。世傳葬書之學〔二〕，皆云無出郭璞之右者〔三〕。今盛行多璞書也〔四〕。按璞傳載葬母事〔五〕，世傳蓋不誣矣。未幾〔六〕，即爲王敦所殺。若謂禍福皆繫於葬，則璞不應擇凶地以取禍；若謂禍福有定數，或他有以致之〔七〕，則葬地不必擇矣〔八〕。嗚呼〔九〕，璞自用其術尚如此，況後遵其遺書者乎！　842

〔一〕青囊補注三卷　本卷青囊本旨條所云郭璞相墓青囊經、宋志卷五青囊經（注云：「卷亡」）殆即此書。今地理大全一集有葬經一卷，津逮秘書第四集有古本葬經一卷，光緒本琳琅秘室叢書第二集有劉江東家藏善本葬經一卷，俱題郭璞撰，大抵皆出依託。晉書卷七十二郭璞傳云：「有郭公者客居河東，精於卜筮，璞從之受業，公以青囊中書九卷與之，由是遂洞五行、天文、卜筮之術。」此蓋僞託之所本也。

〔二〕世傳葬書之學　原本「傳」作「謂」，據袁本、卧雲本、經籍考卷四十七改。按此條袁本載於後志，卧雲本、宛委本經籍考同後志，以下凡不注明改正依據者，皆從後志。

〔三〕皆云無出郭璞之右者　原本無「云」字，「者」作「故」。

〔四〕今盛行多璞書也　原本作「今盛行者璞書多」，顧校本作「今盛行者璞書爲多」。

〔五〕璞傳載葬母事　顧校本「載」下有「其」字。按璞葬母暨陽事見晉書卷七十二本傳，亦見世說新語卷下之上術解篇。

〔六〕未幾　袁本作「璞未幾即」。

〔七〕或他有以致之　袁本「他」作「它」。

〔八〕葬地不必擇矣　原本「地」下有「亦」字。

〔九〕嗚呼　袁本作「烏乎」。

撥沙經一卷〔一〕　袁本後志卷二五行類第三

右唐吕才撰地理書，畫山水之形成圖。蓋依託者。843

〔一〕撥沙經一卷　按通志藝文畧卷六五行類四有郭璞撰撥沙成明經一卷，吕才撰撥沙經六卷，佚名撰山形總載圖一卷、撥沙倅山形一卷、撥沙正龍大形十三卷，撥沙山經一卷，大抵皆出依託。

青囊本旨一卷 袁本前志卷三下五行類第二

右不記撰人〔一〕。演郭璞相墓青囊經也。844

〔一〕不記撰人 宋志卷三刑法類有劉次莊青囊本旨論一卷，卷五又有次莊青囊本旨論二十八篇一卷。

洞林别訣一卷尋龍入式一卷〔一〕 袁本前志卷三下五行類第三

右江南范越鳳集郭璞所記諸家地理書得失爲此書〔二〕，二十四篇。并司空珏尋龍入式歌附〔三〕。845

〔一〕洞林别訣一卷尋龍入式一卷 袁本無「尋龍入式一卷」六字。書録解題卷十二有洞林照膽一卷，云：「范越鳳撰，又名洞林别訣。相傳爲縉雲人，家於將樂。」

〔二〕地理書 袁本脱「書」字，「理」作「里」。

〔三〕司空珏尋龍入式歌附 顧校本無「歌」字，「附」下有「後」字。卧雲本、經籍考卷四十七「珏」作「班」。按宋志卷五有司空班、范越鳳尋龍入式歌一卷。「珏」、「班」，未知孰是。

會元經二十四卷〔一〕 袁本後志卷二五行類第四

右孫季邕撰，未詳何代人〔二〕。集諸家相地書，芟其鄙陋無驗者，成是書。846

〔一〕會元經　顧校本「會」作「含」。

〔二〕孫季邕撰未詳何代人　按新唐志卷三有孫季邕葬經三卷，崇文總目卷四五行類下有孫季邕葬範三卷（宋志卷五「季」訛作「李」，「三」作「五」）。敬齋古今黈卷四云：「按地理新書云孫李邕（「李」當作「季」）引呂才葬書所論偽濫者一百二十家，奏請停廢，自爾無傳。」是季邕當是唐開元後人。

金瑣正要一卷〔一〕玄談經一卷〔二〕錦囊遺録一卷五行統例一卷　袁本前志、後志未收

右四書皆地理書也。847

〔一〕金瑣正要　臥雲本「要」下有「經」字，經籍考卷四十七同原本。

〔二〕玄談經　原本「玄」作「元」，據臥雲本改。

五音地理新書三十卷〔一〕　袁本後志卷二五行類第五

右唐僧一行撰。以人姓五音〔二〕，驗八山、三十八將吉凶之方。其學今世不行。848

〔一〕五音地理新書三十卷　原本所據底本「音」作「行」，李富孫據袁本、經籍考卷四十七改。瞿鈔本、顧校本亦誤。黃丕烈云：「本書『五音』可證。」按新唐志卷三有五音地理經十五卷，未著撰人。崇文總目卷四有釋一行撰五

行地理經十五卷，玉海卷十五引中興書目有一行地理經十五卷，宋志卷五有僧一行地理經十二卷，疑即五音地理新書，卷帙分合不同耳（宋志「二」當「五」之訛）。宋初，因吕才陰陽書，輯爲乾坤寶典，皇祐五年復命王洙提舉修纂地理圖書，直集賢院掌禹錫、著作劉羲叟刪修，嘉祐元年十一月書成上之，賜名地理新書，三十卷。見玉海卷十五引中興書目、宋志卷五著録。金世宗大定甲辰平陽畢履道校正、章宗時明昌張謙刊本作十五卷，見持靜齋書目、鐵琴銅劍樓藏書目録卷十五、楹書隅録卷三、著硯樓書跋等，書名雖同一行書，實爲二書。

〔二〕以人姓五音　袁本無「以」字，疑奪脱。

秤星經三卷〔一〕　袁本後志卷二五行類第六

右不著撰人。以日、月、五星、羅睺、計都、紫炁〔二〕、月孛十一曜〔三〕，演十二宫宿度，以推人之貴賤〔四〕、壽夭、休咎。不知其術之所起，或云天竺梵學也。按洪範曰：「歲月日時無易，百穀用成，乂用明〔五〕，俊民用章，家用平康。」「月之從星，則以風雨。」泠州鳩曰〔六〕：「武王伐殷，歲在鶉火，月在天駟，日在析木之津〔七〕，辰在斗柄，星在天黿。」以此言之，五星之術，其來尚矣。蓋可以占國，則可以占事；可以占事，則可以占人也。然術家用日、月、五星以占吉凶，又加以交初、交中之神，紫炁、月孛之宿。初、中者，交食之會〔八〕，亦可以意求；惟炁、孛無稽，而術家獨以爲效。且曰土木之餘氣。五星之行，土木最遲，而爲吉兇者久，故有餘氣云。849

〔一〕秤星經三卷　通志藝文略卷六五行類三有秤星經一卷，不題撰人，曆數類亦一卷，題唐胏撰。宋志卷五有秤經三卷，殆即此書。

〔二〕紫炁　臥雲本、宛委本、經籍考卷四十七「炁」作「氣」。下同。

〔三〕月孛十一曜　顧校本「孛」下有「爲」字。

〔四〕以推人之貴賤　袁本、臥雲本、經籍考無「之」字。

〔五〕乂用明　按史記卷三十八宋微子世家「乂」作「治」。又，「明」，袁本訛作「民」。

〔六〕泠州鳩　臥雲本「泠」作「伶」。按所引見國語卷三周語下，「泠」作「伶」，邢凱謂「伶」或作「泠」，詳坦齋通編。

〔七〕日在析木之津　原本、袁本、經籍考俱作「一日在析木之津」，衍「一」字，又誤「日」作「曰」，宛委本作「十日在析木之津」，衍「十」字，「日」字不誤，今據國語。困學記聞卷九引讀書志改正。

〔八〕交食之會　顧校本「會」作「舍」。

周易十二論一卷　袁本後志卷二五行類第七

右未詳撰人。論日月五星直年以占吉凶。 850

珞琭子三命一卷〔一〕　袁本前志卷三下五行類第四

右李獻臣云〔二〕：「珞琭」者，取「珞珞如玉，琭琭如石」之義〔三〕，推人生休咎、否泰之法〔四〕。箕子曰：「五行：

水、火、金、木、土〔五〕。」禹曰：「辛壬癸甲。」則甲子、五行之名，蓋起於堯、舜、三代之時矣。鄭氏釋「天命之謂性」，曰：「謂木神則仁，金神則義之類〔六〕。」又釋「我辰安在」，曰：「謂六物之吉凶。」此以五行、甲子推知休咎否泰於其傳者也。呂才稱起於司馬季主及王充，其言淺哉。然才所詆建禄、背禄，三刑、刼殺〔七〕、建學、空亡、勾絞、六害、驛馬之類，皆今世三命之術也，亦在才之前矣。由是觀之，視他術淵源獨遠。且小運之法，本於說文巳字之訓；空亡之說，本於史記孤虛之術，多有所自來，故精於其術者，巧發奇中最多〔八〕。851

〔一〕珞琭子三命一卷　袁本、宛委本「命」下有「賦」字。經籍考卷四十七同原本。按四庫闕書目曆譜類、祕續目五行卜筮類、宋志卷五題皆作珞琭子三命消息賦（祕續目無「子」字，當脫），疑原本脫「賦」字。

〔二〕李獻臣　李淑字獻臣，有邯鄲圖書志十卷，見本書卷九書目類。公武所引當出圖書志。

〔三〕珞珞如玉琭琭如石　語見老子第三十四章。今王弼本云：「不欲琭琭如玉，珞珞如石。」河上公本「珞珞」作「落落」，傅奕本「珞珞」作「硌硌」、「如」作「若」。

〔四〕推人生休咎否泰之法　袁本「休咎」作「吉凶」，經籍考同原本。

〔五〕箕子曰五行水火金木土　語見史記卷三十八宋微子世家，云：「五行：一曰水，二曰火，三曰木，四曰金，五曰土。」敘次與此微異。

〔六〕謂木神則仁金神則義之類　按公武節録中庸首句鄭玄注，引文不全。

〔七〕背禄三刑刼殺　陳鱣校本無「背禄」二字，「殺」作「煞」。

〔八〕精於其術者巧發奇中最多　卧雲本、經籍考「術」作「學」。又，袁本無「箕子曰」至此凡一百九十字。經籍考同原本。

珞琭子疏五卷　袁本後志卷二五行類第八

右皇朝李仝、東方明撰〔一〕。　852

〔一〕皇朝李仝東方明撰　原本「仝」作「全」，據袁本改。顧校本、經籍考亦訛作「全」。按讀書敏求記校證卷三中有注解珞琭子三命消息賦二卷，注者王廷光、李仝、釋曇瑩、徐子平。章鈺引勞權校語云：「新雕注疏珞琭子三命賦三卷，宜春李仝注，東方明疏。校正李燕陰陽三命二卷，有嘉祐四年己亥十二月二十一日宜春李仝序。」勞氏所見之本，已收入續古逸叢書，亦載鐵琴銅劍樓藏書目録卷十五，影宋鈔本，瞿氏云：「此書晁氏讀書志作五卷，蓋合李燕書言之。焦氏經籍志訛作十卷，『明』又譌『朔』，或作『李同』、『李全』者皆譌。郡中黄氏嘗得宋刊本，爲傳是樓故物，此本從之影寫。」按宋志卷五有珞琭子賦一卷，注云：「不知姓名、宋李企注。」是又訛「仝」作「企」矣。注是賦者甚夥，祕續目五行卜筮類有杜崇龜注、僧叡昕注、王□注（國史經籍志卷四下五行家作「王班」）等，今墨海金壺中有徐子平珞琭子三命消息賦注二卷，釋曇瑩珞琭子賦註一卷，皆以大典輯本付刊，李仝注蓋爲二家所採援。

李虛中命書三卷〔一〕 袁本前志卷三下五行類第五

右唐李虛中撰。虛中，字常容。姓纂云：「沖之八代孫〔二〕。學最深於五行書，壽夭、貴賤、利不利，輒先處其年時，百不失一〔三〕。韓愈言沖爲虛中十一世祖，誤也〔四〕。 853

〔一〕李虛中命書三卷 宋志卷五有李虛中命書格局二卷，當即此書。通志藝文畧卷六五行類三有李虛中命術一卷、李虛中命書補遺一卷，疑虛中書本二卷，讀書志之三卷，殆合補遺一卷。

〔二〕沖之八代孫 袁本、宛委本「沖」作「同」，下同。公武避父諱「沖」，當作「同」，原本「沖」字當後人所改。虛中乃魏侍中李沖八世孫，貞元十年進士及第，元和中官至殿中侍御史。事見昌黎集卷二十八殿中侍御史李君墓誌、唐登科記考卷十三。

〔三〕百不失一 袁本「百」作「萬」。

〔四〕韓愈言沖爲虛中十一世祖誤也 按公武所據墓誌，云：「其十一世祖沖貴顯拓拔世。」舊注云：「據元和姓纂，虛中乃沖八世孫。

河圖天地二運賦一卷〔一〕 袁本後志卷二五行類第九

右不著撰人。論天地二運，蓋三命書也。崇文目以爲卜筮類〔二〕。 854

〔一〕河圖天地二運賦　經籍考卷四十七無「運」字，殆脱。

〔二〕崇文目以爲卜筮類　今輯本崇文總目卷四卜筮類不見著録，唯有靈隱子撰周易河圖術一卷，書名、卷數皆不合，陳漢章崇文總目輯釋補正卷三謂當據以補入。按錢侗崇文總目補遺已收入。

五命祕訣一卷〔一〕　袁本前志卷三下五行類第六

右皇朝林開撰〔二〕。三命之術，年、月、日支干也。加以時、胎，故曰「五命」〔三〕。855

〔一〕五命祕訣一卷　袁本「命」作「行」，誤。參見解題。宋志卷五作五卷。此書已佚，今存大典輯本李虚中命書中尚有徵引。

〔二〕皇朝林開撰　按開字之大，宋之談星命者，北宋末猶存。余嘉錫嘗考其行事，見四庫提要辨證卷十三。

〔三〕故曰五命　袁本無「三命」至此凡十八字。經籍考卷四十七同原本。又余嘉錫謂公武「三命」之説誤，亦見辨證卷十三。

常陽經一卷〔一〕　袁本後志卷二五行類第十

右崇文目題曰黄帝式用，蓋六壬占卜術也。856

〔一〕崇文目題曰黄帝式用　按是書輯本崇文總目未收，錢侗崇文總目補遺收録。新唐志卷三五行類有黄帝式用常陽經一卷，隋志卷三五行類、通志藝文略卷六五行類二則作黃帝式用常陽經一卷。

六壬要訣一卷　袁本後志卷二五行類第十一

右未詳何人撰。隋志載六壬之書兩種。金鑾密記及五代史記頗言其驗，今世龜筮道息，而此術獨行。857

六壬課鈐一卷〔一〕　袁本後志卷二五行類第十二

右未詳何人所纂。以六十甲子，加十二時，成七百二十課〔二〕，三傳入神，以占吉凶。858

〔一〕六壬課鈐一卷　崇文總目卷四有六壬鈐一卷，宋志卷五有六壬課鈐一卷、六壬課祕訣一卷。遂初堂書目數術家類題作課鈐，又有六壬祕旨、六壬洞元傳、六壬心鑑、六壬破迷經、六壬元髓經諸書。文淵閣書目卷十五列字第一櫥有六壬歌訣、六壬課、六壬斷訣、六壬金口訣、六壬起課例諸書。明郭載騋有六壬大全十三卷，收有課經四卷。四庫總目卷一一一有大六壬無惑鈐一卷，疑即此書，云：「六壬大全所載總鈐，具列六十甲子、七百二十課、三傳名目，與此頗合。而此更益以斷詞四語，其大旨與課經集多相出入。」明黃賓廷有六壬鈐六十卷，蓋據前世六壬諸書撰成，其書見兩淮鹽政李續呈送書目，然四庫總目未予收録。

〔二〕成七百二十課　原本「十」下有「三」字，據袁本、臥雲本、宛委本、經籍考卷四十七刪。

玉關歌一卷〔一〕　袁本後志卷二五行類第十三

右不題撰人。六壬課訣也。859

〔一〕玉關歌一卷　此書亦見崇文總目卷四、宋志卷五，通志藝文畧卷六五行類二并不著撰人。宋志注云：「載六壬三傳之驗。」

三十二家相書三卷　袁本後志卷二五行類第十四

右或集許負以下三十二家書〔一〕，成此編。860

〔一〕許負以下三十二家書　按敦煌卷子本有相書殘卷三：伯三五八九天文書殘卷卷背、伯二五七二、伯二七九七。伯三五八九書題下旁注小字一行云：「漢朝許負等一十二人集。」另行題「許負、李陵、東方朔、管公明、陶偘、耿恭、朱雲、黔婁先生、張良、鹿先生、神農、張虫」等十二人姓名。又題曰：「身面諸文曆、合三十六篇，許負撰并序。」次爲序文，以四字爲句，前段幾不能讀，當有差誤。王重民嘗以三殘卷相校，得篇目三十有四，較題識所云三十六篇少兩篇，其篇目詳敦煌古籍叙録。此類書流傳民間，久失撰人，許負等亦系托名，多寡亦不必深究。又，見於著録者，張彥遠歷代名畫記卷三有黃帝樊薛許氏相圖，祕續目相法類收相書四十餘種，中有許負相書三卷，宋志卷五題曰相訣，讀書敏求記卷三有許負相法一卷。又書録解題卷十二形法類有雜相書一卷，云：「凡二十三種，又有拾遺，亦吳晦父所録。」未知是否即讀書志此書。若是一書，收録乃二十三種，抑三十二種？莫能詳。晦父，名炎，嘗録龍髓經等七書遺陳振孫，亦見書録解題卷十二。

月波洞中記一卷　袁本後志卷二五行類第十五

右序稱：唐任逍遥得之於太白山月波洞石壁上〔一〕，凡九篇，相形術也。崇文目置之五行類。861

〔一〕唐任逍遥得之於太白山月波洞　此書崇文總目卷四、宋志卷五、文淵閣書目卷十五列字第一櫥皆未著撰人。通志藝文略卷六五行類二云：「老君記於太白山月波洞中，凡九篇。」而焦竑國史經籍志卷四下五行家則云任逍遥撰，蓋本此。今函海本據大典輯本刊刻，仍作一卷，中有吳赤烏二十年（按赤烏止十三年）舊序，云：「始自鍾、呂二真人之太白石室中，有逸人陳仲文傳之三鄉張仲遠，余因得之而不敢隱，故傳於世。」又云：「相術九篇，乃老君題，在太白山鴻靈谿月波洞中七星南龕石壁間。」祕續目道書類有任逍遥羣仙論金丹大藥歌訣一卷。

袖中紀一卷〔一〕　袁本前志卷三下五行類第九

右皇朝李唐濬撰〔二〕。辨人形色相〔三〕，知其壽夭吉凶。862

〔一〕袖中紀一卷　袁本「袖」作「神」，殆訛。又，「紀」，袁本、臥雲本、宛委本、經籍考卷四十七作「記」。按是書宋志未收。

〔二〕李唐濬撰　袁本無「李」字，「濬」作「瀒」，沈録何校本改作「濬」。國史經籍志卷四下五行家有袖中記一卷，云宋唐睿撰。

〔三〕人形色相　卧雲本、經籍考無「相」字，顧校本「相」下有「貌」字。

羣書古鑒一卷〔一〕　袁本前志卷三下小説類九十七

右未詳撰者姓氏〔二〕。熙寧間，集書史相術驗者〔三〕。863

〔一〕羣書古鑒一卷　宋志卷五題作羣書古鑒録，無卷數，不知作者。經籍考卷四十七同原本。

〔二〕未詳撰者姓氏　袁本作「未詳何人所撰」。經籍考「氏」作「名」。

〔三〕書史相術驗者　袁本「史」下有「中」字，疑原本脱去。

靈龜經一卷〔一〕　袁本後志卷二五行類第十六

右史蘇撰〔二〕。論龜兆之吉凶。崇文目三卷。864

〔一〕靈龜經一卷　隋志卷三五行類作龜經一卷，崇文總目亦題作龜經，宋志卷五又作五兆龜經。

〔二〕史蘇撰　隋志龜經條注云：「晉掌卜大夫史蘇撰。」蘇又有沈思經一卷，見隋志卷三、新唐志卷三。按史蘇之名，始見左傳僖公十五年，傳云：「初，晉獻公筮嫁伯姬於秦，遇歸妹之睽。史蘇占之，曰：『不吉。』」杜預注云：「史蘇，晉十筮之史。」是書七録作十卷，至隋止存一卷。今宛委山堂本説郛卷一〇九、藝海珠塵絲集有闕名龜經一卷，豈即史蘇書歟？

遁甲萬一訣一卷〔一〕　袁本後志卷二五行類第十七

右題云唐李靖所纂黄帝書。按遁甲之書見於隋志，凡一十三家〔二〕，則其學之來，亦不在近世矣。以休、生、傷、杜、景、死、驚、開八門，推國家之吉凶。通其學者，以爲有驗，未之或試也〔三〕。865

〔一〕遁甲萬一訣一卷　隋志卷三作二卷、舊唐志卷上、新唐志卷三作三卷，宋志卷五未著卷數。鄭堂讀書記卷四十七有寫本奇門遁甲經十卷，卷一爲陽遁順行，卷二爲陰遁順行，卷三爲陽局逆飛，卷四爲陰局逆飛。周中孚云，俱與讀書志著録此書以及遁甲經兩種解題相合，然未知確爲何書也。姚振宗隋書經籍志考證卷三十六云：「案萬一訣見隋、唐志，皆不著撰人。其書在唐以前而術家必欲實其人，遂以爲李靖云。」

〔二〕見於隋志凡一十三家　卧雲本、經籍考無「一」字。按隋志卷三五行類以「遁甲」名書者，起黄帝陰陽遁甲迄遁甲孤虚注，凡三十一家，又起遁甲迄陰遁甲凡二十三家。

〔三〕未之或試也　袁本、卧雲本、宛委本、經籍考「或」作「嘗」。

遁甲經一卷〔一〕　袁本後志卷二五行類第十八

右唐胡乾撰。李氏書目云：亦云九天玄女術〔二〕，推九星、八門、三奇、六儀之法〔三〕。866

〔一〕遁甲經　按後漢書方術傳序注云：「今書七志有遁甲經。」隋志卷三五行類有遯甲三卷，注云：「梁有遁甲經十卷，遯甲正經五卷。」新唐志卷三五行類有遁甲經十卷，並不著撰人。今玉函山房輯佚書補編有王仁俊輯本遁甲經一卷。

〔二〕云亦云九天玄女術　原本作「云此九天元女之術」，據袁本、臥雲本、宛委本、舊鈔本、經籍考卷四十七改。按祕續目有九天玄女妙法一卷、四庫闕書目有九天元女孤虛法一卷、宋志卷有九天玄女墜金法一卷，遁甲經蓋即此類。參見遁甲萬一訣條校注〔一〕。

〔三〕九星八門三奇六儀之法　袁本「門」作「開」。按奇門遁甲法以九宮爲本，緯以三奇、六儀、八門、九星，以日生於乙，月明於丙，丁爲南極，爲星精，故謂乙、丙、丁爲奇，而甲本諸陽首，戊己以下六儀分麗焉，以配九宮，而起符使，故號「遁甲」。所謂「八門」即遁甲萬一訣條所云「休、生、傷、杜、景、死、驚、開」。袁本誤。

鮮鶚經十卷　袁本後志卷二五行類第十九

右未詳撰人。凡十門，六十二章。以星禽推知人之吉凶，言其性情、嗜好爲尤驗。説者謂本神仙之訣也，故此書載於道藏。李邯鄲云：「羅浮山道遥子撰〔一〕。」867

〔一〕羅浮山道遥子撰　宋志卷五有道遥子鮮鶚經三卷，注云：「不知姓名。」四庫闕書目道家類、祕續目道書類、宋志卷五有逍遥子内指通玄訣三卷，宋志另有攝生祕旨一卷，書録解題卷十二神仙類亦有逍遥子通玄書三卷，云：「不知姓名，但曰逍遥子。」

八神筮法二卷〔一〕 袁本後志卷二五行類第二十

右以八卦世分六十四〔二〕，每卦首必云「子夏曰」，論易筮之吉凶。868

〔一〕八神筮法二卷　此條原本解題與袁本、宛委本、瞿鈔本、舊鈔本相異，以其載於袁本後志，當出衢本，故今改用袁本解題，俱録原本解題於下：「右未詳撰人。八神者，八卦之謂。六十四卦之首必云『子夏曰』，蓋論易筮之吉凶云。」諸本書名、卷數同原本。

〔二〕六十四　卧雲本、宛委本、經籍考卷四十七占筮類「四」下有「卦」字。

靈棊經二卷〔一〕 袁本後志卷二五行類第二十一

右漢東方朔撰〔二〕。又云張良、劉安，未知孰是〔三〕。晉顔幼明、宋何承天注。有唐李遠敍。歸來子以爲黄石公書，豈即以授良者耶〔四〕？按南史載「客從南來，遺我良財，寶貨珠璣，金椀玉杯」之繇〔五〕，則古之遺書也明矣。凡百二十卦〔六〕，皆有繇辭。869

〔一〕靈棊經二卷　此書始見隋志卷三五行類，作十二靈棊卜經一卷，日人藤原佐世日本國見在書目有靈易一卷，東方朔撰，又有八公靈棊經一卷，八公靈棊卜經一卷。崇文總目卷四、宋志卷五題同讀書志，卷數則同隋志。敦煌遺書斯五五七有靈棊經、伯三七八二有靈棊卜法，前者王國維觀堂集林卷二十一有跋，可參看。道藏太玄部及道藏舉要第九類所收，題作靈棊本章正經二卷，當是本名，除顏、何注外，另有明劉基解。長恩書室叢書乙集本及墨海金壺本題同讀書志。

〔二〕漢東方朔撰　劉敬叔異苑卷五：「十二棋卜出自張文成，受法於黃石公，行師用兵，萬不失一。逮至東方朔，密以占衆事，自此以後，祕而不傳。晉寧康初，襄城寺法味道人忽遇一老公，著黃皮衣，竹筒盛此書，以授法味，無何失所在，遂復流傳於世云。」困學紀聞卷十七、文廷式補晉書藝文志卷四，據異苑此條，疑此書乃法味依託。日本訪書志卷七有靈棋經一卷，云：「古鈔本，首有序引，末有上黨紫團山叟韓運休後序，首題靈棋經，次題晉襄城道人法味傳，晉駕部郎中顏幼明注，御史中丞何承天箋注，琅琊王灝著卦名。」楊守敬亦引異苑，謂「則此本題爲法味所傳，亦近事實」。據此，此書乃後之好事者託東方朔名而行耳。

〔三〕又云張良劉安未知孰是　訪書志録古鈔本序引，云：「漢留侯張良受此法於黃石公，初以占行軍用兵，萬無一失，至□時太中大夫東方朔以覆射萬事，皆神中。又以此卜法傳淮南王，自爾祕之，莫有傳。」

〔四〕歸來子以爲黃石公書豈即以授良者耶　袁本「即」作「謂」，卧雲本、宛委本、經籍考卷四十七作「謂即」。按遂初堂書目數術家類著録正作黃石公靈棋經。歸來子，乃晁補之號。

〔五〕金椀玉杯　袁本「椀」作「碗」，卧雲本同袁本，經籍考作「盌」。袁本、卧雲本、經籍考「杯」作「盃」。按此江謐以奕棋占卦事見南史卷三十六江謐傳。

〔六〕凡百二十卦　袁本「百」上有「一」字。按靈棋占法，乃以棋子十二，三分之，爲上、中、下，各擲四次而成卦，又各分陰陽，面背相乘，當得一百二十四卦，今墨海金壺本靈棋經正有卦一百二十四。

占燈法一卷〔一〕　袁本前志卷三下五行類第七

右唐李淳風撰。崇文目亦有之〔二〕。870

〔一〕占燈法一卷　經籍考卷四十七占筮類於此條題下有「觀燈法一卷」五字，乃取下條綴此。袁本、宛委本、卧雲本等仍分列。

〔二〕崇文目亦有之　袁本、經籍考「文」下有「總」字。按崇文總目卷四作占燈經一卷，宋志卷五題同原本。

觀燈法一卷　袁本前志卷三下五行類第八

右唐李淳風撰。871

紫堂訣三卷〔一〕　袁本後志卷二五行類第二十二

右紫堂先生撰，未詳何代人。著紫垣十二星至隱曜，總三百六十位，分二十八舍，附之以五星，配十二辰，以推人命之吉凶。872

〔一〕紫堂訣三卷　祕續目曆算類有黃⿰米芫紫堂指迷訣二卷，黃⿰米芫紫堂玄草曆二卷，李沂紫唐經（「唐」當作「堂」）五卷，又佚名紫堂經一卷、紫堂局一卷等。以上諸書亦見通志藝文畧卷六曆數類。

兵家類〔一〕

六韜六卷　袁本前志卷三下兵家類第一

右周呂望撰〔二〕。按漢藝文志無此書〔三〕，梁、隋、唐始著録，分文、武、龍、虎、豹、犬六目，兵家權謀之書也。元豐中，以六韜、孫子、吳子、司馬法、黃石公三畧、尉繚子、李衛公對問頒行武學〔四〕，今習之〔五〕，號「七書」云。按兵法，漢成帝嘗命任宏分權謀、形勢、陰陽、技巧爲四種。今又有卜筮、政刑之說，蓋在四種之外矣〔六〕。873

〔一〕兵家類　後志標目作「兵類」，當出趙希弁臆改。

〔二〕周呂望撰　顧校本作「周太公望撰」。

〔三〕按漢藝文志無此書　袁本「按」作「案」，顧校本無「漢」字。按漢志諸子畧道家有太公二百三十七篇，儒家有周史六弢六篇，師古云：「即今之六韜也，蓋言取天下及軍旅之事。弢字與韜同也。」師古之說，爲後人所駁，見王應麟漢藝文志考證卷五、梁玉繩古今人表考。沈濤銅熨斗齋隨筆卷四、胡玉縉四庫總目提要補正卷二十九、四庫提要辨證卷十一等。諸說以爲六韜當在漢志太公二百三十七篇之内：太公分作謀八十一篇、言七十一篇、兵八十五篇，六韜當在兵八十五篇内。按公武所見蓋元豐删定本，今敦煌遺書中伯三四五四號有原本六韜殘卷，可窺及唐本面目。

〔四〕李衛公對問　經籍考卷四十八「對問」作「問對」。按當作「對問」，參見本書李衛公對問條。

〔五〕今習之　顧校本、元刊本經籍考「今」作「令」。按宋仁宗時嘗建武學，既而中輟，神宗復置，元豐中定七書爲官書，經朱服、何去非勘正，鏤板以行。事見續資治通鑑長編卷三〇二、書録解題卷十二李衛公問對條。

〔六〕蓋在四種之外矣　袁本無「元豐中」至此凡七十五字。經籍考、玉海卷卷一四〇兵制黄帝出軍訣條引讀書志，皆同原本。按此節解題袁本見李衛公問對條下，語微異，衢本移作兵家類小序。

魏武注孫子一卷　袁本前志卷三下兵家類第二

右吳孫武撰，魏武帝注〔一〕。按漢藝文志〔二〕：孫子兵法八十二篇，今魏武所注，止十三篇。杜牧以爲「武書數十萬言，魏武削其繁剩，筆其精粹，成此書」云。其序略曰：「吾讀兵書戰策多矣，武所著深矣。」874

〔一〕魏武帝注　顧校本無「武」字。

〔二〕漢藝文志　袁本無「漢」字。

李筌注孫子三卷 袁本前志卷三下兵家類第三

右唐李筌注。以魏武所解多誤，約歷代史，依遁甲，注成三卷。875

杜牧注孫子三卷 袁本前志卷三下兵家類第四

右唐杜牧牧之注〔一〕。牧以武書大畧用仁義，使機權，曹公所注解，十不釋一，蓋借其所得〔二〕，自爲新書爾，因備注之。世謂牧慨然最喜論兵，欲試而不得者〔三〕。其學能道春秋、戰國時事，甚博而詳，知兵者有取焉〔四〕。876

〔一〕杜牧牧之注 袁本作「杜牧之注」。

〔二〕蓋借其所得 袁本作「而其所得」，經籍考卷四十八「借」訛作「惜」。

〔三〕不得者 袁本無「者」字。

〔四〕知兵者有取焉 袁本作「知兵者將有取焉」。

陳皞注孫子三卷 袁本前志卷三下兵家類第五

右唐陳皞撰。皞以曹公注隱微，杜牧注闊疎，重爲之注云。877

紀燮注孫子三卷〔一〕 袁本前志卷三下兵家類第六

右唐紀燮集唐孟氏、賈林、杜佑三家所解〔二〕。878

〔一〕紀燮注孫子 袁本作「紀燮集注孫子」。按是書不見兩唐志。

〔二〕集唐孟氏賈林杜佑三家所解 按隋志卷三云：「梁有孫子兵法二卷，孟氏解詁。」新唐志卷三有賈林注孫子一卷。

梅聖俞注孫子三卷 袁本前志卷三下兵家類第七

右皇朝梅堯臣聖俞注。歐公爲之序〔一〕。879

〔一〕歐公爲之序 顧校本「歐」下有「陽」字。

王晳注孫子三卷 袁本前志卷三下兵家類第八

右皇朝王晳撰。晳以古本校正闕誤〔一〕，又爲之注。仁廟時，天下承平久〔二〕，人不習兵。元昊既叛，邊將數敗，朝廷頗訪知兵者，士大夫人人言兵矣〔三〕。故本朝注解孫武書者，大抵皆當時人也。880

〔一〕以古本校正闕誤　袁本「本」訛作「今」。

〔二〕天下承平久　袁本、卧雲本、宛委本、經籍考卷四十八作「天下久承平」。

〔三〕士大夫人人言兵矣　袁本脱一「人」字。

何氏注孫子三卷　袁本前志卷三下兵家類第九

右未詳其名〔一〕，近代人也。881

〔一〕未詳其名　袁本作「不題姓氏」。按崇文總目卷三有孫子一卷，何延錫注，蓋即此何氏。

吴子三卷　袁本前志卷三下兵家類第十

右魏吴起撰。言兵家機權法制之説。唐陸希聲類次爲之説，料敵、治兵、論將、變化、勵士，凡六篇〔一〕。882

〔一〕料敵治兵論將變化勵士凡六篇　按讀書志諸本、經籍考卷四十八「料敵」上皆脱「圖國」二字，吴子六篇，圖國爲第一，今平津館叢書本、北京圖書館藏影宋鈔本俱如是。又，袁本、宛委本、玉海卷一四〇吴起兵法條引讀書志「變化」作「變動」，平津館本、影宋鈔本作「應變」。又，袁本「篇」下有「云」字。

司馬法三卷　袁本前志卷三下兵家類第十一

右齊司馬穰苴撰。威王使大夫追論古者司馬兵法，而附穰苴於其中，因號司馬穰苴兵法〔一〕。司馬遷謂其書：「閎廓深遠〔二〕，雖三代征伐，未能竟其義。如其文，近亦少褒矣〔三〕。穰苴爲區區小國行師，何暇及司馬兵法之揖讓乎？」883

〔一〕司馬穰苴兵法　顧校本無「司馬」二字，經籍考卷四十八無「穰苴」二字。按讀書志此條解題悉本史記卷六十四司馬穰苴列傳傳文與「太史公曰」。穰苴列傳同原本。

〔二〕其書閎廓深遠　袁本作「其書闕」，無「閎廓」至末凡四十二字。按司馬遷未嘗言此書闕，意者袁本所出之讀書志蜀本原缺四十一字，「閎」字漫漶莫辨，妄人遂改作「闕」。

〔三〕如其文近亦少褒矣　穰苴列傳「太史公曰」作「如其文也，亦少褒矣」。疑「近」乃「也」之誤。

黃石公三略三卷　袁本前志卷三下兵家類第十二

右題曰：黃石公上中下三畧。其書論用兵機權之妙，嚴明之決，明妙審決〔一〕，軍可以死易生，國可以存易亡。經籍志云「下邳神人撰」。世傳此即圯上老人以一編書授漢張良者。884

〔一〕明妙審決　袁本無此四字。

尉繚子五卷　袁本前志卷三下兵家類第十三

右尉繚子，未詳何人。書論兵主刑法〔一〕。按漢藝文志有二十九篇，今逸五篇〔二〕。首篇稱「梁惠王問」，意其魏人歟〔三〕？其卒章有曰：「古之善用兵者，能殺卒之半，其次殺其十三，其下殺其十一。能殺其半者，威加海內；殺十三者，力加諸侯；殺十一者，令行士卒。」嗚呼！觀此則爲術可知矣〔四〕。 885

〔一〕書論兵主刑法　袁本作「書主刑法兵戰」。經籍考卷四十八同原本。玉海卷一四〇兵制尉繚子兵書條引讀書志作「論兵主□□」，亦同原本，唯脱「刑法」二字耳。

〔二〕漢藝文志有二十九篇今逸五篇　按漢志諸子略雜家有尉繚二十九篇，兵書略兵形勢另有尉繚三十一篇，二者蓋非一書。史記卷六秦始皇本紀所引，當即前者；太平御覽卷六八四引尉繚子，並雜家言，蓋是書宋初猶存。讀書志以及今存之尉繚子，當出兵形勢之尉繚，原三十一篇，逸其七也。公武殆只見雜家之尉繚，不知更有兵家之尉繚。

〔三〕意其魏人歟　袁本、卧雲本、宛委本、顧校本、舊鈔本「其」作「者」，經籍考同原本。疑當作「者」。

〔四〕可知矣　袁本、經籍考無「其卒章」至此凡六十三字。卧雲本同原本。

張橫渠注尉繚子一卷　袁本前志卷三下兵家類第十四

右皇朝張載撰。其辭甚簡〔一〕。載早年喜談兵〔二〕，後謁范文正，文正愛其才〔三〕，勸其學儒。載感悟，始改業。此殆少作也〔四〕。886

〔一〕其辭甚簡　袁本作「其辭甚簡畧」。

〔二〕載早年喜談兵　卧雲本「早」作「蚤」，經籍考卷四十八無「載早」二字。

〔三〕文正愛其才　顧校本「其」作「奇」。

〔四〕此殆少作也　顧校本作「此殆少時所作也」。又，袁本無「載早年」至此凡三十一字，卧雲本、經籍考同原本。

武侯十六策一卷　袁本前志卷三下兵家類第十九

右蜀諸葛亮孔明撰〔一〕。序稱：「謹進便宜十六事：一治國，二君臣，三視聽，四納言，五察疑，六治民，七舉措，八考黜，九治軍，十賞罰，十一喜怒，十二治亂，十三教令，十四斬斷，十五思慮，十六陰察。」陳壽録孔明書，不載此策，疑依託者〔二〕。887

〔一〕諸葛亮孔明　顧校本無「亮」字。

〔三〕疑依託者　顧校本「者」作「耳」。按玉海卷六十一諸葛亮十六策條引中興書目有武侯十六條一卷，云：「初，蜀主三訪亮於草廬，既見亮上便宜事，列之文武二篇，凡十六條。」隋志卷三兵家類注云：「梁有諸葛亮兵法五卷，亡。」崇文總目卷三有諸葛亮兵機法五卷，嚴可均全三國文云尚有軍令三篇，姚振宗隋書經籍志考證卷三十三云，隋志五卷似即兵要、傳運、軍令五篇。侯康補三國藝文志謂武侯十六策等俱出僞託，未予收録。

庾衮保聚圖一卷〔一〕　袁本前志卷三下兵家類第十八

右晉庾衮撰。晉書孝友傳載衮字叔褒。齊王冏之倡義也，張泓等掠陽翟，衮率衆保禹山，泓不能犯。此書序云：「大駕遷長安，時元康三年己酉，撰保聚壘議二十篇。」按冏之起兵，惠帝永寧元年也。帝遷長安，永興元年也。皆在元康後，且三年歲次實癸丑，今云「己酉」，皆誤。888

〔一〕庾衮保聚圖一卷　袁本解題頗異，俱録於下：「右晉庾衮撰。衮字叔褒，西晉末，保禹山，張泓、張昌不能犯，所全活者母慮數百萬。元康三年己酉撰保聚壘議二十篇。」沈録何校本改「母」爲「毋」。諸衢本、經籍考卷四十八解題同原本。

李衛公對問三卷〔一〕　袁本前志卷三下兵家類第十五

右唐李靖對太宗問兵事〔二〕。史臣謂李靖兵法，世無完書，畧見於通典，今對問出於阮逸家，或云逸因杜氏附益之。889

〔一〕李衛公對問　原本「對問」作「問對」，據袁本、宛委本乙正。本條解題、六韜條解題亦作「對問」。玉海卷一四一兵制引讀書志亦倒作「問對」。按今本俱作「對問」。

〔二〕問兵事　袁本此句下有「元豐中，并六韜、孫、吳、三略、尉繚子、司馬兵法類爲一書，頒之武學」二十五字。玉海引讀書志、經籍考卷四十八皆同原本。按原本此段解題移置兵家類第一書六韜條下，以充小序。

郭元振安邊策三卷　袁本後志卷二兵類第一

右唐郭元振撰。以總兵進攻、聚衆退守，不可無權謀，乃著此書。故舊題曰定遠安邊策〔一〕。890

〔一〕舊題曰定遠安邊策　新唐志卷三、崇文總目卷三作定遠安邊策，宋志卷六作郭代公安邊策，注云：「唐郭震撰。」玉海卷一四一引中興書目、經籍考卷四十八同讀書志。按新唐書卷一二二本傳謂元振乃震字，舊唐書卷九十七本傳以元振爲名。

李臨淮武記一卷　袁本前志卷三下兵家類第十六

右唐李光弼撰。其書凡一百二章〔一〕，末云「呂望智廓而遠，孫武思幽而密，黄石寛而重斷，吳起嚴而貴勇，墨翟守而無攻，老聃勝而不美，今擇其精要，雜以愚識，爲一家之書」。一本題曰統軍靈轄寶祕策。

或云光弼從事張參所纂〔三〕。 891

〔二〕凡一百二章　袁本作「凡五十章」。玉海卷一四一唐統軍靈轄祕策武紀條引讀書志同袁本，諸衢本、經籍考卷四十八同原本。按玉海又引中興書目李光弼統軍靈轄祕一卷，云：「一名武紀，述用兵爲將之略，凡一百二條。」

〔三〕一本題曰統軍靈轄寶祕策或云光弼從事張參所纂　袁本作「或題曰光弼從事張參所纂云」，疑脱去「統軍」等九字。按新唐志卷三作統軍靈轄祕策，注云：「一作武紀。」崇文總目卷三、玉海卷一四一、宋志卷六，題皆同新唐志，標題中無「寶」字，四庫闕書目兵家類、祕續目兵書類、宋志卷六複出者作武紀，遂初堂書目兵書類作李光弼統軍祕策。

人事軍律三卷〔一〕　袁本前志卷三下兵家類第十七

右皇朝符彥卿撰。其序稱「言兵者多雜以陰陽，殊不知往亡宋捷，甲子胡興，鵩入梟集，翻成吉兆，故此但述人事」云。或以爲唐燕僧利正撰，當考之〔二〕。 892

〔一〕人事軍律　祕續目兵書類作人事運律，撰者、卷數同讀書志，四庫闕書目兵家類、宋志卷六皆同讀書志。

〔二〕或以爲唐燕僧利正撰當考之　袁本無「燕」字，舊鈔本「燕」字空格，瞿鈔本作「藏」字，經籍考同原本，而無「當考之」三字。按新唐志卷三有燕僧利正長慶人事軍律三卷，崇文總目卷三、宋志卷六有釋利正長慶人事軍律三卷

（宋志「慶」訛作「度」）。通志藝文略卷六兵家類軍律種著録燕僧利正撰長慶人事軍律三卷，又著録符彦卿撰人事軍律三卷。黄任恒補遼史藝文志應删類引讀書志此條，云：「長慶是唐穆宗年號，則此書必撰於其時矣，宜删（按指厲鶚等補志不宜收入）。又通志兩書分録，而晁氏以爲同一書者，誤矣。」

神武祕畧十卷〔一〕　袁本前志卷三下兵家類第二十

右皇朝仁宗御撰。纂古今兵書戰策及舊史成敗之迹，類權謀、形勢、陰陽、技巧，凡四門，三十篇〔二〕。893

〔一〕神武祕畧十卷　袁本「畧」作「要」，諸衢本、經籍考卷四十八同原本。按宋志卷六有仁宗神武祕畧十卷，遂初堂書目兵書類題同原本。

〔二〕凡四門三十篇　袁本作「凡九門」，無「三十篇」三字，諸衢本、經籍考同原本。按玉海卷一四一云：「仁宗景祐中授古今行兵用帥之要及諸家兵書，纂爲三十卷，準漢志四種分門。採古賢軍法及舊史成敗，爲十五卷三十篇，其標目始於敍兵、將才，終於教射、教弩，實閫外之津梁，幕中之龜鑑。景祐四年六月，以賜三路帥守。」原本所云「權謀」等四門，正合漢志兵書畧分類，疑袁本「九門」誤。

左氏要類〔一〕　袁本前志卷三下兵家類第二十

右皇朝韓迪撰。纂左氏兵事，凡五十門。894

〔一〕左氏要類　此條原本未收，據袁本、并參以王先謙刊本編次補入。卷數原缺。諸衢本、經籍考亦未收。按國史經籍志卷四下兵家有左氏兵法一卷，宋韓迪撰，是此書或名左氏兵法，卷數當爲一卷。

武經聖畧十五卷〔一〕　袁本後志卷二兵類第二

右皇朝王洙撰〔二〕。寶元中，西邊用兵，朝廷講武備。是時，洙奉詔編祖宗任將、用兵、邊防事迹，分二十門。895

〔一〕武經聖畧十五卷　卧雲本、經籍考卷四十八作三朝武經聖畧十卷。按四庫闕書目兵家類、祕續目兵書類、書録解題卷十二作三朝經武聖畧十五卷，書録解題云：「天章閣侍講王洙撰。寶元中上進，凡十七門，後五卷爲奏議。中興書目云十卷，李淑書目十五卷，今本與邯鄲卷數同。」玉海卷一四一引中興書目、宋志卷六作三朝經武聖畧十卷，中興書目云：「寶元中王洙承詔撰。今止一卷。」疑讀書志標題「武經」當作「經武」。

〔二〕王洙撰　經籍考作「曾公亮、丁度撰」。原本黄丕烈校語云：「此必涉下條武經總要致誤也。下云『洙奉詔』，『洙』字不誤可知。」按黄説是，參見下條。

武經總要四十卷〔一〕　袁本後志卷二兵類第三

右皇朝曾公亮、丁度撰。康定中，朝廷恐羣帥昧古今之學，命公亮等采古兵法，及本朝計謀方畧，凡五年奏御〔二〕。制度十五卷〔三〕，邊防五卷，故事十五卷，占候五卷。御爲製序。896

〔一〕武經總要四十卷　按此書分前集、後集，公武未注明。前集二十卷：制度十五卷八十九篇，邊防五卷十三篇；後集二十卷：故事十五卷一百九十四篇，占候五卷十九篇。

〔二〕凡五年奏御　按康定二年公亮等承詔編書，慶曆四年奏御。

〔三〕制度十五卷　袁本脱「十」字。

百將傳十卷〔一〕　袁本前志、後志未收

右皇朝張預公立撰。預觀歷代將兵者所以成敗，莫不與孫武書相符契，因擇良將得百人，集其傳成一書，而以武之兵法題其後，上之。897

〔一〕百將傳十卷　此條讀書附志收録，故趙希弁未摘録衢本此條入後志，見後志存目。附志載卷上傳記類，可參看。宋志卷六作張預集注百將傳一百卷，玉海卷五十八引中興書目、書録解題卷十二、讀書附志皆同讀書志。四庫總目卷一〇〇著録百將傳一百卷，張預撰，翟安道註。此百卷本。善本書室藏書志卷十五有宋刊残本，題曰張氏集注百將傳，云：「宋張預撰，翟安道注。……今百卷之中，僅存五十九之六十三，又八十九之九十一，共八卷。」又述其始迄謂：「始於周太公，終於五代劉鄩。」附志與中興書目謂其起訖：「起周太公，至五代劉詞。」十卷本今有武學經傳三種本，鐵琴銅劍樓藏書目録卷十著録元刊残本六卷，題作十七史百將傳，云：「題東光張預集，全書十卷，凡百人，

始太公，迄五代劉詞。」據此，十卷本訖劉詞，無翟安道注；百卷本訖劉鄩，有翟安道注；十卷析作百卷，殆出安道手。

兵要望江南一卷〔一〕 袁本後志卷二兵類第四

右題云黃石公以授張良者。按其書雜占行軍吉兇，寓聲於望江南詞，取其易記憶。總目云：「武安軍左押衙易靜撰。」蓋唐人也〔二〕。898

〔一〕兵要望江南一卷　崇文總目卷三題作神機武畧兵要望江南詞，讀書敏求記卷三同，唯無「詞」字。宋志卷六作神機武畧歌，浙江採集遺書總錄作李衛公望江南歌訣，鐵琴銅劍樓藏書目録卷十三有明刊本，題同總録而無「歌訣」二字。四庫總目卷一〇〇題同原本而「南」下有「歌」字。諸本殆即一書，所據各異也；題「李衛公」者以前有貞觀七年李靖序，靖序當僞託。

〔二〕總目云武安軍左押衙易靜撰蓋唐人也　按唐僖宗中和三年，昇湖南爲欽化軍，僖宗光啟二年七月，更命欽化軍曰武安軍。分見資治通鑑卷二五五、二五六。昭宗乾寧元年五月，劉建鋒、馬殷陷潭州，武安軍節度使鄧處訥死，建鋒自稱湖南節度使，遂罷軍。見兩唐書昭宗紀。至宋太宗端拱元年六月，又改湖南節度爲武安軍節度，見宋史卷五太宗紀二。唐代藩鎮，置押衙，易靜若爲唐人，當光啟至乾寧間著此書。

倚馬立成法二卷　袁本後志卷二兵類第五

右唐李淳風撰。兵行占候之書也。淳風，太宗時人，而此書起九宮法，至貞元六年庚午，假託以行其書，亦非淳風本真也〔一〕。899

〔一〕亦非淳風本真也　袁本「亦」作「爾」，卧雲本、經籍考卷四十八作「耳」，皆從上讀。又，袁本「真」作「旨」，經籍考「本真」作「真本」。

類書類〔一〕

同姓名録三卷〔二〕　袁本前志卷三下類書類第一

右梁元帝撰。纂類歷代同姓名人〔三〕，成書一卷。唐陸善經續增廣之〔四〕。齊梁間士大夫之俗，喜徵事以爲其學淺深之候，梁武帝與沈約徵栗事是也〔五〕。類書之起，當在是時，故以此録爲首〔六〕。900

〔一〕類書類　前志子類總論獨作「類家類」，誤。

〔二〕同姓名録三卷　按梁書卷五元帝紀作古今同姓名録，金樓子著書篇作同姓同名録，隋志卷二雜傳類、兩唐志雜傳類題皆同讀書志，俱作一卷，讀書志作三卷，蓋有陸善經續撰者。

〔三〕同姓名人　袁本脫「名」字，經籍考卷五十五脫「同」字。

〔四〕唐陸善經續增廣之　直録解題卷十一小説家類有古今同姓名録一卷，云：「梁元帝撰，有陸善經者續之，至五代時。」未知公武所指唐人善經是否即開元中預修開元禮者？此善經不當續至五代。抑五代、宋初間有同姓名人？

〔五〕徵栗事　卧雲本「栗」作「粟」，經籍考同原本。按卧雲本誤，徵栗事見南史卷五十七沈約傳。

〔六〕類書之起當在是時故以此録爲首　經籍考「是」作「此」。按類書之起，當在三國時。黄初年間魏文帝命王象等「撰集經傳，隨類相從」，編成皇覽千餘篇、八百餘萬字（見三國志卷二文帝紀、卷二十三楊俊傳注引世説），其書隋志卷三雜家類尚見著録。公武殆未深考也。又，袁本無「齊梁間」至「故以此録爲首」凡四十四字。按衢本所增乃類書類小序。

古今刀劒録一卷　袁本前志卷三下類書類第四

右梁陶弘景撰〔一〕。記古今刀劒。901

〔一〕陶弘景撰　原本「弘」作「宏」，避清高宗諱，據袁本、卧雲本改。

古人姓字相同録一卷〔一〕 袁本後志卷二類書類第一

右唐丘光庭撰〔二〕。光庭中進士第。902

〔一〕古人姓字相同録一卷 宛委本、瞿鈔本「姓字」作「姓氏」，經籍考卷五十五「人」作「今」，無卷數。按丘光庭此書崇文總目卷二傳記類作名賢姓氏相同録，遂初堂書目姓氏類作古賢姓名相同録，祕續目傳記類作古人姓字同録，宋志卷六類事類作同姓名録，俱一卷。

〔二〕唐丘光庭 經籍考「丘」作「邱」，臥雲本同原本。

藝文類聚一百卷 袁本前志卷三下類書類第三

右唐歐陽詢等撰〔一〕。分門類事，兼采前世詩賦銘頌文章〔二〕，附於逐目之後。按唐志，詢與令狐德棻、袁朗、趙弘智同修〔三〕。903

〔一〕歐陽詢等撰 袁本無「撰」字。

〔二〕采前世詩賦 袁本、經籍考卷五十五「詩賦」倒作「賦詩」。

〔三〕袁朗趙弘智同修 臥雲本「袁朗」訛作「袁克朗」，經籍考作「克朗」；「弘智」，原本所據底本、瞿鈔本作「智弘」（原本李富孫校語云，據與其底本同出一源之季録顧校本，知實作「智弘」），李富孫據新唐志卷三改作「宏智」，今再據新唐志改「宏」爲「弘」。袁本作「智弘」，亦倒。卧雲本、經籍考則訛作「智行」。

北堂書鈔 一百七十三卷〔一〕 袁本後志卷二類書類第一

右唐虞世南撰。世南仕隋爲祕書郎時，鈔經史百家之事以備用〔二〕。分八十部，八百一類〔三〕。北堂者，省中虞世南鈔書之所也〔四〕。家一百二十卷〔五〕。904

〔一〕北堂書鈔一百七十三卷　此書始見隋志卷三雜家類，題書鈔一百七十四卷，舊唐志卷下始著虞世南撰，卷數作一百七十三，知隋志乃并目録一卷計之。新唐志卷三加「北堂」兩字，卷數同舊唐志。至崇文總目卷三著録亦作一百七十三卷。自此之後，書録解題卷十四、玉海卷五十四引中興書目、宋志卷六俱作一百六十卷。與今本同。

〔二〕以備用　顧校本作「以備録用」。

〔三〕分八十部八百一類　玉海卷五十四唐北堂書鈔條引讀書志「一」字空格。按是書中興書目云分一百六十門，嚴可均鐵橋漫稿卷八書北堂書鈔原本後謂凡十九部八百五十二類，繆荃孫同（詳下），胡道靜中國古代的類書云「實數分十九部，八百五十一類」。

〔四〕省中虞世南鈔書之所也　袁本、宛委本、卧雲本、經籍考卷五十五作「省之後堂，世南鈔書之所也」。瞿鈔本「中虞」二字作空格。疑當從袁本，原本已有竄改。

〔五〕家一百二十卷　沈録何校本何焯校語云：「晁氏所藏已闕五十三卷。」藏園羣書題記卷九百納本北堂書鈔跋録繆荃孫題識云：「晁氏讀書志云一百七十三卷，與唐志合。又云『家本百二十卷』，則自相牴牾矣。又云『八十部八百一類』，今本起帝王部帝王類總載，迄地部石類，凡十九部，八百五十二類部，非殘缺即併省，已非永興之舊第。」按前舉書録解題諸目皆作一百六十卷，今本亦有此數，公武不當獨少，疑「一百二十」乃「一百六十」之誤。

兔園策十卷〔一〕　袁本前志卷三下類書類第八

右唐虞世南撰〔二〕。奉王命〔三〕，纂古今事爲四十八門，皆偶麗之語〔四〕。至五代時，行於民間，村野以授學童，故有「遺下兔園策」之誚〔五〕。　905

〔一〕兔園策　袁本「園」作「薗」。按薗同園。

〔二〕唐虞世南撰　宋志卷八文史類有杜嗣先兔園策府三十卷，卷七別集類又有杜嗣先兔園策十卷。按今鳴沙石室佚書初編影印敦煌卷子伯二五七二號唐杜嗣先兔園策府殘卷，虞書不見兩唐志及宋代書目，故王國維觀堂集林卷二十一唐寫本兔園策府殘卷跋云：「五代村塾盛行之書，爲虞爲杜，殊未可知。竊疑世南入唐，太宗引爲記室，即與房玄齡對掌文翰，未必令撰此等書。豈此書盛行之際，或并三十卷爲十卷，又以世南有北堂書鈔，故嫁名於彼歟？」又，敦煌遺書總目索引著録敦煌古類書（不知名）有六種，其中分部一種，編者云「疑即兔園策府。」索引詳列其三十九部，此種諸卷中又以伯二五二四號内容爲最多，鳴沙石室古籍叢殘中有影印本，劉師培敦煌新出唐寫本提要有跋。據此，大抵可知此書面目。

〔三〕奉王命　原本所據底本、瞿鈔本「王」作「主」，黄丕烈據經籍考卷五十五改。按袁本作「王」。

〔四〕偶麗之語　袁本、宛委本、顧校本「麗」作「儷」。

〔五〕遺下兔園策之誚　袁本無「至五代」至此凡二十三字。「遺下兔園策」事見新五代史卷五十五劉岳傳、王應麟困學紀聞卷十四。

初學記三十卷　袁本前志卷三下類書類第二

右唐徐堅等撰。初，張説類集事要以教諸王。開元中，詔堅與韋述、余欽〔一〕、施敬本、張烜、李鋭、孫季良分門撰次〔二〕。906

〔一〕余欽　袁本「余」訛作「佘」。

〔二〕分門撰次　按此條解題公武本新唐志卷三初學記注。注云：「張説類集要事以教諸王，徐堅、韋述、余欽、施敬本、張烜、李鋭、孫季良等分撰。」未嘗云堅等受詔。此書乃張説奉敕撰集而總其成，徐堅以下任分修耳；以書實出堅等之手，故題堅等名，而不題説名。見玉海卷五十七引韋述集賢注記、劉肅大唐新語卷九。

集類一百卷　袁本後志卷二類書類第三

右唐劉綺莊撰。綺莊，毘陵人，嘗爲蘇州崑山縣令。家多異書，采摭事類，分二十餘門，凡五十餘萬言，上之於朝。前有萬希序，題云開元二十九年辛巳。按綺莊集有上白敏中啓，疑非玄宗時人〔一〕，當考。907

〔一〕疑非玄宗時人　按唐詩紀事卷五十四云：「綺莊『嘗守藩服，與白敏中、崔元式、韋琮相知，宣宗時人也。』」

六帖三十卷　袁本前志卷三下類書類第六

右唐白居易撰。以天地事物分門類爲聲偶〔一〕，而不載所出書〔二〕。曾祖父祕閣公爲之注〔三〕，行於世。世傳居易作六帖，以陶家瓶數千〔四〕，各題名目，置齋中，命諸生采集其事類，投瓶內。倒取之，鈔録成書，故所記時代多無次序云。908

〔一〕類爲聲偶　袁本「聲」作「對」。

〔二〕而不載所出書　玉海卷四十二引中興書目，云：「居易採經傳百家之語，摘其英華，以類分門，悉注所出、卷帙、名氏於其下。」此有注之本，蓋即晁仲衍注本，詳下。

〔三〕曾祖父祕閣公爲之注　按公武曾祖名仲衍，字子長，賜進士第，充祕閣校理，出爲懷守，調京東提點刑獄，官至祠部員外郎，皇祐五年卒，年四十二。事見王珪華陽集卷三十八晁君墓誌銘、宋史翼卷二十六本傳。墓誌云：「仲衍以唐白傳所撰事類集（按六帖原名白氏經史事類，見新唐志卷三小注）傳者寖舛，乃參考經史，一以刊是之。仍據舊目，補考摭新，別爲三十卷，曰事類後集。」據此，仲衍既取白帖校正而疏明之，是爲注本；又依白帖例而補其不備，別輯一編，是爲後集。後集似已不存，注本則嘗爲段玉裁、周錫瓚所得。注本不標注者之名，段、周互相通信，考其始末，見經韻樓集卷八跋白氏六帖三十卷宋本及所引周氏答書。周氏藏本後歸張鈞衡，見適園藏書志卷九。北京圖書館尚有殘帙，題新雕白氏六帖事類添注出經，見北京圖書館善本書目卷五。

〔四〕以陶家瓶數千　顧校本「千」作「百」。按居易以陶家瓶盛集類事亦見楊文公談苑。宛委山堂本說郛弓十六談苑云：「人言白居易作六帖，以陶家瓶數千，各題門目，作七層架，列置齋中。命諸生采集其事類，投瓶中。倒取之，鈔録成書。故其所記時代多無次序。」蓋即公武所本。

通典二百卷　袁本前志卷三下類書類第十

右唐杜佑撰。先是，劉秩采經史自黃帝迄唐天寶末制度沿革廢置，論議得失，倣周禮六官法，爲政典三十五篇。房琯稱才過劉向。佑以爲未盡，因廣之，參以新禮，爲二百篇，以食貨、選舉、職官、禮、樂、刑法、州郡、邊防八門，分類敍載〔一〕，世稱該洽〔二〕。凡三十六年成書，德宗時上之。909

〔一〕以食貨選舉職官禮樂刑法州郡邊防八門分類敍載　舊唐書卷一四七本傳載佑進通典表稱「書凡九門」，今書中兵、刑分而爲二，實爲九門。觀其自序則作八門，以刑概兵，故李翰通典序亦云「凡有八門」。公武蓋據佑自序與翰序而名刑典爲刑法典。又袁本「敍」作「序」。

〔二〕世稱該洽　袁本、卧雲本、舊鈔本、經籍考卷五十五「稱」作「推」。

記室新書三十卷　袁本前志卷三下類書類第七

右唐李途撰。采摭故事，綴爲偶麗之句〔一〕，分四百門。途，中和中爲東川掌記〔二〕，因以名其書云。910

〔一〕偶麗之句　袁本、臥雲本、宛委本、經籍考卷五十五「麗」作「儷」。

〔二〕中和中　袁本無此三字。按唐登科記考卷二十四乾寧二年落下十人，中有李途，當即此撰者。玉海卷五十五引中興書目云「唐東川節度掌書記李途撰。職方郎中孫樵爲之序。」時代悉合，疑袁本脫。

古鏡記一卷〔一〕　袁本前志卷三下類書類第五

右未詳撰人。纂古鏡故事。911

〔一〕古鏡記一卷　按今有古鏡記一卷，未知是否即此書。今本題隋王度撰。崇文總目卷三小説類下有古鑒記一卷，王勔撰。錢侗謂：「鑒」本作「鏡」，見讀書後志，此避嫌諱。錢氏蓋以爲避宋太祖祖嫌名改字。段熙仲據此考撰人爲王勔。見文學遺産增刊第十輯古鏡記的作者及其他。

戚苑英華十卷　袁本前志卷三下類書類第九

右唐袁悦重修〔一〕。本楊名所著〔二〕，悦掇其要，類爲語對，以他説附益之。912

〔一〕袁悦　新唐志卷三、崇文總目卷三「悦」作「説」，書録解題卷十四同原本。悦爲唐仙居令，見書録解題。

〔二〕本楊名所著　新唐志、崇文總目、書録解題、宋志卷六「楊」皆作「揚」。按揚名姓劉，見上舉諸目，疑讀書志誤「揚」作「楊」，又脱「劉」字。崇文總目云：「劉揚名撰，袁説重修。説摭采他書以增綴之。」揚名另有戚苑纂要十卷，亦見上舉諸目，玉海卷五十五引中興書目云：「劉揚名纂傳記宗族親姻事，分内外篇次之。」所纂蓋與英華相似。

三教珠英三卷〔一〕　袁本後志卷二類書類第四

右唐張昌宗等撰〔二〕。按唐志一千三百卷，今所存者止此。913

〔一〕三教珠英三卷　新唐志卷三有三教珠英一千三百卷，目十三卷。注云：「張昌宗、李嶠、崔湜、閻朝隱、徐彦伯、張説、沈佺期、宋之問、富嘉謩、喬侃、員半千、薛曜等撰。開成初，改爲海内珠英，武后所改字並復舊。」按預修者凡二十七人，參見唐會要卷三十五、玉海卷五十四，新唐志注但舉其要。又，卷二十總集類三教珠英集條謂預修者凡四十七人，與以上諸書記載不同，可參看。

〔二〕張昌宗等撰　經籍考卷五十五無「等」字。按是書張昌宗、李嶠領修，而實由徐堅、張説主其事，見新唐書徐堅傳。

備舉文言二十卷〔一〕　袁本後志卷二類書類第五

右唐陸贄撰。總四百五十餘門〔二〕。議者謂大類六帖而文辭過焉。崇文總目中有之。914

〔一〕備舉文言二十卷　顧校本「二」作「三」。按此書新唐志卷三、崇文總目卷三、袁本、通志藝文略卷七類書類、經籍考卷五十五俱作二十卷，玉海卷五十五及詞學指南卷一引中興書目、宋志卷六作三十卷。

〔二〕總四百五十餘門　按中興書目云此書「摘經史爲偶對類事，共四百五十二門」。

童子洽聞記三卷〔一〕　袁本前志卷三下類書類第二十

右不題撰人〔二〕。分二十門，雜記經史名數。或題童子洽聞記，云唐許塾撰。915

〔一〕童子洽聞記三卷　袁本無「童子」二字。按崇文總目卷三、宋志卷六作童子洽聞一卷。本書卷八、卷十三有鄭常洽聞記三卷，與此非一書。王先謙刊本先謙校語云：「下云『或題童子洽聞記』，則無『童子』者是也。」

〔二〕不題撰人　崇文總目亦不著撰人，宋志則列於李虛一條下：「李虛一漑漕新書四十卷，童子洽聞一卷，麟角抄十二卷」。按宋志叢脞，列某人名下諸書，未必皆其所撰，姑録此備考。

骨鯁集二十卷〔一〕　袁本前志卷三下類書類第二十一

右皇朝靖康初復修祖宗故事，時人或集本朝諫疏成此書。916

〔一〕骨鯁集二十卷　此條原本、經籍考未收，今據袁本，並參以王先謙刊本編次補入。按遂初堂書目章奏類有骨鯁奏議，蓋即此書。

古城冢記二卷〔一〕　袁本前志卷三下類書類第十三

右唐皇甫鑒撰〔二〕。記古城所築之人姓名〔三〕，初不及冢，而名曰「城冢記」，未知其說。917

〔一〕古城冢記　袁本「冢」作「塚」，下同。經籍考卷五十五同原本。通志藝文略卷四地理類有城冢記一卷，不著撰人。

〔二〕唐皇甫鑒撰　臥雲本無「唐」字，袁本「鑒」作「覽」，經籍考同原本。

〔三〕記古城所築之人姓名　袁本「所」作「新」，經籍考同原本。

小名録三卷　袁本後志卷二類書類第六

右唐陸龜蒙撰。龜蒙以末世有官名，小名之別，自秦至隋，編而紀之。至於神仙、玉女之名，婦人、臧獲之字，亦無棄焉。龜蒙世稱其博，然此書特雜，取於史傳間爾，無異聞也。918

備忘小鈔十卷〔一〕　袁本後志卷二類書類第七

右僞蜀文谷撰〔二〕。雜鈔子史一千餘事，以備遺忘。其後題廣政三年。廣政，王衍號也〔三〕。 919

〔一〕 備忘小鈔十卷　宋志卷五小説家類有文谷備忘小鈔二卷。

〔二〕 文谷　殿本經籍考「谷」作「俗」，誤，元刊本經籍考同原本。

〔三〕 廣政王衍號也　沈録何校本何焯校語云：「孟昶稱廣政，非王衍也。」臥雲本、宛委本、經籍考「號」上有「年」字。

唐會要一百卷　袁本後志卷二類書類第八

右皇朝王溥撰。初，唐蘇冕敍高祖至德宗九朝沿革損益之制〔一〕。大中七年，詔崔鉉等撰次德宗以來事，至宣宗大中七年〔二〕，以續冕書。溥又采宣宗以後事，共成百卷，建隆二年正月奏御〔三〕，文簡事備〔四〕，太祖覽而嘉之，詔藏於史閣，賜物有差〔五〕。 920

〔一〕 唐蘇冕敍高祖至德宗九朝沿革損益之制　按德宗貞元時，冕書成，所敍當高祖至代宗九朝事跡。參見舊唐書卷一八九下蘇冕傳。

〔二〕 大中七年　袁本作「大中六年」，經籍考卷二十八故事類「七」作「之」，蓋「六」字之訛，原本誤。

〔三〕奏御　顧校本作「進御」。

〔四〕文簡事備　袁本季録顧校本、舊鈔本作「史簡禮備」，卧雲本、經籍考作「詞簡禮備」。

〔五〕賜物有差　經籍考無此四字，卧雲本同原本。

五代會要三十卷　袁本前志卷三下類書類第十一

右皇朝王溥等撰。采梁至周典故，纂次成秩〔一〕，建隆初上之。921

〔一〕纂次成秩　袁本、宛委本、瞿鈔本、經籍考卷二十八無「成秩」二字。

三朝國朝會要一百五十卷〔一〕　袁本前志、後志未收

右皇朝章得象天聖中被詔以國朝故事、因革制度編次。宋綬、馮元、李淑、王舉正、王洙同修，得象監總。慶曆四年書成上之。922

〔一〕三朝國朝會要一百五十卷　按此條讀書附志卷上已收録，故趙希弁未摘録衢本入後志，見後志存目。然而此條解題全載袁本前志節國朝會要條，意者此書乃公武後補録入目，遂取節國朝會要部分解題移置於此。參見節國朝會要條校注〔一〕。經籍考卷二十八故事類同原本。

六朝國朝會要三百卷〔一〕 袁本前志、後志未收

右神宗朝以會要止於慶曆，命王珪續之。起於建隆之元，迄於熙寧十年，通舊增損成是書〔二〕。總二十一類，八百五十五門〔三〕。其間禮樂政令之大綱，儀物事爲之細目〔四〕，有關討論，顧無不載，文簡事詳，一代之典備矣。 923

〔一〕六朝國朝會要三百卷　按讀書附志卷上有李心傳總類國朝會要五百八十八卷，乃合太祖至孝宗乾道凡十一朝爲一編，其中有王珪所撰之六朝會要，故趙希弁未摘録此條入後志，然不見于存目，殆趙希弁偶疏而失載。經籍考卷二十八故事類收録此條。

〔二〕通舊增損　經籍考「舊」下有「書」字。

〔三〕總二十一類八百五十五門　經籍考作「總一十一類八百五十八間」，「間」乃「門」之誤。書録解題卷五同原本。

〔四〕細目　顧校本「目」作「故」。

節國朝會要十二卷〔一〕 袁本前志卷三下類書類第十二

右皇朝范師道以章得象書繁多〔二〕，節其要〔三〕，以備檢閲〔四〕。 924

〔一〕節國朝會要十二卷　袁本解題頗異，俱録如下：「右章得象等天聖中被詔以國朝故事、因革制度編次。宋綬、馮元、李淑、王舉正、王洙同修，得象監總。慶曆四年書成上之，凡一百五十卷。范師道以其猥冗，節其要，以備檢閱。」此解題，原本將其中部分（「章得象」至「書成上之」）移入三朝國朝會要條，參見該條校注〔一〕。經籍考卷二十八故事類同原本。附志卷上類書類有范師道會要詳節四十卷，可參看。

〔二〕范師道以章得象書　顧校本「道」下有「輯」字。

〔三〕節其要　顧校本「要」下有「者」字。

〔四〕以備檢閱　經籍考無「閱」字。

太平總類一千卷〔一〕　袁本前志卷三下類書類第十四

右皇朝李昉等撰。太平興國中，昉被詔輯經史故事分門〔二〕。春明退朝録云：「書成，帝日覽三卷，一年而讀周〔三〕，賜名太平御覽。」925

〔一〕太平總類一千卷　袁本作「太平總領五十卷」，衢録王校本王懋竑校語云：「『領』當作『類』。」臥雲本、經籍考卷五十五作「太平御覽一千卷」。書録解題卷十四著録太平御覽一千卷，云：「本號太平總類，太平興國二年受詔，八年書成，改名御覽。」又，袁本解題亦與原本異，俱録於下：「右皇朝李昉等撰。太平興國中，昉被詔纂經史故事，分門編次。六帖、初學記之類也。」按公武所見，殆標太平總類，原本引春明退朝録一段，乃後補。本書卷六雜史類隆平集條解題云：「隆平集『記事多誤，如以太平御覽與總類爲兩書之類』，亦爲袁本所無，意者御覽即總類，北宋人亦非人人皆知。

〔二〕分門　顧校本無此二字。

〔三〕一年而讀周　顧校本無「讀」字。

職林二十卷〔一〕　袁本前志卷三下類書類第十五

右皇朝楊侃纂集歷代職官沿革之故，蓋因通典職官門增廣而已。926

〔一〕職林二十卷　此條原本、經籍考未收，據袁本、並參以王先謙刊本編次補入。按此書宋志卷二職官類作三十卷，疑併胡昉所續數之。參見玉海卷一一九咸平職林條。侃另有兩漢博聞十二卷，見本書卷七史評類。

册府元龜一千卷　袁本後志卷二類書類第九

右皇朝景德二年，詔王欽若、楊億修君臣事迹，惟取六經子史，不録小説雜書。至祥符六年，書成上之。凡三十一部，有總序，千一百四門，有小序。同修者十五人：錢惟演、杜鎬、刁衎、李維、戚綸、王希哲〔一〕、陳彭年、姜嶼〔二〕、宋貽序〔三〕、陳越、陳從易、劉筠、查道、王曙、夏竦。初撰篇序，諸儒皆作。帝以體制不一，遂擇李維、錢惟演、陳彭年、劉筠、夏竦等，付楊億竄定〔四〕。賜今名，爲序冠其首。其音釋，又命孫奭爲之。927

〔一〕王希哲　按玉海卷五十四「景德册府元龜」條列諸撰人，作「王希逸」，是，此「哲」當「逸」之誤。希逸至大中祥符中仍直史館，見宋會要輯稿選舉七之一一。

〔二〕姜輿　按玉海作「姜嶼」，是，此「輿」當「嶼」之誤。嶼自至道三年九月至大中祥符元年，爲秘書丞、直史館、判太常禮院，事見宋會要輯稿禮一四之九、禮二一之一二、選舉三之八、職官二一之二三。

〔三〕宋貽序　殿本經籍考卷五十五脱「序」字，元刊本經籍考「序」譌作「王」。

〔四〕付楊億竄定　顧校本無「億」字。

類要六十五卷〔一〕　袁本後志卷二類書類第十

右皇朝晏殊纂〔二〕。分門輯經史子集事實，以備修文之用。928

〔一〕類要六十五卷　按是書崇文總目卷三作十五卷、宋志卷六類事類作七十七卷、通志藝文略卷七類書類下作七十四卷，書録解題卷十四作七十六卷，云：「案中興書目七十七卷，比曾序七十四篇多三篇，今此七十六卷，豈幷目録爲七十七耶？」玉海卷五十四作一百卷。

〔二〕皇朝晏殊纂　原本「朝」下有「劉」字，據袁本、卧雲本、宛委本、經籍考卷五十五删。

書林韻海一百卷　袁本前志卷三下類書類第十六

右不題撰人。分門依韻纂經史雜事〔一〕，以備尋閱〔二〕。或云皇朝許冠所編〔三〕。929

〔一〕纂經史雜事　顧校本作「纂史經與雜事」。

〔二〕以備尋閱　經籍考卷五十五「尋」作「檢」。

〔三〕或云皇朝許冠所編　祕續目類書類、宋志卷一小學類、通志藝文略卷七類書類下有許冠韻海五十卷。書録解題卷十四有書林韻會一百卷，云：「無名氏。蜀書坊所刻，規模韻類題選而加詳焉。」韻類題選，書録解題同卷收録，題韻類題撰，一百卷，云：「朝奉大夫知處州鄞袁轂容直撰。以韻類事，纂集頗精要，世所行書林韻會，蓋依倣而附益之者也。」讀書志所收蓋即此書林韻會。又，國史經籍志卷四下類家有書林韻海一百卷，許冠撰，未知所據。

異號録二十卷　袁本前志卷三下類書類第十七

右皇朝馬永易明叟編。古今殊異名號，如銅馬帝，無愁天子之類。頃嘗見近世人增廣其書，名曰實賓録〔一〕，亦殊該博。930

〔一〕近世人增廣其書名曰實賓録　原本「實」、「賓」互倒，據袁本乙正。按實賓録有大典輯本，十四卷，四庫總目卷一三五著録，云：「是書見於晁公武讀書志者稱異號録二十卷，而陳振孫書録解題作實賓録，謂永易所撰，蜀人句龍材校正、文彪增廣，凡本書三十卷、後集三十卷。宋史藝文志又分實賓録、異號録各三十卷，皆題永易所撰。今以其説互相參證，疑陳氏所稱本書，乃永易原撰本名異號録，陳氏所稱後集，即文彪所續，始取名爲『實賓』之義，併本書亦改題今名。宋志蓋誤分爲兩書，而晁公武所見則爲未經增廣之本，故尚題爲異號録也。」

禁殺録一卷　袁本後志卷二類書類第十一

右皇朝李象先纂〔一〕。元祐中，象先集録古今冥報事，以爲殺戒。931

〔一〕李象先纂　經籍考卷五十五「纂」作「撰」。

文房四譜五卷〔一〕　袁本前志卷三下小説類第四

右皇朝蘇易簡撰。集古今筆、硯、紙、墨本原故實〔二〕，繼以賦頌述作，有徐鉉序。932

〔一〕文房四譜　原本「譜」作「寶」，據袁本、經籍考卷五十六雜藝術類改。按書録解題卷十四雜藝類、遂初堂書目(海山仙館本)譜録類、宋史卷二六六本傳、宋志卷六雜藝術類以及清代諸藏家目録所收(如愛日精廬藏書志卷二十四有鈔本，楹書隅録續編卷三校舊鈔本、皕宋樓藏書志卷五十三有鈔本、善本書室藏書志卷十八有吳翌鳳校本，藏光曾跋稱「是書爲校庵一生精力所在」)以及今通行諸本皆作文房四譜。四庫總目卷一一五譜録類亦作文房四譜，云：「考洪邁歙硯説跋，稱揭蘇氏文房譜於四寶堂，當由是而俗呼『四寶』，因增入書名。後來病其不雅，又改題耳。」

〔三〕本原故實　袁本作「本原及其故實」，經籍考「原故」訛作「東坡」。

錢譜十卷〔一〕　袁本前志卷三上農家類第四

右梁顧烜嘗撰錢譜一卷〔二〕，唐張台亦有錢録二卷〔三〕。皇朝紹聖間李孝美以兩人所纂舛錯〔四〕，增廣成十卷，分八品云。933

〔一〕錢譜十卷　王先謙刊本先謙校語云：「袁本誤入農家類。」按袁本錢譜入農家類，蓋仿兩唐志，公武繼而覺未安，遂改入類書類，見卷十二農家類小序。按是書祕續目農家類、宋志卷五小説家類題作歷代錢譜，亦十卷。

〔二〕顧烜　按烜傳附陳書卷三十顧野王傳，野王父也。烜書隋志卷二譜系類、兩唐志農家類俱作一卷。書今不存，然洪遵泉志頗引之，可參看。

〔三〕錢録二卷　袁本、卧雲本、宛委本、顧校本、經籍考卷二十八故事類「二」皆作「兩」。

〔四〕皇朝紹聖間李孝美　經籍考脱「李」字。按周煇嘗藏有李孝美歷代錢譜十卷，見清波雜志卷七，遂初堂書目譜録類有李孝美錢譜，宋志卷六雜藝術類有李孝美墨苑三卷、卷六類事類有李孝友文房監古三卷，卷五小説家類則有李孝友歷代錢譜十卷，此「友」當作「美」。書録解題卷十四雜藝類著録墨苑三卷，謂孝美字伯揚，趙郡人。四庫總目卷一一五譜録類有李孝美墨譜三卷。又，宛委本、玉海卷一八〇食貨唐錢譜條引讀書志「皇朝」作「本朝」。

貨錢録一卷〔一〕 袁本後志卷二類書類第十二

右皇朝陶岳撰。記五代諸侯擅改錢幣之由〔二〕。幽州、嶺南、福建、湖南、江南五國〔三〕。934

〔一〕貨錢録一卷 袁本、經籍考卷二十八故事類「錢」作「泉」。按祕續目農家類，遂初堂書目譜録類、宋志卷五小說家類、玉海卷一八〇唐錢譜條皆作貨泉録一卷。

〔二〕錢幣之由 卧雲本「幣」作「帛」，玉海引讀書志作「弊」。

〔三〕五國 玉海貨泉録小注曰：「五篇」。

續錢譜十卷〔一〕 袁本前志卷三上農家類第五

右皇朝董逌撰。逌之祖嘗得古錢百，令逌考次其文譜之，以前世帝王世次爲序。且言梁顧烜、唐封演之譜，漫汗蔽固〔二〕，不可用。其譜自太昊、葛天氏，至堯、舜、夏、商皆有錢幣〔三〕，其穿鑿誕妄至此〔四〕。935

〔一〕續錢譜十卷 袁本無「續」字，經籍考卷二十八故事類、玉海卷一八〇引讀書志同原本。按宋志卷五小說家類有董逌錢譜十卷，遂初堂書目譜録類有董彦遠錢譜，通志藝文畧卷四食貨類與今本俱一卷，亦無「續」字。玉海小注云成於紹聖元年。

〔二〕漫汗　經籍考訛作「浸汗」。

〔三〕皆有錢幣　袁本作「皆錢弊」，蓋脱「錢」字。經籍考同原本。

〔四〕其穿鑿誕妄至此　宛委本作「其穿鑿如此」。袁録何校本何焯批語云：「由此推之，則逌之著述不可信者多矣，自誇其博，而妄作以眩惑後人，其實適張已之無識耳。」

墨譜一卷　袁本後志卷二類書類第十三

右皇朝黄秉撰〔一〕。熙寧間人。秉患世人徒知祖、李之名，而不知形模之異同，製作之精觕，故作圖以著其源流，用補蘇易簡之闕文云。936

〔一〕黄秉撰　宛委本、經籍考卷五十六雜藝術類「黄」作「董」，袁本、卧雲本等衢本同原本。按國史經籍志卷三史類食貨種亦作董秉。

硯譜二卷〔一〕　袁本前志卷三下類書類第十八

右皇朝唐詢撰。記硯之故事及其優劣，以紅絲石爲第一〔二〕，端石次之。937

〔一〕硯譜二卷　臥雲本、經籍考卷五十六雜藝術類題下有小注，云：「又名北海公硯録。」按續談助本硯録有公武世父載之跋，云：「右鈔本朝北海郡侯唐詢所編硯録。詢字彥猷，善書札，其第硯以紅絲爲首。蓋詢嘗自遣青州益都縣石工蘇懷玉者采石于黑山之顛，懷玉以爲洞穴深險，相傳云紅絲石去洞□□，有刻字，乃唐中和中采石者所記。」

〔二〕以紅絲石爲第一　袁本無「紅」字，殆脱。

古鼎記一卷　袁本前志卷三下類書類第十九

右唐吳協撰〔一〕。記古人鑄鼎本源及其形製〔二〕。938

〔一〕唐吳協撰　袁本「吳」作「虞」。按「吳協」、「虞協」疑「虞荔」之誤。荔，字山披，會稽餘姚人，仕梁爲中書舍人，入陳爲太子中庶子。所撰鼎録一卷，題梁虞荔纂。四庫總目卷一一五謂當作陳人。傳見陳書卷十九、南史卷六十九。虞荔書不見隋志，吳協書不見兩唐志，崇文總目卷三小説類、宋志卷五小説家類有虞荔古今鼎録一卷，玉海卷八十八引中興書目、宋志卷一小學類作虞荔鼎録一卷，蓋即一書。中興書目云：「陳太子中庶子虞荔撰。録自古鼎形象欵識，始於夏九鼎，終於王羲之書鼎。」國史經籍志卷三史類食貨種有古鼎記一卷、唐吳協撰，又有古今鼎録一卷，隋虞荔撰，並列二條，其古鼎記蓋即本諸讀書志。

〔二〕本源　袁本「源」作「原」。

香譜一卷　袁本前志卷三下類書類第二十五

右皇朝洪芻駒父撰。集古今香法，有鄭康成漢宫香，南史小宗香，真誥嬰香，戚夫人迎駕香〔一〕，唐員半千香，所記甚該博〔二〕。然通典載歷代祀天用沈水香獨遺之〔三〕，何哉？ 939

〔一〕迎駕香　經籍考卷五十六雜藝術類「迎」誤作「迫」。

〔二〕所記甚該博　袁本「博」訛作「傳」，且無此句下至末凡十七字。經籍考、諸衢本同原本。

〔三〕通典載歷代祀天用沈水香　顧校本「載」上有「所」字，卧雲本、宛委本、經籍考「沈水」作「水沈」。按今存洪芻香譜二卷，實有水沉香一條，而所謂鄭康成諸條乃不俱載。四庫總目卷一一五疑非洪氏所撰書。

印格一卷　袁本後志卷二類書類第十四

右皇朝晁克一撰〔一〕。克一，張文潛甥也。文潛嘗爲之序〔二〕。其畧曰：「克一既好古印章，其父補之愛之尤篤。悉録古今印璽之法，謂之圖書譜，自秦以來變制異狀，皆能言其故。余頗愛其用心不移，致精於末務，使有傳焉。」940

〔一〕皇朝晁克一撰　陸心源儀顧堂題跋卷五衢本郡齋讀書志跋三云：「克一姓楊名吉老，文潛嘗云吾甥楊吉老本不好畫竹，一旦頓解，便有作者風行。晁無咎集有贈文潛甥克一學與可畫竹詩，又見鄧椿畫繼。父補之，歷官鄂州文使，見宛邱集二十六。讀書志所引文潛序略，見宛邱集五十六。原本讀書志必作楊克一，校者見有「其父補之」四字，心中習知有晁補之，而不知有楊補之，遂改「楊」爲「晁」。不知晁補之娶戶部侍郎杜純之女，二子，長公爲，次公似，見宛邱所撰墓志，安得爲文潛甥乎？」按陸氏所考極是，此「晁」當「楊」之誤。其題跋全文可參看本書附録二。

〔三〕爲之序　經籍考作「爲序之」。

侍女小名録一卷〔一〕　袁本前志卷三下類書類第二十四

右皇朝王銍纂。序云：「大觀中居汝陰，與洪炎玉父遊〔二〕，讀陸魯望小名録，戲徵古今女侍名字。因盡發所藏書纂集，踰月而成焉〔三〕。」凡稗官小説所記，采之且盡，獨是正史所載，返多脱畧，子弟之學，其弊如此。941

〔一〕侍女小名録一卷　原本所據底本脱「録」字，李富孫據盧文弨羣書拾補經籍考拾補補。按瞿鈔本、經籍考卷五十五、卧雲本、宛委本、顧校本亦脱，唯袁本未脱。今稗海本題補侍兒小名録，不載公武所引序。

〔二〕與洪炎玉父遊　按宋志卷五小説家類有洪炎侍兒小名録一卷，書録解題卷十一小説類亦云：「始洪炎玉父集爲此書。」然今本多題洪遂。據温豫續補侍兒小名録序稱，洪、王二書所載共一百七十六條，猶未備，故續之。據張邦幾侍兒小名録拾遺序云，豫書授邦幾，邦幾又續之。而書録解題謂續洪、王、温三家之録，其「序題朋谿居士而不著名氏……或云董彥遠弟子所爲也。」吳騫拜經樓藏書題跋記卷四以爲即董逌之子弅，弅嘗僑居宜興朋谿，故號。明商濬刊入稗海易其名爲拾遺，題撰者爲晉陽張邦幾，已非原本。

〔三〕因盡發所藏書纂集踰月而成焉　袁本作「因盡發所藏書籍，餘月而成焉」。袁録何校本改「餘」作「踰」，喬録王校本王懋竑校語則以爲「餘月」當作「月餘」。又，袁本無此下「凡稗官小說」至末凡二十九字。

蒙求三卷　袁本後志卷二類書類第十五

右唐李瀚撰〔一〕。纂經傳善惡事實類者，兩兩相比爲韻語，取蒙卦「童蒙求我」之義名其書，蓋以教學童云。942

〔一〕唐李瀚　袁録何校本何焯校語云：「此唐後人。」按四庫總目卷一三五有蒙求集註二卷，題五代晉李瀚撰、宋徐子光注。鄭堂讀書記卷六十、第六弦溪文鈔卷三、日本訪書志卷十一皆糾其誤，謂撰人當唐人，周中孚、黄廷鑑以爲即李華宗人、撰張巡傳者。此人傳見舊唐書卷一九〇下、新唐書卷二〇三，文苑英華卷七〇三有梁肅撰補闕李君前集序，名皆作「翰」，無水傍。然崇文總目卷三、宋志卷六及今存李良薦表、李華序亦作李瀚，姑仍之。

魯史分門屬類賦三卷〔一〕　袁本後志卷二類書類第十六

右皇朝楊筠撰〔二〕。以左氏事類分十門，各爲律賦一篇。乾德四年奏御〔三〕，詔褒之。943

〔一〕魯史分門屬類賦三卷　臥雲本無「類」字，經籍考卷五十五同原本。按崇文總目卷五別集類五有魯史分門層賦二卷（「層」當「屬」之誤），崔昇撰；玉海卷五十九作魯史分門屬類賦三卷，云楊均撰。四庫闕書目春秋類有崔昇春秋分門屬類賦三卷，楊鈞注。祕續目春秋類作魯史分門類賦三卷，未著撰、注人。宋志卷一春秋類作崔昇春秋分門屬類賦三卷，注云：「楊均注。」卷七別集類、卷六類事類又重出魯史分門屬類賦一卷，前者謂崔昇撰，後者未著撰人。

〔二〕楊筠撰　袁本「筠」作「鈞」，臥雲本作「䇹」，經籍考卷五十五同原本。參見校注〔一〕。

〔三〕奏御詔褒之　顧校本作「進御」，經籍考作「上之」，袁本、臥雲本同原本。

左氏蒙求三卷　袁本前志卷一下春秋類第三十四

右皇朝王舜俞序，不知何人所作〔一〕。較之綱領似爲差勝焉〔二〕。944

〔一〕不知何人所作　按祕續目春秋類有左氏蒙求一卷，亦不著撰人，宋志卷一春秋類有楊彥齡左氏春秋集二卷，又左氏蒙求二卷，同類另著録王鄒彥春秋蒙求五卷。國史經籍志卷二經類近世蒙書有左氏蒙求三卷，宋王舜俞撰，蓋誤撰序人爲作者矣。

〔二〕較之綱領似爲差勝焉　袁本、臥雲本、宛委本、舊鈔本、經籍考卷十七小學類皆作「過於綱領者」。

左氏綱領四卷〔一〕　袁本前志卷一下春秋類第三十三

右皇朝文濟道撰。排比事實爲儷句，蒙求之類也。945

〔一〕左氏綱領四卷　沈録何校本何焯校語云：「二書（按包括左氏蒙求）似不當入經部（按袁本二書均入經部春秋類），豈因諸臣傳而并録耶？」

仙苑編珠二卷　袁本後志卷二類書類第十七

右唐王松年撰〔一〕。取阮倉、劉向、葛洪所傳神仙，又取傳記中梁以後神仙百二十八人〔二〕，比事屬辭，效蒙求體爲是書。946

〔一〕唐王松年撰　四庫總目卷一四七道家類存目云：「舊本題唐王松年，天台道士。文獻通考作唐人，然書中有梁開成二年事，則已入五代矣。」按經籍考卷五十二神仙家類即本讀書志。今道藏八種本有敍梁開平三年事，四庫總目「開成」當「開平」之誤。

〔二〕又取傳記中梁以後神仙百二十八人　玉海卷五十八引中興書目云輯有「自唐以來一百二十八人」，今本自序云：「近自唐、梁已降，接於聞見者得一百三十二人」。又，「傳記」，袁本、卧雲本、宛委本、經籍考俱作「經記」，王先謙刊本先謙校語以爲誤。

國史對韻十二卷〔一〕 袁本後志卷二類書類第十八

右皇朝范鎮撰。吳仲庶嘗稱景仁憫諸後學雖涉書傳，而問之今代典故〔三〕，則懵然不知。乃自太祖開基，迄於仁宗朝，摭取事實可爲規矩鑒戒者，用韻編次之，即此書也。947

〔一〕國史對韻十二卷 按宋志卷六類事類有國朝韻對八卷，未著撰人。宋志著録范鎮本朝蒙求二卷，書録解題卷十四有范鎮本朝蒙求三卷，宋朝事實類苑引作范蜀公蒙求，疑即此書。又玉海卷五十五引中興書目、宋志卷二故事類著録范鎮國朝事始一卷，中興書目云：「范鎮記皇朝政事、典禮所出，共二百餘條。」當亦是對韻一類書。

〔三〕問之今代典故 經籍考卷五十五「之」作「以」。

孝悌類鑒七卷〔一〕 袁本後志卷二類書類第十九

右皇朝俞觀能撰。取經史孝悌事，成四言韻語。948

〔一〕孝悌類鑒七卷 宋志此書複出，卷二傳記類同讀書志，卷六類事類作俞觀能孝經類鑑七卷。經籍考卷五十五同讀書志。觀能，字大任，象山人。徽、欽北狩，上此書而授江陰軍教授，改秩而卒。見寶慶四明志卷八、延祐四明志卷四。

兩漢蒙求五卷〔一〕　唐史屬辭五卷南北史蒙求十卷　袁本後志卷二類書類第二十

右未詳撰人〔二〕。皆效李瀚也。 949

〔一〕 兩漢蒙求五卷　經籍考卷五十五無此六字，袁本、諸衢本同原本。按經籍考單列西漢蒙求十卷爲一條，下引書録解題語，故刪去此六字。

〔二〕 未詳撰人　書録解題卷十四、宋志卷六類事類有劉珏兩漢蒙求十卷，書録解題云：「樞密吳興劉珏希范撰。紹聖中所序。」又，宋志卷二史鈔類、卷八文史類有程鵬唐史屬辭四卷，玉海卷四十九云：「程鵬唐史屬辭四卷，四言成文，兩兩相比。元祐元年楊傑序。」楊傑唐史屬辭序載無爲集卷九。又，書録解題卷十四有十七史蒙求一卷，云：「題王先生撰，不著名氏，或云王令也。」唐史屬辭，亦見遂初堂書目類書類，明初尚存，見文淵閣書目卷六宙字第一橱。國史經籍志卷二經類近世蒙書「劉珏」誤作「劉班」，劉珏傳見宋史卷三七八、南宋書卷十九。焦志另有王令撰十七史蒙求二卷。

書敘指南二十卷〔一〕　袁本前志卷三下類書類第二十二

右皇朝任浚撰〔二〕。纂集古今文章碎語，分門編次之，凡二百餘類。 950

〔一〕 書敘指南二十卷　宋志卷六作書籍指南二十卷，蓋訛「叙」爲「籍」。此書取經傳成語，以備尺牘之用故以「書叙」爲名。明嘉靖間浦南金嘗取是書與爾雅、左腴、漢雋合爲一編，改題修辭指南。見四庫總目卷一三七。

〔三〕皇朝任浚撰　按「任浚」當「任廣」之誤。書録解題卷十四、通志藝文畧卷七類書類下、宋志卷六皆作任廣。此書有明嘉靖九年沈松刊本，見鐵琴銅劍樓藏書目録卷十七、皕宋樓藏書志卷五十九；有嘉靖三十七四明柴通增定本，見善本書室藏書志卷二十；有萬曆二十四年永嘉王繼明翻沈松本，見日本訪書志卷十一；有清雍正三年金匯本，見四庫總目卷一三五。較通行者有墨海金壺本、守山閣叢書本等。諸本皆題浚水任廣德儉編次。讀書志蓋以人名、地名誤連爲一而致訛也。書録解題云廣乃崇寧中人。

押韻五卷〔一〕　袁本前志卷一下小學類第十九

右皇朝張孟撰。輯六藝〔二〕、諸子、三史句語，依韻編入，以備舉子試詩賦之用。951

〔一〕押韻五卷　袁本「五」作「六」。諸衢本、經籍考卷五十五同原本。按袁本附二本四卷考異録此書爲一卷，未知孰是。宋志卷一小學類有張孟押韻十卷，野客叢書亦頗引用。

〔二〕輯六藝　袁本「輯」作「緝」。

歌詩押韻五卷〔一〕　袁本前志卷三下類書類第二十三

右皇朝楊咨編古今詩人警句，附於韻之下，以備押强韻。952

〔一〕歌詩押韻五卷　袁本「五」作「二十四」，解題亦異，俱錄於下：「右皇朝楊咨撰。裒集古今詩可以爲矩矱者，編爲押韻。」鮑廷博校本廷博校語云：「衢本似另是一書。」經籍考卷五十五、諸衢本同原本。